建筑施工企业会计与税务实务操作全书

刘　昕　编著

人民邮电出版社

北京

图书在版编目（CIP）数据

建筑施工企业会计与税务实务操作全书 / 刘昕编著
. -- 北京：人民邮电出版社，2022.3
ISBN 978-7-115-58079-5

Ⅰ．①建… Ⅱ．①刘… Ⅲ．①建筑施工企业－工业会
计 Ⅳ．①F407.906.72

中国版本图书馆CIP数据核字(2021)第244864号

内 容 提 要

建筑业是国民经济的重要物质生产部门，与国民经济发展、人民生活改善有着密切关系。我国基础设施建设以及城市化进程的加快，有力地推动了建筑业迅速发展，建筑业对国民经济增长的贡献日益增大。

本书根据新的会计法规和税收政策，对建筑施工企业实际经营过程中涉及的税务与会计事项进行分析，涵盖建筑施工的各个阶段，内容丰富，逻辑性强，并附有建筑施工企业的税务与会计实务处理案例，通俗易懂，实用性强，旨在让读者全面把握建筑施工企业税务与会计理论和实际操作。

本书适合建筑施工企业财税工作人员、建筑施工企业管理者、会计师事务所工作人员，以及高校研究建筑施工企业会计与税务的师生阅读和使用。

- ◆ 编　著　刘　昕
　　责任编辑　李士振
　　责任印制　周昇亮
- ◆ 人民邮电出版社出版发行　　北京市丰台区成寿寺路 11 号
　　邮编　100164　电子邮件　315@ptpress.com.cn
　　网址　https://www.ptpress.com.cn
　　天津千鹤文化传播有限公司印刷
- ◆ 开本：700×1000　1/16
　　印张：35.5　　　　　　　　　2022 年 3 月第 1 版
　　字数：688 千字　　　　　　　2022 年 3 月天津第 1 次印刷

定价：148.00 元
读者服务热线：(010)81055296　印装质量热线：(010)81055316
反盗版热线：(010)81055315
广告经营许可证：京东市监广登字 20170147 号

前言
PREFACE

本书写作目的

多年来，建筑业一直是我国经济增长的支柱行业之一。建筑施工企业在设立、经营过程中涉及的会计、税务事项繁多，业务处理较为复杂。具体来说，企业设立阶段、合同签订阶段、开发建设阶段、结算阶段、利润形成及分配阶段均涉及多个税种的税务处理和会计核算。同时，由于建筑施工企业的业务流程与税收操作具有特殊性，很多会计、税务工作人员对这种特殊性不够了解，对会计科目运用、会计账户设置、会计核算与税务处理的差异等方面认识不够，常常出错。

企业财税工作人员不熟悉相关税收法律法规和会计处理规定，不能依法合理纳税，将极大影响建筑施工企业的会计核算和会计信息质量。另外，企业的正常纳税活动也会受到影响，更不用说根据税收政策的变化及时调整经济业务的结构、合理节税。长此以往，企业将在激烈的竞争中处于劣势地位。可以说，建筑施工企业能否正确进行税务、会计处理，关系到企业进行投资管理、战略管理、资本运作的基础是否扎实。

本书根据新的会计法规和税收政策，对建筑施工企业实际经营过程中涉及的税务与会计事项进行分析，涵盖建筑施工的各个阶段，并列举大量实例，很好地将实务和理论相结合，有利于建筑施工企业财税工作人员深入掌握知识，融会贯通。

本书主要内容

本书通过对建筑施工企业税务与会计相关知识的讲解和具体案例的分析，结合企业实际工作特点以及新的税收法律法规和会计准则的变化，全面介绍了建筑施工企业税务与会计处理，深刻阐述了企业涉及不同税种的纳税基本原则和具体的会计与税务处理，以帮助建筑施工企业更好地运用政策、学会方法、依法纳税，从而正确进行会计核算。

本书立足于现行有效的新会计准则和税收政策，整体上按照建筑施工企业合同签订环节、征地拆迁环节、建设及工程款收取环节、机械和劳务使用环节、利润核算、财务报表列报、重组清算环节的会计与税务的操作要求。对建筑施工企业的会计与税务处理进行理论介绍与案例分析。同时，考虑到建筑施工企业会计与税务实际工作中涉及的重点环节，本书增加了土地增值税清算、企业所得税的预缴与汇算清缴、特殊业务处理等章节，力求内容全面、主次分明。

本书主要特色

第一，全面系统。本书按照建筑施工企业业务流程讲解会计与税务处理，坚持理论与实际相结合的原则，对重点、难点问题答疑解惑，旨在帮助财税工作人员举一反三，融会贯通。

第二，实用性强。本书的会计、税务案例全部来自建筑施工企业的实际工作，有利于指导读者进行实践操作，具有非常强的实用性。

第三，与时俱进。本书以国家新颁布和修订的税收法律法规及相关政策为依据，紧扣改革目标，联系实践前沿，所有的内容及时更新，与时俱进，具有较强的可读性与可操作性。

本书使用收获

本书体系完整，内容全面，并与新的企业会计准则、税收法律法规保持同步。本书将会为具有不同需求的读者带来不同的收获。

建筑业财税从业者：领会企业会计准则的精髓，了解新的税收法律法规，做好建筑施工企业的会计和税务实务工作。

建筑施工企业经营管理者：了解企业纳税、会计核算工作的基本流程和具体要求，把握企业实务工作的要点。

企业培训及咨询人员：查询建筑施工企业新的会计、税收法律法规，满足业务需要。

高校研究建筑施工企业会计和税务的学生：了解建筑业税收、会计新法律法规，掌握建筑施工企业开发经营过程中会计、税务的理论知识和实际操作。

本书主要作用

本书全面、有针对性地介绍了建筑施工企业不同阶段的会计与税务事项，并引用大量实务案例、政策法规，让读者轻松掌握建筑施工企业的会计与税务实务处理方法，力求成为建筑施工企业会计、税务工作人员工作过程中必备的指导工具书。

编写本书的过程中，笔者得到了多位企业财务人员、国家税务机关工作人员的热情支持，在此一并表示感谢。由于笔者水平有限，书中疏漏在所难免，恳请广大读者不吝指正。

编者

2022 年 2 月

目录
CONTENTS

第 1 章
建筑施工企业会计和税务实务处理概述

1.1 建筑施工企业的界定和特点

1.1.1 建筑施工企业的界定

建筑业是国民经济的重要物质生产部门，与国民经济发展、人民生活改善有着密切关系。我国正处于由低收入国家向中等收入国家发展的过渡阶段，基础设施建设以及城市化进程的加快，有力地推动了建筑业迅速发展，建筑业对国民经济增长的贡献日益增大。1978 年以来，建筑市场规模不断扩大，国内建筑业产值增长了 1 700 多倍，建筑业增加值占国内生产总值的比重也从 1978 年的 3.8% 增加到 2018 年的 6.9%，建筑业已成为解决就业、增加人民收入、拉动国民经济快速增长的重要行业。

按照承包工程企业的业务性质和功能，建筑施工企业可以分为以下三类企业。

（1）综合施工及总承包企业，是指可以为建筑工程项目提供设计和施工一体化、全过程服务的建筑施工企业。按照建设主管部门划分的等级标准，建筑施工企业资质等级从高到低分别是特级、一级、二级和三级。

（2）专业施工企业，是指专门从事某一项专门施工生产的企业，例如，桩基工程公司，机械化施工公司，工业设备安装公司，给排水工程公司，专业钢结构公司，专业幕墙公司，专业核工程公司，专业水利水电、矿山、冶炼、石化工程公司，专业电力、电子、电信、通信工程公司，专业市政公用、公路、铁路、港口、航道、桥梁、隧道、机场工程公司，专业爆破拆除工程公司等。

（3）专业分包公司，是指从事工程施工专项分包活动的劳务型企业，一般不单独承包工程，只能为其他企业提供相关专业工种施工的劳务，这类企业规模小，但数量多。

1.1.2　建筑施工企业的特点

1.1.2.1　建筑产品的特点

建筑产品具有固定性、单件性和多样性、体积庞大和使用寿命长、产权不完整等特点。

一、固定性

建筑安装工程的生产位置是固定不变的，必须在建设单位指定的地点进行施工，并与土地连成一体，位置一经确定一般不能移动。

二、单件性和多样性

建筑施工企业建造的建筑产品都有不同的功能、结构和用途，只能按照建设单位和单个图纸的要求组织单件生产，一般不能像工业企业产品那样批量生产。单件性的特点使得建筑产品在用途、性质、结构和标准上千差万别、多种多样，不仅满足社会生产和使用功能的需要，还满足人们对建筑产品的审美要求。

三、体积庞大和使用寿命长

建筑产品一般体积庞大，占用空间大，消耗的资源和社会劳动量大，施工产值高，一般作为建设单位的固定资产管理，使用寿命长。

四、产权不完整

建筑工程不是一般的商品，其体积庞大，价值高昂，其价值中含业主或用户直接投入的部分，所以承包企业不能对整个工程拥有所有权，而只对其承包投入的部分拥有债权，以及为使业主或用户支付工程价款而暂时占有的留置权和解决债务纠纷而在该建筑产品上的优先受偿权。所以建筑施工企业对建筑工程，不像工业企业对库存产品那样拥有所有权。

1.1.2.2　建筑生产的特点

受建筑产品特点的直接影响，建筑生产具有流动性、长期性、综合协作性的特点。

一、流动性

建筑产品的固定性决定了建筑生产的流动性。建筑施工企业在不同地区承包工程，工程结束后，施工机械、设备、材料、人员都要随施工对象坐落位置的变化而迁徙流动，由此发生临时设施、迁移搬运等建筑业独有的费用。流动性的特点使得建筑施工企业跨区域经济的特点非常明显，注册地往往和施工所在地不一致,不少大型建筑施工企业每年有几十个乃至几百个项目分布在全国乃至全世界各地。不少公路、铁路、管线、水利施工项目由于施工距离长,一个项目经常跨越多个省市。另外,随着建筑施工企业"走出去"战略的实施,我国建筑施工企业对外工程承包保持了高速的增长势头,2006 年对外承包工程合同金额达到 660 亿美元,工程施工地点涉及世界各大洲,近 200 个国家和地区。

二、长期性

建筑产品生产过程是一个规模大、消耗多、周期长的生产性消耗过程。一个大中型建设项目往往要花费几千万元、上亿元甚至几十亿元资金,从招投标到组织施工、项目验收、审计决算、维修回访,一个周期往往需要几年、十几年甚至更长的时间。

三、综合协作性

随着专业化程度的不断提高,很多工程并不是由一个建筑施工企业单独完成的,而是由总承包公司和多个专业分包公司和劳务分包公司的综合体协作完成的。所以很多工程在施工中存在多种协作关系,有业主和总承包公司之间的关系,有总承包公司和各分包公司之间的关系以及各分包公司之间的关系。

随着国家对建设工程监管力度的不断加大,建筑施工企业与设计、监理、审计等单位存在着协作关系,与建设主管、安全生产、环保、银行、税务、工商、劳动、保险等众多部门存在着监管与被监管的关系。同时税费、基金、保证金众多也是建筑行业的重要特点。

1.1.2.3 建筑业经营管理的特点

建筑施工企业建筑产品和生产的特点,直接影响和决定了建筑施工企业经营管理具有管理环境复杂多样、劳动用工关系复杂、工程发包形式多样、资金占用量大等特点。

一、管理环境复杂多样

建筑物的固定性及施工生产的流动性决定了管理环境不可预见的因素特别多,如地质、气候、市场竞争、劳动力来源、物资供应、语言沟通、风俗习惯、法律法规等。任何对管理环境复杂性理解的偏差和疏忽都可能造成建筑施工企业重大的经济损失,尤其是在国际市场。

二、劳动用工关系复杂

建筑施工企业既有固定的管理人员、技术人员和主要技术工人,又有大量的劳动雇佣工人;既有劳务公司整建制派遣的劳务工人,又有在劳动力市场临时招聘的人员；既有规范的劳务公司，又有不规范的劳务班组和个人。同时由于施工定额中人工单日取费严重偏低，所以以时间换工资的现象普遍存在。

三、工程发包形式多样

发包方发包工程目前主要有以下方式：设计施工一体化的交钥匙的总承包方式、包工包料的施工总承包方式、约定材料甲供的发包方式、纯粹清包劳务的承包方式。

四、资金占用量大

建筑产品价值高、生产周期长、监管部门多，如果建设单位没有充足的资金就开工建设，往往会导致一个项目周期占用建筑施工企业大量的资金，建筑施工企业应收账款逐年增长。据不完全统计，建筑施工企业除在建设施工过程中垫付大量的建设资金外，还需要缴纳数量众多的保证金和费用，如投标保证金、履约保证金、质量保证金、安全保证金、民工工资保障金、强制缴纳的众多保险以及名目繁多的基金费用。

1.1.2.4 建筑施工企业会计核算的特点

总体上讲，由于建筑产品单件性的特点，所以建筑施工企业会计核算没有工业企业分步、分批、分品种核算特点，但建筑生产的流动性、长期性特点又使建筑施工企业的核算有着鲜明的特点，即分级管理和核算、收入确认难、成本归集难、资产管理难等。

一、分级管理和核算

为适应建筑生产流动性等特点，建筑施工企业会计核算需要采用分级管理、分级核算的办法，将核算工作和建筑生产有机地结合起来，直接反映建筑生产的经济效果。目前我国较小的建筑施工企业一般采用"公司—项目部"的两级核算模式；较大的建筑施工企业一般采用"总公司—分公司—项目部"或"母公司—子公司—项目部"的三级核算模式；更大的建筑施工企业也有收入成本四级汇总的核算模式。

二、收入确认难

一是目前我国建筑市场合同管理很不规范，部分备案与实际执行的合同不一致。由于招标法对降标幅度的限制，就有了招投标之前实际降标的承诺函；还由于施工过程中业主的不断变更、指定分包和建筑材料价格波动幅度大，实际造价和合同造价相差很大，再加上不少业主对变更部分不及时签证，使收入确认的难度加大。二是建设工程跨年度施工非常普遍，使得施工收入在各年度之间的划分比较困难。目前普通采用的完工百分比确认收入的方法，不论是收入百分比法还是成本百分比法还是专业测量法，都采用的是估计的方法，收入确认仍有很大的不确定性。三是项目竣工决算久拖不决，重复审计情况比较突出，导致收入确认时间很长。四是业主拖欠决算款、不支付决算款、以房抵款、以物抵款等现象比较普通，增加了建筑施工企业的坏账风险。

三、成本归集难

一是建筑材料发票管理不够规范，导致建筑施工企业不能完全取得合规的发票；同时，由于建筑施工企业资金紧张，往往先收料后付款，难以及时取得发票，所以不易及时确认成本。二是材料价格波动大，同一材料在不同时间、不同品牌、不同质量、不同地区、不同付款条件下价格差异较大，加大了核实材料真实性的难度，容易形成漏洞。三是建筑业人员流动性大，工资标准差距大，人工成本容易被操纵；同时，大多数建筑施工企业发放工资采取平时预付、年底清算分配的方法，这种方法缓解了企业的资金压力，但同时也影响了人工成本核算的及时性。四是由于项目周期长，所以后续成本较多，比如预决算费用、应收账款清收费用、回访保修费用（一般此项费用预留的标准是 5% ）等，难以及时进行成本归集，容易造成项目的虚盈实亏。另外，由于建筑产品差异大，可比性差，不同建筑物之间的实际成本难以直接比较，所以建筑产品较难进行成本的事后分析和监控。

四、资产管理难

建筑施工企业施工生产大都是露天作业，环境恶劣，资产长期处于振动、腐蚀的环境中，并且经常处于超负荷的工作状态，如果不加强管理或不及时更新，会造成重大的安全隐患。另外由于气候影响及施工人员的返乡，在项目结束后的搬运迁移，都会给资产的管理和维护带来很大的难度。

1.1.3　建筑施工企业的生产经营流程和生产模式特点

1.1.3.1　建筑施工企业的生产经营流程

建筑施工企业在承接各项工程作业时，基本都把项目部作为基本实施单位，生产经营的整个流程也都围绕项目部展开。较为规范的建筑施工企业的主要生产经营流程如下。

第一步，项目考察。企业组织人员对知悉的项目建设信息进行考察，确定是否参与建设项目的招投标。

第二步，企业投标。企业确定参与招投标后，组织技术人员制作标书，进行投标。

第三步，成立项目部。在收到建设单位发出的中标通知书后，决定成立项目部。确定项目负责人，从技术、工程、材料、财务等部门选派人员，参与项目部的经营管理，且根据项目建设需要确定招工事项。项目部在项目所在地开设银行临时账户，其印鉴章由总部编号，每个项目部按规定使用各自的印鉴章。

第四步，编制计划成本。企业组织人员对施工项目的成本进行详细调查。根据调查情况，企业编制计划成本，项目在计划成本范围内不能亏损，并与项目部签订责任状，以此考核项目负责人的经营业绩。

第五步，项目实施。项目负责人制定施工方案，报总部同意后，代表企业完成施工全过程，具体组织项目的施工建设、财务核算等经营活动。

第六步，项目完工。项目部完成建设项目的施工作业后，由企业或项目部与建设单位结算工程价款，并接受有关部门的验收。

第七步，项目部解散。项目结束后，大部分人员解散，回到各自部门。

1.1.3.2　建筑施工企业的生产模式特点

建筑施工企业的生产模式与其他行业的企业相比，具有以下明显特点。

一、先订单后生产

建筑施工企业生产的产品具有体积大、产品单件性或唯一性的特点，在施工生产前一般需要先签订施工合同，约定甲乙双方权利义务。即使不签订合同，建筑施工企业的产品也是先有客户，再组织施工生产，类似工业企业的"以销定产"。

二、产品生产周期长

由于建筑施工企业的产品特点，所以其生产周期一般都较长，短则几个月，长则几年。建筑产品的总体性强、构造复杂、体积庞大，在施工生产过程中要占用大量的人力、财力、物力。一个大型建设项目往往要花费上亿元甚至百亿元的投资，因此客观上决定了施工生产的周期相对较长，一般都需要跨年度施工。

三、露天或野外施工

一般来讲，建筑施工企业生产的产品是建筑物，由于其位置固定、体积庞大，所以生产地点一般是露天或者野外，条件相对比较艰苦，受自然气候条件变化的制约，施工生产缺乏连续性、节奏性、均衡性。另外，每个建筑物或构筑物所在地点的工程地质或水文地质条件，也对施工生产起着很大的制约作用。

四、劳动力密集

建筑行业是劳动力密集型行业，需要雇用大量的劳动力。虽然现代建筑业不断使用先进技术，大量运用机械化设备，但仍然需要使用大量的劳动力。对劳动力进行科学有效管理是建筑施工企业的一项重大任务。

1.2　我国建筑施工企业的财税法规体系

税法内容丰富，涉及范围广泛，各单行税收法律法规结合起来，形成了完整配套的税法体系，共同规范和制约税收分配的全过程，是实现依法治税的前提和保证。从法律角度来讲，一个国家在一定时期内、一定体制下以法定形式规定的各种税收法律法规的总和被称为税法体系。从税收工作的角度来讲，所谓"税法体系"，往往被称为"税收制度"。即，一个国家的税收制度是指在既定的管理体制下设置的税种以及与这些税种的征收、管理有关的，具有法律效力的各种成文法律、行政法规、部门规章等的总和。换句话说，税法体系就是通常所说的税收制度（简称税制）。

1.2.1　现行的实体法体系

我国现行的税制就其实体法而言，是 1949 年中华人民共和国成立后经过几次较大的改革逐步演变而来的，按征税对象大致分为五类。

一、流转税类

流转税又称流转课税、流通税，指以纳税人商品生产、流通环节的流转额或者数量以及非商品交易的营业额为征税对象的一类税收。流转税是商品生产和商品交换的产物，各种流转税（如增值税、消费税、关税等）是政府财政收入的重要来源。

流转税的主要特点如下。第一，以商品生产、交换和提供商业性劳务为征税前提，征税范围较为广泛，既包括第一产业和第二产业的产品销售收入，也包括第三产业的营业收入；既对国内商品征税，也对进出口的商品征税，税源比较充足。第二，以商品、劳务的销售额和营业收入作为计税依据，一般不受生产、经营成本和费用变化的影响，可以保证国家能够及时、稳定、可靠地取得财政收入。第三，一般具有间接税的性质，特别是在从价征税的情况下，税收与价格密切相关，便于国家通过征税体现产业政策和消费政策。第四，同有些税类相比，流转税在计算征收上较为简便易行，也容易为纳税人所接受。

二、所得税类

所得税又称所得课税、收益税，指国家对法人、自然人和其他经济组织在一定时期内的各种所得征收的一类税收，包括企业所得税、个人所得税，主要是在国民收入形成后，对生产经营者的利润和个人的纯收入发挥调节作用。

所得税的主要特点如下。第一，通常以纯所得为征税对象。第二，通常以经过计算得出的应纳税所得额为计税依据。第三，纳税人和实际负担人通常是一致的，因而可以直接调节纳税人的收入。特别是在采用累进税率的情况下，所得税在调节个人收入差距方面具有较明显的作用。对企业征收所得税，还可以发挥税收贯彻国家特定政策，调节经济的杠杆作用。第四，应纳税额的计算涉及纳税人的成本、费用的各个方面，有利于加强税务监督，促使纳税人建立、健全财务会计制度和改善经营管理。

三、财产和行为税类

财产税类是指以各种财产为征税对象的税收体系。财产税类税种的课税对象是财产的收益或财产所有人的收入，主要包括房产税、车船税等税种。对财产课税，对于促进纳税人加强财产管理、提高财产使用效果具有特殊的作用。

行为税类是以经济活动中某些特定行为为征收对象的税类的总称。这类税收名目较多，征税目的因不同税种而异：有的出于限制某些行为发展考虑，有的基于对某种经济活动或权益的认可，有的则在于开辟财源以资某一方面财政支出的需要。行为税大都针对某种特定行为课税，征收对象单一，税源不大，收入零星分散，且大多归入地方财政。目前我国开征的行为税类的税种主要有印花税和契税。

四、资源税类

资源税类主要是对因开发和利用自然资源差异而形成的级差收入而征收的一种税类。我国目前开征的资源税类主要包括资源税、土地增值税和城镇土地使用税等。

五、特定目的税类

特定目的税类是国家为达到某种特定目的而设立的税种。我国的特定目的税，是在经济体制改革过程中，根据宏观经济调控的需要而陆续设立的。目前我国开征的特定目的税类的税种包括城市维护建设税、车辆购置税、耕地占用税和烟叶税。

上述五类 18 个法律法规，即增值税、消费税、关税、企业所得税、个人所得税、房产税、车船税、印花税、契税、资源税、环境保护税、土地增值税、城镇土地使用税、城市维护建设税、船舶吨位税、车辆购置税、耕地占用税和烟叶税组成了我国的税收实体法体系。上述税种中，个人所得税、企业所得税、车船税、环境保护税、烟叶税、船舶吨位税、车辆购置税、耕地占用税、资源税、契税、城市维护建设税以及印花税 12 个税种都以国家法律的形式发布实施，其他税种都经全国人民代表大会授权立法，由国务院以暂行条件的形式发布实施。

1.2.2　现行的程序法体系

除税收实体法外，我国对税收征收管理适用的法律制度，是按照税收管理机关的不同而分别规定的。

（1）由税务机关负责征收的税种的征收管理，按照中华人民共和国全国人民代表大会常务委员会（以下简称"全国人大常委会"）发布实施的《中华人民共和国税收征收管理法》（以下简称《税收征管法》）执行。

（2）由海关机关负责征收的税种的征收管理，按照《中华人民共和国海关法》及《中华人民共和国进出口关税条例》等有关规定执行。

上述税收实体法和税收征收管理的程序法的法律制度构成了我国现行税法体系。

按内容划分，建筑施工企业相关法律法规可分为从业资格相关法规、分包与挂靠相关法规和工程质量相关法规。

一、从业资格相关法规

建筑施工企业从事建筑活动，需要具备相应的条件，不具备相应条件的建筑施工企业不得从事建筑活动。

《建筑法》第十二条规定，从事建筑活动的建筑施工企业、勘察单位、设计单位和工程监理单位，应当具备下列条件：①有符合国家规定的注册资本；②有与其从事的建筑活动相适应的具有法定执业资格的专业技术人员；③有从事相关建筑活动所应有的技术装备；④法律、行政法规规定的其他条件。

《建筑法》第十三条规定，从事建筑活动的建筑施工企业、勘察单位、设计单位和工程监理单位，按照其拥有的注册资本、专业技术人员、技术装备和已完成的建筑工程业绩等资质条件，划分为不同的资质等级，经资质审查合格，取得相应等级的资质证书后，方可在其资质等级许可的范围内从事建筑活动。

不难看出，建筑施工企业要想从事建筑业活动，必须具备两个条件：第一，必须是符合《建筑法》规定的四个条件的企业或单位，即从业主体不能是个人；第二，必须取得相应的资质等级，而且必须在其资质等级许可的范围内从事建筑业活动。

然而，现实中，施工现场还存在不少不具有建筑业从业资格的施工队伍。比如，有的分包队伍挂羊头卖狗肉，名义上是建筑施工企业与劳务公司签订分包合同，而实际上是个体包工头借用劳务公司的资质签订合同，施工现场由包工头控制。更有甚者，建筑施工企业直接和包工头个人签订分包合同。这些行为都严重违反了我国《建筑法》的规定，不仅给工程建设的质量、进度、安全带来严重隐患，而且给建筑施工企业的会计核算带来极大困难。比如，建筑施工企业将工程直接分包给个体包工头，建筑施工企业在收到客户拨付的工程款后，扣除收取的管理费直接给包工头，会计是很难核算的：第一，包工头因不符合建筑业从业资格，不能开设正常的施工项目临时账户，企业支付资金时或者打到包工头个人的银行卡，或者直接使用现金，或者转给包工头借用的银行卡账户，这些都不符合资金使用的规定；第二，包工头不能给建筑施工企业开具发票，只能凭双方签认的内部结算用的"验工计价表"入账，不符合财税法规的规定。

那么，既然个体包工头不能从事建筑业活动，社会上大量的农民工还在从事建筑业活动，这不矛盾了吗？不矛盾！个体包工头不能从事的建筑业活动是指"承包工程"，而农民工通过与建筑施工企业或建筑劳务公司签订劳动合同，从事建筑业活动是另一码事。为规范铁路建设项目管理，确保铁路建设项目质量、进度、安全，坚决清理包工头，铁路建设项目推行了架子队管理模式。该管理模式既能确保工程质量，又能维护农民工利益，是一种很好的管理模式。

二、分包与挂靠相关法规

分包与挂靠问题是建筑施工企业经常面临的问题，甚至可能是建筑施工企业面对国家审计的时候最为头疼的问题。关于这方面的法律规定可以概括为以下五点。

第一，禁止转包或挂靠。我国《建筑法》规定，禁止建筑施工企业以任何形式允许其他单位或者个人使用本企业的资质证书、营业执照，以本企业的名义承揽工程。第二十八条规定，禁止承包单位将其承包的全部建筑工程转包给他人，禁止承包单位将其承包的全部建筑工程肢解以后以分包的名义分别转包给他人。

第二，分包必须经建设单位认可。《建筑法》规定，建筑工程总承包单位可以将承包工程中的部分工程发包给具有相应资质条件的分包单位；但是，除总承包合同中约定的分包外，必须经建设单位认可。

第三，主体结构不得分包。《建筑法》第二十九条规定，施工总承包的，建筑工程主体结构的施工必须由总承包单位自行完成。

第四，分包单位必须具有相应的资质条件。《建筑法》第二十九条规定，禁止总承包单位将工程分包给不具备相应资质条件的单位。

第五，禁止分包单位将其承接的工程再分包。

实务中，令建筑施工企业财务人员十分头疼的问题可能是，明明企业是在分包、挂靠，却非得让财务人员在账簿上进行非分包、挂靠的处理。因为分包与挂靠问题往往是由政府审计机构查处，而审计主要是通过审计财务账簿发现这些问题。

那么，实际上的分包、转包能不能在财务账簿上被"包装""隐匿"起来呢？笔者认为很难，单就"资金流向"这一关就通不过。具体来说，分包与挂靠可以分为两种情况，一种情况是分包给合法正规的建筑施工企业，另一种情况是分包给不正规的劳务公司或个人。但是，无论是哪一种情况，只要存在分包问题，就会存在资金流异常。

第一种情况，因为分包给合法正规的建筑施工企业，所以必须要设置账簿进行会计核算，资金一定会流向企业账户，分包问题显而易见。但是，读者可能会问：假如 A 企业将其部分工程分包给了 B 企业，A 企业要求 B 企业用 A 企业的名义设置账簿进行核算，从资金流上看不就没有问题了吗？这样做确实比较"隐蔽"，但是依然存在一些问题：第一，如果这样做，很可能会在财务账簿上体现同一家企业在同一个项目上的财务政策不相同，如工资政策会有差异，有经验的审计人员很快会怀疑；第二，如果这样做，B 企业承建的工程尽管在财务账上体现的是 A 企业的账务，但 A 企业会和 B 企业发生很多经济业务，而且有些业务不容易处理，比如，固定资产折旧就不能正常计提，以租赁的方式进行处理会增加税费负担。

第二种情况，分包给不正规的劳务公司或个人。所谓分包给不正规的劳务公司，一般是指个人挂靠劳务公司情形，这种情形在资金流向方面表现会更加异常：主要是大量使用现金或资金大量流向个人银行卡，即使是采用工资表的形式，工资表的签字也往往不是民工本人签字，而是由包工头或其他人代签。

综上，如果实际上就是分包或挂靠，单纯靠财务做账"修饰"很难实现预期目的，往往是按下葫芦浮起瓢。

上述两个问题在实务中往往会交织在一起。从近几年对国家重点建设项目的审计来看，违规转分包问题在这些项目中普遍存在，有些还很严重。

三、工程质量相关法规

建筑施工企业必须按照国家法律法规的要求，加强对建设工程质量的管理，保证建设工程质量，保护人民生命和财产安全。我国《建筑法》第五十五条规定，建筑工程实行总承包的，工程质量由工程总承包单位负责，总承包单位将建筑工程分包给其他单位的，应当对分包工程的质量与分包单位承担连带责任。分包单位应当接受总承包单位的质量管理。第五十八条规定，建筑施工企业对工程的施工质量负责。建筑施工企业必须按照工程设计图纸和施工技术标准施工，不得偷工减料。工程设计的修改由原设计单位负责，建筑施工企业不得擅自修改工程设计。第五十九条规定，建筑施工企业必须按照工程设计要求、施工技术标准和合同的约定，对建筑材料、建筑构配件和设备进行检验，不合格的不得使用。

建筑施工企业与财务工作的关系主要体现在材料的消耗上，一是材料消耗的数量是否符合工程设计图纸设计的数量，二是消耗材料的质量是否符合工程设计要求、施工技术标准和合同的约定，是否存在以次充好的行为。

建筑施工企业需要遵循的法律法规远不止这些，但是以上所列举的法律法规是与建筑施工企业财务工作密切相关的，是国家审计机关密切关注的，是从事建筑施工企业财务工作必须了解的。

1.3 建筑施工企业的基础财税知识

建筑施工企业会计以货币为主要计量单位，按照现行会计法规体系要求，运用一套专门核算方法，对建筑施工企业的经济活动进行连续、系统、全面的核算和监督，真实、准确、及时地提供会计信息。它是加强建筑施工企业管理，促进提高经济效益的经济管理活动。建筑施工企业通过会计计量、计算和登记，能及时取得生产经营管理所必需的各种信息和数据。这对建筑施工企业的管理具有重要意义。

1.3.1 建筑施工企业会计基础工作

建筑施工企业会计基础工作内容如图 1-1 所示。

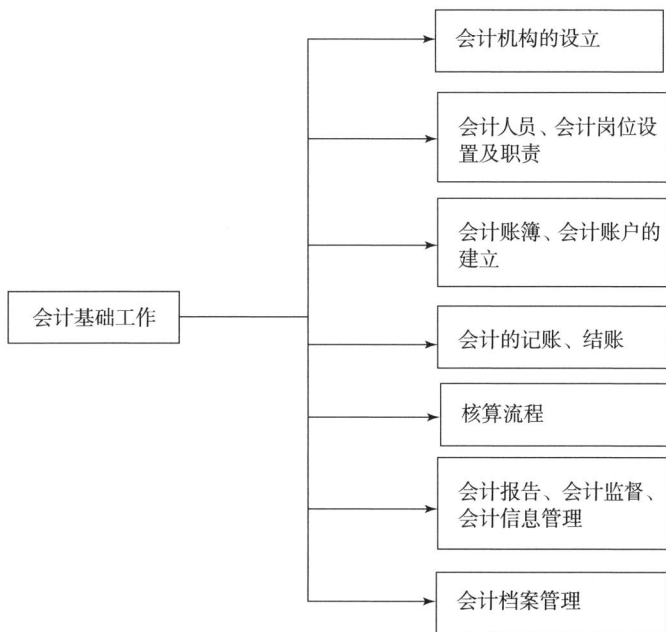

图 1-1　建筑施工企业会计基础工作内容

建筑施工企业会计基础工作的不足如表 1-1 所示。

表 1-1　　　　　建筑施工企业会计基础工作的不足

项目	具体内容
建筑施工企业会计基础工作的不足	参与施工的单位和人员多，不规范因素多，给企业会计核算的规范化带来难度
	建筑施工企业对会计基础工作重视不够，不按规定设置会计机构和配备相应的会计人员，会计人员不具备规定从业资格，会计部门缺乏必要的支持
	没有统一规范的基础工作标准，也缺乏必要的检查与考核，会计核算时随意性较大，不按规定设置和使用会计科目，会计账簿不全，会计核算流程混乱
	缺乏科学的财务内部控制制度，内部控制执行不严格

1.3.2　建筑施工企业会计核算特点

建筑施工是特殊的生产，建筑施工企业经营方式与其他企业有显著的不同，一般通过招投标或议标等方式取得工程项目承包合同，合同投资额大，建设周期长；项目部通常为临时机构，项目建设完成竣工交付后，项目部随之解散。

经过多次改革，我国会计核算逐渐建立了统一的会计制度，改变了以前多行业、多种会计制度的复杂局面，提高了会计信息的准确性、可比性。但是建筑施工企业具有的行业特征，决定了建筑施工企业会计核算有其自身的特点。

建筑施工企业会计核算特点如图1-2所示。

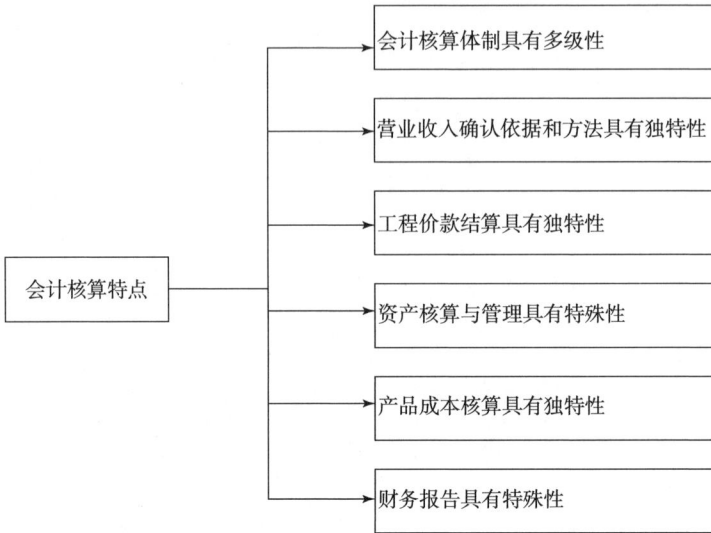

图1-2　建筑施工企业会计核算特点

1.3.3　建筑施工企业的基础税务知识

1.3.3.1　建筑施工企业的涉税经营环节

建筑施工企业的涉税事项几乎贯穿建筑施工企业的整个生产经营过程。建筑施工企业是由若干施工项目组成的，一个施工项目的正式开始从与建设单位签订建设施工合同开始，此后在整个施工过程中涉及收取工程款、支付分包款、材料采购、劳务用工、机械设备租赁、财产使用、销售废旧物资、收入费用确认、资产损失、所得税汇算清缴等若干环节。每个环节都涉及一个或一个以上主要的税种。建筑施工企业生产环节及涉税税种如表1-2所示。

表1-2　　　　　建筑施工企业生产环节及涉税税种

序号	生产环节	环节描述	涉税税种
1	签订合同环节	与建设单位、分包商、供货商等签订各类合同	印花税
2	收取工程款环节	与建设单位结算工程款	城市维护建设税等
3	征地拆迁环节	红线内外征地、拆迁既有房屋等	耕地占用税
4	采购及销售环节	采购建材产品、销售废旧物资及已使用固定资产等	增值税等

序号	生产环节	环节描述	涉税税种
5	财产使用环节	企业拥有的房产、土地使用权、车船等财产	房产税、车船税等
6	劳务用工环节	企业雇佣和聘任员工	个人所得税
7	收入与费用确认环节	企业按照会计准则的要求确认收入与费用	企业所得税
8	资产损失与捐赠环节	企业发生资产损失和对外捐赠等事项	企业所得税
9	所得税汇算清缴环节	企业年度终了后进行所得税汇算清缴	企业所得税

1.3.3.2　建筑施工企业的纳税权利与义务

一、建筑施工企业的纳税权利

建筑施工企业的纳税权利如表 1-3 所示。

表 1-3　　　　　　　　建筑施工企业的纳税权利

纳税权利	具体内容
知悉权	纳税人、扣缴义务人有权利对国家税收法律、行政法规的规定以及与纳税程序有关的情况进行了解
要求保密权	纳税人、扣缴义务人有权利要求税务机关为自身的情况进行保密，税务机关也应当依法做到保密
申请减税权	纳税人书面提出申请减税，可以依照法律、行政法规的规定
申请免税权	纳税人书面提出申请免税，可以依照法律、行政法规的规定
申请退税权	纳税人缴纳的税款超过了应纳税额，税务机关发现后应当立即退还
	对于多缴的税款，纳税人自结算缴纳税款之日起三年内发现的，可以向税务机关要求退还多缴的税款并加算银行同期存款利息，税务机关及时查实后应当立即退还
陈述、申辩权	纳税人、扣缴义务人有权利对税务机关做出的决定提出陈述和申辩
复议和诉讼权	纳税人、扣缴义务人有权利对税务机关做出的决定申请行政复议，提起行政诉讼
控告、检举权	纳税人、扣缴义务人对于税务机关、税务人员的违法违纪行为，有权利进行控告和检举
举报权	收到检举的机关和负责查处的机关应当为检举人保密，税务机关应当按照规定给予奖励
申请延期申报权	纳税人、扣缴义务人如果要延期申报纳税或者延期报送代扣代缴、代收代缴税款报告表的，经税务机关批准，可以进行延期申报
申请延期缴纳税款权	纳税人遇到特殊困难，不能按期缴纳税款，经省、自治区、直辖市税务机关批准，可以延期缴纳税款，但是绝对不得超过三个月
索取完税凭证权	税务机关征收税款时，必须向纳税人提供完税凭证。扣缴义务人代扣、代收税款时，纳税人要求开具代扣、代收税款凭证时，扣缴义务人应当开具
委托税务代理权	纳税人、扣缴义务人对于税务方面的相关事宜，可以委托税务代理人代为办理

二、建筑施工企业的纳税义务

建筑施工企业的纳税义务如表1-4所示。

表1-4   建筑施工企业的纳税义务

纳税义务	基本内容
接受管理的义务	纳税人应接受税务机关的税务管理，依法办理税务登记，设置和保存账簿、凭证，按规定依法使用发票和进行纳税申报
依法缴纳税款的义务	纳税人应依照法律、行政法规的规定，及时、足额地缴纳税款，依法代扣代缴、代收代缴税款
接受税务稽查的义务	纳税人应接受税务机关依法进行的税务检查，并提供相关资料
提供税务信息的义务	纳税人应诚实地向税务机关提供与纳税有关的信息，在必要时，还应接受税务机关依法实施的调查

1.3.3.3 建筑施工企业的税务登记与申报管理

一、开业税务登记

开业税务登记是指纳税人经由工商登记而成立，或者相关组织和个人依据法律、行政法规的规定成为纳税人时，依法向税务机关办理的税务登记。

（一）开业税务登记的时间和地点

开业税务登记的时间和地点如图1-3所示。

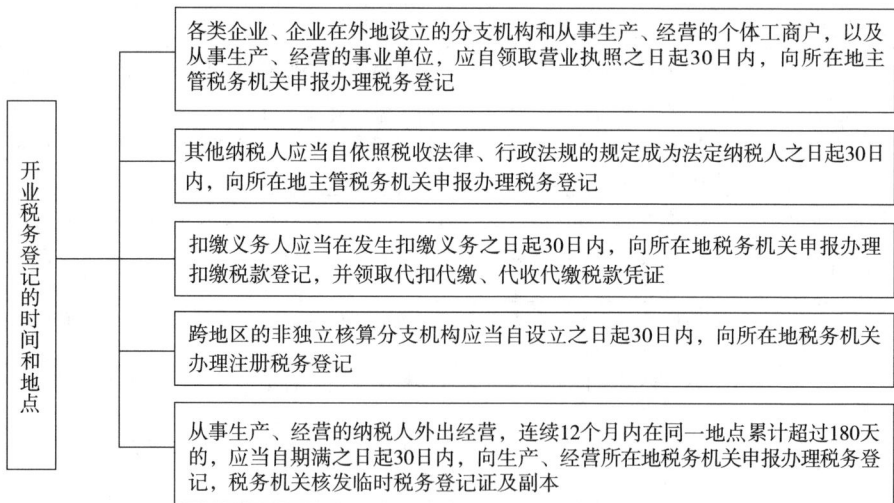

图1-3 开业税务登记的时间和地点

（二）开业税务登记的内容

开业税务登记的内容如图1-4所示。

```
                    ┌──────────────────────────────────────────────┐
                    │ 单位名称、法定代表人或业主姓名及其居民身份证、│
                    │ 护照或者其他证明身份的合法证件                │
                    ├──────────────────────────────────────────────┤
                    │ 住所、经营地点                                │
              开    ├──────────────────────────────────────────────┤
              业    │ 登记注册类型及所属主管单位                    │
              税    ├──────────────────────────────────────────────┤
              务    │ 核算方式                                      │
              登    ├──────────────────────────────────────────────┤
              记    │ 行业、经营范围、经营方式                      │
              的    ├──────────────────────────────────────────────┤
              内    │ 注册资本（资金）、投资总额、开户银行及账号    │
              容    ├──────────────────────────────────────────────┤
                    │ 经营期限、从业人数、营业执照号码              │
                    ├──────────────────────────────────────────────┤
                    │ 财务负责人、办税人员                          │
                    └──────────────────────────────────────────────┘
```

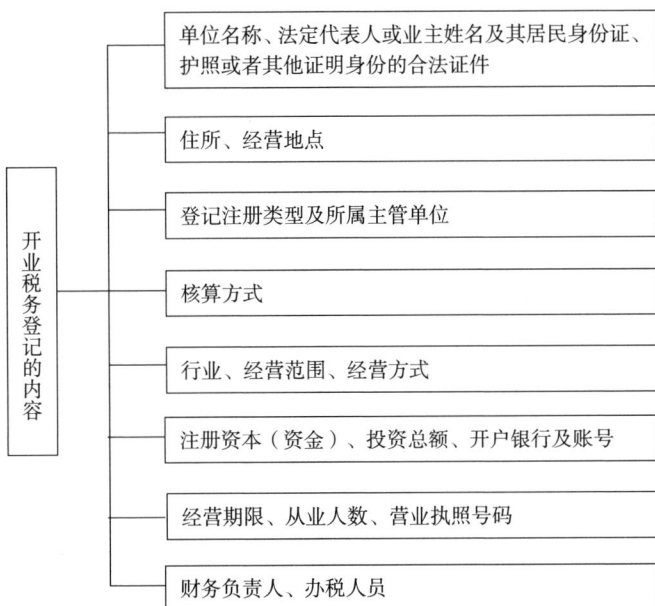

图 1-4　开业税务登记的内容

二、变更、注销税务登记

（一）变更、注销税务登记的定义

变更、注销税务登记的定义如表 1-5 所示。

表 1-5　　　　　　　　　变更、注销税务登记的定义

项目	定义
变更税务登记	变更税务登记是指纳税人税务登记内容发生重要变化时向税务机关申报办理的税务登记手续
注销税务登记	注销税务登记是指纳税人税务登记内容发生了根本性变化，需终止履行纳税义务时向税务机关申报办理的税务登记手续

（二）变更税务登记的适用范围及时间要求

变更税务登记的适用范围及时间要求如表 1-6 所示。

表 1-6　　　　　　　变更税务登记的适用范围及时间要求

项目	具体内容
适用范围	改变名称
	改变法定代表人
	改变经济性质或经济类型
	改变住所和经营地点（不涉及主管税务机关变动的）

续表

项目	具体内容
适用范围	改变生产经营范围或经营方式
	增减注册资金（资本）
	改变隶属关系
	改变生产经营期限
	改变或增减银行账号
	改变生产经营权属
时间要求	纳税人税务登记内容发生变化的，应当自工商行政管理机关或者其他机关办理变更登记之日起30日内，持有关证件向原税务登记机关申报办理变更税务登记
	纳税人税务登记内容发生变化，不需要到工商行政管理机关或者其他机关办理变更登记的，应当自发生变化之日起30日内，持有关证件向原税务登记机关申报办理变更税务登记

（三）变更税务登记的程序

变更税务登记的程序如图1-5所示。

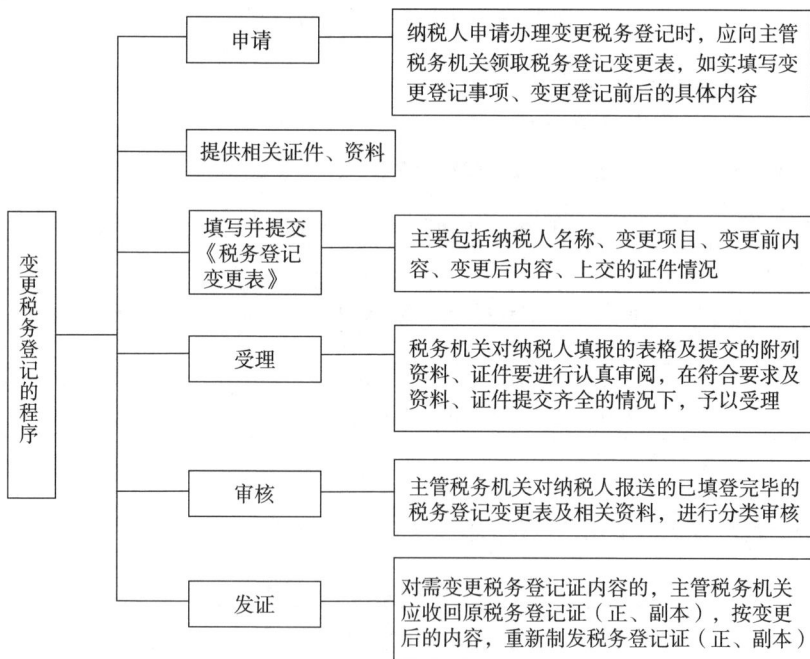

图1-5　变更税务登记的程序

（四）注销税务登记的适用范围及时间要求

注销税务登记的适用范围及时间要求如表1-7所示。

表 1-7　　　　　　　注销税务登记的适用范围及时间要求

项目	具体内容
适用范围	纳税人因经营期限届满而自动解散
	企业由于改组、分立、合并等原因而被撤销
	企业资不抵债而破产
	纳税人住所、经营地址迁移而涉及改变原主管税务机关
	纳税人被工商行政管理部门吊销营业执照
	纳税人依法终止履行纳税义务的其他情形
时间要求	纳税人发生解散、破产、撤销以及其他情形，依法终止纳税义务的，应当在向工商行政管理机关办理注销登记前，持有关证件向原税务登记管理机关申报办理注销税务登记
	按照规定不需要在工商行政管理机关办理注销登记的，应当自有关机关批准或者宣告终止之日起 15 日内，持有关证件向原税务登记管理机关申报办理注销税务登记
	纳税人因住所、生产或经营场所变动而涉及改变主管税务登记机关的，应当在向工商行政管理机关申请办理变更或注销登记前，或者住所、生产或经营场所变动前，向原税务登记机关申报办理注销税务登记，并在 30 日内向迁达地主管税务登记机关申报办理税务登记
	纳税人被工商行政管理机关吊销营业执照的，应当自营业执照被吊销之日起 15 日内，向原税务登记机关申报办理注销税务登记

（五）注销税务登记的程序

注销税务登记的程序如表 1-8 所示。

表 1-8　　　　　　　　　　注销税务登记的程序

程序	具体内容
申请	纳税人办理注销税务登记时，应向原税务登记机关领取注销税务登记申请审批表，如实填写注销登记事项内容及原因
提供有关证件、资料	注销税务登记申请书
	主管部门批文或董事会、职代会的决议及其他有关证明文件
	营业执照被吊销的应提交工商行政管理部门做出的注销决定
	主管税务机关原发放的税务登记证件（税务登记证正、副本及税务登记表等）
	其他有关资料
受理	纳税人持注销税务登记申请审批表、未经税务机关查验的发票和发票领购簿到发票管理环节申请办理发票缴销
	发票管理环节按规定清票后，在注销税务登记申请审批表上签署发票缴销情况，同时将审批表返还纳税人
	纳税人向征收环节清缴税款；征收环节在纳税人缴纳税款后，在注销税务登记申请审批表上签署意见，同时将审批表返还纳税人
核实	纳税人持由上述两个环节签署意见后的审批表进行登记管理
	登记管理环节审核确认后，制发税务文书领取通知书给纳税人，同时填制税务文书传递单，并附注销税务登记申请审批表送稽查环节

三、停业、复业税务登记

停业、复业税务登记如图1-6所示。

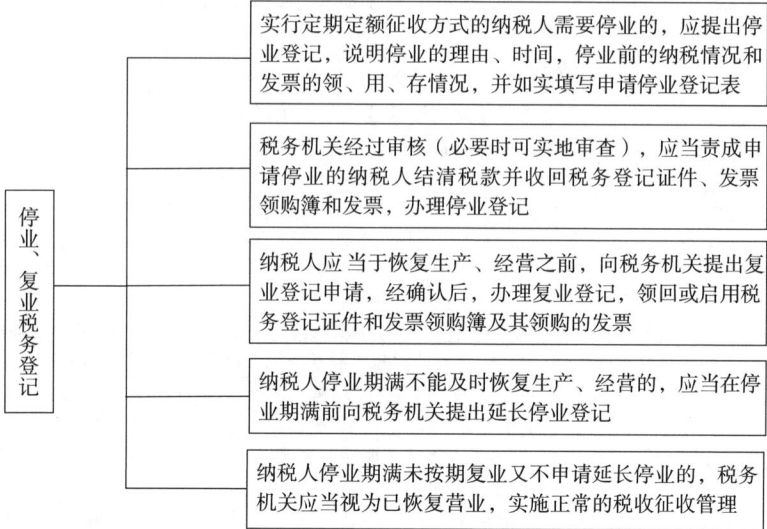

图1-6 停业、复业税务登记

四、纳税申报管理

（一）纳税申报对象

纳税申报对象如图1-7所示。

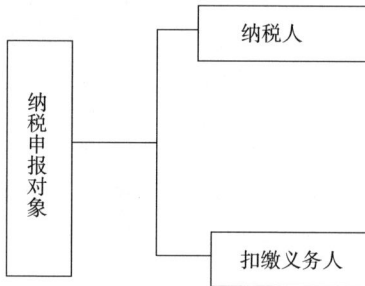

图1-7 纳税申报对象

（二）纳税申报内容

纳税申报内容如图1-8所示。

纳税申报内容：

（1）税种、税目

（2）应纳税项目或者应代扣代缴、代收代缴税款项目

（3）计税依据

（4）扣除项目及标准

（5）适用税率或者单位税额

（6）应退税项目及税额、应减免税项目及税额

（7）应纳税额或者应代扣代缴、代收代缴税额

（8）税款所属期限、延期缴纳税款、欠税、滞纳金等

图 1－8　纳税申报内容

（三）纳税申报期限

纳税申报期限如图 1－9 所示。

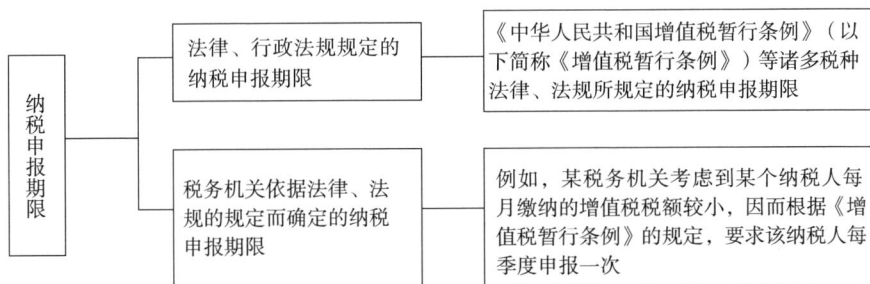

图 1－9　纳税申报期限

五、纳税申报方式

纳税申报方式如表 1－9 所示。

表 1－9　　　　　　　　　　　　**纳税申报方式**

方式	含义	相关说明
直接申报	直接申报是指纳税人自行到税务机关办理纳税申报	这是一种传统申报方式
邮寄申报	邮寄申报是指经税务机关批准的纳税人使用统一规定的纳税申报特快专递专用信封，通过邮政部门办理交寄手续，并向邮政部门索取收据作为申报凭据的方式	纳税人采取邮寄方式办理纳税申报的，应当使用统一的纳税申报专用信封，并以邮政部门收据作为申报凭据
		邮寄申报以寄出的邮戳日期为实际申报日期
数据电文申报	数据电文申报是指经税务机关确定的电话语音、电子数据交换和网络传输等电子方式办理纳税申报	目前纳税人的网上申报，就是数据电文申报方式的一种形式
		纳税人、扣缴义务人采取数据电文方式纳税申报的，其申报日期以税务机关计算机网络系统收到该数据电文的时间为准

第 2 章
合同签订环节的会计和税务实务

2.1 涉税概述

企业签订合同环节，从建筑施工企业与客户签订建设施工合同开始。除此之外，建筑施工企业还会使用其他类型的经济合同。签订各类经济合同，涉及的税种主要是印花税。印花税是以经济活动和经济交往中，书立、领受应税凭证的行为为征税对象征收的一种税。印花税因其采用在应税凭证上粘贴印花税票的方法缴纳税款而得名。我国印花税的现行法律规范是 2021 年 6 月 10 日国务院正式颁布的《中华人民共和国印花税法》（以下简称《印花税法》）。

印花税具有以下特点。

（1）征税范围广。印花税的征税对象是经济活动和经济交往中书立、领受应税凭证的行为，其征税范围十分广泛，主要表现在两个方面：一是涉及的应税行为广泛，包括所有书立和领受应税凭证的行为，这些行为在经济生活中是经常发生的；二是涉及的应税凭证范围广泛，包括各类经济活动具有合同性质的凭证、营业账簿、权利许可证等，这些凭证在经济生活中被广泛使用。

（2）税负从轻。印花税税负较轻，主要表现在其税率或税额明显低于其他税种，最低比例税率为应税凭证所载金额的万分之零点五，一般都为万分之几或千分之几。

（3）自行贴花纳税。印花税的纳税方法与其他税种完全不同，它采取纳税人自行计算应纳税额、自行购买印花税票、自行贴花、自行在每枚税票的骑缝处盖戳注销或画销的纳税方法。

22

2.2　应纳税额的计算

2.2.1　纳税义务人

《印花税法》规定，印花税的纳税义务人，是在中华人民共和国境内书立、领受印花税法律法规所列举的凭证的单位和个人。

所称单位和个人，是指国内各类企业、事业单位、机关、团体、部队以及中外合资企业、合作企业、外资企业、外国公司和其他经济组织及其在华机构等单位和个人。

上述单位和个人，按照书立、使用、领受应税凭证的不同，可以分别确定为立合同人、立据人、立账簿人、领受人、使用人和各类电子应税凭证的签订人。

（一）立合同人

立合同人是指合同的当事人。当事人，是指对凭证有直接权利义务关系的单位和个人，但不包括合同的担保人、证人、鉴定人。各类合同，包括购销、加工承揽、建设工程承包、财产租赁、货物运输、仓储保管、借款、财产保险、技术合同或者具有合同性质的凭证。当事人的代理人有代理纳税的义务，其与纳税人负有同等的税收法律义务和责任。

（二）立据人

立据人是指土地、房屋权属转移过程中买卖双方的当事人。

（三）立账簿人

立账簿人是指设立并使用营业账簿的单位和个人。

（四）领受人

领受人是指领取或接受并持有该项凭证的单位和个人。例如，某人因其发明创造，经申请依法取得国家专利机关颁发的专利证书，该人即为纳税人。

（五）使用人

在国外书立、领受，但在国内使用的应税凭证的当事人是使用人。

（六）各类电子应税凭证的签订人

各类电子应税凭证的签订人即以电子形式签订的各类应税凭证的当事人。值得注意的是，对应税凭证，凡有两方或两方以上当事人共同书立的，其当事人各方都是印花税的纳税人，应各就其所持凭证的计税金额履行纳税义务。

2.2.2　税目和税率

印花税的税目与税率，依据将于 2022 年 1 月 1 日实施的《印花税法》，详见表 2-1。

表 2-1　　　　　　　　　　　印花税税目税率表

税目		税率	备注
合同（指书面合同）	借款合同	借款金额的万分之零点五	指银行业金融机构、经国务院银行业监督管理机构批准设立的其他金融机构与借款人（不包括同业拆借）的借款合同
	融资租赁合同	租金的万分之零点五	
	买卖合同	价款的万分之三	指动产买卖合同（不包括个人书立的动产买卖合同）
	承揽合同	报酬的万分之三	
	建设工程合同	价款的万分之三	
	运输合同	运输费用的万分之三	指货运合同和多式联运合同（不包括管道运输合同）
	技术合同	价款、报酬或者使用费的万分之三	不包括专利权、专有技术使用权转让书据
	租赁合同	租金的千分之一	
	保管合同	保管费的千分之一	
	仓储合同	仓储费的千分之一	
	财产保险合同	保险费的千分之一	不包括再保险合同
产权转移书据	土地使用权出让书据	价款的万分之五	转让包括买卖（出售）、继承、赠与、互换、分割
	土地使用权、房屋等建筑物和构筑物所有权转让书据（不包括土地承包经营权和土地经营权转移）	价款的万分之五	
	股权转让书据（不包括应缴纳证券交易印花税的）	价款的万分之五	
	商标专用权、著作权、专利权、专有技术使用权转让书据	价款的万分之三	
营业账簿		实收资本（股本）、资本公积合计金额的万分之二点五	
证券交易		成交金额的千分之一	

（1）有些合同，在签订时无法确定计税金额，如技术转让合同中的转让收入，是按销售收入的一定比例计算收入或按实现利润分成的；财产租赁合同，只是规定了月（天）租金标准而无租赁期限。对这类合同，可在签订时先按定额 5 元贴花，以后结算时再按实际金额计税，补贴印花。

（2）应税合同在签订时纳税义务已经发生，应计算应纳税额并贴花。所以，不论合同是否兑现或是否按期兑现，均应贴花。

对已履行并贴花的合同，所载金额与合同履行后实际结算金额不一致的，只要双方未修改合同金额，一般不再办理完税手续。

（3）施工单位将自己承包的建设项目，分包或者转包给其他施工单位所签订的分包合同或者转包合同，应按新的分包合同或者转包合同所载金额计算应纳税额。

这是因为，印花税是一种具有行为税性质的凭证税，尽管总承包合同已依法计税贴花，但新的分包或转包合同是一种新的凭证，又产生了新的纳税义务。

2.2.3　计算方法

印花税的应纳税额，根据应纳税凭证的性质，分别按照比例税率或者定额税率计算，其计算公式为：

应纳税额 = 应税凭证计税金额（或应税凭证件数）× 适用税率

【例 2-1】建华建筑公司与宁江地铁公司就宁江市地铁三号线某标段签订了标的额为 2 亿元的建设工程施工合同，工程中标后，该施工项目将其中的土石方工程分包给了当地的一家建筑工程公司，并签署了分包合同，分包额为 3 000 万元。建华建筑公司就上述业务应该如何缴纳印花税？

【解析】

首先，判断合同的类别，从而确定该合同适用的印花税税目。显然建华建筑公司与宁江地铁公司签订的是建设工程施工合同，适用的是印花税中的"建筑安装工程承包合同"税目。

其次，判断分转包合同是否应缴纳印花税。由于印花税是一种具有行为税性质的凭证税，尽管总承包合同已依法计税贴花，但新的分包或转包合同是一种新的凭证，又产生了新的纳税义务，所以分转包合同也应该缴纳印花税。

最后，确定所适用的税率。根据《印花税暂行条例》，建筑安装工程承包合同适用的税率是 0.3‰。

因此，本例中，建华建筑公司应该缴纳的印花税计算如下。

（1）与宁江地铁公司签订的建设工程承包合同应该缴纳的印花税：20 000 × 0.3‰ = 6（万元）。

（2）与当地建筑工程公司签订的工程分包合同应该缴纳的印花税：3 000 × 0.3‰ = 0.9（万元）。

（3）上述两笔业务总计应该缴纳印花税：6 + 0.9 = 6.9（万元）。

【例2-2】建华建筑公司承建宁江地铁三号线任务后，需加工2 000吨钢模板。项目经招标程序，选择了长春某钢构公司进行现场加工，并签署了钢模板加工合同。合同约定，加工钢模板所需的钢材由建华建筑公司宁江地铁三号线项目部承担，长春某钢构公司承担辅助材料，预计现场所需要的辅助材料折合人民币10万元，包含辅助材料的钢模板每吨加工费300元。建华建筑公司签署的上述钢模板加工合同如何缴纳印花税？

【解析】

首先，应判断该钢模板加工合同的类别，从而判断其所适用的印花税税率。显然，根据《印花税暂行条例》的规定，本合同应该适用《印花税暂行条例》中的"加工承揽合同"税目。同时，本合同属于加工承揽合同中的委托方提供主要材料，受托方提供辅助材料的情形。对于由委托方提供主要材料或原材料，受托方只提供辅助材料的加工合同，无论加工费和辅助材料费金额是否分别记载，均以辅助材料和加工费的合计数，按照加工承揽合同计税贴花，对委托方提供的主要材料或原材料不计税贴花。

其次，确定适用税率。根据《印花税暂行条例》，加工承揽合同适用的税率是0.5‰。

因此，本例中钢模板加工合同应该缴纳的印花税为：(2 000 × 300 + 100 000) × 0.5‰ = 350（元）。

2.3　征收管理

2.3.1　纳税和征税方法

2.3.1.1　纳税方法

印花税根据税额大小、贴花次数的不同，以及税收征收管理的需要，分别采用以下三种纳税办法。

一、自行贴花办法

这种办法一般适用于应税凭证较少或者贴花次数较少的纳税人。纳税人书立、领受或者使用《印花税暂行条例》列举的应税凭证的同时，纳税义务即已产生，应当根据应纳税凭证的性质和适用的税目税率自行计算应纳税额，自行购买印花税税票，自行一次贴足印花税票并加以注销或画销，纳税义务才算全部履行完毕。这就是通常所说的"三自"纳税办法。

值得注意的是，纳税人购买了印花税票，支付了税款，国家就取得了财政收入。但就印花税来说，纳税人支付了税款并不等于履行了纳税义务，纳税人必须自行贴花并注销或画销，这样才算完整地履行了纳税义务。

二、汇贴或汇缴办法

这种办法一般适用于应纳税额较大或者贴花次数较频繁的纳税人。一份凭证应纳税额超过 500 元的，应当向当地税务机关申请填写缴款书或者完税凭证，将其中一联粘贴在凭证上或者由税务机关在凭证上加注完税标记代替贴花。这就是通常所说的"汇贴"办法。

同一种类应纳税凭证，需频繁贴花的，纳税人可以根据实际情况自行决定是否采用按期汇总缴纳印花税的方式，汇总缴纳的期限为 1 个月。采用按期汇总缴纳方式的纳税人应事先告知主管税务机关。缴纳方式一经选定，1 年内不得改变。

三、委托代征办法

这种办法主要是通过税务机关的委托，经由发放或者办理应纳税凭证的单位代为征收印花税税款。如按照《印花税暂行条例》的规定，工商行政管理机关核发各类营业执照和商标注册证的同时，负责代售印花税票，征收印花税税款，并监督领受单位或者个人负责贴花。

2.3.1.2　核定征收印花税

根据《税收征管法》第三十五条的规定和印花税的税源特征，为加强印花税征收管理，纳税人有下列情形的，税务机关可以核定纳税人印花税计税依据：

（1）未按规定建立印花税应税凭证登记簿，或未如实登记和完整保存应税凭证的；

（2）拒不提供应税凭证，或不如实提供应税凭证致使计税依据明显偏低的；

（3）采用按期汇总缴纳办法的，未按地方税务机关规定的期限报送汇总缴纳印花税情况报告，经税务机关责令限期报告，逾期仍不报告的或者税务机关在检查中发现纳税人有未按规定汇总缴纳印花税情况的。

《国家税务总局青岛市税务局关于调整印花税核定征收比例的公告》（国家税务总局青岛市税务局公告 2018 年第 21 号）对实行印花税核定征收的部分应税税目的征收比例，自 2018 年 10 月 1 日起，进行如下调整。

1. 购销合同

（1）工业企业：工业采购和销售环节应纳印花税，按销售收入的 50% 核定征收。

（2）商业零售企业：商业零售采购环节应纳印花税，按销售收入的 20% 核定征收。

（3）外贸企业：外贸采购和销售环节应纳印花税，按销售收入的 50% 核定征收。

2. 货物运输合同

按运输货物收入、费用的 80% 核定征收。

3. 仓储保管合同

按仓储保管收入、费用的 80% 核定征收。

《湖南省印花税核定征收管理办法》（国家税务总局湖南省税务局 2018 年第 5 号）规定，自 2018 年 6 月 15 日起，印花税核定征收计税依据按照不同性质的应税凭证分别核定，具体标准如下。

（1）购销合同：工业，按照购销金额 70%～100% 的比例核定；商品、物资批发业，按照购销金额 40%～100% 的比例核定；商品批零兼营业（批发零售业务销售金额划分不清的），按照购销金额 30%～100% 的比例核定；商品零售业按照购进金额 50%～100% 的比例核定；其他行业，按照购销金额（营业收入）40%～100% 的比例核定。

（2）加工承揽合同：按加工或承揽金额 60%～100% 比例核定。

（3）建设工程勘察设计合同：按勘察、设计费用和收入 100% 比例核定。

（4）建筑安装工程承包合同：按承包金额或工程造价 100% 比例核定。

（5）财产租赁合同：按租赁金额 100% 比例核定。

（6）货物运输合同：按运输费用和收入 60%～100% 比例核定。

（7）仓储保管合同：按仓储保管费用和收入 100% 比例核定。

（8）借款合同：按借款金额 100% 比例核定。

（9）财产保险合同：按保险费金额 100% 比例核定。

（10）技术合同：按转让、咨询、服务费金额 100% 比例核定。

（11）产权转移书据：按转让金额 100% 比例核定。

2.3.2 纳税地点

印花税一般实行就地纳税。

2.3.3 纳税环节

印花税应当在书立或者领受时贴花，具体是指在合同签订时、账簿启用时和证照领受时贴花。如果合同是在国外签订，并且不便在国外贴花的，应在将合同带入境时办理贴花纳税手续。

2.3.4 管理与处罚

2.3.4.1 印花税管理走向数据信息化

为进一步规范印花税管理，便利纳税人，国家税务总局制定了《印花税管理规程（试行）》（国家税务总局公告 2016 年第 77 号），自 2017 年 1 月 1 日起施行之后《国家税务总局关于修改部分税收规范性文件的公告》（国家税务总局公告 2018 年第 31 号）对《印花税管理规程（试行）》进行了修改。条款第二十二、第二十三条废止。今后，印花税走向大数据信息化管理。《印花税管理规程（试行）》相关内容如下。

第二章 税源管理

第五条 纳税人应当如实提供、妥善保存印花税应纳税凭证（以下简称"应纳税凭证"）等有关纳税资料，统一设置、登记和保管《印花税应纳税凭证登记簿》（以下简称《登记簿》），及时、准确、完整记录应纳税凭证的书立、领受情况。《登记簿》的内容包括：应纳税凭证种类、应纳税凭证编号、凭证书立各方（或领受人）名称、书立（领受）时间、应纳税凭证金额、件数等。应纳税凭证保存期限按照《征管法》的有关规定执行。

第六条 税务机关可与银行、保险、工商、房地产管理等有关部门建立定期信息交换制度，利用相关信息加强印花税税源管理。

第七条 税务机关应当通过多种渠道和方式广泛宣传印花税政策，强化纳税辅导，提高纳税人的纳税意识和税法遵从度。

第三章 税款征收

…………

第十三条 税务机关应分行业对纳税人历年印花税的纳税情况、主营业务收入情况、应税合同的签订情况等进行统计、测算，评估各行业印花税纳税状况及税负水平，确定本地区不同行业应纳税凭证的核定标准。

…………

第十七条　税务机关应当建立印花税基础资料库，内容包括分行业印花税纳税情况、分户纳税资料等，并确定科学的印花税评估方法或模型，据此及时、合理地做好印花税征收管理工作。

第十八条　税务机关根据印花税征收管理的需要，本着既加强源泉控管，又方便纳税人的原则，按照《国家税务总局关于发布〈委托代征管理办法〉的公告》（国家税务总局公告2013年第24号，以下简称《委托代征管理办法》）有关规定，可委托银行、保险、工商、房地产管理等有关部门，代征借款合同、财产保险合同、权利许可证照、产权转移书据、建设工程承包合同等的印花税。

…………

第二十条　税务机关在印花税征管中要加强部门协作，实现相关信息共享，构建综合治税机制。

…………

第五章　风险管理

第二十五条　税务机关应当按照国家税务总局关于税收风险管理的总体要求以及财产行为税风险管理工作的具体要求开展印花税风险管理工作，探索建立适合本地区的印花税风险管理指标，依托现代化信息技术，对印花税管理的风险点进行识别、预警、监控，做好风险应对工作。

第二十六条　税务机关通过将掌握的涉税信息与纳税人申报（报告）的征收信息、减免税信息进行比对，分析查找印花税风险点。

（一）将纳税人分税目已缴纳印花税的信息与其对应的营业账簿、权利和许可证照、应税合同的应纳税款进行比对，防范少征该类账簿、证照、合同印花税的风险；

（二）将纳税人主营业务收入与其核定的应纳税额进行比对，防范纳税人少缴核定征收印花税的风险。

第二十七条　税务机关要充分利用税收征管系统中已有信息、第三方信息等资源，不断加强和完善印花税管理，提高印花税管理的信息化水平。

对于第五条，根据《税收征管法》第二十四条的规定，从事生产、经营的纳税人、扣缴义务人必须按照国务院财政、税务主管部门规定的保管期限保管账簿、记账凭证、完税凭证及其他有关资料。

根据《中华人民共和国税收征收管理法实施细则》（以下简称《税收征管法实施细则》）第二十九条的规定，账簿、记账凭证、报表、完税凭证、发票、出口凭证以及其他有关涉税资料应当合法、真实、完整。账簿、记账凭证、报表、完税凭证、发票、出口凭证以及其他有关涉税资料应当保存 10 年；但是，法律、行政法规另有规定的除外。

2.3.4.2　印花税凭证管理

各级税务机关应加强对印花税应税凭证的管理，要求纳税人统一设置印花税应税凭证登记簿，保证各类应税凭证及时、准确、完整地进行登记；应税凭证数量多或内部多个部门对外签订应税凭证的单位，要求其制定符合本单位实际的应税凭证登记管理办法。印花税应税凭证应按照《税收征管法实施细则》的规定保存 10 年。

【例 2-3】A 公司多年来一直在 H 写字楼办公，与出租方有良好的合作关系，双方的租赁合同往往不设定租赁期限。2016 年税务检查人员在对 A 公司的专项检查中发现，A 公司在 2014 年订立的房屋租赁合同没有贴花缴纳印花税。对此，A 公司拿出合同辩称，该合同未设定租赁期限，而且合同中的金额只有日租金 1 500 元，没有具体金额，所以忽视了贴花。检查人员人为，根据相关规定，该公司应按照实际支付的租金金额计算缴纳印花税，责成 A 公司补缴印花税并处罚款。

问：税务检查人员的观点是否正确？

【解析】

正确。类似 A 公司与出租方签订的房屋租赁合同没有设定租赁期限的情形在实务中屡见不鲜，只设定了日租金却没有设定期限，导致合同的总金额很可能无法计算，因此很多人就以该租赁合同中金额无法确定为由逃避缴纳印花税。而根据相关规定，即便出现上述情况，财产租赁合同在订立时仍需要先按定额 5 元贴花，缴纳印花税的凭证所载价款或者报酬增加的，纳税人应当补缴印花税；已缴纳印花税的凭证所载价款或者报酬减少的，纳税人可以向主管税务机关申请退还印花税税款，之后再根据实际结算情况，补贴印花。

那么，税务机关可处以该公司多少罚款？

在《印花税暂行条例》不适用以及国税发〔2004〕15 号文件作废的情况下，印花税违规处罚应按照《税收征管法》及其实施细则的规定执行。政策依据如下。

（1）《税收征管法》规定如下。

第六十条　纳税人有下列行为之一的，由税务机关责令限期改正，可以处二千元以下的罚款；情节严重的，处二千元以上一万元以下的罚款：

①未按照规定的期限申报办理税务登记、变更或者注销登记的；

②未按照规定设置、保管账簿或者保管记账凭证和有关资料的；

③未按照规定将财务、会计制度或者财务、会计处理办法和会计核算软件报送税务机关备查的；

④未按照规定将其全部银行账号向税务机关报告的；

⑤未按照规定安装、使用税控装置，或者损毁或者擅自改动税控装置的。

纳税人不办理税务登记的，由税务机关责令限期改正；逾期不改正的，经税务机关提请，由工商行政管理机关吊销其营业执照。

纳税人未按照规定使用税务登记证件，或者转借、涂改、损毁、买卖、伪造税务登记证件的，处二千元以上一万元以下的罚款；情节严重的，处一万元以上五万元以下的罚款。

··········

第六十二条　纳税人未按照规定的期限办理纳税申报和报送纳税资料的，或者扣缴义务人未按照规定的期限向税务机关报送代扣代缴、代收代缴税款报告表和有关资料的，由税务机关责令限期改正，可以处二千元以下的罚款；情节严重的，可以处二千元以上一万元以下的罚款。

第六十三条　纳税人伪造、变造、隐匿、擅自销毁账簿、记账凭证，或者在账簿上多列支出或者不列、少列收入，或者经税务机关通知申报而拒不申报或者进行虚假的纳税申报，不缴或者少缴应纳税款的，是偷税。对纳税人偷税的，由税务机关追缴其不缴或者少缴的税款、滞纳金，并处不缴或者少缴的税款百分之五十以上五倍以下的罚款；构成犯罪的，依法追究刑事责任。

扣缴义务人采取前款所列手段，不缴或者少缴已扣、已收税款，由税务机关追缴其不缴或者少缴的税款、滞纳金，并处不缴或者少缴的税款百分之五十以上五倍以下的罚款；构成犯罪的，依法追究刑事责任。

第六十四条　纳税人、扣缴义务人编造虚假计税依据的，由税务机关责令限期改正，并处五万元以下的罚款。纳税人不进行纳税申报，不缴或者少缴应纳税款的，由税务机关追缴其不缴或者少缴的税款、滞纳金，并处不缴或者少缴的税款百分之五十以上五倍以下的罚款。

（2）《税收征管法实施细则》第九十一条规定：非法印制、转借、倒卖、变造或者伪造完税凭证的，由税务机关责令改正，处2 000元以上1万元以下的罚款；情节严重的，处1万元以上5万元以下的罚款；构成犯罪的，依法追究刑事责任。

就本案例而言，若尚无实际结算金额，应按照定额 5 元贴花，否则，税务机关可以按照《税收征管法》第六十四条的规定对 A 公司进行处罚。

2.3.5　印花税的会计处理

《财政部关于印发〈增值税会计处理规定〉的通知》（财会〔2016〕22 号）将"营业税金及附加"科目名称改为"税金及附加"，相应利润表中的"营业税金及附加"项目也改为"税金及附加"项目。

"税金及附加"科目是一个损益类科目，该科目核算企业经营活动产生的消费税、城市维护建设税、资源税、教育费附加及房产税、土地使用税、车船税、印花税等相关税费。对于文件中没有提及的地方教育附加、土地增值税也放在这个科目核算。

2.3.6　印花税税收优惠

1. 法定凭证免税。下列凭证，免征印花税：

（1）应税凭证的副本或者抄本，免征印花税。

（2）农民、农民专业合作社、农村集体经济组织、村民委员会购买农业生产资料或者销售自产农产品订立的买卖合同和农业保险合同，免征印花税。

（3）无息或者贴息借款合同、国际金融组织向我国提供优惠贷款订立的借款合同、金融机构与小型微型企业订立的借款合同，免征印花税。

（4）财产所有权人将财产赠与政府、学校、社会福利机构订立的产权转移书据，免征印花税。

（5）军队、武警部队订立、领受的应税凭证，免征印花税。

（6）转让、租赁住房订立的应税凭证，免征个人（不包括个体工商户）应当缴纳的印花税。

（7）国务院规定免征或者减征印花税的其他情形。

2. 免税额。应纳税额不足 1 角的，免征印花税。

3. 特定情形免税。有下列情形之一的，免征印花税：

（1）对商店、门市部的零星加工修理业务开具的修理单，不贴印花。

（2）对铁路、公路、航运、水路承运快件行李、包裹开具的托运单据，暂免贴花。

（3）对企业车间、门市部、仓库设置的不属于会计核算范围的账簿，不贴印花。

4. 单据免税。对运输、仓储、保管、财产保险、银行借款等，办理一项业务，既书立合同，又开立单据的，只就合同贴花。所开立的各类单据，不再贴花。

5. 企业兼并并入资金免税。对企业兼并的并入资金，凡已按资金总额贴花的，接收单位对并入的资金，不再补贴印花。

6. 租赁承包经营合同免税。企业与主管部门等签订的租赁承包经营合同，不属于租赁合同，不征收印花税。

7. 特殊情形免税。纳税人已履行并贴花的合同，发现实际结算金额与合同所载金额不一致的，一般不再补贴印花。

8. 书、报、刊合同免税。书、报、刊发行单位之间，发行单位与订阅单位或个人之间书立的凭证，免征印花税。

9. 外国运输企业免税。由外国运输企业运输进口货物的，外国运输企业所持有的一份运费结算凭证，免征印花税。

10. 特殊货运凭证免税。下列特殊货运凭证，免征印花税：

（1）抢险救灾物资运输结算凭证。

（2）为新建铁路运输施工所属物料，使用工程临管线专用运费结算凭证。

11. 物资调拨单免税。对工业、商业、物资、外贸等部门调拨商品物资，作为内部执行计划使用的调拨单，不作为结算凭证，不属于合同性质的凭证，不征收印花税。

12. 同业拆借合同免税。银行、非银行金融机构之间相互融通短期资金，按照规定的同业拆借期限和利率签订的同业拆借合同，不征收印花税。

13. 借款展期合同免税。对办理借款展期业务使用借款展期合同或其他凭证，按规定仅载明延期还款事项的，可暂不贴花。

14. 合同、书据免税。出版合同，不属于印花税列举征税的凭证，免征印花税。

15. 国库业务账簿免税。中国人民银行各级机构经理国库业务及委托各专业银行各级机构代理国库业务设置的账簿，免征印花税。

16. 委托代理合同免税。代理单位与委托单位之间签订的委托代理合同，不征收印花税。

17. 日拆性贷款合同免税。对中国人民银行向各商业银行提供的日拆性贷款（20日以内的贷款）所签订的合同或借据，暂免征印花税。

18. 铁道企业特定凭证免税。铁路总公司所属单位的下列凭证，不征收印花税：

（1）铁路总公司层层下达的基建计划，不贴花。

（2）企业内部签订的有关铁路生产经营设施基建、更新改造、大修、维修的协议或责任书，不贴花。

（3）在铁路内部无偿调拨固定资产的调拨单据，不贴花。

（4）由铁路总公司全额拨付事业费的单位，其营业账簿，不贴花。

19. 电话和联网购货免税。对在供需经济活动中使用电话、计算机联网订货，没有开具书面凭证的，暂不贴花。

20. 股权转让免税。对国务院和省级人民政府批准进行政企脱钩、对企业进行改组和改变管理体制、变更企业隶属关系，以及国有企业改制、盘活国有资产，而发生的国有股权无偿转让划转行为，暂不征收证券交易印花税；对上市公司国有股权无偿转让，需要免征证券交易印花税的，须由企业提出申请，报证券交易所所在地税务局审批，并报国家税务总局备案。

2.4　典型问题探讨

问题 1. 土地出让与转让合同需要贴花完税吗？

【提问】

某地国土资源局，被税务局要求对出让土地合同缴纳印花税，那么土地出让与转让合同需要贴花完税吗？

【解析】

《财政部 国家税务总局关于印花税若干政策的通知》（财税〔2006〕162号）规定，土地使用权出让合同、土地使用权转让合同按产权转移书据征收印花税。对土地使用权出让合同的出让方征收印花税，表面上看出让方是政府部门。在我国，土地所有权是国家或集体所有，集体土地出让必须先征用为国有，对政府部门征收印花税毫无意义，但是印花税纳税人包括机关，因此政府部门也需要纳税。

问题 2. 贷款给子公司签订三方合同时，委托贷款借款合同是否集团双方缴纳印花税？

【提问】

集团公司委托银行贷款给子公司，签订三方合同，合同当事人包括委托人、受托人、借款人，此委托贷款借款合同是否集团双方缴纳印花税？

【解析】

此项合同包括两项内容，其一为集团公司与银行之间的委托事项，其二为集团公司对子公司的贷款事项。鉴于委托合同不属于印花税征税范围，而借款合同属于印花税征税范围，但借款合同仅针对一方为金融机构时征收印花税，因此集团公司与子公司不应按借款合同贴花完税。

问题3. 保险公司的保险合同如何贴花？

【提问】

保险公司的保险合同如何贴花？人寿保险公司的人寿险要不要贴花，财保公司办的临时健康险与意外险要不要贴花？

【解析】

保险合同按照保险费金额的千分之一贴花，注意这里的保险合同特指财产保险合同，包括家庭财产两全保险合同（以保险金利息作为保费收入，保险合同期满退还保险费），人身保险合同不属于印花税征税范畴。一般而言，人寿保险公司不需要按保险合同贴花，但要注意虽然财产保险公司大部分业务签订的合同属于财产保险合同，但也有少部分短期意外险与健康险合同是不需要贴花的。

问题4. 开办初期企业哪些权利、许可证照不需要贴花？

【提问】

开办初期企业需要领取许多证件，那么哪些权利、许可证照不需要贴花？

【解析】

印花税采取列举式征税，仅对不动产权证书、营业执照、商标注册证、专利证书征收印花税，其他如卫生许可证、采矿证等不征收印花税。

问题5. 产权转移书据的征税范围及以货币资金对外投资是否需要缴纳印花税？

【提问】

《国家税务总局关于印花税若干具体问题的解释和规定的通知》（国税发〔1991〕155号）规定，"产权转移书据"税目中"财产所有权"转移书据的征税范围是：经政府管理机关登记注册的动产、不动产的所有权转移所立的书据，以及企业股权转让所立的书据。此处的动产具体指什么？是否包括货币资金？如不包括，则以货币资金对外投资是否不缴印花税？

【解析】

动产是指能够移动而不损害其经济用途和经济价值的物，一般指金钱、器物等，与不动产相对，因此货币资金属于动产范畴。以货币资金对外投资入股不需要办理所有权转移书据，因此不需要申报缴纳印花税。但接受投资的企业应就增加的实收资本与资本公积之和申报缴纳印花税，如果动产或不动产涉及产权转移书据，则需要按两个税目贴花完税。

问题 6. 注册资本实缴登记改为认缴登记后如何缴纳印花税？

【提问】

注册资本实缴登记改为认缴登记后如何缴纳印花税？

【解析】

《印花税暂行条例施行细则》第七条规定，税目税率表中的记载资金的账簿，指载有固定资产原值和自有流动资金的总分类账簿，或者专门设置的记载固定资产原值和自有流动资金的账簿。其他账簿，指除上述账簿以外的账簿，包括日记账簿和各明细分类账簿。国税发〔1994〕25 号文件规定，生产经营单位执行《企业财务通则》和《企业会计准则》后，其"记载资金的账簿"的印花税计税依据改为"实收资本"与"资本公积"两项的合计金额。其"实收资本"和"资本公积"两项的合计金额大于原已贴花资金的，就增加的部分补贴印花。

注册资本实缴登记制度转变为认缴登记制度后，工商行政管理部门只登记公司认缴的注册资本，无须登记实收资本，不再收取验资证明文件。

公司股东（发起人）应当对其认缴出资额、出资方式、出资期限等自主约定，并记载于公司章程。公司股东（发起人）认缴时因没有纳税资金来源，没有纳税能力，无须缴纳印花税，应遵循收付实现制原则，公司在实际收到出资时缴纳印花税。

问题 7. 某公司与员工签订内部承包经营合同，这个合同是不是按财产租赁合同贴花？

【提问】

某公司与员工签订内部承包经营合同，这个合同是不是按财产租赁合同贴花？

【解析】

企业与主管部门等签订的承包经营合同，不属于财产租赁合同，不应贴花。企业、个人出租门店、柜台等签订的合同，属于财产租赁合同，应按照规定贴花。财产租赁合同征税范围：房屋、船舶、飞机、机动车辆、机械、器具、设备。承包经营合同不在其列，因为承包的是经营权而不是财产，而门店和柜台属于器具。

问题 8. 以持有的上市公司股权进行出资而发生的股权转让行为，是否要缴纳印花税？

【提问】

以持有的上市公司股权进行出资而发生的股权转让行为，是否要缴纳印花税？

【解析】

根据《财政部 国家税务总局关于以上市公司股权出资有关证券（股票）交易印花税政策问题的通知》（财税〔2010〕7 号）规定，投资人以其持有的上市公司股权进行出资而发生的股权转让行为，不属于证券（股票）交易印花税的征税范围，不征收证券（股票）交易印花税。上述行为的认定，由投资人按规定的要求提供相关资料，由证券登记结算公司所在地主管税务机关办理，并通知证券登记结算公司。

问题 9. 土地租赁合同是否属于印花税应税凭证，是否需要贴花？

【提问】

土地租赁合同是否属于印花税应税凭证，是否需要贴花？

【解析】

土地租赁合同和房屋租赁合同等有区别，它不是印花税应税凭证。《印花税暂行条例》第一条规定，在中华人民共和国境内书立、领受本条例所列举凭证的单位和个人，都是印花税的纳税义务人，应当按照本条例规定缴纳印花税。《印花税暂行条例施行细则》第十条规定，印花税只对税目税率表中列举的凭证和经财政部确定征税的其他凭证征税。也就是说，印花税的征收范围采用列举的方式，没有列举的凭证，不需要贴花。由于在印花税税目税率表的财产租赁合同税目中没有列举土地租赁合同，因此签订的土地租赁合同不属于印花税应税凭证，不需要贴花。

问题 10. 代理单位与委托单位签订的代理合同，是否需要缴纳印花税？

【提问】

代理单位与委托单位签订的代理合同，是否需要缴纳印花税？

【解析】

根据《国家税务总局关于印花税若干具体问题的解释和规定的通知》（国税发〔1991〕155 号）第十四条规定，在代理业务中，代理单位与委托单位之间签订的委托代理合同，凡仅明确代理事项、权限和责任的，不属于应税凭证，不必贴花。

问题 11. 买卖合同的印花税可否由第三方缴纳？

【提问】

甲乙双方签订的买卖合同，在缴纳印花税时，是否必须由甲乙各方缴纳，可否由第三方缴纳？

【解析】

《印花税暂行条例施行细则》规定，对于同一凭证，如果由两方或者两方以上当事人签订并各执一份的，各方均为纳税人，应当由各方就所持凭证的各自金额贴花。当事人，是指对凭证有直接权利义务关系的单位和个人，不包括保人、证人、鉴定人。如果应税凭证是由当事人代为书立的，则由代理人代为承担纳税义务。

问题 12. 多家银行与同一借款人签订一份借款合同，应如何缴纳印花税？

【提问】

多家银行与同一借款人签订一份借款合同，应如何缴纳印花税？

【解析】

《国家税务局关于对借款合同贴花问题的具体规定》（国税地字〔1988〕30号）规定，关于对借款方与银团"多头"签订借款合同的，贷方是由若干银行组成的银团，银团各方均承担一定的贷款数额，借款合同由借款方与银团各方共同书立，各执一份合同正本。对这类借款合同，借款方与贷款银团各方应分别在所执合同正本上按各自的借贷金额计税贴花。

问题 13. 不同汇率折算成人民币时如何确定申报印花税的适用汇率？

【提问】

某公司注册资本是以美元计，分三次汇入，每次的汇率都不一样。该公司应按照什么汇率折算成人民币申报缴纳印花税？

【解析】

根据《印花税暂行条例》的规定，记载资金的账簿，应按实收资本和资本公积合计金额的万分之五贴花。根据《印花税暂行条例施行细则》第十九条规定，应纳税凭证所载金额为外国货币的，纳税人应按照凭证书立当日国家外汇管理局公布的外汇牌价折合人民币，计算应纳税额。

问题 14. 租赁合同的实收金额与之前签订的合同金额不一致，应该按照哪个金额计算缴纳印花税？

【提问】

租赁合同的实收金额与之前签订的合同金额不一致，应该按照哪个金额计算缴纳印花税？

【解析】

依照《印花税暂行条例》规定，纳税人应在合同签订时按合同所载金额计税贴花。

问题 15. 增值税小规模纳税人减征印花税优惠是否可以与其他政策叠加享受？

【提问】

增值税小规模纳税人减征印花税优惠是否可以与其他政策叠加享受？

【解析】

《财政部 税务总局关于实施小微企业普惠性税收减免政策的通知》（财税〔2019〕13 号）明确，增值税小规模纳税人已依法享受资源税、城市维护建设税、房产税、城镇土地使用税、印花税、耕地占用税、教育费附加、地方教育附加其他优惠政策的，可叠加享受本通知第三条规定的优惠政策。因此，增值税小规模纳税人减征印花税优惠可以与其他政策叠加享受。

问题 16. 购销合同印花税怎么征收？哪种情况下可以核定征收印花税？

【提问】

购销合同印花税怎么征收？哪种情况下可以核定征收印花税？

【解析】

根据《印花税税目税率表》规定，购销合同包括供应、预购、采购、购销结合及协作、调剂、补偿、易货等合同。立合同人按购销金额依万分之三贴花。

根据《国家税务总局关于进一步加强印花税征收管理有关问题的通知》（国税函〔2004〕150 号）第四条规定，根据《税收征管法》第三十五条规定和印花税的税源特征，为加强印花税征收管理，纳税人有下列情形的，税务机关可以核定纳税人印花税计税依据：

（1）未按规定建立印花税应税凭证登记簿，或未如实登记和完整保存应税凭证的；

（2）拒不提供应税凭证或不如实提供应税凭证致使计税依据明显偏低的；

（3）采用按期汇总缴纳办法的，未按税务机关规定的期限报送汇总缴纳印花税情况报告，经税务机关责令限期报告，逾期仍不报告的或者税务机关在检查中发现纳税人有未按规定汇总缴纳印花税情况的。

问题 17. 营业账簿印花税有什么减免优惠？

【提问】

营业账簿印花税有什么减免优惠？

【解析】

根据《财政部 税务总局关于对营业账簿减免印花税的通知》(财税〔2018〕
50 号) 规定，自 2018 年 5 月 1 日起，对按万分之五税率贴花的资金账簿减半征
收印花税，对按件贴花五元的其他账簿免征印花税。

问题 18. 无租赁期限使用房产合同如何贴花？

【提问】

无租赁期限使用房产合同如何贴花？

【解析】

《国家税务局关于印花税若干具体问题的规定》(国税地字〔1988〕25 号)
第四条规定，有些合同在签订时无法确定计税金额，如技术转让合同中的转让
收入，是按销售收入的一定比例收取或是按实现利润分成的；财产租赁合同，
只是规定了月（天）租金标准却无租赁期限的。对这类合同，可在签订时先按
定额 5 元贴花，以后结算时再按实际金额计税，补贴印花。因此，无租赁期限
使用房产合同可在签订时按定额 5 元贴花，以后结算时再按实际金额计税，补
贴印花。

问题 19. 如果没有履行应税合同是否可免缴印花税？

【提问】

企业签订的应税合同如果没有履行是否可免缴印花税？如果合同所载金额
与实际结算金额不同又该如何处理？

【解析】

《印花税暂行条例》《印花税暂行条例施行细则》《国家税务局关于印花税
若干具体问题的规定》(国税地字〔1988〕25 号) 规定，应纳税凭证应当于合
同签订时、书据书立时、账簿启用时和证照领受时贴花。因此，不论合同是否
兑现或能否按期兑现，都一律按规定贴花。对已履行并贴花的合同，发现实际
结算金额与合同所载金额不一致的，一般不再补贴印花。凡修改合同后增加金
额的，应就增加部分补贴印花。

问题 20. 跨省市的建筑安装项目，其印花税纳税地点如何确定？

【提问】

跨省市的建筑安装项目，其印花税纳税地点如何确定？

【解析】

《印花税暂行条例》第七条只是规定了应纳税凭证应当于书立或者领受时贴
花。《印花税暂行条例施行细则》第十四条第一项规定，条例第七条所说的书立

或者领受时贴花，是指在合同签订时、书据立据时、账簿启用时和证照领受时贴花。因为印花税是以粘贴印花税票的形式来完税，而印花税票是全国统一的，所以印花税无须也无法规定纳税地点，只要在凭证书立或领受时完税即可。

问题 21. 装修装潢业务如何贴花？

【提问】

装修装潢业务如何贴花？

【解析】

凡建筑安装工程承包合同包含装潢装修内容的，按建筑安装工程承包合同贴花；其他装修装潢合同，按加工承揽合同贴花。

问题 22. 货物运输合同印花税计税依据是否包括装卸费？

【提问】

货物运输合同印花税计税依据是否包括装卸费？

【解析】

《国家税务总局 铁道部关于铁路货运凭证印花税若干问题的通知》（国税发〔2006〕101 号）第二条规定，铁路货运运费结算凭证为印花税应税凭证，包括：①货票（发站发送货物时使用）；②运费杂费收据（到站收取货物运费时使用）；③合资、地方铁路货运运费结算凭证（合资铁路公司、地方铁路单独计算核收本单位管内运费时使用）。上述凭证中所列运费为印花税的计税依据，包括统一运价运费、特价或加价运费、合资和地方铁路运费、新路均摊费、电力附加费。对分段计费一次核收运费的，以结算凭证所记载的全程运费为计税依据；对分段计费分别核收运费的，以分别核收运费的结算凭证所记载的运费为计税依据。因此，货物运输合同印花税的计税依据为取得的运费金额，不包括装卸费金额。

问题 23. 工程监理合同是否需要贴花？

【提问】

工程监理合同是否需要贴花？

【解析】

《印花税暂行条例》第二条规定，下列凭证为应纳税凭证：①购销、加工承揽、建设工程承包、财产租赁、货物运输、仓储保管、借款、财产保险、技术合同或者具有合同性质的凭证；②产权转移书据；③营业账簿；④权利、许可证照；⑤经财政部确定征税的其他凭证。《印花税暂行条例施行细则》第十条规定，印花税只对税目税率表中列举的凭证和经财政部确定征税的其他凭证征税。因此，企业与监理公司签订的工程监理合同，不属于上述列举的印花税征税范围，不缴纳印花税。

2.5　合同签订环节的会计处理

2.5.1　签订租赁合同的会计处理

2.5.1.1　施工企业租赁概述

租赁，是指在一定期间内，出租人将资产的使用权让与承租人以获取对价的合同。2018 年修订印发的新租赁准则与原准则相比，承租人会计处理不再区分经营租赁和融资租赁，而是采用单一的会计处理模型，也就是说，除采用简化处理的短期租赁和低价值资产租赁外，对所有租赁均确认使用权资产和租赁负债，参照固定资产准则对使用权资产计提折旧，采用固定的周期性利率确认每期利息费用。出租人租赁仍分为融资租赁和经营租赁两大类，并分别采用不同的会计处理方法。

2.5.1.2　承租人会计处理

在租赁期开始日，承租人应当对租赁确认使用权资产和租赁负债，应用短期租赁和低价值资产租赁简化处理的除外。

一、初始计量

（一）租赁负债的初始计量

租赁负债应当按照租赁期开始日尚未支付的租赁付款额的现值进行初始计量。

识别应纳入租赁负债的相关付款项目是计量租赁负债的关键。

1. 租赁付款额

租赁付款额，是指承租人向出租人支付的与在租赁期内使用租赁资产的权利相关的款项。

租赁付款额包括以下五项内容：

（1）固定付款额及实质固定付款额，存在租赁激励的，扣除租赁激励相关金额。租赁业务中的实质固定付款额是指在形式上可能包含变量但实质上无法避免的付款额。例如：

①付款额设定为可变租赁付款额，但该可变条款几乎不可能发生，没有真

正的经济实质。例如，付款额仅需在租赁资产经证实能够在租赁期间正常运行时支付，或者仅需在不可能不发生的事件发生时支付。又如，付款额初始设定为与租赁资产使用情况相关的可变付款额，但其潜在可变性将于租赁期开始日之后的某个时点消除，在可变性消除时，该类付款额成为实质固定付款额。

②承租人有多套付款额方案，但其中仅有一套是可行的。在此情况下，承租人应采用该可行的付款额方案作为租赁付款额。

③承租人有多套可行的付款额方案，但必须选择其中一套。在此情况下，承租人应采用总折现金额最低的一套作为租赁付款额。

租赁激励，是指出租人为达成租赁向承租人提供的优惠，包括出租人向承租人支付的与租赁有关的款项、出租人为承租人偿付或承担的成本等。存在租赁激励的，承租人在确定租赁付款额时，应扣除租赁激励相关金额。

（2）取决于指数或比率的可变租赁付款额。

可变租赁付款额，是指承租人为取得在租赁期内使用租赁资产的权利，而向出租人支付的因租赁期开始日后的事实或情况发生变化（而非时间推移）而变动的款项。可变租赁付款额可能与下列各项指标或情况挂钩：

①由于市场比率或指数数值变动导致的价格变动。例如，基准利率或消费者价格指数变动可能导致租赁付款额调整。

②承租人源自租赁资产的绩效。例如，零售业不动产租赁可能会要求基于使用该不动产取得的销售收入的一定比例确定租赁付款额。

③租赁资产的使用。例如，车辆租赁可能要求承租人在超过特定里程数时支付额外的租赁付款额。

需要注意的是，可变租赁付款额中，仅取决于指数或比率的可变租赁付款额纳入租赁负债的初始计量中，包括与消费者价格指数挂钩的款项、与基准利率挂钩的款项和为反映市场租金费率变化而变动的款项等。此类可变租赁付款额应当根据租赁期开始日的指数或比率确定。除了取决于指数或比率的可变租赁付款额之外，其他可变租赁付款额均不纳入租赁负债的初始计量中。

（3）购买选择权的行权价格，前提是承租人合理确定将行使该选择权。

在租赁期开始日，承租人应评估是否合理确定将行使购买标的资产的选择权。在评估时，承租人应考虑对其行使或不行使购买选择权产生经济激励的所有相关事实和情况。

如果承租人合理确定将行使购买标的资产的选择权，则租赁付款额中应包含购买选择权的行权价格。

（4）行使终止租赁选择权需支付的款项，前提是租赁期反映出承租人将行使终止租赁选择权。

在租赁期开始日，承租人应评估是否合理确定将行使终止租赁的选择权。在评估时，承租人应考虑对其行使或不行使终止租赁选择权产生经济激励的所有相关事实和情况。

如果承租人合理确定将行使终止租赁选择权，则租赁付款额中应包含行使终止租赁选择权需支付的款项，并且租赁期不应包含终止租赁选择权涵盖的期间。

（5）根据承租人提供的担保余值预计应支付的款项。

担保余值，是指与出租人无关的一方向出租人提供担保，保证在租赁结束时租赁资产的价值至少为某指定的金额。如果承租人提供了对余值的担保，则租赁付款额应包含该担保下预计应支付的款项，它反映了承租人预计将支付的金额，而不是承租人担保余值下的最大敞口。

2. 折现率

租赁负债应当按照租赁期开始日尚未支付的租赁付款额的现值进行初始计量。在计算租赁付款额的现值时，承租人应当采用租赁内含利率作为折现率；无法确定租赁内含利率的，应当采用承租人增量借款利率作为折现率。

租赁内含利率，是指使出租人的租赁收款额的现值与未担保余值的现值之和等于租赁资产公允价值与出租人的初始直接费用之和的利率。

其中，未担保余值，是指租赁资产余值中，出租人无法保证能够实现或仅由与出租人有关的一方予以担保的部分。

初始直接费用，是指为达成租赁所发生的增量成本。增量成本是指若企业不取得该租赁，则不会发生的成本，如佣金、印花税等。无论是否实际取得租赁都会发生的支出，不属于初始直接费用，例如为评估是否签订租赁而发生的差旅费、法律费用等，此类费用应当在发生时计入当期损益。

承租人增量借款利率，是指承租人在类似经济环境下为获得与使用权资产价值接近的资产，在类似期间以类似抵押条件借入资金须支付的利率。该利率与下列事项相关：

（1）承租人自身情况，即承租人的偿债能力和信用状况；

（2）"借款"的期限，即租赁期；

（3）"借入"资金的金额，即租赁负债的金额；

（4）"抵押条件"，即租赁资产的性质和质量；

（5）经济环境，包括承租人所处的司法管辖区、计价货币、合同签订时间等。

在具体操作时，承租人可以先根据所处经济环境，以可观察的利率作为确定增量借款利率的参考基础，然后根据承租人自身情况、标的资产情况、租赁期和租赁负债金额等租赁业务的具体情况对参考基础进行调整，得出适用的承租人增量借款利率。企业应当对确定承租人增量借款利率的依据和过程做好记录。

（二）使用权资产的初始计量

使用权资产，是指承租人可在租赁期内使用租赁资产的权利。在租赁期开始日，承租人应当按照成本对使用权资产进行初始计量。该成本包括下列四项：

（1）租赁负债的初始计量金额。

（2）在租赁期开始日或之前支付的租赁付款额。存在租赁激励的，应扣除已享受的租赁激励相关金额。

（3）承租人发生的初始直接费用。

（4）承租人为拆卸及移除租赁资产、复原租赁资产所在场地或将租赁资产恢复至租赁条款约定状态预计将发生的成本。前述成本属于为生产存货而发生的，适用《企业会计准则第1号——存货》。

关于上述第（4）项成本，承租人有可能在租赁期开始日就承担了上述成本的支付义务，也可能在特定期间内因使用标的资产而承担了相关义务。承租人应在其有义务承担上述成本时，将这些成本确认为使用权资产成本的一部分。但是，承租人由于在特定期间内将使用权资产用于生产存货而发生的上述成本，应按照《企业会计准则第1号——存货》进行会计处理。承租人应当按照《企业会计准则第13号——或有事项》对上述成本的支付义务进行确认和计量。承租人发生的租赁资产改良支出不属于使用权资产，应当记入"长期待摊费用"科目。

在某些情况下，承租人可能在租赁期开始前就发生了与标的资产相关的经济业务或事项。例如，租赁合同双方经协商在租赁合同中约定，标的资产需经建造或重新设计后方可供承租人使用；根据合同条款与条件，承租人需支付与资产建造或设计相关的成本。

承租人如发生与标的资产建造或设计相关的成本，应适用其他相关准则（如《企业会计准则第4号——固定资产》）进行会计处理。同时，需要注意的是与标的资产建造或设计相关的成本不包括承租人为获取标的资产使用权而支付的款项，此类款项无论在何时支付，均属于租赁付款额。

二、后续计量

（一）租赁负债的后续计量

1. 计量基础

在租赁期开始日后，承租人应当按以下原则对租赁负债进行后续计量：

（1）确认租赁负债的利息时，增加租赁负债的账面金额；

（2）支付租赁付款额时，减少租赁负债的账面金额；

（3）因重估或租赁变更等原因导致租赁付款额发生变动时，重新计量租赁负债的账面价值。

2. 租赁负债的重新计量

在租赁期开始日后，当发生下列四种情形时，承租人应当按照变动后的租赁付款额的现值重新计量租赁负债，并相应调整使用权资产的账面价值。使用权资产的账面价值已调减至零，但租赁负债仍需进一步调减的，承租人应当将剩余金额计入当期损益。

（1）实质固定付款额发生变动。

如果租赁付款额最初是可变的，但在租赁期开始日后的某一时点转为固定，那么，在潜在可变性消除时，该付款额成为实质固定付款额，应纳入租赁负债的计量中。承租人应当按照变动后租赁付款额的现值重新计量租赁负债。在该情形下，承租人采用的折现率不变，即，采用租赁期开始日确定的折现率。

（2）担保余值预计的应付金额发生变动。

在租赁期开始日后，承租人应对其在担保余值下预计支付的金额进行估计。该金额发生变动的，承租人应当按照变动后租赁付款额的现值重新计量租赁负债。在该情形下，承租人采用的折现率不变。

（3）用于确定租赁付款额的指数或比率发生变动。

在租赁期开始日后，因浮动利率的变动而导致未来租赁付款额发生变动的，承租人应当按照变动后租赁付款额的现值重新计量租赁负债。在该情形下，承租人应采用反映利率变动的修订后的折现率进行折现。

在租赁期开始日后，因用于确定租赁付款额的指数或比率（浮动利率除外）的变动而导致未来租赁付款额发生变动的，承租人应当按照变动后租赁付款额的现值重新计量租赁负债。在该情形下，承租人采用的折现率不变。

需要注意的是，仅当现金流量发生变动时，即租赁付款额的变动生效时，承租人才应重新计量租赁负债，以反映变动后的租赁付款额。承租人应基于变动后的合同付款额，确定剩余租赁期内的租赁付款额。

（4）购买选择权、续租选择权或终止租赁选择权的评估结果或实际行使情况发生变化。

租赁期开始日后，发生下列情形的，承租人应采用修订后的折现率对变动后的租赁付款额进行折现，以重新计量租赁负债：

①发生承租人可控范围内的重大事件或变化，且影响承租人是否合理确定将行使续租选择权或终止租赁选择权的，承租人应当对其是否合理确定将行使相应选择权进行重新评估。上述选择权的评估结果发生变化的，承租人应当根据新的评估结果重新确定租赁期和租赁付款额。前述选择权的实际行使情况与原评估结果不一致等导致租赁期变化的，也应当根据新的租赁期重新确定租赁付款额。

②发生承租人可控范围内的重大事件或变化，且影响承租人是否合理确定将行使购买选择权的，承租人应当对其是否合理确定将行使购买选择权进行重新评估。评估结果发生变化的，承租人应根据新的评估结果重新确定租赁付款额。

上述两种情形下，承租人在计算变动后租赁付款额的现值时，应当采用剩余租赁期间的租赁内含利率作为折现率；无法确定剩余租赁期间的租赁内含利率的，应当采用重估日的承租人增量借款利率作为折现率。

（二）使用权资产的后续计量

1. 计量基础

在租赁期开始日后，承租人应当采用成本模式对使用权资产进行后续计量，即，以成本减累计折旧及累计减值损失计量使用权资产。

承租人按照新租赁准则有关规定重新计量租赁负债的，应当相应调整使用权资产的账面价值。

2. 使用权资产的折旧

承租人应当参照《企业会计准则第4号——固定资产》有关折旧规定，自租赁期开始日起对使用权资产计提折旧。使用权资产通常应自租赁期开始的当月计提折旧，当月计提确有困难的，为便于实务操作，企业也可以选择自租赁期开始的下月计提折旧，但应对同类使用权资产采取相同的折旧政策。计提的折旧金额应根据使用权资产的用途，计入相关资产的成本或者当期损益。承租人在确定使用权资产的折旧方法时，应当根据与使用权资产有关的经济利益的预期实现方式作出决定。通常，承租人按直线法对使用权资产计提折旧，其他折旧方法更能反映使用权资产有关经济利益预期实现方式的，应采用其他折旧方法。

　　承租人在确定使用权资产的折旧年限时，应遵循以下原则：承租人能够合理确定租赁期届满时取得租赁资产所有权的，应当在租赁资产剩余使用寿命内计提折旧；承租人无法合理确定租赁期届满时能够取得租赁资产所有权的，应当在租赁期与租赁资产剩余使用寿命两者孰短的期间内计提折旧。如果使用权资产的剩余使用寿命短于前两者，则应在使用权资产的剩余使用寿命内计提折旧。

　　3. 使用权资产的减值

　　在租赁期开始日后，承租人应当按照《企业会计准则第 8 号——资产减值》的规定，确定使用权资产是否发生减值，并对已识别的减值损失进行会计处理。使用权资产发生减值的，按应减记的金额，借记"资产减值损失"科目，贷记"使用权资产减值准备"科目。使用权资产减值准备一旦计提，不得转回。承租人应当按照扣除减值损失之后的使用权资产的账面价值，进行后续折旧。

　　企业执行新租赁准则后，《企业会计准则第 13 号——或有事项》有关亏损合同的规定仅适用于采用短期租赁和低价值资产租赁简化处理方法的租赁合同以及在租赁开始日前已是亏损合同的租赁合同，不再适用于其他租赁合同。

　　（三）租赁变更的会计处理

　　租赁变更，是指原合同条款之外的租赁范围、租赁对价、租赁期限的变更，包括增加或终止一项或多项租赁资产的使用权，延长或缩短合同规定的租赁期等。租赁变更生效日，是指双方就租赁变更达成一致的日期。

　　1. 租赁变更作为一项单独租赁处理

　　租赁发生变更且同时符合下列条件的，承租人应当将该租赁变更作为一项单独租赁进行会计处理：

　　（1）该租赁变更通过增加一项或多项租赁资产的使用权而扩大了租赁范围；

　　（2）增加的对价与租赁范围扩大部分的单独价格按该合同情况调整后的金额相当。

　　2. 租赁变更未作为一项单独租赁处理

　　租赁变更未作为一项单独租赁进行会计处理的，在租赁变更生效日，承租人应当按照新租赁准则有关租赁分拆的规定对变更后合同的对价进行分摊；按照新租赁准则有关租赁期的规定确定变更后的租赁期；并采用变更后的折现率对变更后的租赁付款额进行折现，以重新计量租赁负债。在计算变更后租赁付款额的现值时，承租人应当采用剩余租赁期间的租赁内含利率作为折现率；无法确定剩余租赁期间的租赁内含利率的，应当采用租赁变更生效日的承租人增量借款利率作为折现率。就上述租赁负债调整的影响，承租人应区分以下情形进行会计处理：

（1）租赁变更导致租赁范围缩小或租赁期缩短的，承租人应当调减使用权资产的账面价值，以反映租赁的部分终止或完全终止。承租人应将部分终止或完全终止租赁的相关利得或损失计入当期损益。

（2）其他租赁变更，承租人应当相应调整使用权资产的账面价值。

【例2-4】甲施工企业2×20年1月1日与乙公司签订了一项为期5年的不动产（供管理部门使用）租赁合同，用银行存款支付佣金和印花税5.4万元，为评估是否签订租赁合同而发生的差旅费和法律费用5万元，每年租赁付款额为100万元，于年初支付。合同规定，租赁付款额在租赁期开始日后每两年基于过去24个月消费者价格指数的上涨进行上调。租赁期开始日的消费者价格指数为100。假设该租赁2×22年年初的消费者价格指数为110，甲公司在租赁期开始日采用的年折现率为5%，2×22年年初的年折现率为6%。已知（P/A，5%，4）=3.5460，（P/A，5%，2）=1.8594，（P/A，6%，2）=1.8334。使用权资产按直线法在5年内计提折旧。假设利息费用不符合资本化条件，不考虑其他因素。要求：

（1）编制甲公司2×20年1月1日有关会计分录。

（2）编制甲公司2×20年12月31日使用权资产计提折旧、确认利息费用的会计分录。

（3）编制甲公司2×21年1月1日支付租金，2×21年12月31日使用权资产计提折旧、确认利息费用的会计分录。

（4）编制甲公司2×22年1月1日有关会计分录。

【解析】

（1）甲公司在初始计量租赁负债时，应基于租赁期开始日的消费者价格指数确定租赁付款额，无须对后续年度因消费者价格指数而导致的租金变动进行估计。因此，在租赁期开始日，甲公司应以每年100万元的租赁付款额为基础计量租赁负债。即租赁负债初始确认金额=100×3.5460=354.6（万元），用银行存款支付佣金和印花税5.4万元属于初始直接费用，应计入使用权成本，为评估是否签订租赁而发生的差旅费和法律费用5万元应该在发生时计入当期损益，因此使用权资产入账价值=354.6+100+5.4=460（万元）。会计分录为：

借：使用权资产	460
租赁负债——未确认融资费用	45.4
管理费用	5
贷：租赁负债——租赁付款额	400
银行存款	110.4

（2）

①使用权资产计提折旧

借：管理费用	（460÷5）92
贷：使用权资产累计折旧	92

②确认利息费用

借：财务费用	[（400-45.4）×5%]17.73
贷：租赁负债——未确认融资费用	17.73

（3）

①支付租金

借：租赁负债——租赁付款额	100
贷：银行存款	100

②使用权资产计提折旧

借：管理费用	92
贷：使用权资产累计折旧	92

③确认利息费用

2×21 年 1 月 1 日租赁负债账面价值=（400-45.4）+17.73-100=272.33（万元）。2×21 年确认利息费用=272.33×5%=13.62（万元）。

借：财务费用	13.62
贷：租赁负债——未确认融资费用	13.62

（4）经消费者价格指数调整后的第 3 年租赁付款额为 110 万元（即，100×110÷100），2×22 年 1 月 1 日租赁负债应当以每年 110 万元的租赁付款额（剩余三笔）为基础进行重新计量。在第三年年初，甲公司按以下金额重新计量租赁负债：每年 110 万元的租赁付款额按不变的折现率（即 5%）进行折现，为 314.53 万元[110+110×(P/A,5%,2)]。原租赁负债账面价值=272.33+13.62=285.95（万元），因此，甲公司租赁负债增加=314.53-285.95=28.58（万元）。

```
借：使用权资产                                    28.58
    租赁负债——未确认融资费用                      1.42
    贷：租赁负债——租赁付款额                              30
借：租赁负债——租赁付款额                          110
    贷：银行存款                                          110
```

2.5.1.3　出租人会计处理

一、出租人的租赁分类

（一）融资租赁和经营租赁

出租人应当在租赁开始日将租赁分为融资租赁和经营租赁。

租赁开始日，是指租赁合同签署日与租赁各方就主要租赁条款作出承诺日中的较早者。租赁开始日可能早于租赁期开始日，也可能与租赁期开始日重合。

一项租赁属于融资租赁还是经营租赁取决于交易的实质，而不是合同的形式。如果一项租赁实质上转移了与租赁资产所有权有关的几乎全部风险和报酬，出租人应当将该项租赁分类为融资租赁。出租人应当将除融资租赁以外的其他租赁分类为经营租赁。

出租人的租赁分类是以租赁转移与租赁资产所有权相关的风险和报酬的程度为依据的。风险包括由于生产能力的闲置或技术陈旧可能造成的损失，以及由于经济状况的改变可能造成的回报变动。报酬可以表现为在租赁资产的预期经济寿命期间经营的盈利以及因增值或残值变现可能产生的利得。

租赁开始日后，除非发生租赁变更，出租人无须对租赁的分类进行重新评估。租赁资产预计使用寿命、预计余值等会计估计变更或发生承租人违约等情况变化的，出租人不对租赁进行重分类。

租赁合同可能包括因租赁开始日与租赁期开始日之间发生的特定变化而需对租赁付款额进行调整的条款与条件（例如，出租人标的资产的成本发生变动，或出租人对该租赁的融资成本发生变动）。在此情况下，出于租赁分类目的，此类变动的影响均视为在租赁开始日已发生。

（二）融资租赁的分类标准

一项租赁存在下列一种或多种情形的，通常分类为融资租赁：

（1）在租赁期届满时，租赁资产的所有权转移给承租人。即，如果在租赁协议中已经约定，或者根据其他条件，在租赁开始日就可以合理地判断，租赁期届满时出租人会将资产的所有权转移给承租人，那么该项租赁通常分类为融资租赁。

（2）承租人有购买租赁资产的选择权，所订立的购买价款预计将远低于行使选择权时租赁资产的公允价值，因而在租赁开始日就可以合理确定承租人将行使该选择权。

（3）资产的所有权虽然不转移，但租赁期占租赁资产使用寿命的大部分。实务中，这里的"大部分"一般指租赁期占租赁开始日租赁资产使用寿命的75%以上（含75%）。需要说明的是，这里的量化标准只是指导性标准，企业在具体运用时，必须以准则规定的相关条件进行综合判断。这条标准强调的是租赁期占租赁资产使用寿命的比例，而非租赁期占该项资产全部可使用年限的比例。如果租赁资产是旧资产，在租赁前已使用年限超过资产自全新时起算可使用年限的75%以上时，则这条判断标准不适用，不能使用这条标准确定租赁的分类。

（4）在租赁开始日，租赁收款额的现值几乎相当于租赁资产的公允价值。实务中，这里的"几乎相当于"，通常指90%以上。需要说明的是，这里的量化标准只是指导性标准，企业在具体运用时，必须以准则规定的相关条件进行综合判断。

（5）租赁资产性质特殊，如果不作较大改造，只有承租人才能使用。租赁资产是由出租人根据承租人对资产型号、规格等方面的特殊要求专门购买或建造的，具有专购、专用性质。这些租赁资产如果不作较大的重新改制，其他企业通常难以使用。这种情况下，通常也分类为融资租赁。

一项租赁存在下列一项或多项迹象的，也可能分类为融资租赁：

（1）若承租人撤销租赁，撤销租赁对出租人造成的损失由承租人承担。

（2）资产余值的公允价值波动所产生的利得或损失归属于承租人。例如，租赁结束时，出租人以相当于资产销售收益的绝大部分金额作为对租金的退还，说明承租人承担了租赁资产余值的几乎所有风险和报酬。

（3）承租人有能力以远低于市场水平的租金继续租赁至下一期间。此经济激励政策与购买选择权类似，如果续租选择权行权价远低于市场水平，可以合理确定承租人将继续租赁至下一期间。

值得注意的是，出租人判断租赁类型时，上述情形和迹象并非总是决定性的，而是应综合考虑经济激励的有利方面和不利方面。若有其他特征充分表明，租赁实质上没有转移与租赁资产所有权相关的几乎全部风险和报酬，则该租赁应分类为经营租赁。例如，若租赁资产的所有权在租赁期结束时是以相当于届时其公允价值的可变付款额转让至承租人，或者因存在可变租赁付款额导致出租人实质上没有转移几乎全部风险和报酬，就可能出现这种情况。

二、出租人对融资租赁的会计处理

（一）初始计量

在租赁期开始日，出租人应当对融资租赁确认应收融资租赁款，并终止确认融资租赁资产。出租人对应收融资租赁款进行初始计量时，应当以租赁投资净额作为应收融资租赁款的入账价值。

租赁投资净额为未担保余值和租赁期开始日尚未收到的租赁收款额按照租赁内含利率折现的现值之和。租赁内含利率，是指使出租人的租赁收款额的现值与未担保余值的现值之和（即租赁投资净额）等于租赁资产公允价值与出租人的初始直接费用之和的利率。因此，出租人发生的初始直接费用包括在租赁投资净额中，也即包括在应收融资租赁款的初始入账价值中。

租赁收款额，是指出租人因让渡在租赁期内使用租赁资产的权利而应向承租人收取的款项，包括：

（1）承租人需支付的固定付款额及实质固定付款额。存在租赁激励的，应当扣除租赁激励相关金额。

（2）取决于指数或比率的可变租赁付款额。该款项在初始计量时根据租赁期开始日的指数或比率确定。

（3）购买选择权的行权价格，前提是合理确定承租人将行使该选择权。

（4）承租人行使终止租赁选择权需支付的款项，前提是租赁期反映出承租人将行使终止租赁选择权。

（5）由承租人、与承租人有关的一方以及有经济能力履行担保义务的独立第三方向出租人提供的担保余值。

若某融资租赁合同必须以收到租赁保证金为生效条件，出租人收到承租人交来的租赁保证金，借记"银行存款"科目，贷记"其他应收款——租赁保证金"科目。承租人到期不交租金，以保证金抵作租金时，借记"其他应收款——租赁保证金"科目，贷记"应收融资租赁款"科目。承租人违约，按租赁合同或协议规定没收保证金时，借记"其他应收款——租赁保证金"科目，贷记"营业外收入"等科目。

（二）融资租赁的后续计量

出租人应当按照固定的周期性利率计算并确认租赁期内各个期间的利息收入。纳入出租人租赁投资净额的可变租赁付款额只包含取决于指数或比率的可变租赁付款额。在初始计量时，应当采用租赁期开始日的指数或比率进行初始计量。出租人应定期复核计算租赁投资总额时所使用的未担保余值。若预计未担保余值降低，出租人应修改租赁期内的收益分配，并立即确认预计的减少额。出租人取得的未纳入租赁投资净额计量的可变租赁付款额，如与资产的未来绩效或使用情况挂钩的可变租赁付款额，应当在实际发生时计入当期损益。

（三）融资租赁变更的会计处理

融资租赁发生变更且同时符合下列条件的，出租人应当将该变更作为一项单独租赁进行会计处理：

（1）该变更通过增加一项或多项租赁资产的使用权而扩大了租赁范围或延长了租赁期限；

（2）增加的对价与租赁范围扩大部分或租赁期限延长部分的单独价格按该合同情况调整后的金额相当。

如果融资租赁的变更未作为一项单独租赁进行会计处理，且满足假如变更在租赁开始日生效，该租赁会被分类为经营租赁条件的，出租人应当自租赁变更生效日开始将其作为一项新租赁进行会计处理，并以租赁变更生效日前的租赁投资净额作为租赁资产的账面价值。如果融资租赁的变更未作为一项单独租赁进行会计处理，且满足假如变更在租赁开始日生效，该租赁会被分类为融资租赁条件的，出租人应当按照《企业会计准则第 22 号——金融工具确认和计量》（2017）第四十二条关于修改或重新议定合同的规定进行会计处理。即，修改或重新议定租赁合同，未导致应收融资租赁款终止确认，但导致未来现金流量发生变化的，应当重新计算该应收融资租赁款的账面余额，并将相关利得或损失计入当期损益。重新计算应收融资租赁款账面余额时，应当根据重新议定或修改的租赁合同现金流量按照应收融资租赁款的原折现率或按照《企业会计准则第 24 号——套期会计》（2017）第二十三条规定重新计算的折现率（如适用）折现的现值确定。对于修改或重新议定租赁合同所产生的所有成本和费用，企业应当调整修改后的应收融资租赁款的账面价值，并在修改后的应收融资租赁款的剩余期限内进行摊销。

三、出租人对经营租赁的会计处理

（一）租金的处理

在租赁期内各个期间，出租人应采用直线法或者其他系统合理的方法将经营租赁的租赁收款额确认为租金收入。如果其他系统合理的方法能够更好地反映因使用租赁资产所产生经济利益的消耗模式的，则出租人应采用该方法。

（二）出租人对经营租赁提供激励措施

出租人提供免租期的，出租人应将租金总额在不扣除免租期的整个租赁期内，按直线法或其他合理的方法进行分配，免租期内应当确认租金收入。出租人承担了承租人某些费用的，出租人应将该费用自租金收入总额中扣除，按扣除后的租金收入余额在租赁期内进行分配。

（三）初始直接费用

出租人发生的与经营租赁有关的初始直接费用应当资本化至租赁标的资产的成本，在租赁期内按照与租金收入相同的确认基础分期计入当期损益。

（四）折旧和减值

对于经营租赁资产中的固定资产，出租人应当采用类似资产的折旧政策计提折旧。

对于其他经营租赁资产，应当根据该资产适用的企业会计准则，采用系统合理的方法进行摊销。

出租人应当按照《企业会计准则第8号——资产减值》的规定，确定经营租赁资产是否发生减值，并对已识别的减值损失进行会计处理。

（五）可变租赁付款额

出租人取得的与经营租赁有关的可变租赁付款额，如果是与指数或比率挂钩的，应在租赁期开始日计入租赁收款额；除此之外的，应当在实际发生时计入当期损益。

（六）经营租赁的变更

经营租赁发生变更的，出租人应自变更生效日开始，将其作为一项新的租赁进行会计处理，与变更前租赁有关的预收或应收租赁收款额视为新租赁的收款额。

2.5.2　签订分包合同的会计处理

分包工程的核算程序一般分为以下步骤。

合同招标、评审、签订—合同交底—合同履行—中期结算—工程款支付—分包决算—质保金支付—合同终止。

一、合同招标、评审、签订

依据公司招标管理办法，公司及各单位对外分包工程需进行招标，确定信誉良好、资质达标、价格合理、实力强的分包单位。

依据公司合同管理办法，公司及各单位对外签订合同（包括具有合同性质的意向书、协议书等）前，无论合同金额大小，必须进行自评后，上报公司合同主管部门评审。未进行评审的合同，一律不得签订。据此，项目部对外签订合同前必须先自评，然后报公司合同主管部门评审。财务人员应参与项目部合同评审。为规避合同风险，评审时一般注意以下内容。

（1）当事人的名称或姓名和住所。

（2）工程地点及工程内容。合同中应明确承包工程的地点、范围和工程量，并附有工程量清单。

（3）承包方式及合同价款。合同中应明确承包方式、合同价款及价款内容，单价合同应明确合同单价及价款内容，注明是否含税并明确税种、税率。还应明确合同变更索赔的条件、方式等。

（4）合同工期。合同中应明确开工日期、完工日期和总工期（日历天数或月），为配合项目部的总工期，合同中还应明确阶段工期目标，并在合同中明确工期延误责任的划分及奖罚措施。

（5）质量标准。为确保工程质量，合同中一般要明确分部工程验收和完工验收程序、质量标准和奖罚措施，并且标准一般不低于业主要求的标准。

（6）工程款的计量与支付。合同中应严格规定工程计量和竣工决算的前提条件、时间及程序，明确支付工程款的前提条件、比例，以及代垫款项的处理方式、付款地点和付款方式。一般不得向对方支付预付款，特殊情况下必须支付预付款时，要求对方出具预付款保函或采用其他担保形式，并报公司合同评审委员会审查批准。

（7）材料供应。目前，建筑施工企业项目部对外分包一般为部分分包，故合同中应明确总包方负担或应供的材料种类、规格、数量、范围、损耗比例、超耗材料扣款单价及材料交接地点等，并且还要明确此外所有材料费用的归属。

（8）工程保修。合同中应明确工程保修责任、保修金的比例或金额及保修期限。一般情况下，保修金比例高于业主要求的比例，保修期限不短于业主要求的期限，特别是主体工程。明确质保金支付的方式、时间及条件。如我方收到业主支付的质保金后×天内支付。

（9）履约保证措施和争议解决的方式。对外订立合同时，必须要求对方提供履约保函或其他担保方式，明确解决争议的方式。

（10）双方的责任、义务和权利。要明确总包方提供的施工条件、施工资料及施工配合等，包括对方的施工投入、人员财产等安全措施、施工技术资料、文明施工、服从我方管理、工程不得转包、违约责任及赔偿、资金的管理及施工配合等。

（11）其他。如不可抗拒因素、环境保护、文物保护、隐蔽工程的处理及免责条款等。

二、合同交底

合同签订后，项目部合同管理部门应组织项目部有关领导、有关部门人员及现场有关人员召开合同交底会，对不同人员就相关合同内容和双方商谈记录进行交底，以便合同的履行。具体内容如下。

（1）合同管理人员向项目管理人员和企业各部门相关人员进行合同交底，组织大家学习合同和总体分析合同，对合同的主要内容做出解释和说明。

（2）将各种合同事件的责任分解落实到各工程小组或分包人。

（3）在合同实施前与其他相关的各方面，如发包人、监理工程师、承包人沟通，召开协调会议，落实各种安排。

（4）在合同实施过程中还必须进行经常性的检查、监督，对合同做出解释。

（5）合同责任的完成必须通过其他经济手段来保证。对分包商主要通过分包合同确定双方的责任与权利关系，保证分包商能及时地、按质按量地完成合同责任。

三、合同履行

合同招标时，应收取各投标单位相应的标书费用及投标保证金。招标结束后，按招标文件规定，退还相关的投标保证金。

合同生效后，即合同履行的开始。相关人员要就合同相关内容进行合同的履行和监督。

合同中如约定履约保证金的，分包单位应缴纳履约保证金，建筑施工企业收到款项时，进行会计处理如下。

借：银行存款

　　贷：其他应付款——履约保证金——××公司

凭证附件：收据记账联、进账单或银行收款通知单。

合同履行完毕退付履约保证金时，做相反分录，附件为对方开具的收据及银行付款单据。

如为其他形式担保的，要递交相关资料，如履约保函等，到期登记退还，不需要其他处理。

【例2-5】某分包单位在2×21年3月1日向总包方某施工企业缴纳20万元履约保证金。

【解析】

收到保证金时，总包方的账务处理如下。

借：银行存款　　　　　　　　　　　　　　　　　　　200 000

　　贷：其他应付款——履约保证金　　　　　　　　　　　200 000

凭证附件：收据记账联、进账单或银行收款通知单。

合同履行完毕退付履约保证金时，总包方做相反分录，附件为对方开具的收据及银行付款单据。

如分包单位递交履约保函等，到期登记退还，不需要其他处理。

四、中期结算

为了准确核算项目部分包成本，准确反映项目部月度生产经营情况，要坚持实行月度结算制度。要求成本核算部门每月月末对施工单位进行月度结算，结算要及时、准确，不能漏结，更不能多结。

结算原则：应按合同中规定的结算原则进行结算。一般合同中约定有结算条款，如乙方在每月×日前向甲方提交已完工程的结算报告，甲方按照工程量清单中的支付项目和计量单位核实乙方当月实际完成量并报监理、业主签认后的工程数量，按构成合同价款相应项目的承包单价计算确定乙方当月工程进度价款。

结算程序：对方单位申报—安质技术部门审核—成本部门审核—结算意见汇签—工程款结算单—递交财务核查—整改—账务处理。

（1）对方单位申报。每月对方单位应按合同中约定时间进行工程量申报。成本部门应对申报表格式做统一要求。申报表要反映出工程细目、单位及数量（与工程量清单一致），注明或后附工程进度表，申报人签字并加盖公章。

（2）安质技术部门审核。对方单位申报后，安质技术部门要对申报工程的质量、数量等进行复核，特别是钢结构加工结算，并在审核栏内填写确认数据。

（3）成本部门审核。结算部门依据安质技术部门审核过的工程量，按照结算原则进行审核，审核无误后应打印出工程结算意见汇签单。为了统一核算，汇签单上应注明汇签意见的对象和期间，由相关部门负责人及项目部相关领导签署意见。

（4）结算意见汇签。相关部门负责人要依据项目部的管理分工，按照相关合同条款，在意见框内签署明细结算意见，注明扣罚奖金额，如写不下可另附意见说明单。如工程部门要签署工期是否满足等意见；安质技术部门要签署工程质量是否达到要求，施工是否符合要求等意见；材料部门要注明材料消耗情况等；机电部门要签署水电机械费使用情况等意见。

（5）工程款结算单。成本部门应根据合同、结算意见汇签单及相关单据，做出工程款结算单，经复核后，双方负责人要签字盖章确认。

①合同内部分，依据审核后的工程量和合同工程量清单或合同单价，计算出工程价款。

②合同外部分，如为合同变更索赔部分，应依据合同中相应条款进行处理；如为零星用工等，可依据项目部相关合同单价进行计算确认；其他情况应视为分包工程，需签订合同或补充协议，依核算程序进行。

③扣款项目，依据各部门签署的意见和扣款单计算确认扣款项目，单据要有制单、复核、对方签认，如机械扣款单要有调度或生产副经理复核，材料最终要有单项工程核销单等。扣款单据应同时交财务部门和结算部门一份，财务部门进行账务处理，结算部门在当期付款中扣减。

【例2-6】某施工企业分包一部分工程给某分包单位，根据分包合同，该分包单位自购劳保用品，生产过程中，该施工企业调拨该分包单位一批手套，总价3 000元。

【解析】

该施工企业账务处理如下。

借：应付账款——应付工程款——××公司　　　　　　　3 000

　　贷：原材料　　　　　　　　　　　　　　　　　　　　　　3 000

凭证附件：材料调拨单。

④结算单还应注明本次结算应扣留质保金。

（6）递交财务核查。工程结算单递交财务部门后，财务人员应据合同、理论工程量、形象进度及其他相关资料对结算单及附件进行认真核查。

（7）整改。若核查出数据不符等情况要及时退请成本结算部门进行相应整改。

（8）账务处理。财务人员应据核查过的结算单及附件及时进行账务处理。

会计分录如下。

借：工程施工——合同成本——××工程

　　贷：应付账款——应付工程款——××公司

凭证附件：工程结算单及其附件（发票）。

分包工程为劳务分包的，账务处理时，在"工程施工"科目的"劳务协作成本"明细科目核算。

分包工程为专业分包的，账务处理时，应将分包结算中的人工费、材料费、机械使用费、其他直接费、其他间接费分配后，在"工程施工"科目的相应明细科目核算。

五、质保金支付

保修期满，项目部应依据合同支付工程质保金。

（1）工程需维修。保修期满前工程需维修的，分包单位应及时进行工程的维修工作，并承担全部费用。否则，总包方施工企业将发生的费用从质保金中支付，不足的，由分包单位支付。

委托其他单位及个人维修发生的费用做如下会计分录。

借：应付账款——应付工程款——××公司

　　贷：银行存款

凭证附件：工程结算单、发票或收款收据及银行付款单据、项目资金支付审批单。

【例2-7】某分包项目保修期未满，墩身出现裂纹需修补，施工企业于20×5年6月15日书面通知分包单位，但该分包单位未及时进行修补，根据合同，项目部委托其他单位进行修补，发生支出20 000元。质保期满前不再发生修理费。

【解析】

施工企业会计分录如下。

借：应付账款——应付工程款——某分包单位　　　　　20 000

　　贷：银行存款　　　　　　　　　　　　　　　　　　　　20 000

凭证附件：工程结算单、发票或收款收据及银行付款单据、项目资金支付审批单。

（2）对整个工程完工验交前保修期到期的合同，支付质保金（发生维修的支付质保金余额）时要填制质保金支付单，需技术部门、安质部门、工程部门、成本部门及项目负责人签署支付意见，同意付款。

会计分录如下。

借：应付账款——应付工程款——××公司

　　贷：银行存款

凭证附件：质保金支付单、对方出具的收款收据、银行付款单据。

【例2-8】某分包单位质保金为72 000元，按合同规定，2×15年3月11日到期。对方在2×15年3月23日向项目部索要质保金，填制了质保金支付单并经各相关人员及领导签批同意支付，扣除维修费用 20 000 元。

【解析】

施工企业账务处理如下。

借：应付账款——应付工程款　　　　　　　　　52 000

　　贷：银行存款　　　　　　　　　　　　　　　　52 000

凭证附件：质保金支付单、对方出具的收款收据、银行付款单据。

（3）施工企业分包工程的质保金金额少、期限短，一般按账面价值确认。如存在金额大、期限长的质保金，应按质保金期限和折现率，计算其折现金额，折现前后的差额冲减当期预计总成本和工程施工成本，按期转回时，按折现率计算的利息增加预计总成本和工程施工成本。

分包单位施工生产过程中，不考虑质保金的折现因素。分包单位完工决算后，开始计算质保金时，计算质保金折现金额，会计分录如下。

借：应付账款

　　贷：工程施工

按期转回时，会计分录如下。

借：工程施工

　　贷：应付账款

六、合同终止

合同义务履行完毕，合同自然终止。

七、工程预结算

按合同约定和公司规定分包结算应为月度结算，但由于一些原因，结算部门不能及时进行结算，导致项目部不能及时准确地反映当期成本和债权债务情况的，可要求结算部门进行工程预结算。

预结算时，根据分包单位当期完成的工程量和合同单价计算出当期工程计价款，如果扣除款项金额较大，对当期成本和债权债务有较大影响，还应扣除扣款项目。

预结算金额到下期应按原分录红字冲回，将正式结算金额入账。

八、合同预付款的处理

在订立合同时，一般不得向对方支付预付款，特殊情况下必须支付预付款时，要求对方出具预付款保函或其他担保形式，并报公司合同评审委员会审查批准。对方出具保函或其他担保形式后，依据合同支付工程预付款。

会计分录如下。

借：预付账款——应付工程款——××公司

　　贷：银行存款

凭证附件：分包单位收款收据、支票存根或银行回单、公司项目资金支付审批单。

预付款依据合同约定的条件扣回，扣回时直接冲减预付账款。

【例 2-9】根据合同约定，某分包单位于 20×4 年 3 月 5 日出具了 15 万元的预付款保函，施工企业支付预付款 15 万元。

【解析】

施工企业账务处理如下。

借：预付账款——应付工程款　　　　　　　　　　150 000

　　贷：银行存款　　　　　　　　　　　　　　　　150 000

凭证附件：分包单位收款收据、支票存根或银行回单、公司项目资金支付审批单。

2.5.3　签订借款合同的会计处理

企业经营需要生产设备、流动资金、对外投资等，建筑施工企业也不例外。从事各种经营活动需要大量货币资金，而建筑施工企业属于微利企业，资本积累缓慢，靠权益性资金不能完全满足企业运营的资金需要。建筑施工企业通常会通过向金融机构借款来筹措生产资金，本小节将介绍这些借款所发生费用的账务处理方法。

2.5.3.1　借款费用概述

一、借款费用的范围

借款费用是企业因借入资金所付出的代价，它包括借款利息、折价或者溢价的摊销、辅助费用以及因外币借款而发生的汇兑差额等。

（1）因借款而发生的利息，包括企业向银行或者其他金融机构等借入资金发生的利息、发行公司债券发生的利息，以及为购建或者生产符合资本化条件的资产而发生的带息债务所承担的利息等。

（2）因借款而发生的折价或者溢价主要是指发行债券等所发生的折价或者溢价。发行债券中的折价或者溢价，其实质是对债券票面利息的调整（即将债券票面利率调整为实际利率）。

（3）因外币借款而发生的汇兑差额是指汇率变动对外币借款本金及其利息

的记账本位币金额所产生的影响金额。

（4）因借款而发生的辅助费用是指企业在借款过程中发生的诸如手续费、佣金等费用，由于这些费用是因安排借款而发生的，也属于借入资金所付出的代价，是借款费用的构成部分。

二、借款的范围

按照借款费用准则，借款包括专门借款和一般借款。

（1）专门借款是指为购建或者生产符合资本化条件的资产而专门借入的款项。专门借款通常应当有明确的用途，并通常应当具有标明该用途的借款合同。例如，某建筑施工企业为了解决在建工程项目资金周转困难向某银行专门贷款5 000万元，某建筑施工企业集团下属房地产开发企业为了开发楼盘向某银行专门贷款15 000万元等，均属于专门借款，其使用目的明确，而且其使用受与银行相关的合同限制。

（2）一般借款是指除专门借款之外的借款，相对于专门借款而言，一般借款在借入时，没有特指用于符合资本化条件的资产的购建或者生产。

三、符合资本化条件的资产

符合资本化条件的资产是指需要经过相当长时间的购建或者生产活动才能达到预定可使用或者可销售状态的固定资产、投资性房地产和存货等资产。建造合同成本、确认为无形资产的开发支出等在符合条件的情况下，也可以认定为符合资本化条件的资产。

符合资本化条件的存货，主要包括建筑施工企业的建造合同成本、房地产开发企业开发的用于对外出售的房地产开发产品、企业制造的用于对外出售的大型机器设备等。这类存货通常需要经过相当长时间的建造或者生产过程，才能达到预定可销售状态。其中，"相当长时间"应当是指资产的购建或者生产所必需的时间，通常为1年以上（含1年）。

在实务中，如果由人为或者故意等非正常因素导致资产的购建或者生产时间相当长的，该资产不属于符合资本化条件的资产。购入即可使用的资产，或者购入后需要安装但所需安装时间较短的资产，或者需要建造或者生产但所需建造或者生产时间较短的资产，均不属于符合资本化条件的资产。

2.5.3.2 借款费用的确认

费用的确认主要解决的是将每期发生的借款费用资本化、计入相关资产的成本，还是将有关借款费用化、计入当期损益的问题。根据借款费用准则的规定，借款费用确认的基本原则是：企业发生的借款费用，可直接归属于符合资本化条件的资产的购建或者生产的，应当予以资本化，计入相关资产成本；其他借款费用，应当在发生时根据其发生额确认为费用，计入当期损益。

企业只有对发生在资本化期间内的有关借款费用，才允许资本化，资本化期间的确定是借款费用确认和计量的重要前提。根据借款费用准则的规定，借款费用资本化期间是指从借款费用开始资本化时点到停止资本化时点的期间，但不包括借款费用暂停资本化的期间。

建筑施工企业作为建造承包商为客户建造资产，通常是客户筹集资金，并根据合同约定，定期向建筑施工企业支付工程进度款。但是，建筑施工企业也可能在工程项目建造过程中因资金周转等原因向银行借入款项，发生借款费用。建筑施工企业在工程项目建造期间发生的借款费用，符合借款费用准则规定的资本化条件的，应当计入建造合同成本。合同完成后发生的借款费用，应计入当期损益，不再计入建造合同成本。

建筑施工企业若在工程项目建造过程中因资金周转等原因，向内部资金中心借入款项而发生了借款费用，按照借款费用准则规定，符合资本化条件的借款费用应予以资本化，计入建造合同成本。考虑到在集团内部借入款项及发生的借款费用属于应当合并抵销的关联交易和事项，如果对在集团内部借入款项发生的资本化借款费用予以合并抵销，将会引起工程项目完工百分比及建造合同收入、毛利的重新计算。为了简化建造合同收入和成本的核算，同时又能满足合并财务报表的准确编报，可以约定凡是在集团内部借入款项而发生的借款费用一律予以费用化，计入当期损益。除此之外，企业因购建或者生产符合资本化条件的其他资产（如房地产企业开发的楼盘等）向集团内部借入款项而发生的借款费用也可以按照此原则进行处理。

一、借款费用开始资本化的时点

借款费用允许开始资本化必须同时满足 3 个条件，即资产支出已经发生、借款费用已经发生、为使资产达到预定可使用或者可销售状态所必要的购建或者生产活动已经开始。这 3 个条件中，只要有一个条件不满足，相关借款费用就不能资本化。

（一）"资产支出已经发生"的界定

"资产支出已经发生"，是指企业已经发生了支付现金、转移非现金资产或者承担带息债务形式所发生的支出。

（1）支付现金，是指用货币资金支付符合资本化条件的资产的购建或者生产支出。

某建筑施工企业用现金或者银行存款购买为建造符合资本化条件的资产的工程项目所需用材料，支付有关职工薪酬，向协力队伍支付劳务款等，这些支出均属于资产支出。

（2）转移非现金资产，是指企业将自己的非现金资产直接用于符合资本化条件的资产的购建或者生产。

某建筑施工企业用以货币资金购买的水泥向某钢铁企业换取用于符合资本化条件的资产的工程项目建造所需用钢材，这些水泥成本均属于资产支出。

（3）承担带息债务，是指企业为了购建或者生产符合资本化条件的资产所需用物资等而承担的带息应付款项（如带息应付票据）。企业为购建或者生产符合资本化条件的资产而承担的带息债务应当作为资产支出（如果承担的是不带息债务，就不应当将购买价款计入资产支出），当该带息债务发生时，视同资产支出已经发生。

【例 2-10】某施工企业因建造长期工程所需，于 20×7 年 5 月 1 日购入一批钢材，开出一张 20 万元的带息银行承兑汇票，期限为 6 个月，票面年利率为 6%。

【解析】

对于该事项，企业尽管没有为工程建设直接支付现金，但承担了带息债务，所以应当将 20 万元的购买工程用钢材款作为资产支出，自 20×7 年 5 月 1 日开出承兑汇票开始即表明资产支出已经发生。

（二）"借款费用已经发生"的界定

"借款费用已经发生"，是指企业已经发生了因购建或者生产符合资本化条件的资产而专门借入款项的借款费用，或者所占用的一般借款的借款费用。

【例 2-11】某施工企业于 20×7 年 1 月 1 日为建造一项工期为 3 年的工程项目从银行专门借入款项 6 000 万元，当日开始计息。

【解析】

本例中，20×7 年 1 月 1 日即应当认为借款费用已经发生。

（三）"为使资产达到预定可使用或者可销售状态所必要的购建或者生产活动已经开始"的界定

"为使资产达到预定可使用或者可销售状态所必要的购建或者生产活动已经开始"，是指符合资本化条件的资产的实体建造或者生产工作已经开始。例如，工程项目的实际开工建造等。它不包括仅持有资产但没有发生为改变资产形态而进行的实质上的建造或者生产活动。

企业只有在上述 3 个条件同时满足的情况下，有关借款费用才可开始资本化，只要其中有一个条件没有满足，借款费用就不能开始资本化。

二、借款费用暂停资本化的时点

符合资本化条件的资产在购建或者生产过程中发生非正常中断且中断时间连续超过 3 个月的，应当暂停借款费用的资本化。中断的原因必须是非正常中断，属于正常中断的，相关借款费用仍可资本化。

【例 2-12】某施工企业于 20×5 年 1 月 1 日开始建造一项工期为 3 年的工程项目，因资金短缺，专门借入款项，支出已经发生，因此借款费用从当日起开始资本化。20×5 年 5 月 30 日，由于工程施工发生了安全事故，工程中断，直到同年 10 月 2 日才复工。

【解析】

该中断属于非正常中断，因此，该专门借款在 20×5 年 5 月 30 日至 10 月 2 日所发生的借款费用不应资本化，而应作为财务费用计入当期损益。

非正常中断通常是由企业管理决策或者其他不可预见的情况等导致的中断。比如，建设方因与施工方发生了质量纠纷，或者工程、生产用料没有及时供应，或者资金周转发生了困难，或者施工、生产发生了安全事故，或者发生了与资产购建、生产有关的劳动纠纷等原因，导致资产购建或者生产活动发生中断，均属于非正常中断。

非正常中断与正常中断显著不同。正常中断通常仅限于因购建或者生产符合资本化条件的资产达到预定可使用或者可销售状态所必要的程序，或者事先可预见的不可抗力因素导致的中断。比如，某些工程建造到一定阶段必须暂停以进行质量或者安全检查，检查通过后才可继续下一阶段的建造工作，这类中断是在施工前可以预见的，而且是工程建造必须经过的程序，属于正常中断。某些地区的工程在建造过程中，由可预见的不可抗力因素（如雨季或冰冻季节）导致施工出现停顿，也属于正常中断。

【例 2-13】某施工企业在北方某地建造工程项目期间，遇上冰冻季节（通常为 6 个月），工程施工因此中断，待冰冻季节过后方能继续施工。

【解析】

该地区在施工期间出现较长时间的冰冻为正常情况，由此导致的施工中断是可预见的不可抗力因素导致的中断，属于正常中断。在正常中断期间所发生的借款费用可以继续资本化，计入相关资产的成本。

三、借款费用停止资本化的时点

购建或者生产符合资本化条件的资产达到预定可使用或者可销售状态时，借款费用应当停止资本化。如果所购建或者生产的资产分别建造、分别完工的，企业应当分情况界定借款费用停止资本化的时点。

（1）所购建或者生产的符合资本化条件的资产的各部分分别完工，且每部分在其他部分继续建造或者生产过程中可供使用或者可对外销售，且为使该部分资产达到预定可使用或可销售状态所必要的购建或者生产活动实质上已经完成的，应当停止与该部分资产相关的借款费用的资本化。

（2）如果企业购建或者生产的资产的各部分分别完工，但必须等到整体完工后才可使用或者对外销售的，应当在该资产整体完工时停止借款费用的资本化。

2.5.3.3 借款费用的计量

一、借款利息资本化金额的确定

在借款费用资本化期间，每一会计期间的利息（包括折价或溢价的摊销）资本化金额，应当按照下列规定确定。

（1）为购建或者生产符合资本化条件的资产而借入专门借款的，应当以专门借款当期实际发生的利息费用，减去将尚未动用的借款资金存入银行取得的利息收入或进行暂时性投资取得的投资收益后的金额确定。

（2）为购建或者生产符合资本化条件的资产而占用了一般借款的，企业应当根据累计资产支出超过专门借款部分的资产支出加权平均数乘以所占用一般借款的资本化率，计算确定一般借款应予资本化的利息金额。资本化率应当根据一般借款加权平均利率计算确定。

（3）每一会计期间的利息资本化金额，不应当超过当期相关借款实际发生的利息金额。

因此，企业在确定每期利息（包括折价或溢价的摊销）资本化金额时，应当首先判断符合资本化条件的资产在购建或者生产过程中所占用的资金来源。如果所占用的资金是专门借款资金，则应当在资本化期间，根据每期实际发生的专门借款利息费用，确定应予资本化的金额。在企业将闲置的专门借款资金存入银行取得利息收入或者进行暂时性投资获取投资收益的情况下，企业还应当将这些相关的利息收入或者投资收益从资本化金额中扣除，以如实反映符合资本化条件的资产的实际成本。

企业占用一般借款资金购建或者生产符合资本化条件的资产时，一般借款的借款费用的资本化金额的确定应当与资产支出挂钩，具体分以下两种情况。

（1）企业在购建或者生产符合资本化条件的资产时，如果专门借款资金不足，占用了一般借款资金的，则企业应当根据为购建或者生产符合资本化条件的资产而发生的累计资产支出超过专门借款部分的资产支出加权平均数乘以所占用一般借款的资本化率，计算确定一般借款应予资本化的利息金额。资本化率应当根据一般借款加权平均利率计算确定。

（2）企业在购建或者生产符合资本化条件的资产时，如果没有借入专门借款，占用的都是一般借款资金，则应以累计资产支出加权平均数为基础计算所占用的一般借款利息资本化金额。

有关计算公式如下：

一般借款利息费用资本化金额 = 累计资产支出超过专门借款部分的资产支出加权平均数（或累计资产支出加权平均数）× 所占用一般借款的资本化率

资产支出加权平均数 = ∑（每笔资产支出金额 × 该笔资产支出在当期所占用的天数 ÷ 当期天数）

所占用一般借款的资本化率 = 所占用一般借款加权平均利率 = 所占用一般借款当期实际发生的利息之和 ÷ 所占用一般借款本金加权平均数

所占用一般借款本金加权平均数 = ∑（所占用每笔一般借款本金 × 每笔一般借款在当期所占用的天数 ÷ 当期天数）

【例 2-14】某施工企业于 2005 年 9 月 20 日开工建造新中标的工程项目，工程于 2015 年 9 月 30 日办理了竣工决算并移交。在建造过程中，由于业主资金支付不到位，出现了暂时资金周转困难。为此该企业于 2014 年 1 月 1 日借入专门借款 6 000 万元，借款期限为两年，年利率为 6%，按年支付利息，除此之外，无其他专门借款。该企业于 2014 年 1 月 1 日至 2015 年 9 月 30 日之间发生的建造工程支出如下。

（1）2014 年 4 月 1 日，支出 3 000 万元。

（2）2014 年 6 月 1 日，支出 1 000 万元。

（3）2014 年 7 月 1 日，支出 3 000 万元。

（4）2015 年 1 月 1 日，支出 4 000 万元。

（5）2015 年 4 月 1 日，支出 2 000 万元。

（6）2015 年 7 月 1 日，支出 1 000 万元。

另外，工程项目的建造还占用了该企业两笔一般借款。

（1）从银行取得长期借款 4 000 万元，期限为 2013 年 12 月 1 日至 2015

年 12 月 1 日，年利率为 6%，按年支付利息。

（2）从银行取得长期借款 2 亿元，取得日为 2006 年 1 月 1 日，期限为 10 年，年利率为 8%，按年支付利息。

尚未动用的专门借款资金全部存入银行，假定月利率为 0.25%，并收到款项存入银行。假定全年按 360 天计。因质量问题，工程项目于 2014 年 8 月 1 日至 11 月 30 日发生中断。

【解析】

根据上述资料，有关利息资本化金额的计算和利息账务处理如下。

（1）2014 年和 2015 年专门借款利息资本化金额及应计入当期损益的金额的确定如下。

①2014 年专门借款能够资本化的期间为 4 月 1 日至 7 月 31 日和 12 月，共 5 个月。2014 年专门借款利息资本化金额 = 6 000 × 6% × 5 ÷ 12 − 3 000 × 0.25% × 2 − 2 000 × 0.25% × 1 = 130（万元）。

②2014 年专门借款不能够资本化的期间为 1 月 1 日至 3 月 31 日和 8 月 1 日至 11 月 30 日，共 7 个月。2014 年专门借款利息应计入当期损益的金额 = 6 000 × 6% × 7 ÷ 12 − 6 000 × 0.25% × 3 = 165（万元）。

2014 年专门借款利息收入 = 6 000 × 0.25% × 3 + 3 000 × 0.25% × 2 + 2 000 × 0.25% × 1 = 65（万元）。

③2015 年专门借款能够资本化的期间为 1 月 1 日至 9 月 30 日，共 9 个月。2015 年专门借款利息资本化金额 = 6 000 × 6% × 9 ÷ 12 = 270（万元）。

④2015 年专门借款不能够资本化的期间为 10 月 1 日至 12 月 31 日，共 3 个月。2015 年专门借款利息应计入当期损益的金额 = 6 000 × 6% × 3 ÷ 12 = 90（万元）。

（2）2014 年和 2015 年一般借款利息资本化金额及应计入当期损益的金额的确定如下。

一般借款资本化率（年） = （4 000 × 6% + 20 000 × 8%）÷（4 000 + 20 000） = 7.67%。

①2014 年占用了一般借款资金的资产支出加权平均数 = 1 000 × 2 ÷ 12 = 166.67（万元）。2014 年一般借款利息资本化金额 = 166.67 × 7.67% = 12.78（万元）。

②2014 年一般借款利息应计入当期损益的金额 = （4 000 × 6% + 20 000 × 8%）− 12.78 = 1 827.22（万元）。

③2015 年占用了一般借款资金的资产支出加权平均数 =（1 000 +4 000）×
9 ÷12 +2 000 ×6 ÷12 +1 000 ×3 ÷12 =5 000（万元）。2015 年一般借款
利息资本化金额 =5 000 ×7.67% =383.5（万元）。

④2015 年一般借款利息应计入当期损益的金额 =（4 000 ×6% +20 000 ×
8%）-383.5 =1 456.5（万元）。

（3）2014 年和 2015 年利息资本化金额及应计入当期损益的金额的确定
如下。

2014 年利息资本化金额 =130 +12.78 =142.78（万元）。

2014 年应计入当期损益的金额 =165 +1 827.22 =1 992.22（万元）。

2015 年利息资本化金额 =270 +383.5 =653.5（万元）。

2015 年应计入当期损益的金额 =90 +1 456.5 =1 546.5（万元）。

（4）2014 年和 2015 年有关账务处理如下。

2014 年：

借：工程施工——合同成本　　　　　　　　　　1 427 800

　　财务费用　　　　　　　　　　　　　　　　19 922 200

　　银行存款　　　　　　　　　　　　　　　　　650 000

　　贷：应付利息　　　　　　　　　　　　　　　　22 000 000

2015 年：

借：工程施工——合同成本　　　　　　　　　　6 535 000

　　财务费用　　　　　　　　　　　　　　　　15 465 000

　　贷：应付利息　　　　　　　　　　　　　　　　22 000 000

注：应付利息 =6 000 ×6% +4 000 ×6% +20 000 ×8% =2 200（万元）。

凭证附件：专门借款合同、借款利息单、存款利息单等。

二、借款辅助费用资本化金额的确定

辅助费用是企业为了安排借款而发生的必要费用，包括借款手续费（如发
行债券手续费）、佣金等。如果企业不发生这些费用，就无法取得借款，因此辅
助费用是企业借入款项所付出的一种代价，是借款费用的有机组成部分。

对于企业发生的专门借款辅助费用，在所购建或者生产的符合资本化条件
的资产达到预定可使用或者可销售状态之前发生的，应当在发生时根据其发生
额予以资本化；在所购建或者生产的符合资本化条件的资产达到预定可使用或
者可销售状态之后所发生的，应当在发生时根据其发生额确认为费用，计入当
期损益。上述资本化或计入当期损益的辅助费用的发生额是指根据《企业会计

准则第 22 号——金融工具确认和计量》，按照实际利率法所确定的金融负债交易费用对每期利息费用的调整额。借款实际利率与合同利率差异较小的，也可以采用合同利率计算确定利息费用。一般借款发生的辅助费用，也应当按照上述原则确定其发生额并进行处理。

考虑到借款辅助费用与金融负债交易费用是一致的，其会计处理也应当保持一致。根据《企业会计准则第 22 号——金融工具确认和计量》的规定，除以公允价值计量且其变动计入当期损益的金融负债之外，其他金融负债相关的交易费用应当计入金融负债的初始确认金额。为购建或者生产符合资本化条件的资产的专门借款或者一般借款，通常都属于除以公允价值计量且其变动计入当期损益的金融负债之外的其他金融负债。对于这些金融负债所发生的辅助费用需要计入借款的初始确认金额，即抵减相关借款的初始金额，从而影响以后各期实际利息的计算。换句话说，辅助费用的发生将导致相关借款实际利率上升，从而需要对各期利息费用进行相应调整，在确定借款辅助费用资本化金额时可以结合借款利息资本化金额一起计算。

三、外币专门借款汇兑差额资本化金额的确定

当企业为购建或者生产符合资本化条件的资产所借入的专门借款为外币借款时，由于企业取得外币借款日、使用外币借款日和会计结算日往往并不一致，而外汇汇率又在随时发生变化，因此外币借款会产生汇兑差额。相应地，在借款费用资本化期间，为购建固定资产而专门借入的外币借款所产生的汇兑差额，是购建固定资产的一项代价，应当予以资本化，计入固定资产成本。出于简化核算的考虑，借款费用准则规定，在资本化期间，外币专门借款本金及其利息的汇兑差额，应当予以资本化，计入符合资本化条件的资产的成本。而除外币专门借款之外的其他外币借款本金及其利息所产生的汇兑差额应当作为财务费用，计入当期损益。

第 3 章
建造合同准则的运用

《企业会计准则第 14 号——收入》（财会〔2017〕22 号）取代了《企业会计准则第 15 号——建造合同》在建造合同中的收入确认和成本处理规定。主要体现在会计科目的变更上，所以这里只做简要概述。全国的建筑施工企业必须在 2021 年 1 月 1 日开始执行新修订的《企业会计准则第 14 号——收入》（财会〔2017〕22 号），而《企业会计准则第 15 号——建造合同》将于 2021 年 1 月 1 日停止执行，这将对建筑施工企业的会计核算产生重要而深刻的影响。

3.1　建造合同概述

建筑安装企业和生产飞机、船舶、大型机械设备的工业制造企业相比，其生产活动、经营活动有特殊性：这类企业所建造或生产的产品通常体积巨大，如建造的房屋、道路、桥梁、水坝等，或生产的飞机、船舶、大型机械设备等；建造或生产产品的周期长，往往跨越一个或几个会计期间；所建造或生产的产品的价值高。因此，在现实经济生活中，这类企业在开始建造或生产产品之前，通常要与产品的需求方（即客户）签订建造合同。

建造合同是指为建造一项或数项在设计、技术、功能、最终用途等方面密切相关的资产而订立的合同。合同的甲方为客户，乙方为建造承包商。正因为建造承包商的生产活动及经营方式有其特殊性，所以与建造合同相关的收入、费用的确认和计量也有其特殊性。《企业会计准则第 15 号——建造合同》（以下简称《建造合同准则》）规范了特定企业（即建造承包商）建造合同的确认、计量和相关信息的披露。

建造合同分为固定造价合同和成本加成合同。

固定造价合同，是指按照固定的合同价或固定单价确定工程价款的建造合同。例如，建造一座办公楼，合同规定总造价为 1 000 万元；建造一条公路，合同规定每千米单价为 500 万元。

成本加成合同，是指以合同约定或其他方式议定的成本为基础，加上该成本的一定比例或定额费用确定工程价款的建造合同。例如，建造一艘船舶，合同总价款以建造该船舶的实际成本为基础，加 5% 计取；建造一段地铁，合同总价款以建造该段地铁的实际成本为基础，加 800 万元计取。

企业通常应当按照单项建造合同进行会计处理。但是，在某些情况下，为了反映一项或一组合同的实质，需要将单项合同进行分立或将数项合同进行合并。

3.1.1　合同分立

资产建造有时虽然形式上只签订了一项合同，但其中各项资产在商务谈判、设计施工、价款结算等方面都是可以相互分离的，实质上是多项合同，在会计上应当作为不同的核算对象。

一项包括建造数项资产的建造合同，同时满足下列 3 项条件的，每项资产应当分立为单项合同：

（1）每项资产均有独立的建造计划；

（2）与客户就每项资产单独进行谈判，双方能够接受或拒绝与每项资产有关的合同条款；

（3）每项资产的收入和成本可以单独辨认。

【例 3-1】某建筑公司与客户签订一项合同，为客户建造一栋宿舍楼和一座食堂。在签订合同时，建筑公司与客户分别就所建宿舍楼和食堂进行谈判，并达成一致意见：宿舍楼的工程造价为 400 万元，食堂的工程造价为 150 万元。宿舍楼和食堂均有独立的施工图预算，宿舍楼的预计总成本为 370 万元，食堂的预计总成本为 130 万元。

【解析】

由于宿舍楼和食堂均有独立的施工图预算，因此符合条件（1）；由于在签订合同时，建筑公司与客户分别就所建宿舍楼和食堂进行谈判，并达成一致意见，因此符合条件（2）；由于宿舍楼和食堂均有单独的造价和预算成本，因此符合条件（3）。因此，建筑公司应将建造宿舍楼和食堂分立为两个单项合同进行会计处理。

如果合同不同时满足上述 3 项条件，则不能将合同分立，而应将其作为一个合同进行会计处理。假如该例中没有明确规定宿舍楼和食堂各自的工程造价，而是以 550 万元的总金额签订了该项合同，也未确定各自的预算成本，这时不符合条件（3），则建筑公司不能将该项合同分立为两个单项合同进行会计处理。

3.1.2　合同合并

有的资产建造虽然形式上签订了多项合同，但各项资产在设计、技术、功能、最终用途上是密不可分的，实质上是一项合同，在会计上应当作为一个核算对象。

一组合同无论对应单个客户还是多个客户，同时满足下列 3 项条件的，应当合并为单项合同：

（1）该组合同按一揽子交易签订；

（2）该组合同密切相关，每项合同实际上已构成一项综合利润率工程的组成部分；

（3）该组合同同时或依次履行。

【例 3-2】为建造一个冶炼厂，某建造承包商与客户一揽子签订了三项合同，分别建造一个选矿车间、一个冶炼车间和一个工业污水处理系统。根据合同规定，这三个工程将由该建造承包商同时施工，并根据整个项目的施工进度办理价款结算。

【解析】

这三项合同是一揽子签订的，表明符合条件（1）。对客户而言，只有这三项合同全部完工交付使用时，该冶炼厂才能投料生产，发挥效益；对建造承包商而言，这三项合同的各自完工进度，直接关系到整个建设项目的完工进度和价款结算，并且建造承包商对工程施工人员和工程用料实行统一管理。因此，该组合同密切相关，已构成一项综合利润率工程项目，表明符合条件（2）。该组合同同时履行，表明符合条件（3）。因此，该建造承包商应将该组合同合并为一个合同进行会计处理。

3.1.3　追加资产的建造

有时，建造合同在执行中，客户可能会提出追加建造资产的要求，从而与建造承包商协商变更原合同内容或者另行签订建造追加资产的合同。根据不同情况，建造追加资产的合同可能与原合同合并为一项合同进行会计核算，也可能作为单项合同单独核算。

追加资产的建造，满足下列条件之一的，应当作为单项合同：

（1）该追加资产在设计、技术或功能上与原合同包括的一项或数项资产存在重大差异。

（2）议定该追加资产的造价时，不需要考虑原合同价款。

【例3-3】某建筑商与客户签订了一项建造合同。合同规定，建筑商为客户设计并建造一栋教学楼，教学楼的工程造价（含设计费用）为500万元，预计总成本为460万元。合同履行一段时间后，客户决定追加建造一座地上车库，并与该建筑商协商一致，变更了原合同内容。

【解析】

该地上车库在设计、技术和功能上与原合同包括的教学楼存在重大差异，表明符合条件（1），因此该追加资产的建造应当作为单项合同处理。

3.2 建造合同成本税前扣除要求

3.2.1 建造合同成本的组成

合同成本是指为履行某项合同而发生的相关费用。合同成本包括从合同签订至合同完成所发生的、与执行合同有关的直接费用和间接费用。

这里强调了合同成本的时间范围，即从合同签订至合同完成。

（1）合同签订前，因订立合同而发生的有关费用，应直接确认为当期费用。但是，能够单独区分和可靠计量且合同很可能订立的，应当予以归集，待取得合同时计入合同成本；未满足上述条件的，应当计入当期损益。

（2）合同完成后，即建造合同竣工验收后发生的成本，也应当直接确认为费用。

"直接费用"是指为完成合同所发生的、可以直接计入合同成本核算对象的各项费用支出。"间接费用"是指为完成合同所发生的、不宜直接归属于合同成本核算对象而应分配计入有关合同成本核算对象的各项费用支出。

3.2.1.1 成本核算对象的确定

直接费用和间接费用的划分是根据成本核算对象来确定的。成本核算对象是指在计算工程成本中，确定归集和分配生产费用的具体对象，即生产费用承担的客体。成本核算对象的确定，是归集和分配生产费用以及计算工程成本的前提。

成本核算对象可根据本企业施工组织特点、所承包工程实际情况和工程价款结算办法而确定，同时还应考虑成本管理要求。建筑产品用途的多样性，带来了设计、施工的单件性。每一项建筑安装工程都有其独特的形式、结构和质量标准，需要一套单独的设计图纸，在建造时需要采用不同的施工方法和施工组织。即使工程采用相同的标准设计，但由于建造地点的不同，在地形、地质、水文以及交通等方面也会有差异。建筑施工企业这种单件性生产的特点，决定了建筑施工企业成本核算对象的独特性。合同的直接费用包括：材料费用、人工费用、机械使用费和其他直接费用。

施工项目不等于成本核算对象。有时一个施工项目包括几个单位工程，需要分别核算。单位工程是编制工程预算、制订施工项目工程成本计划以及与建设单位结算工程价款的计算单位。按照分批（订单）法原则，施工项目成本一般应以每一独立编制施工图预算的单位工程为成本核算对象，但也可以按照承包工程项目的规模、工期、结构类型、施工组织和施工现场等情况，结合成本管理要求，灵活划分成本核算对象。一般来说成本核算对象有以下几种划分方法。

（1）一项单位工程由几个施工单位共同施工时，各施工单位都应以同一单位工程为成本核算对象，各自核算自行完成的部分。

（2）规模大、工期长的单位工程，可以将工程划分为若干部位，以分部位的工程作为成本核算对象。

（3）同一建设项目，由同一施工单位施工，并在同一施工地点、属同一结构类型、开竣工时间相近的若干单位工程，可以合并作为一个成本核算对象。

（4）改建、扩建的零星工程，可以将开竣工时间相接近、属于同一建设项目的各个单位工程合并作为一个成本核算对象。

（5）土石方工程、打桩工程，可以根据实际情况和管理需要，以一个单项工程为成本核算对象，或将同一施工地点的若干个工程量较少的单项工程合并作为一个成本核算对象。

成本核算对象确定后，各种经济、技术资料归集必须与此统一，一般不要中途变更，以免造成项目成本核算不实、结算漏账和经济责任不清的后果。这样划分成本核算对象，是为了细化项目成本核算和考核项目经济效益，丝毫没有削弱项目经理部作为工程承包合同事实上的履约主体以及对工程最终产品和建设单位负责的管理实体的地位。

3.2.1.2　直接费用的组成

建造合同的直接费用包括：材料费用、人工费用、机械使用费和其他直接费用。

（1）材料费用。

材料费用主要包括施工生产过程中耗用的构成工程实体或有助于形成工程实体的原材料、辅助材料、构配件、零件、半成品的成本和周转材料的摊销及租赁费用。其中，周转材料是指企业在施工过程中能多次使用并可基本保持原来的实物形态而逐渐转移其价值的材料，如施工中使用的模板、挡板和脚手架等。

（2）人工费用。

人工费用主要包括从事工程建造的人员的工资、奖金、津贴、补贴、职工福利费等职工薪酬。

（3）机械使用费。

机械使用费主要包括施工生产过程中使用自有施工机械所发生的机械使用费，以及租用外单位施工机械支付的租赁费和施工机械的安装、拆卸和进出场费。

（4）其他直接费用。

其他直接费用是指在施工过程中发生的除上述三项直接费用以外的其他可以直接计入合同成本核算对象的费用。主要包括有关的设计和技术援助费用、施工现场材料的二次搬运费、生产工具和用具使用费、检验试验费、工程定位复测费、工程点交费用、场地清理费用等。

3.2.1.3 间接费用的组成

间接费用主要包括临时设施摊销费用和企业下属的施工单位、生产单位组织和管理施工生产活动所发生的费用，如管理人员薪酬、劳动保护费、固定资产折旧费及修理费、物料消耗、取暖费、水电费、办公费、差旅费、财产保险费、工程保修费、排污费等。这里所说的"施工单位"是指建筑安装企业的施工队、项目经理部等；"生产单位"是指船舶、飞机、大型机械设备等制造企业的生产车间。

这里需要再次强调的是，直接费用和间接费用是根据成本核算对象来划分的，而不是根据建造合同或者施工项目来划分的。建造合同、施工项目、成本核算对象这三个概念既有联系又有区别：一个施工项目可以是一个建造合同，如果满足合同分立的条件，一个施工项目也可以分立为几个建造合同；一个建造合同可以作为一个成本核算对象，但一般会根据施工组织特点、工程实际情况和成本管理要求划分为几个成本核算对象。所以，直接费用和间接费用不能根据施工项目来划分，也不能根据建造合同来划分，而应根据成本核算对象来划分。

3.2.2　税前扣除基本原则

根据税收相关法律规定，税前扣除需要遵循以下主要原则。

3.2.2.1　真实性原则

真实是指能提供证明有关支出确属已经实际发生的适当凭据。

怎么理解真实性原则呢？笔者认为，真实性有以下两层含义。

第一，编造虚假的业务形成的支出是不能税前扣除的。比如，施工项目通过编造虚假的对分包商的验工计价套取资金用于其他用途，违反了财经纪律，该项支出不能税前扣除；再如，有的企业通过虚假发票套取资金，所列支出也不能税前扣除。

需要说明的是，建筑施工企业虚假发票问题比较严重，比如审计署 2010 年 2 月公布的《京沪高速铁路建设项目跟踪审计结果》公报中指出，京沪高铁建设项目"在材料采购、货物运输、机械设备租赁等业务中，中水集团、中铁十六局等 17 家施工单位项目部使用不符合国家规定的发票入账结算，总金额达 5.2 亿元"，由此可见一斑。

第二，即使是真实的业务，在账务处理上也需要有证明该支出确属已经实际发生的适当凭证，而且，税法对有些费用明确规定了证明材料应该包括的内容。比如差旅费的证明材料应包括出差人员姓名、地点、时间、任务、支付凭证等；会议费证明材料应包括会议时间、地点、出席人员、内容、目的、费用标准、支付凭证等。如果不具备这些证明材料，费用是不能税前扣除的。

3.2.2.2　合法性原则

合法是指应符合国家税收规定，其他法规规定与税收法规规定不一致的，以税收法规规定为准。

怎么理解合法性原则呢？笔者认为，合法性至少有以下两层含义。

第一，违法的业务所发生的支出是不能税前扣除的。如果某企业的经营业务本身是违法的，那么其发生的任何支出都是不能税前扣除的。

第二，合法的业务所形成的支出还必须取得合法有效的凭证。合法有效的凭证是指符合国务院税务主管部门有关规定的凭证，具体规定如下。

（1）支付给境内单位或者个人的款项，且该单位或者个人发生的行为属于增值税征收范围的，以该单位或者个人开具的发票为合法有效凭证；而且，根据《国家税务总局关于进一步加强普通发票管理工作的通知》（国税发〔2008〕80号），取得的发票必须填开付款方全称。所称增值税的征收范围，是在中华人民共和国境内提供增值税实施条例规定的劳务（是指属于交通运输业、建筑业、金融保险业、邮电通信业、文化体育业、娱乐业、服务业税目征收范围的劳务）、转让无形资产或者销售不动产，以及在中华人民共和国境内销售货物或者提供加工、修理修配劳务以及进口货物。

（2）支付的行政事业性收费或者政府性基金，以开具的财政票据为合法有效凭证。

（3）支付给境外单位或者个人的款项，以该单位或者个人的签收单据为合法有效凭证，税务机关对签收单据有疑义的，可以要求其提供境外公证机构的确认证明。

（4）国家税务总局规定的其他合法有效凭证。

取得合法有效凭证是税前扣除的主要原则。然而在实务中，常出现因对此把握不准造成的以下两种问题。

第一，真实合法的业务没能取得合法有效凭证。比如前文所举的审计署所查处的京沪高铁建设项目有些施工项目的虚假发票问题。其实，笔者认为，有些业务并不一定是虚假的，很可能是真实的业务却没能取得合法有效凭证。

第二，对有些不需要取得发票的业务误以为需要发票。比如，笔者曾遇到一个项目部误以为对农民的青苗补偿需要取得发票，导致取得支付农民的青苗补偿款的收据不敢入账。

3.2.2.3 有关性原则

有关性原则是指税前能够扣除的支出必须与取得收入直接相关。

实务中，有的企业会发生与取得收入并不直接相关的支出。比如购买礼品赠送给有关人员，如与生产经营不直接相关就不能够作为业务招待费税前扣除。再如，按照税法规定，与生产经营无关的固定资产计提的折旧不得税前扣除。又如，与免税收入直接相关的费用不得申报扣除。

3.2.2.4 合理性原则

所谓合理，是指支出要符合生产经营活动常规，是应当计入当期损益或者有关资产成本的必要和正常的支出。比如，判定工资薪金的合理性，税务机关可按以下原则掌握：

（1）企业制定了较为规范的员工工资薪金制度；

（2）企业所制定的工资薪金制度符合行业及地区水平；

（3）企业在一定时期所发放的工资薪金是相对固定的，工资薪金的调整是有序进行的；

（4）企业对实际发放的工资薪金，已依法履行了代扣代缴个人所得税义务；

（5）有关工资薪金的安排，不以减少或逃避税款为目的。

3.2.2.5　权责发生制原则

权责发生制原则是指企业应纳税所得额的计算，要以权责发生制为原则：属于当期的收入和费用，不论款项是否收付，均作为当期的收入和费用；不属于当期的收入和费用，即使款项已经在当期收付，均不作为当期的收入和费用。但也有例外，比如，工资薪金支出要以实际发放为原则，计提而没有实际发放的工资薪金不得税前扣除。

权责发生制是应用较为广泛的企业会计核算原则，也为我国大多数企业所采纳。在税务处理过程中，以权责发生制原则确定应税收入的理由在于，经济活动导致企业实际获取或拥有对某一利益的控制权时，就表明企业已产生收入，相应地，也产生了与该收入相关的纳税义务。

权责发生制条件下，企业收入的确认一般应同时满足以下两个条件：一是支持取得该收入权利的所有事项已经发生；二是应该取得的收入额可以被合理、准确地确定。权责发生制便于计算应纳税所得额。

3.2.2.6　确定性原则

确定性原则是指纳税人可扣除的费用不论何时支付，其金额必须是确定的。比如，企业按照会计准则的规定确认的预计负债，所确认的预计负债虽然是企业承担的现时义务，履行该义务很可能导致经济利益流出企业，而且该义务的金额能够可靠地计量，但由于金额不是确定的，所以也不能税前扣除。

《企业所得税法》同时明确，在计算应纳税所得额时，下列支出不得扣除：

（1）向投资者支付的股息、红利等权益性投资收益款项；

（2）企业所得税税款；

（3）税收滞纳金；

（4）罚金、罚款和被没收财物的损失（第 3 条、第 4 条可合并为因违反法律、行政法规而交付的罚款、罚金、滞纳金）；

（5）本法第 9 条规定以外的捐赠支出；

（6）赞助支出；

（7）未经核定的准备金支出；

（8）与取得收入无关的其他支出；

（9）贿赂等非法支出；

（10）税收法规有具体扣除范围和标准（比例或金额），实际发生的费用超过法定范围或高于法定标准的部分。

3.2.3　材料费用

材料费用主要包括施工生产过程中耗用的构成工程实体或有助于形成工程实体的原材料、辅助材料、构配件、零件、半成品的成本和周转材料的摊销及租赁费用。周转材料是指企业在施工过程中能多次使用并可基本保持原来的实物形态而逐渐转移其价值的材料，如施工中使用的模板、挡板和脚手架等。

对材料费用的计量，会计准则与税法规定基本一致，但是，税法更加强调材料收发需要有证明材料耗用的真实、合法有效的凭证。主要凭证如下。

（1）证明真实性的凭证包括构成工程实体的材料的点验单、发料单；有助于形成工程实体的材料包括周转材料点验单、周转材料摊销表、周转材料租赁发票等。

（2）合法有效的凭证包括材料发票、周转材料租赁发票等。

需要注意的是，由于自然灾害等非常原因造成的存货毁损，会计上扣除处置收入（如残料价值）、可以收回的保险赔偿和过失人赔偿，将净损失直接计入营业外支出。税法规定，自然灾害等非常原因造成的存货毁损，不属于存货的正常损耗，应该经税务机关审批后才能税前扣除。

3.2.4　人工费用

人工费用主要包括从事建造的人员的工资、奖金、津贴、补贴、职工福利费等职工薪酬。人工费用的会计处理依据是《企业会计准则第9号——职工薪酬》，税法依据主要是《企业所得税法实施条例》第二十四条、《国家税务总局关于企业工资薪金及职工福利费扣除问题的通知》（国税函〔2009〕3号）等。

3.2.4.1　工资薪金支出对象的差异

税法规定，工资薪金支出的对象是在本单位任职或受雇的员工，以此与独立劳务支出相区别。雇员取得的工资薪金应采用自制凭证处理，而企业接受外单位个人提供的独立劳务支出，属于流转税的征收范围，无论是否超过起征点，均需凭税务机关开具的发票入账。

雇佣关系应同时符合以下条件：

（1）受雇人员与用人单位签订1年以上（含1年）劳动合同，存在长期或连续的雇佣或被雇佣关系；

（2）受雇人员因事假、病假、休假等原因不能正常出勤时，仍享受固定或基本工资收入；

（3）受雇人员与单位其他正式职工享受同等福利、社保、培训及其他待遇；

（4）受雇人员的职务晋升、职称评定等工作由用人单位负责组织。

上述条件也有例外的情形，如离退休人员返聘、外籍员工按规定可以不缴纳基本养老保险。《企业会计准则第 9 号——职工薪酬》所称的职工比较宽泛，与税法中"任职或受雇的员工"相比，既有重合，又有拓展。兼职人员，未与企业订立劳动合同的临时人员，未与企业订立劳动合同但由企业正式任命的董事会成员、监事会成员，在税法中不能作为工资薪金支出的对象看待。

税法规定，企业发生的合理工资薪金支出，准予扣除。所称"工资薪金"，是指企业每一纳税年度支付给在本企业任职或者受雇的员工的所有现金形式或者非现金形式的劳动报酬，包括基本工资、奖金、津贴、补贴、年终加薪、加班工资，以及与员工任职或者受雇有关的其他支出。所称的"合理工资薪金"，是指企业按照股东大会、董事会、薪酬委员会或相关管理机构制定的工资薪金制度规定实际发放给员工的工资薪金。

税务机关在对工资薪金进行合理性确认时，可掌握以下原则：

（1）企业制定了较为规范的员工工资薪金制度；

（2）企业所制定的工资薪金制度符合行业及地区水平；

（3）企业在一定时期所发放的工资薪金是相对固定的，工资薪金的调整是有序进行的；

（4）企业对实际发放的工资薪金，已依法履行了代扣代缴个人所得税义务；

（5）有关工资薪金的安排，不以减少或逃避税款为目的。

所称的"工资薪金"，是指企业按照《国家税务总局关于企业工资薪金及职工福利费扣除问题的通知》（国税函〔2009〕3 号）第一条规定实际发放的工资薪金总和，不包括企业的职工福利费、职工教育经费、工会经费以及养老保险费、医疗保险费、失业保险费、工伤保险费、生育保险费等社会保险费和住房公积金。属于国有性质的企业，其工资薪金，不得超过政府有关部门给予的限定数额；超过部分，不得计入企业工资薪金总额，也不得在计算企业应纳税所得额时扣除。

3.2.4.2　关于职工福利费

企业职工福利费是指企业为职工提供的除职工工资、奖金、津贴、纳入工资总额管理的补贴、职工教育经费、社会保险费和补充养老保险费（年金）、补充医疗保险费及住房公积金以外的福利待遇支出，包括发放给职工或为职工支付的各项现金补贴和非货币性集体福利。

根据《财政部关于企业加强职工福利费财务管理的通知》（财企〔2009〕242号），职工福利费的开支范围如下。

（1）为职工卫生保健、生活等发放或支付的各项现金补贴和非货币性福利，包括职工因公外地就医费用、暂未实行医疗统筹企业职工医疗费用、职工供养直系亲属医疗补贴、职工疗养费用、自办职工食堂经费补贴或未办职工食堂统一供应午餐支出、符合国家有关财务规定的供暖费补贴、防暑降温费等。

（2）企业尚未分离的内设集体福利部门所发生的设备、设施和人员费用，包括职工食堂、职工浴室、理发室、医务所、托儿所、疗养院、集体宿舍等集体福利部门设备、设施的折旧、维修保养费用以及集体福利部门工作人员的工资薪金、社会保险费、住房公积金、劳务费等人工费用。

（3）职工困难补助，或者企业统筹建立和管理的专门用于帮助、救济困难职工的基金支出。

（4）离退休人员统筹外费用，包括离休人员的医疗费及离退休人员其他统筹外费用。企业重组涉及的离退休人员统筹外费用，按照《财政部关于企业重组有关职工安置费用财务管理问题的通知》（财企〔2009〕117号）执行。国家另有规定的，从其规定。

（5）按规定发生的其他职工福利费，包括丧葬补助费、抚恤费、职工异地安家费、独生子女费、探亲假路费，以及符合企业职工福利费定义但没有包括在本通知各条款项目中的其他支出。

（6）企业为职工提供的交通、住房、通信待遇：

①已经实行货币化改革的，按月按标准发放或支付的住房补贴、交通补贴或者车改补贴、通信补贴，应当纳入职工工资总额，不再纳入职工福利费管理；

②尚未实行货币化改革的，企业发生的相关支出作为职工福利费管理，但根据国家有关企业住房制度改革政策的统一规定，不得再为职工购建住房。

（7）企业给职工发放的节日补助、未统一供餐而按月发放的午餐费补贴，应当纳入工资总额管理。

企业发生的职工福利费，应该单独设置账册，进行准确核算。没有单独设置账册准确核算的，税务机关应责令企业在规定的期限内进行改正。逾期仍未改正的，税务机关可对企业发生的职工福利费进行合理的核定。

3.2.4.3 "五险一金"的相关规定

《企业所得税法实施条例》第三十五条规定，企业依照国务院有关主管部门或者省级人民政府规定的范围和标准为职工缴纳的基本养老保险费、基本医疗保险费、失业保险费、工伤保险费、生育保险费等基本社会保险费和住房公积金，准予扣除。基本社会保险费和住房公积金的扣除范围和标准以国务院有关主管部门和省级人民政府的规定为依据，超过规定范围和高于规定标准的部分不得在税前扣除。

3.2.4.4 补充养老保险和补充医疗保险

《企业所得税法实施条例》第三十五条规定，企业为投资者或者职工支付的补充养老保险费、补充医疗保险费，在国务院财政、税务主管部门规定的范围和标准内，准予扣除。

依据《财政部 国家税务总局关于补充养老保险 补充医疗保险有关企业所得税政策问题的通知》（财税〔2009〕27号），自2008年1月1日起，企业根据国家有关政策规定，为在本企业任职或者受雇的全体员工支付的补充养老保险费、补充医疗保险费，分别在不超过职工工资总额5%标准内的部分，在计算应纳税所得额时准予扣除；超过的部分，不予扣除。

3.2.5 机械使用费

机械使用费主要包括施工生产过程中使用自有施工机械所发生的机械使用费、租用外单位施工机械支付的租赁费和施工机械的安装、拆卸和进出场费。

3.2.5.1 税法关于计提折旧的基本规定

一、计提折旧资产的范围

《企业所得税法》第十一条规定，在计算应纳税所得额时，企业按照规定计算的固定资产折旧，准予扣除。下列固定资产不得计算折旧扣除：

（1）房屋、建筑物以外未投入使用的固定资产（即房屋、建筑物不管是否使用都得计提折旧，其他固定资产未投入使用不得计算折旧扣除）；

（2）以经营租赁方式租入的固定资产；

（3）以融资租赁方式租出的固定资产；

（4）已足额提取折旧仍继续使用的固定资产；

（5）与经营活动无关的固定资产；

（6）单独估价作为固定资产入账的土地；

（7）其他不得计算折旧扣除的固定资产。

上述规定中，第 2、3、4、6 项规定与《企业会计准则》的相关规定相同，第 5 项规定与《企业会计准则》中的规定存在差异。

二、计提折旧的方法

《企业所得税法实施条例》第五十九条规定，固定资产按照直线法计算的折旧，准予扣除。企业应当自固定资产投入使用月份的次月起计算折旧；停止使用的固定资产，应当自停止使用月份的次月起停止计算折旧。企业应当根据固定资产的性质和使用情况，合理确定固定资产的预计净残值。固定资产的预计净残值一经确定，不得变更。

三、计提折旧的年限

《企业所得税法实施条例》第六十条规定，除国务院财政、税务主管部门另有规定外，固定资产计算折旧的最低年限如下：

（1）房屋、建筑物，为 20 年；

（2）飞机、火车、轮船、机器、机械和其他生产设备，为 10 年；

（3）与生产经营活动有关的器具、工具、家具等，为 5 年；

（4）飞机、火车、轮船以外的运输工具，为 4 年；

（5）电子设备，为 3 年。

同时，《国家税务总局关于企业固定资产加速折旧所得税处理有关问题的通知》（国税发〔2009〕81 号）对固定资产采取加速折旧进行了限制性规定，具体内容如下。

（1）根据《企业所得税法》及《企业所得税法实施条例》的相关规定，企业拥有并用于生产经营的主要或关键的固定资产，由于以下原因确需加速折旧的，可以缩短折旧年限或者采取加速折旧的方法：

①由于技术进步，产品更新换代较快的；

②常年处于强震动、高腐蚀状态的。

（2）企业拥有并使用的固定资产符合本通知第一条规定的，可按以下情况分别处理：

①企业过去没有使用过与该项固定资产功能相同或类似的固定资产，但有充分的证据证明该固定资产的预计使用年限短于《企业所得税法实施条例》规定的计算折旧最低年限的，企业可根据该固定资产的预计使用年限和本通知的规定，对该固定资产采取缩短折旧年限或者加速折旧的方法。

②企业在原有的固定资产未达到《企业所得税法实施条例》规定的最低折旧年限前，使用功能相同或类似的新固定资产替代旧固定资产的，企业可根据

旧固定资产的实际使用年限和本通知的规定，对新替代的固定资产采取缩短折旧年限或者加速折旧的方法。

（3）企业采取缩短折旧年限方法的，对其购置的新固定资产，最低折旧年限不得低于《企业所得税法实施条例》第六十条规定的折旧年限的60%；若为购置已使用过的固定资产，其最低折旧年限不得低于《企业所得税法实施条例》规定的最低折旧年限减去已使用年限后剩余年限的60%。最低折旧年限一经确定，一般不得变更。

（4）企业拥有并使用符合本通知第一条规定条件的固定资产采取加速折旧方法的，可以采用双倍余额递减法或者年数总和法。加速折旧方法一经确定，一般不得变更。

①双倍余额递减法，是指在不考虑固定资产预计净残值的情况下，根据每期期初固定资产原值减去累计折旧后的金额和双倍的直线法折旧率计算固定资产折旧的一种方法。应用这种方法计算折旧额时，由于每年年初固定资产净值没有减去预计净残值，所以在计算固定资产折旧额时，应在其折旧年限到期前的两年期间，将固定资产净值减去预计净残值后的余额平均摊销。计算公式如下：

$$年折旧率 = 2 \div 预计使用寿命（年）\times 100\%$$

$$月折旧率 = 年折旧率 \div 12$$

$$月折旧额 = 月初固定资产账面净值 \times 月折旧率$$

②年数总和法，又称年限合计法，是指将固定资产的原值减去预计净残值后的余额，乘以一个以固定资产尚可使用寿命为分子、以预计使用寿命逐年数字之和为分母的逐年递减的分数计算每年的折旧额。计算公式如下：

$$年折旧率 = 尚可使用年限 \div 预计使用寿命的年数总和 \times 100\%$$

$$月折旧率 = 年折旧率 \div 12$$

$$月折旧额 = （固定资产原值 - 预计净残值）\times 月折旧率$$

（5）企业确需对固定资产采取缩短折旧年限或者加速折旧方法的，应在取得该固定资产后一个月内，向其企业所得税主管税务机关（以下简称主管税务机关）备案，并报送以下资料：

①固定资产的功能、预计使用年限短于《企业所得税法实施条例》规定计算折旧的最低年限的理由、证明资料及有关情况的说明；

②被替代的旧固定资产的功能、使用及处置等情况的说明；

③固定资产加速折旧拟采用的方法和折旧额的说明；

④主管税务机关要求报送的其他资料。

企业主管税务机关应在企业所得税年度纳税评估时，对企业采取加速折旧的固定资产的使用环境及状况进行实地核查。对不符合加速折旧规定条件的，主管税务机关有权要求企业停止该项固定资产加速折旧。

（6）对于采取缩短折旧年限的固定资产，足额计提折旧后继续使用而未进行处置（包括报废等情形）超过12个月的，今后对其更新替代、改造改建后形成的功能相同或者类似的固定资产，不得再采取缩短折旧年限的方法。

（7）对于企业采取缩短折旧年限或者采取加速折旧方法的，主管税务机关应设立相应的税收管理台账，并加强监督，实施跟踪管理。对发现不符合《企业所得税法实施条例》第九十八条及本通知规定的，主管税务机关要及时责令企业进行纳税调整。

（8）适用总、分机构汇总纳税的企业，对其所属分支机构使用的符合《企业所得税法实施条例》第九十八条及本通知规定情形的固定资产采取缩短折旧年限或者采取加速折旧方法的，由其总机构向其所在地主管税务机关备案。分支机构所在地主管税务机关应负责配合总机构所在地主管税务机关实施跟踪管理。

四、计提折旧的计税基础

根据《企业所得税法实施条例》第五十六条的规定，企业的各项资产，包括固定资产、生物资产、无形资产、长期待摊费用、投资资产、存货等，以历史成本为计税基础。所称历史成本，是指企业取得该项资产时实际发生的支出。企业持有各项资产期间资产增值或者减值，除国务院财政、税务主管部门规定可以确认损益外，不得调整该资产的计税基础。

根据这条规定，调整各类资产的计税基础，要经国务院财政、税务主管部门批准，而且相关调整必须计入损益。例如，中国铁道建筑总公司2008年股改上市资产评估增值689 872.63万元，经国务院批准确认了损益，但因中国铁道建筑总公司是国务院国资委一元股东，这部分评估增值应缴纳的企业所得税不征收入库，直接转计中国铁道建筑总公司的资本公积，作为国有资本。由于已经进行了上述处理，所以，中国铁道建筑总公司及所属子公司可以按照评估增值后的资产计提折旧（或摊销），并在企业所得税前扣除。这一条政策依据是《财政部 国家税务总局关于中国铁道建筑总公司重组改制过程中资产评估增值有关企业所得税政策问题的通知》（财税〔2008〕124号）。

《国家税务总局关于贯彻落实企业所得税法若干税收问题的通知》（国税函

〔2010〕79 号）第五款对关于固定资产投入使用后计税基础的确定问题进行了明确：企业固定资产投入使用后，由于工程款项尚未结清，未取得全额发票的，可暂按合同规定的金额计入固定资产计税基础计提折旧，待发票取得后进行调整。但该项调整应在固定资产投入使用后 12 个月内进行。比如，建筑施工企业采购盾构机，因货款尚未全部付清，没有取得全额发票，此时先要按采购合同规定的金额为计税基础计提折旧，另外，必须在固定资产使用后的 12 个月内取得全额发票。

五、固定资产大修理支出的所得税处理

《企业所得税法》第十三条规定，在计算应纳税所得额时，固定资产的大修理支出作为长期待摊费用，按照规定摊销的，准予扣除。

《企业所得税法实施条例》第六十九条规定，《企业所得税法》第十三条第（三）项所称固定资产的大修理支出，是指同时符合下列条件的支出：①修理支出达到取得固定资产时的计税基础 50% 以上；②修理后固定资产的使用年限延长 2 年以上。

《企业所得税法》第十三条第（三）项规定的支出，按照固定资产尚可使用年限分期摊销。

因此，固定资产大修理支出作为长期待摊费用按其尚可使用年限分期摊销，必须同时具备《企业所得税法实施条例》第六十九条规定的价值标准和时间标准两个条件。如不同时具备，则应作为当期费用扣除。

六、执行新税法的衔接

（1）已购置固定资产预计净残值和折旧年限的处理问题。根据《国家税务总局关于企业所得税若干税务事项衔接问题的通知》（国税函〔2009〕98 号）文件规定，新税法实施前已投入使用的固定资产，企业已按原税法规定预计净残值计提的折旧，不做调整。新税法实施后，对此类继续使用的固定资产，可以重新确定其残值，并就其尚未计提折旧的余额，按照新税法规定的折旧年限减去已经计提折旧的年限后的剩余年限，按照新税法规定的折旧方法计算折旧。新税法实施后，固定资产原确定的折旧年限不违背新税法规定原则的，也可以继续执行。

（2）企业购入旧的固定资产的折旧年限的确定。参照《江苏省苏州市地方税务局 2008 年度企业所得税汇算清缴业务问题解答》，企业因生产经营活动需要购入旧的固定资产，是因为该项资产仍有使用价值，尚具有使用年限。企业取得已经使用过的旧的固定资产，一般可以按其尚可使用年限确定折旧年限。

尚可使用年限可根据资产的磨损程度、使用状况合理确定。企业外购的固定资产，以购买价款和支付的相关税费以及直接归属于使该资产达到预定用途发生的其他支出为计税基础。外购的旧固定资产，在原企业即使已提足折旧，仍可以按新的计税基础在尚可使用年限内计提折旧。

3.2.5.2　税法与会计关于折旧政策的差异

一、计提折旧资产范围的差异

会计准则规定，企业对除已提足折旧仍继续使用的固定资产和单独计价入账的土地以外的所有固定资产计提折旧。而税法折旧的范围要比会计准则规定的折旧范围小得多，在会计准则的范围中要剔除以下资产。

（1）房屋、建筑物以外未投入使用的固定资产。房屋、建筑物不管是否使用，税法与会计准则规定都要计提折旧；其他固定资产按会计准则规定要计提折旧，而税法不允许计提折旧，如已经提取，要进行纳税调整。

（2）与经营活动无关的固定资产。会计没有明确规定不得计提折旧，而税法规定不允许计提折旧。

（3）其他不得计算折旧扣除的固定资产。会计上没有此规定。

总之，会计准则规定是防止少提折旧，而税法规定是防止多提折旧。

二、计提折旧理念的差异

税法规定，固定资产按照直线法计算的折旧，准予扣除。即税法只认可直线法，不认可其他折旧方法。而会计准则规定，企业应当根据与固定资产有关的经济利益的预期实现方式合理选择折旧方法。可选用的折旧方法包括年限平均法、工作量法、双倍余额递减法和年数总和法等。与税法规定相比，会计准则计提折旧的理念要更加科学。

三、计提折旧时间跨度的差异

会计准则规定，固定资产应自达到预定可使用状态时开始计提折旧，终止确认时或划分为持有待售非流动资产时停止计提折旧。税法规定，企业应当自固定资产投入使用月份的次月起计算折旧；停止使用的固定资产，应当自停止使用月份的次月起停止计算折旧。

会计与税法规定的差异体现在两个方面：一方面是计提折旧起点的差异。会计是达到预定可使用状态，税法是投入使用月份的次月，表现在实务上，此差异就是某些固定资产已经达到可使用状况，但未投入使用情形下，会计需要计提折旧而税法不允许计提折旧。另一方面是停止计提折旧时点的差异，表现在税法没有固定资产"划分为持有待售非流动资产"这种提法。一旦固定资产划分为持有待售资产，固定资产不再被使用，税法也不允许计提折旧，实质上这种情况下税法与会计规定是相同的。

四、计税基础的差异

税法按固定资产的历史成本作为计税基础，除国务院财政、税务主管部门规定可以确认损益外，不得调整该资产的计税基础。会计准则规定，应计折旧额是指应当计提折旧的固定资产的原价扣除其预计净残值后的金额，已计提减值准备的固定资产，还应当扣除已计提的固定资产减值准备累计金额。

3.3　建造合同的会计处理

3.3.1　建造合同的收入与成本

一、合同收入的组成

合同收入包括两部分内容：（1）合同规定的初始收入。即建造承包商与客户签订的合同中最初商定的合同总金额，它构成了合同收入的基本内容；（2）因合同变更、索赔、奖励等形成的收入。

1. 合同变更是指客户为改变合同规定的作业内容而提出的调整。合同变更条款同时满足下列条件的，才能构成合同收入：（1）客户能够认可因变更而增加的收入；（2）该收入能够可靠地计量。

例如，某建造承包商与客户签订了一项建造图书馆的合同，建设期为 3 年。第二年，客户要求将原设计中采用铝合金门窗改为采用塑钢门窗，并同意增加合同造价 50 万元。本例中，建造承包商可在第二年将因合同变更而增加的 50 万元收入认定为合同收入的组成部分；假如建造承包商认为此项变更应增加造价 50 万元，但双方最终达成增加造价 40 万元的协议，则只能将 40 万元认定为合同收入的组成部分。

2. 索赔款是指因客户或第三方的原因造成的、向客户或第三方收取的、用以补偿不包括在合同造价中成本的款项。索赔款同时满足下列条件的，才能构成合同收入：（1）根据谈判情况，预计对方能够同意该项索赔；（2）对方同意接受的金额能够可靠地计量。

例如，某建造承包商与客户签订了一项建造水电站的合同。合同规定的建设期是 20×6 年 1 月至 20×9 年 12 月；同时规定，发电机由客户采购，于 20×8 年 10 月交付建造承包商进行安装。该项合同在执行过程中，客户于 20×9 年 1 月才将发电机交付建造承包商。建造承包商因客户交货延期要求客户支付延误工期款 150 万元。本例中，假如客户不同意支付延误工期款，则不能将 150 万元计入合同总收入；假如客户只同意支付延误工期款 100 万元，则只能将 100 万元认定为合同收入的组成部分。

3. 奖励款是指工程达到或超过规定的标准，客户同意支付的额外款项。奖励款同时满足下列条件的，才能构成合同收入：①根据合同目前完成情况，足以判断工程进度和工程质量能够达到或超过规定的标准；②奖励金额能够可靠地计量。

例如，某建造承包商与客户签订一项建造大桥的合同，合同规定的建设期为 20×7 年 10 月 25 日至 20×9 年 10 月 25 日。20×9 年 7 月，主体工程已基本完工，工程质量符合设计要求，有望提前 3 个月竣工，客户同意向建造承包商支付提前竣工奖 100 万元。本例中，假如该项合同的主体工程虽于 20×9 年 7 月基本完工，但是经工程监理人员认定，工程质量未达到设计要求，还需进一步施工，则不能认定奖励款构成合同收入。

二、合同成本的组成

合同成本是指为建造某项合同而发生的相关费用，合同成本包括从合同签订开始至合同完成为止所发生的与执行合同有关的全部直接费用和间接费用。

这里所说的"直接费用"是指为完成合同所发生的可以直接计入合同成本核算对象的各项费用支出；"间接费用"是指为完成合同所发生的不宜直接归属于合同成本核算对象而应分配计入有关合同成本核算对象的各项费用支出。

实务中，间接费用的分配方法主要有人工费用比例法、直接费用比例法等。与合同有关的零星收益，即在合同执行过程中取得的非经常性的零星收益，如完成合同后处置残余物资取得的收益，不应计入合同收入而应冲减合同成本。

1. 直接费用的组成。

合同的直接费用包括四项内容：耗用的材料费用、耗用的人工费用、耗用的机械使用费和其他直接费用。

耗用的材料费用主要包括施工生产过程中耗用的构成工程实体或有助于形成工程实体的原材料、辅助材料、构配件、零件、半成品的成本和周转材料的摊销及租赁费用。周转材料是指企业在施工过程中能多次使用并可基本保持原来的实物形态而逐渐转移其价值的材料，如施工中使用的模板、挡板和脚手架等。

耗用的人工费用主要包括从事工程建造的人员的工资、奖金、津贴补贴、职工福利费等职工薪酬。

耗用的机械使用费主要包括施工生产过程中使用自有施工机械所发生的机械使用费、租用外单位施工机械所支付的租赁费和施工机械的安装、拆卸和进出场费。

其他直接费用是指在施工过程中发生的除上述三项直接费用以外的其他可以直接计入合同成本核算对象的费用。主要包括有关的设计和技术援助费用、施工现场材料的二次搬运费、生产工具和用具使用费、检验试验费、工程定位复测费、工程点交费用、场地清理费用等。

2. 间接费用的组成。

间接费用主要包括临时设施摊销费用和企业下属的施工、生产单位组织和管理施工生产活动所发生的费用，如管理人员薪酬、劳动保护费、固定资产折旧费及修理费、物料消耗、取暖费、水电费、办公费、差旅费、财产保险费、工程保修费、排污费等。这里所说的"施工单位"是指建筑安装企业的施工队、项目经理部等；"生产单位"是指船舶、飞机、大型机械设备等制造企业的生产车间。这些单位可能同时组织实施几项合同，其发生的费用应由这几项合同的成本共同负担。

3. 因订立合同而发生的费用。

建造承包商为订立合同而发生的差旅费、投标费等，能够单独区分和可靠计量且合同很可能订立的，应当予以归集，待取得合同时计入合同成本；未满足上述条件的，应当计入当期损益。

4. 不计入合同成本的各项费用。

下列各项费用属于期间费用，应在发生时计入当期损益，不计入建造合同成本。

（1）企业行政管理部门为组织和管理生产经营活动所发生的管理费用。

（2）建筑施工企业的销售费用。

（3）企业为建造合同借入款项所发生的、不符合借款费用准则规定的资本化条件的借款费用。例如，企业在建造合同完成后发生的利息净支出、汇兑净损失、金融机构手续费以及筹资发生的其他财务费用。

3.3.2　建造合同收入成本核算应设置的相关会计科目及会计处理

企业应当正确记录和反映与客户之间的合同产生的收入及相关成本费用。依据《企业收入准则第 14 号——收入》的规定，建造合同收入的会计处理，一般需要设置下列会计科目。

一、"主营业务收入"科目

1."主营业务收入"科目核算企业确认的销售商品、提供服务等主营业务的收入。

2."主营业务收入"科目可按主营业务的种类进行明细核算。

3. 主营业务收入的主要会计处理。

（1）企业在履行了合同中的单项履约义务时，应按照已收或应收的合同价款，加上应收取的增值税额，借记"银行存款""应收账款""应收票据""合同资产"等科目，按应确认的收入金额，贷记"主营业务收入"科目，按应收取的增值税额，贷记"应交税费——应交增值税（销项税额）""应交税费——待转销项税额"等科目。

（2）合同中存在企业为客户提供重大融资利益的，企业应按照应收合同价款，借记"长期应收款"等科目，按照假定客户在取得商品控制权时即以现金支付而需支付的金额（即现销价格）确定的交易价格，贷记"主营业务收入"科目，按其差额，贷记"未实现融资收益"科目；合同中存在客户为企业提供重大融资利益的，企业应按照已收合同价款，借记"银行存款"等科目，按照假定客户在取得商品控制权时即以现金支付的应付金额（即现销价格）确定的交易价格，贷记"合同负债"等科目，按其差额，借记"未确认融资费用"科目。涉及增值税的，还应进行相应的处理。

（3）企业收到的对价为非现金资产时，应按该非现金资产在合同开始日的公允价值，借记"存货""固定资产""无形资产"等有关科目，贷记"主营业务收入"科目。涉及增值税的，还应进行相应的处理。

4. 期末，应将"主营业务收入"科目的余额转入"本年利润"科目，结转后"主营业务收入"科目应无余额。

二、"主营业务成本"科目

1."主营业务成本"科目核算企业确认销售商品、提供服务等主营业务收入时应结转的成本。

2."主营业务成本"科目可按主营业务的种类进行明细核算。

3. 主营业务成本的主要会计处理。

期末，企业应根据本期销售各种商品、提供各种服务等实际成本，计算应结转的主营业务成本，借记"主营业务成本"科目，贷记"库存商品""合同履约成本"等科目。

采用计划成本或售价核算库存商品的，平时的营业成本按计划成本或售价结转，月末，还应结转本月销售商品应分摊的产品成本差异或商品进销差价。

4．期末，应将"主营业务成本"科目的余额转入"本年利润"科目，结转后"主营业务成本"科目无余额。

三、"合同履约成本"科目

1．"合同履约成本"科目核算企业为履行当前或预期取得的合同所发生的、不属于其他企业会计准则规范范围且按照本准则应当确认为一项资产的成本。企业因履行合同而产生的毛利不在"合同履约成本"科目核算。

2．"合同履约成本"科目可按合同，分别在"服务成本""工程施工"等科目进行明细核算。

3．合同履约成本的主要会计处理。

企业发生上述合同履约成本时，借记"合同履约成本"科目，贷记"银行存款""应付职工薪酬""原材料"等科目；对合同履约成本进行摊销时，借记"主营业务成本""其他业务成本"等科目，贷记"合同履约成本"科目。涉及增值税的，还应进行相应的处理。

4．"合同履约成本"科目期末借方余额，反映企业尚未结转的合同履约成本。

四、"合同履约成本减值准备"科目

1．"合同履约成本减值准备"科目核算与合同履约成本有关的资产的减值准备。

2．"合同履约成本减值准备"科目可按合同进行明细核算。

3．合同履约成本减值准备的主要会计处理。

与合同履约成本有关的资产发生减值的，按应减记的金额，借记"资产减值损失"科目，贷记"合同履约成本减值准备"科目；转回已计提的资产减值准备时，做相反的会计分录。

4．"合同履约成本减值准备"科目期末贷方余额，反映企业已计提但尚未转销的合同履约成本减值准备。

五、"合同取得成本"科目

1．"合同取得成本"科目核算企业取得合同发生的、预计能够收回的增量成本。

2．"合同取得成本"科目可按合同进行明细核算。

3．合同取得成本的主要会计处理。

企业发生上述合同取得成本时，借记"合同取得成本"科目，贷记"银行存款""其他应付款"等科目；对合同取得成本进行摊销时，按照其相关性借记"销售费用"等科目，贷记"合同取得成本"科目。涉及增值税的，还应进行相应的处理。

4. "合同取得成本"科目期末借方余额，反映企业尚未结转的合同取得成本。

六、"合同取得成本减值准备"科目

1. "合同取得成本减值准备"科目核算与合同取得成本有关的资产的减值准备。

2. "合同取得成本减值准备"科目可按合同进行明细核算。

3. 合同取得成本减值准备的主要会计处理。

与合同取得成本有关的资产发生减值的，按应减记的金额，借记"资产减值损失"科目，贷记"合同取得成本减值准备"科目；转回已计提的资产减值准备时，做相反的会计分录。

4. "合同取得成本减值准备"科目期末贷方余额，反映企业已计提但尚未转销的合同取得成本减值准备。

七、"合同资产"科目

1. "合同资产"科目核算企业已向客户转让商品而有权收取对价的权利。仅取决于时间流逝因素的权利不在"合同资产"科目核算。

2. "合同资产"科目应按合同进行明细核算。

3. 合同资产的主要会计处理。

企业在客户实际支付合同对价或在该对价到期应付之前，已经向客户转让了商品的，应当按因已转让商品而有权收取的对价金额，借记"合同资产"科目或"应收账款"科目，贷记"主营业务收入""其他业务收入"等科目；企业取得无条件收款权时，借记"应收账款"等科目，贷记"合同资产"科目。涉及增值税的，还应进行相应的处理。

八、"合同资产减值准备"科目

1. "合同资产减值准备"科目核算合同资产的减值准备。

2. "合同资产减值准备"科目应按合同进行明细核算。

3. 合同资产减值准备的主要会计处理。

合同资产发生减值的，按应减记的金额，借记"资产减值损失"科目，贷记"合同资产减值准备"科目；转回已计提的资产减值准备时，做相反的会计分录。

4."合同资产减值准备"科目期末贷方余额，反映企业已计提但尚未转销的合同资产减值准备。

九、"合同负债"科目

1."合同负债"科目核算企业已收或应收客户对价而应向客户转让商品的义务。

2."合同负债"科目应按合同进行明细核算。

3. 合同负债的主要会计处理。

企业在向客户转让商品之前，客户已经支付了合同对价或企业已经取得了无条件收取合同对价权利的，企业应当在客户实际支付款项与到期应支付款项孰早的时点，按照该已收或应收的金额，借记"银行存款""应收账款""应收票据"等科目，贷记"合同负债"科目；企业向客户转让相关商品时，借记"合同负债"科目，贷记"主营业务收入""其他业务收入"等科目。涉及增值税的，还应进行相应的处理。

企业因转让商品收到的预收款适用本准则进行会计处理时，不再使用"预收账款"科目及"递延收益"科目。

4."合同负债"科目期末贷方余额，反映企业在向客户转让商品之前，已经收到的合同对价或已经取得的无条件收取合同对价权利的金额。

3.3.3　建造合同收入的确认和计量

收入的确认和计量大致分为五步：第一步，识别与客户订立的合同；第二步，识别合同中的单项履约义务；第三步，确定交易价格；第四步，将交易价格分摊至各单项履约义务；第五步，履行各单项履约义务时确认收入。其中，第一步、第二步和第五步主要与收入的确认有关，第三步和第四步主要与收入的计量有关。

一、识别与客户订立的合同

（一）合同识别

合同，是指双方或多方之间订立有法律约束力的权利义务的协议。合同包括书面形式、口头形式以及其他形式（如隐含于商业惯例或企业以往的习惯做法中等）。企业与客户之间的合同同时满足下列五项条件的，企业应当在履行了合同中的履约义务，即在客户取得相关商品控制权时确认收入：

一是合同各方已批准该合同并承诺将履行各自义务；

二是该合同明确了合同各方与所转让商品相关的权利和义务；

三是该合同有明确的与所转让商品相关的支付条款；

四是该合同具有商业实质，即履行该合同将改变企业未来现金流量的风险、时间分布或金额；

五是企业因向客户转让商品而有权取得的对价很可能收回。

企业在进行上述判断时，需要注意下列三点：一是合同约定的权利和义务是否具有法律约束力，需要根据企业所处的法律环境和实务操作进行判断。二是合同具有商业实质，是指履行该合同将改变企业未来现金流量的风险、时间分布或金额。三是企业在评估其因向客户转让商品而有权取得的对价是否很可能收回时，仅应考虑客户到期时支付对价的能力和意图（即客户的信用风险）。企业预期很可能无法收回全部合同对价时，应当判断其原因是客户的信用风险还是企业向客户提供了价格折让所致。

（二）合同合并

企业与同一客户（或该客户的关联方）同时订立或在相近时间内先后订立的两份或多份合同，在满足下列条件之一时，应当合并为一份合同进行会计处理：一是该两份或多份合同基于同一商业目的而订立并构成"一揽子"交易，如一份合同在不考虑另一份合同对价的情况下将会发生亏损；二是该两份或多份合同中的一份合同的对价金额取决于其他合同的定价或履行情况，如一份合同如果发生违约，将会影响另一份合同的对价金额；三是该两份或多份合同中所承诺的商品（或每份合同中所承诺的部分商品）构成单项履约义务。两份或多份合同合并为一份合同进行会计处理的，仍然需要区分该一份合同中包含的各单项履约义务。

（三）合同变更

合同变更，是指经合同各方批准对原合同范围或价格作出的变更。合同各方可能以书面形式、口头形式或其他形式（如隐含于企业以往的习惯做法中）批准合同变更。企业应当区分下列三种情形对合同变更分别进行会计处理：

1. 合同变更部分作为单独合同。

合同变更增加了可明确区分的商品及合同价款，且新增合同价款反映了新增商品单独售价的（以下简称为"合同变更的第1种情形"），应当将该合同变更部分作为一份单独的合同进行会计处理。此类合同变更不影响原合同的会计处理。

2. 合同变更作为原合同终止及新合同订立。

合同变更不属于合同变更的第1种情形，且在合同变更日已转让的商品与未转让的商品之间可明确区分的（以下简称为"合同变更的第 2 种情形"），应当视为原合同终止，同时，将原合同未履约部分与合同变更部分合并为新合同进行会计处理。

3. 合同变更部分作为原合同的组成部分。

合同变更不属于合同变更的第 1 种情形，且在合同变更日已转让的商品与未转让的商品之间不可明确区分的（以下简称为"合同变更的第 3 种情形"），应当将该合同变更部分作为原合同的组成部分，在合同变更日重新计算履约进度，并调整当期收入和相应成本等。

二、识别合同中的单项履约义务

合同开始日，企业应当识别合同中所包含的各单项履约义务，并确定各单项履约义务是在某一时段内履行，还是在某一时点履行；然后，在履行各单项履约义务时分别确认收入。履约义务，是指合同中企业向客户转让可明确区分商品的承诺。企业应当将下列向客户转让商品的承诺作为单项履约义务。

（一）企业向客户转让可明确区分商品（或者商品或服务的组合）的承诺

企业向客户承诺的商品同时满足下列条件的，应当作为可明确区分商品。

1. 客户能够从该商品本身或者从该商品与其他易于获得的资源一起使用中受益。当客户能够使用、消耗或以高于残值的价格出售商品，或者以能够产生经济利益的其他方式持有商品时，表明客户能够从该商品本身获益。对于某些商品而言，客户可能需要将其与其他易于获得的资源一起使用才能从中获益。在评估某项商品是否能够明确区分时，应当基于该商品自身的特征，无需考虑合同中可能存在的阻止客户从其他来源取得相关资源的限制性条款。

2. 企业向客户转让该商品的承诺与合同中其他承诺可单独区分，以识别企业承诺转让的是每一项商品，还是由这些商品组成的一个或多个组合产出。组合产出的价值通常高于或者显著不同于各单项商品的价值总和。

下列情形通常表明企业向客户转让该商品的承诺与合同中的其他承诺不可明确区分。

一是企业需提供重大的服务以将该商品与合同中承诺的其他商品进行整合，形成合同约定的某个或某些组合产出转让给客户。如企业为客户建造写字楼的合同中，企业向客户提供的砖头、水泥、人工等都能够使客户获益，但是，企业对客户承诺的是为其建造一栋写字楼，而并非提供这些砖头、水泥和人工等，企业需提供重大的服务将这些商品进行整合，以形成合同约定的一项组合产出（即写字楼）转让给客户。因此，在该合同中，砖头、水泥和人工等商品彼此之间不能单独区分。

二是该商品将对合同中承诺的其他商品予以重大修改或定制。如企业承诺向客户提供其开发的一款现有软件，并提供安装服务，虽然该软件无需更新或技术支持也可直接使用，但是企业在安装过程中需要在该软件现有基础上对其进行定制化的重大修改，以使其能够与客户现有的信息系统相兼容。此时，转让软件的承诺与提供定制化重大修改的承诺在合同层面是不可明确区分的。

三是该商品与合同中承诺的其他商品具有高度关联性。即合同中承诺的每一项商品均受到合同中其他商品的重大影响。如企业承诺为客户设计一种新产品并负责生产 10 个样品，企业在生产和测试样品的过程中需要对产品的设计进行不断的修正，并导致已生产的样品均可能需要进行不同程度的返工。此时，企业提供的设计服务和生产样品的服务是不断交替反复进行的，二者高度关联，因此，在合同层面是不可明确区分的。

需要说明的是，企业向客户销售商品时，往往约定企业需要将商品运送至客户指定的地点。通常情况下，商品控制权转移给客户之前发生的运输活动不构成单项履约义务；相反，商品控制权转移给客户之后发生的运输活动可能表明企业向客户提供了一项运输服务，企业应当考虑该项服务是否构成单项履约义务。

（二）一系列实质相同且转让模式相同的、可明确区分的商品

当企业向客户连续转让某项承诺的商品时，如每天提供类似劳务的长期劳务合同等，如果这些商品属于实质相同且转让模式相同的一系列商品时，企业应当将这一系列商品作为单项履约义务。转让模式相同，是指每一项可明确区分的商品均满足在某一时段内履行履约义务的条件，且采用相同方法确定其履约进度。

企业在判断所转让的一系列商品是否实质相同时，应当考虑合同中承诺的性质，当企业承诺的是提供确定数量的商品时，需要考虑这些商品本身是否实质相同；当企业承诺的是在某一期间内随时向客户提供某项服务时，需要考虑企业在该期间内的各个时间段（如每天或每小时）的承诺是否相同，而并非具体的服务行为本身，如企业向客户提供 2 年的酒店管理服务（包括保洁、维修、安保等），但没有具体的服务次数或时间的要求，尽管企业每天提供的具体服务不一定相同，但是企业每天对于客户的承诺都是相同的，即按照约定的酒店管理标准，随时准备根据需要为其提供相关服务，因此，该酒店管理服务符合实质相同的条件。

三、确定交易价格

交易价格，是指企业因向客户转让商品而预期有权收取的对价金额。企业代第三方收取的款项（如增值税）以及企业预期将退还给客户的款项，应当作为负债处理，不计入交易价格。合同标价并不一定代表交易价格，企业应当根据合同条款，并结合以往的习惯做法等确定交易价格。

（一）可变对价

企业与客户的合同中约定的对价金额可能是固定的，也可能会因折扣、价格折让、返利、退款、奖励积分、激励措施、业绩奖金、索赔、未来事项等因素而变化。此外，企业有权收取的对价金额，将根据一项或多项或有事项的发生有所不同的情况，也属于可变对价的情形。如企业售出商品但允许客户退货时，企业有权收取的对价金额将取决于客户是否退货，因此该合同的交易价格是可变的。

1. 可变对价最佳估计数的确定。

企业应当按照期望值或最可能发生金额确定可变对价的最佳估计数。期望值，是按照各种可能发生的对价金额及相关概率计算确定的金额。当企业拥有大量具有类似特征的合同，并据此估计合同可能产生的多个结果时，按照期望值估计可变对价金额通常是恰当的。

最可能发生金额是一系列可能发生的对价金额中最可能发生的单一金额，即合同最可能产生的单一结果。当合同仅有两个可能结果（如企业能够达到或不能达到某业绩奖金目标）时，按照最可能发生金额估计可变对价金额通常是恰当的。

企业采用期望值或最可能发生金额估计可变对价时，应当选择能够更好地预测其有权收取的对价金额的方法。对于某一事项的不确定性对可变对价金额的影响，企业应当在整个合同期间一致地采用同一种方法进行估计；对于类似的合同，应当采用相同的方法进行估计。但是，当存在多个不确定性事项均会影响可变对价金额时，企业可以采用不同的方法对其进行估计。

2. 计入交易价格的可变对价金额的限制。

企业按照期望值或最可能发生金额确定可变对价金额之后，计入交易价格的可变对价金额还应该满足限制条件，即包含可变对价的交易价格，应当不超过在相关不确定性消除时累计已确认的收入极可能不会发生重大转回的金额。企业在对此进行评估时，应当同时考虑收入转回的可能性及转回金额的比重。其中，"极可能"发生的概率应远高于"很可能（即，可能性超过50%）"，但不要求达到"基本确定（即，可能性超过 95%）"；在评估收入转回金额的比重时，应同时考虑合同中包含的固定对价和可变对价。企业应当将满足上述限制条件的可变对价的金额，计入交易价格。

每一资产负债表日，企业应当重新估计可变对价金额（包括重新评估对可变对价的估计是否受到限制），以如实反映报告期末存在的情况以及报告期内发生的情况变化。

（二）合同中存在的重大融资成分

当企业将商品的控制权转移给客户的时间与客户实际付款的时间不一致时，对于企业以赊销的方式销售商品，或者要求客户支付预付款等，如果各方以在合同中明确（或者以隐含的方式）约定的付款时间为客户或企业就转让商品的交易提供了重大融资利益，则合同中即包含了重大融资成分。合同中存在重大融资成分的，企业应当按照假定客户在取得商品控制权时即以现金支付的应付金额（即现销价格）确定交易价格。

在评估合同中是否存在融资成分以及该融资成分对于该合同而言是否重大时，企业应当考虑所有相关的事实和情况，具体包括：

1. 已承诺的对价金额与已承诺商品的现销价格之间的差额；

2. 企业将承诺的商品转让给客户与客户支付相关款项之间的预计时间间隔和相应的市场现行利率的共同影响。

企业向客户转让商品与客户支付相关款项之间虽然存在时间间隔，但两者之间的合同没有包含重大融资成分的情形有：

（1）客户就商品支付了预付款，且可以自行决定这些商品的转让时间。如企业向客户出售其发行的储值卡，客户可随时到该企业持卡购物；再如企业向客户授予奖励积分，客户可随时到该企业兑换这些积分等。

（2）客户承诺支付的对价中有相当大的部分是可变的，该对价金额或付款时间取决于某一未来事项是否发生，且该事项实质上不受客户或企业控制。如按照实际销售量收取的特许权使用费。

（3）合同承诺的对价金额与现销价格之间的差额是由于向客户或企业提供融资利益以外的其他原因所导致的，且这一差额与产生该差额的原因是相称的。如合同约定的支付条款是为了对企业或客户提供保护，以防止另一方未能依照合同充分履行其部分或全部义务。

合同中存在重大融资成分的，企业在确定该重大融资成分的金额时，应使用将合同对价的名义金额折现为商品现销价格的折现率。该折现率一经确定，不得因后续市场利率或客户信用风险等情况的变化而变更。企业确定的交易价格与合同承诺的对价金额之间的差额，应当在合同期间内采用实际利率法摊销。需要说明的是，企业应当在单个合同层面考虑融资成分是否重大，而不应在合同组合层面考虑这些合同中的融资成分的汇总影响对企业整体而言是否重大。企业只有在确认了合同资产（或应收款项）和合同负债时，才应当分别确认重大融资成分相应的利息收入和利息支出。

为简化实务操作，如果在合同开始日，企业预计客户取得商品控制权与客户支付价款间隔不超过一年的，可以不考虑合同中存在的重大融资成分。企业应当对类似情形下的类似合同一致地应用这一简化处理方法。

合同负债，是指企业已收或应收客户对价而应向客户转让商品的义务。企业在向客户转让商品之前，如果客户已经支付了合同对价或企业已经取得了无条件收取合同对价的权利，则企业应当在客户实际支付款项与到期应支付款项孰早的时点，将该已收或应收的款项确认并列示为合同负债。合同资产，是指企业已向客户转让商品而有权收取对价的权利，且该权利取决于时间流逝之外的其他因素。应收款项是企业无条件收取合同对价的权利。只有在合同对价到期支付之前仅仅随着时间的流逝即可收款的权利，才是无条件的收款权。合同资产和应收款项都是企业拥有的有权收取对价的合同权利，二者的区别在于，应收款项代表的是无条件收取合同对价的权利，即企业仅仅随着时间的流逝即可收款，而合同资产并不是一项无条件收款权，该权利除了时间流逝之外，还取决于其他条件（例如，履行合同中的其他履约义务）才能收取相应的合同对价。

合同资产和合同负债应当在资产负债表中单独列示，并按流动性，分别列示为"合同资产"或"其他非流动资产"以及"合同负债"或"其他非流动负债"。同一合同下的合同资产和合同负债应当以净额列示，不同合同下的合同资产和合同负债不能互相抵销。

（三）非现金对价

当企业因转让商品而有权向客户收取的对价是非现金形式时，如实物资产、无形资产、股权、客户提供的广告服务等。企业通常应当按照非现金对价在合同开始日的公允价值确定交易价格。非现金对价公允价值不能合理估计的，企业应当参照其承诺向客户转让商品的单独售价间接确定交易价格。

非现金对价的公允价值可能会因对价的形式而发生变动（如企业有权向客户收取的对价是股票，股票本身的价格会发生变动），也可能会因为对价形式以外的原因而发生变动（如企业有权收取非现金对价的公允价值因企业的履约情况而发生变动）。合同开始日后，非现金对价的公允价值因对价形式以外的原因而发生变动的，应当作为可变对价，按照与计入交易价格的可变对价金额的限制条件相关的规定进行处理；合同开始日后，非现金对价的公允价值因对价形式而发生变动的，该变动金额不应计入交易价格。

（四）应付客户对价

企业在向客户转让商品的同时，需要向客户或第三方支付对价的，除为了自客户取得其他可明确区分商品的款项外，应当将该应付对价冲减交易价格，并在确认相关收入与支付（或承诺支付）客户对价二者孰晚的时点冲减当期收入。应付客户对价还包括可以抵减应付企业金额的相关项目金额，如优惠券、兑换券等。

四、将交易价格分摊至各单项履约义务

合同中包含两项或多项履约义务的，企业应当在合同开始日，按照各单项履约义务所承诺商品的单独售价的相对比例，将交易价格分摊至各单项履约义务。单独售价，是指企业向客户单独销售商品的价格。企业在类似环境下向类似客户单独销售某商品的价格，应作为该商品的单独售价。单独售价无法直接观察的，企业应当综合考虑其能够合理取得的全部相关信息，采用市场调整法、成本加成法、余值法等方法合理估计单独售价。企业在估计单独售价时，应当最大限度地采用可观察的输入值，并对类似情况采用一致的估计方法。

1. 市场调整法，是指企业根据某商品或类似商品的市场售价，考虑本企业的成本和毛利等进行适当调整后的金额，确定其单独售价的方法。

2. 成本加成法，是指企业根据某商品的预计成本加上其合理毛利后的金额，确定其单独售价的方法。

3. 余值法，是指企业根据合同交易价格减去合同中其他商品可观察单独售价后的余额，确定某商品单独售价的方法。企业在商品近期售价波动幅度巨大，或者因未定价且未曾单独销售而使售价无法可靠确定时，可采用余值法估计其单独售价。

如果合同中存在两项或两项以上的商品，其销售价格变动幅度较大或尚未确定，企业需要采用多种方法相结合的方式，对合同所承诺的商品的单独售价进行估计。如企业可能采用余值法估计销售价格变动幅度较大或尚未确定的多项可明确区分商品的单独售价总和，然后再采用其他方法估计其中包含的每一项可明确区分商品的单独售价。企业采用多种方法相结合的方式估计合同所承诺的每一项商品的单独售价时，应当评估该方式是否满足交易价格分摊的目标，即企业分摊至各单项履约义务（或可明确区分的商品）的交易价格是否能够反映其因向客户转让已承诺的相关商品而预期有权收取的对价金额。如当企业采用余值法估计确定的某单项履约义务的单独售价为零或仅为很小的金额时，企业应当评估该结果是否恰当。

1. 分摊合同折扣。

当客户购买的一组商品中所包含的各单项商品的单独售价之和高于合同交易价格时，表明客户因购买该组商品而取得了合同折扣。合同折扣，是指合同中各单项履约义务所承诺商品的单独售价之和高于合同交易价格的金额。企业应当在各单项履约义务之间按比例分摊合同折扣。有确凿证据表明合同折扣仅与合同中一项或多项（而非全部）履约义务相关的，企业应当将该合同折扣分摊至相关的一项或多项履约义务。

同时满足下列三项条件时，企业应当将合同折扣全部分摊至合同中的一项或多项（而非全部）履约义务：一是企业经常将该合同中的各项可明确区分商品单独销售或者以组合的方式单独销售；二是企业经常将其中部分可明确区分的商品以组合的方式按折扣价格单独销售；三是归属于上述第二项中每一组合的商品的折扣与该合同中的折扣基本相同，并且对每一组合中的商品的评估为将该合同的整体折扣归属于某一项或多项履约义务提供了可观察的证据。

有确凿证据表明，合同折扣仅与合同中的一项或多项（而非全部）履约义务相关，且企业采用余值法估计单独售价的，应当首先在该一项或多项（而非全部）履约义务之间分摊合同折扣；然后再采用余值法估计单独售价。

2. 分摊可变对价。

合同中包含可变对价的，该可变对价可能与整个合同相关，也可能仅与合同中的某一特定组成部分相关。仅与合同中的某一特定组成部分相关包括两种情形：一是可变对价与合同中的一项或多项（而非全部）履约义务相关，如是否获得奖金取决于企业能否在指定时期内转让某项已承诺的商品；二是可变对价与企业向客户转让的构成单项履约义务的一系列可明确区分商品中的一项或多项（而非全部）商品相关，如为期两年的保洁服务合同中，第二年的服务价格将根据指定的通货膨胀率确定。

同时满足下列两项条件的，企业应当将可变对价及可变对价的后续变动额全部分摊至与之相关的某项履约义务，或者构成单项履约义务的一系列可明确区分商品中的某项商品：一是可变对价的条款专门针对企业为履行该项履约义务或转让该项可明确区分商品所作的努力。二是企业在考虑了合同中的全部履约义务及支付条款后，将合同对价中的可变金额全部分摊至该项履约义务或该项可明确区分商品符合分摊交易价格的目标。

不满足上述条件的可变对价及可变对价的后续变动额，以及可变对价及其后续变动额中未满足上述条件的剩余部分，企业应当按照分摊交易价格的一般原则，将其分摊至合同中的各单项履约义务。对于已履行的履约义务，其分摊的可变对价后续变动额应当调整变动当期的收入。

五、履行每一单项履约义务时确认收入

企业应当在履行了合同中的履约义务，即客户取得相关商品控制权时确认收入，控制权转移是确认收入的前提。对于履约义务，企业首先判断履约义务是否满足在某一时段内履行的条件，如不满足，则该履约义务属于在某一时点履行的履约义务。对于在某一时段内履行的履约义务，企业应当选取恰当的方法来确定履约进度；对于在某一时点履行的履约义务，企业应当综合分析控制权转移的迹象，判断其转移时点。

（一）在某一时段内履行的履约义务

1. 在某一时段内履行履约义务的条件。满足下列条件之一的，属于在某一时段内履行的履约义务。

（1）客户在企业履约的同时即取得并消耗企业履约所带来的经济利益。企业在履约过程中持续地向客户转移企业履约所带来的经济利益的，该履约义务属于在某一时段内履行的履约义务。企业在进行判断时，可以假定在企业履约的过程中更换为其他企业继续履行剩余履约义务时，如果继续履行合同的其他企业实质上无需重新执行企业累计至今已经完成的工作，则表明客户在企业履约的同时即取得并消耗了企业履约所带来的经济利益。如甲企业承诺将客户的一批货物从 A 市运送到 B 市，假定该批货物在途经 C 市时，由乙运输公司接替甲企业继续提供该运输服务，由于 A 市到 C 市之间的运输服务是无需重新执行的，表明客户在甲企业履约的同时即取得并消耗了甲企业履约所带来的经济利益，因此，甲企业提供的运输服务属于在某一时段内履行的履约义务。

（2）客户能够控制企业履约过程中在建的商品。企业在履约过程中在建的商品包括在产品、在建工程、尚未完成的研发项目、正在进行的服务等，由于客户控制了在建的商品，客户在企业提供商品的过程获得其利益，因此，该履约义务属于在某一时段内履行的履约义务，应当在该履约义务履行的期间内确认收入。

（3）企业履约过程中所产出的商品具有不可替代用途，且企业在整个合同期间内有权就累计至今已完成的履约部分收取款项。

①商品具有不可替代用途。具有不可替代用途，是指因合同限制或实际可行性限制，企业不能轻易地将商品用于其他用途。企业在判断商品是否具有不可替代用途时，需要注意下列四点。

一是判断时点是合同开始日。

二是当合同中存在实质性的限制条款，导致企业不能将合同约定的商品用于其他用途时，该商品满足具有不可替代用途的条件。

三是虽然合同中没有限制条款，但是，当企业将合同中约定的商品用作其他用途，将导致企业遭受重大的经济损失时，企业将该商品用作其他用途的能力实际上受到了限制。

四是基于最终转移给客户的商品的特征判断。

②有权就累计至今已完成的履约部分收取款项，是指在由于客户或其他方原因终止合同的情况下，企业有权就累计至今已完成的履约部分收取能够补偿其已发生成本和合理利润的款项，并且该权利具有法律约束力。需要强调的是，合同终止必须是由于客户或其他方而非企业自身的原因所致，在整个合同期间内的任一时点，企业均应当拥有此项权利。企业在进行判断时，需要注意下列五点。

一是企业有权收取的款项应当能够补偿企业已经发生的成本和合理利润。下列两种情形都属于补偿企业的合理利润：第一，根据合同终止前的履约进度对该合同的毛利水平进行调整后确定的金额作为补偿金额；第二，如果该合同的毛利水平高于企业同类合同的毛利水平，以企业从同类合同中能够获取的合理资本回报或者经营毛利作为利润补偿。

二是该规定并不意味着企业拥有现时可行使的无条件收款权。企业在判断时应当考虑，假设在发生由于客户或其他方原因导致合同在合同约定的重要时点、重要事项完成前或合同完成前终止时，企业是否有权要求客户补偿其累计至今已完成的履约部分应收取的款项。

三是当客户只有在某些特定时点才有权终止合同，或者根本无权终止合同时，客户终止了合同（包括客户没有按照合同约定履行其义务），但是，合同或法律法规仍要求企业应继续向客户转移合同中承诺的商品并因此有权要求客户支付对价的，也符合"企业有权就累计至今已完成的履约部分收取款项"的要求。

四是企业在进行判断时，既要考虑合同条款的约定，还应当充分考虑适用的法律法规、补充或者凌驾于合同条款之上的以往司法实践以及类似案例的结果等。

五是企业和客户之间在合同中约定的付款时间进度表，不一定表明企业有权就累计至今已完成的履约部分收取款项。

2. 在某一时段内履行的履约义务的收入确认。对于在某一时段内履行的履约义务，企业应当在该段时间内按照履约进度确认收入，但是，履约进度不能合理确定的除外。企业应当考虑商品的性质，采用产出法或投入法确定恰当的履约进度，并且在确定履约进度时，应当扣除那些控制权尚未转移给客户的商品。企业按照履约进度确认收入时，通常应当在资产负债表日按照合同的交易价格总额乘以履约进度扣除以前会计期间累计已确认的收入后的金额，确认为当期收入。

（1）产出法。产出法是根据已转移给客户的商品对于客户的价值确定履约进度，通常可采用实际测量的完工进度、评估已实现的结果、已达到的工程进度节点、时间进度、已完工或交付的产品等产出指标确定履约进度。企业在评估是否采用产出法确定履约进度时，应当考虑具体的事实和情况，并选择能够如实反映企业履约进度和向客户转移商品控制权的产出指标。当选择的产出指标无法计量控制权是否已转移给客户的商品时，不应采用产出法。

【例3-4】2×18年8月1日，甲公司与客户签订合同，为该客户拥有的一条铁路更换100根铁轨，合同价格为100万元（不含税价）。截至2×18年12月31日，甲公司共更换铁轨60根，剩余部分预计在2×19年3月31日之前完成。该合同仅包含一项履约义务，且该履约义务满足在某一时段内履行的条件。假定不考虑其他情况。

本例中，甲公司提供的更换铁轨的服务属于在某一时段内履行的履约义务，甲公司按照已完成的工作量占预计总工作量的比例确定履约进度。因此，截至2×18年12月31日，该合同的履约进度为60%（60÷100×100%），甲公司应确认的收入为60万元（100×60%）。

（2）投入法。投入法是根据企业为履行履约义务的投入确定履约进度，通常可采用投入的材料数量、花费的人工工时或机器工时、发生的成本和时间进度等投入指标确定履约进度。当企业从事的工作或发生的投入是在整个履约期间内平均发生时，企业也可以按照直线法确认收入。产出法下有关产出指标的信息有时可能无法直接观察获得，或者企业为获得这些信息需要花费很高的成本时，可能需要采用投入法来确定履约进度。

【例3-5】甲公司于2×18年12月1日接受一项设备安装任务，安装期为3个月，合同总收入600 000元，至年底已预收安装费440 000元，实际发生安装费用为280 000元（假定均为安装人员薪酬），估计还将发生安装费用120 000元。假定甲公司按实际发生的成本占估计总成本的比例确定安装的履约进度，不考虑增值税等其他因素。甲公司的会计处理如下。

实际发生的成本占估计总成本的比例 = 280 000 ÷ （280 000 + 120 000）× 100% = 70%

2×18年12月31日确认的劳务收入 = 600 000 × 70% - 0 = 420 000（元）

（1）实际发生劳务成本。

借：合同履约成本——设备安装　　　　　　　　　　280 000

　　贷：应付职工薪酬　　　　　　　　　　　　　　　　280 000

（2）预收劳务款。

借：银行存款　　　　　　　　　　　　　　　　　　440 000

　　贷：合同负债——××公司　　　　　　　　　　　　440 000

（3）2×18年12月31日确认劳务收入并结转劳务成本。

借：合同负债——××公司　　　　　　　　　　　　420 000

　　贷：主营业务收入——设备安装　　　　　　　　　　420 000

借：主营业务成本——设备安装　　　　　　　　　　280 000

　　贷：合同履约成本——设备安装　　　　　　　　　　280 000

对于同一合同下属于在某一时段内履行的履约义务涉及与客户结算对价的，通常情况下，企业对其已向客户转让商品而有权收取的对价金额应当确认为合同资产或应收账款，对于其已收或应收客户对价而应向客户转让商品的义务，应当按照已收或应收的金额确认合同负债。由于同一合同下的合同资产和合同负债应当以净额列示，企业也可以设置"合同结算"科目（或其他类似科目），以核算同一合同下属于在某一时段内履行的履约义务涉及与客户结算对价所产生的合同资产或合同负债，并在此科目下设置"合同结算——价款结算"科目反映定期与客户进行结算的金额，设置"合同结算——收入结转"科目反映按履约进度结转的收入金额。资产负债表日，"合同结算"科目的期末余额在借方的，根据其流动性，在资产负债表中分别列示为"合同资产"或"其他非流动资产"项目；期末余额在贷方的，根据其流动性，在资产负债表中分别列示为"合同负债"或"其他非流动负债"项目。

【例3-6】2×18年1月1日,甲公司与乙公司签订一项大型设备建造工程合同,根据双方合同,该工程的造价为6 300万元,工程期限为一年半,预计2×19年6月30日竣工;预计可能发生的总成本为4 000万元;甲公司负责工程的施工及全面管理,乙公司按照第三方工程监理公司确认的工程完工量,每半年与甲公司结算一次。假定该建造工程整体构成单项履约义务,并属于在某一时段履行的履约义务,甲公司采用已发生成本占预计总成本比例计算履约进度,增值税税率为9%,不考虑其他相关因素。

2×18年6月30日,工程累计实际发生成本1 500万元,乙公司与甲公司结算合同价款2 500万元,甲公司实际收到价款2 000万元;2×18年12月31日,工程累计实际发生成本3 000万元,乙公司与甲公司结算合同价款1 100万元,甲公司实际收到价款1 000万元;2×19年6月30日,工程累计实际发生成本4 100万元,乙公司与甲公司结算合同竣工价款2 700万元,并支付剩余工程款3 300万元。上述价款均不含增值税额。假定甲公司与乙公司结算时即发生增值税纳税义务,乙公司在实际支付工程价款的同时支付其对应的增值税款。甲公司的会计处理为:

(1)2×18年1月1日至2×18年6月30日实际发生工程成本时。

借:合同履约成本   15 000 000
  贷:原材料、应付职工薪酬等   15 000 000

(2)2×18年6月30日。

履约进度=15 000 000÷40 000 000=37.5%

合同收入=63 000 000×37.5%=23 625 000(元)

借:合同结算——收入结转   23 625 000
  贷:主营业务收入   23 625 000

借:主营业务成本   15 000 000
  贷:合同履约成本   15 000 000

借:应收账款   27 250 000
  贷:合同结算——价款结算   25 000 000
   应交税费——应交增值税(销项税额) 2 250 000

借:银行存款   20 000 000
  贷:应收账款   20 000 000

当日,"合同结算"科目的余额为贷方137.5万元(2 500-2 362.5),表明甲公司已经与乙公司结算但尚未履行履约义务的金额为137.5万元,由于甲公司预计该部分履约义务将在 2×18 年内完成，因此，应在资产负债表中作为 "合同负债" 列示。

（3）2×18 年 7 月 1 日至 12 月 31 日实际发生工程成本时。

借：合同履约成本　　　　　　　　　　　　15 000 000

　　　贷：原材料、应付职工薪酬等　　　　　　15 000 000

（4）2×18 年 12 月 31 日。

履约进度 = 30 000 000 ÷ 40 000 000 = 75%

合同收入 = 63 000 000 × 75% − 23 625 000 = 23 625 000（元）

借：合同结算——收入结转　　　　　　　　23 625 000

　　　贷：主营业务收入　　　　　　　　　　　23 625 000

借：主营业务成本　　　　　　　　　　　　15 000 000

　　　贷：合同履约成本　　　　　　　　　　　15 000 000

借：应收账款　　　　　　　　　　　　　　11 990 000

　　　贷：合同结算——价款结算　　　　　　　11 000 000

　　　　　应交税费——应交增值税（销项税额）　　990 000

借：银行存款　　　　　　　　　　　　　　10 000 000

　　　贷：应收账款　　　　　　　　　　　　　10 000 000

当日，"合同结算" 科目的余额为借方 1 125 万元（2 362.5 − 1 100 − 137.5），表明甲公司已经履行履约义务但尚未与乙公司结算的金额为 1 125 万元，由于该部分金额将在 2×19 年内结算，因此，在资产负债表中作为 "合同资产" 列示。

（5）2×19 年 1 月 1 日至 6 月 30 日实际发生工程成本时。

借：合同履约成本　　　　　　　　　　　　11 000 000

　　　贷：原材料、应付职工薪酬等　　　　　　11 000 000

（6）2×19 年 6 月 30 日。

由于当日该工程已竣工决算，其履约进度为 100%。

合同收入 = 63 000 000 − 23 625 000 − 23 625 000 = 15 750 000（元）

借：合同结算——收入结转　　　　　　　　15 750 000

　　　贷：主营业务收入　　　　　　　　　　　15 750 000

借：主营业务成本　　　　　　　　　　　　11 000 000

　　　贷：合同履约成本　　　　　　　　　　　11 000 000

借：应收账款　　　　　　　　　　　　　　29 430 000

　　　　贷：合同结算——价款结算　　　　　　　　　27 000 000

　　　　　　应交税费——应交增值税（销项税额）　　2 430 000

　　借：银行存款　　　　　　　　　　　　38 670 000

　　　　贷：应收账款　　　　　　　　　　　　　　38 670 000

当日，"合同结算"科目的余额为 0 万元（1 125 + 1 575 - 2 700）。

　　由于投入法下的投入指标与企业向客户转移商品的控制权之间未必存在直接的对应关系，因此，企业在采用投入法时，应当扣除那些虽然已经发生、但是未导致向客户转移商品的投入。实务中，企业通常按照累计实际发生的成本占预计总成本的比例（即成本法）确定履约进度，累计实际发生的成本包括企业向客户转移商品过程中所发生的直接成本和间接成本，如直接人工、直接材料、分包成本以及其他与合同相关的成本。在下列情形下，企业在采用成本法确定履约进度时，需要对已发生的成本进行适当的调整：①已发生的成本并未反映企业履行履约义务的进度。如因企业生产效率低下等原因而导致的非正常消耗，包括非正常消耗的直接材料、直接人工及制造费用等，不应包括在累计实际发生的成本中，除非企业和客户在订立合同时已经预见会发生这些成本并将其包括在合同价款中。②已发生的成本与企业履行履约义务的进度不成比例。当企业已发生的成本与履约进度不成比例，企业在采用成本法确定履约进度时需要进行适当调整。对于施工中尚未安装、使用或耗用的商品或材料成本等，当企业在合同开始日就预期将能够满足下列所有条件时，应在采用成本法确定履约进度时不包括这些成本：第一，该商品或材料不可明确区分，即不构成单项履约义务；第二，客户先取得该商品或材料的控制权，之后才接受与之相关的服务；第三，该商品或材料的成本相对于预计总成本而言是重大的；第四，企业自第三方采购该商品或材料，且未深入参与其设计和制造，对于包含该商品的履约义务而言，企业是主要责任人。

　　【例3-7】2×18 年 10 月，甲建筑公司与客户签订合同，为客户装修一栋办公楼，包括安装一部电梯，合同总金额为 100 万元。甲建筑公司预计的合同总成本为 80 万元，其中包括电梯的采购成本 30 万元。

　　2×18 年 12 月，甲建筑公司将电梯运达施工现场并经过客户验收，客户已取得对电梯的控制权，但是根据装修进度，预计到 2×19 年 2 月才会安装该电梯。截至 2×18 年 12 月，甲建筑公司累计发生成本 40 万元，其中包括支付给电梯供应商的采购成本 30 万元以及因采购电梯发生的运输和人工等相关成本 5 万元。

假定该装修服务（包括安装电梯）构成单项履约义务，并属于在某一时段内履行的履约义务，甲建筑公司是主要责任人，但不参与电梯的设计和制造；甲建筑公司采用成本法确定履约进度；上述金额均不含增值税。

本例中，截至 2×18 年 12 月，甲建筑公司发生成本 40 万元（包括电梯采购成本 30 万元以及因采购电梯发生的运输和人工等相关成本 5 万元），甲建筑公司认为其已发生的成本和履约进度不成比例，因此需要对履约进度的计算作出调整，将电梯的采购成本排除在已发生成本和预计总成本之外。在该合同中，该电梯不构成单项履约义务，其成本相对于预计总成本而言是重大的，甲建筑公司是主要责任人，但是未参与该电梯的设计和制造，客户先取得了电梯的控制权，随后才接受与之相关的安装服务，因此，甲建筑公司在客户取得该电梯控制权时，按照该电梯采购成本的金额确认转让电梯产生的收入。

因此，2×18 年 12 月，该合同的履约进度为 20%［(40 − 30) ÷ (80 − 30)］，应确认的收入和成本金额分别为 44 万元［(100 − 30) × 20% + 30］和 40 万元［(80 − 30) × 20% + 30］。

每一资产负债表日，企业应当对履约进度进行重新估计。当客观环境发生变化时，企业需要重新评估履约进度是否发生变化，以确保履约进度能够反映履约情况的变化。对于每一项履约义务，企业只能采用一种方法来确定其履约进度，并加以一贯运用。对于类似情况下的类似履约义务，企业应当采用相同的方法（例如，成本法）确定履约进度。

对于在某一时段内履行的履约义务，只有当其履约进度能够合理确定时，才应当按照履约进度确认收入。当履约进度不能合理确定时，企业已经发生的成本预计能够得到补偿的，应当按照已经发生的成本金额确认收入，直到履约进度能够合理确定为止。

（二）在某一时点履行的履约义务

对于不属于在某一时段内履行的履约义务，应当属于在某一时点履行的履约义务，企业应当在客户取得相关商品控制权的时点确认收入。

3.3.4　建造合同的成本确认与计量

一、合同履约成本

企业为履行合同会发生各种成本，企业在确认收入的同时应当对这些成本进行分析并确认。

1. 该成本与一份当前或预期取得的合同直接相关。

预期取得的合同应当是企业能够明确识别的合同，如现有合同续约后的合同、尚未获得批准的特定合同等。与合同直接相关的成本包括直接人工（如支付给直接为客户提供所承诺服务的人员的工资、奖金等）、直接材料（如为履行合同耗用的原材料、辅助材料、构配件、零件、半成品的成本和周转材料的摊销及租赁费用等）、制造费用（或类似费用，如组织和管理相关生产、施工、服务等活动发生的费用，包括管理人员的职工薪酬、劳动保护费、固定资产折旧费及修理费、物料消耗、取暖费、水电费、办公费、差旅费、财产保险费、工程保修费、排污费、临时设施摊销费等）、明确由客户承担的成本以及仅因该合同而发生的其他成本（如支付给分包商的成本、机械使用费、设计和技术援助费用、施工现场二次搬运费、生产工具和用具使用费、检验试验费、工程定位复测费、工程点交费用、场地清理费等）。

2. 该成本增加了企业未来用于履行（或持续履行）履约义务的资源。

3. 该成本预期能够收回。

下列支出不属于合同履约成本。企业应当在下列支出发生时，将其计入当期损益。

一是管理费用，除非这些费用明确由客户承担。

二是非正常消耗的直接材料、直接人工和制造费用（或类似费用），这些支出为履行合同发生，但未反映在合同价格中。

三是与履约义务中已履行（包括已全部履行或部分履行）部分相关的支出，即该支出与企业过去的履约活动相关。

四是无法在尚未履行的与已履行（或已部分履行）的履约义务之间区分的相关支出。

二、合同取得成本

企业为取得合同发生的增量成本预期能够收回的，应当作为合同取得成本确认为一项资产。增量成本，是指企业不取得合同就不会发生的成本，如销售佣金等。为简化实务操作，该资产摊销期限不超过一年的，可以在发生时计入当期损益。

企业为取得合同发生的、除预期能够收回的增量成本之外的其他支出，如无论是否取得合同均会发生的差旅费、投标费、为准备投标资料发生的相关费用等，应当在发生时计入当期损益，除非这些支出明确由客户承担。

企业因现有合同续约或发生合同变更需要支付的额外佣金，也属于为取得合同发生的增量成本。实务中，当涉及合同取得成本的安排比较复杂时，对于合同续约或合同变更时需要支付额外的佣金、企业支付的佣金金额取决于客户未来的履约情况或者取决于累计取得的合同数量或金额等，企业需要运用判断，对发生的合同取得成本进行恰当的会计处理。

满足上述条件确认为资产的合同取得成本，初始确认时摊销期限不超过一年或一个正常营业周期的，在资产负债表中列示为其他流动资产；初始确认时摊销期限在一年或一个正常营业周期以上的，在资产负债表中列示为其他非流动资产。

三、合同履约成本和合同取得成本的摊销和减值

（一）摊销

确认为企业资产的合同履约成本和合同取得成本（以下简称"与合同成本相关的资产"），应当采用与该资产相关的商品收入确认相同的基础（即在履约义务履行的时点或按照履约义务的履约进度）进行摊销，计入当期损益。

（二）减值

与合同成本相关的资产，其账面价值高于下列第一项减去第二项的差额的，应按超出部分的金额计提减值准备，并确认为资产减值损失：一是企业因转让与该资产相关的商品预期能够取得的剩余对价；二是为转让该相关商品估计将要发生的成本。以前期间减值的因素之后发生变化，使得第一项减去第二项的差额高于该资产账面价值的，应当转回原已计提的资产减值准备，并计入当期损益，但转回后的资产账面价值不应超过假定不计提减值准备情况下该资产在转回日的账面价值。在确定上述资产的减值损失时，企业应当首先对相关的其他资产确定减值损失，然后再按上述要求确定上述资产的减值损失。

第 4 章
征地拆迁环节的会计和税务实务

目前，房地产开发企业拿地方式除净地竞价出让外，还有"三旧改造"（旧城镇、旧厂房、旧村庄改造）协议出让、原划拨土地经批准改为出让等方式。因而征地拆迁环节除向政府缴纳土地出让金外，还会涉及向政府部门支付征地和拆迁补偿费用、土地前期开发费用、土地出让收益等，或者向原土地使用人支付各项搬迁补偿费、拆迁补偿费等。综合起来，应从以下方面分析税收问题。

要拆谁的房子？是拆企业的房子还是家庭的房子？有什么不同？

以谁为主体来拆房子？是自己拆自己的房子，还是开发商拆别人的房子，或者是以政府为主体拆房子？

房子怎么拆？是先给钱，还是建好回迁房再给钱，或者是先给部分钱以后接着给房？

为什么要拆？拆了房子后土地准备用于什么？是直接转让土地使用权，还是以地建房？

房子拆了有地了，土地使用权准备怎么转让？是净地转让还是带附加条件转让，如限地价竞配建房？

土地使用权由谁来转让？是政府，还是政府直接控制的企业，如城投公司，或者开发商？

谁买下了土地使用权？是拆迁房子的主体，还是其他企业？拆迁房子的主体获得了什么收益？

拆迁前后涉及哪些税种？增值税、土地增值税、契税、企业所得税等各有什么特点？

4.1　征地拆迁的相关政策

4.1.1　土地的所有制

　　我国实行土地的社会主义公有制，即全民所有制和劳动群众集体所有制。全民所有，即国家所有土地的所有权由国务院代表国家行使。任何单位和个人不得侵占、买卖或者以其他形式非法转让土地。土地使用权可以依法转让。国家为了公共利益的需要，可以依法对土地实行征收或者征用并给予补偿。国家依法实行国有土地有偿使用制度。但是，国家在法律规定的范围内划拨国有土地使用权的除外。

　　城市市区的土地属于国家所有。农村和城市郊区的土地，除由法律规定属于国家所有的以外，属于农民集体所有；宅基地和自留地、自留山，属于农民集体所有。农民集体所有的土地依法属于村农民集体所有的，由村集体经济组织或者村民委员会经营、管理；已经分别属于村内两个以上农村集体经济组织的农民集体所有的，由村内各农村集体经济组织或者村民小组经营、管理；已经属于乡（镇）农民集体所有的，由乡（镇）农村集体经济组织经营、管理。

4.1.2　拆迁基本程序

　　（1）申请规划用地许可证，确定拆迁的地域范围。

　　（2）编制拆迁计划与方案。

　　（3）申请房屋拆迁许可证。

　　（4）核发房屋拆迁许可证。

　　（5）委托代办单位。

　　（6）发布公告。

　　（7）签订拆迁、安置和补偿协议。

　　拆迁人必须对被拆迁人进行安置、补偿，被拆迁人必须执行批准的拆迁决定。拆迁人与被拆迁人必须在拆迁管理部门规定的拆迁期限内就有关问题签订书面协议，以协议方式确定当事人双方的权利和义务。协议的主要条款有补偿形式、补偿金额、安置地点、安置面积、搬迁过渡方式、过渡期限、违约责任及当事人认为需要订立的其他条款。

（8）动迁。

（9）实施房屋拆迁。

4.1.3　拆迁政策

房屋拆迁补偿形式包括货币补偿、安置房屋补偿，以及货币补偿和安置房屋补偿相结合三种方式。

货币补偿，即拆迁人将被拆除房屋的价值以货币结算方式补偿给被拆除房屋的所有人。安置房屋补偿，即拆迁人以易地建设或原地建设的房屋补偿给被拆除房屋的所有人，使原所有人继续保持其对房屋的所有权，也就是常说的"拆一还一"的实物补偿形式。

为减少公众对暴力拆迁的争议，《国有土地上房屋征收与补偿条例》以"被征收人"取代"被拆迁人"这一概念，并规定，政府为公共利益进行的拆迁，必须通过正常的程序，即在取得被征收人的同意、给予充分补偿的基础上，方能进行房屋的拆迁。而商业性开发，也必须由开发商与房主先进行谈判，在达成协议后才能拆迁。如果双方无法达成一致，房主完全可以拒绝让出房屋。该条例对征收补偿做出了如下规定。

（1）做出房屋征收决定的市、县级人民政府对被征收人给予的补偿包括：①被征收房屋价值的补偿；②因征收房屋造成的搬迁、临时安置的补偿；③因征收房屋造成的停产停业损失的补偿。

（2）征收个人住宅，被征收人符合住房保障条件的，做出房屋征收决定的市、县级人民政府应当优先给予住房保障。具体办法由省、自治区、直辖市制定。

（3）对被征收房屋价值的补偿，不得低于房屋征收决定公告之日被征收房屋类似房地产的市场价格。被征收房屋的价值，由具有相应资质的房地产价格评估机构按照房屋征收评估办法评估确定。对评估确定的被征收房屋价值有异议的，可以向房地产价格评估机构申请复核评估。对复核结果有异议的，可以向房地产价格评估专家委员会申请鉴定。

（4）房地产价格评估机构由被征收人协商选定。被征收人选定房地产价格评估机构的具体办法由市、县级人民政府规定。房地产价格评估机构应当独立、客观、公正地开展房屋征收评估工作，任何单位或者个人不得干预。

（5）被征收人选择房屋产权调换的，应当分别计算被征收房屋的价值和用于产权调换的房屋的价款，结清差额。因旧城区改建征收个人住宅，被征收人选择在改建地段进行房屋产权调换的，做出房屋征收决定的市、县级人民政府应当提供改建地段或者就近地段的房屋。

（6）对因征收房屋造成的搬迁，房屋征收部门应当向被征收人支付搬迁费；选择房屋产权调换的，产权调换房屋交付前，房屋征收部门应当向被征收人支付临时安置费或者提供周转用房。

（7）对因征收房屋造成的停产停业损失的补偿，根据房屋被征收前的效益、停产停业期限等因素确定。具体办法由省、自治区、直辖市制定。

（8）对征收范围内的违法建筑和超过批准期限的临时建筑，不予补偿；对未超过批准期限的临时建筑，应当给予补偿。市、县级人民政府在做出房屋征收决定前，应当组织有关部门依照法律、法规对征收范围内未经依法登记的建筑予以认定、处理。

（9）房屋征收部门与被征收人依照该条例的规定，就补偿方式、补偿金额和支付期限、用于产权调换房屋的地点和面积、搬迁费、临时安置费或者周转用房、停产停业损失、搬迁期限、过渡方式和过渡期限等事项，订立补偿协议。补偿协议订立后，一方当事人不履行补偿协议规定的义务的，另一方当事人可以依法向人民法院提起诉讼。

（10）房屋征收部门与被征收人在征收补偿方案确定的签约期限内达不成补偿协议，或者被征收房屋所有权人不明确的，由房屋征收部门报请做出房屋征收决定的市、县级人民政府依照该条例的规定，按照征收补偿方案做出补偿决定，并及时予以公告。

2011 年 6 月 3 日，住房和城乡建设部发布《国有土地上房屋征收评估办法》，对国有土地上房屋征收评估做出了具体规范。该办法适用于评估国有土地上被征收房屋和用于产权调换房屋的价值，测算被征收房屋类似房地产的市场价格，以及对相关评估结果进行复核评估和鉴定。其中第八条明确：被征收房屋价值评估目的应当表述为"为房屋征收部门与被征收人确定被征收房屋价值的补偿提供依据，评估被征收房屋的价值"。用于产权调换的房屋价值评估目的应当表述为"为房屋征收部门与被征收人计算被征收房屋价值与用于产权调换房屋价值的差价提供依据，评估用于产权调换房屋的价值"。

4.1.4　征收土地的程序

任何单位和个人进行建设，需要使用土地的，必须依法申请使用国有土地；但是，兴办乡镇企业和村民建设住宅经依法批准使用本集体经济组织农民集体所有的土地的，或者乡（镇）村公共设施和公益事业建设经依法批准使用农民集体所有的土地的除外。所称依法申请使用的国有土地包括国家所有的土地和国家征收的原属于农民集体所有的土地。建设占用土地，涉及农用地转为建设用地的，应当办理农用地转用审批手续。

国家征收土地的，依照法定程序批准后，由县级以上地方人民政府予以公告并组织实施。被征收土地的所有权人、使用权人应当在公告规定期限内，持土地权属证书到当地人民政府土地行政主管部门办理征地补偿登记。

4.1.5　征收土地的补偿

征收土地的，按照被征收土地的原用途给予补偿。

征收耕地的补偿费用包括土地补偿费、安置补助费以及地上附着物和青苗的补偿费。征收耕地的土地补偿费，为该耕地被征收前三年平均年产值的六至十倍。征收耕地的安置补助费，按照需要安置的农业人口数计算。需要安置的农业人口数，按照被征收的耕地数量除以征地前被征收单位平均每人占有耕地的数量计算。每一个需要安置的农业人口的安置补助费标准，为该耕地被征收前三年平均年产值的四至六倍。但是，每公顷（1 公顷 = 1 万平方米）被征收耕地的安置补助费，最高不得超过被征收前三年平均年产值的十五倍。

征收其他土地的土地补偿费和安置补助费标准，由省、自治区、直辖市参照征收耕地的土地补偿费和安置补助费的标准规定。

被征收土地上的附着物和青苗的补偿标准，由省、自治区、直辖市规定。

征收城市郊区的菜地，用地单位应当按照国家有关规定缴纳新菜地开发建设基金。

建设单位使用国有土地，应当以出让等有偿使用方式取得；但是，下列建设用地，经县级以上人民政府依法批准，可以以划拨方式取得：

（1）国家机关用地和军事用地；

（2）城市基础设施用地和公益事业用地；

（3）国家重点扶持的能源、交通、水利等基础设施用地；

（4）法律、行政法规规定的其他用地。

以出让等有偿使用方式取得国有土地使用权的建设单位，按照国务院规定的标准和办法，缴纳土地使用权出让金等土地有偿使用费和其他费用后，方可使用土地。新增建设用地的土地有偿使用费，百分之三十上缴中央财政，百分之七十留给有关地方人民政府，都专项用于耕地开发。

4.1.6 建设项目施工临时使用土地的补偿

建设项目施工和地质勘查需要临时使用国有土地或者农民集体所有的土地的，由县级以上人民政府土地行政主管部门批准。其中，在城市规划区内的临时用地，在报批前，应当先经有关城市规划行政主管部门同意。土地使用者应当根据土地权属，与有关土地行政主管部门或者农村集体经济组织、村民委员会签订临时使用土地合同，并按照合同的约定支付临时使用土地补偿费。

临时使用土地的使用者应当按照临时使用土地合同约定的用途使用土地，并不得修建永久性建筑物。

临时使用土地期限一般不超过两年。

【例 4-1】建华建筑公司承建某省某高速公路项目。在项目建设过程中，项目部需要建设一个混凝土拌和站，项目部经考察，选定了位于某村庄的一块农田。经与当地村民协商，按照每亩（1 亩≈666.67 平方米）1 000 元的补偿标准签订了临时用地合同。

【解析】

几乎每个施工项目部都会签订类似的临时用地补偿合同，如建设混凝土拌和站、钢筋加工车间等。这就属于建设项目施工临时用地，施工单位应当按照临时使用土地合同约定的用途使用土地，不得修建永久性建筑物。

4.2 征地拆迁或施工过程中占用耕地的涉税问题

建筑施工企业在征拆或施工过程中，会经常出现临时占用耕地的问题，比如，征拆过程中红线外的临时占地、隧道施工过程中的弃渣场等。这就涉及耕地占用税。现行耕地占用税的基本规范，是 2018 年 12 月 29 日第十三届全国人民代表大会常务委员会第七次会议通过的《中华人民共和国耕地占用税法》。

4.2.1 耕地占用税的特点

耕地占用税是对占用耕地建房或从事其他非农业建设的单位和个人，就其实际占用的耕地面积征收的一种税，它属于对特定土地资源占用课税。耕地占用税作为一个出于特定目的、对特定的土地资源课征的税种，与其他税种相比，具有比较鲜明的特点，主要表现在以下几方面。

（一）兼具资源税与特定行为税的性质

耕地占用税以占用农用耕地建房从事其他非农用建设的行为为征税对象，以约束纳税人占用耕地的行为、促进土地资源的合理运用为课征目的，除具有资源税的属性外，还具有明显的特定行为税的特点。

（二）采用地区差别税率

耕地占用税采用地区差别税率，根据不同地区的具体情况，分别制定差别税额，以适应我国地域辽阔、各地区之间耕地质量差别较大、人均占有耕地面积相差悬殊的具体情况，具有因地制宜的特点。

（三）在占用耕地环节一次性课征

耕地占用税在纳税人获准占用耕地的环节征收，除对获准占用耕地后超过两年未使用者须加征耕地占用税外，不再征收耕地占用税。因此，耕地占用税具有一次性征收的特点。

（四）税收收入专用于耕地开发与改良

耕地占用税收入按规定应用于建立发展农业专项基金，主要用于开展宜耕土地开发和改良现有耕地，因此具有"取之于地、用之于地"的补偿性特点。

4.2.2 纳税义务人和征税范围

在中华人民共和国境内占用耕地建设建筑物、构筑物或者从事非农业建设的单位和个人，为耕地占用税的纳税人，应该依照《中华人民共和国耕地占用税法》规定缴纳耕地占用税。所称耕地，是指用于种植农作物的土地。

4.2.3 应纳税额的计算

4.2.3.1 计税依据

耕地占用税以纳税人实际占用的耕地面积为计税依据，按照规定的适用税额一次性征收。

4.2.3.2 税率

耕地占用税的税额规定如下：

（1）人均耕地不超过 1 亩的地区（以县、自治县、不设区的市、市辖区为单位，下同），每平方米为 10 元至 50 元；

（2）人均耕地超过 1 亩但不超过 2 亩的地区，每平方米为 8 元至 40 元；

（3）人均耕地超过 2 亩但不超过 3 亩的地区，每平方米为 6 元至 30 元；

（4）人均耕地超过 3 亩的地区，每平方米为 5 元至 25 元。

各地区耕地占用税的适用税额。由省、自治区、直辖市人民政府根据人均耕地面积和经济发展等情况，在前款规定的税额幅度内提出。报同级人民代表大会常务委员会决定。并报全国人民代表大会常务委员会和国务院备案。各省、自治区、直辖市耕地占用税适用税额的平均水平，不得低于《中华人民共和国耕地占用税法》所附《各省、自治区、直辖市耕地占用税平均税额表》规定的平均税额。

4.2.4　征收管理

4.2.4.1　纳税义务发生时间

耕地占用税的纳税义务发生时间为纳税人收到自然资源主管部门办理占用耕地手续的书面通知的当日。纳税人应当自纳税义务发生之日起 30 日内申报缴纳耕地占用税。

4.2.4.2　纳税地点

纳税人占用耕地或其他农用地，应当在耕地或其他农用地所在地申请纳税。

耕地占用税由地方税务机关负责征收。

自然资源主管部门凭耕地占用税完税凭证或者免税凭证和其他有关文件发放建设用地批准书。

4.3　征地拆迁过程中涉及的其他税务处理

4.3.1　拆迁主体与征收主体增值税处理

如今增值税政策尚不能完全涵盖旧城改造以及拆迁补偿，我们揣测对于开发企业来讲应主要关心两个问题：一是实施拆迁补偿的房地产开发企业如何缴纳增值税，是按成本价还是按公允价缴纳；二是拆迁补偿款能否作为土地价款从销售额中扣除。

（1）纳税人在房地产开发过程中给予拆迁户补偿或安置的房屋，对偿还面积与拆迁建筑面积相等的部分，按同类住宅房屋的成本价核定计征增值税以及按照公允价计征增值税，如果都能够计入土地价款从销售额中扣除则无甚差别。笔者认为，拆迁协议中有约定价格的，首先应以协议价格确定销售额计征增值税；无偿移交的，则以公允价值计征增值税，同时以相等金额计入土地价款从销售额中扣除。

如果拆迁项目缴纳的增值税采用简易计税方法，拆迁补偿房屋计税价格也应以拆迁协议中约定价格确定销售额计征增值税。无偿移交的，则以公允价值计征增值税，会损失部分税收利益。

（2）纳税人在房地产开发过程中给予拆迁户补偿或安置的房屋，不论以何种方式结算价款，以及拆迁人取得的房屋作何用途，均属于增值税"销售不动产"的征税范围。

（3）没有财政收据的拆迁补偿费也可以从销售额中扣除。《财政部 国家税务总局关于明确金融、房地产开发、教育辅助服务等增值税政策的通知》（财税〔2016〕140号）规定，《营业税改征增值税试点有关事项的规定》（财税〔2016〕36号文件附件2）第一条第（三）项第10点中"向政府部门支付的土地价款"，包括土地受让人向政府部门支付的征地和拆迁补偿费用、土地前期开发费用和土地出让收益等。

房地产开发企业中的一般纳税人销售其开发的房地产项目（选择简易计税方法的房地产老项目除外），在取得土地时向其他单位或个人支付的拆迁补偿费用也允许在计算销售额时扣除。纳税人按上述规定扣除拆迁补偿费用时，应提供拆迁协议、拆迁双方支付和取得拆迁补偿费用凭证等能够证明拆迁补偿费用真实性的材料。

拆迁补偿费有货币补偿、房屋补偿或者两者相结合的方式。

（1）房地产企业用建造的本项目房地产安置回迁户的，安置用房视同销售处理，按《国家税务总局关于房地产开发企业土地增值税清算管理有关问题的通知》（国税发〔2006〕187号）第三条第（一）款规定确认收入，同时将此确认为房地产开发项目的拆迁补偿费。房地产开发企业支付给回迁户的补差价款，计入拆迁补偿费；回迁户支付给房地产开发企业的补差价款，应抵减本项目拆迁补偿费。

（2）房地产企业采取异地安置，异地安置的房屋属于自行开发建造的，房屋价值按国税发〔2006〕187号文件第三条第（一）款的规定计算，计入本项目的拆迁补偿费；异地安置的房屋属于购入的，以实际支付的购房支出计入拆迁补偿费。

（3）货币安置拆迁的，房地产开发企业凭合法有效凭据计入拆迁补偿费。

4.3.2 城市房屋拆迁被征收人的个人所得税处理

（1）《国家税务总局关于个人取得被征用房屋补偿费收入免征个人所得税的

批复》（国税函〔1998〕428 号）规定："按照城市发展规划，在旧城改造过程中，个人因住房被征用而取得的赔偿费，属补偿性质的收入，无论是现金还是实物（房屋），均免予征收个人所得税。"

（2）《财政部 国家税务总局关于城镇房屋拆迁有关税收政策的通知》（财税〔2005〕45 号）规定："对被拆迁人按照国家有关城镇房屋拆迁管理办法规定的标准取得的拆迁补偿款，免征个人所得税。"

因此，按照城市发展规划，在旧城改造过程中，被征收人因住房被征用取得的偿还面积住房，免征个人所得税。但是，对超过国家有关城镇房屋拆迁管理办法规定的标准取得的拆迁补偿款，应缴纳个人所得税。

4.3.3 被征收人取得安置房屋后销售如何征收个人所得税

4.3.3.1 个人所得税应税收入不含增值税

《财政部 国家税务总局关于营改增后契税 房产税 土地增值税 个人所得税计税依据问题的通知》（财税〔2016〕43 号）第四条规定如下。

个人转让房屋的个人所得税应税收入不含增值税，其取得房屋时所支付价款中包含的增值税计入财产原值，计算转让所得时可扣除的税费不包括本次转让缴纳的增值税。

个人出租房屋的个人所得税应税收入不含增值税，计算房屋出租所得可扣除的税费不包括本次出租缴纳的增值税。个人转租房屋的，其向房屋出租方支付的租金及增值税额，在计算转租所得时予以扣除。

4.3.3.2 个人出售住房所得个人所得税如何计算

《财政部 国家税务总局 建设部关于个人出售住房所得征收个人所得税有关问题的通知》（财税字〔1999〕278 号）规定如下。

一、根据个人所得税法的规定，个人出售自有住房取得的所得应按照"财产转让所得"项目征收个人所得税。

二、个人出售自有住房的应纳税所得额，按下列原则确定。

（一）个人出售除已购公有住房以外的其他自有住房，其应纳税所得额按照个人所得税法的有关规定确定。

（二）个人出售已购公有住房，其应纳税所得额为个人出售已购公有住房的销售价，减除住房面积标准的经济适用住房价款、原支付超过住房面积标准的房价款、向财政或原产权单位缴纳的所得收益以及税法规定的合理费用后的余额。

已购公有住房是指城镇职工根据国家和县级（含县级）以上人民政府有关城镇住房制度改革政策规定，按照成本价（或标准价）购买的公有住房。

经济适用住房价格按县级（含县级）以上地方人民政府规定的标准确定。

（三）职工以成本价（或标准价）出资的集资合作建房、安居工程住房、经济适用住房以及拆迁安置住房，比照已购公有住房确定应纳税所得额。

…………

四、对个人转让自用 5 年以上，并且是家庭唯一生活用房取得的所得，继续免征个人所得税。

《国家税务总局关于个人住房转让所得征收个人所得税有关问题的通知》（国税发〔2006〕108 号）规定如下。

一、对住房转让所得征收个人所得税时，以实际成交价格为转让收入。纳税人申报的住房成交价格明显低于市场价格且无正当理由的，征收机关依法有权根据有关信息核定其转让收入，但必须保证各税种计税价格一致。

二、对转让住房收入计算个人所得税应纳税所得额时，纳税人可凭原购房合同、发票等有效凭证，经税务机关审核后，允许从其转让收入中减除房屋原值、转让住房过程中缴纳的税金及有关合理费用。

（一）房屋原值具体如下。

1. 商品房：购置该房屋时实际支付的房价款及交纳的相关税费。

2. 自建住房：实际发生的建造费用及建造和取得产权时实际交纳的相关税费。

3. 经济适用房（含集资合作建房、安居工程住房）：原购房人实际支付的房价款及相关税费，以及按规定交纳的土地出让金。

4. 已购公有住房：原购公有住房标准面积按当地经济适用房价格计算的房价款，加上原购公有住房超标准面积实际支付的房价款以及按规定向财政部门（或原产权单位）交纳的所得收益及相关税费。已购公有住房是指城镇职工根据国家和县级（含县级）以上人民政府有关城镇住房制度改革政策规定，按照成本价（或标准价）购买的公有住房。经济适用房价格按县级（含县级）以上地方人民政府规定的标准确定。

5. 城镇拆迁安置住房：根据《城市房屋拆迁管理条例》（国务院令第 305 号）和《建设部关于印发〈城市房屋拆迁估价指导意见〉的通知》（建住房〔2003〕234 号）等有关规定，其原值分别如下。

（1）房屋拆迁取得货币补偿后购置房屋的，为购置该房屋实际支付的房价款及交纳的相关税费。

（2）房屋拆迁采取产权调换方式的，所调换房屋原值为《房屋拆迁补偿安置协议》注明的价款及交纳的相关税费。

（3）房屋拆迁采取产权调换方式，被拆迁人除取得所调换房屋，又取得部分货币补偿的，所调换房屋原值为《房屋拆迁补偿安置协议》注明的价款和交纳的相关税费，减去货币补偿后的余额。

（4）房屋拆迁采取产权调换方式，被拆迁人取得所调换房屋，又支付部分货币的，所调换房屋原值为《房屋拆迁补偿安置协议》注明的价款，加上所支付的货币及交纳的相关税费。

（二）转让住房过程中缴纳的税金是指：纳税人在转让住房时实际缴纳的城市维护建设税、教育费附加、土地增值税、印花税等税金。

（三）合理费用是指：纳税人按照规定实际支付的住房装修费用、住房贷款利息、手续费、公证费等费用。

1. 支付的住房装修费用。纳税人能提供实际支付装修费用的税务统一发票，并且发票上所列付款人姓名与转让房屋产权人一致的，经税务机关审核，其转让的住房在转让前实际发生的装修费用，可在以下规定比例内扣除：

（1）已购公有住房、经济适用房：最高扣除限额为房屋原值的15%；

（2）商品房及其他住房：最高扣除限额为房屋原值的10%。纳税人原购房为装修房，即合同注明房价款中含有装修费（铺装了地板，装配了洁具、厨具等）的，不得再重复扣除装修费用。

2. 支付的住房贷款利息。纳税人出售以按揭贷款方式购置的住房的，其向贷款银行实际支付的住房贷款利息，凭贷款银行出具的有效证明据实扣除。

3. 纳税人按照有关规定实际支付的手续费、公证费等，凭有关部门出具的有效证明据实扣除。

本条规定自2006年8月1日起执行。

三、纳税人未提供完整、准确的房屋原值凭证，不能正确计算房屋原值和应纳税额的，税务机关可根据《税收征管法》第三十五条的规定，对其实行核定征税，即按纳税人住房转让收入的一定比例核定应纳个人所得税额。具体比例由省级地方税务局或者省级地方税务局授权的地市级地方税务局根据纳税人出售住房的所处区域、地理位置、建造时间、房屋类型、住房平均价格水平等因素，在住房转让收入1%～3%的幅度内确定。

《国家税务总局关于个人转让房屋有关税收征管问题的通知》（国税发

〔2007〕33号）规定如下。

一、建立房屋交易最低计税价格管理制度。

针对一些地区买卖双方通过订立虚假合同低报房屋交易价格，不如实申报缴纳有关税收的问题，各地要根据税收征收管理法的有关规定，建立房屋交易最低计税价格管理制度，加强房屋交易计税价格管理。

（一）确定合理的房屋交易最低计税价格办法。工作基础较好，具备直接制定最低计税价格条件的，可直接制定房屋交易最低计税价格，但定价时要考虑房屋的坐落地点、建筑结构、建筑年限、历史交易价格或建造价格、同类房屋先期交易价格等因素。不具备直接制定最低计税价格条件的，可参照下列一种方法确定最低计税价格。

1. 当地政府公布的拆迁补偿标准、房屋交易指导价、基准地价。政府公布的上述信息未及时调整的，确定最低计税价格时应考虑房地产市场价格上涨因素。

2. 房地产交易资金托管金额或者房地产交易网上报价。

3. 信誉良好的房地产价格评估机构的评估价格。

（二）各地区要加强与房地产管理部门的联系，及时获得有关信息，按照规定的管理制度，确定有关交易房屋的最低计税价格，避免在办税窗口纳税人申报纳税时即时确定计税价格。

（三）纳税人申报的房屋销售价格高于各地区确定的最低计税价格的，应按纳税人申报的销售价格计算征税；纳税人申报的房屋销售价格低于各地区确定的最低计税价格的，应按最低计税价格计算征税。

（四）对于财政部门负责契税征管的地区，由省级财税部门制定房屋交易最低价格管理办法；地市级及以下财税部门制定本地区房屋交易最低计税价格。对于税务部门负责契税征管的地区，由省级税务部门制定房屋交易最低价格管理办法；地市级及以下税务部门制定本地区房屋交易最低计税价格。

二、个人出售商业用房取得的所得，应按规定缴纳个人所得税，不得享受1年内换购住房退还保证金和自用5年以上的家庭唯一生活用房免税的政策。

三、根据《财政部 国家税务总局 建设部关于个人住房所得征收个人所得税有关问题的通知》（财税字〔1999〕278号）的规定，个人转让自用5年以上，并且是家庭唯一生活用房，取得的所得免征个人所得税。

（一）上述文件所称"自用5年以上"，是指个人购房至转让房屋的时间达5年以上。

1. 个人购房日期的确定。个人按照国家房改政策购买的公有住房，以其购房合同的生效时间、房款收据开具日期或房屋产权证上注明的时间，依照孰先原则确定；个人购买的其他住房，以其房屋产权证注明日期或契税完税凭证注明日期，按照孰先原则确定。

2. 个人转让房屋的日期，以销售发票上注明的时间为准。

（二）"家庭唯一生活用房"是指在同一省、自治区、直辖市范围内纳税人（有配偶的为夫妻双方）仅拥有一套住房。

四、《国家税务总局关于个人住房转让所得征收个人所得税的有关问题的通知》（国税发〔2006〕108 号）第三条所称"未提供完整、准确的房屋原值凭证"，是指纳税人不能提供房屋购买合同、发票或建造成本、费用支出的有效凭证，或契税征管档案中没有上次交易价格或建造成本、费用支出金额等记录。凡纳税人能提供房屋购买合同、发票或建造成本、费用支出的有效凭证，或契税征管档案中有上次交易价格或建造成本、费用支出金额等记录的，均应按照核实征收方式计征个人所得税。

五、税务机关应加强住房装修费用扣除的管理。

（一）凡有下列情况之一的，在计算缴纳转让住房所得个人所得税时不得扣除装修费用：

1. 纳税人提供的装修费用凭证不是有效发票的；

2. 发票上注明的付款人姓名与房屋产权人或产权共有人的姓名不一致的；

3. 发票由建材市场、批发市场管理机构开具，且未附所购商品清单的。

（二）纳税人申报扣除装修费用，应当填写《房屋装修费用发票汇总表》，在《房屋装修费用发票汇总表》上如实、完整地填写每份发票的开具人、受领人、发票字号、建材产品或服务项目、发票金额等信息。同时将有关装修发票原件提交征收人员审核。

（三）征收人员受理申报时，应认真审核装修费用发票真伪、《房屋装修费用发票汇总表》与有关装修发票信息是否一致，对不符合要求的发票不准扣除装修费用。审核完毕后，有关装修发票退还纳税人。

主管税务机关应定期对《房屋装修费用发票汇总表》所记载有关发票信息进行分析，视情况选取一些发票到开票单位比对核实，对疑点较大的发票移交稽查部门实施稽查。同时，要加强对建材市场和装修单位的税收管理。

六、各级税务机关要做好纳税服务工作，保障纳税人的知情权。各级税务机关要在房地产税收征收场所公示房地产税收法律、法规及相关规定，公开办税流程及所需资料，以及虚假申报、偷税行为应承担的法律责任。

《财政部 国家税务总局关于易地扶贫搬迁税收优惠政策的通知》（财税〔2018〕135 号）规定如下。

对易地扶贫搬迁贫困人口按规定取得的住房建设补助资金、拆旧复垦奖励资金等与易地扶贫搬迁相关的货币化补偿和易地扶贫搬迁安置住房，免征个人所得税。

4.3.4　城市房屋拆迁补偿费如何计入土地增值税扣除项目

根据《土地增值税暂行条例》及其实施细则的规定，拆迁补偿费作为房地产开发成本，属于进行土地增值税清算时的扣除项目。

对于房地产开发企业进行产权调换拆迁补偿，房地产开发企业将所拥有的不动产所有权转移给了被拆迁户，认定其获得了相应的经济利益的，应当缴纳土地增值税。其征收方式通常是在产权转移时先进行预征，最后进行整个项目的土地增值税清算。

关于拆迁安置土地增值税计算问题，《国家税务总局关于土地增值税清算有关问题的通知》（国税函〔2010〕220 号）有专门规定。

那么，房地产开发企业应取得被拆迁户发票吗？按照现行政策规定，被拆迁户所取得的拆迁补偿款不需要缴纳增值税，因此也无须向房地产开发企业开具发票。房地产开发企业依据付款收据入账，同时将政府拆迁文件、被拆迁人姓名、联系方式、身份证号码、被拆迁建筑所在路段及门牌号码、拆迁面积、补偿标准、补偿金额、被拆迁人签章等档案资料留置于本公司备查。

4.3.5　取得拆迁补偿房屋如何计征契税

财税〔2016〕43 号文件规定：计征契税的成交价格不含增值税。

《财政部 国家税务总局 住房和城乡建设部关于调整房地产交易环节契税个人所得税优惠政策的通知》（财税〔2010〕94 号）规定：对个人购买普通住房，且该住房属于家庭（成员范围包括购房人、配偶以及未成年子女，下同）唯一住房的，减半征收契税。对个人购买 90 平方米及以下普通住房，且该住房属于家庭唯一住房的，减按 1% 税率征收契税。

《财政部 国家税务总局关于企业以售后回租方式进行融资等有关契税政策的通知》（财税〔2012〕82 号）规定：市、县级人民政府根据《国有土地上房屋征收与补偿条例》有关规定征收居民房屋，居民因个人房屋被征收而选择货币补偿用以重新购置房屋，并且购房成交价格不超过货币补偿的，对新购房屋免征契税；购房成交价格超过货币补偿的，对差价部分按规定征收契税。居民因个人房屋被征收而选择房屋产权调换，并且不缴纳房屋产权调换差价的，对新换房屋免征契税；缴纳房屋产权调换差价的，对差价部分按规定征收契税。

《财政部 国家税务总局关于棚户区改造有关税收政策的通知》（财税〔2013〕101 号）规定：个人首次购买 90 平方米以下改造安置住房，按 1% 的税率计征契税；购买超过 90 平方米，但符合普通住房标准的改造安置住房，按法定税率减半计征契税。个人因房屋被征收而取得货币补偿并用于购买改造安置住房，或因房屋被征收而进行房屋产权调换并取得改造安置住房，按有关规定减免契税。

财税〔2018〕135 号文件规定：对易地扶贫搬迁贫困人口按规定取得的安置住房，免征契税。

【例 4-2】 因房屋被征收而取得货币补偿用于购买房屋如何缴纳契税？

居民王某在天山房地产公司旧城改造项目中因房屋被拆迁获得补偿款 30 万元，另行在其他小区购置超过 90 平方米的家庭唯一普通住房，价款 50 万元，契税税率为 3%。

问：王某应缴纳多少契税？

【解析】

该项业务，按契税税率 3% 减半征收契税，所以王某应缴纳契税为 0.3 万元 [（50-30）×1.5%]。

4.3.6　城市房屋拆迁补偿费企业所得税处理

对于拆迁费的企业所得税处理，目前并没有明确的单行文件规定。《房地产开发经营业务企业所得税处理办法》（国税发〔2009〕31 号）所称"土地征用费及拆迁补偿费"，是指为取得土地开发使用权（或开发权）而发生的各项费用，主要包括土地买价或出让金、大市政配套费、契税、耕地占用税、土地使用费、土地闲置费、土地变更用途和超面积补缴的地价及相关税费、拆迁补偿支出、安置及动迁支出、回迁房建造支出、农作物补偿费、危房补偿费等。这里应当增加一个条件，即开发商参与了一级土地开发或者拆迁补偿工作。

在一级、二级联动开发模式下，对于房地产开发企业来说，如果被拆迁户选择货币补偿方式，则该项支出作为"拆迁补偿费"计入开发成本中的土地成本；如果被拆迁户选择就地安置房屋补偿方式，则相当于被拆迁户用房地产开发企业支付的货币补偿资金向房地产开发企业购入房屋，要确认土地成本中的"拆迁补偿费支出"，即按拆迁补偿协议所约定的价格或者同期同类房屋市场价格或者计算的金额，以"拆迁补偿费"的形式计入开发成本的土地成本。另外，对补偿的房屋应视同对外销售，销售收入按照拆迁补偿协议所约定的价格或者同期同类房屋市场价格确定，同时应按照同期同类房屋成本确认销售成本。

从拆迁补偿的形式看，以实际支付的货币补偿款确认计税成本比较方便。难点在于产权调换形式下计税成本的确认。另外，房地产开发企业会计核算采用《企业会计准则》还是《企业会计制度》，对于成本核算结果也有一定影响。

4.4 征地拆迁环节的税收优惠

4.4.1 耕地占用税优惠

4.4.1.1 免征耕地占用税

下列情形免征耕地占用税：

（1）军事设施占用耕地；

（2）学校、幼儿园、养老院、医院占用耕地。

4.4.1.2 减征耕地占用税

一、主要基础设施建设

铁路线路、公路线路、飞机场跑道、停机坪、港口、航道占用耕地，减按每平方米 2 元的税额征收耕地占用税。

《耕地占用税实施办法》第十条规定减税的铁路线路，具体范围限于铁路路基、桥梁、涵洞、隧道及其按照规定两侧留地、防火隔离带。专用铁路和铁路专用线占用耕地的，按照当地适用税额缴纳耕地占用税。

《耕地占用税实施办法》第十一条规定减税的公路线路，具体范围限于经批准建设的国道、省道、县道、乡道和属于农村公路的村道的主体工程以及两侧边沟或者截水沟。

专用公路和城区内机动车道占用耕地的，按照当地适用税额缴纳耕地占用税。

《耕地占用税实施办法》第十二条规定减税的飞机场跑道、停机坪，具体范围限于经批准建设的民用机场专门用于民用航空器起降、滑行、停放的场所。

《耕地占用税实施办法》第十三条规定减税的港口，具体范围限于经批准建设的港口内供船舶进出、停靠以及旅客上下、货物装卸的场所。

《耕地占用税实施办法》第十四条规定减税的航道，具体范围限于在江、河、湖泊、港湾等水域内供船舶安全航行的通道。

二、施工临时占用耕地

纳税人临时占用耕地，应当依照《耕地占用税法》的规定缴纳耕地占用税。纳税人在批准临时占用耕地期满之日起一年内依法复垦，恢复种植条件的，全额退还已经缴纳的耕地占用税。

所称临时占用耕地，是指经自然资源主管部门批准，在一般不超过 2 年内临时使用耕地并且没有修建永久性建筑物的行为。

【例 4-3】建华建筑公司承建某省某高速公路项目。在项目建设过程中，项目部需要建设一个混凝土拌和站，项目部经考察，选定了位于某村庄的一块 5 000 平方米的基本农田。经与当地村民委员会协商，并经当地自然资源主管部门批准，签订了两年的临时用地合同。假定该地区耕地占用税的税额为每平方米 30 元，且建华建筑建筑公司在第二年恢复了所占耕地原貌。请问：该项行为应如何缴纳耕地占用税？

【解析】

建华建筑公司的上述事项属于施工临时占用耕地行为。按照现行税法规定，纳税人临时占用耕地，应当缴纳耕地占用税。纳税人在批准临时占用耕地的期限内恢复所占耕地原状的，全额退还已经缴纳的耕地占用税。

本例中，建华建筑公司应当在收到自然资源主管部门的通知之日起 30 日内缴纳耕地占用税：5 000×30＝150 000（元）。由于建华建筑公司在第二年恢复了所占耕地原貌，所以，第二年税务机关应全额退还建华建筑公司缴纳的耕地占用税。

4.4.2　土地增值税优惠

4.4.2.1　被征收人属于个人

《土地增值税暂行条例实施细则》第十二条规定：个人因工作调动或改善居住条件而转让原自用住房，经向税务机关申报核准，凡居住满 5 年或 5 年以上的，免予征收土地增值税；居住满 3 年未满 5 年的，减半征收土地增值税；居住未满 3 年的，按规定计征土地增值税。

《财政部 国家税务总局关于土地增值税一些具体问题规定的通知》（财税字〔1995〕48 号）第五条规定：对个人之间互换自有居住用房地产的，经当地税务机关核实，可以免征土地增值税。

《财政部 国家税务总局关于调整房地产交易环节税收政策的通知》（财税〔2008〕137号）规定：从2008年11月1日起，对个人销售住房暂免征收土地增值税。

4.4.2.2 被征收人属于企业

根据《土地增值税暂行条例》第八条规定，有下列情形之一的，免征土地增值税：

（一）纳税人建造普通标准住宅出售，增值额未超过扣除项目金额20%的；

（二）因国家建设需要依法征用、收回的房地产。

上述（二）项所称的因国家建设需要依法征用、收回的房地产，是指因城市实施规划、国家建设的需要而被政府批准征用的房产或收回的土地使用权。

根据《土地增值税暂行条例实施细则》规定，因城市实施规划、国家建设的需要而搬迁，由纳税人自行转让原房地产的，比照本规定免征土地增值税。

因"城市实施规划"而搬迁，是指因旧城改造或因企业污染、扰民（指产生过量废气、废水、废渣和噪声，使城市居民生活受到一定危害），而由政府或政府有关主管部门根据已审批通过的城市规划确定进行搬迁的情况；因"国家建设的需要"而搬迁，是指因实施国务院、省级人民政府、国务院有关部委批准的建设项目而进行搬迁的情况。

《大连市地方税务局关于土地增值税征收管理若干问题的公告》（大连市地方税务局公告2014年第1号）第十四条"减免税审批要件"规定如下。

（一）因城市实施规划、国家建设需要依法征用、收回的房地产，纳税人申请免征土地增值税时应提供下列资料。

1. 因城市实施规划收回

（1）纳税人减免税申请表；

（2）政府征用房产或收回土地使用权的文件；

（3）与政府相关部门或政府指定部门签订的补偿协议；

（4）原土地使用证复印件；

（5）土地增值税税款计算表及相关材料。

2. 因国家建设需要收回

（1）纳税人减免税申请表；

（2）政府征用房产或收回土地使用权的文件；

（3）国务院、省级人民政府、国务院有关部委对建设该项目的批文，例如立项审批等；

（4）政府或政府收回文件中指定的单位与被收回（征用）企业签订的补偿协议；

（5）原土地使用证复印件；

（6）土地增值税税款计算表及相关材料。

（二）因城市实施规划、国家建设的需要而搬迁，由纳税人自行转让原房地产而取得的收入，纳税人申请免征土地增值税时应提供下列资料。

1．因城市规划而自行搬迁

（1）纳税人减免税申请表；

（2）政府及有关部门的规划文件或相关批文；

（3）土地使用权转让合同；

（4）原土地使用证复印件；

（5）土地增值税税款计算表及相关材料。

2．因国家建设需要而自行搬迁

（1）纳税人减免税申请表；

（2）国务院、省级人民政府、国务院有关部委对建设该项目的批文，例如立项审批等；

（3）土地使用权转让合同；

（4）原土地使用证复印件；

（5）土地增值税计算表及相关材料。

从上述文件看，若被征收人是企业，土地增值税并非不可减免，关键是纳税人应准备好办理上述减免手续的相关文件。

4.4.3　契税优惠

《中华人民共和国契税法》（以下简称《契税法》）第六条规定，有下列情形之一的，免征契税：

（1）国家机关、事业单位、社会团体、军事单位承受土地、房屋权属用于办公、教学、医疗、科研、军事设施；

（2）非营利性的学校、医疗机构、社会福利机构承受土地、房屋权属用于办公、教学、医疗、科研、养老、救助；

（3）承受荒山、荒地、荒滩土地使用权用于农、林、牧、渔业生产；

（4）婚姻关系存续期间夫妻之间变更土地、房屋权属；

（5）法定继承人通过继承承受土地、房屋权属；

（6）依照法律规定应当予以免税的外国驻华使馆、领事馆和国际组织驻华代表机构承受土地、房屋权属。

根据国民经济和社会发展的需要，国务院对居民住房需求保障、企业改制重组、灾后重建等情形可以规定免征或者减征契税，报全国人民代表大会常务委员会备案。

第七条规定，省、自治区、直辖市可以决定对下列情形免征或者减征契税：

（1）因土地、房屋被县级以上人民政府征收、征用，重新承受土地、房屋权属；

（2）因不可抗力灭失住房，重新承受住房权属。

前款规定的免征或者减征契税的具体办法，由省、自治区、直辖市人民政府提出，报同级人民代表大会常务委员会决定，并报全国人民代表大会常务委员会和国务院备案。

根据《财政部 国家税务总局关于夫妻之间房屋土地权属变更有关契税政策的通知》（财税〔2014〕4号）的规定，在婚姻关系存续期间，房屋、土地权属原归夫妻一方所有，变更为夫妻双方共有或另一方所有的，或者房屋、土地权属原归夫妻双方共有，变更为其中一方所有的，或者房屋、土地权属原归夫妻双方共有，双方约定、变更共有份额的，免征契税。

《财政部 国家税务总局关于企业以售后回租方式进行融资等有关契税政策的通知》（财税〔2012〕82号）规定如下。

（1）对金融租赁公司开展售后回租业务，承受承租人房屋、土地权属的，照章征税。对售后回租合同期满，承租人回购原房屋、土地权属的，免征契税。

（2）市、县级人民政府根据《国有土地上房屋征收与补偿条例》有关规定征收居民房屋，居民因个人房屋被征收而选择货币补偿用以重新购置房屋，并且购房成交价格不超过货币补偿的，对新购房屋免征契税；购房成交价格超过货币补偿的，对差价部分按规定征收契税。居民因个人房屋被征收而选择房屋产权调换，并且不缴纳房屋产权调换差价的，对新换房屋免征契税；缴纳房屋产权调换差价的，对差价部分按规定征收契税。

（3）企业承受土地使用权用于房地产开发，并在该土地上代政府建设保障性住房的，计税价格为取得全部土地使用权的成交价格。

（4）单位、个人以房屋、土地以外的资产增资，相应扩大其在被投资公司的股权持有比例，无论被投资公司是否变更工商登记，其房屋、土地权属不发生转移，不征收契税。

（5）个体工商户的经营者将其个人名下的房屋、土地权属转移至个体工商户名下，或个体工商户将其名下的房屋、土地权属转回原经营者个人名下，免征契税。合伙企业的合伙人将其名下的房屋、土地权属转移至合伙企业名下，或合伙企业将其名下的房屋、土地权属转回原合伙人名下，免征契税。经批准减征、免征契税的纳税人改变有关土地、房屋的用途，不再属于规定的减征、免征契税范围的，应当补缴已经减征、免征的税款。

4.4.4　企业所得税优惠

《企业所得税法》第七条规定，收入总额中的下列收入为不征税收入：

（1）财政拨款；

（2）依法收取并纳入财政管理的行政事业性收费、政府性基金；

（3）国务院规定的其他不征税收入。

上述所称财政拨款，是指各级人民政府对纳入预算管理的事业单位、社会团体等组织拨付的财政资金，但国务院和国务院财政、税务主管部门另有规定的除外；所称行政事业性收费，是指依照法律法规等有关规定，按照国务院规定程序批准，在实施社会公共管理，以及在向公民、法人或者其他组织提供特定公共服务过程中，向特定对象收取并纳入财政管理的费用；所称政府性基金，是指企业依照法律、行政法规等有关规定，代政府收取的具有专项用途的财政资金；所称国务院规定的其他不征税收入，是指企业取得的，由国务院财政、税务主管部门规定专项用途并经国务院批准的财政性资金。

被拆迁企业取得的收入除上述不征税收入外，都要计征企业所得税。但是符合政策规定的政策性搬迁所得可递延计征企业所得税。

4.5　典型问题探讨

问题 1. 城镇土地使用税和耕地占用税有何不同？已缴纳耕地占用税的，是否还需要缴纳城镇土地使用税？

【提问】

城镇土地使用税和耕地占用税有何不同？已缴纳耕地占用税的，是否还需要缴纳城镇土地使用税？

【解析】

城镇土地使用税和耕地占用税的不同之处在于：耕地占用税是在全国范围内，就改变耕地用途的行为在土地取得环节一次性征收的税种，目的是保护耕地；而城镇土地使用税是在城市、县城、建制镇和工矿区范围内，在土地的持有和使用环节征收的一种税，目的是引导企业集约、节约土地，促进土地资源的合理配置。城镇土地使用税按年计算，分期缴纳。

城镇土地使用税和耕地占用税是在不同环节征收的税种，因此，占用耕地的纳税人在缴纳耕地占用税以后，在土地持有和使用过程中仍要缴纳城镇土地使用税。但是在占用耕地的当年，考虑到纳税人已经支付了较高的补偿费、缴纳了耕地占用税，因此，《中华人民共和国城镇土地使用税暂行条例》（以下简称《城镇土地使用税暂行条例》）将这种情况下缴纳城镇土地使用税的纳税义务发生时间设置为批准征用耕地的 1 年以后，从而保证耕地占用税和城镇土地使用税的合理衔接。

问题 2. 政策性搬迁的范围有哪些？

【提问】

政策性搬迁的范围有哪些？

【解析】

《企业政策性搬迁所得税管理办法》（国家税务总局公告 2012 年第 40 号）规定，由于社会公共利益的需要，在政府主导下企业进行的整体搬迁或部分搬迁，为政策性搬迁。企业由于下列需要之一，能够提供相关文件证明资料的搬迁，属于政策性搬迁：①国防和外交的需要；②由政府组织实施的能源、交通、水利等基础设施的需要；③由政府组织实施的科技、教育、文化、卫生、体育、环境和资源保护、防灾减灾、文物保护、社会福利、市政公用等公共事业的需要；④由政府组织实施的保障性安居工程建设的需要；⑤由政府依照《中华人民共和国城乡规划法》有关规定组织实施的对危房集中、基础设施落后等地段进行旧城区改建的需要；⑥法律、行政法规规定的其他公共利益的需要。

问题 3. 政策性搬迁收入包括哪些？

【提问】

政策性搬迁收入包括哪些？

【解析】

企业的搬迁收入，包括搬迁过程中从本企业以外（包括政府或其他单位）

取得的搬迁补偿收入，以及本企业搬迁资产处置收入等。搬迁补偿收入，是指企业在搬迁过程中取得的货币性和非货币性补偿收入，具体包括：对被征用资产价值的补偿；因搬迁、安置而给予的补偿；对停产停业形成的损失而给予的补偿；资产搬迁过程中遭到毁损而取得的保险赔款和其他补偿收入。搬迁资产处置收入，是指企业由于搬迁而处置企业的各类资产所取得的收入。但由于对存货的处置不会因政策性搬迁而受较大影响，因此企业由于搬迁处置存货而取得的收入，应按正常经营活动取得的收入进行所得税处理，不作为企业搬迁收入。

问题 4. 政策性搬迁支出包括哪些？

【提问】

政策性搬迁支出包括哪些？

【解析】

企业的搬迁支出，包括搬迁费用支出和资产处置支出。搬迁费用支出包括：职工安置费用和停工期间工资及福利费、搬迁资产存放费、搬迁资产安装费用，以及其他与搬迁相关的费用。资产处置支出包括变卖各类资产的账面净值，以及处置过程中所发生的税费等支出。对于企业搬迁中报废或废弃的资产，其账面净值也可以作为企业的资产处置支出处理。

问题 5. 旧城改造项目如何清算土地增值税？

【提问】

旧城改造项目如何清算土地增值税？

【解析】

旧城改造中，关于支付回迁户的房屋补偿土地增值税清算时如何确认收入和拆迁补偿费，实务中经常引用的是国税函〔2010〕220 号文件的规定：房地产企业用建造的本项目房地产安置回迁户的，安置用房视同销售处理，按国税发〔2006〕187 号文件第三条第（一）款的规定确认收入，同时将此确认为房地产开发项目的拆迁补偿费。

在开发商是房屋拆迁补偿协议主体的背景下，如果征收补偿协议约定具体金额的征收补偿标准，可以适用上述文件规定处理；若征收补偿协议明确了具体补偿金额，被征收户既可以选择货币补偿也可以选择房屋补偿，则房屋补偿不应再适用上述文件视同销售处理，其应以征收补偿协议约定的补偿金额确认收入和扣除成本。

4.6 工程成本的会计处理

4.6.1 工程成本概述

建筑施工企业在一定时期内,为了进行施工生产而发生的各种耗费的货币表现叫生产费用。把与生产有直接关系的生产费用,以各个单项工程为对象,按一定的方法进行归集,就构成各项工程的工程成本。

工程成本的核算,就是对建筑施工企业在一定时期内费用支出的归集、分配、再归集、再分配,最终形成工程成本。工程成本的核算是建筑施工企业会计核算的主要内容。

一、工程成本的概念

成本是指企业为生产产品、提供劳务而发生的各种耗费。建筑施工企业为进行一定的工程施工所发生的人工费用、材料费用、机械使用费、其他直接费用和间接费用的总和,构成工程成本。建筑施工企业在施工过程中,一方面生产出建筑产品,另一方面消耗一定数量的人力、物力和财力,这些消耗的货币表现,即为施工费用。也就是说施工费用是指建筑施工企业在生产经营过程中发生的各种耗费。费用包括成本和期间费用两部分。期间费用是一定期间的发生额,与时间相联系;而成本按一定的核算对象归集,是对象化的费用。费用是计算成本的基础,成本是费用的对象。

二、工程成本项目的内容

建筑安装工程成本,是建筑施工企业在生产经营过程中,为完成一定数量的建筑工程和安装工程所发生的费用总和。它是全面反映经营管理工作质量的一个综合指标。

《企业会计制度》第九十四条规定:"建造承包商建造工程合同成本应当包括从合同签订开始至合同完成止所发生的、与执行合同有关的直接费用和间接费用。"建造工程合同成本在建筑施工企业中通常被称为建筑安装工程成本,具体分为以下项目。

1. 人工费用

人工费用指直接从事建筑安装工程施工的工人和在施工现场直接为工程制作构件的工人,以及在现场运料、配料等辅助工人的基本工资、浮动工资、工资性津贴和应计入成本的奖金。

2．材料费用

材料费用指在施工过程中所耗用的、构成工程实体的各种主要材料、结构件和有助于工程形成的其他材料的费用，以及周转材料的摊销额。

3．机械使用费

机械使用费指在施工中，使用自有施工机械所发生的机械使用费，以及使用外单位施工机械的租赁费。

4．其他直接费用

其他直接费用指上述三项直接费用以外的施工过程中发生的其他直接费用。同材料费用、人工费用、机械使用费相比，其他直接费用具有较大弹性。就具体单项资产（单位工程）来讲，其他直接费用可能发生也可能不发生，需要根据现场具体施工条件加以确定。其他直接费用具体包括与设计有关的技术援助费用、施工现场材料的二次搬运费、生产工具和用具使用费、检验试验费、工程定位复测费、工程点交费用、场地清理费用等。

5．间接费用

间接费用是企业下属的施工单位或生产单位为组织和管理施工生产活动所发生的费用，通常指分公司或项目经理部为施工准备、组织施工生产和管理所需的费用，包括临时设施摊销费用和施工单位、生产单位管理人员工资、奖金、职工福利费、劳动保护费、固定资产折旧费及修理费、物料消耗、低值易耗品摊销、取暖费、水电费、办公费、差旅费、财产保险费、工程保修费、排污费等。

上述第 1~4 项内容计入直接费用，在发生时应当直接计入合同成本；第 5 项内容计入间接费用，应当在期末按照合理的方法分摊计入合同成本。与合同有关的零星收益，如合同完成后处置残余物资取得的收益，应当冲减合同成本。

三、工程成本的核算程序

在建筑施工企业生产过程中，为及时归集和分配各种费用，建筑施工企业应设置"工程施工""机械作业"等科目进行成本核算。

"工程施工"科目是用以核算企业组织工程施工时所发生的各项费用支出的科目，其借方登记施工过程中发生的应计入工程成本的各种费用累计发生额以及合同毛利，工程合同完工时，其借方累计余额与"工程结算"科目的贷方余额对冲。该科目按成本核算对象设置明细账，并设置"合同成本"和"合同毛利"两个明细科目，"合同成本"项目下再设置"直接人工费""直接材料费""机械使用费""其他直接费""间接费""劳务协作成本"等 6 个明细科目进行明细核算。

企业在进行工程成本核算时，对于施工过程中发生的各项费用，首先应按照费用的用途和发生的地点进行归集：凡能分清成本核算对象的，应直接计入各成本项目；不能分清成本核算对象的，则应按照发生地点进行归集，期末按照一定的标准分配计入各成本项目。工程成本的核算一般应按照下列程序进行。

（1）将本期发生的施工费用，按其发生地点和经济用途分别分配和归集到"工程施工——待分配直接费""工程施工——待分配间接费""机械作业""辅助生产"等有关的施工费用科目。

（2）将归集在"机械作业"科目的费用，按照一定的分配标准分配计入有关的工程成本。

（3）将归集在"辅助生产"科目中的费用，按各受益对象进行分配并转入"工程施工""机械作业""管理费用"有关明细科目。

（4）将归集在"工程施工——待分配直接费"科目中的费用，按各受益对象进行分配并转入"工程施工"有关明细科目。

（5）将归集在"工程施工——待分配间接费"科目中的费用，按各受益对象进行分配并转入"工程施工"有关明细科目。

（6）根据建造合同的结果是否能够可靠估计，分别适用不同方法确认合同收入和合同成本。

4.6.2　工程成本核算

一、人工费用的归集和分配

（一）人工费用的概念和内容

工程成本中的人工费用是指在施工过程中直接参加施工生产的建筑安装工人，以及在施工现场直接为工程制作构件和运料、配料等辅助生产工人的工资、工资性津贴、职工福利费和劳动保护费等，具体包括以下几种。

（1）基本工资，也称标准工资。它是按照规定的标准计算的工资，在结构工资制下包括基础工资、职务工资和工龄津贴，是职工的基本收入。基本工资又可分为计时工资和计件工资两种形式。

（2）经常性奖金。它是指对完成和超额完成工作量以及有关经济技术指标的职工支付的各种奖励性报酬。如超产奖、质量奖、安全（无事故）奖、考核各项经济技术指标的综合奖、提前竣工奖、年终奖、节约奖、劳动竞赛奖等。

（3）津贴。它是指为了补偿职工额外或特殊的劳动消耗，鼓励职工安心于劳动强度大、条件艰苦的工作岗位而支付给职工的各种津贴。如高空津贴、井下津贴、野外津贴、夜班津贴和技术性津贴等。

（4）补贴。它是指为了保证职工的工资水平不受物价的影响而支付给职工的各种物价补贴。

（5）加班加点工资。它是指按规定支付给职工的加班工资和加点工资。

（6）特殊情况下支付的工资。它是指根据国家法律、法规和政策的规定，在非工作时间内支付给职工的工资和其他工资。

（二）人工费用的归集

建筑施工企业工程成本中的人工费用包括直接从事建筑安装工程施工工人计时工资、计件工资、工资性津贴及补贴、奖金和社会保险及其他职工薪酬。从事建筑安装的生产人员工资首先归集在"应付职工薪酬"科目，分配时转入"工程施工——××项目——合同成本——直接人工费""工程施工——待分配直接费""工程施工——待分配间接费"等科目。

人工费用的归集会计分录如下。

　　借：工程施工——××项目——合同成本——直接人工费

　　　　工程施工——待分配间接费——管理人员工资（其他职工薪酬）

　　　　贷：应付职工薪酬

凭证附件：工资汇总表。

（三）人工费用的分配

人工费用的分配可根据施工项目的实际情况，以"直接费"或者"完工产值"为标准。计算公式如下。

生产人员工资分配率 = 生产人员工资总额 ÷ 各单项工程直接费总额或完工产值 × 100%

某单项工程应分配的人工费 = 生产人员工资分配率 × 该单项工程直接费或完工产值

分配工资时的会计分录如下。

　　借：辅助费用

　　　　机械作业

　　　　制造费用

　　　　（其他相关科目）

　　　　贷：合同履约成本

凭证附件：应付职工薪酬分配表。

【例4-4】某建筑公司第一工程处，同时施工建造1号工程和2号工程，本月直接参加施工工人的人工费为346 138元，1号工程用工9 583工日，2号工程用工3 730工日，人工费分配如表4-1所示。

表4-1　　　　　　　　　　生产工人工资分配

单位：元

受益对象	实际用工日	平均日工资	应分配工资额
1号工程	9 583	26	249 158
2号工程	3 730	26	96 980
合计	13 313		346 138

【解析】

会计分录如下。

借：工程施工——1号工程——合同成本——直接人工费　249 158

　　　　——2号工程——合同成本——直接人工费　　96 980

　　贷：应付职工薪酬　　　　　　　　　　　　　　　346 138

辅助生产部门的工人、机上人员的人工费，施工管理部门工作人员的人工费，应分别计入"辅助生产""机械作业""制造费用"等科目，其他部门人员的工资应计入其他各有关科目。

二、材料费用的归集与分配

（一）材料费用的概念及内容

工程成本中的材料费用是指建筑工程直接耗用的构成工程实体和有助于工程形成的各种主要材料、构件等的成本，以及工程使用周转材料应计的摊销价值。在实际工作中，对材料费用的日常核算既可采用实际成本计价，也可采用计划成本计价。由于建筑材料的市场价格变化较大，为简化核算一般采用计划成本计价。

（二）材料费用的归集

发生材料收发业务时，有关部门和人员必须根据不同情况分别填制"领料单""用料单""调拨单""定额领料单""大堆材料耗用单"等领料凭证。每月月终，财会部门应根据审核无误的"领料单""定额领料单""用料单""调拨单""退料单""大堆材料耗用单""周转材料摊销计算表"等原始凭证编制工程施工材料费用分配表，按各成本核算对象汇总计算所耗用的各类材料的实际成本。

按计划成本核算的单位，还应当按月分摊材料成本差异。

企业月末应根据材料部门汇总的材料使用情况，分摊本月材料费用。

借：工程施工——××项目——合同成本——材料费

　　工程施工——待分配直接费

　　工程施工——待分配间接费

　　贷：原材料

凭证附件：依据材料部门提供的材料票据编制的材料费用分配表。

（三）材料费用的分配

材料费用的分配，就是定期将审核后的领料凭证，按材料的用途归类，并将应计入工程成本的材料费用计入工程成本，将不应计入工程成本的材料费用计入各自费用项目。

【例4-5】某建筑公司第一工程处"耗用材料分配表"如表4-2所示。

表 4-2　　　　　　　　　　　耗用材料分配表

单位：元

对应账户	主要材料		结构件		机械配件		其他材料		总计		
	计划成本	差异	计划成本	差异	计划成本	差异	计划成本	差异	计划成本	差异	合计
工程施工——合同成本											
1 号工程	623 000	6 230	447 000	4 470					1 070 000	10 700	1 080 700
2 号工程	224 000	2 240	119 000	1 190					343 000	3 430	346 430
机械作业											
吊车							13 200	−132	13 200	−132	13 068
推土机							14 190	−142	14 190	−142	14 048
制造费用							12 935	−129	12 935	−129	12 806
合计	847 000	8 470	566 000	5 660			40 325	−403	1 453 325	13 727	1 467 052

【解析】

根据表4-2编制会计分录如下。

借：工程施工——合同成本——1 号工程　　　　　　1 080 700

　　　　　　　　　　　　——2 号工程　　　　　　 346 430

　　机械作业　　　　　　　　　　　　　　　　　　 27 116

　　制造费用　　　　　　　　　　　　　　　　　　 12 806

　　贷：原材料　　　　　　　　　　　　　　　　　1 453 325

　　　　材料成本差异　　　　　　　　　　　　　　　 13 727

根据耗用材料分配表即可登记总账及有关工程成本计算单和其他明细账。

三、机械使用费的归集与分配

（一）机械使用费的概念与内容

工程成本项目中的机械使用费指建筑施工企业采用施工机械、运输设备进行机械作业所发生的各项费用，包括企业自有施工机械发生的机械使用费和租用外单位施工机械的租赁费，以及施工机械安装、拆卸和进出场费。

机械使用费应包括以下内容。

（1）人工费用，指司机、司炉等机械操作人员的基本工资。

（2）燃料及动力费，指机械运转所消耗的电动力、燃料费用。

（3）折旧及修理费，指按规定对机械计提的折旧基金、大修理基金和实际发生的经常修理费，以及更换工具、部件的价值。

（4）其他直接费用，指机械耗用的润滑及擦拭材料和其他材料费用，以及其他直接费，如养路费，港口费，过渡费，机械搬运、安装、拆卸及辅助设施费等。

（5）间接费用，指为组织管理机械施工和运输作业所发生的各项费用。

（二）机械使用费的归集

对于能够直接计入工程项目的机械使用费，记入"工程施工——××项目——合同成本——机械使用费"科目；存在多个项目使用，不能分清使用项目的，归集到"机械作业"科目。期末可以根据各成本核算对象使用的机械台班数、作业量数，编制"机械使用费分配表"，将机械使用费分配给各个成本核算对象。

机械使用费归集如下。

1. 外部租赁机械

借：机械作业——××机械（不能分清机械使用项目的）

　　工程施工——××项目——合同成本——机械使用费（能分清机械使用项目的）

　　贷：内部往来/银行存款/应付账款等

凭证附件：内部机械费用结算单、外部机械租赁结算单及发票。

2. 自有机械（项目部所有机械设备）

借：机械作业——××机械

　　贷：应付职工薪酬

　　　　原材料

　　　　累计折旧

凭证附件：机械使用明细表。

（三）机械使用费的分配

机械使用费如果能分清楚由某单项工程受益，直接计入某单项工程机械使用费；如果存在多个受益对象，应按照一定的比例分摊，注意以下几点。

（1）机械管理较细致，现场施工主要机械使用记录较清楚的，可按台班或作业量分配。

（2）现场施工机械繁多，机械使用不易准确记录的，一般按照直接费或完成产值分配。

机械使用费分配率 = 机械使用费总额 ÷ 各单项工程直接费总额或完工产值 × 100%

某单项工程应分配的机械使用费 = 机械使用费分配率 × 该单项工程完工产值或直接费

会计分录如下。

借：工程施工——××项目——合同成本——机械使用费

　　贷：机械作业

凭证附件：机械使用费分配表及机械使用费明细余额。

【例 4-6】某施工企业拥有中型施工机械，机械使用费资料如表 4-3 所示。

表 4-3　　　　　　　　　　　机械使用费资料

施工机械名称	计划台时费（元/台时）①	本期实际使用台时（台时）②	合计（元）③ = ① × ②
0.3 立方米履带挖土机	10.00	290 台时（其中：A 工程 240 台时，C 工程 50 台时）	2 900
0.4 立方米混凝土搅拌机	3.20	300 台时（其中：A 工程 140 台时，B 工程 100 台时，C 工程 60 台时）	960
其他施工机械			12 140
合计			16 000

该企业机械作业明细分类账汇总计算实际发生的机械使用费为 15 200 元。

（1）现以 0.3 立方米履带挖土机为例，计算其每个台时的计划单价为 10 元的分解过程。相关资料：随机操作人员工资为 4 200 元，随机操作人员福利费为 588 元，动力用电费为 1 760 元（年工作 220 台班 × 台班电费 8 元），折旧费为 3 600 元（机械原值 50 000 元 × 年折旧率 7.2%），大修理费为 1 800 元，经常修理费为 1 800 元，运输装卸费为 2 400 元（12 次 × 每次 200 元），替换工具、部件费及其他费用为 1 452 元，年度机械使用费计划数合计为 17 600 元。每个台班费计划数为 17 600 ÷ 220 = 80（元），每个台时费计划

数为 $80 \div 8 = 10$（元）。

（2）各种施工机械按台时费计划数计算的机械使用费合计为 16 000 元。

（3）该企业机械作业明细分类账汇总计算实际发生的机械使用费为 15 200 元。

（4）机械使用费实际数占按台时费计划数计算的百分比 $= 15\ 200 \div 16\ 000 \times 100\% = 95\%$。

（5）各成本核算对象按台时费计划数计算的机械使用费，按算得的百分比加以调整后可得表 4－4。

表 4－4　　　　　　　　　机械使用费分配表

单位：元

工程名称	使用 0.3 立方米履带挖土机总费用（计划数 10 元/台时）①	使用 0.4 立方米混凝土搅拌机总费用（计划数 20 元/台时）②	使用其他施工机械总费用③	按台时费计划数计算的机械使用费合计④ = ① + ② + ③	机械使用费调整分配数（调整比例 95%）⑤ = 95% × ④
A 工程	2 400	448	3 152	6 000	5 700
B 工程		320	4 880	5 200	4 940
C 工程	500	192	2 108	2 800	2 660
D 工程			2 000	2 000	1 900
合计	2 900	960	12 140	16 000	15 200

【解析】

根据表 4－4，机械使用费分配的会计分录如下。

借：工程施工——合同成本——A 工程　　　　　　　　　5 700

　　工程施工——合同成本——B 工程　　　　　　　　　4 940

　　工程施工——合同成本——C 工程　　　　　　　　　2 660

　　工程施工——合同成本——D 工程　　　　　　　　　1 900

　　贷：机械作业——履带挖土机　　　（2 900×0.95）2 755

　　　　　　　　——搅拌机　　　　　（960×0.95）912

　　　　　　　　——其他机械　　　（12 140×0.95）11 533

四、其他直接费用的归集与分配

（一）其他直接费用的概念与内容

工程成本中的其他直接费用指不包括在上述人工费用、材料费用、机械使用费等费用中的其他各种直接费用，主要包括材料二次搬运费、生产工具用具使用费、检验试验费、工程定位复测及点交费、场地清理费、夜间或冬季雨季施工增加费、临时设施摊销费、环境保护费、安全生产费等。

由于一般建筑安装施工所需用的水、电、风、气等都已包含在预算定额的材料费用项目或机械使用费项目之内（如搅拌混凝土的用水和用电等），因此其他直接费用仅指在预算定额之外单独发生的费用。原则上如果机械化作业程度较高，将现场用电费计入机械使用费。

（二）其他直接费用的归集

会计分录如下。

借：工程施工——待分配直接费——调遣费/试验测量费/生产工具使用费等

　　贷：库存现金/银行存款/原材料/内部往来等

借：工程施工——××项目——合同成本——其他直接费

　　贷：库存现金/银行存款/应付账款等

凭证附件：报销发票、内部试验测量结算单、其他直接费用结算单等。

（三）其他直接费用的分配

在分配其他直接费用时应注意以下两点。

（1）如果企业支付的费用中既包括直接供施工生产用的部分，又包括供管理部门、生活等方面用的部分，则应先按一定的方法进行正确的分摊。

（2）对于工程成本应负担的部分，能确定受益对象的应直接计入，不能直接确定受益对象的则应按各有关工程的定额耗用量或其他有关比例进行分配。但在目前的实际生产中，其他直接费用的受益对象比较多、比较杂，在分配时，原则上按照实际发生的工程直接费为标准分配。

其他直接费用分配率＝其他直接费用总额÷各单项工程直接费用总额或完工产值×100%

某单项工程应分配的其他直接费用＝其他直接费用分配率×该单项工程直接费用或完工产值

会计分录如下。

（1）能直接分清楚受益对象的（如基桩检测费等）。

借：工程施工——××项目——合同成本——其他直接费用

　　贷：银行存款/应付账款等

（2）有多个受益对象的。

借：工程施工——××项目——合同成本——其他直接费用

　　贷：工程施工——待分配直接费用

凭证附件：其他直接费用分配表、待分配直接费用明细余额表。

五、间接费用的归集与分配

（一）间接费用的概念与内容

间接费用是企业下属的施工单位或生产单位为组织和管理施工生产过程中发生的、不能直接归属到某项工程的各项开支费用，通常在"工程施工"账户下面设置"间接费用"明细账以进行有关费用的核算。为了详细地反映间接费用的发生情况，通常还设置"工程施工——待分配间接费用"科目。

作为一项共同性费用，间接费用通常同时与若干工程有关。因此，该项费用在发生时无法直接计入某个对象，而必须采用一定的方法在有关对象之间进行分配。

（二）间接费用的归集

会计分录如下。

借：工程施工——待分配间接费用——办公费/差旅交通费/行政固资使用费/其他费用等

　　贷：库存现金/银行存款/备用金等

凭证附件：差旅费报销单、住宿或办公等票据。

（三）间接费用的分配

对于一般建筑工程，由于其间接费用定额计算基础一般是直接费用，因而在分配间接费用时原则上也应以直接费用作为分配标准或者以"完工产值"为标准。计算公式如下。

间接费用分配率 = 间接费用总额 ÷ 各单项工程直接费用总额或完工产值 × 100%

某单项工程应分配的间接费用 = 间接费用分配率 × 该单项工程直接费用或完工产值

会计分录如下。

借：工程施工——××项目——合同成本——间接费用

　　贷：工程施工——待分配间接费用——办公费/差旅交通费/行政固资使用费/其他费用等

凭证附件：间接费用分配表及待分配间接费用明细余额表。

4.6.3　工程成本结算

一、月度工程成本结算

建筑施工企业的各项生产费用，按 4.6.2 小节所述在各成本核算对象之间进行归集和分配以后，应计入本月各成本核算对象的生产费用，全部归集在"工程施工——合同成本"科目的借方和有关的成本计算单中。月末对于已经竣工的工程，自开工到竣工计入该工程成本的全部生产费用，就是该工程的竣工成本；对于尚未竣工或正在施工的工程，还应将本月发生的生产费用和月初结转的上月末未完施工的生产费用之和，在本月已完工程和月末未完施工的成本之间进行分配。

月初未完施工成本 + 本月生产费用 = 已完工程成本 + 月末未完施工成本

（一）未完施工成本的计算

建筑施工企业的已完工程，从理论上来说，应指在企业范围内全部竣工，不再需要进行任何施工活动的工程，即竣工工程。但是由于建筑安装工程施工周期长，如果等到工程竣工之后再结算工程成本，不能发挥成本计算在企业管理中的作用，也就满足不了企业管理的需要。因此为了有利于企业经济核算，加速资金周转，及时检查成本计划，考核经济效果，现行制度规定：凡是已经完成预算定额所规定的全部工序，在本企业不需要再进行任何加工的分部分项工程，称为已完施工（或已完工程）。分部分项工程虽不具有完整的使用价值，也不是竣工工程，但是由于在企业内已完成全部施工活动，已可确定工程数量和工程质量，故可将它视为已完施工，计算它的预算成本和预算价值，向客户收取工程价款。对虽已投入人工、材料进行施工，但尚未达到预算定额规定的全部工程内容的一部分工序，则称为未完施工（或未完工程），不能据以收取工程价款。例如砖墙抹石灰砂浆工程，工程预算定额规定的工程内容为修整表面、清扫、抹灰、抹平、罩面、压光、制作护角等工序。如果某房屋砖墙抹石灰砂浆工程在月末已完成了上述全部工程内容，就应作为"已完施工"计算；如果只完成了其中一部分工序，则应算作"未完施工"。

未完施工成本的计算，通常由统计人员当月末到施工现场实地丈量盘点未完施工实物量，并按其完成施工的程度折合为已完施工数量，根据预算单价计算未完施工成本。计算公式如下。

$$未完施工成本 = 未完施工实物量 × 完工程度 × 预算单价$$

期末未完施工成本一般不负担管理费。如果未完施工工程量占当期全部工程量的比重很小或期初与期末数量相差不大，可以不计算未完施工成本。

根据计算结果填制"未完施工盘点单"，并计入"工程成本计算单"，即可据以结转已完施工实际成本。

【例 4-7】某建筑公司 1 号工程有 453 平方米内墙涂料工程，规定涂刷三遍，如果期末只涂刷了两遍，约等于已完施工的 75%，折合已完施工量为：折合已完施工量＝453×75%＝340（平方米）。

设每平方米涂料工程预算单价为5.50元，453平方米内墙涂料工程已完施工成本为：340×5.5＝1 870（元）。

再按预算单价所含工、料费比例进一步分解计算出人工费、材料费等。编制"未完施工盘点单"，如表4-5所示。

表4-5　　　　　　　　　　　未完施工盘点单

金额单位：元

单位	分部分项工程		已完工序					其中			
工程名称	名称	预算单价	工序名称或内容	占分部分项工程比例	工程总量	折合分部分项工程量	预算成本	人工费	材料费	机械使用费	其他直接费
1号工程	内墙涂料工程	5.50	已涂刷两遍	75%	453平方米	340平方米	1 870	540	1 330		
小计							1 870	540	1 330		

（二）已完施工实际成本的计算

月末未完施工成本确定后，即可根据下列公式确定当月各个成本核算对象已完施工的实际成本。

已完施工实际成本＝月初未完施工成本＋本月生产费用－月末未完施工成本

根据各成本核算对象的"成本计算单"的实际成本，填入"已完施工成本表"（见表4-6）中"实际成本"列，据此结转本月已完施工实际成本，将已完施工的实际成本从"工程施工——合同成本"科目的贷方转入"主营业务成本"科目的借方。

表4-6　　　　　　　　　　　已完施工成本表

单位：元

成本项目	1号工程		2号工程		总计	
	预算成本	实际成本	预算成本	实际成本	预算成本	实际成本
材料费用 人工费用	1 054 750 285 431	1 082 970 250 218	328 512 94 911	346 430 96 980	1 383 262 380 342	1 429 400 347 198
机械使用费 其他直接费用	143 435 35 434	152 000 37 800	36 966 22 433	31 660 22 000	180 401 57 867	183 660 59 800
直接费用合计	1 519 050	1 522 988	482 822	497 070	2 001 872	2 020 058
制造费用	127 077	129 931	51 284	42 499	178 361	172 430
工程成本	1 646 127	1 652 919	534 106	539 569	2 180 233	2 192 488

（三）已完施工预算成本的计算

已完施工实际成本确定以后，为了对比考察成本的升降情况和与客户进行结算，还要计算当月已完施工的预算成本和预算价值。

已完施工预算成本是根据已完施工实物量、预算单价和间接费用定额计算的。计算公式如下。

已完施工预算成本 = ∑（实际完成工程量 × 预算单价）×（1 + 间接费用定额）

已完安装工程预算成本 = ∑（实际完成安装工程量 × 预算单价）+（已完安装工程人工费用 × 间接费用定额）

在实际工作中，已完施工预算成本通常由统计部门于月末先行实地丈量已完施工实物量，再根据预算定额中预算单价和间接费用定额，在"已完施工结算表"或"已完施工月报表"中进行计算。

"已完施工结算表"反映当月已完施工的预算总价值，由直接费用、间接费用、计划利润和税金 4 部分组成。直接费用包括按预算单价计算的人工费用、材料费用、机械使用费、其他直接费用。间接费用包括按间接取费率计算的管理费和临时设施费，以及劳动保险费等。由于"已完施工结算表"中提供的预算成本项目所包含内容和实际成本不完全一致，为了和工程实际成本的各个项目进行对比，就须根据"已完施工结算表"将属于预算成本范围的项目进行分解调整，主要有以下几项。

（1）按上式间接费用定额计算的间接费用包括公司机关和施工单位的管理费，由于公司机关管理费不计入工程成本，而计入期间费用，因此必须分别测算出公司机关管理费和施工单位管理费各自所占比重，将按综合取费率计算的间接费用分开。

（2）包括在其他间接费用中的临时设施费，已列入工程实际成本的其他直接费用项目中，预算成本也应做相应调整。

（3）预算成本中包括的综合性取费项目，如冬季雨季施工增加费、夜间施工增加费等，应按所含工、料费比重分解为人工费用、材料费等项目，分别计入预算成本的相应项目。

上述调整和分解一般通过编制"预算成本分析表"来完成，在此基础上根据"预算成本分析表"将分解后的预算成本填入"已完施工成本表"中。根据某建筑公司 1 号工程的"已完施工结算表"编制的"预算成本分析表"如表 4-7 所示。

表 4 - 7 预算成本分析表 单位：元

项目	分析内容					合计
	人工费用	材料费用	机械使用费	其他直接费用	间接费用	
直接费用 冬季雨季施工增加费 材料二次搬运费 间接费用	280 587 5 063	1 046 969 6 895	107 323 37 426	 36 240	 125 624	1 434 879 49 384 36 240 125 624
合计	285 650	1 053 864	144 749	36 240	125 624	1 646 127

上述方法计算比较准确，但是工作量比较大。因此，在实际工作中有的企业为了及时将预算成本和实际成本进行比较，采取根据同类型工程历史资料求得各成本项目占总成本的比例，以此分别乘以单位工程的预算总成本的方法，求得各成本项目的预算成本。例如根据某建筑公司某类工程成本项目比重分析计算该建筑公司 1 号工程本月已完施工预算成本，如表 4 - 8 所示。

表 4 - 8 已完施工预算成本表

成本项目	占总成本比重/%	金额/元
人工费用	17.34	285 431
材料费用	64.08	1 054 750
机械使用费	8.71	143 435
其他直接费用	2.15	35 434
制造费用	7.72	127 077
合计	100	1 646 127

按上述方法计算虽比较简单、迅速，但计算结果不够准确，可能影响预算成本与实际成本对比分析效果。

二、竣工成本决算

"竣工成本决算"是反映竣工单位工程的预算价值、预算成本和实际成本的文件，它是核算单位工程成本的重要方法，是考核工程预算执行情况、分析工程成本节约或超支原因的主要依据，同时也可为同类型工程成本的计划、分析对比提供参考资料。

4.6.4 扣款项目的管理与核算

工程结算扣款处理是加强成本管理，控制成本支出，理顺项目部与协力队伍成本关系的重要方式。在扣款项目的管理过程中，办公室、物资机械部门、安质部门、计划合约部门、财务部门等都应采取对口管理，根据合同分清各项费用的责任人，合理分摊费用。

（1）办公室。办公室负责与协力队伍（或外单位）相联系的日常生活用品、工作用品、生活住房等管理工作。具体而言，办公室负责办理日用品调拨、临时住房结算等工作；及时签认调拨单，负责与协力队伍（或外单位）相联系的日常生活用水用电管理、生产用水用电管理、机械使用管理等；办理用水用电结算单、机械使用结算单、临时住房结算单等，并及时交付财务部门。

（2）物资机械部门。物资机械部门负责与协力队伍（或外单位）相联系的材料管理工作。具体而言，物资机械部门负责办理材料调拨、临时材料租用结算等工作，及时将签认后的调拨单、机械使用情况、租用材料结算单等交付财务部门。

（3）安质部门。安质部门负责与协力队伍（或外单位）相联系的安全质量管理工作，并及时将罚款通知交付财务部门。

（4）计划合约部门。计划合约部门根据合同负责监控协力队伍（或外单位）与项目部发生成本关系的各项成本费用，及工程款的计价和结算。

（5）财务部门。财务部门负责各项扣款的会计核算及对各项费用扣款进行监督。

扣款项目的会计核算工作如下。

收到各项扣款结算单时，会计分录如下。

借：应付账款

　　贷：工程施工——待分配间接费用——办公费/其他

　　　　原材料/工程施工——材料费

　　　　机械作业

　　　　工程施工——待分配直接费用——试验测量费

凭证附件：各项调拨单、结算单。

第5章
采销及工程款收取环节的会计和税务实务

5.1 涉税概述

5.1.1 增值税概述

5.1.1.1 纳税义务人和征税范围

一、纳税义务人

增值税的纳税人，是指根据《增值税暂行条例》的规定，应当缴纳增值税的单位和个人，即在中华人民共和国境内（以下简称境内）销售货物或者加工、修理修配劳务，销售服务、无形资产、不动产以及进口货物的单位和个人。单位，是指企业、行政单位、事业单位、军事单位、社会团体及其他单位。个人，是指个体工商户和其他个人。

纳税人可以分为一般纳税人和小规模纳税人。

一般纳税人是指应税行为的年应征增值税销售额（以下简称应税销售额）超过财政部和国家税务总局规定标准（500万元，含本数）的纳税人，未超过规定标准的纳税人为小规模纳税人。年应税销售额未超过规定标准的纳税人，会计核算健全，能够提供准确税务资料的，可以向主管税务机关办理一般纳税人资格登记，成为一般纳税人。会计核算健全，是指能够按照国家统一的会计制度规定设置账簿，根据合法、有效凭证核算。

小规模纳税人是指年销售额在规定标准以下，并且会计核算不健全，不能按规定报送有关税务资料的增值税纳税人。

小规模纳税人的具体认定标准为年应征增值税销售额500万元及以下。

已登记为增值税一般纳税人的单位和个人，转登记日前连续12个月（以1个月为1个纳税期）或者连续4个季度（以1个季度为1个纳税期）累计销售额未超过 500 万元的一般纳税人，在 2020 年 12 月 31 日前，可选择转登记为小规模纳税人。

对税收遵从度低的一般纳税人，主管税务机关可以实行纳税辅导期管理，辅导期纳税人取得的增值税专用发票抵扣联、海关进口增值税专用缴款书以及运输费用结算单据应当在交叉稽核比对无误后，方可抵扣进项税额。主管税务机关对辅导期纳税人实行限量限额发售专用发票。

除国家税务总局另有规定外，一经登记为一般纳税人后，不得转为小规模纳税人。

二、征税范围

判断一项经济行为是否需要缴纳增值税，一般应看其是否满足如下四个条件：

（1）应税行为发生在中华人民共和国境内；

（2）应税行为属于《销售服务、无形资产、不动产注释》（财税〔2016〕36 号文件附件 1，以下简称《注释》）范围内的业务活动；

（3）应税服务是为他人提供的；

（4）应税行为是有偿的。

（一）应税行为发生在中华人民共和国境内

应税行为发生在中华人民共和国境内，该条件涉及征税权问题。只有属于境内应税行为的，我国政府才对其拥有征税权，否则不能征税。应税行为发生在中华人民共和国境内是指：

（1）服务（租赁不动产除外）或者无形资产（自然资源使用权除外）的销售方或者购买方在境内；

（2）所销售或者租赁的不动产在境内；

（3）所销售自然资源使用权的自然资源在境内；

（4）财政部和国家税务总局规定的其他情形。

下列情形不属于在境内销售服务或者无形资产：

（1）境外单位或者个人向境内单位或者个人销售完全在境外发生的服务；

（2）境外单位或者个人向境内单位或者个人销售完全在境外使用的无形资产；

（3）境外单位或者个人向境内单位或者个人出租完全在境外使用的有形动产；

（4）财政部和国家税务总局规定的其他情形。

关于满足该条件的判断原则，可以从以下五个方面把握。

1. 境内销售服务的判断原则

（1）境内的单位或个人销售的服务（不含租赁不动产）属于境内销售服务，即属人原则。也就是说，境内的单位或个人销售的服务（不含租赁不动产），无论服务购买方为境内单位或者个人还是境外单位或者个人，无论服务发生在境内还是境外，都属于在境内销售服务。

但是，下列跨境应税行为免征增值税。

①工程项目在境外的建筑服务。

工程总承包方和工程分包方为施工地点在境外的工程项目提供的建筑服务，均属于工程项目在境外的建筑服务。

根据《国家税务总局关于在境外提供建筑服务等有关问题的公告》（国家税务总局公告 2016 年第 69 号），境内的单位和个人为施工地点在境外的工程项目提供建筑服务，按照该管理办法第八条规定办理免税备案手续时，凡与发包方签订的建筑合同注明施工地点在境外的，可不再提供工程项目在境外的其他证明材料。

②工程项目在境外的工程监理服务。

③工程、矿产资源在境外的工程勘察勘探服务。

④会议展览地点在境外的会议展览服务。为客户参加在境外举办的会议、展览而提供的组织安排服务，属于会议展览地点在境外的会议展览服务。

⑤存储地点在境外的仓储服务。

⑥标的物在境外使用的有形动产租赁服务。

⑦在境外提供的广播影视节目（作品）的播映服务。

（2）境外单位或者个人向境内单位或者个人销售未完全在境外发生的服务（不含租赁不动产），属于在境内销售服务。

对于境外单位或者个人来说，其销售的服务（不含租赁不动产）在以下两种情况下属于在境内销售服务，应照章缴纳增值税。

情况一：境外单位或者个人向境内单位或者个人销售的完全在境内发生的服务，属于在境内销售服务。例如，境外某一工程公司到境内给境内某单位提供工程勘察勘探服务。

情况二：境外单位或者个人向境内单位或者个人销售的未完全在境外发生的服务，属于在境内销售服务。例如，境外某一咨询公司与境内某一公司签订咨询合同，就这家境内公司开拓国际市场进行市场调研并提出合理化管理建议，境外公司提供的咨询服务同时在境内和境外发生，属于在境内销售服务。

（3）境外单位或者个人销售服务（不含租赁不动产）属于下列情形的，不属于在境内销售服务，不缴纳增值税。

①境外单位或者个人向境外单位或者个人销售服务。例如，美国一家咨询公司为德国一家公司提供咨询服务。

②境外单位或者个人向境内单位或者个人销售完全在境外发生的服务。例如，境内个人出境旅游时的餐饮、住宿服务。

③境外单位或者个人向境内单位或者个人出租完全在境外使用的有形动产。例如，境外汽车租赁公司向赴境外旅游的中国居民出租小汽车供其在境外自驾游。

2．境内租赁不动产的判断原则

只要所租赁的不动产在境内，无论出租方是否为境内单位或者个人，无论承租方是否为境内单位或者个人，均属于在境内租赁不动产。例如，英国一家公司将其在我国境内拥有的一处办公楼出租给韩国一家公司。

3．境内销售无形资产的判断原则

（1）境内的单位或者个人销售的无形资产（不含自然资源使用权），属于在境内销售无形资产，即属人原则。也就是说，境内的单位或者个人销售的无形资产（不含自然资源使用权），无论购买方为境内单位或者个人，还是境外单位或者个人，无论无形资产是否在境内使用，都属于在境内销售无形资产。

（2）境外单位或者个人向境内单位或者个人销售的未完全在境外使用的无形资产（不含自然资源使用权），属于在境内销售无形资产。

对于境外单位或者个人来说，其销售的无形资产在以下两种情况下属于在境内销售无形资产，应照章缴纳增值税。

情况一：境外单位或者个人向境内单位或者个人销售完全在境内使用的无形资产，属于在境内销售无形资产。例如，境外 A 公司向境内 B 公司转让 A 公司在境内的连锁经营权。

情况二：境外单位或者个人向境内单位或者个人销售未完全在境外使用的无形资产，属于在境内销售无形资产。例如，境外 C 公司向境内 D 公司转让一项专利技术，该技术同时应用于 D 公司在境内和境外的生产线。

（3）境外单位或者个人销售的无形资产（不含自然资源使用权），属于下列情况的，不属于在境内销售无形资产，不缴纳增值税。

情况一：境外单位或者个人向境外单位或者个人销售完全在境外使用的无形资产（不含自然资源使用权）。例如，美国一家公司向德国一家公司转让其非专利技术。

情况二：境外单位或者个人向境内单位或者个人销售完全在境外使用的无形资产。例如，境外 E 公司向境内 F 公司转让其专用于 F 公司所属印度子公司在印度生产线上的专利技术。

4. 境内销售自然资源使用权的判断原则

只要所销售的自然资源使用权的自然资源在境内，无论销售方或购买方是否为境内单位或者个人，均属于在境内销售自然资源使用权。例如，法国一公司将其拥有的我国境内一处矿产的探矿权转让给一家境内公司。

5. 销售不动产的判断原则

只要所销售的不动产在境内，无论销售方或购买方是否为境内单位或者个人，均属于在境内销售不动产。例如，意大利一家公司将其在深圳拥有的一处办公楼销售给另一家意大利公司。

（二）应税行为属于《注释》范围内的业务活动

应税行为分为三大类，销售应税服务、销售无形资产和销售不动产。其中，应税服务包括交通运输服务、邮政服务、电信服务、建筑服务、金融服务、现代服务、生活服务。

由于本书主要讲述建筑业的涉税事项，因此，这里重点讲解建筑服务征税的具体范围。

建筑服务，是指各类建筑物、构筑物及其附属设施的建造、修缮、装饰，线路、管道、设备、设施等的安装以及其他工程作业的业务活动，包括工程服务、安装服务、修缮服务、装饰服务和其他建筑服务。

（1）工程服务。

工程服务，是指新建、改建各种建筑物、构筑物的工程作业，包括与建筑物相连的各种设备或者支柱、操作平台的安装或者装设工程作业，以及各种窑炉和金属结构工程作业。

（2）安装服务。

安装服务，是指生产设备、动力设备、起重设备、运输设备、传动设备、医疗实验设备以及其他各种设备、设施的装配、安置工程作业，包括与被安装设备相连的工作台、梯子、栏杆的装设工程作业，以及被安装设备的绝缘、防腐、保温、油漆等工程作业。固定电话、有线电视、宽带、水、电、燃气、暖气等经营者向用户收取的安装费、初装费、开户费、扩容费以及类似收费，按照安装服务缴纳增值税。

（3）修缮服务。

修缮服务，是指对建筑物、构筑物进行修补、加固、养护、改善，使之恢复原来的使用价值或者延长其使用期限的工程作业。

（4）装饰服务。

装饰服务，是指对建筑物、构筑物进行修饰装修，使之美观或者具有特定用途的工程作业。

（5）其他建筑服务。

其他建筑服务，是指上述工程作业之外的各种工程作业服务，如钻井（打井）、拆除建筑物或者构筑物、平整土地、园林绿化、疏浚（不包括航道疏浚）、建筑物平移、搭脚手架、爆破、矿山穿孔、表面附着物（包括岩层、土层、沙层等）剥离和清理等工程作业。

需要注意的是，不是与工程有关的所有行业都是建筑业，例如工程勘察勘探服务，即在采矿、工程施工前后，对地形、地质构造、地下资源蕴藏情况进行实地调查的业务活动，就不属于建筑业活动，而属于现代服务业下的研发和技术服务业活动。

建筑业也不完全是指传统的建筑行业，比如纳税人将建筑施工设备出租给他人使用并配备操作人员的，按照"建筑服务"缴纳增值税。

（三）应税服务是为他人提供的

"应税服务是为他人提供的"是指应税服务的服务对象必须是其他单位或者个人，不是自己，即自我服务不征税。

这里所说的自我服务，包括以下两种情形：

（1）单位或个体工商户聘用的员工为本单位或雇主提供取得工资的服务；

（2）单位或个体工商户为聘用的员工提供服务。

（四）应税行为是有偿的

有偿是指取得货币、货物或其他经济利益。

（五）例外情形

上述四个增值税征税条件是判定一项经济行为是否需要在营改增试点实施后缴纳增值税的基本标准，目前还有两种例外情形：第一种是满足上述四个增值税征税条件，但不需要缴纳增值税的情形；第二种是不同时满足上述四个增值税征税条件，但是需要缴纳增值税的情形。

1. 满足上述四个增值税征税条件，但不需要缴纳增值税的情形

（1）行政单位收取的同时满足规定条件的政府性基金或者行政事业性收费。

（2）存款利息。

（3）企业通过合并、分立、出售、置换等方式，转让全部或者部分实物资产以及与其相关联的债权、债务和劳动力的。

2. 不同时满足上述四个增值税征税条件，但需要缴纳增值税的情形

下列情形视同销售服务、无形资产或者不动产：

（1）单位或者个体工商户向其他单位或者个人无偿提供服务，但用于公益事业或者以社会公众为对象的除外；

（2）单位或者个人向其他单位或者个人无偿转让无形资产或者不动产，但用于公益事业或者以社会公众为对象的除外；

（3）财政部和国家税务总局规定的其他情形。

向其他单位或者个人无偿提供服务、转让无形资产或者不动产，除用于公益事业或者以社会公众为对象外，应视同发生应税行为，照章缴纳增值税。

单位以承包、承租、挂靠方式经营的，承包人、承租人、挂靠人（统称承包人）以发包人、出租人、被挂靠人（统称发包人）名义对外经营并由发包人承担相关法律责任的，以该发包人为纳税人。否则，以承包人为纳税人。

相对于承包、承租方式而言，建筑施工企业可能更多遇到的是挂靠经营方式。挂靠经营是指企业、合伙组织与另一经营主体达成依附协议，挂靠方通常以被挂靠方的名义对外从事经营活动，被挂靠方提供资质、技术、管理等方面的服务并定期向挂靠方收取一定管理费用的经营方式。挂靠经营的主要特点有以下几个。

（1）它是一种借用行为。挂靠经营是挂靠方以被挂靠方的名义进行经营，所以挂靠方与被挂靠方实质是一种借用关系，这种借用关系的内容表现为资质、技术、管理经验等无形财产方面的借用，而不是有形财产方面的借用。

（2）它是一种独立核算行为。挂靠经营是一种自主经营的行为，而自主经营的最大特点在于独立核算。

（3）它是一种临时性行为。挂靠经营是一种借用行为，而这种借用的性质决定了挂靠经营的暂时性。

采用承包、承租、挂靠经营方式时，区分以下两种情况界定纳税人，同时满足以下两个条件的，以发包人为纳税人：

（1）以发包人名义对外经营；

（2）由发包人承担相应法律责任。

不同时满足以上条件的，以承包人为纳税人。

5.1.1.2　应纳税额的计算

一、税率、征收率和预征率

（一）税率

增值税税率适用于一般纳税人按照一般计税方法计税的情况。即，一般纳税人销售服务、无形资产或者不动产，除按规定可以选择简易计税方法外，应按照一般计税方法和适用税率计算增值税销项税额。为了平衡企业税负、经济增长和税制改革之间的关系，根据应税行为增值税一共分为13%、9%、6%三档税率，以及5%、3%两档征收率。其中，建筑服务增值税应税行为适用税率为9%。

境内单位和个人发生的跨境应税行为，税率为零。

（二）征收率和预征率

增值税征收率适用两种情况：（1）小规模纳税人；（2）一般纳税人发生应税销售行为按规定可以选择简易计税方法计税的。

目前征收率有两档：3%和5%。全面营改增后的特殊项目适用5%征收率。除全面营改增适用5%征收率以外的纳税人选择或暂时适用简易计税办法销售货物、提供应税劳务、发生应税行为，征收率均为3%。

1. 适用5%征收率的具体情形有：

（1）小规模纳税人销售自建或者取得的不动产；

（2）一般纳税人选择简易计税方法计税的不动产销售；

（3）房地产开发企业中的小规模纳税人，销售自行开发的房地产项目；

（4）其他个人销售其取得（不含自建）的不动产（不含其购买的住房）；

（5）一般纳税人选择简易计税方法计税的不动产经营租赁；

（6）小规模纳税人出租（经营租赁）其取得的不动产（不含个人出租住房）；

（7）其他个人出租（经营租赁）其取得的不动产（不含住房）；

（8）个人出租住房，应按照5%的征收率减按1.5%计算应纳税额；

（9）一般纳税人和小规模纳税人提供劳务派遣服务选择差额纳税的；

（10）一般纳税人2016年4月30日前签订的不动产融资租赁合同，或以2016年4月30日前取得的不动产提供的融资租赁服务，选择适用简易计税方法的；

（11）一般纳税人收取试点前开工的一级公路、二级公路、桥、闸通行费，选择适用简易计税方法的；

（12）一般纳税人提供人力资源外包服务，选择适用简易计税方法的；

（13）纳税人转让2016年4月30日前取得的土地使用权，选择适用简易计税方法的；

（14）房地产开发企业中的一般纳税人购入未完工的房地产老项目（2016年4月30日之前的建筑工程项目）继续开发后，以自己名义立项销售的不动产，属于房地产老项目，可以选择适用简易计税方法按照5%的征收率计算缴纳增值税。

2. 除上述适用5%征收率以外的纳税人选择简易计税方法发生的应税销售行为均适用3%的征收率。

目前，我国的预征率有三档，分别为2%、3%、5%。表5-1总结了各增值税应税行为适用的征收率和预征率。

表5-1 　　　　　　各增值税应税行为适用的征收率和预征率

类型	应税行为纳税规定	征收率	预征率
建筑服务	一般纳税人跨县（市）提供建筑服务，适用一般计税方法计税的，应以取得的全部价款和价外费用为销售额计算应纳税额。纳税人应以取得的全部价款和价外费用扣除支付的分包款后的余额，按照2%的预征率在建筑服务发生地预缴税款后，向机构所在地主管税务机关进行纳税申报		2%
	一般纳税人跨县（市）提供建筑服务，选择适用简易计税方法的，应以取得的全部价款和价外费用扣除支付的分包款后的余额为销售额，按照3%的征收率计算应纳税额。纳税人按照上述计税方法在建筑服务发生地预缴税款后，向机构所在地主管税务机关进行纳税申报	3%	
	试点纳税人中的小规模纳税人（以下称小规模纳税人）跨县（市）提供建筑服务，应以取得的全部价款和价外费用扣除支付的分包款后的余额为销售额，按照3%的征收率计算应纳税额。纳税人应按照上述计税方法在建筑服务发生地预缴税款后，向机构所在地主管税务机关进行纳税申报	3%	
	一般纳税人提供清包工、甲供工程建筑服务，可以选择适用简易计税方式计税	3%	

类型	应税行为纳税规定	征收率	预征率
销售 不动产	一般纳税人销售其 2016 年 4 月 30 日前取得的（不含自建）的不动产，可以选择适用简易计税方法，以其取得的全部价款和价外费用减去该项不动产购置原价或者取得不动产时的作价后的余额为销售额，按照 5% 的征收率计算应纳税额	5%	
	一般纳税人销售其 2016 年 4 月 30 日前自建的不动产，可以选择适用简易计税方法，以取得的全部价款和价外费用减去该项不动产购置原价或者取得不动产时的作价后的余额为销售额，按照 5% 的征收率计算应纳税额	5%	
	一般纳税人销售其 2016 年 4 月 30 日前自建的不动产，可以选择适用简易计税方法，以取得的全部价款和价外费用为销售额，按照 5% 的征收率计算应纳税额	5%	
	小规模纳税人销售其取得（不含自建）的不动产（不含个体工商户销售购买的住房和其他个人销售不动产），应以取得的全部价款和价外费用减去该项不动产购置原价或者取得不动产时的作价后的余额为销售额，按照 5% 的征收率计算应纳税额	5%	
	小规模纳税人销售其自建的不动产，应以取得的全部价款和价外费用为销售额，按照 5% 的征收率计算应纳税额	5%	
	房地产开发企业中的一般纳税人，销售自行开发的房地产老项目，可以选择适用简易计税方法按照 5% 的征收率计税	5%	
	房地产开发企业中的小规模纳税人，销售自行开发的房地产老项目，按照 5% 的征收率计税	5%	
	其他个人销售其取得（不含自建）的不动产（不含其购买的住房），应以取得的全部价款和价外费用减去该不动产购置原价或者取得不动产时的作价后的余额为销售额，按照 5% 的征收率计算应纳税额	5%	
	一般纳税人销售其 2016 年 5 月 1 日后取得（不含自建）的不动产，应适用一般计税方法，以取得的全部价款和价外费用为销售额计算应纳税额。纳税人应以取得的全部价款和价外费用减去该项不动产购置原价或者取得不动产时的作价后的余额，按照 5% 的预征率在不动产所在地预缴税款后，向机构所在地主管税务机关进行纳税申报		5%

类型	应税行为纳税规定	征收率	预征率
销售不动产	一般纳税人销售其 2016 年 5 月 1 日后自建的不动产，应适用一般计税方法，以取得的全部价款和价外费用为销售额计算应纳税额。纳税人应以取得的全部价款和价外费用，按照 5% 的预征率在不动产所在地预缴税款后，向机构所在地主管税务机关进行纳税申报		5%
	一般纳税人销售其 2016 年 4 月 30 日前取得的不动产（不含自建），适用一般计税方法计税的，以取得的全部价款和价外费用为销售额计算应纳税额。上述纳税人应以取得的全部价款和价外费用减去该项不动产购置原价或者取得不动产时的作价后的余额，按照 5% 的预征率在不动产所在地预缴税款后，向机构所在地主管税务机关进行纳税申报		5%
	房地产开发企业中的一般纳税人销售房地产老项目，适用一般计税方法计税的，应以取得的全部价款和价外费用，按照 3% 的预征率在不动产所在地预缴税款后，向机构所在地主管税务机关进行纳税申报		3%
	房地产开发企业采取预收款方式销售所开发的房地产项目，在收到预收款时按照 3% 的预征率预缴增值税		3%
不动产经营租赁	一般纳税人出租其 2016 年 4 月 30 日前取得的不动产，可以选择适用简易计税方法，按照 5% 的征收率计算应纳税额	5%	
	小规模纳税人出租其取得的不动产（不含个人出租住房），应按照 5% 的征收率计算应纳税额	5%	
	其他个人出租其取得的不动产（不含住房），应按照 5% 的征收率计算应纳税额	5%	
	个人出租住房，应按照 5% 的征收率减按 1.5% 计算应纳税额	5%（减按 1.5%）	
	公路经营企业中的一般纳税人收取试点前开工的高速公路的车辆通行费，可以选择适用简易计税方法，减按 3% 的征收率计算应纳税额	3%	
	公路经营企业中的一般纳税人收取试点前开工的一级公路、二级公路、桥、闸通行费，可以选择适用简易计税方法，按照 5% 的征收率计算缴纳增值税	5%	

续表

类型	应税行为纳税规定	征收率	预征率
不动产经营租赁	一般纳税人出租其 2016 年 5 月 1 日后取得的、与机构所在地不在同一县（市）的不动产，应按照 3% 的预征率在不动产所在地预缴税款后，向机构所在地主管税务机关进行纳税申报		3%
	一般纳税人出租其 2016 年 4 月 30 日前取得的不动产，适用一般计税方法计税的，应以取得的全部价款和价外费用，按照 3% 的预征率在不动产所在地预缴税款后，向机构所在地主管税务机关进行纳税申报		3%
不动产融资租赁	一般纳税人 2016 年 4 月 30 日前签订的不动产融资租赁合同，或以 2016 年 4 月 30 日前取得的不动产提供的融资租赁服务，可以选择适用简易计税方法，按照 5% 的征收率计算缴纳增值税	5%	
转让土地使用权	纳税人转让 2016 年 4 月 30 日前取得的土地使用权，可以选择适用简易计税方法，以取得的全部价款和价外费用减去取得该土地使用权的原价后的余额为销售额，按照 5% 的征收率计算缴纳增值税	5%	
经纪代理	一般纳税人提供人力资源外包服务，可以选择适用简易计税方法，按照 5% 的征收率计算缴纳增值税	5%	
劳务派遣	一般纳税人提供劳务派遣服务，以取得的全部价款和价外费用为销售额，按照一般计税方法计算缴纳增值税。也可选择差额纳税，以取得全部价款和价外费用，扣除代用工单位支付给劳务派遣员工的工资、福利和为其办理社会保险及住房公积金后的余额为销售额，按照简易计税方法依 5% 的征收率计算缴纳增值税	5%	
	小规模纳税人提供劳务派遣服务，以取得的全部价款和价外费用为销售额，按照简易计税方法依 3% 的征收率计算缴纳增值税。也可以选择差额纳税，以取得的全部价款和价外费用，扣除代用工单位支付给劳务派遣员工的工资、福利和为其办理社会保险及住房公积金后的余额为销售额，按照简易计税方法依 5% 的征收率计算缴纳增值税	3% 或 5%	
销售旧货	一般纳税人销售自己使用的、纳入营改增试点之日前取得的固定资产，按照现行旧货有关增值税政策执行	3%（减按 2%）	

续表

类型	应税行为纳税规定	征收率	预征率
其他应税行为	一般纳税人发生下列应税行为可以选择适用简易计税方法计税。（1）公共交通运输服务，包括轮客渡、公交客运、地铁、城市轻轨、出租车、长途客运、班车。（2）经认定的动漫企业为开发动漫产品提供的相关服务，以及在境内转让动漫版权。（3）电影放映服务、仓储服务、装卸搬运服务、收派服务和文化体育服务。（4）以纳入营改增试点之日前取得的有形动产为标的物提供的经营租赁服务。（5）在纳入营改增试点之日前签订的尚未执行完毕的有形动产租赁合同	3%	
小规模纳税人	小规模纳税人发生的应税行为，除另有规定外，适用征收率3%	3%	

二、计税依据

（1）一般纳税人以清包工方式提供的建筑服务，可以选择适用简易计税方法计税。

以清包工方式提供建筑服务，是指施工方不采购建筑工程所需的材料或只采购辅助材料，并收取人工费、管理费或者其他费用的建筑服务。

（2）一般纳税人为甲供工程提供的建筑服务，可以选择适用简易计税方法计税。

甲供工程，是指全部或部分设备、材料、动力由工程发包方自行采购的建筑工程。

（3）一般纳税人为建筑工程老项目提供的建筑服务，可以选择适用简易计税方法计税。

建筑工程老项目，是指：建筑工程施工许可证注明的合同开工日期在2016年4月30日前的建筑工程项目；未取得建筑工程施工许可证的，建筑工程承包合同注明的开工日期在2016年4月30日前的建筑工程项目。

（4）一般纳税人跨县（市）提供建筑服务，适用一般计税方法计税的，应以取得的全部价款和价外费用为销售额计算应纳税额。纳税人应以取得的全部价款和价外费用扣除支付的分包款后的余额，按照2%的预征率在建筑服务发生地预缴税款后，向机构所在地主管税务机关进行纳税申报。

（5）一般纳税人跨县（市）提供建筑服务，选择适用简易计税方法的，应以取得的全部价款和价外费用扣除支付的分包款后的余额为销售额，按照3%的征收率计算应纳税额。纳税人应按照上述计税方法在建筑服务发生地预缴税款后，向机构所在地主管税务机关进行纳税申报。

（6）试点纳税人中的小规模纳税人（以下称小规模纳税人）跨县（市）提供建筑服务，应以取得的全部价款和价外费用扣除支付的分包款后的余额为销售额，按照3%的征收率计算应纳税额。纳税人应按照上述计税方法在建筑服务发生地预缴税款后，向机构所在地主管税务机关进行纳税申报。

三、计算应纳税额

（一）一般性规定

增值税的计税方法，包括一般计税方法和简易计税方法。

一般计税方法是按照销项税额减去进项税额的差额计算应纳税额。一般纳税人发生应税行为适用一般计税方法计税。简易计税方法是按照销售额与征收率的乘积计算应纳税额。小规模纳税人发生应税行为适用简易计税方法计税。一般纳税人发生财政部和国家税务总局规定的特定应税行为，可以选择适用简易计税方法计税，但一经选择，36个月内不得变更。

一般纳税人提供建筑服务，只有以下三种情形才可以选择适用简易计税方法。

（1）一般纳税人以清包工方式提供的建筑服务，可以选择适用简易计税方法计税。

以清包工方式提供建筑服务，是指施工方不采购建筑工程所需的材料或只采购辅助材料，并收取人工费、管理费或者其他费用的建筑服务。

（2）一般纳税人为甲供工程提供的建筑服务，可以选择适用简易计税方法计税。甲供工程，是指全部或部分设备、材料、动力由工程发包方自行采购的建筑工程。

由此可见，只要发包方购买了部分材料，即可认定为甲供工程，而清包工则是全部或主要材料由发包方购买。甲供工程未必属于清包工，但清包工一定属于甲供工程。

（3）一般纳税人为建筑工程老项目提供的建筑服务，可以选择适用简易计税方法计税。

建筑工程老项目是指建筑工程施工许可证注明的合同开工日期在2016年4月30日前的建筑工程项目，或未取得建筑工程施工许可证，建筑工程承包合同注明的开工日期在2016年4月30日前的建筑工程项目。

境外单位或者个人在境内发生应税行为，在境内未设有经营机构的，扣缴义务人按照下列公式计算应扣缴税额。

应扣缴税额 = 购买方支付的价款 ÷（1 + 税率）× 税率

这里需要注意的是，在按照上述公式计算应扣缴税额时，无论购买方支付的价款是否超过 500 万元的一般纳税人标准，也无论扣缴义务人是一般纳税人还是小规模纳税人，一律按照境外单位或者个人发生应税行为的适用税率计算。

【例 5-1】某境外公司为我国境内某公司提供咨询服务，合同价款为 106 万元，且该境外公司没有在我国境内设立经营机构，应以服务购买方为增值税扣缴义务人。

【解析】

购买方应扣缴增值税计算如下。

应扣缴增值税 = 106 ÷（1 + 6%）× 6% = 6（万元）

根据国家税务总局公告 2017 年第 11 号文件的规定，建筑施工企业与发包方签订建筑合同后，以内部授权或者三方协议等方式，授权集团内其他纳税人（以下称第三方）为发包方提供建筑服务，并由第三方直接与发包方结算工程款的，由第三方缴纳增值税并向发包方开具增值税发票，与发包方签订建筑合同的建筑施工企业不缴纳增值税。发包方可凭实际提供建筑服务的纳税人开具的增值税专用发票抵扣进项税额。此规定解决了在业务流、资金流、发票流"三流"不完全一致的情况下，如何计算缴纳增值税并开具发票的问题。

【例 5-2】授权集团其他成员提供建筑服务增值税发票的开具与抵扣

中旗建筑集团公司下辖第一、第二、第三工程有限公司，均是集团下属全资子公司。2017 年 5 月 2 日，中旗建筑集团公司中标京州市地铁 3 号线工程，并与京州市地铁公司签订了建筑合同。随后，中旗建筑集团公司以内部授权的方式将工程交由旗下第一工程有限公司施工，由第一工程有限公司直接与京州市地铁公司结算工程款并向京州市地铁公司开具增值税发票。

【解析】

本案例，中旗建筑集团公司不再为此缴纳增值税，京州市地铁公司凭中旗建筑集团公司第一工程有限公司开具的增值税专用发票抵扣进项税额。

（二）一般计税方法

一般计税方法下，应纳税额计算公式如下。

应纳税额 = 销项税额 - 实际抵扣税额

应抵扣税额合计 = 进项税额 + 上期留抵税额 - 进项税额转出 + 按适用税率计算的纳税检查应补缴税额

若应抵扣税额合计 < 销项税额，则实际抵扣税额 = 应抵扣税额；

若应抵扣税额合计 > 销项税额，则实际抵扣税额 = 销项税额，未抵扣完的差额部分作为期末留抵税额。

1. 销项税额

一般纳税人提供建筑服务，适用一般计税方法计税的，应以取得的全部价款和价外费用为销售额计算销项税额。计算公式如下。

$$销项税额 = 销售额 \times 税率$$

一般计税方法的销售额不包括销项税额，纳税人采取销售额和销项税额合并定价方法的，按照下列公式计算销售额。

$$销售额 = 含税销售额 \div (1 + 税率)$$

按照现行《增值税纳税申报表》，销项税额由开具增值税专用发票、开具其他发票、未开具发票、纳税检查调整四项价税合计减去扣除项目本期实际扣除金额作为含税销售额，然后再根据适用税率计算求得。

开具增值税专用发票价税合计，是指纳税人按照税法规定给客户开了增值税专用发票，上面注明的价税合计金额。注意，此时无论是否收到工程款，都发生了纳税义务。

开具其他发票价税合计，是指纳税人未开具增值税专用发票，但开了其他发票，发票上注明价税合计金额。

未开具发票价税合计，是指已经发生纳税义务，但由于各种原因，未开具发票的价税合计金额。增值税纳税义务、扣缴义务发生时间为纳税人发生应税行为并收讫销售款项或者取得索取销售款项凭据的当天；先开具发票的，为开具发票的当天。收讫销售款项，是指纳税人销售服务、无形资产、不动产过程中或者完成后收到款项。取得索取销售款项凭据的当天，是指书面合同确定的付款日期；未签订书面合同或者书面合同未确定付款日期的，为服务、无形资产转让完成的当天或者不动产权属变更的当天。

纳税检查调整，是指经税务、财政、审计部门检查并在本期调整的销售情况。

扣除项目本期实际扣除金额，是指根据相关规定，从全部价款和价外费用中扣除的价款。

我们可以将纳税义务发生时间概括为以下两个时间中较早的一个：开票的时间，取得索取销售款项凭据的时间。

有一个特别规定需要关注，即保证金的问题。纳税人提供建筑服务，被工程发包方从应支付的工程款中扣押的质押金、保证金，未开具发票的，以纳税人实际收到质押金、保证金的当天为纳税义务发生时间。这里强调的是"未开具发票"，如果纳税人给客户开具的发票价税合计金额里包含了质押金或保证金的价税合计金额，则不能适用该条规定。

从上述的分析中可以看出，销项税额的计算有三个要点需要把握。

第一，只要发生了纳税义务，不管是否向客户开具增值税专用发票，都要计算销项税额。所以，销项税额的计算不仅包括已经开具增值税专用发票的价税合计，还包括开具其他发票的价税合计、未开具发票的价税合计等。掌握此条的关键点是确定纳税义务发生时间，即遵循收取款项、开具发票、取得索取销售款项的凭据三者孰早的原则。

第二，采取一般计税方法的建筑施工企业，按照财税〔2016〕36 号文件的规定，只可以在预缴税款时扣除分包款，实际计算缴纳税款时不能直接计算扣除分包款，而是根据分包方开出的增值税专用发票认证，计入"进项税额"，实现税额抵扣，而不是销项税额的抵减。

第三，明确甲供材不作为建筑施工企业的税基。在建筑工程中，出于质量控制的考虑，甲方一般会自行采购主要建筑材料，即甲供材。甲供材主要有两种模式：一是甲供材作为工程款的一部分，甲方采购后交给建筑施工企业使用，并抵减部分工程款（比如，工程款 1 000 万元，甲方实际支付 600 万元，剩余 400 万元用甲供材抵顶工程款）；二是甲供材与工程款无关，甲方采购后交给建筑施工企业使用，并另行支付工程款（比如，工程款 600 万元，甲供材 400 万元）。从增值税的角度看，其实甲供材并没有特殊性。对于第一种模式，甲方用甲供材抵顶工程款，属于有偿转让货物的所有权，应缴纳增值税；甲方征税后，建筑施工企业可以获得进项税额正常抵扣。第二种模式下，甲供材与建筑施工企业无关，建筑施工企业仅需就实际取得的工程款 600 万元计提销项税额。焦点主要在于第二种模式下，建筑施工企业并未取得甲供材的相应收入，如果按照工程款和甲供材的合计金额计提销项税额，则与现行的增值税税制不相符。

2. 进项税额

进项税额是指纳税人购进货物、加工修理修配劳务、服务、无形资产或者不动产，支付或者负担的增值税税额。

（1）可以抵扣进项税额的种类。

可以抵扣进项税额的种类包括购进根据《增值税暂行条例》规定应缴纳增值税的货物及加工、修理修配劳务，以及根据财税〔2016〕36 号文件规定应缴纳增值税的服务、无形资产或者不动产。

进项税额取决于购进的货物、加工和修理修配劳务、服务和无形资产等适用的增值税税率（或征收率），以及销售方是一般纳税人还是小规模纳税人。如果销售方是一般纳税人，还要看是采用一般计税方法还是简易计税方法。

一般纳税人购进上述货物、加工修理修配劳务、服务、无形资产，支付或负担的增值税可以在当期抵扣。

（2）一般纳税人购进不动产实行分期抵扣政策改革。

《财政部　税务总局　海关总署关于深化增值税改革有关政策的公告》（财政部　税务总局　海关总署公告 2019 年第 39 号，以下简称 39 号公告）颁布，规定自 2019 年 4 月 1 日起，《营业税改征增值税试点有关事项的规定》（财税〔2016〕36 号）第一条第（四）项第 1 点、第二条第（一）项第 1 点停止执行，纳税人取得不动产或者不动产在建工程的进项税额不再分 2 年抵扣。此前按照上述规定尚未抵扣完毕的待抵扣进项税额，可自 2019 年 4 月税款所属期起从销项税额中抵扣。

39 号公告的发布，是不动产抵扣政策的一个重大改革，它将不动产抵扣增值税进项税额从分期抵扣，调整为一次性抵扣，促进企业增加流动资金和增收创收，不仅能切实减轻企业负担，助推企业加快转型升级，还能给企业带去实实在在的获得感。同时，该政策对完善增值税制度、形成长期制度性减税也具有重要意义。

【例 5-3】不动产改造装修费用的会计核算和税务处理

2019 年 6 月，宁圣建筑公司为扩大生产规模，提升企业形象，决定对办公楼重新进行装修改造。该办公楼原值为 1 000 万元，共发生改造装修费用 620 万元。具体改造项目如下。

（1）购置电梯一部，价值 300 万元。增值税进项税额 39 万元，可一次性抵扣。账务处理如下。

借：在建工程 3 000 000
　　应交税费——应交增值税（进项税额） 390 000
　　贷：应付账款 3 390 000

（2）聘请哲格设计公司（小规模纳税人）为本次装修制定设计方案，设计费价税合计 20.6 万元，并取得了增值税专用发票。账务处理如下。

20.6÷(1+3%)×3% =0.6（万元）

借：在建工程 200 000
　　应交税费——应交增值税（进项税额） 6 000
　　贷：应付账款 206 000

（3）聘请悦达装修公司（一般纳税人）采取清包工的方式，对办公楼进行装修，共发生装修费价税合计 103 万元，取得了增值税专用发票。悦达装修公司采用简易计税方法计税。

悦达装修公司由于采用简易计税方法计税，所以其增值税账务处理如下。

$103 \div (1 + 3\%) \times 3\% = 3$（万元）

借：在建工程   1 000 000

  应交税费——应交增值税（进项税额）   30 000

   贷：应付账款   1 030 000

（3）一般计税方法下分包款作为进项税额抵扣。

在一般计税方法下，分包款作为进项税额抵扣；在简易计税方法下，分包款作为销项税额的抵减。无论采用何种方法，都需要取得分包发票。

关于分包方如何取得发票，需要把握以下几点。

第一，从什么地方取得发票，是建筑服务发生地还是分包方机构所在地？

分包方可以分为一般纳税人和小规模纳税人，无论是一般纳税人还是小规模纳税人，如果是在本县（市、区）内提供建筑服务，都应当自行开具或向机构所在地税务机关申请代开增值税发票。如果是跨县（市、区）提供建筑服务，则要区分以下情况。

①如果分包方是一般纳税人，应由分包方向机构所在地税务机关领取发票，自行开具。纳税信用为 A 级的纳税人可一次领取不超过 3 个月的增值税发票用量，纳税信用为 B 级的纳税人可一次领取不超过 2 个月的增值税发票用量。以上两类纳税人生产经营情况发生变化，需要调整增值税发票用量，手续齐全的，按照规定即时办理。

②如果分包方是小规模纳税人，能够自行开具增值税发票的，自行开具；不能自行开具增值税发票的，可向建筑服务发生地主管税务机关按照其取得的全部价款和价外费用申请代开增值税发票。自 2017 年 6 月 1 日起，将建筑业纳入增值税小规模纳税人自行开具增值税专用发票试点范围。月销售额超过 3 万元（或季销售额超过 9 万元）的建筑业增值税小规模纳税人提供建筑服务、销售货物或发生其他增值税应税行为，需要开具增值税专用发票的，通过增值税发票管理新系统自行开具。自开发票试点纳税人销售其取得的不动产，需要开具增值税专用发票的，仍须向税务机关申请代开。

第二，是否一定要取得增值税专用发票？

需要注意的是，只有作为一般计税方法下的进项税额的分包款才需要取得增值税专用发票，而作为销项税额的抵减的分包款无须取得增值税专用发票。所以，是否一定要取得增值税专用发票取决于发包方的计税方法；如果发包方采取一般计税方法，则必须取得增值税专用发票，否则，不一定要取得增值税专用发票。

第三，发票备注栏是否必须标注建筑服务发生地县（市、区）名称及项目名称？

必须标注。提供建筑服务，纳税人自行开具或者税务机关代开增值税发票时，都应在发票的备注栏注明建筑服务发生地县（市、区）名称及项目名称。税务机关为跨县（市、区）提供建筑服务的小规模纳税人（不包括其他个人）代开增值税发票时，在发票备注栏中自动打印"YD"字样。

可以预见的是，在建筑业营改增的过程中，分包款将是对建筑业实际税负影响最大的因素之一。因为，营改增前，建筑业的营业税税负实际上是固定的（3%），因此，占建筑业工程成本很大份额的分包成本在实务中往往是没有发票支撑的。营改增后，本企业支付的分包款需要凭增值税发票进行扣除，增值税严密的抵扣链条机制以及增值税专用发票严格规范的管理，使得承、发包双方互相监督、互相约束，提高了税款征收效率。对此，个别企业会感到非常不适应，怀疑税负有所增加。这种所谓的增加，实际上只是让税款回归原位，不是真正的税负增加。实际中，分包方可能受以下因素影响而不能顺利地开票抵扣。

第一，由于分包方往往是个体包工队，所挂靠的公司往往只是为了投标所用，中标以后就"分道扬镳"，没有开票的适合主体。

第二，建筑业的营业额往往比较高，动辄达到一般纳税人资格，但是，分包方往往没有办理一般纳税人资格登记。

第三，分包方没有正规会计核算的意识，而一般纳税人会计核算不健全，或者不能够提供准确税务资料的，应当按照销售额和增值税税率计算应纳税额，不得抵扣进项税额，也不得使用增值税专用发票。如果不能取得增值税专用发票，将大大加重分包方的纳税负担。

（4）不得抵扣进项税额的服务。

①贷款服务。贷款服务是金融服务的一种，纳税人接受贷款服务向贷款方支付的与该笔贷款直接相关的投融资顾问费、手续费、咨询费等费用，其进项税额不得从销项税额中抵扣。

贷款服务进项税额不得抵扣（即利息支出进项税额不得抵扣）的主要考虑是：如果允许抵扣借款利息，从根本上打通融资行为的增值税抵扣链条，按照增值税"道道征，道道扣"的原则，首先就应当对存款利息征税。但这在现有条件下，难度很大。一方面涉及对居民存款利息征税，无法解决专用发票的开具问题；另一方面，也与当下存款利率实际为负的现状不符。

②旅客运输服务、餐饮服务、居民日常服务、娱乐服务。其中：居民日常服务，是指主要为满足居民个人及其家庭日常生活需求提供的服务，包括市容市政管理、家政、婚庆、养老、殡葬、照料和护理、救助救济、美容美发、按摩、桑拿、氧吧、足疗、沐浴、洗染、摄影扩印等服务；娱乐服务，是指为娱乐活动同时提供场所和服务的业务，具体包括歌厅、舞厅、夜总会、酒吧、台球、高尔夫球、保龄球、游艺（包括射击、狩猎、跑马、游戏机、蹦极、卡丁车、热气球、动力伞、射箭、飞镖）。

通常意义上说，旅客运输服务、餐饮服务、居民日常服务和娱乐服务的主要接受对象是个人。对于一般纳税人购买的旅客运输服务、餐饮服务、居民日常服务和娱乐服务，难以准确地界定接受服务的对象是企业还是个人，因此，一般纳税人购进的旅客运输服务、餐饮服务、居民日常服务和娱乐服务的进项税额不得从销项税额中抵扣。

③用于简易计税方法计税项目、免征增值税项目的购进货物、加工修理修配劳务、服务、无形资产和不动产。增值税遵循征扣税一致的原则，征多少扣多少，未征税或免税则不扣税。

④用于集体福利或者个人消费的购进货物、加工修理修配劳务、服务、无形资产和不动产。纳税人的交际应酬消费属于个人消费。

购进的集体福利或者个人消费的货物及其他应税行为，并非用于企业生产经营，也就无权要求抵扣税款，而应负担相应的税金。交际应酬消费属于一种生活性消费活动，而增值税是对消费行为征税的，消费者即负税者，因此，交际应酬消费需要抵扣对应的进项税额。同时，交际应酬消费和个人消费难以准确划分，征管中不易掌握界限，如果对交际应酬消费和个人消费分别适用不同的税收政策，容易诱发偷避税行为。因此，为公平税负，简化操作，对交际应酬消费所用的货物、加工修理修配劳务、服务、无形资产和不动产不得抵扣进项税额。

上述③④涉及的固定资产、无形资产、不动产仅指专用于简易计税方法计税项目、免征增值税项目、集体福利或者个人消费的情况，对属于兼用于允许抵扣项目和上述不允许抵扣项目的，其进项税额准予全部抵扣。之所以这样规定，主要是因为固定资产、无形资产、不动产项目发生上述兼用情况的较多，且比例难以准确划分，因此采取了有利于纳税人的特殊处理原则。

另外，由于其他权益性无形资产涵盖面非常广，往往涉及纳税人生产经营的各个方面，没有具体使用对象，因此将其从不专用于范围中剔除，即纳税人购进其他权益性无形资产用于简易计税方法计税项目、免征增值税项目、集体福利或者个人消费，其进项税额不得从销项税额中抵扣。

（5）虽然取得合法的扣税凭证，但非正常损失的购进货物，以及相关的加工修理修配劳务和交通运输服务；非正常损失的在产品、产成品所耗用的购进货物（不包括固定资产）、加工修理修配劳务和交通运输服务；非正常损失的不动产，以及该不动产所耗用的购进货物、设计服务和建筑服务等所涉及的进项税额是不能抵扣的。非正常损失，是指因管理不善造成货物被盗、丢失、霉烂变质，以及因违反法律法规造成货物或者不动产被依法没收、销毁、拆除的情形。这些非正常损失是由纳税人自身原因导致征税对象实体的灭失，为保证税负公平，其损失不应由国家承担，因而纳税人无权要求抵扣进项税额。

已抵扣进项税额的不动产，发生非正常损失，或者改变用途，专用于简易计税方法计税项目、免征增值税项目、集体福利或者个人消费的，按照下列公式计算不得抵扣的进项税额。

不得抵扣的进项税额 = ［已抵扣进项税额 + 待抵扣进项税额（如有）］× 不动产净值率

$$不动产净值率 = 不动产净值 ÷ 不动产原值 × 100\%$$

不得抵扣的进项税额小于或等于该不动产已抵扣进项税额的，应于该不动产改变用途的当期，将不得抵扣的进项税额从进项税额中扣减。

不得抵扣的进项税额大于该不动产已抵扣进项税额的，应于该不动产改变用途的当期，将已抵扣进项税额从进项税额中扣减，并从该不动产待抵扣进项税额中扣减不得抵扣进项税额与已抵扣进项税额的差额。

【例 5-4】已经抵扣进项税额的不动产改用于集体福利的增值税会计处理

2021 年 7 月，某公司购入一层 SOHO 办公用房，价值 5 000 万元（不含税），其取得的增值税专用发票上注明的增值税税额为 550 万元。2021 年 3 月，该办公用房转为职工宿舍，当月，该办公用房不动产净值为 4 000 万元。

【解析】

该不动产进项税额抵扣的处理如下。

借：固定资产　　　　　　　　　　　　　　　　　50 000 000

　　应交税费——应交增值税（进项税额）

　　　　　　　　　　　　（50 000 000×9%）4 500 000

贷：银行存款　　　　　(50 000 000 + 4 500 000) 54 500 000

2021 年 3 月，办公用房转为员工宿舍后。

不动产净值率 = 4 000 ÷ 5 000 × 100% = 80%

不得抵扣的进项税额 = 450 × 80% = 360（万元）

不得抵扣的进项税额（360 万元）小于已抵扣的进项税额（450 万元），应将不得抵扣的进项税额 360 万元从当期进项税额中转出，会计处理如下。

借：固定资产　　　　　　　　　　　　　　　　3 600 000

　　贷：应交税费——应交增值税（进项税额转出）　　3 600 000

不动产在建工程发生非正常损失的，其所耗用的购进货物、设计服务和建筑服务已抵扣的进项税额应于当期全部转出。

（6）增值税扣税凭证。

增值税扣税凭证，是指增值税专用发票、海关进口增值税专用缴款书、农产品收购发票、农产品销售发票和税收完税凭证。纳税人取得的增值税扣税凭证不符合法律、行政法规或者国家税务总局有关规定的，其进项税额不得从销项税额中抵扣。

①增值税专用发票。从销售方取得的增值税专用发票上注明的增值税税额准予抵扣。增值税专用发票具体包括以下两种。

a. 增值税专用发票。增值税专用发票是增值税一般纳税人销售货物、劳务、服务、无形资产或不动产开具的发票。

b. 税控机动车销售统一发票。税控机动车销售统一发票是增值税一般纳税人从事机动车零售业务开具的发票。

②海关进口增值税专用缴款书。从海关取得的海关进口增值税专用缴款书上注明的增值税税额准予抵扣。目前货物进口环节的增值税由海关负责代征，试点纳税人在进口货物办理报关进口手续时，需向海关申报缴纳进口增值税并从海关取得完税证明，其取得的海关进口增值税专用缴款书上注明的增值税税额准予抵扣。试点纳税人取得的海关进口增值税专用缴款书，按照《国家税务总局 海关总署关于实行海关进口增值税专用缴款书"先比对后抵扣"管理办法有关问题的公告》（国家税务总局 海关总署公告 2013 年第 31 号）执行"先比对后抵扣"政策。

③农产品收购发票和销售发票。购进农产品，除取得增值税专用发票或者海关进口增值税专用缴款书外，可以适用按农产品收购发票或者销售发票上注明的农产品买价和 11% 的扣除率计算进项税额的特殊规定。

④税收完税凭证。纳税人购买境外单位或者个人提供的服务、转让的无形资产或者不动产，从税务机关或者扣缴义务人取得的解缴税款的完税凭证上注明的增值税税额准予抵扣。税收完税凭证至少包括税收缴款书和税收完税证明两种票证。

纳税人凭税收完税凭证抵扣进项税额的，应当具备书面合同、付款证明和境外单位的对账单或者发票。资料不全的，其进项税额不得从销项税额中抵扣。需要指出的是，为解决建筑施工企业采购砂土石料抵扣不足的问题，税务机关将增加专用发票代开点。

增值税的征扣税链条，对提高企业管理水平、规范市场行为、堵塞偷漏税漏洞、保护守法经营，具有天然的促进作用，这正是营改增的积极意义和增值税的制度优势。从以前试点的情况看，试点企业对新税制都有一个逐步适应的过程。随着试点时间的延长，试点企业出于增加进项税额抵扣的需要，会逐渐加强采购端的控制，调整采购渠道，尽可能地选择可提供增值税专用发票的供货商，尽可能地选择一般纳税人作为供货商。这样做的结果，不仅使自身的税负有效降低，也使得供应商不得不规范纳税，以获得开具增值税专用发票的资格，税收征管的整体水平也会逐步提高。如果迁就建筑市场的不规范现状给予砂土石料计算抵扣等特殊安排，仅仅是当下让建筑施工企业满意，长期来看，对建筑行业的发展、市场秩序的规范、税制的完善、征管水平的提高都会产生不利影响。税务机关可根据需要在建筑材料市场、大型工程项目部等地点设置增值税专用发票代开点，为小型的砂土石料供应商和临时经营者代开增值税专用发票提供便利，提高建筑施工企业购买辅料获得抵扣凭证的比例。

5.1.1.3　征收管理

一、纳税义务发生时间

建筑施工企业按照权责发生制原则确认收入的时间并不一定是增值税的纳税义务发生时间。依据《财政部　税务总局关于建筑服务等营改增试点政策的通知》（财税〔2017〕58号），自2017年7月1日起，本法规附件《营业税改征增值税试点实施办法》第四十五条第（二）项修改为"纳税人提供租赁服务采取预收款方式的，其纳税义务发生时间为收到预收款的当天"。第四十五条规定，具体增值税纳税义务发生时间如下。

（1）纳税人发生应税行为并收讫销售款项或者取得索取销售款项凭据的当天；先开具发票的，为开具发票的当天。收讫销售款项，是指纳税人销售服务、无形资产、不动产过程中或者完成后收到款项。取得索取销售款项凭据的当天，是指书面合同确定的付款日期；未签订书面合同或者书面合同未确定付款日期的，为服务、无形资产转让完成的当天或者不动产权属变更的当天。

（2）纳税人提供建筑服务、租赁服务采取预收款方式的，其纳税义务发生时间为收到预收款的当天。

（3）纳税人从事金融商品转让的，为金融商品所有权转移的当天。

（4）纳税人发生本办法第十四条规定情形的，其纳税义务发生时间为服务、无形资产转让完成的当天或者不动产权属变更的当天。

对照上述规定，具体到建筑施工企业，纳税义务发生时间应区分以下七种情形。

（1）先开具发票的，为开具发票的当天发生增值税纳税义务。举例：A施工企业与甲公司签订工程承包合同，2020年5月25日，甲公司通知A企业将于近期付款111万元，要求A企业开具增值税发票，A企业当日开具发票111万元，6月16日，A企业收到工程款111万元。则A企业于2020年5月25日发生纳税义务。

（2）在提供建筑服务之前收到款项的，即收到预收款当天发生增值税纳税义务。举例：A施工企业与乙公司签订工程承包合同，2019年5月18日，乙公司向A企业预付工程款103万元，A企业于5月30日向乙公司开具发票103万元。则A企业于2019年5月18日发生纳税义务。

（3）提供建筑服务过程中或之后收到款项的，即收到工程进度款当天发生增值税纳税义务。举例：A施工企业与丙公司签订工程承包合同，工程已开工，2020年6月24日，丙公司批复5月工程进度款1 030万元，依据合同约定80%的付款比例，6月30日支付A企业工程款824万元，A企业于7月1日向丙公司开具发票824万元。则A企业于2020年6月30日发生纳税义务。

（4）提供建筑服务过程中或之后，甲乙双方在书面合同中约定付款日期的，为书面合同确定的付款日期当天发生增值税纳税义务。举例：A施工企业与丁公司签订工程承包合同，书面合同约定，工程款按月度计量，每月计量单签发之后的10日内按照80%的比例支付工程款。2020年7月15日签发的6月计量单显示，A企业6月份完成工程量2 060万元，8月10日丁公司向A企业支付进度款1 648万元，同日A企业向丁公司开具发票。则A企业最晚于2020年7月25日发生纳税义务。

（5）未签订书面合同或者书面合同未确定付款日期的，为建筑工程项目竣工验收的当天发生增值税纳税义务。举例：2018 年 6 月 1 日，A 施工企业与戊公司签订工程承包合同，合同约定，施工期间工程款先由 A 企业垫付，未标明具体付款日期。2020 年 5 月 31 日，工程竣工验收。施工期间，戊公司未支付款项，A 企业也未向该公司开具发票。则 A 企业于 2020 年 5 月 31 日发生纳税义务。

（6）垫资提供建筑服务，验收后采取分期付款方式的，虽然工程已竣工验收，但仍然应当按照合同约定的付款时间确认增值税纳税义务发生时间。举例：2018 年 6 月 1 日，A 施工企业与己公司签订工程承包合同，合同约定，施工期间工程款先由 A 企业垫付，竣工验收后十年内向 A 企业支付。2020 年 5 月 31 日，工程竣工验收。施工期间，己公司未支付款项，A 企业也未向该公司开具发票。则 A 企业最晚于 2030 年 5 月 31 日发生纳税义务，此前如有向己公司开具发票或提前收款情形，以开票或收款时间为纳税义务发生时间。

（7）质押金、保证金为实际收到的当天发生纳税义务。根据《国家税务总局关于在境外提供建筑服务等有关问题的公告》（国家税务总局公告 2016 年第 69 号）第四条规定，纳税人提供建筑服务，被工程发包方从应支付的工程款中扣押的质押金、保证金，未开具发票的，以纳税人实际收到质押金、保证金的当天为纳税义务发生时间。

应从以下三个方面理解该项规定：①在建筑施工企业未开具与质押金、保证金相关的工程款发票的情况下，建筑施工企业何时实际收到质押金、保证金，何时发生纳税义务；②建筑施工企业如果开具了发票，没有质押金、保证金也发生了纳税义务；③建筑施工企业如果未开具相应的发票，即使书面合同确定的付款日期到了，也没发生纳税义务。

二、纳税地点

建筑服务的纳税地点遵循机构所在地纳税的基本原则，并辅以建筑服务发生地预缴机制。建筑业业务流动性强，跨区域作业非常普遍，营改增后，由于建筑服务发生地无法进行完整的进项、销项税额核算，并准确计算出增值税应纳税额，因此，纳税地点将按照增值税的统一原则，改为机构所在地。但是，纳税地点的调整将改变原有的税源格局，对于所有异地提供建筑服务的工程项目来说，税源均将由建筑服务发生地转移到机构所在地。为避免造成税源转移过大，对异地提供建筑服务，采取了先在建筑服务发生地实行预缴，然后回到机构所在地申报纳税的征管模式。

三、申报管理

（一）纳税期限

增值税的纳税期限可以为 1 日、3 日、5 日、10 日、15 日、1 个月或者 1 个季度。纳税人的具体纳税期限，由主管税务机关根据纳税人应纳税额的大小分别核定。以 1 个季度为纳税期限的规定适用于小规模纳税人、银行、财务公司、信托投资公司、信用社，以及财政部和国家税务总局规定的其他纳税人。纳税人以 1 个月或者 1 个季度为 1 个纳税期的，自期满之日起 15 日内申报纳税；以 1 日、3 日、5 日、10 日或者 15 日为 1 个纳税期的，自期满之日起 5 日内预缴税款，于次月 1 日起 15 日内申报纳税并结清上月应纳税款。

增值税不能按照固定期限纳税的，可以按次纳税。

（二）申报资料

《国家税务总局关于全面推开营业税改征增值税试点后增值税纳税申报有关事项的公告》（国家税务总局公告 2016 年第 13 号）对增值税纳税申报有关事项进行了调整，以满足全面推开营改增试点后增值税纳税申报和征收管理的需要。自 2016 年 6 月申报期起，中华人民共和国境内增值税纳税人均应按照该公告的规定进行增值税纳税申报。其主要内容如下。

（1）明确了增值税一般纳税人纳税申报表及其附列资料。具体包括《增值税纳税申报表（一般纳税人适用）》《增值税纳税申报表附列资料（一）》（本期销售情况明细），《增值税纳税申报表附列资料（二）》（本期进项税额明细），《增值税纳税申报表附列资料（三）》（服务、不动产和无形资产扣除项目明细），《增值税纳税申报表附列资料（四）》（税额抵减情况表），《固定资产（不含不动产）进项税额抵扣情况表》《本期抵扣进项税额结构明细表》《增值税减免税申报明细表》。

（2）明确了增值税小规模纳税人纳税申报表及其附列资料。具体包括《增值税纳税申报表（小规模纳税人适用）》《增值税纳税申报表（小规模纳税人适用）附列资料》《增值税减免税申报明细表》。小规模纳税人不再填报《增值税纳税申报表附列资料（四）》（税额抵减情况表）。

（3）明确了增值税纳税申报其他资料。具体包括：已开具的税控机动车销售统一发票和普通发票的存根联，符合抵扣条件且在本期申报抵扣的增值税专用发票（含税控机动车销售统一发票）的抵扣联，符合抵扣条件且在本期申报抵扣的海关进口增值税专用缴款书、购进农产品取得的普通发票的复印件，符合抵扣条件且在本期申报抵扣的代扣代缴增值税税收完税凭证及其清单、书面合同、付款证明和境外单位的对账单或者发票，已开具的农产品收购凭证的存根联或报查联，服务、不动产和无形资产扣除项目的合法凭证及其清单，主管税务机关规定的其他资料。

【例5-5】一般纳税人提供建筑服务的纳税申报（1）

A省某建筑企业（增值税一般纳税人）2020年8月分别在B省和C省提供建筑服务（均为非简易计税项目），当月分别取得建筑服务收入（含税）1 635万元和2 452.5万元，分别支付分包款545万元（取得的增值税专用发票上注明的增值税税额为49.05万元）和817.5万元（取得的增值税专用发票上注明的增值税税额为67.5万元），支付不动产租赁费用109万元（取得的增值税专用发票上注明的增值税税额为9万元），购入建筑材料花费1 090万元（取得的增值税专用发票上注明的增值税税额为90万元）。该建筑企业在9月纳税申报期应如何申报缴纳增值税？

【解析】

（1）该建筑企业应当在B省和C省就两项建筑服务分别计算并预缴增值税。

就B省的建筑服务向B省建筑服务地主管税务机关预缴增值税：

$(1\,635-545)\div(1+9\%)\times2\%=20$（万元）

就C省的建筑服务向C省建筑服务地主管税务机关预缴增值税：

$(2\,452.5-817.5)\div(1+9\%)\times2\%=30$（万元）

提示：预缴增值税时，分包款作为扣除项目的依据是与分包方签订的分包合同复印件（加盖纳税人公章）和从分包方取得的发票复印件（加盖纳税人公章）。

（2）分项目预缴后，回机构所在地A省向主管税务机关申报纳税：

销项税额$=(1\,635+2\,452.5)\div(1+9\%)\times9\%=337.5$（万元）

进项税额$=49.05+67.5+9+90=215.55$（万元）

提示：分包发票上注明的增值税税款作为进项税额，此时分包发票必须是增值税专用发票。

当期应纳税额$=337.5-215.55=121.95$（万元）

当期应补税额$=121.95-20-30=71.95$（万元）

提示：纳税人以预缴税款抵减应纳税额，应以完税凭证作为合法有效凭证。

【例5-6】一般纳税人提供建筑服务的纳税申报（2）

A省某建筑企业（增值税一般纳税人）2020年8月分别在B省和C省提供建筑服务（均为一般计税项目），当月分别取得建筑服务收入（含税）1 635万元和2 452.5万元，分别支付分包款1 744万元（取得的增值税专用发票上注明的增值税税额为 144 万元）和 817.5 万元（取得的增值税专用发票上注明的增值税税额为 67.5 万元），支付不动产租赁费用 109 万元（取得的增值税专用发票上注明的增值税税额为 9 万元），购入建筑材料花费 1 090 万元（取得的增值税专用发票上注明的增值税税额为 90 万元）。该建筑企业在 9 月纳税申报期应如何申报缴纳增值税？

【解析】

（1）该建筑企业应当在 B 省和 C 省就两项建筑服务分别计算并预缴增值税。

就 B 省的建筑服务向 B 省建筑服务地主管税务机关预缴增值税：

由于 B 省的建筑服务收入 1 635 万元扣除分包款 1 744 万元后为负数（-109 万元），当月计算的预缴税款为 0，且剩余的 109 万元可结转下次预缴税款时继续扣除。

就 C 省的建筑服务向 C 省建筑服务地主管税务机关预缴增值税：

$(2\,452.5-817.5)\div(1+9\%)\times2\%=30$（万元）

（2）分项目预缴后，回机构所在地 A 省向主管税务机关申报纳税：

销项税额 $=(1\,635+2\,452.5)\div(1+9\%)\times9\%=337.5$（万元）

进项税额 $=144+67.5+9+90=310.5$（万元）

当期应纳税额 $=337.5-310.5=27$（万元）

当期应补税额 $=27-30=-3$（万元）

由于当期应补税额为负数，因此作为当月多缴的增值税。

【例 5-7】 一般纳税人提供建筑服务的纳税申报（3）

A 省某建筑企业（增值税一般纳税人）2020 年 8 月分别在 B 省和 C 省提供建筑服务（均为简易计税项目），当月分别取得建筑服务收入（含税）1 635 万元和 2 452.5 万元，分别支付分包款 545 万元（取得的增值税专用发票上注明的增值税税额为 49.05 万元）和 817.5 万元（取得的增值税专用发票上注明的增值税税额为 67.5 万元），支付不动产租赁费用 109 万元（取得的增值税专用发票上注明的增值税税额为 9 万元），购入建筑材料花费 1 090 万元（取得的增值税专用发票上注明的增值税税额为 90 万元）。该建筑企业在 9 月纳税申报期应如何申报缴纳增值税？

【解析】

（1）该建筑企业应当在 B 省和 C 省就两项建筑服务分别计算并预缴增值税。

就 B 省的建筑服务向 B 省建筑服务地主管税务机关预缴增值税：

$(1\,635-545)\div(1+3\%)\times3\%=31.75$（万元）

就 C 省的建筑服务向 C 省建筑服务地主管税务机关预缴增值税：

（2 452.5 - 817.5）÷（1 + 3%）× 3% = 47.62（万元）

（2）分项目预缴后，需要回到机构所在地 A 省向主管税务机关申报纳税：

当期应纳税额 =（1 635 + 2 452.5 - 545 - 817.5）÷（1 + 3%）× 3% = 79.37（万元）

当期应补税额 = 79.37 - 31.75 - 47.62 = 0

可以看出，如果纳税人除了这两项建筑服务外不再发生其他增值税应税行为，那么，该纳税人回到机构所在地计算的增值税应纳税额应该为 0，即所有的增值税税款均已在建筑服务地实现。

（三）发票使用、开具及认证

1. 使用增值税发票系统升级版开具发票

（1）增值税发票系统升级版。

增值税发票系统升级版是对增值税防伪税控系统、货物运输业增值税专用发票税控系统、稽核系统以及税务数字证书系统等进行整合升级完善，实现纳税人经过税务数字证书安全认证、加密开具的发票数据，通过互联网实时上传税务机关，生成增值税发票电子底账，作为纳税申报、发票数据查验以及税源管理、数据分析利用的依据。

根据《国家税务总局关于全面推行增值税发票系统升级版有关问题的公告》（国家税务总局公告 2015 年第 19 号）和《国家税务总局关于全面推行增值税发票系统升级版工作有关问题的通知》（税总发〔2015〕42 号）的规定，自 2015 年 4 月 1 日起，在全国范围分步全面推行增值税发票系统升级版，此前，对新认定增值税一般纳税人和新办小规模纳税人已自 2015 年 1 月 1 日起推行升级版的新系统。国家税务总局要求，2015 年年底前完成尚未使用增值税发票系统升级版的增值税纳税人的推行工作。

纳税人原使用的增值税税控系统金税盘（卡）、税控盘，需置换为增值税发票系统升级版专用设备。增值税发票系统升级版服务单位按照优惠价格（报税盘价格）对原金税盘（卡）、税控盘进行置换。增值税发票系统升级版纳税人端税控设备包括金税盘和税控盘（以下统称专用设备）。专用设备均可开具增值税专用发票、货物运输业增值税专用发票、增值税普通发票和机动车销售统一发票。除通用定额发票、客运发票和二手车销售统一发票外，一般纳税人和小规模纳税人发生增值税业务对外开具发票应当使用专用设备开具。增值税一般纳税人销售货物、提供加工修理修配劳务和应税行为，使用增值税发票管理新系统开具增值税专用发票、增值税普通发票、机动车销售统一发票、增值税电子普通发票。增值税小规模纳税人销售货物、提供加工修理修配劳务月销售额超过 3 万元（按季纳税 9 万元），或者销售服务、无形资产月销售额超过 3 万元（按季纳税 9 万元），使用新系统开具增值税普通发票、机动车销售统一发票、增值税电子普通发票。门票、过路（过桥）费发票、定额发票、客运发票和二手车销售统一发票继续使用。增值税纳税人购买增值税税控系统专用设备支付的费用以及缴纳的计税维护费，可按照《财政部 国家税务总局关于增值税税控系统专用设备和技术维护费用抵减增值税税额有关政策的通知》（财税〔2012〕15 号）的规定，在增值税应纳税额中全额抵减。由于不达增值税起征点的小规模纳税人购买增值税税控系统专用设备支付的费用以及缴纳的技术维护费暂无法抵减税款，需日后发生应纳增值税后才能享受国家优惠政策，为保障系统推行工作平稳有序，《国家税务总局关于再次明确不得将不达增值税起征点的小规模纳税人纳入增值税发票系统升级版推行范围的通知》（税总函〔2015〕199 号）明确，不达增值税起征点的小规模纳税人当前暂不纳入增值税发票系统升级版推行范围，暂可继续使用现有方式开票。

（2）开票注意事项。

增值税一般纳税人开具增值税专用发票（以下简称专用发票）后，发生销货退回、开票有误、应税服务中止等情形但不符合发票作废条件，或者因销货部分退回及发生销售折让，需要开具红字专用发票的，按以下方法处理：

①购买方取得专用发票已用于申报抵扣的，购买方可在增值税发票管理新系统（以下简称新系统）中填开并上传《开具红字增值税专用发票信息表》（以下简称《信息表》），在填开《信息表》时不填写相对应的蓝字专用发票信息，应暂依《信息表》所列增值税税额从当期进项税额中转出，待取得销售方开具的红字专用发票后，与《信息表》一并作为记账凭证。

购买方取得专用发票未用于申报抵扣，但发票联或抵扣联无法退回的，购买方填开《信息表》时应填写相对应的蓝字专用发票信息。

销售方开具专用发票尚未交付购买方，以及购买方未用于申报抵扣并将发票联及抵扣联退回的，销售方可在新系统中填开并上传《信息表》。销售方填开《信息表》时应填写相对应的蓝字专用发票信息。

②主管税务机关通过网络接收纳税人上传的《信息表》，系统自动校验通过后，生成带有"红字发票信息表编号"的《信息表》，并将信息同步至纳税人端系统中。

③销售方凭税务机关系统校验通过的《信息表》开具红字专用发票，在新系统中以销项负数开具。红字专用发票应与《信息表》一一对应。

④纳税人也可凭《信息表》电子信息或纸质资料到税务机关对《信息表》内容进行系统校验。

⑤纳税人需要开具红字增值税普通发票的，可以在所对应的蓝字发票金额范围内开具多份红字发票。红字机动车销售统一发票需与原蓝字机动车销售统一发票一一对应。

提供建筑服务，纳税人自行开具或者税务机关代开增值税发票时，为了保证扣除的分包款与项目一一对应，应在发票的备注栏注明建筑服务发生地县（市、区）名称及项目名称。这主要是因为需要分建筑工程项目分别计算应预缴税款，分别预缴。

增值税专用发票实行最高开票限额管理。最高开票限额，是指单份专用发票或货运专用发票开具的销售额合计数不得达到的上限额度。最高开票限额由一般纳税人申请，区县税务机关依法审批。税务机关将进一步优化纳税服务，缩短办理增值税专用发票最高开票限额的审批时限。实行实名办税的地区，已由税务机关现场采集法定代表人（业主、负责人）实名信息的纳税人，申请增值税专用发票最高开票限额不超过十万元的，主管税务机关由受理申请之日起20 个工作日内办结提速至 2 个工作日内办结，有条件的主管税务机关即时办结。

（3）发票领取。

纳税信用为 A 级的纳税人可一次领取不超过 3 个月的增值税发票用量，纳税信用为 B 级的纳税人可一次领取不超过 2 个月的增值税发票用量。以上两类纳税人生产经营情况发生变化，需要调整增值税发票用量，手续齐全的，按照规定即时办理。根据《国家税务总局关于简化增值税发票领用和使用程序有关问题的公告》（国家税务总局公告 2014 年第 19 号），取消增值税发票（包括增值税专用发票、货物运输业增值税专用发票、增值税普通发票和机动车销售统一发票，下同）手工验旧。税务机关应用增值税一般纳税人发票税控系统报税数据，通过信息化手段完成增值税发票验旧工作。

为了满足纳税人发票使用需要，国家税务总局决定自 2017 年 1 月 1 日起启用增值税普通发票（卷票），增值税普通发票（卷票）由纳税人自愿选择使用，重点在生活服务业纳税人中推广使用。

（4）发票认证。

自 2016 年 12 月 1 日起，纳税信用为 A、B、C 级的增值税一般纳税人取得销售方使用新系统开具的增值税发票，可以不再进行扫描认证，登录本省增值税发票查询平台，查询、选择用于申报抵扣或者出口退税的增值税发票信息，未查询到对应发票信息的，仍可进行扫描认证。

为进一步优化纳税服务，加强发票管理，国家税务总局依托增值税发票管理新系统开发了增值税发票查验平台。经过前期试点，系统运行平稳，国家税务总局决定启用全国增值税发票查验平台。自 2017 年 1 月 1 日起，取得增值税发票的单位和个人可登录全国增值税发票查验平台，对新系统开具的增值税专用发票、增值税普通发票、机动车销售统一发票和增值税电子普通发票的发票信息进行查验。单位和个人通过网页浏览器首次登录平台时，应下载安装根证书文件，查看平台提供的发票查验操作说明。

这里有必要对纳税信用等级做简单介绍。纳税信用级别设 A、B、C、D 四级。A 级纳税信用为年度评价指标得分 90 分以上的；B 级纳税信用为年度评价指标得分 70 分以上不满 90 分的；C 级纳税信用为年度评价指标得分 40 分以上不满 70 分的；D 级纳税信用为年度评价指标得分不满 40 分或者直接判级确定的。

对纳税信用评价为 A 级的纳税人，税务机关给予下列激励措施：

①主动向社会公告年度 A 级纳税人名单；

②一般纳税人可单次领取 3 个月的增值税发票用量，需要调整增值税发票用量时即时办理；

③普通发票按需领用；

④连续 3 年被评为 A 级信用级别（简称 3 连 A）的纳税人，除享受以上措施外，还可以由税务机关提供绿色通道或专门人员帮助办理涉税事项；

⑤税务机关与相关部门实施的联合激励措施，以及结合当地实际情况采取的其他激励措施。

对纳税信用评价为 B 级的纳税人，税务机关实施正常管理，适时进行税收政策和管理规定的辅导，并视信用评价状态变化趋势选择性地提供适用 A 级纳税人的激励措施。

对纳税信用评价为 C 级的纳税人，税务机关依法从严管理，并视信用评价状态变化趋势选择性地采取适用 D 级纳税人的管理措施。

对纳税信用评价为 D 级的纳税人，税务机关采取以下措施：

①公开 D 级纳税人及其直接责任人员名单，对直接责任人员注册登记或者负责经营的其他纳税人纳税信用直接判为 D 级；

②增值税专用发票领用按辅导期一般纳税人政策办理，普通发票的领用实行交（验）旧供新、严格限量供应；

③加强出口退税审核；

④加强纳税评估，严格审核其报送的各种资料；

⑤列入重点监控对象，提高监督检查频次，发现税收违法违规行为的，不得适用规定处罚幅度内的最低标准；

⑥将纳税信用评价结果通报相关部门，建议在经营、投融资、取得政府供应土地、进出口、出入境、注册新公司、工程招投标、政府采购、获得荣誉、安全许可、生产许可、从业任职资格、资质审核等方面予以限制或禁止；

⑦D 级评价保留两年，第三年纳税信用不得评价为 A 级；

⑧税务机关与相关部门实施的联合惩戒措施，以及结合实际情况依法采取的其他严格管理措施。

（5）电子发票。

为适应经济社会发展和税收现代化建设需要，满足纳税人使用增值税电子普通发票的需求，自 2015 年 12 月 1 日起，国家税务总局推行通过增值税发票管理新系统开具的增值税电子普通发票，重点在电商、电信、金融、快递、公用事业等有特殊需求的纳税人中使用。推行通过新系统开具的增值税电子普通发票，对降低纳税人经营成本，节约社会资源，方便纳税人发票使用，营造健康公平的税收环境起到了重要作用。增值税电子普通发票的开票方和受票方需要纸质发票的，可以自行打印增值税电子普通发票的版式文件，其法律效力、基本用途、基本使用规定等与税务机关监制的增值税普通发票相同。购买方向开具增值税电子普通发票的纳税人当场索取纸质普通发票的，纳税人应当免费提供电子发票版式文件打印服务。对于拒绝提供免费打印服务或者纸质发票的，主管税务机关应当及时予以纠正。

2．代开发票

代开发票，是指由税务机关根据收款方（或提供劳务服务方）的申请，依照法规、规章以及其他规范性文件的规定，代为向付款方（或接受劳务服务方）开具发票的行为。

（1）申请代开发票的范围与对象。

按照税收法律规定，申请代开发票的范围与对象如下。

①已办理税务登记的单位和个人申请代开发票的情形。

凡已办理税务登记的单位和个人，应当按规定向主管税务机关申请领购并开具与其经营业务范围相应的普通发票。但在销售货物、提供应税劳务和服务、转让无形资产、销售不动产以及税法规定的其他商事活动（餐饮、娱乐业除外）中有下列情形之一的，可以向主管税务机关申请代开普通发票：

a. 纳税人虽已领购发票，但临时取得超出领购发票使用范围或者超过领用发票开具限额以外的业务收入，需要开具发票的；

b. 被税务机关依法收缴发票或者停止发售发票的纳税人，取得经营收入需要开具发票的；

c. 外省（自治区、直辖市）纳税人来本辖区临时从事经营活动的，原则上应当按照《税务登记管理办法》的规定，持《外出经营活动税收管理证明》，向经营地税务机关办理报验登记，领取发票自行开具；确因业务量小、开票频度低的，可以申请经营地税务机关代开。

②未办理税务登记的单位和个人申请代开发票的情形。

a. 正在申请办理税务登记的单位和个人，对其自领取营业执照之日起至取得税务登记证件期间发生的业务收入需要开具发票的，主管税务机关可以为其代开发票。

b. 应办理税务登记而未办理的单位和个人，主管税务机关应当依法予以处理，并在补办税务登记手续后，对其自领取营业执照之日起至取得税务登记证件期间发生的业务收入需要开具发票的，为其代开发票。

需要注意的是，无论自行开具发票还是由税务机关代开发票，开票金额均为纳税人提供建筑服务取得的全部价款和价外费用。例如，小规模纳税人提供建筑服务取得了 100 万元的收入，发生了分包业务，支付了 20 万元的分包款。在计算税款时，按照 80 万元计算缴纳增值税，但在向建筑服务接受方开具发票时，是按 100 万元全额开具发票。考虑到建筑服务接受方按照全额支付价款，并需要拿到一张全额的增值税发票，因此，对纳税人提供适用简易计税方法计税的建筑服务，允许其差额征税但全额开具。故小规模纳税人跨县（市、区）提供建筑服务，实际预缴税款可能会不等于发票票面注明的税款。

【例 5-8】纳税人提供适用简易计税方法计税的建筑服务差额征税全额开票

某小规模纳税人跨县（市、区）提供建筑服务，取得的全部价款和价外费用为 100 万元，分包款为 40 万元。

【解析】

该小规模纳税人在项目所在地预缴税款 = (100 - 40) ÷ (1 + 3%) × 3% = 1.75（万元）

其通过增值税发票管理新系统自行开具增值税专用发票，则：

专用发票注明的增值税税款 = 100 ÷ (1 + 3%) × 3% = 2.91（万元）

（2）其他注意事项。

税务机关使用新系统代开增值税专用发票和增值税普通发票。代开增值税专用发票使用六联票，代开增值税普通发票使用五联票。税务机关代开增值税发票时，"销售方开户行及账号"栏填写税收完税凭证字轨及号码或系统税票号码（免税代开增值税普通发票可不填写）。税务机关为跨县（市、区）提供不动产经营租赁服务、建筑服务的小规模纳税人（不包括其他个人）代开增值税发票时，在发票备注栏中自动打印"YD"字样。

3. 走逃（失联）企业开具增值税专用发票认定处理

近年来，少数违法分子开具增值税专用发票后走逃（失联），致使国家税款严重流失，税收经济秩序遭到破坏，也侵害了守法经营纳税人的合法权益。

（1）走逃（失联）企业的判定。

走逃（失联）企业，是指不履行税收义务并脱离税务机关监管的企业。根据税务登记管理有关规定，税务机关通过实地调查、电话查询、涉税事项办理核查以及其他征管手段，仍对企业和企业相关人员查无下落的，或虽然可以联系到企业代理记账、报税人员等，但其并不知情也不能联系到企业实际控制人的，可以判定该企业为走逃（失联）企业。

（2）走逃（失联）企业开具增值税专用发票的处理。

走逃（失联）企业存续经营期间发生下列情形之一的，所对应属期开具的增值税专用发票列入异常增值税扣税凭证（以下简称异常凭证）范围。

①商贸企业购进、销售货物名称严重背离的；生产企业无实际生产加工能力且无委托加工，或生产能耗与销售情况严重不符，或购进货物并不能直接生产其销售的货物且无委托加工的。

②直接走逃失踪不纳税申报，或虽然申报但通过填列增值税纳税申报表相关栏次，规避税务机关审核比对，进行虚假申报的。增值税一般纳税人取得异常凭证，尚未申报抵扣或申报出口退税的，暂不允许抵扣或办理退税；已经申报抵扣的，一律先做进项税额转出；已经办理出口退税的，税务机关可按照异常凭证所涉及的退税额对该企业其他已审核通过的应退税款暂缓办理出口退税，无其他应退税款或应退税款小于涉及退税额的，可由出口企业提供差额部分的担保。经核实，符合现行增值税进项税额抵扣或出口退税相关规定的，企业可继续申报抵扣，或解除担保并继续办理出口退税。

5.1.2 资源税概述

5.1.2.1 纳税义务人和征税范围

一、纳税义务人

资源税的纳税义务人是指在中华人民共和国领域及管辖的其他海域开发应税资源的单位和个人。应税资源的具体范围，由《资源税法》所附《资源税税目税率表》确定。

资源税规定仅对在中国境内开发应税资源的单位和个人征收，因此，进口的矿产品和盐不征收资源税。由于对进口应税产品不征收资源税，相应地，对出口应税产品也不免征或退还已纳资源税。

纳税人自用应税产品，如果属于应当缴纳资源税的情形，应按规定缴纳资源税。纳税人自用应税产品应当缴纳资源税的情形包括：纳税人以应税产品用于非货币性资产交换、捐赠、偿债、赞助、集资、投资、广告、样品、职工福利、利润分配或者连续生产非应税产品等。纳税人开采或者生产应税产品自用于连续生产应税产品的，不缴纳资源税。如铁原矿用于继续生产铁精粉的，在移送铁原矿时不缴纳资源税；但对于生产非应税产品的，如将铁精粉继续用于冶炼的，应当在移送环节缴纳资源税。

开采海洋或陆上油气资源的中外合作油气田，在2011年11月1日前已签订的合同继续缴纳矿区使用费，不缴纳资源税；合同期满后，依法缴纳资源税。

二、征税范围

我国的资源税目前只对税法列举的资源征税，原则上以开采取得的原料产品或者自然资源的初级产品为征税对象，不包括经过加工的产品。具体来说，其征税范围有矿产品和盐两大类。

（1）矿产品。

①原油，指开采的天然原油，不包括人造石油。

②天然气，指专门开采或与原油同时开采的天然气，暂不包括煤矿生产的天然气。

③煤炭，指原煤，不包括洗煤、选煤及其他煤炭制品。

④其他非金属矿原矿，指上列产品和井矿盐以外的非金属矿原矿。其他非金属矿原矿包括宝石、金刚石、玉石、膨润土、石墨、石英砂、萤石、重晶石、毒重石、蛭石、长石、沸石、滑石、白云石、硅灰石、凹凸棒石黏土、高岭石

土、耐火黏土、云母、大理石、花岗石、石灰石、菱镁矿、石膏、硅线石、工业用金刚石、石棉、硫铁矿、自然硫、磷铁矿等。

⑤黑色金属矿原矿，指纳税人开采后自用、销售的，用于直接入炉冶炼或作为主产品先入选精矿，制造人工矿，再最终入炉冶炼的黑色金属矿石原矿。黑色金属矿原矿包括铁矿石、锰矿石和铬矿石。

⑥有色金属矿原矿，指纳税人开采后自用、销售的，用于直接入炉冶炼或作为主产品先入选精矿，制造人工矿，再最终入炉冶炼的有色金属矿石原矿。有色金属矿原矿包括铜矿石、铅锌矿石、铝土矿石、钨矿石、锡矿石、锑矿石、钼矿石、镍矿石、黄金矿石等。

其中金属矿石（包括黑色和有色金属矿）自用原矿，系指入选精矿，直接入炉冶炼或制造烧结矿、球团矿等所用原矿。铁矿石直接入炉用的原矿，系指粉矿、高炉原矿、高炉块矿、平炉块矿等。

（2）盐。

①固体盐，包括海盐原盐、湖盐原盐和井矿盐。

②液体盐，指卤水，即氯化钠含量达到一定浓度的溶液，是用于生产碱和其他产品的原料。

5.1.2.2　应纳税额的计算

一、税目和税率

资源税税目包括 5 大类，在 5 个税目下面又设有若干个子目。《资源税法》所列的税目有 164 个，涵盖了所有已经发现的矿种和盐。具体税目和税率见表 5 - 2。

表 5 - 2　　　　　　　　　　资源税税目税率表

税目		征税对象	税率
能源矿产	原油	原矿	6%
	天然气、页岩气、天然气水合物	原矿	6%
	煤	原矿或者选矿	2%～10%
	煤成（层）气	原矿	1%～2%
	铀、钍	原矿	4%
	油页岩、油砂、天然沥青、石煤	原矿或者选矿	1%～4%
	地热	原矿	1%～20% 或者每立方米 1～30 元

税目			征税对象	税率
金属矿产	黑色金属	铁、锰、铬、钒、钛	原矿或者选矿	1%～9%
	有色金属	铜、铅、锌、锡、镍、锑、镁、钴、铋、汞	原矿或者选矿	2%～10%
		铝土矿	原矿或者选矿	2%～9%
		钨	选矿	6.50%
		钼	选矿	8%
		金、银	原矿或者选矿	2%～6%
		铂、钯、钌、锇、铱、铑	原矿或者选矿	5%～10%
		轻稀土	选矿	7%～12%
		中重稀土	选矿	20%
		铍、锂、锆、锶、铷、铯、铌、钽、锗、镓、铟、铊、铪、铼、镉、硒、碲	原矿或者选矿	2%～10%
非金属矿产	矿物类	高岭土	原矿或者选矿	1%～6%
		石灰岩	原矿或者选矿	1%～6%或者每吨（或者每立方米）1～10元
		磷	原矿或者选矿	3%～8%
		石墨	原矿或者选矿	3%～12%
		萤石、硫铁矿、自然硫	原矿或者选矿	1%～8%
		天然石英砂、脉石英、粉石英、水晶、工业用金刚石、冰洲石、蓝晶石、硅线石（矽线石）、长石、滑石、刚玉、菱镁矿、颜料矿物、天然碱、芒硝、钠硝石、明矾石、砷、硼、碘、溴、膨润土、硅藻土、陶瓷土、耐火黏土、铁矾土、凹凸棒石粘土、海泡石粘土、伊利石粘土、累托石粘土	原矿或者选矿	1%～12%
		叶腊石、硅灰石、透辉石、珍珠岩、云母、沸石、重晶石、毒重石、方解石、蛭石、透闪石、工业用电气石、白垩、石棉、蓝石棉、红柱石、石榴子石、石膏	原矿或者选矿	2%～12%
		其他粘土（铸型用粘土、砖瓦用粘土、陶粒用粘土、水泥配料用粘土、水泥配料用红土、水泥配料用黄土、水泥配料用泥岩、保温材料用粘土）	原矿或者选矿	1%～5%或者每吨（或者每立方米）0.1～5元

续表

税目			征税对象	税率
非金属矿产	岩石类	大理岩、花岗岩、白云岩、石英岩、砂岩、辉绿岩、安山岩、闪长岩、板岩、玄武岩、片麻岩、角闪岩、页岩、浮石、凝灰岩、黑曜岩、霞石正长岩、蛇纹岩、麦饭石、泥灰岩、含钾岩石、含钾砂页岩、天然油石、橄榄岩、松脂岩、粗面岩、辉长岩、辉石岩、正长岩、火山灰、火山渣、泥炭	原矿或者选矿	1%～10%
		砂石	原矿或者选矿	1%～5% 或者每吨（或者每立方米）0.1～5 元
	宝玉石类	宝石、玉石、宝石级金刚石、玛瑙、黄玉、碧玺	原矿或者选矿	4%～20%
水气矿产	二氧化碳气、硫化氢气、氦气、氡气		原矿	2%～5%
	矿泉水		原矿	1%～20% 或者每立方米 1～30 元
盐	钠盐、钾盐、镁盐、锂盐		选矿	3%～15%
	天然卤水		原矿	3%～15% 或者每吨（或者每立方米）1～10 元
	海盐			2%～5%

二、计税依据

资源税的计税依据为应税产品的销售额或销售量。按照征收方式分为从价征收和从量征收。

1. 从价定率征收的计税依据

（1）销售额的基本规定。

资源税应税产品（以下简称应税产品）的销售额，按照纳税人销售应税产品向购买方收取的全部价款确定，不包括增值税税款。

计入销售额中的相关运杂费用，凡取得增值税发票或者其他合法有效凭据的，准予从销售额中扣除。相关运杂费用是指应税产品从坑口或者洗选（加工）地到车站、码头或者购买方指定地点的运输费用、建设基金以及随运销产生的装卸、仓储、港杂费用。

（2）特殊情形下销售额的确定。

纳税人申报的应税产品销售额明显偏低且无正当理由的，或者有自用应税产品行为而无销售额的，主管税务机关可以按下列方法和顺序确定其应税产品销售额：

①按纳税人最近时期同类产品的平均销售价格确定。

②按其他纳税人最近时期同类产品的平均销售价格确定。

③按后续加工非应税产品销售价格，减去后续加工环节的成本利润后确定。

④按应税产品组成计税价格确定。

组成计税价格 = 成本 × (1 + 成本利润率) ÷ (1 − 资源税税率)

上述公式中的成本利润率由省、自治区、直辖市税务机关确定。

⑤按其他合理方法确定。

2. 从量征收的计税依据

实行从量征收的，以应税产品的销售数量为计税依据。应税产品的销售数量，包括纳税人开采或者生产应税产品的实际销售数量和自用于应当缴纳资源税情形的应税产品数量。

销售数量，包括纳税人开采或者生产应税产品的实际销售数量和视同销售的自用数量。

纳税人不能准确提供应税产品销售数量或移送使用数量的，以应税产品的产量或主管税务机关确定的折算比，换算成课税数量。

金属和非金属矿产品原矿，因无法准确掌握纳税人移送使用原矿数量的，可将其精矿按选矿比折算成原矿数量，以此作为课税数量。

选矿比 = 精矿数量 ÷ 耗用原矿数量

原矿课税数量 = 精矿数量 ÷ 选矿比 (%)

纳税人以自产的液体盐加工固体盐，按固体盐税额征税，以加工的固体盐数量为课税数量。纳税人以外购的液体盐加工成固体盐，其加工固体盐所耗用液体盐的已纳税额准予抵扣。

凡同时开采多种资源税应税产品的，要分别核算，不能准确划分不同资源税应税产品课税数量的，从高适用税率。

5.1.2.3 征收管理

一、纳税义务发生时间

（1）纳税人销售应税产品，其纳税义务发生时间为收讫销售款或者取得索取销售款凭据的当天。

纳税义务发生时间具体按照结算方式不同，可以分为：

①纳税人采取除分期收款和预收货款外的其他结算方式销售应税产品，其

纳税义务发生时间为收讫销售款或者取得索取销售款凭据的当天。

②纳税人采取分期收款结算方式销售应税产品，其纳税义务发生时间为销售合同规定的收款日期的当天。

③纳税人采取预收货款结算方式销售应税产品，其纳税义务发生时间为发出应税产品的当天。

（2）纳税人自产自用应税产品，其纳税义务发生时间为移送使用应税产品的当天。

（3）扣缴义务人代扣代缴税款的纳税义务发生时间，为支付货款的当天。

二、纳税地点

根据现行税法规定，纳税人应当向应税产品的开采或者生产所在地税务机关缴纳资源税。

5.1.3　车辆购置税概述

车辆购置税是以在中国境内购置规定车辆为课税对象，在特定的环节向车辆购置者征收的一种税，就其性质而言，属于直接税的范畴。现行车辆购置税的基本规范是 2018 年 12 月 29 日颁布的《中华人民共和国车辆购置税法》。

5.1.3.1　纳税义务人和征税范围

车辆购置税的纳税人是指在中华人民共和国境内购置汽车、有轨电车、汽车挂车、排气量超过 150 毫升的摩托车（以下统称应税车辆）的单位和个人。其中购置是指以购买、进口、自产、受赠、获奖或者其他方式取得并自用应税车辆的行为。车辆购置税实行一次性征收。购置已征车辆购置税的车辆，不再征收车辆购置税。

5.1.3.2　应纳税额的计算

一、税率

车辆购置税的税率为 10%。

二、计税依据

车辆购置税的计税价格根据不同情况，按照下列规定确定。

（1）纳税人购买自用的应税车辆的计税价格，为纳税人购头应税车辆而支付给销售者的全部价款，不包括增值税税款。

（2）纳税人进口自用的应税车辆的计税价格的计算公式为：

$$计税价格 = 关税完税价格 + 关税 + 消费税$$

三、计算应纳税额

车辆购置税实行从价定率的办法计算应纳税额。应纳税额的计算公式为：

$$应纳税额 = 计税价格 \times 税率$$

①纳税人购买自用应税车辆的计税价格，为纳税人实际支付给销售者的全部价款，不包括增值税税款。

【例5-9】 某人购买一辆小轿车，机动车销售统一发票上"价税合计"为22.6万元，"不含税价格"为20万元，"增值税税额"为2.6万元。

【解析】

本例中纳税人实际支付给销售者的不含增值税价款为20万元，应纳车辆购置税为20×10%＝2（万元）。

②纳税人进口自用应税车辆的计税价格，为关税完税价格加上关税和消费税。

【例5-10】 某企业从境外购买一辆自用的小汽车，报关进口时缴纳关税7.5万元，缴纳消费税12.5万元，《海关进口关税专用缴款书》注明的关税完税价格为30万元。

【解析】

该企业办理车辆购置税纳税申报时，该进口车的车辆购置税计税价格＝关税完税价格（30万元）+关税（7.5万元）+消费税（12.5万元）＝50万元，应纳车辆购置税为50×10%＝5（万元）。

③纳税人自产自用应税车辆的计税价格，按照纳税人生产的同类应税车辆的销售价格确定，不包括增值税税款。

④纳税人以受赠、获奖或者其他方式取得自用应税车辆的计税价格，按照购置应税车辆时相关凭证载明的价格确定，不包括增值税税款。

5.1.3.3 征收管理

一、纳税义务发生时间

纳税人购买自用应税车辆的，应自购买之日起60日内申报纳税；进口自用应税车辆的，应自进口之日起60日内申报纳税；自产、受赠、获奖或者以其他方式取得并自用应税车辆的，应自取得之日起60日内申报纳税。

免税车辆因转让、改变用途等原因，其免税条件消失的，纳税人应在免税条件消失之日起60日内到主管税务机关重新申报纳税。

免税车辆发生转让，但仍属于免税范围的，受让方应当自购买或取得车辆之日起60日内到主管税务机关重新申报免税。

二、纳税地点

《中华人民共和国车辆购置税法》第十一条规定：纳税人购置应税车辆，应当向车辆登记地的主管税务机关申报缴纳车辆购置税；购置不需要办理车辆登记的应税车辆的，应当向纳税人所在地的主管税务机关申报缴纳车辆购置税。

根据《国家税务总局关于车辆购置税征收管理有关事项的公告》（国家税务总局公告 2019 年第 26 号），购置应税车辆的纳税人，应当到下列地点申报纳税。

①需要办理车辆登记的，向车辆登记地的主管税务机关申报纳税。

②不需要办理车辆登记的，单位纳税人向其机构所在地的主管税务机关申报纳税，个人纳税人向其户籍所在地或者经常居住地的主管税务机关申报纳税。

三、申报管理

1. 纳税人在申报时应提供的资料

纳税人办理纳税申报时应当如实填报《车辆购置税纳税申报表》，同时提供车辆合格证明和车辆相关价格凭证。

车辆合格证明为整车出厂合格证或者车辆电子信息单。

车辆相关价格凭证，境内购置车辆为机动车销售统一发票或者其他有效凭证，进口自用车辆为《海关进口关税专用缴款书》或者海关进出口货物征免税证明；属于应征消费税车辆的还包括《海关进口消费税专用缴款书》。提供这些凭证的目的是准确确定计税依据。

2. 纳税人在办理免税、减税时应提供的资料

纳税人在办理车辆购置税免税、减税时，应当如实填报《车辆购置税纳税申报表》，除提供车辆合格证明和车辆相关价格凭证外，还应当根据不同的免税、减税情形，分别提供以下资料的原件或者复印件。

（1）外国驻华使馆、领事馆和国际组织驻华机构及其有关人员自用车辆，提供机构证明和外交部门出具的身份证明。

（2）城市公交企业购置的公共汽电车辆，提供所在地县级以上（含县级）交通运输主管部门出具的公共汽电车辆认定表。

（3）悬挂应急救援专用号牌的国家综合性消防救援车辆，提供中华人民共和国应急管理部批准的相关文件。

（4）回国服务的在外留学人员购买的自用国产小汽车，提供海关核发的"中华人民共和国海关回国人员购买国产汽车准购单"。

（5）长期来华定居专家进口自用小汽车，提供国家外国专家局或者其授权

单位核发的专家证或者 A 类和 B 类"外国人工作许可证"。

（6）设有固定装置的非运输专用作业车辆，提供车辆内、外观彩色 5 寸照片。

5.2 采购环节涉及的税务处理

5.2.1 常见建材产品的增值税政策

5.2.1.1 采购砂石料、商品混凝土

建筑施工企业需要大量采购沙子、石料用于制作混凝土，有时也需要直接从混凝土加工企业采购混凝土。建筑施工企业有必要关注这类材料的增值税政策。

从河里抽采的沙子属于未经加工的建筑用天然材料，属"非金属矿采选产品"的征收范围。因此，销售从河里抽采的沙子应缴纳增值税。

根据修改后的《财政部 国家税务总局关于部分货物适用增值税低税率和简易办法征收增值税政策的通知》（财税〔2009〕9 号）规定，一般纳税人销售自产的下列货物可选择按照简易办法依照 3% 征收率计算缴纳增值税：①自产的建筑用和生产建筑材料所用的砂、土、石料；②以自己采掘的砂、土、石料或其他矿物连续生产的砖、瓦、石灰（不含黏土实心砖、瓦）；③商品混凝土（仅限于以水泥为原料生产的水泥混凝土）。一般纳税人选择简易办法计算缴纳增值税后，36 个月内不得变更。一般纳税人销售上述按简易办法征税的货物不能申报抵扣进项税额。

根据《财政部 国家税务总局关于简并增值税征收率政策的通知》（财税〔2014〕57 号）第二条规定，修改后的财税〔2009〕9 号文件第二条第（三）项和第三条"依照 6% 征收率"调整为"依照 3% 征收率"。因此，自 2014 年 7 月 1 日起商品混凝土（仅限于以水泥为原料生产的水泥混凝土）增值税征收率调整为 3%，不包括以沥青等其他材料制成的混凝土。

对于沥青混凝土等其他商品混凝土，应统一按照适用税率征收增值税，具体按照《财政部 国家税务总局关于印发〈资源综合利用产品和劳务增值税优惠目录〉的通知》（财税〔2015〕78 号）执行。

5.2.1.2 采购树苗

园林绿化公司会经常向农业生产者购买树苗。农业生产者销售的树苗可能

是自产的，也可能是外购的，那么其中的增值税政策又有什么区别呢？

农业生产者销售的自产农业产品免征增值税。《财政部 国家税务总局关于印发〈农业产品征税范围注释〉的通知》（财税〔1995〕52 号）规定，"农业生产者销售的自产农业产品"，是指直接从事植物的种植、收割和动物的饲养、捕捞的单位和个人销售的注释所列的自产农业产品；销售的外购的农业产品，以及单位和个人外购农业产品生产、加工后销售的属于注释所列的农业产品，则不属于免税范围，应当按照规定税率征收增值税。树苗属于《农业产品征收范围注释》所列植物类中的其他植物。其他植物是指除列举植物以外的其他各种人工种植和野生的植物，如树苗、花卉、植物种子、植物叶子、草、麦秸、豆类、薯类、藻类植物等。

《财政部 国家税务总局关于农业生产资料征免增值税政策的通知》（财税〔2001〕113 号）中规定的"批发和零售的种子、种苗、化肥（编者注：已移除）、农药、农机免征增值税"，并没有区分自产与外购。因此，仍应遵循《增值税暂行条例》的规定，自产树苗销售可以免征增值税，而外购树苗中属于种苗的免征增值税，不属于种苗的应该缴纳增值税。

纳税人销售林木以及销售林木的同时提供林木管护劳务的行为，属于增值税征收范围，应征收增值税。

5.2.2　建筑用砂石涉及的资源税及其管理

现行资源税法的基本规范，是 2019 年 8 月 26 日颁布的《中华人民共和国资源税法》。

在中华人民共和国领域和中华人民共和国管辖的其他海域开发应税资源的单位和个人，为资源税的纳税人，应当依照法律规定缴纳资源税。

资源税税目包括七大类，在 7 个税目下又设有若干个子目。现行资源税的税目及子目主要是根据资源税应税产品和纳税人开采资源的行业特点设置的，包括原油、天然气、煤炭、其他非金属矿原矿、黑色金属矿原矿、有色金属矿原矿、盐。建筑用砂石属于非金属矿原矿，应按规定缴纳资源税。建筑石料，主要是指在天然的岩体上开采下来的各种大小的石块，直接或加工后作为建筑材料，主要用于桥梁、桥墩、铁路、道路、纪念碑和房屋建筑以及水利工程等方面，具有抗压、耐磨、硬度高等物理性能，在建筑等多个领域得到广泛应用。

【例 5-11】建华建筑公司承建吉林省某高速公路项目。从甲混凝土拌和站采购以水泥为原材料生产的混凝土，价值 300 万元，从乙砂石场采购河沙 5 万立方米，价值 200 万元。甲混凝土拌和站和乙砂石场都是一般纳税人。请问：甲混凝土拌和站和乙砂石厂如何缴纳增值税和资源税？

【解析】

（1）甲混凝土拌和站生产的以水泥为原材料的混凝土，缴纳增值税可以采取两种办法，一是按适用税率计算，二是按简易办法计算。假定本例中，甲混凝土拌和站采取简易办法计算，那么应纳增值税为：300×3％＝9（万元）。需要说明的是，按 3％的征收率征收增值税的商品混凝土仅限于以水泥产品为原料生产的水泥混凝土，不包括以沥青等其他材料制成的混凝土。对于沥青混凝土等其他商品混凝土，应统一按照适用税率征收增值税。

（2）乙砂石场销售河沙缴纳增值税也有两种方法，即按适用税率计算或者按简易办法计算。假定本例中，乙砂石场没有选择按简易办法计算而是选择按适用税率计算。河沙的增值税适用税率是 13％，那么该项销售行为应缴纳增值税：200×13％＝26（万元）。

5.2.3 采购车辆环节涉税处理

5.2.3.1 消费税

消费税是指对消费品和特定的消费行为按消费流转额征收的一种商品税。消费税以消费品为课税对象，在此情况下，税收随价格转嫁给消费者承担，消费者是间接的纳税人，即实际的负税人。

我国现行消费税是对在我国境内从事生产、委托加工和进口应税消费品的单位和个人就其应税消费品征收的一种税。

按照《消费税暂行条例》规定，经相关调整后，确定征收消费税的有烟、酒、化妆品等 15 个税目，有的税目还进一步划分为若干子目。小汽车属于消费税的税目之一，小汽车消费税税率如表 5－3 所示。

表 5－3　　　　　　　　　小汽车消费税税率

税目	税率
1. 乘用车	
（1）气缸容量（排气量，下同）在 1.0 升（含 1.0 升）以下的	1％
（2）气缸容量在 1.0 升以上至 1.5 升（含 1.5 升）的	3％
（3）气缸容量在 1.5 升以上至 2.0 升（含 2.0 升）的	5％
（4）气缸容量在 2.0 升以上至 2.5 升（含 2.5 升）的	9％
（5）气缸容量在 2.5 升以上至 3.0 升（含 3.0 升）的	12％

税目	税率
（6）气缸容量在 3.0 升以上至 4.0 升（含 4.0 升）的	25%
（7）气缸容量在 4.0 升以上的	40%
2. 中轻型商用客车	5%

为保护生态环境，促进替代污染排放汽车的生产和消费，推进汽车工业技术进步，对生产销售达到低污染排放限值的小轿车、越野车和小客车减征 30% 的消费税。计算公式为：

$$减征税额 = 按法定税率计算的消费税税额 \times 30\%$$

$$应征税额 = 按法定税率计算的消费税税额 - 减征税额$$

低污染排放限值是指相当于欧盟指令 94/12EC、96/69/EC 排放标准（简称"欧洲 I 号标准"）。

5.2.3.2　车辆购置税

【例 5-12】建华建筑公司 2021 年 2 月，从一汽大众有限公司购买一辆小汽车供自己使用，支付了含增值税税款在内的款项 226 000 元，另支付代收临时牌照费 550 元，代收保险费 1 000 元，支付购买工具件和零配件价款 3 000 元，车辆装饰费 1 300 元。所支付的款项均由一汽大众有限公司开具"机动车销售统一发票"和有关票据。请计算建华建筑公司应纳车辆购置税。

【解析】

在应纳税额的计算中，应注意以下费用的计税规定。一是购买者随购买车辆支付的工具件和零配件价款应作为购车价款的一部分，并入计税依据征收车辆购置税。二是支付的车辆装饰费应作为价外费用并入计税依据。三是代收款项应区别征税：凡使用代收单位（受托方）票据收取的款项，应视作代收单位价外收费，购买者支付的价费款，应并入计税依据一并征收；凡使用委托方票据收取，受托方只履行代收义务和收取代收手续费的款项，应按其他税收政策规定征税。四是销售单位开给购买者的各种发票金额中包含增值税税款，计算车辆购置税时，应换算为不含增值税的计税价格。本例的计算如下。

（1）计税依据 = （226 000 + 550 + 1 000 + 3 000 + 1 300）÷（1 + 13%）= 205 176.99 （元）

（2）应纳税额 = 205 176.99 × 10% = 20 517.70 （元）

5.3   出售固定资产或废旧物资的增值税政策

5.3.1   适用税率及税额计算

根据增值税法相关规定，适用3%征收率的某些一般纳税人和小规模纳税人可以减按2%计征增值税。

（1）一般纳税人销售自己使用过的属于《增值税暂行条例》第十条规定不得抵扣且未抵扣进项税额的固定资产，按照简易办法依照3%征收率减按2%征收增值税。

纳税人销售自己使用过的固定资产，适用简易办法依照3%征收率减按2%征收增值税政策的，可以放弃减税，按照简易办法依照3%征收率缴纳增值税，并可以开具增值税专用发票。

所称自己使用过的固定资产是指纳税人根据财务会计制度已经计提折旧的固定资产。

（2）小规模纳税人（除其他个人外，下同）销售自己使用过的固定资产，减按2%的征收率征收增值税。

（3）纳税人销售旧货，按照简易办法依照3%征收率减按2%征收增值税。旧货是指进入二次流通的具有部分使用价值的货物（含旧汽车、旧摩托车和旧游艇），但不包括自己使用过的物品。

上述纳税人销售自己使用过的固定资产、物品和旧货适用按照简易办法依照3%征收率减按2%征收增值税的，按下列公式确定销售额和应纳税额：

5.3.2   发票处理

自2009年1月1日起，从事废旧物资回收经营业务的增值税一般纳税人销售废旧物资，不得开具印有"废旧物资"字样的增值税专用发票（以下简称废旧物资专用发票）。纳税人取得的2009年1月1日以后开具的废旧物资专用发票，不再作为增值税扣税凭证。

纳税人取得的2008年12月31日以前开具的废旧物资专用发票，应在开具之日起90天内办理认证，并在认证通过的当月核算当期增值税进项税额申报抵扣。自2009年4月1日起，废旧物资专用发票一律不得作为增值税扣税凭证计算抵扣进项税额。

5.3.3 纳税地点

为了保证纳税人按期申报纳税，根据企业跨地区经营和商品流通的特点及不同情况，税法还具体规定了增值税的纳税地点。

（1）固定业户应当向其机构所在地的主管税务机关申报纳税。总机构和分支机构不在同一县（市）的，应当分别向各自所在地的主管税务机关申报纳税；经国务院财政、税务主管部门或者其授权的财政、税务机关批准，可以由总机构汇总向总机构所在地的主管税务机关申报纳税。

（2）固定业户到外县（市）销售货物或者应税劳务，应当向其机构所在地的主管税务机关申请开具外出经营活动税收管理证明，并向其机构所在地的主管税务机关申报纳税；未开具证明的，应当向销售地或者劳务发生地的主管税务机关申报纳税；未向销售地或者劳务发生地的主管税务机关申报纳税的，由其机构所在地的主管税务机关补征税款。

（3）非固定业户销售货物或者应税劳务，应当向销售地或者劳务发生地的主管税务机关申报纳税；未向销售地或者劳务发生地的主管税务机关申报纳税的，由其机构所在地或者居住地的主管税务机关补征税款。

5.4 典型问题探讨

问题 1. 因质量问题退回厂家的机动车，车辆购置税是否可以退还？

【提问】

我单位购买一辆机动车，因质量问题退回厂家，车辆购置税是否可以退还，退税金额如何计算？

【解析】

根据《车辆购置税征收管理办法》第二十二条规定，因质量原因，车辆被退回生产企业或经销商的，已缴纳车辆购置税的车辆，准予纳税人申请退税。申请退税时，自纳税人办理纳税申报之日起，按已缴税款每满 1 年扣减 10% 计算退税额。未满 1 年的，按已缴税款全额退税。

问题 2. 车辆购置税和牌照费能否计入固定资产原值计提折旧？

【提问】

购买汽车缴纳的车辆购置税和牌照费能否计入固定资产原值计提折旧？

【解析】

《企业所得税法实施条例》第五十八条规定，外购的固定资产，以购买价款和支付的相关税费以及直接归属于使该资产达到预定用途发生的其他支出为计税基础。由于车辆购置税和牌照费是汽车达到预定用途前发生的支出，符合上述规定，可以计入固定资产原值计提折旧。

5.5 采销环节的会计处理

5.5.1 材料物资采购核算

所有建筑产品的构建都离不开材料物资，它是建筑施工的物资基础，是材料工程成本的重要组成部分。材料在建造过程中通过直接或间接消耗，构成材料成本。企业购进材料物资一般按实际成本计量，发出材料物资时的成本核算方法有先进先出法、加权平均法和个别计价法。建筑施工企业由于材料种类繁多、收发比较频繁，为简化工作量，在实际操作中采取计划成本法核算材料成本，期末通过"材料成本差异"将计划成本调整为实际成本。

5.5.1.1 材料物资概述

一、材料物资的分类

建筑施工企业的材料物资种类繁多，按其在施工中的作用和存放地点不同，可分为多种类别，如表5-4所示。

表5-4 材料物资的分类

类别	内容
原材料	包括主要材料、结构件、机械配件和其他材料等 （1）主要材料是指用于工程施工并构成工程实体的各种材料，如黑色金属材料（如钢材）、有色金属材料（如铜材、铝材）、木材、硅酸盐材料（如水泥、砖瓦、石灰、砂、石等）、小五金材料、电器材料、化工原料（如油漆材料等） （2）结构件是指经过吊装、拼砌或安装即能构成房屋、建筑物实体的各种金属的、钢筋混凝土的和木质的结构件和构件。如钢窗、木门、钢筋混凝土预制件等 （3）机械配件是指在施工生产过程中使用的施工机械、生产设备、运输设备等替换、维修用的各种零件和配件，以及为机械设备准备的各种备品备件。如曲轴、活塞、轴承、齿轮、阀门等 （4）其他材料是指不构成工程实体，但有助于工程形成或便于施工生产进行的各种材料。如燃料、油料、催化剂、石料等
委托加工物资	指委托加工中的各种材料和构件
周转材料	指企业在施工生产过程中能够多次使用，并基本保持原有的物质形态，但价值逐渐转移的各种材料。如模板、挡板、架料等
低值易耗品	指使用期限较短、单位价值较低，不作为固定资产核算的各种用具物品。如铁锹、铁镐、手推车等生产工具；工作鞋、工作帽、安全带等劳保用品；办公桌椅等管理用品

二、材料物资核算的主要方法

（一）材料物资初始成本的计量

材料物资初始成本的计量是指取得材料物资的计量。由于各种材料物资的来源不同，其成本组成的内容也不完全相同，因此，企业应按照制度的规定，根据材料物资的不同的来源，分别计算和确定各类材料物资的实际成本。

（1）外购材料物资的实际成本。外购材料物资的实际成本，由买价、运杂费、按规定应计入成本的税金和采购保管费组成。

（2）自制材料物资的实际成本。将制造过程中的各项实际支出作为自制材料物资的实际成本，包括制造过程中耗用的直接材料费、直接人工费和制造费用。

（3）委托加工材料物资的实际成本。委托加工材料物资的实际成本由实际耗用的原材料或者半成品以及加工费、运输费、装卸费和保险费等费用以及按规定应计入成本的税金组成。

（4）建设单位供应的材料物资的成本。建设单位供应的材料物资，应按合同确定的方法计价，通常以材料的预算价格为依据，扣除一部分保管费作为材料物资的实际成本。

（5）投资人投入的材料物资的成本。投资人投入的材料物资，以投资各方确认的价值作为实际成本。

（6）接受捐赠的材料物资的成本。接受捐赠的材料物资，按照发票账单所列金额加企业负担的相关税费作为实际成本。无发票账单的，应当参照同类或类似存货的市场价格估计的金额加上应支付的相关税费确定实际成本。

（7）非货币性交易换入材料物资的成本。非货币性交易换入材料物资，以换出资产的账面价值（或换入材料物资的公允价值）加上应支付的相关税费作为实际成本。

（8）盘盈材料物资的成本。盘盈材料物资，按照同类或类似材料物资的市场价格确定入账价值。

（二）材料物资收发的计量

1. 实际成本计价法

建筑施工企业常用的收发材料物资计价方法有先进先出法、加权平均法和个别计价法等，每种计价方法都有各自的特点。

建筑施工企业材料物资日常核算采用哪种计价方法，由企业根据实际情况自行决定，但要遵守前后一致的原则，一经确定，不能随意变更。如需变更，要在会计报表附注中加以说明。

2. 计划成本计价法

采用计划成本计价法确定发出材料物资的成本，其基本方法如下。

（1）企业应预先制定各种材料物资的计划成本目录，规定材料物资的分类、名称、规格、编号、计量单位和计划单价。计划单价在年度内一般不进行调整。

（2）平时领用、发出材料物资，都按计划成本计算，月份终了再将本月发出的材料物资应负担的成本差异进行分摊，将发出材料物资的计划成本调整为实际成本。

（3）平时收到材料物资时，应按计划单价填入收料单，并将实际成本与计划成本的差额作为"材料成本差异"分类登记。

【例5-13】某建筑施工企业2021年5月初结存材料的计划成本为10万元，成本差异为节约1 000元；本月入库材料的计划成本为15万元，成本差异为超支400元。当月工程领用材料的计划成本为20万元。假定该企业按月末计算的材料成本差异率分配和结转材料成本差异。要求：计算当月工程领用材料的实际成本。

【解析】

材料成本差异率 = （-1 000 + 400）÷（100 000 + 150 000）×100% = -0.24%

领用材料应负担的材料成本差异 = 200 000×（-0.24%）= -480（元）

当月工程领用材料的实际成本 = 200 000 + （-480）= 199 520（元）

采用计划成本计价的方法，发出的材料物资都按计划成本计算，大大简化了日常核算工作。

5.5.1.2　原材料的核算

企业对原材料的日常核算，既可以按实际成本计价，也可以按计划成本计价。下面分别介绍其核算方法。

一、原材料按实际成本计价的核算

规模较小、材料品种简单的建筑施工企业，对原材料可以按实际成本计价进行核算。材料按实际成本计价核算，"原材料"等材料类账户的设置与计划成本计价下的材料类账户基本相同。由于材料收发均按实际成本计价，无须核算实际脱离计划的差异，故不设置"物资采购"和"材料成本差异"账户。但因采用实际成本计价，在材料物资的采购过程中，仍有发生在途材料物资的可能，所以要设置"在途物资"账户。各项材料物资收发业务，均按实际成本记账。收到材料时，借记材料类账户。发出材料时根据具体情况选用先进先出法、加权平均法等方法，对发出材料重新计价。

采用实际成本对原材料进行核算的企业，月末汇总的物资采购保管费用不必计入材料的采购成本，而是采用一定的比例，按照发出材料的去向，直接分配计入用料对象的成本。

材料物资按实际成本计价核算，凭证、账簿均按实际成本登记，因而具有反映准确的优点；但发出材料需要重新计价，对于材料收发业务频繁的企业不适宜。材料物资采用实际成本计价进行日常核算时，应按材料物资的类别、品种、规格和保管地点设置明细账，进行明细核算，具体如表 5-5 所示。

表 5-5　　　　　　　　　　　　　材料成本差异明细账

明细账户：主要材料　　　　　　　　　　　　　　　　　　　　　　　　　　单位：元

日期		凭证编号	摘要	借方（本月收入）			差异率/%	贷方（本月发出）			月末结存		
月	日			计划成本	成本差异			计划成本	成本差异		计划成本	成本差异	
					超支	节约			超支	节约		超支	节约
			月初余额			1 350					31 500		546
			外购	126 500							158 000		1 896
			自制										
			其他收入										
			本月发出				-1.2	100 000		1 200	58 000		696

二、原材料按计划成本计价的核算

按计划成本计价的材料核算是指材料在购入、发出、结存各环节同时反映其实际成本与计划成本的一种核算方法。目前大多数企业采用这种方法进行材料核算。

（一）账户设置

1. "材料采购"账户

材料采购科目借记登记采购材料的实际成本，贷方登记入库材料的计划成本。借方金额超过贷方金额表示超支，从材料采购科目贷方转入材料成本差异科目的借方；贷方金额大于借方金额表示节约，从材料采购科目借方转入材料成本差异的贷方；期末为借方余额反映企业在途材料实际采购成本。

2. "物资采购——采购保管费"账户

该账户用以核算企业材料物资供应部门及仓库为采购、验收、保管和收发材料物资所发生的各种费用，一般包括采购、保管人员的工资、工资附加费、办公费、差旅交通费、固定资产使用费、工具用具使用费、劳动保护费、检验试验费（检验试验收入）、材料整理及零星运费、材料物资盘亏及毁损（减盘盈）等。"物资采购——采购保管费"账户应按所列费用项目设置明细账进行明细核算。"物资采购——采购保管费"账户借方核算企业发生的各种物资采购保管费，贷方核算已分配计入材料物资采购成本的物资采购保管费。

3. "原材料"账户

该账户用以核算企业各种原材料（包括库存主要材料、结构件、机械配件和其他材料）的计划成本。该账户借方核算企业外购、自制、委托外单位加工完成、客户转账拨入、其他单位投入、盘盈等增加的材料物资。已经验收入库，但月末发票账单仍未到，应按计划成本暂估入账，待下月初再用红字予以冲回。该账户贷方核算领用、发出加工、对外销售以及盘亏、毁损等减少的材料。该账户期末余额，反映原材料的计划成本。

4. "材料成本差异"账户

该账户用于核算企业各种材料实际成本与计划成本的差异。该账户借方核算各种外购、自制、委托加工入库材料（包括低值易耗品、周转材料）的实际成本大于计划成本的差异（借差）；贷方核算各种材料实际成本小于计划成本的差异（贷差），以及分摊发出材料应负担的成本差异，其中实际成本大于计划成本的差异，用蓝字登记，实际成本小于计划成本的差异，用红字登记。该账户月末借方余额，反映各种原材料、在库在用低值易耗品、在库在用周转材料实际成本大于计划成本的差异；贷方余额，反映实际成本小于计划成本的差异。当月材料成本差异率计算公式如下。

当月某类材料成本差异率 =（月初结存材料的成本差异 + 本月验收入库材料的成本差异）÷（月初结存材料的计划成本 + 本月验收入库材料的计划成本）× 100%

为了简化核算手续，及时计算投资转出材料或委托外部加工材料的实际成本，也可按上月差异率计算。

上月材料成本差异率的计算公式如下。

上月某类材料成本差异率 = 月初某类材料成本差异 ÷ 月初某类材料计划成本 ×
100%

（二）取得材料的总分类核算

建筑施工企业取得材料的来源有外购、自制、委托加工、拨入、投入和盘
盈等，其中主要是外购。

建筑施工企业（附属企业除外）外购材料实行增值税。购入货物按增值税
专用发票所支付的增值税，应直接计入所购货物的采购成本，即所支付的增值
税属价外税，施工企业的外购材料按含税价值核算。

建筑施工企业外购材料，要根据原始凭证，一方面办理收料，另一方面办
理货款结算。由于所采用的运输方式和结算方式不同，材料物资与其结算凭证
往往不能同时达到，收料和付款的账务处理要区分以下几种情况进行。

1. 付款同时收料

【例 5–14】某公司从本地购入 A 材料一批，由供应单位 B 公司送货上门。
增值税专用发票注明价格 10 000 元，增值税税率为 13%，全部价税款项用商
业承兑汇票付讫。该材料的计划成本为 12 000 元。

【解析】

账务处理如下。

（1）购入材料时：

购进材料进项税额 = 10 000 × 13% = 1 300 元

借：材料采购　　　　　　　　　　　　　　　　　　　10 000

　　应交税费——应交增值税（进项税额）　　　　　　　 1 300

　　贷：应付票据　　　　　　　　　　　　　　　　　　11 300

（2）材料验收入库，按计划成本入账：

借：原材料——A　　　　　　　　　　　　　　　　　　12 000

　　贷：材料采购　　　　　　　　　　　　　　　　　　10 000

　　　　材料成本差异　　　　　　　　　　　　　　　　 2 000

2. 货款先付，材料后到

【例 5–15】某公司某月 1 日从 A 公司购入 B 材料一批，增值税专用发票上
注明价款 20 000 元，增值税 2 600 元，另外代垫运杂费 1 600 元，价税款项
用银行存款付讫。材料于本月 25 日收到。该材料的计划成本为 26 000 元。

【解析】

账务处理如下。

代垫运杂费不含税价格 = 1 600 ÷ (1 + 9%) = 1 467.89 元

采购材料成本 = 20 000 + 1 467.89 = 21 467.89 元

进项税额 = 2 600 + 1 467.89 × 9% = 2 732.11 元

购入材料时：

借：材料采购   2 1467.89

    应交税费——应交增值税（进项税额）   2 732.11

      贷：银行存款   24 200

材料验收入库，按计划成本入账：

借：原材料——B   26 000

      贷：材料采购   21 467.89

         材料成本差异   4 532.11

3. 预付材料款

【例 5-16】某公司某月 5 日根据合同预付 C 材料定金 10 000 元，26 日收到供应单位 J 公司发来的材料和结算凭证，价税共计 34 800 元，代垫运杂费 1 900 元。材料款差额于月终前补付。该材料的计划成本为 38 000 元。

【解析】

账务处理如下。

（1）预付材料款（定金）。

借：预付账款   10 000

      贷：银行存款   10 000

（2）收到材料发票账单。

购进材料不含税成本 = 34 800 ÷ (1 + 13%) = 30 796.46 元

购进材料进项增值税 = 30 796.46 × 13% = 4 003.54 元

借：材料采购   30 796.46

    应交税费——应交增值税（进项税额）   4 003.54

      贷：预付账款   34 800

（3）C 材料按照计划成本验收入库。

借：原材料——C   38 000

      贷：材料采购   30 796.46

         材料成本差异   7 203.54

（4）补付材料差额（34 800 - 10 000 = 24 800）。

借：预付账款   24 800

```
    贷：银行存款                                      24 800
```

4. 材料先到，货款未付

【例 5-17】某公司收到供应单位发来的 D 材料一批，计划成本 20 000 元。因发票账单等结算凭证未到，月末暂估入账，次月初用红字冲销。

【解析】

账务处理如下。

（1）月末账单未到，按暂估价入账。

```
    借：原材料——D                                  20 000
        贷：应付账款                                 20 000
```

（2）次月初用红字冲销。

```
    借：原材料——D                                  20 000
        贷：应付账款                                 20 000
```

5. 材料入库，货款未付

【例 5-18】某公司从沪杭公司购入 E 材料一批，价税共计 46 800 元，代垫运杂费 2 000 元。材料已验收入库，货款暂未支付。E 材料的计划成本为 50 000 元。

【解析】

账务处理如下。

（1）赊购材料。

```
    借：物资采购                                    48 800
        贷：应付账款                                 48 800
```

（2）验收入库。

```
    借：原材料——E                                  50 000
        贷：物资采购                                 48 800
            材料成本差异                              1 200
```

6. 处理材料采购过程中发生的损耗

【例 5-19】某公司 B 材料发生超定额损耗 200 元，经查明属于本公司的责任事故，应将损耗计入 B 材料采购成本。

【解析】

账务处理如下。

（1）发现 B 材料超定额损耗。

```
    借：待处理财产损溢——B                             200
```

| | | | 贷：物资采购 | | | | 200 | | |

（2）将损失计入 B 材料采购成本。

借：物资采购　　　　　　　　　　　　　　　　　200

　　贷：待处理财产损溢——B　　　　　　　　　200

7. 分配物资采购保管费

【例 5-20】某公司本月共支付各种物资采购保管费 2 450 元，按实际分配率 2% 分配计入【例 5-14】至【例 5-18】所述的本月购入的 A、B、C、E 4 种材料的采购成本。

【解析】

账务处理程序如下。

A 材料应分摊：11 700×2% =234（元）

B 材料应分摊：25 000×2% =500（元）

C 材料应分摊：37 000×2% =740（元）

E 材料应分摊：48 800×2% =976（元）

分配当月物资采购保管费时。

借：物资采购——A　　　　　　　　　　　　　234

　　物资采购——B　　　　　　　　　　　　　500

　　物资采购——C　　　　　　　　　　　　　740

　　物资采购——E　　　　　　　　　　　　　976

　　贷：物资采购——采购保管费　　　　　　2 450

　　建筑施工企业的附属企业，购入材料按无税价值核算。购入材料所支付的增值税（进项税额）允许从销售额中抵扣。购入材料时要将价税金额分别反映。支付的材料价款贷记"银行存款"或"应付票据"账户。自制完工交库的材料按计划成本记入材料账，对实际成本脱离计划成本的差异，贷记或借记"材料成本差异"账户。收料业务较多的企业，可以编制收料凭证汇总表，根据汇总表月末一次登记总账。收料凭证汇总表的一般格式如表 5-6 所示。

表 5-6　　　　　　　　　收料凭证汇总表

日期	材料类别	材料名称	计量单位	数量		实际成本				计划成本		备注
				应收	实收	单价	货款	运杂费	合计	单价	金额	

日期	材料类别	材料名称	计量单位	数量		实际成本				计划成本		备注
				应收	实收	单价	货款	运杂费	合计	单价	金额	

（三）发出材料的总分类核算

建筑施工企业日常业务中领料凭证较多，一般采用编制发料凭证汇总表的方法，月末一次登记总账。按照规定，计入成本费用的材料价值，必须按实际成本计算。因此，建筑施工企业在核算发出材料费用时，必须根据有关资料计算分配发出材料应负担的差异额，把发出材料的计划成本调整为实际成本，确切反映各耗用材料的实际价值。

为计算分配发出材料应负担的差异额，必须计算材料成本差异率，有关计算公式如下。

材料成本差异率＝（月初结存材料成本差异＋本月验收入库材料成本差异）÷（月初结存材料计划成本＋本月验收入库材料计划成本）×100%

发出材料应负担的成本差异＝发出材料计划成本×材料成本差异率

发出材料实际成本＝发出材料计划成本±发出材料应负担的成本差异

【例 5-21】某公司月初结存主要材料的计划成本为 31 500 元，其节约差异为 546 元。本月外购入库材料的计划成本为 126 500 元，入库材料的节约差异为 1 350 元。本月甲工程领用主要材料的计划成本为 100 000 元。

【解析】

计算本月发出主要材料的实际成本如下。

材料成本差异率＝[（-546）＋（-1 350）]÷（31 500 + 126 500）×100%＝-1.2%

材料成本差异额＝100 000×（-1.2%）＝-1 200（元）

实际成本＝100 000 - 1 200＝98 800（元）

月末通常由企业财会部门对各种领料凭证，按材料类别、领料部门和领料用途进行归类整理，编制发料凭证汇总分配表，计算分配领用材料的计划成本及其应负担的材料成本差异，从计划成本和应摊差异两个方面，综合反映领用材料的实际成本。发料凭证汇总分配表是核算发出材料的依据。发料凭证汇总分配表的一般格式如表 5-7 所示。

表 5-7　　　　　　　　发料凭证汇总分配表

单位：万元

用途	主要材料			结构件			其他材料			合计		
1. 工程施工 ——合同成本	计划成本	成本差异	实际成本	计划成本	成本差异	实际成本	计划成本	成本差异	实际成本	计划成本	成本差异	实际成本
甲工程												
乙工程	10	-0.12	9.88	8	0.06	8.06	1	0.03	1.03	14	-0.03	13.97
丙工程												
小计												
2. 机械作业												
合计												

根据发料凭证汇总分配表，将领用材料的组合实际成本计入工程成本。

5.5.1.3　委托加工物资的核算

为了反映建筑施工企业委托外单位加工的各种材料物资的实际成本及委托加工物资收发结存情况，企业应设置"委托加工物资"科目。其借方反映发送外单位加工的材料物资的实际成本或计划成本及成本差异，发生的加工费及往返运杂费；贷方反映加工完成并已验收入库的材料物资的实际成本和退回材料物资的实际成本；期末借方余额反映委托加工但尚未完成或尚未验收入库的材料物资的实际成本以及发生的运杂费及加工费。

委托加工物资的核算具体包括以下几方面。

1. 发出时

发给外单位加工的物资，按实际成本，借记"委托加工物资"科目，贷记"原材料"等科目；按计划成本（或售价）核算的企业，还应当同时结转成本差异，借记或贷记"委托加工物资"科目，贷记或借记"材料成本差异"等科目。

2. 支付加工费、运输费等

企业支付加工费用、应承担的运杂费等，借记"委托加工物资"科目、"应交税费——应交增值税（进项税额）"等科目，贷记"银行存款"等科目。需要缴纳消费税的委托加工物资，其由受托方代收代缴的消费税，分别以下列两种情况处理。

（1）收回后直接用于销售的，应将受托方代收代缴的消费税计入委托加工

物资成本，借记"委托加工物资"科目，贷记"应付账款""银行存款"等
科目。

（2）收回后用于连续生产应税消费品，消费税按规定准予抵扣的，按受托
方代收代缴的消费税，借记"应交税费——应交消费税"科目，贷记"应付账
款""银行存款"等科目。

3．入库时

加工完成验收入库的物资和剩余的物资，按加工收回物资的实际成本和剩
余物资的实际成本，借记"原材料""库存商品"等科目（采用计划成本或售
价核算的企业，按计划成本或售价计入"原材料"或"库存商品"科目，实际
成本与计划成本或售价之间的差异，计入"材料成本差异"或"商品进销差
异"科目），贷记"委托加工物资"科目。

【例 5-22】某施工企业委托甲公司加工木模，业务如下。

（1）发出材料物资委托甲单位加工，计划成本为 3 000 元，做如下会计分录。

借：委托加工物资　　　　　　　　　　　　　　3 000
　　贷：原材料　　　　　　　　　　　　　　　　　　3 000

（2）支付运杂费及加工费 300 元，做如下会计分录。

借：委托加工物资　　　　　　　　　　　　　　300
　　贷：库存现金　　　　　　　　　　　　　　　　　300

（3）委托加工完毕验收入库，木模的计划成本为 3 200 元，做如下会计
分录。

借：周转材料　　　　　　　　　　　　　　　　3 200
　　贷：委托加工物资　　　　　　　　　　　　　　　3 200

（4）加工剩余材料作价 60 元入库，做如下会计分录。

借：原材料　　　　　　　　　　　　　　　　　60
　　贷：委托加工物资　　　　　　　　　　　　　　　60

（5）月末结转委托加工物资实际成本大于计划成本的差额，做如下会计分录。

借：材料成本差异　　　　　　　　　　　　　　40
　　贷：委托加工物资　　　　　　　　　　　　　　　40

5.5.1.4　周转材料及低值易耗品的核算

一、周转材料的核算

（一）周转材料的概念和内容

周转材料是指在施工生产过程中能多次反复周转使用，并基本保持其物质

形态或经过整理便可以保持或恢复实物形态的材料，如模板、挡土板、脚手架、安全网等。企业的周转材料大多是用主要材料加工制成的或是直接从外部购入的。周转材料就其在施工生产中所起的作用来说，具有劳动资料的性质。但周转材料的使用期限较短，价值较低，领用频繁，一般作为流动资产进行管理和核算。

周转材料按用途不同可以分为以下几类。

（1）模板。模板指浇灌混凝土用的木模、组合钢模等，包括配合模板使用的支撑材料、滑模材料和扣件。

（2）挡板。挡板指土方工程用的挡土板等，包括支撑材料。

（3）架料。架料指搭脚手架用的竹竿、木杆、钢管（包括扣件）、竹木跳板等。

（4）其他。其他周转材料如塔吊使用的轻轨、枕木等，但不包括附属于塔吊的钢轨。

周转材料按其使用情况可分为在库周转材料和在用周转材料。

由于周转材料在生产过程中能够多次周转使用，因此，它的价值应随其损耗程度逐渐转移，摊销计入工程成本或有关费用。

（二）周转材料的核算方法

为了核算和监督周转材料的购入、领用、摊销和结存情况，企业可以设置"周转材料"账户。本账户用以核算库存和在用的各种周转材料的计划成本或实际成本；在本账户下设置"在库周转材料""在用周转材料""周转材料摊销"3个明细账户。

"周转材料"账户借方核算企业库存、在用周转材料的计划成本或实际成本，贷方核算周转材料摊销额以及因盘亏、报废、毁损等减少的周转材料价值，期末余额反映企业在库周转材料的计划成本或实际成本以及在用周转材料的摊余价值。

1. 周转材料购入的核算

购入周转材料的核算与购入原材料的核算基本相同。

【例5-23】宏达建筑公司外购一批木板，实际成本10.2万元，计划成本10万元，货款已支付，木板验收入库。

【解析】

账务处理如下。

借：材料采购——周转材料　　　　　　　　　　　　　102 000

贷：银行存款	102 000
借：周转材料——在库周转材料	100 000
贷：材料采购——周转材料	100 000

月末结转购入周转材料成本差异。

借：材料成本差异——周转材料	2 000
贷：材料采购——周转材料	2 000

2. 周转材料领用、摊销的核算

实际工作中，为了使会计核算更具有实际意义，周转材料的摊销方法，应视周转材料的价值、耐磨程度、使用期限等具体因素确定。周转材料的摊销方法一般有一次摊销法、分次摊销法和五五摊销法等，企业可根据周转材料的具体使用情况，选择使用。

（1）一次摊销法。一次摊销法指在领用周转材料时，将其全部价值一次计入工程成本或有关费用的摊销方法。这种方法一般适用于易腐、易潮、易损坏或价值较低、使用期限较短的周转材料，如安全网等。

【例 5-24】某项工程领用一次摊销的安全网一批，计划成本 4.2 万元，材料成本差异率为 -2% 。

【解析】

账务处理如下。

借：合同履约成本——工程施工	41 160
材料成本差异——周转材料	840
贷：周转材料——在库周转材料	42 000

（2）分次摊销法。分次摊销法指根据周转材料的预计使用次数、原值、预计残值确定每次摊销额，将其价值分次计入工程成本或有关费用的摊销方法。其计算公式为：

$$周转材料每次摊销额 = \frac{周转材料原价 \times (1 - 残值率)}{预计使用次数}$$

$$本期摊销额 = 每次摊销额 \times 本期使用次数$$

这种方法适用于预制钢筋混凝土构件时所使用的定型模板、模板、挡板等周转材料。

【例 5-25】某项工程领用的挡板的计划成本为 2 000 元，预计使用 10 次，报废时预计残值为原价的 5% ，本月使用 3 次。

【解析】

账务处理如下。

借：周转材料——在用周转材料   570

    贷：周转材料——在库周转材料   570

该项工程按规定的摊销方法，计算本期应计提周转材料摊销2.4万元，其中架料1.5万元，模板0.9万元。账务处理如下。

借：工程施工   24 000

    贷：周转材料——周转材料摊销（架料）   15 000

           周转材料——周转材料摊销（模板）   9 000

（3）五五摊销法。五五摊销法指在第一次领用周转材料时，摊销其一半价值，在报废时再摊销其另一半价值的方法。在这种方法下，应在"周转材料"总账科目下，分设"周转材料——在库""周转材料——在用""周转材料——摊销"3个二级科目。

其账务处理如下。

①领用时：按其账面余额，借记"周转材料——在用"科目，贷记"周转材料——在库"科目并摊销一半的账面价值，借记"销售费用""管理费用""生产成本""其他业务成本""工程施工"等科目，贷记"周转材料——摊销"科目。

②报废时：摊销另一半的账面价值。借记"销售费用""管理费用""生产成本""其他业务成本""工程施工"等科目，贷记"周转材料——摊销"科目；同时转销全部的周转材料已计提的摊销额，借记"周转材料——摊销"科目，贷记"周转材料——在用"科目。

③报废时如有残值：报废的周转材料的价值应冲减有关资产成本或当期损益，借记"原材料""银行存款"等科目，贷记"销售费用""管理费用""生产成本""其他业务成本""工程施工"等科目。

各种周转材料的具体摊销方法，由企业根据具体情况确定，一经确定一般不得随意改变，如果改变，需在会计报表附注中加以说明。

3. 周转材料报废、退库的核算

由于建筑施工企业的周转材料大都在露天使用、堆放，受自然影响损耗较大，而且施工过程中安装、拆卸周转材料的技术水平和施工生产工艺对周转材料的使用寿命也有着直接影响。因此在实际工作中，周转材料无论采用哪一种摊销方法，平时计算的摊销额一般都不可能与实际价值损耗完全一致，所以需在年度或工程竣工时，对周转材料进行盘点，根据实际损耗调整已提摊销额，以保证工程成本和有关费用的正确性。

（1）企业清查盘点中发现短缺、报废的周转材料，应及时办理报废手续，并补提摊销。

报废、短缺周转材料应补提摊销额 = 应提摊销额 − 已提摊销额

应提摊销额 = 报废、短缺周转材料计划成本 − 残料价值（短缺的周转材料无残值）

已提摊销额 = 报废、短缺周转材料计划成本 × $\dfrac{该类在用周转材料账面已提摊销额}{该类在用周转材料账面计划成本}$

【例 5−26】乙工程领用的木模板全部报废，其计划成本为 2 万元，回收残料价值 0.1 万元，账面已提摊销额 1.8 万元。

【解析】

账务处理如下。

应提摊销额 = 20 000 − 1 000 = 19 000（元）

已提摊销额 = 18 000（元）

应补提摊销额 = 19 000 − 18 000 = 1 000（元）

根据以上计算结果，做补提摊销额会计分录。

借：工程施工　　　　　　　　　　　　　　　　　　　　1 000

　　贷：周转材料——周转材料摊销　　　　　　　　　　　　1 000

残料验收入库，并转销报废木模板的计划成本。

借：原材料——其他材料　　　　　　　　　　　　　　　1 000

　　周转材料——周转材料摊销　　　　　　　　　　　　19 000

　　贷：周转材料——在用周转材料　　　　　　　　　　　20 000

分配报废材料应负担的材料成本差异，假设材料成本差异率为 2%。

借：工程施工——乙工程　　　　　　　　　　　　　　　200

　　贷：材料成本差异——周转材料　　　　　　　　　　　　200

（2）对工程竣工或不再使用而退库的周转材料，应及时办理退库手续，并根据成色（即新旧程度）补提摊销。

退回周转材料应补提摊销额 = 应提摊销额 − 已提摊销额

应提摊销额 = 退回周转材料计划成本 × （1 − 退回时确定的成色）

已提摊销额 = 退回周转材料计划成本 × $\dfrac{该类在用周转材料账面已提摊销额}{该类在用周转材料账面计划成本}$

对于转移到其他工程的周转材料，也应及时办理转移手续，并比照上述方法，确定其成色，补提摊销额。

【例 5−27】某工程将领用的钢模板一部分退回仓库，计划成本为 4 万元，

退回时估计成色为50%，该类钢模板在用计划成本为8万元，账面已提摊销额3.2万元。

【解析】

退库钢模板应提摊销额＝40 000×（1－50%）＝20 000（元）

退库钢模板已提摊销额＝40 000×32 000÷80 000＝16 000（元）

应补提摊销额＝20 000－16 000＝4 000（元）

根据以上计算结果，补提摊销额账务处理如下。

借：工程施工   4 000

  贷：周转材料——周转材料摊销（在用）   4 000

退回旧钢模板验收入库。

借：周转材料——在库周转材料   40 000

  贷：周转材料——在用周转材料   40 000

结转退库钢模板的已提摊销额。

借：周转材料——周转材料摊销（在用）   20 000

  贷：周转材料——周转材料摊销（在库）   20 000

【例5-28】 某工程项目本月领用分次摊销的模板计划成本为40 000元，本月应摊销8 000元。另外本月报废上年度领用的模板一批，计划成本为60 000元，已摊销70%，其余30%应在本月摊销。该模板的材料成本差异率为－2%，残值率为6%。

【解析】

（1）领用时按计划成本由在库转为在用，做如下会计分录。

借：周转材料——在用周转材料   40 000

  贷：周转材料——在库周转材料   40 000

（2）同时，摊销8 000元，做如下会计分录。

借：工程施工——合同成本   8 000

  贷：周转材料——周转材料摊销   8 000

（3）报废时将报废模板补提摊销，补提摊销额＝60 000×（1－6%）－60 000×70%＝14 400（元），做如下会计分录。

借：工程施工——合同成本   14 400

  贷：周转材料——周转材料摊销   14 400

（4）将报废模板收回的残料交库，并转销报废模板的计划成本，做如下会计分录。

借：原材料　　　　　　　　　　　　　　　　　　　　　3 600

　　周转材料——周转材料摊销　　　　　　　　　　　　56 400

　　贷：周转材料——在用周转材料　　　　　　　　　　　　60 000

（5）月末结转报废模板应分配的材料成本差异 −1 200 元 [60 000 ×
（−2%）]，做如下会计分录。

借：工程施工——合同成本　　　　　　　　　　　　　　1 200

　　贷：材料成本差异——周转材料　　　　　　　　　　　　1 200

【例 5−29】某工程项目本月领用分次摊销的模板一批，计划成本为
30 000 元，本月应摊销 8 000 元。使用几个月后，报废模板一批，计划成本为
10 000 元，估计残值 1 000 元作为其他材料已验收入库，报废当月模板计划成
本为 28 000 元，已摊销 19 500 元。该模板的材料成本差异率为贷差 2%。

【解析】

账务处理如下。

（1）领用时按计划成本由在库转为在用。

借：周转材料——在用周转材料　　　　　　　　　　　　30 000

　　贷：周转材料——在库周转材料　　　　　　　　　　　　30 000

（2）计提摊销额 8 000 元。

借：工程施工——合同成本　　　　　　　　　　　　　　8 000

　　贷：周转材料——周转材料摊销　　　　　　　　　　　　8 000

以后各月计提各月摊销时，均按上述方法做摊销分录。

（3）报废模板报废时补提摊销额的计算，公式如下。

报废模板报废应补提的摊销额 = 应提摊销额 − 已提摊销额

已提摊销额 = 报废模板的计划成本 × 模板账面已提摊销额 ÷ 模板账面计划
成本

根据上述计算公式，本例计算如下。

应提摊销额 =10 000 −1 000 =9 000（元）

已提摊销额 =10 000 ×（19 500 ÷28 000）=6 964（元）

应补提摊销额 =9 000 −6 964 =2 036（元）

根据上述计算结果，做如下会计分录。

借：工程施工——合同成本　　　　　　　　　　　　　　2 036

　　贷：周转材料——周转材料摊销　　　　　　　　　　　　2 036

（4）将报废模板收回的残料交库，并转销报废模板的计划成本，做如下会

计分录。

借：原材料——其他材料   1 000

    周转材料——周转材料摊销   9 000

  贷：周转材料——在用周转材料   10 000

（5）月末结转报废模板应分配的材料成本差异 200 元（10 000×2%），做如下会计分录。

借：工程施工——合同成本   200

  贷：材料成本差异——周转材料   200

【例 5-30】W 工程项目年终盘点，把一批不需用的模板转到乙工程，计划成本为 10 000 元，估计成色为 60%，W 工程在用模板账面计划成本为 50 000 元，已提摊销额为 15 000 元。

【解析】

账务处理如下。

(1) 计算模板转移时应补提摊销额，公式如下。

转移模板应补提的摊销额 = 应提摊销额 - 已提摊销额

应提摊销额 = 转移模板的计划成本 × (1 - 转移时确定的成色)

已提摊销额 = 转移模板的计划成本 × 模板账面已提摊销额 ÷ 模板账面计划成本

根据上述计算公式，本例计算如下。

应提摊销额 = 10 000 × (1 - 60%) = 4 000(元)

已提摊销额 = 10 000 × (15 000 ÷ 50 000) = 3 000（元）

应补提摊销额 = 4 000 - 3 000 = 1 000（元）

根据上述计算结果，做如下会计分录。

借：工程施工——合同成本（W 工程）   1 000

  贷：周转材料——周转材料摊销   1 000

(2) 将模板由 W 工程移至乙工程时，做如下会计分录。

借：周转材料——在用（乙工程）   10 000

  贷：周转材料——在用（W 工程）   10 000

借：周转材料——摊销（W 工程）   4 000

  贷：周转材料——摊销（乙工程）   4 000

二、低值易耗品的核算

（一）低值易耗品的概念和内容

低值易耗品是指单项价值在规定金额之内或使用期限低于规定时间，能多次使用且基本上保持其原有实物形态的物品。低值易耗品具有劳动资料的某些特征，但由于其价值较低，容易损坏等，所以在核算中一般将其视作材料进行管理和核算。

建筑施工企业的低值易耗品种类较多，但从其在施工生产中的作用来划分，不外乎以下四类。

（1）生产工具，指在施工生产过程中使用的各种生产工具，如铁锹、铁镐、手推车等。

（2）劳保用品，指发给工人在施工生产中使用的各种劳动保护用品。

（3）管理用具，指在管理和服务工作中使用的价值较低而又易于损耗的各种家具和用具。

（4）试验用的玻璃器皿。

对低值易耗品的确认，虽然在原则上可采用单项价值和使用期限两条标准，但实际工作中仍不免产生一些困难或混乱。因此，在我国常由企业主管部门征得财政部门同意后，制定低值易耗品目录，作为所属单位区分固定资产与低值易耗品的具体依据。

（二）低值易耗品的摊销

低值易耗品可以多次使用而不改变其原有的实物形态，有的在使用过程中需要进行维修，报废时也有一定的残值，这些特点都与固定资产相似。但其价值损耗不是采用计提折旧的方式进行补偿，而是以摊销的方式计入成本。除容易破碎的低值易耗品可以在领用时一次摊销外，其余低值易耗品都应在领用时转作在用低值易耗品，并按一定的方法将其价值分期摊销。建筑施工企业低值易耗品的摊销方法主要有以下几种。

（1）一次摊销法。价值较小的低值易耗品，其价值可以在领用时一次计入成本、费用。玻璃器皿等易碎物品可不论其价值大小，在领用时一次计入成本。

（2）分期摊销。价值较大的低值易耗品，其价值可以根据耐用期限分期摊入成本费用。

（3）五五摊销法，是指在领用低值易耗品时，摊销其价值的50％，报废时再摊销50％（扣除残值）的一种方法。

低值易耗品的摊销方法，一般由企业主管部门或由企业根据具体情况自行规定。当企业规定采用某种摊销方法之后，则不能随意改变。

（三）低值易耗品的核算

为了核算和监督低值易耗品的采购、领用和摊销的情况，建筑施工企业应设置"低值易耗品"账户。本账户下设"在库低值易耗品""在用低值易耗品""低值易耗品摊销"3个明细账户。

【例5-31】假设行政管理部门领用工具一批，计划成本为3 000元，本月报废工具计划成本为600元，残料50元入库，本月材料成本差异率为借差2%。

【解析】

（1）领用时按计划成本由在库转为在用，做如下会计分录。

借：周转材料——低值易耗品（在用）　　　　　　　　　　　3 000

　　贷：周转材料——低值易耗品（在库）　　　　　　　　　　3 000

（2）同时，按计划成本摊销50%，做如下会计分录。

借：管理费用——低值易耗品（摊销）　　　　　　　　　　　1 500

　　贷：周转材料——低值易耗品（摊销）　　　　　　　　　　1 500

（3）报废时将报废工具计划成本的50%扣除残料价值后摊销，做如下会计分录。

借：管理费用　　　　　　　　　　　　　　　　　　　　　　250

　　贷：周转材料——低值易耗品（摊销）　　　　　　　　　　250

（4）将报废工具收回的残料作为其他材料入库，并转销报废生产工具的计划成本，做如下会计分录。

借：原材料　　　　　　　　　　　　　　　　　　　　　　　50

　　周转材料——低值易耗品（摊销）　　　　　　　　　　　550

　　贷：周转材料——低值易耗品（在用）　　　　　　　　　　600

（5）月末结转报废工具应分配的材料成本差异12元（600×2%），做如下会计分录。

借：管理费用　　　　　　　　　　　　　　　　　　　　　　12

　　贷：材料成本差异——低值易耗品　　　　　　　　　　　　12

5.5.1.5　存货跌价准备的核算

一、材料物资期末计价

按照《企业会计准则——存货》规定，资产负债日，企业的存货应当按照成本与可变现净值孰低计量，对可变现净值低于存货成本的差额，计提存货跌价准备，计入当期损益。

　　"成本与可变现净值孰低"是指对期末存货，按照成本与可变现净值两者之中较低者进行计价的方法。即当成本低于可变现净值时，存货按成本计价；当可变现净值低于成本时，存货按可变现净值计价。

　　"成本"是指存货的历史成本，即以历史成本为基础的发出存货计价方法（如先进先出法等）计算的期末存货价值，或者是采用存货的简化核算方法（如计划成本法）下调整为实际成本的期末存货价值。

　　"可变现净值"是指在正常生产经营过程中，以存货的估计售价减去至完工估计将要发生的成本、估计的销售费用以及相关税费后的金额。

　　二、存货跌价准备核算

　　为了核算企业计提的存货跌价准备，建筑施工企业应设置"存货跌价准备"账户，该账户属于资产类账户，是有关存货账户的备抵账户。该账户贷方登记企业于期末或年末实际计提的存货跌价准备；借方登记结转存货账面价值时冲销的已计提的存货跌价准备，以及因已计提的存货跌价准备的存货价值得以恢复，而按恢复增加的数额冲销已计提的存货跌价准备，但按恢复增加数冲销的存货跌价准备金额，应以本账户的余额冲减至零为限；该账户期末有贷方余额，反映企业已提取的存货跌价准备。

　　企业在根据成本与可变现净值孰低原则确定了期末存货的价值之后，应视具体情况进行有关的账务处理，具体如下。

　　（1）如果期末存货成本低于可变现净值，则不需要进行账务处理，资产负债表中的存货仍按期末账面价值列示。

　　（2）如果期末存货的可变现净值低于成本，则必须在当期确认存货跌价损失，并运用备抵法进行相关的账务处理，借记"资产减值损失"科目，贷记"存货跌价准备"科目。

　　（3）当存货的可变现净值大于账面价值，若前期曾经计提存货跌价准备，则应在原已计提的存货跌价准备的限额内转回可变现净值与账面价值的差额，借记"存货跌价准备"科目，贷记"资产减值损失"科目。

　　【例 5-32】宏达建筑公司按照"成本与可变现净值孰低"原则对期末存货进行计价。假设 2020 年年末存货的账面成本为 500 万元，预计可变现净值为 484 万元，应计提的存货跌价准备为 16 万元，"存货跌价准备"账户的余额为零。

　　【解析】

　　账务处理如下。

　　借：资产减值损失　　　　　　　　　　　　　　　　160 000

　　　　贷：存货跌价准备　　　　　　　　　　　　　　160 000

　　假设 2021 年 6 月末该存货的账面成本不变，预计可变现净值为 470 万元，则应再计提存货跌价准备 14 万元，账务处理如下。

　　　　借：资产减值损失　　　　　　　　　　　　　　140 000

　　　　　　贷：存货跌价准备　　　　　　　　　　　　　140 000

　　2021 年年末，该存货的账面成本不变，可变现净值有所恢复，为 494 万元，则应冲减计提的存货跌价准备 24 万元，账务处理如下。

　　　　借：存货跌价准备　　　　　　　　　　　　　　240 000

　　　　　　贷：资产减值损失　　　　　　　　　　　　　240 000

　　【例 5-33】 某施工企业甲材料在 2020 年 12 月 31 日的账面成本为 200 000 元，预计可变现净值为 160 000 元，企业首次计提存货跌价准备。2021 年 3 月 31 日，甲材料由于市场供需关系的变化，预计可变现净值为 190 000 元。2021 年 6 月 30 日，甲材料的预计可变现净值为 210 000 元。

　　【解析】

　　会计分录如下。

　　(1) 2020 年 12 月 31 日。

　　　　借：管理费用——计提的存货跌价准备　　　　　40 000

　　　　　　贷：存货跌价准备　　　　　　　　　　　　　40 000

　　(2) 2021 年 3 月 31 日。

　　应计提的存货跌价准备 = 200 000 - 190 000 = 10 000 (元)

　　实际计提的存货跌价准备 = 10 000 - 40 000 = -30 000 (元)

　　　　借：存货跌价准备　　　　　　　　　　　　　　30 000

　　　　　　贷：管理费用——计提的存货跌价准备　　　　30 000

　　(3) 2021 年 6 月 30 日。

　　　　借：存货跌价准备　　　　　　　　　　　　　　10 000

　　　　　　贷：管理费用——计提的存货跌价准备　　　　10 000

5.5.1.6　材料物资的清查

一、材料物资清查概述

　　为了保证材料的完整，做到账实相符，建筑施工企业必须建立材料清查盘点制度。材料按规定应当定期盘点，每年至少盘点一次，并在年末进行全面清查。

　　建筑施工企业材料账实不符的原因主要有：①建筑安装材料种类繁多，收发频繁；②材料分散在各个仓库，现场存储；③材料计量不准；④自然损耗；⑤收发时点错数量；⑥人为短缺。

因此，必须通过清查盘点检查核实材料情况。材料的清查盘点，在平时应当定期进行。每年在编制年度财务决算以前，还要进行一次全面清查盘点，使年度会计报表的数字正确可靠。

二、材料物资清查的程序、手续及清查核算的原始凭证、账户设置

1. 清查的程序

（1）清查盘点前，将已经收发的存货数量全部登记入账，并准备盘点清册，抄列各种材料物资的编号、名称、规格和存放地点。

（2）清查盘点时，在盘点清册上，逐一登记各种材料物资的账面结存数量和实存数量，并进行核对。

（3）清查盘点后，对于账实不符的材料物资，应查明原因，分清责任，并根据清查结果编制"材料物资盘存报告单"。

2. 清查的手续

根据企业会计准则规定，材料物资清查时，如果材料物资盘点的结果与账面结存不相符，应于办理年终结算前查明原因，并根据企业的管理权限，经过股东大会、董事会或经理（厂长）会议或类似机构批准后，在年终结账前处理完毕。企业存货的盘盈、盘亏和毁损，在期末结账前尚未经过批准，在对外提供财务会计报告时先按上述方法进行处理并在会计报表附注中做出说明；如果其后批准处理的金额与已处理的金额不一致，应当调整当期会计报表相关项目的年初数。

3. 清查核算的原始凭证

企业进行材料物资清查盘点，应当编制"材料物资盘存报告单"，并将其作为材料清查的原始凭证。

4. 清查核算的账户设置

为了核算企业财产清查中查明的各种财产物资的盘盈、盘亏和毁损情况，企业应设置"待处理财产损溢"账户。其借方登记盘亏和毁损的各种财产物资的实际成本和经批准转销的盘盈数，贷方登记存货盘盈的实际成本和经批准转销的盘亏、毁损数，期末处理后本账户应无余额。本账户应设置"待处理流动资产损溢"和"待处理固定资产损溢"两个明细账户进行明细核算。

三、材料物资盘盈、盘亏的核算

材料盘点的盈亏，可以分为两大类：一类是经查明属于材料明细账卡记录

的错误，如收发数量登记错误，金额计算错误，明细账卡加减计算错误，登记时搞错材料规格，造成一种规格多、一种规格少等。对这些差错可由材料核算人员开列清单，注明原因，经会计部门复核后，按规定的更正错误的方法进行更正。另一类是真正的材料盘点盈亏，当然也可能包括未经查明属于明细账卡登记的错误。对于真正的材料盘点盈亏，应于期末前查明原因，并根据企业的管理权限，经股东大会、董事会或经理（厂长）会议或类似机构批准后，在期末结账前处理完毕。盘盈的存货，应当冲减当期的管理费用；盘亏的存货，在减去过失人或保险公司等赔款和残料价值后，计入当期管理费用；属于非常损失的，计入营业外支出。

（一）材料物资盘盈的核算

发生盘盈的材料物资，经查明是由收发计量或核算上的误差等原因造成的，应及时办理材料物资入账的手续，调整材料物资账存数，按盘盈存货的计划成本或估计成本计入"待处理财产损溢——待处理流动资产损溢"科目。经有关部门批准后，再冲减"管理费用"科目。

【例 5-34】宏达建筑公司在材料物资清查中盘盈木板一批，计划成本为 1.2 万元。

【解析】

账务处理如下。

借：原材料   12 000

　　贷：待处理财产损溢——待处理流动资产损溢   12 000

经批准，盘盈木材价值做冲减管理费用处理，账务处理如下。

借：管理费用   12 000

　　贷：待处理财产损溢——待处理流动资产损溢   12 000

【例 5-35】某施工企业在清查中发现下列材料账实不符：盘盈 W 材料（主要材料）一批，计划成本为 1 500 元；主要材料 P 材料盘亏 500 元，经确认，其中属自然耗费 200 元，由于管理人员工作失职损失 50 元，因自然灾害造成的毁损 250 元，材料成本差异率为借差 2%。

【解析】

根据上述资料，会计分录如下。

（1）根据盘盈盘亏结果，做如下会计分录。

借：原材料——W 材料   1 500

　　贷：待处理财产损溢——待处理流动资产损溢   1 500

借：待处理财产损溢——待处理流动资产损溢　　　　　　510

　　贷：原材料——P 材料　　　　　　　　　　　　　　　500

　　　　材料成本差异　　　　　　　　　　　　　　　　　10

（2）上述盘盈盘亏材料按规定程序经批准予以转销，会计分录如下。

借：待处理财产损溢——待处理流动资产损溢　　　　1 500

　　贷：管理费用　　　　　　　　　　　　　　　　　1 500

借：管理费用　　　　　　　　　　　　　　　　　　　204

　　其他应收款——某人　　　　　　　　　　　　　　　51

　　营业外支出　　　　　　　　　　　　　　　　　　255

　　贷：待处理财产损溢——待处理流动资产损溢　　　510

（二）材料物资盘亏的核算

发生盘亏和毁损的存货，在报经批准以前，应按其成本（计划成本或实际成本）转入"待处理财产损溢——待处理流动资产损溢"科目。报经批准以后，再根据造成盘亏和毁损的原因，分别以下情况进行处理。

（1）属于自然损耗产生的定额内损耗，经批准后转作采购保管费。

（2）属于计量收发差错和管理不善等原因造成的存货短缺或毁损，应先扣除残料价值、可以收回的保险赔偿和过失人的赔偿，然后将净损失计入管理费用。

（3）属于自然灾害或意外事故造成的存货毁损，应先扣除残料价值和可以收回的保险赔偿，然后将净损失转作营业外支出。

【例 5-36】宏达建筑公司在存货清查中盘亏水泥 8 000 元。

【解析】

账务处理如下。

借：待处理财产损溢——待处理流动资产损溢　　　　8 000

　　贷：原材料　　　　　　　　　　　　　　　　　　8 000

经查明，上述盘亏水泥属于定额内损耗 2 400 元，自然灾害造成损失4 000 元，由于管理不善造成的损失 1 600 元，经批准转销，账务处理如下。

借：采购保管费　　　　　　　　　　　　　　　　　2 400

　　营业外支出　　　　　　　　　　　　　　　　　　4 000

　　管理费用　　　　　　　　　　　　　　　　　　　1 600

　　贷：待处理财产损溢——待处理流动资产损溢　　　8 000

5.5.2 固定资产会计核算

5.5.2.1 建筑施工企业固定资产概述

一、固定资产的概念及特征

固定资产是指企业为生产商品、提供劳务、出租或经营管理而持有的、使用寿命超过一个会计年度的有形资产，不包括作为投资性房地产的建筑物和未达到预计可使用状态的在建工程。

从固定资产的定义看，固定资产具有以下 3 个特征。

1. 为生产商品、提供劳务、出租或经营管理而持有

企业持有固定资产的目的是生产商品、提供劳务、出租或经营管理，即企业持有的固定资产是企业的劳动工具或手段，而不是用于出售的产品。其中"出租"的固定资产是指企业以经营租赁方式出租的机器设备类固定资产，不包括以经营租赁方式出租的建筑物，后者属于企业的投资性房地产，不属于固定资产。

2. 使用寿命超过一个会计年度

固定资产的使用寿命是指企业使用固定资产的预计期间，或者该固定资产所能生产产品或提供劳务的数量。通常情况下，固定资产的使用寿命是指使用固定资产的预计期间，比如自用房屋、建筑物的使用寿命表现为企业对该房屋、建筑物的预计使用年限。对于某些机器设备或运输设备等固定资产，其使用寿命表现为以该固定资产所能生产产品或提供劳务的数量，例如，汽车或飞机等按其预计行驶或飞行里程估计使用寿命。

3. 固定资产是有形资产

固定资产具有实物特征，这一特征将固定资产与无形资产区别开来。有些无形资产可能同时符合固定资产的其他特征，如无形资产为生产商品、提供劳务而持有，使用寿命超过一个会计年度，但是由于其没有实物形态，所以不属于固定资产。

二、固定资产的确认条件

固定资产在符合定义的前提下，应当同时满足以下两个条件才能加以确认。

1. 与该固定资产有关的经济利益很可能流入企业

资产最重要的特征是预期会给企业带来经济利益。企业在确认固定资产时，需要判断与该项固定资产有关的经济利益是否很可能流入企业。如果与该项固定资产有关的经济利益很可能流入企业，并同时满足固定资产确认的其他条件，

那么企业应将其确认为固定资产；否则不应将其确认为固定资产。

2.该固定资产的成本能够可靠地计量

成本能够可靠地计量是资产确认的一项基本条件。企业在确定固定资产成本时必须取得确凿证据，但是有时需要根据所获得的最新资料，对固定资产的成本进行合理的估计。比如，企业对于已达到预定可使用状态但尚未办理竣工决算的固定资产，需要根据工程预算、工程造价或者工程实际发生的成本等资料，按估计价值确定其成本，办理竣工决算后，再按照实际成本调整原来的暂估价值。

5.5.2.2　固定资产的初始计量

固定资产的初始计量是指确定固定资产的取得成本。取得成本包括企业为取得某项固定资产达到预定可使用状态前所发生的一切合理的、必要的支出。在实务中，企业取得固定资产的方式是多种多样的，包括外购、自行建造、投资者投入以及非货币性资产交换、债务重组、企业合并和融资租赁等，取得的方式不同，其成本的具体构成内容及确定方法也不尽相同。

一、外购的固定资产

企业外购固定资产的成本，包括购买价款、相关税费、使固定资产达到预定可使用状态前所发生的可归属于该项资产的运输费、装卸费、安装费和专业人员服务费等。

企业购入的固定资产分为不需要安装的固定资产和需要安装的固定资产两类。

（1）购入不需要安装的固定资产，取得成本包括企业实际支付的购买价款、包装费、运杂费、保险费、专业人员服务费和相关税费（不含可抵扣的增值税进项税额）等，其账务处理如图 5-1 所示。

借：固定资产（按应计入固定资产成本的金额）

　　贷：银行存款/其他应付款/应付票据

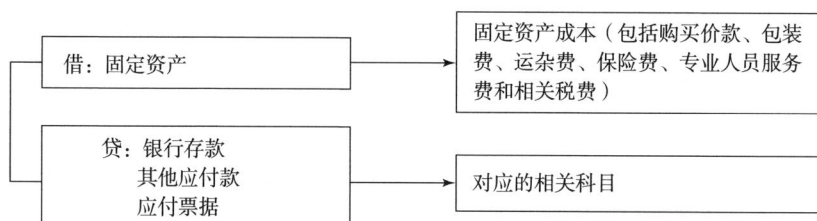

图 5-1　购入不需要安装的固定资产的会计分录

（2）需要安装的固定资产是指固定资产需要经过安装才能交付使用，其取得成本是在前者取得成本的基础上，加上安装调试成本等，其账务处理如下。

安装完毕前：

借：在建工程（按应计入固定资产成本的金额）

　　贷：银行存款/其他应付款/应付票据

安装完毕交付使用之后：

借：固定资产

　　贷：在建工程

【例5-37】2021年2月1日，甲公司购入一台需要安装的生产用机器设备，取得的增值税专用发票上注明的设备价款为50万元，增值税进项税额为65 000元，支付的运输费为2 500元，款项已通过银行支付。安装设备时，领用本公司原材料一批，价值3万元，购进该批原材料时支付的增值税进项税额为3 900元；支付安装工人的工资为4 900元。假定不考虑其他相关税费。

【解析】

甲公司的账务处理如下。

（1）支付设备价款、运输费为502 500元；增值税为6 500 + 2 500 × 9% = 6 725元。

借：在建工程——××设备　　　　　　　　　　502 500

　　应交税费——应交增值税（进项税额）　　　　6 725

　　贷：银行存款　　　　　　　　　　　　　　　509 225

（2）领用原材料、支付安装工人工资费用合计为30 000 + 4 900 = 34 900元。

借：在建工程——××设备　　　　　　　　　　34 900

　　贷：原材料　　　　　　　　　　　　　　　　30 000

　　　　应付职工薪酬　　　　　　　　　　　　　4 900

（3）设备达到预定可使用状态。

固定资产成本 = 502 500 + 34 900 = 537 400元。

借：固定资产——××设备　　　　　　　　　　537 400

　　贷：在建工程——××设备　　　　　　　　　537 400

二、自行建造的固定资产

自行建造固定资产的成本由建造该项资产达到预定可使用状态前所发生的必要支出构成，包括工程物资成本、人工成本、缴纳的相关税费、应予资本化的借款费用以及应分摊的间接费用等。

企业以自营方式建造固定资产，意味着企业自行组织工程物资采购、自行组织施工人员从事工程施工。企业如以自营方式建造固定资产，其成本应当按照直接材料、直接人工、直接机械使用费等计量。企业为建造固定资产准备的各种物资应当按照实际支付的买价、运输费、保险费等相关税费作为实际成本，并按照各种专项物资的种类进行明细核算。工程完工后，剩余的工程物资转为本企业存货的，按其实际成本或计划成本进行结转。建设期间发生的工程物资盘亏、报废及毁损，减去残料价值，以及保险公司、过失人等赔款后的净损失，计入所建工程项目的成本；盘盈的工程物资或处置净收益，冲减所建工程项目的成本。工程完工后发生的工程物资盘盈、盘亏、报废、毁损，计入当期损益。

建造固定资产领用工程物资、原材料或库存商品，应按其实际成本转入所建工程成本。自营方式建造固定资产应负担的职工薪酬，辅助生产部门为之提供的水、电、运输等劳务，以及其他必要支出等也应计入所建工程项目的成本。

所建造的固定资产已达到预定可使用状态，但尚未办理竣工结算的，应当自达到预定可使用状态之日起，根据工程预算、造价或者工程实际成本等，按暂估价值转入固定资产，并按有关计提固定资产折旧的规定，计提固定资产折旧。待办理竣工决算手续后再调整原来的暂估价值，但不需要调整原已计提的折旧额。

企业以自营方式建造固定资产发生的工程成本应通过"在建工程"科目核算，工程完工达到预定可使用状态时，从"在建工程"科目转入"固定资产"科目。

三、融资租入的固定资产

（1）融资租入的固定资产属于使用权资产。具体是指承租人可在租赁期内使用租赁资产的权利。在租赁期开始日，承租人应当按照成本对使用权资产进行初始计量。该成本包括下列四项：

①租赁负债的初始计量金额。

②在租赁期开始日或之前支付的租赁付款额。存在租赁激励的，应扣除已享受的租赁激励相关金额。

③承租人发生的初始直接费用。

④承租人为拆卸及移除租赁资产、复原租赁资产所在场地或将租赁资产恢复至租赁条款约定状态预计将发生的成本。

融资租入固定资产初始计量：

借：使用权资产

租赁负债——未确认融资费用

贷：租赁负债——租赁付款额

银行存款（第 1 年的租赁付款额）

（2）在租赁期开始日后，承租人应当按以下原则对租赁负债进行后续计量：

①确认租赁负债的利息时，增加租赁负债的账面金额；

②支付租赁付款额时，减少租赁负债的账面金额；

③因重估或租赁变更等原因导致租赁付款额发生变动时，重新计量租赁负债的账面价值。

融资租入固定资产后续计量会计分录：

借：财务费用——利息费用

贷：租赁负债——未确认融资费用

借：租赁负债——租赁付款额

贷：银行存款

（3）使用权资产的后续计量

在租赁期开始日后，承租人应当采用成本模式对使用权资产进行后续计量，即，以成本减累计折旧及累计减值损失计量使用权资产。承租人按照新租赁准则有关规定重新计量租赁负债的，应当相应调整使用权资产的账面价值。

对于使用权资产的折旧，承租人应当参照《企业会计准则第 4 号——固定资产》有关折旧规定，自租赁期开始日起对使用权资产计提折旧。使用权资产通常应自租赁期开始的当月计提折旧，当月计提确有困难的，为便于实务操作，企业也可以选择自租赁期开始的下月计提折旧，但应对同类使用权资产采取相同的折旧政策。计提的折旧金额应根据使用权资产的用途，计入相关资产的成本或者当期损益。承租人在确定使用权资产的折旧方法时，应当根据与使用权资产有关的经济利益的预期实现方式作出决定。通常，承租人按直线法对使用权资产计提折旧，其他折旧方法更能反映使用权资产有关经济利益预期实现方式的，应采用其他折旧方法。承租人在确定使用权资产的折旧年限时，应遵循以下原则：承租人能够合理确定租赁期届满时取得租赁资产所有权的，应当在租赁资产剩余使用寿命内计提折旧；承租人无法合理确定租赁期届满时能够取得租赁资产所有权的，应当在租赁期与租赁资产剩余使用寿命两者孰短的期间内计提折旧。如果使用权资产的剩余使用寿命短于前两者，则应在使用权资产的剩余使用寿命内计提折旧。

对于使用权资产的减值，在租赁期开始日后，承租人应当按照《企业会计准则第 8 号——资产减值》的规定，确定使用权资产是否发生减值，并对已识别的减值损失进行会计处理。使用权资产发生减值的，按应减记的金额，借记"资产减值损失"科目，贷记"使用权资产减值准备"科目。使用权资产减值准备一旦计提，不得转回。承租人应当按照扣除减值损失之后的使用权资产的账面价值，进行后续折旧。

5.5.2.3　固定资产计提折旧的核算

一、固定资产折旧的定义

折旧是指在固定资产的使用寿命内，按照确定的方法对应计折旧额进行的系统分摊。应计折旧额是指应当计提折旧的固定资产的原价扣除其预计净残值后的金额。如果已对固定资产计提减值准备，还应当扣除已计提的固定资产减值准备累计金额。

二、影响固定资产折旧的因素

影响固定资产折旧的因素主要有以下几个方面。

（1）固定资产原价，指固定资产的成本。

（2）固定资产的使用寿命，指企业使用固定资产的预计期间，或者该固定资产所能生产产品或提供劳务的数量。企业确定固定资产使用寿命时，应当考虑下列因素。

①该项资产预计生产能力或实物产量。

②该项资产预计有形损耗，指固定资产在使用过程中，由正常使用和自然力的作用而引起的使用价值和价值的损失，如设备使用中发生磨损，房屋、建筑物受到自然侵蚀等。

③该项资产预计无形损耗，指由科学技术的进步和劳动生产率的提高而带来的固定资产价值上的损失，如因新技术的出现而使现有的资产技术水平相对陈旧，市场需求变化使其所生产的产品过时等。

④法律或者类似规定对该项资产使用的限制。某些固定资产的使用寿命可能受法律或类似规定的约束。如对于融资租赁的固定资产，根据《企业会计准则第 21 号——租赁》规定，能够合理确定租赁期届满时将会取得租赁资产所有权的，应当在租赁资产使用寿命内计提折旧；如果无法合理确定租赁期届满时能够取得租赁资产所有权的，应当在租赁期与租赁资产使用寿命两者中较短的期间内计提折旧。

（3）预计净残值，指假定固定资产预计使用寿命已满并处于使用寿命终了时的预期状态，企业目前从该项资产处置中获得的扣除预计处置费用后的金额。

（4）固定资产减值准备，指固定资产已计提的固定资产减值准备累计金额。固定资产计提减值准备后，应当在剩余使用寿命内根据调整后的固定资产账面价值（固定资产账面余额扣减累计折旧和累计减值准备后的金额）和预计净残值重新计算确定折旧率和折旧额。

三、固定资产折旧范围

企业应当对所有的固定资产计提折旧，但是已提足折旧仍继续使用的固定资产和单独计价入账的土地除外。在确定固定资产计提折旧的范围时还应注意以下几点。

（1）固定资产应当按月计提折旧，并根据用途计入相关资产的成本或者当期损益。固定资产应自达到预定可使用状态时开始计提折旧，终止确认时或划分为持有待售非流动资产时停止计提折旧。为了简化核算，当月增加的固定资产，当月不计提折旧，从下月起计提折旧；当月减少的固定资产，当月仍计提折旧，从下月起不计提折旧。

（2）固定资产提足折旧后，不论能否继续使用，均不再计提折旧，提前报废的固定资产也不再补提折旧。所谓提足折旧是指已经提足该项固定资产的应计折旧额。

（3）已达到预定可使用状态但尚未办理竣工决算的固定资产，应当按照估计价值确定其成本，并计提折旧；待办理竣工决算后再按实际成本调整原来的暂估价值，但不需要调整原已计提的折旧额。

四、固定资产折旧方法

企业应当根据与固定资产有关的经济利益的预期实现方式，合理选择折旧方法。可选用的折旧方法包括年限平均法、工作量法、双倍余额递减法和年数总和法等。企业选用不同的固定资产折旧方法，将影响固定资产使用寿命期间内不同时期的折旧费用。因此，固定资产的折旧方法一经确定，不得随意变更；如需变更应当符合《企业会计准则第 4 号——固定资产》第十九条的规定。

1. 年限平均法

年限平均法又称直线法，是指将固定资产的应计折旧额均衡地分摊到固定资产预计使用寿命内的一种方法。采用这种方法计算的每期折旧额均相等。计算公式如下。

$$年折旧率 = \frac{1 - 预计净残值率}{预计使用寿命（年）} \times 100\%$$

$$月折旧率 = 年折旧率 \div 12$$

$$月折旧额 = 固定资产原价 \times 月折旧率$$

采用年限平均法计算固定资产折旧虽然比较简便，但存在着一些明显的局限性。首先，固定资产在不同使用年限提供的经济效益是不同的。一般来说，固定资产在其使用前期工作效率相对较高，所带来的经济利益也就多；而在其使用后期，工作效率一般呈下降趋势，因而所带来的经济利益也就逐渐减少。年限平均法对此不予考虑明显是不合理的。其次，固定资产在不同的使用年限发生的维修费用也不一样。固定资产的维修费用将随着其使用时间的延长而不断增加，而年限平均法也没有考虑这一因素。

当固定资产各期负荷程度相同时，各期应分摊相同的折旧费，这时采用年限平均法计算折旧是合理的。但是，如果固定资产各期负荷程度不同，采用年限平均法计算折旧时，则不能反映固定资产的实际使用情况，计提的折旧额与固定资产的损耗程度也不相符。

2．工作量法

工作量法是根据实际工作量计算每期应提折旧额的一种方法。计算公式如下。

$$单位工作量折旧额 = \frac{固定资产原价 \times (1 - 预计净残值率)}{预计总工作量}$$

某项固定资产月折旧额 = 该项固定资产当月工作量 × 单位工作量折旧额

3．双倍余额递减法

双倍余额递减法是指在不考虑固定资产预计净残值的情况下，根据每期期初固定资产原价减去累计折旧后的金额（即固定资产净值）和双倍的直线法折旧率计算固定资产折旧的一种方法。计算公式如下。

$$年折旧率 = 2 \div 预计使用寿命（年） \times 100\%$$

$$月折旧率 = 年折旧率 \div 12$$

$$月折旧额 = 固定资产净值 \times 月折旧率$$

由于每年年初固定资产净值没有扣除预计净残值，因此，在应用这种方法计算折旧额时必须注意，不能使固定资产的净值降低到其预计净残值以下，即采用双倍余额递减法计提折旧的固定资产，通常在其折旧年限到期前两年内，将固定资产净值扣除预计净残值后的余额平均摊销。

【例 5-38】甲公司某项设备原价为 120 万元，预计使用寿命为 5 年，预计净残值率为 4%；假设甲公司没有对该机器设备计提减值准备。

【解析】

甲公司按双倍余额递减法计提折旧，每年折旧额计算如下。

年折旧率 =2÷5×100% =40%

第一年应提的折旧额 =120×40% =48（万元）

第二年应提的折旧额 =（120 -48）×40% =28.8（万元）

第三年应提的折旧额 =（120 -48 -28.8）×40% =17.28（万元）

从第四年起改按年限平均法（直线法）计提折旧，计算如下。

第四年、第五年应提的折旧额 =（120 -48 -28.8 -17.28 -120×4%）÷2 = 10.56（万元）

4. 年数总和法

年数总和法又称年限合计法，是将固定资产的原价减去预计净残值的余额乘以一个以固定资产尚可使用寿命为分子、以预计使用寿命逐年数字之和为分母的逐年递减的分数计算每年的折旧额。计算公式如下。

年折旧率 =尚可使用寿命÷预计使用寿命的年数总和×100%

月折旧率 =年折旧率÷12

月折旧额 =（固定资产原价 -预计净残值）×月折旧率

【例5-39】沿用【例5-38】的资料，采用年数总和法计算的各年折旧额如表5-8所示。

表5-8 折旧的计算

单位：元

年份	尚可使用寿命	原价 -预计净残值	年折旧率	每年折旧额	累计折旧
第1年	5 年	1 152 000	5/15	384 000	384 000
第2年	4 年	1 152 000	4/15	307 200	691 200
第3年	3 年	1 152 000	3/15	230 400	921 600
第4年	2 年	1 152 000	2/15	153 600	1 075 200
第5年	1 年	1 152 000	1/15	76 800	1 152 000

双倍余额递减法和年数总和法都属于加速折旧法，其特点是在固定资产使用的早期多提折旧，后期少提折旧，其递减的速度逐年加快，从而相对加快折旧的速度，使固定资产成本在估计使用寿命内快速得到补偿。

五、固定资产折旧的会计处理

固定资产应当按月计提折旧，计提的折旧应通过"累计折旧"科目核算，并根据用途计入相关资产的成本或者当期损益。

（1）基本生产车间所使用的固定资产，其计提的折旧应计入制造费用。

（2）管理部门所使用的固定资产，其计提的折旧应计入管理费用。

（3）销售部门所使用的固定资产，其计提的折旧应计入销售费用。

（4）自行建造固定资产过程中使用的固定资产，其计提的折旧应计入在建工程成本。

（5）经营租出的固定资产，其计提的折旧额应计入其他业务成本。

（6）未使用的固定资产，其计提的折旧应计入管理费用。

【例 5–40】甲公司 2021 年 1 月固定资产计提折旧情况如下。

第一生产车间厂房计提折旧 7.6 万元，机器设备计提折旧 9 万元。

管理部门房屋、建筑物计提折旧 13 万元，运输工具计提折旧 4.8 万元。

销售部门房屋、建筑物计提折旧 6.4 万元，运输工具计提折旧 5.26 万元。

此外，本月第一生产车间新购置一台设备，原价为 122 万元，预计使用寿命 10 年，预计净残值 1 万元，按年限平均法计提折旧。

【解析】

本例中，新购置的设备本月不计提折旧，应从 2021 年 2 月开始计提折旧。甲公司 2021 年 1 月计提折旧的账务处理如下。

```
借：制造费用——第一生产车间            166 000
    管理费用                        178 000
    销售费用                        116 600
    贷：累计折旧                          460 600
```

六、固定资产使用寿命、预计净残值和折旧方法的复核

由于固定资产的使用寿命长于一年，属于企业的非流动资产，为真实反映固定资产为企业提供经济利益的期间及每期实际的资产消耗，企业至少应当于每年年度终了，对固定资产的使用寿命、预计净残值和折旧方法进行复核。

在固定资产使用过程中，其所处的经济环境、技术环境以及其他环境有可能对固定资产使用寿命和预计净残值产生较大影响。例如，固定资产使用强度比正常情况大大增大，致使固定资产实际使用寿命大大缩短；替代该项固定资产的新产品的出现致使其实际使用寿命缩短，预计净残值减少等。如有确凿证据表明，固定资产使用寿命预计数与原先估计数有差异，应当调整固定资产使用寿命；如果固定资产预计净残值与原先估计数有差异，应当调整预计净残值。

固定资产使用过程中所处经济环境、技术环境以及其他环境的变化也可能致使与固定资产有关的经济利益的预期实现方式发生重大改变。如果固定资产给企业带来经济利益的方式发生重大变化，企业也应相应改变固定资产折旧方法。例如，某企业以前年度采用年限平均法计提固定资产折旧，此次年度复核中发现，与该固定资产相关的技术发生很大变化，年限平均法已很难反映该项

固定资产给企业带来经济利益的方式，因此决定将年限平均法改为加速折旧法。

企业应当根据《企业会计准则第 4 号——固定资产》的规定，结合企业的实际情况，制定固定资产目录、分类方法、每类或每项固定资产的使用寿命、预计净残值、折旧方法等。固定资产使用寿命、预计净残值和折旧方法的改变应作为会计估计变更，按照《企业会计准则第 28 号——会计政策、会计估计变更和差错更正》处理。

5.5.2.4　固定资产后续支出的核算

固定资产的后续支出是指固定资产使用过程中发生的更新改造支出、修理费用等。

后续支出的处理原则为：符合固定资产确认条件的，应当计入固定资产成本，同时将被替换部分的账面价值扣除；不符合固定资产确认条件的，应当计入当期损益。

一、资本化的后续支出

固定资产发生可资本化的后续支出时，企业一般应将该固定资产的原价、已计提的累计折旧和减值准备转销，将固定资产的账面价值转入在建工程，并在此基础上重新确定固定资产原价。当固定资产转入在建工程时，应停止计提折旧。在固定资产发生的后续支出完成并达到预定可使用状态时，再从在建工程转为固定资产，并按重新确定的固定资产原价、使用寿命、预计净残值和折旧方法计提折旧。固定资产发生的可资本化的后续支出，通过"在建工程"科目核算。

【例 5-41】甲公司有关固定资产更新改造的资料如下。

（1）2018 年 12 月 30 日，该公司自行建成了一条生产线，建造成本为 1 136 000 元；采用年限平均法计提折旧；预计净残值率为 3%，预计使用寿命为 6 年。

（2）2021 年 1 月 1 日，由于生产的产品适销对路，现有生产线的生产能力已难以满足公司生产发展的需要，但若新建生产线则建设周期过长。甲公司决定对现有生产线进行改扩建，以提高其生产能力。假定该生产线未发生减值。

（3）2021 年 1 月 1 日至 3 月 31 日，经过 3 个月，完成了对这条生产线的改扩建工程。该生产线达到预定可使用状态共发生支出 537 800 元，全部以银行存款支付。

（4）该生产线改扩建工程达到预定可使用状态后，大大提高了生产能力，预计将其使用寿命延长 4 年，即为 10 年。假定改扩建后的生产线的预计净残值率为改扩建后固定资产账面价值的 3%；折旧方法仍为年限平均法。

（5）为简化计算过程，整个过程不考虑其他相关税费；公司按年度计提固定资产折旧。

【解析】

本例中，生产线改扩建后生产能力大大提高，能够为企业带来更多的经济利益，改扩建的支出金额也能可靠计量，因此该后续支出符合固定资产的确认条件，应计入固定资产的成本。有关的账务处理如下。

（1）固定资产后续支出发生前。

该条生产线的应计折旧额 $=1\,136\,000 \times (1-3\%)=1\,101\,920$（元）

年折旧额 $=1\,101\,920 \div 6=183\,653.33$（元）

2019 年和 2020 年两年计提固定资产折旧的账务处理如下。

借：制造费用   183 653.33

    贷：累计折旧   183 653.33

（2）2021 年 1 月 1 日，固定资产的账面价值 $=1\,136\,000-183\,653.33 \times 2=768\,693.34$（元）

固定资产转入改扩建的账务处理如下。

借：在建工程——××生产线   768 693.34

    累计折旧   367 306.66

    贷：固定资产——××生产线   1 136 000

（3）2021 年 1 月 1 日至 3 月 31 日，发生改扩建工程支出的账务处理如下。

借：在建工程——××生产线   537 800

    贷：银行存款   537 800

（4）2021 年 3 月 31 日，生产线改扩建工程达到预定可使用状态，固定资产的入账价值 $=768\,693.34+537\,800=1\,306\,493.34$（元）。

借：固定资产——××生产线   1 306 493.34

    贷：在建工程——××生产线   1 306 493.34

（5）2021 年 3 月 31 日，转为固定资产后，按重新确定的使用寿命、预计净残值和折旧方法计提折旧。

应计折旧额 $=1\,306\,493.34 \times (1-3\%)=1\,267\,298.54$（元）

月折旧额 $=1\,267\,298.54 \div (7 \times 12 + 9)=13\,626.87$（元）

年折旧额 $=13\,626.87 \times 12=163\,522.39$（元）

2021 年应计提的折旧额 = 13 626.87 × 9 = 122 641.83（元）

会计分录如下。

借：制造费用   122 641.83

    贷：累计折旧   122 641.83

企业发生的某些固定资产后续支出可能涉及替换原固定资产的某组成部分，当发生的后续支出符合固定资产确认条件时，应将其计入固定资产成本，同时将被替换部分的账面价值扣除。这样可以避免将替换部分的成本和被替换部分的成本同时计入固定资产成本，导致高估固定资产成本。企业对固定资产进行定期检查发生的大修理费用，符合资本化条件的，可以计入固定资产成本，不符合资本化条件的，应当费用化，计入当期损益。固定资产在定期大修理间隔期间，照提折旧。

【例 5-42】某航空公司 2012 年年末购入一架飞机，总计花费 8 000 万元（含发动机），发动机当时的购价为 500 万元。公司未将发动机作为一项单独的固定资产进行核算。2021 年年初，公司开辟新航线，航程增加。为延长飞机的空中飞行时间，公司决定更换一部性能更为先进的发动机。新发动机购价为 700 万元，另需支付安装费用 51 000 元。假定飞机的年折旧率为 3%，不考虑相关税费的影响。

【解析】

公司的账务处理如下。

（1）2021 年年初，飞机的累计折旧金额为 80 000 000 × 3% × 8 = 19 200 000（元），固定资产转入在建工程。

借：在建工程——××飞机   60 800 000

      累计折旧   19 200 000

    贷：固定资产——××飞机   80 000 000

（2）安装新发动机。

借：在建工程——××飞机   7 051 000

    贷：工程物资——××发动机   7 000 000

      银行存款   51 000

（3）2021 年年初，老发动机的账面价值为 5 000 000 - 5 000 000 × 3% × 8 = 3 800 000（元），终止确认老发动机的账面价值。假定报废处理，无残值。

借：营业外支出   3 800 000

    贷：在建工程——××飞机   3 800 000

（4）发动机安装完毕，投入使用。固定资产的入账价值为 60 800 000 + 7 051 000 − 3 800 000 = 64 051 000（元）。

借：固定资产——××飞机　　　　　　　　　　　　　64 051 000

　　贷：在建工程——××飞机　　　　　　　　　　　　　64 051 000

二、费用化的后续支出

与固定资产有关的修理费用等后续支出，不符合固定资产确认条件的，应当根据不同情况分别在发生时计入当期管理费用或销售费用。

一般情况下，固定资产投入使用之后，由于固定资产磨损、各组成部分耐用程度不同，固定资产可能出现局部损坏。为了维护固定资产的正常运转和使用，充分发挥其使用效能，企业将对固定资产进行必要的维护。固定资产的日常修理费用在发生时应直接计入当期损益。企业生产车间（部门）和行政管理部门等发生的固定资产修理费用等后续支出计入管理费用；企业设置专设销售机构的，其发生的与专设销售机构相关的固定资产修理费用等后续支出，计入销售费用。

企业固定资产更新改造支出不满足固定资产确认条件的，在发生时应直接计入当期损益。

5.5.2.5　固定资产处置与清理的核算

一、固定资产终止确认的条件

固定资产满足下列条件之一的，应当予以终止确认。

1. 该固定资产处于处置状态

固定资产处置包括固定资产的出售、转让、报废或毁损、对外投资、非货币性资产交换、债务重组等。处于处置状态的固定资产不再用于生产商品、提供劳务、出租或经营管理，因此不再符合固定资产的定义，应予以终止确认。

2. 该固定资产预期通过使用或处置不能产生经济利益

固定资产的确认条件之一是"与该固定资产有关的经济利益很可能流入企业"，如果一项固定资产预期通过使用或处置不能产生经济利益，那么它就不再符合固定资产的定义和确认条件，应予以终止确认。

二、固定资产处置的账务处理

企业出售、转让、报废固定资产或发生固定资产毁损，应当将处置收入扣除账面价值和相关税费后的金额计入当期损益。固定资产处置一般通过"固定资产清理"科目进行核算。

企业因出售、转让、报废或毁损、对外投资、非货币性资产交换、债务重组等处置固定资产，其会计处理一般经过几个步骤，具体如表5-9所示。

表5-9　　　　　　　　　固定资产处置的会计处理

处置步骤		会计分录
1. 固定资产转入清理		借：固定资产清理 　　累计折旧 　　固定资产减值准备 　贷：固定资产
2. 发生清理费用		借：固定资产清理 　贷：银行存款/应交税费
3. 出售收入和残料等的处理		借：银行存款/原材料 　贷：固定资产清理/应交税费——应交增值税等
4. 保险赔偿的处理		借：其他应收款/银行存款 　贷：固定资产清理
5. 清理净损益的处理	生产经营期间正常的处理损失	借：资产处置损益——处置非流动资产损失 　贷：固定资产清理
	生产经营期间由于自然灾害等非正常原因造成的损失 因已丧失使用功能或自然灾害发生损毁等非正常原因造成的损失	借：营业外支出——非常损失 　贷：固定资产清理

三、持有待售的固定资产

同时满足下列条件的非流动资产（包括固定资产）应当划分为持有待售：一是企业已经就处置该非流动资产作出决议；二是企业已经与受让方签订了不可撤销的转让协议；三是该项转让将在一年内完成。持有待售的非流动资产包括单项资产和处置组，处置组是指作为整体出售或其他方式一并处置的一组资产。

企业对于持有待售的固定资产，应当调整该项固定资产的预计净残值，使该项固定资产的预计净残值能够反映其公允价值减去处置费用后的金额，但不得超过符合持有待售条件时该项固定资产的原账面价值，原账面价值高于预计净残值的差额，应作为资产减值损失计入当期损益。企业应当在报表附注中披露持有待售的固定资产名称、账面价值、公允价值、预计处置费用和预计处置时间等。持有待售的固定资产不计提折旧，按照账面价值与公允价值减去处置费用后的净额孰低进行计量。

某项资产或处置组被划归为持有待售，但后来不再满足持有待售的固定资产的确认条件，企业应当停止将其划归为持有待售，并按照下列两项金额中较低者计量。

（1）该资产或处置组被划归为持有待售之前的账面价值，按照其假定在没有被划归为持有待售的情况下原应确认的折旧、摊销或减值进行调整后的金额。

（2）决定不再出售之日的可收回金额。

符合持有待售条件的无形资产等其他非流动资产，比照上述原则处理。这里所指的其他非流动资产不包括递延所得税资产、《企业会计准则第 22 号——金融工具确认和计量》规范的金融资产、以公允价值计量的投资性房地产和生物资产、保险合同中产生的合同权利等。

四、固定资产清理的账务处理

固定资产是一种价值较高、使用期限较长的有形资产，因此对于管理规范的企业而言，盘盈、盘亏的固定资产较为少见。为了保证企业固定资产完整无缺，防止国有资产流失，必须对固定资产进行清查，至少每年盘点一次。固定资产清查的一般程序：①核对账卡，总分类账要与"固定资产台账"进行核对，"固定资产台账"要与"固定资产卡片"进行核对，通过层层核对，保证账账相符、账卡相符；②实地盘点，盘点实有固定资产的数量和质量，看账实是否相符；③账务处理，对盘盈、盘亏的固定资产进行账务处理。

由固定资产实物管理部门组织、财务部门参与，每年一次深入现场逐项清点、账实核对，同时检查固定资产的使用、维修和保养状况，做好盘点的原始记录，对于盘盈、盘亏、毁损、报废的固定资产，应认真查明原因，并填制"固定资产盘盈、盘亏、毁损、报废审批单"。经有关人员签认，上报公司领导审批。

（一）固定资产盘盈的账务处理

盘盈的固定资产，作为前期差错处理，通过"以前年度损益调整"科目核算。

固定资产盘盈的会计分录如图 5－2 所示。

借：固定资产（按类别列二级明细科目）

　　贷：以前年度损益调整

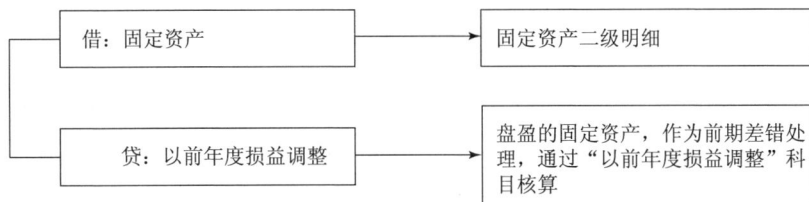

图 5－2　固定资产盘盈的会计分录

（二）固定资产盘亏的账务处理

固定资产盘亏造成的损失，应当计入当期损益。企业在财产清查中盘亏的固定资产，会计分录如图5-3所示。

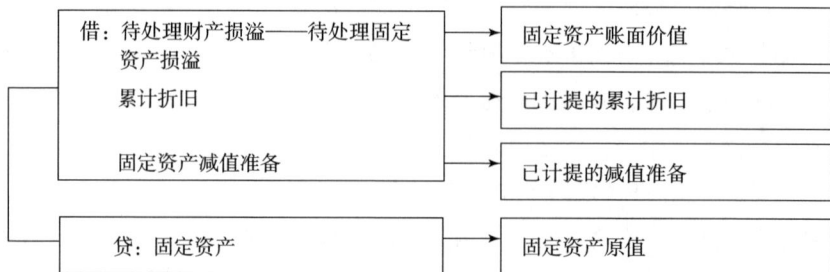

图5-3　固定资产盘亏的会计分录

盘亏的固定资产报经批准转销时，会计分录如图5-4所示。

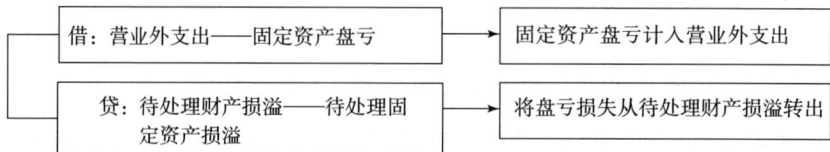

图5-4　盘亏的固定资产报经批准转销的会计分录

5.5.3　无形资产会计核算

5.5.3.1　无形资产的取得与初始计量

一、无形资产的概念、特征和内容

无形资产是指企业拥有或者控制的没有实物形态的可辨认的非货币性资产。无形资产具有3个主要特征。

（1）不具有实物形态。无形资产是不具有实物形态的非货币性资产，它不像固定资产、存货等有形资产具有实物形态。

（2）具有可辨认性。资产满足下列条件之一的，符合无形资产定义中的可辨认性标准。

①能够从企业中分离或者划分出来，并能单独或者与相关合同、资产或负债一起，用于出售、转让、授予许可、租赁或者交换。

②源自合同性权利或其他法定权利，无论这些权利是否可以从企业或其他权利和义务中转移或者分离。

商誉的存在无法与企业自身分离，不具有可辨认性，不属于无形资产。

（3）属于非货币性长期资产。无形资产属于非货币性资产且能够在多个会计期间为企业带来经济利益。无形资产的使用年限在一年以上，其价值将在各个受益期间逐渐摊销。

无形资产的内容包括专利权、非专利技术、商标权、著作权、土地使用权、特许权等。

二、无形资产的初始计量

无形资产的取得方式有外购、投资者投入、接受捐赠、自行开发等。无形资产通常按实际成本计量，即以取得无形资产并使之达到预定用途而发生的全部支出作为无形资产的成本。对于不同来源取得的无形资产，其成本构成也不同。

1. 购入的无形资产的核算

（1）外购无形资产成本包括购买价款、相关税费及直接归属于使该项无形资产达到预定用途所发生的其他支出。无形资产达到预定用途后所发生的支出，不构成无形资产的成本。

无形资产按取得时的实际成本计价，取得时会计分录如下。

借：无形资产

　　贷：银行存款

【例 5-43】企业购入一项专利权和相关设备，实际支付的价款为 9 750 万元。由于专利权和相关设备价款没有分别标明，假定专利权公允价值与相关设备公允价值的相对比例为 4:1。

【解析】

账务处理如下。

无形资产 = 9 750×4/5 = 7 800 万元

固定资产 = 9 750×1/5 = 1 950 万元

借：无形资产——专利权　　　　　　　　　　　　　　　 7 800

　　固定资产　　　　　　　　　　　　　　　　　　　　 1 950

　　贷：银行存款　　　　　　　　　　　　　　　　　　　9 750

（2）购入的土地使用权或以支付土地出让金方式取得土地使用权，作为无形资产核算，并按规定的期限分期摊销。土地使用权用于自行开发建造厂房等地上建筑物时，土地使用权的账面价值不与地上建筑物合并计算其成本，而仍作为无形资产进行核算，土地使用权与地上建筑物分别进行摊销和提取折旧。

但房地产开发企业取得的土地使用权用于建造对外出售的房屋建筑物，应当计入所建造的房屋建筑物成本。

企业外购的房屋、建筑物，实际支付的价款中包含土地使用权的，应当按照合理的方法（如公允价值）在土地和建筑物之间进行分配，如果确实无法分配的，应当全部作为固定资产核算。

企业改变土地使用权的用途，将其作为出租或增值目的时，应将其转为投资性房地产。

【例5-44】某企业为建造办公楼购入土地使用权，以银行存款支付3 500万元，按规定进行了无形资产摊销20万元，之后正式开工建造办公楼。

【解析】

（1）购入土地使用权。

借：无形资产——土地使用权   35 000 000

  贷：银行存款   35 000 000

（2）各期摊销无形资产。

借：管理费用——无形资产摊销   200 000

  贷：累计摊销——土地使用权摊销   200 000

2. 投资者投入的无形资产的核算

接受投资者投入无形资产，按照投资合同约定的价值作为实际成本。但是，为首次发行股票而接受投资者投入的无形资产应按该无形资产在投资方的账面价值作为实际成本。

（1）投资者投入的无形资产，按投资合同确认的价值做如下会计分录。

借：无形资产（按投资合同确认的价值）

  贷：实收资本（或股本）

（2）为首次发行股票而接受投资者投入的无形资产，应按该项无形资产在投资方的账面价值做如下会计分录。

借：无形资产（按该项无形资产在投资方的账面价值）

  贷：实收资本（或股本）

【例5-45】某股份公司接受甲投资者以其所拥有的非专利技术投资，双方商定的价值为80万元。

【解析】

账务处理如下。

借：无形资产   800 000

贷：实收资本　　　　　　　　　　　　　　　　　　　800 000

3．接受捐赠的无形资产的核算

接受捐赠的无形资产按会计制度及相关准则确定的实际成本，借记"无形资产"科目，按税法规定确定的入账价值，贷记"营业外收入——捐赠利得"科目，按实际支付或应支付的相关税费，贷记"银行存款""应交税费"等科目，具体如图 5-5 所示。

借：无形资产

　　贷：递延所得税负债（未来应交的所得税）

　　　　营业外收入——捐赠利得

　　　　银行存款（支付的相关费用）

　　　　应交税费（应支付的相关税费）

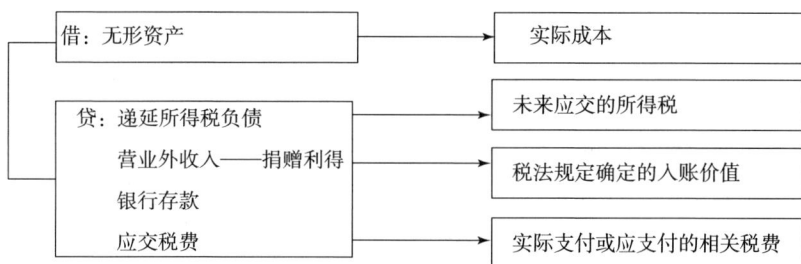

图 5-5　接受捐赠的无形资产的核算

【例 5-46】某企业接受甲企业捐赠的特许权，双方确定的实际成本为 130 万元（同按税法规定确定的价值）。

【解析】

会计分录如下。

借：无形资产　　　　　　　　　　　　　　　　　　1 300 000

　　贷：营业外收入——捐赠利得　　　　　　　　　　1 300 000

4．自行开发的无形资产的核算

对于企业自行研究开发项目，应区分研究阶段与开发阶段两个阶段分别核算。研究阶段的支出全部费用化，计入当期损益（管理费用），开发阶段的支出符合条件的才能资本化，不符合条件的计入当期损益（管理费用）。如果确实无法区分研究阶段的支出和开发阶段的支出，应将其发生的研发支出全部费用化，计入当期损益。

内部开发无形资产的成本仅包括在满足资本化条件的时点至无形资产达到

预定用途前发生的支出总和，对于同一项无形资产在开发过程中达到资本化条件之前已经费用化计入损益的支出不再调整。

5.5.3.2 无形资产的摊销

企业应当于取得无形资产时分析判断其使用寿命。使用寿命有限的无形资产应进行摊销。使用寿命不确定的无形资产不应摊销。使用寿命有限的无形资产，通常其残值视为零。对于使用寿命有限的无形资产应当自可供使用（即其达到预定用途）当月起开始摊销，处置当月不再摊销。

无形资产摊销方法包括直线法、生产总量法等。企业选择的无形资产的摊销方法，应当反映与该项无形资产有关的经济利益的预期实现方式。无法可靠确定预期实现方式的，应当采用直线法摊销。

企业应当按月对无形资产进行摊销。无形资产自取得的当月起在预计使用年限内分期摊销，处置无形资产的当月不再摊销。企业自用的无形资产，其摊销的无形资产价值计入当期管理费用；出租的无形资产，相关的无形资产摊销价值计入其他业务成本。若预计某项无形资产已经不能给企业带来未来经济利益，应按已摊销的累计摊销额，借记"累计摊销"科目，原已计提减值准备的，借记"无形资产减值准备"科目，按账面余额贷记"无形资产"科目，按其差额，借记"营业外支出"科目。各期摊销无形资产时的会计分录如图5-6所示。

借：管理费用——无形资产摊销

其他业务成本——无形资产转让

贷：累计摊销

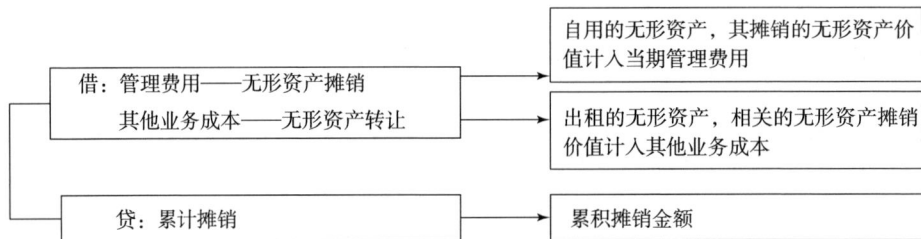

图5-6 各期摊销无形资产时的会计分录

每年年度终了，对使用寿命有限的无形资产的使用寿命及摊销方法进行复核，使用寿命及摊销方法与以前估计不同时，应改变摊销期限和摊销方法。

【例5-47】某企业从外单位购得一项专利，支付价款500万元，该项专利使用寿命为10年，不考虑残值因素，以直线法摊销。

【解析】

账务处理如下。

借：无形资产——专利权　　　　　　　　　　　　　　5 000 000

　　贷：银行存款　　　　　　　　　　　　　　　　　　　5 000 000

摊销时账务处理如下。

管理费用＝5 000 000÷10＝500 000（元）

借：管理费用　　　　　　　　　　　　　　　　　　　500 000

　　贷：累计摊销　　　　　　　　　　　　　　　　　　　500 000

【例5-48】2021年1月1日，甲公司将其自行开发完成的非专利技术出租给丁公司，该非专利技术成本为3 600 000元，双方约定的租赁期限为10年，甲公司每月应摊销30 000（3 600 000÷10÷12）元。

【解析】

每月摊销时，甲公司应编制如下会计分录。

借：其他业务成本　　　　　　　　　　　　　　　　　30 000

　　贷：累计摊销　　　　　　　　　　　　　　　　　　　30 000

5.5.3.3　无形资产的处置

无形资产的处置，主要是指无形资产出售、对外出租、对外捐赠，或者无法为企业带来经济利益时，应转销并终止确认。

一、出售无形资产的核算

出售无形资产，表明企业放弃无形资产所有权，企业处置无形资产，应当将取得的价款扣除该无形资产账面价值以及出售相关税费后的差额计入资产处置损益。按实际收到的金额，借记"银行存款"等科目，按该项无形资产已计提的减值准备，借记"无形资产减值准备"科目，按已摊销的累计摊销额，借记"累计摊销"科目，按无形资产的账面余额，贷记"无形资产"科目，按支付的相关税费，贷记"应交税费"等科目，按其差额，贷记或借记"资产处置损益"科目。

二、出租无形资产的核算

将所拥有的无形资产的使用权让渡给他人，并收取租金，应确认相关的收入及成本。取得的租金收入，借记"银行存款"等科目，贷记"其他业务收入"科目；摊销出租无形资产的成本并发生与转让有关的各项费用支出时，借记"其他业务成本"科目，贷记"累计摊销"等科目。

【例5-49】某企业将拥有的一项专利权出租，该专利权账面余额为600万元，摊销期为 10 年，出租合同约定，承租方每年需支付租金 80 万元，假定不考虑相关税费。

【解析】

出租方账务处理如下。

借：银行存款   800 000

  贷：其他业务收入   800 000

同时：

借：其他业务成本   600 000

  贷：累计摊销   600 000

三、报废无形资产的核算

如果无形资产预期不能为企业带来经济利益，不再符合无形资产的定义，应将其转销。按已摊销的累计摊销额，借记"累计摊销"科目，原已计提减值准备的，借记"无形资产减值准备"科目，按其账面余额，贷记"无形资产"科目，按其差额，借记"营业外支出"科目。

【例 5-50】某企业拥有一项专利权，该专利权账面余额为 500 万元，摊销期为 10 年，按直线法摊销，已摊销 5 年，假定残值为 0，已计提减值准备 150 万元，根据市场情况今年予以转销，假定不考虑相关税费。

【解析】

账务处理如下。

借：累计摊销   2 500 000

  无形资产减值准备   1 500 000

  营业外支出——非流动资产处置损失 1 000 000

  贷：无形资产——专利权   5 000 000

第6章
财产和劳务使用环节的会计和税务实务

6.1 财产和劳务使用环节的税收处理

6.1.1 房产使用环节

房产税是以房屋为征税对象，按照房屋的计税余值或租金收入，向产权所有人征收的一种财产税。现行房产税法的基本规范，是 1986 年 9 月 15 日国务院颁布的《中华人民共和国房产税暂行条例》（以下简称《房产税暂行条例》）。房产税具有以下 3 个特点。

（1）房产税属于财产税中的个别财产税。财产税按征收方式分类，可分为一般财产税和个别财产税。一般财产税也称综合财产税，是对纳税人所拥有的财产综合课征的税收。个别财产税，也称特种财产税，是对纳税人所有的土地、房屋、资本或其他财产分别课征的税收。我国现行房产税属于个别财产税。

（2）征税范围限于城镇的经营性房屋。房产税的征税范围是城市、县城、建制镇和工矿区，不涉及农村。另外，对某些拥有房屋但自身没有纳税能力的单位，如国家拨付行政经费、事业经费和国防经费的单位自用的房产，税法也通过免税的方式将这类房屋排除在征税范围之外。

（3）区别房屋的经营使用方式规定征税办法。拥有房屋的单位和个人，既可以自己使用房屋，又可以把房屋用于出租、出典。房产税根据纳税人经营方式的不同，对房屋征税可以按房产计税余值征收，又可以按租金收入征收，使其符合纳税人的经营特点，便于平衡税收负担和征收管理。

6.1.1.1 纳税义务人、征税对象和征税范围

一、纳税义务人

按照规定，房产税的纳税人是在征税范围内的房屋产权所有人。具体地讲，

房产税纳税人包括以下几类。

（1）产权属于国家所有的，经营管理单位为纳税人；产权归集体和个人所有的，集体单位和个人为纳税人。

（2）产权出典的，由承典人纳税。所谓产权出典，是指产权所有人将房屋、生产资料等的产权，在一定期限内典当给他人使用，而取得资金的一种融资业务。这种业务大多发生于出典人急需用款，但又想保留产权赎回权的情况。承典人向出典人交付一定的典价之后，在质典期内即获抵押物品的支配权，并可转典。产权的典价一般要低于卖价。出典人在规定期间内须归还典价的本金和利息，方可赎回出典房屋的产权。由于在房屋出典期间，产权所有人已无权支配房屋，因此，税法规定以对房屋具有支配权的承典人为纳税人。

（3）产权所有人、承典人不在房屋所在地的由房产代管人或者使用人纳税。

（4）产权未确定及租典纠纷未解决的，由房产代管人或者使用人纳税。所谓租典纠纷，是指产权所有人在房产出典和租赁关系上，与承典人、租赁人发生各种争议，特别是权利和义务的争议悬而未决的。对租典纠纷尚未解决的房产，规定由代管人或使用人为纳税人，主要目的在于加强征收管理，保证房产税及时入库。

（5）无租使用其他单位房产纳税人的确定。自 2009 年 12 月 1 日起，按照《财政部 国家税务总局关于房产税城镇土地使用税有关问题的通知》（财税〔2009〕128 号）的规定，应税单位和个人无租使用其他单位房产的，不论所使用的房产是否应纳税，均依照房产余值代缴纳房产税。但是，必须强调的是，本着税不重征的原则，如果出租人为应税单位并且已经按照规定缴纳了房产税，那么无租使用人不用再行缴纳房产税。

（6）融资租赁房产纳税人的确定。按照《财政部 国家税务总局关于房产税城镇土地使用税有关问题的通知》（财税〔2009〕128 号）的规定，自 2009 年 12 月 1 日起，融资租赁的房产，均由承租人按照规定缴纳房产税。

（7）按照《国家税务总局关于未取得房屋产权证书期间如何确定房产税纳税人的批复》（国税函〔2002〕284 号）的规定，凡以分期付款方式购买使用商品房，且购销双方均未取得房屋产权证书的，在购销双方均未取得房屋产权证书期间，应确定房屋的实际使用人为房产税的纳税义务人，缴纳房产税。

（8）国务院令 2008 年第 546 号文规定：1951 年 8 月 8 日政务院公布的《城市房地产税暂行条例》自 2009 年 1 月 1 日起废止。自 2009 年 1 月 1 日起，外商投资企业、外国企业和组织以及外籍个人，依照《房产税暂行条例》缴纳房产税。

二、征税对象

房产税的征税对象是房产，即以房屋形态表现的财产。

房屋是指有屋面和围护结构（有墙或两边有柱），能够遮风避雨，可供人们在其中生产、工作、学习、娱乐、居住或储藏物资的场所。独立于房屋之外的建筑物，如围墙、烟囱、水塔、变电塔、油池油柜、酒窖菜窖、酒精池、糖蜜池、室外游泳池、玻璃暖房、砖瓦石灰窑以及各种油气罐等，不属于房产。

建筑施工企业建造的商品房，在出售前，不征收房产税；但对出售前建筑施工企业已使用或出租、出售的商品房应按规定征收房产税。

三、征税范围

房产税的征税范围为城市、县城、建制镇和工矿区。具体规定如下。

（1）城市是指国务院批准设立的市，包括市区和郊区，不包括农村。

（2）县城是指县人民政府所在地的地区。

（3）建制镇是指经省、自治区、直辖市人民政府批准设立的建制镇。根据《国家税务总局关于调整房产税和土地使用税具体征税范围解释规定的通知》（国税发〔1999〕44 号），建制镇征收范围依行政区划确定包括所辖的行政村。

（4）工矿区是指工商业比较发达、人口比较集中、符合国务院规定的建制镇标准但尚未设立建制镇的大中型工矿企业所在地。开征房产税的工矿区须经省、自治区、直辖市人民政府批准。

房产税的征税范围不包括农村，这主要是为了减轻农民的负担。因为农村的房量，除农副业生产用房外，大部分是农民居住用房。对农村房屋不纳入房产税征税范围，有利于农业发展，繁荣农村经济，促进社会稳定。

6.1.1.2　应纳税额的计算

一、计税依据

房产税的计税依据是房产的计税价值或房产的租金收入。按照房产计税价值征税的，称为从价计征；按照房产租金收入征税的，称为从租计征。

（一）从价计征

《房产税暂行条例》规定，房产税依照房产原值一次减除 10%～30% 后的余值计算缴纳。各地扣除比例由当地省、自治区、直辖市人民政府确定。

（1）房产原值是指纳税人按照会计制度法规，在"固定资产"科目中记载的房屋原价。根据《财政部 国家税务总局关于房产税城镇土地使用税有关问题的通知》（财税〔2008〕152 号），自 2009 年 1 月 1 日起，对依照房产原值计税的房产，不论是否记载在会计账簿固定资产科目中，均应按照房屋原价计算缴纳房产税。房屋原价应根据国家有关会计制度规定进行核算。对纳税人未按国家会计制度规定核算并记载的，应按规定予以调整或重新评估。

自 2010 年 12 月 21 日起，对按照房产原值计税的房产，无论会计上如何核算，房产原值均应包含地价，包括为取得土地使用权支付的价款、开发土地发生的成本费用等。宗地容积率低于 0.5 的，按房产建筑面积的 2 倍计算土地面积并据此确定计入房产原值的地价。

（2）房产原值应包括与房屋不可分割的各种附属设备或一般不单独计算价值的配套设施。主要有：暖气、卫生、通风、照明、煤气等设备；各种管线，如蒸汽、压缩空气、石油、给水排水等管道及电力、电信、电缆导线；电梯、升降机、过道、晒台等。属于房屋附属设备的水管、下水道、暖气管、煤气管等应从最近的探视井或三通管起，计算原值；电灯网、照明线从进线盒连接管起，计算原值。

自 2006 年 1 月 1 日起，为了维持和增加房屋的使用功能或使房屋满足设计要求，凡以房屋为载体，不可随意移动的附属设备和配套设施，如给排水、采暖、消防、中央空调、电气及智能化楼宇设备等，无论在会计核算中是否单独记账与核算，都应计入房产原值，计征房产税。对于更换房屋附属设备和配套设施的，在将其价值计入房产原值时，可扣减原来相应设备和设施的价值；对附属设备和配套设施中易损坏、需要经常更换的零配件，更新后不再计入房产原值。

（3）纳税人对原有房屋进行改建、扩建的，要相应增加房屋的原值。房产余值是房产的原值减除规定比例后的剩余价值。此外，还应注意以下两个问题。

①对投资联营的房产，在计征房产税时应予以区别对待。对于以房产投资联营，投资者参与投资利润分红，共担风险的，按房产余值作为计税依据计征房产税；对以房产投资，收取固定收入，不承担联营风险的，实际是以联营名义取得房产租金，应根据《房产税暂行条例》的有关规定由出租方按租金收入计缴房产税。

②对融资租赁房屋的情况，由于租赁费包括购进房屋的价款、手续费、借款利息等，与一般房屋出租的"租金"内涵不同，且租赁期满后，当承租方偿还最后一笔租赁费时，房屋产权要转移到承租方。这实际是一种变相的分期付款购买固定资产的形式，所以在计征房产税时应以房产余值计算征收。根据财税〔2009〕128 号文件的规定，融资租赁的房产，由承租人自融资租赁合同约

定开始日的次月起依照房产余值缴纳房产税。合同未约定开始日的，由承租人自合同签订的次月起依照房产余值缴纳房产税。

（4）居民住宅区内业主共有的经营性房产缴纳房产税。从 2007 年 1 月 1 日起，对居民住宅区内业主共有的经营性房产，由实际经营（包括自营和出租）的代管人或使用人缴纳房产税。其中自营的，依照房产原值减除 10%～30% 后的余值计征，没有房产原值或不能将业主共有房产与其他房产的原值准确划分开的，由房产所在地税务机关参照同类房产核定房产原值；出租的，依照租金收入计征。

（5）凡在房产税征收范围内的具备房屋功能的地下建筑，包括与地上房屋相连的地下建筑以及完全建在地面以下的建筑、地下人防设施等，均应当依照有关规定征收房产税。上述具备房屋功能的地下建筑是指有屋面和维护结构，能够遮风避雨，可供人们在其中生产、经营、工作、学习、娱乐、居住或储藏物资的场所。自用的地下建筑，按以下方式计税。

① 工业用途房产，以房屋原价的 50%～60% 作为应税房产原值。

应纳房产税的税额 = 应税房产原值 × [1 - (10%～30%)] × 1.2%

② 商业和其他用途房产，以房屋原价的 70%～80% 作为应税房产原值。

应纳房产税的税额 = 应税房产原值 × [1 - (10%～30%)] × 1.2%

房屋原价折算为应税房产原值的具体比例，由各省、自治区、直辖市和计划单列市财政和税务部门在上述幅度内自行确定。

③ 对于与地上房屋相连的地下建筑，如房屋的地下室、地下停车场、商场的地下部分等，应将地下部分与地上房屋视为一个整体，按照地上房屋建筑的有关规定计算征收房产税。

（二）从租计征

房产出租的，以房产租金收入为房产税的计税依据。

所谓房产的租金收入，是房屋产权所有人出租房产使用权所得的报酬，包括货币收入和实物收入。

如果是以劳务或者其他形式为报酬抵付房租收入的，应根据当地同类房产的租金水平，确定一个标准租金额从租计征。

对出租房产，租赁双方签订的租赁合同约定有免收租金期限的，免收租金期间由产权所有人按照房产原值缴纳房产税。

出租的地下建筑，按照出租地上房屋建筑的有关规定计算征收房产税。

房产税计税依据及公式如表 6-1 所示。

表6-1   **房产税计税依据及公式**

计税方法	税率	计税公式
从价计征	1.2%的规定税率	应纳税额=应税房产原值×（1-原值减除比例）×1.2% （注意：房产原值包括地价）
从租计征	12%的规定税率 （或4%）	应纳税额=租金收入×12%（或4%）

二、税率

我国现行房产税采用的是比例税率。由于房产税的计税依据分为从价计征和从租计征两种形式，所以房产税的税率也有两种：一种是按房产原值一次减除10%~30%后的余值计征的，税率为1.2%，适用于房屋所有权转让的情况；另一种是按房产出租的租金收入计征的，税率为12%，适用于房屋出租的情况。自2008年3月1日起，对个人出租住房，不区分用途，按4%的税率征收房产税。房产税税率及适用情况如表6-2所示。

表6-2   **房产税税率及适用情况**

税率	税率适用情况
1.2%的规定税率	自有房产用于生产经营
12%的规定税率	出租房产
4%的优惠税率	个人出租住房

三、计算应纳税额

房产税的计税依据有两种，与之相适应的应纳税额计算也分为两种：一是从价计征的计算，二是从租计征的计算。

（一）从价计征的计算

从价计征是按房产的原值减除一定比例后的余值计征，其计算公式为：

$$应纳税额=应税房产原值×（1-扣除比例）×1.2\%$$

如前文所述，房产原值是"固定资产"科目中记载的房屋原价；减除一定比例是省、自治区、直辖市人民政府规定的10%~30%的减除比例；计征的适用税率为1.2%。

（二）从租计征的计算

从租计征是按房产的租金收入计征，其计算公式为：

$$应纳税额=租金收入×12\%（或4\%）$$

6.1.1.3 税收优惠

房产税的税收优惠是根据国家政策需要和纳税人的负担能力制定的。依照

《关于房产税若干具体问题的解释和暂行法规》〔（财税地字〔1986〕8 号）附件一〕等文件规定，建筑施工企业可以享受的房产税减免税待遇主要包括以下几类。

（1）企业办的各类学校、医院、托儿所、幼儿园自用的房产，可比照由国家财政部门拨付事业经费的单位自用的房产，免缴房产税。

（2）经过有关部门鉴定，对毁损不堪居住的房屋和危险房屋，在停止使用后，免征房产税。

（3）房屋大修停用半年以上的，经纳税人申请，在大修理期间可免征房产税。

纳税人房屋大修停用半年以上需要免征房产税的，应在房屋大修前向主管税务机关报送相关的证明材料，包括大修房屋的名称、坐落地点、产权证编号、房产原值、用途、房屋大修的原因、大修合同及大修的起止时间等信息和资料，以备税务机关查验。具体报送材料由各省、自治区、直辖市和计划单列市税务局确定。

（4）凡是在基建工地为基建工地服务的各种工棚、材料棚、休息棚和办公室、食堂、茶炉房、汽车房等临时性房屋，不论是施工企业自行搭建还是由基建单位出资建造交施工企业使用的，在施工期间一律免征房产税。但是如果在基建工程结束以后，施工单位将这种临时性房屋交还或者估价转让给基建单位的，应当从基建单位接收的次日起，依照规定缴纳房产税。另外，按照《房产税暂行条例》规定，企业缴纳房产税确实有困难的，可由省、自治区、直辖市人民政府确定，定期减征或者免征房产税。

（5）个人所有非营业用的房产免征房产税。个人所有的非营业用房，主要是指居民住房，不分面积多少，一律免征房产税。对个人拥有的营业用房或者出租的房产，不属于免税房产，应照章纳税。

6.1.1.4　征收管理

一、纳税义务发生时间

（1）纳税人将原有房产用于生产经营，从生产经营之月起缴纳房产税。

（2）纳税人自行新建房屋用于生产经营，从建成之次月起缴纳房产税。

（3）纳税人委托建筑施工企业建设的房屋，从办理验收手续之次月起缴纳房产税。

（4）纳税人购置新建商品房，自房屋交付使用之次月起缴纳房产税。

（5）纳税人购置存量房，自办理房屋权属转移、变更登记手续，房地产权属登记机关签发房屋权属证书之次月起，缴纳房产税。

（6）纳税人出租、出借房产，自交付出租、出借房产之次月起，缴纳房产税。

（7）房地产开发企业自用、出租、出借本企业建造的商品房，自房屋使用或交付之次月起，缴纳房产税。

（8）纳税人因房产的实物或权利状态发生变化而依法终止房产税纳税义务的，其应纳税款的计算应截止到房产的实物或权利状态发生变化的当月末。

二、纳税期限

房产税实行按年计算、分期缴纳的征收方法，具体纳税期限由省、自治区、直辖市人民政府确定。

三、纳税地点

房产税在房产所在地缴纳。房产不在同一地方的纳税人，应按房产的坐落地点分别向房产所在地的税务机关纳税。

四、纳税申报

房产税的纳税人应按照条例的有关规定，及时办理纳税申报，并如实填写《房产税纳税申报表》。

五、国有建筑施工企业清产核资房产税征收问题

按照财政部、国家税务总局的有关规定，对于国有企业进行清产核资过程中房屋价值重估后的新增价值，应按照有关规定征收房产税。比如，某国有建筑施工企业进行股份制改造，对固定资产进行价值重估，某一房产原值1 000万元，经重估后价值为2 000万元，企业已经对固定资产账户资料按规定进行调整，应按2 000万元计征房产税。

6.1.2　城镇土地使用环节

城镇土地使用税是以国有土地为征税对象，对拥有土地使用权的单位和个人征收的一种税。现行城镇土地使用税的法律规范是2019年3月2日《国务院关于修改部分行政法规的决定》。城镇土地使用税具有以下特点。

1. 征税对象是国有土地

我国宪法明确规定，城镇土地的使用权归国家，单位和个人对占用的土地只有使用权而无所有权。国家既可以凭借财产权利对土地使用人获取的收益进行分配，又可以凭借政治权力对土地使用者进行征税。开征城镇土地使用税，实质上是国家运用政治权力，将纳税人获取的本应属于国家的土地收益集中到

国家手中。农业土地因属于集体所有，故未纳入征税范围。

2. 征税范围广

现行城镇土地使用税对在我国境内使用土地的所有单位和个人征收，征税范围较广，在筹集地方财政资金，调节土地使用和收益分配方面，发挥着积极作用。

3. 实行差别幅度税额

开征城镇土地使用税的目的之一，在于调节土地的级差收入，而级差收入的产生主要取决于土地的位置。所占土地位置优越的纳税人可以节约运输和流通费用，扩大销售和经营规模，取得额外经济收益。为了有利于体现国家政策，城镇土地使用税实行差别幅度税额。对不同城镇适用不同税额，对同一城镇的不同地段，也根据市政建设情况和经济繁荣程度确定不等的负担水平。

6.1.2.1　纳税义务人和征税范围

一、纳税义务人

在城市、县城、建制镇、工矿区范围内使用土地的单位和个人，为城镇土地使用税的纳税人。

所称单位，包括国有企业、集体企业、私营企业、股份制企业、外商投资企业、外国企业以及其他企业和事业单位、社会团体、国家机关、军队以及其他单位；所称个人，包括个体工商户以及其他个人。

城镇土地使用税的纳税人通常包括以下几类：

（1）拥有土地使用权的单位和个人；

（2）拥有土地使用权的单位和个人不在土地所在地的，其土地的实际使用人和代管人为纳税人；

（3）土地使用权未确定或权属纠纷未解决的，其实际使用人为纳税人；

（4）土地使用权共有的，共有各方都是纳税人，由共有各方分别纳税。

二、征税范围

城镇土地使用税的征税范围，包括在城市、县城、建制镇和工矿区内的国家所有和集体所有的土地。

上述城市、县城、建制镇和工矿区分别按以下标准确认：

（1）城市是指经国务院批准设立的市；

（2）县城是指县人民政府所在地；

（3）建制镇是指经省、自治区、直辖市人民政府批准设立的建制镇；

（4）工矿区是指工商业比较发达，人口比较集中，符合国务院规定的建制镇标准，但尚未设立建制镇的大中型企业所在地。工矿区须经省、自治区、直辖市人民政府批准设立。

上述城镇土地使用税的征税范围中，城市的土地包括市区和郊区的土地，县城的土地是指县人民政府所在地的城镇的土地，建制镇的土地是指镇人民政府所在地的土地。

建立在城市、县城、建制镇和工矿区以外的工矿企业不需要缴纳城镇土地使用税。另外，自 2009 年 1 月 1 日起，公园、名胜古迹内的索道公司经营用地，应按规定缴纳城镇土地使用税。

6.1.2.2 应纳税额的计算

城镇土地使用税的应纳税额可以通过纳税人实际占用的土地面积乘以该土地所在地段的适用税额求得。其计算公式为：

全年应纳税额＝实际占用应税土地面积（平方米）×适用税额

一、计税依据

城镇土地使用税以纳税人实际占用的土地面积为计税依据，土地面积计量单位为平方米。即税务机关根据纳税人实际占用的土地面积，按照规定的税额计算应纳税额，向纳税人征收城镇土地使用税。

纳税人实际占用的土地面积按下列办法确定。

（1）由省、自治区、直辖市人民政府确定的单位组织测定土地面积的，以测定的面积为准。

（2）尚未组织测定，但纳税人持有政府部门核发的土地使用权证书的，以证书确定的土地面积为准。

（3）尚未核发土地使用权证书的，应由纳税人申报土地面积，据以纳税，待核发土地使用权证以后再做调整。

二、税率

城镇土地使用税采用定额税率，即采用有幅度的差别税额，按大、中、小城市和县城、建制镇、工矿区分别规定每平方米城镇土地使用税年应纳税额。

《城镇土地使用税暂行条例》第四条规定，城镇土地使用税每平方米年税额如下：

（1）大城市 1.5 元至 30 元；

（2）中等城市 1.2 元至 24 元；

（3）小城市 0.9 元至 18 元；

（4）县城、建制镇、工矿区 0.6 元至 12 元。

省、自治区、直辖市人民政府，应当在《城镇土地使用税暂行条例》第四条规定的税额幅度内，根据市政建设状况、经济繁荣程度等条件，确定所辖地区的适用税额幅度。

市、县人民政府应当根据实际情况，将本地区土地划分为若干等级，在省、自治区、直辖市人民政府确定的税额幅度内，制定相应的适用税额标准，报省、自治区、直辖市人民政府批准执行。

经省、自治区、直辖市人民政府批准，经济落后地区城镇土地使用税的适用税额标准可以适当降低，但降低额不得超过《城镇土地使用税暂行条例》第四条规定最低税额的 30%。经济发达地区城镇土地使用税的适用税额标准可以适当提高，但须报经财政部批准。

根据《财政部 国家税务总局关于房产税城镇土地使用税有关问题的通知》（财税〔2009〕128 号）的规定，自 2009 年 12 月 1 日起，对在城镇土地使用税征税范围内单独建造的地下建筑用地，按规定征收城镇土地使用税。其中，已取得地下土地使用权证的，按土地使用权证确认的土地面积计算应征税款；未取得地下土地使用权证或地下土地使用权证上未标明土地面积的，按地下建筑垂直投影面积计算应征税款。对上述地下建筑用地暂按应征税款的 50% 征收城镇土地使用税。

6.1.2.3　税收优惠

《城镇土地使用税暂行条例》第六条规定，下列土地免缴城镇土地使用税：

（1）国家机关、人民团体、军队自用的土地；

（2）由国家财政部门拨付事业经费的单位自用的土地；

（3）宗教寺庙、公园、名胜古迹自用的土地；

（4）市政街道、广场、绿化地带等公共用地；

（5）直接用于农、林、牧、渔业的生产用地；

（6）经批准开山填海整治的土地和改造的废弃土地，从使用的月份起免缴城镇土地使用税 5 年至 10 年；

（7）由财政部另行规定免税的能源、交通、水利设施用地和其他用地。

第七条规定，除本条例第六条规定外，纳税人缴纳城镇土地使用税确有困难需要定期减免的，由县以上税务机关批准。

根据《财政部 国家税务总局关于安置残疾人就业单位城镇土地使用税等政策的通知》（财税〔2010〕121 号）的规定，自 2010 年 12 月 21 日起，对在一个纳税年度内月平均实际安置残疾人就业人数占单位在职职工总数的比例高于

25%（含25%）且实际安置残疾人人数高于10人（含10人）的单位，可减征或免征该年度城镇土地使用税。具体减免税比例及管理办法由省、自治区、直辖市财税主管部门确定。

企业办的学校、医院、托儿所、幼儿园，其用地能与企业其他用地明确区分的，免征城镇土地使用税。

建材行业的石灰厂、水泥厂、大理石厂、砂石厂等企业的采石场、排土场地，炸药库的安全区用地，以及采区运岩公路用地，暂免征收城镇土地使用税。

6.1.2.4　征收管理

一、纳税期限

城镇土地使用税实行按年计算、分期缴纳的征收方法，具体纳税期限由省、自治区、直辖市人民政府确定。

二、纳税义务发生时间

（1）纳税人购置新建商品房，自房屋交付使用之次月起，缴纳城镇土地使用税。

（2）纳税人购置存量房，自办理房屋权属转移、变更登记手续，房地产权属登记机关签发房屋权属证书之次月起，缴纳城镇土地使用税。

（3）纳税人出租、出借房产，自交付出租、出借房产之次月起，缴纳城镇土地使用税。

（4）以出让或转让方式有偿取得土地使用权的，应由受让方从合同约定交付土地时间的次月起缴纳城镇土地使用税；合同未约定交付时间的，由受让方从合同签订的次月起缴纳城镇土地使用税。

（5）纳税人新征用的耕地，自批准征用之日起满1年时开始缴纳城镇土地使用税。

（6）纳税人新征用的非耕地，自批准征用次月起缴纳城镇土地使用税。

（7）自2009年1月1日起，纳税人因土地的权利发生变化而依法终止城镇土地使用税的纳税义务的，其应纳税款的计算应截止到土地权利发生变化的当月末。

三、纳税地点和征收机构

城镇土地使用税在土地所在地缴纳。

纳税人使用的土地不属于同一省、自治区、直辖市的，由纳税人分别向土地所在地的税务机关缴纳城镇土地使用税；在同一省、自治区、直辖市管辖范围内，纳税人跨地区使用的土地，其纳税地点由各省、自治区、直辖市税务机关确定。

城镇土地使用税由土地所在地的税务机关征收，其收入纳入财政预算管理。土地管理机关应当向土地所在地的税务机关提供土地使用权属资料。

四、纳税申报管理

城镇土地使用税纳税申报表格由《城镇土地使用税、房产税纳税申报表》（以下简称纳税申报表）、《城镇土地使用税、房产税减免税明细申报表》（以下简称减免税表）、《城镇土地使用税、房产税税源明细表》（以下简称税源明细表）组成。

纳税人填报税源明细表后，税收征管信息系统自动生成纳税申报表和减免税表，经纳税人确认并按规定进行电子签名或手写签字后完成申报。

纳税申报管理的总体要求如下。

（1）明细管理。要求纳税人逐一申报全部土地的税源明细信息；地理位置、土地证号、宗地号、土地等级、土地用途等不相同的土地，分别进行土地税源明细申报；税源明细信息发生变化的，进行变更申报。

（2）动态管理。根据纳税人申报，在税收征管信息系统中连续、完整地记录土地税源明细信息的变更情况，即记录每一土地税源发生的每一次涉税信息变更，以及由此引起的应纳税额的变化，实现税源信息变化的全过程记录、可追溯和动态管理。

（3）自动关联。建立纳税申报表、减免税表、税源明细表的自动关联关系，当纳税人税源明细申报的信息发生变更时，纳税申报表、减免税表的相关信息一并变更。

（4）房地关联。土地税源信息要与该土地上的房产明细申报信息相关联，房产、土地税源要依照"地—楼—房"一体化方式管理。

税务机关应当要求纳税人在首次进行城镇土地使用税纳税申报时，逐一申报全部土地的税源明细信息。

纳税人首次申报之后，土地及相关信息未发生变化的，再续申报时仅要求纳税人对税收征管信息系统自动生成的纳税申报表和减免税表进行确认，并进行电子签名或手写签字。

纳税人的土地及相关信息发生变化的，应要求纳税人进行税源明细信息变更申报。变更申报的情形包括：

（1）土地使用权属发生转移或变更的，如出售、分割、赠与、继承等；

（2）减免税信息发生变化的；

（3）土地纳税等级或税额标准发生变化的；

（4）土地面积、用途、坐落地址等基础信息发生变化的；

（5）其他导致税源信息变化的情形。

纳税人进行税源明细信息变更申报后，税收征管信息系统生成新的税源明细记录，标注变更时间，并保留历史记录。新的税源明细记录应当经纳税人核对，确认无误后，进行电子签名或手写签字后生效。

税收征管信息系统根据变更后的税源明细信息，自动生成纳税申报表和减免税表，经纳税人电子签名或手写签字确认后完成申报。

纳税人城镇土地使用税纳税义务终止的，主管税务机关应当对纳税人提交的税源明细变更信息进行核对，确认纳税人足额纳税后，在税收征管信息系统内对有关税源明细信息进行标记，同时保留历史记录。

6.1.3 车船使用环节

车船税是以车船为征税对象，向拥有车船的单位和个人征收的一种税。现行车船税法的基本规范，是 2011 年 2 月 25 日第十一届全国人民代表大会常务委员会第十九次会议通过的《车船税法》，以及 2011 年 11 月 23 日国务院第 182 次常务会议通过的《车船税法实施条例》。

与《车船税暂行条例》相比，《车船税法》对相关税制要素做了以下五个方面的调整。

（1）完善征税范围。《车船税暂行条例》规定，车船税的征税范围是依法应当在车船管理部门登记的车船。不需要登记的单位内部作业车船不征税。从车船税财产税性质和公平税负的角度出发，不论车船是否应向管理部门登记，都应纳入征税范围。《车船税法》不再按车船是否登记来确定是否具有纳税义务，将征税范围统一为本法规定的车船。

（2）改革乘用车计税依据。《车船税暂行条例》及其实施细则规定，微型、小型客车（乘用车）按辆征收车船税。车船税作为财产税，计税依据理论上应当是评估价值，但乘用车数量庞大且分散于千家万户，难以进行价值评估。考虑到乘用车的排气量与其价值总体上存在着正相关关系，《车船税法》将排气量作为乘用车车船税的计税依据。

（3）调整税负结构。一方面，为支持交通运输业发展，《车船税法》对占汽车总量 28% 左右的货车、摩托车以及船舶（游艇除外）仍维持原条例税额幅度不变；对载客 9 人以上的客车税额幅度略提高；对挂车由原条例规定的与货车适用相同税额改为减按货车税额的 50% 征收。另一方面，为更好地发挥车船税的调节功能，体现对汽车消费和节能减排的政策导向，《车船税法》对占汽车总量 72% 左右的乘用车（也就是载客少于 9 人的汽车）的税负，按发动机排气量大小分别进行了降低、不变和提高的结构性调整。一是占现有乘用车总量 87% 左右、排气量在 2.0 升及以下的乘用车，税额幅度适当降低或维持不变；二是占现有乘用车总量 10% 左右、排气量为 2.0 升至 2.5 升（含）的中等排量车，税额幅度适当提高；三是占现有乘用车总量 3% 左右、排气量为 2.5 升以上的较大和大排量车，税额幅度有较大提高。

此外，为了体现车船税调节功能，《车船税法》将船舶中的游艇单列出来，明确按长度征税，并将税额幅度确定为每米 600 元至 2 000 元。

（4）规范税收优惠。《车船税法》除了保留《车船税暂行条例》规定的省、自治区、直辖市人民政府可以对公共交通车船给予定期减、免税优惠外，还增加了以下三项优惠规定：一是对节约能源、使用新能源的车船可以减征或免征车船税；二是省、自治区、直辖市人民政府根据当地实际情况，可以对农村居民拥有并主要在农村地区使用的摩托车、三轮汽车和低速载货汽车定期减征或免征车船税；三是对受严重自然灾害影响纳税困难以及有其他特殊原因确需减、免税的，可以减征或免征车船税。

（5）强化征收管理。考虑到机动车数量庞大、税源分散，仅靠税务机关自身力量征管难度较大，公安机关交通管理部门的机动车管理机构比较健全，制度和管理手段比较严密，在不过多增加工作量的情况下，由其对车船税的征收予以协助，对于提高征收绩效、防止税源流失具有重要作用。为此，《车船税法》规定：车辆所有人或者管理人在申请办理车辆相关登记、定期检验手续时，应向公安机关交通管理部门提交依法纳税或者免税证明。公安机关交通管理部门核查后予以办理相关手续。

此外，船舶的流动性大，对船舶征税在源泉控制上效果不够理想。为此，《车船税法》规定，船检机构应当在提供船舶有关信息方面协助税务机关加强车船税的征收管理。

6.1.3.1　纳税义务人与征税范围

一、纳税义务人

在中华人民共和国境内属于《车船税法》所附《车船税税目税额表》规定的车辆、船舶（以下简称车船）的所有人或者管理人，为车船税的纳税人，应当依法缴纳车船税。

二、征税范围

《车船税法》所附《车船税税目税额表》中车辆、船舶的含义如下。

乘用车，是指在设计和技术特性上主要用于载运乘客及随身行李，核定载客人数包括驾驶员在内不超过9人的汽车。

商用车，是指除乘用车外，在设计和技术特性上用于载运乘客、货物的汽车，划分为客车和货车。

半挂牵引车，是指装备有特殊装置用于牵引半挂车的商用车。

三轮汽车，是指最高设计车速不超过每小时50公里，具有三个车轮的货车。

低速载货汽车，是指以柴油机为动力，最高设计车速不超过每小时70公里，具有四个车轮的货车。

挂车，是指就其设计和技术特性需由汽车或者拖拉机牵引，才能正常使用的一种无动力的道路车辆。

专用作业车，是指在其设计和技术特性上用于特殊工作的车辆。

轮式专用机械车，是指有特殊结构和专门功能，装有橡胶车轮可以自行行驶，最高设计车速大于每小时20公里的轮式工程机械车。

摩托车，是指无论采用何种驱动方式，最高设计车速大于每小时50公里，或者使用内燃机，其排量大于50毫升的两轮或者三轮车辆。

船舶，是指各类机动、非机动船舶以及其他水上移动装置，但是船舶上装备的救生艇筏和长度小于5米的艇筏除外。其中，机动船舶是指用机器推进的船舶；拖船是指专门用于拖（推）动运输船舶的专业作业船舶；非机动驳船，是指在船舶登记管理部门登记为驳船的非机动船舶；游艇是指具备内置机械推进动力装置，长度在90米以下，主要用于游览观光、休闲娱乐、水上体育运动等活动，并应当具有船舶检验证书和适航证书的船舶。

6.1.3.2 应纳税额的计算

一、税率

省、自治区、直辖市人民政府根据《车船税法》所附《车船税税目税额表》确定车辆具体适用税额，应当遵循以下原则：

（1）乘用车依排气量从小到大递增税额；

（2）客车按照核定载客人数20人以下和20人（含）以上两档划分，递增税额。

机动船舶具体适用税额为：

（1）净吨位不超过 200 吨的，每吨 3 元；

（2）净吨位超过 200 吨但不超过 2 000 吨的，每吨 4 元；

（3）净吨位超过 2 000 吨但不超过 10 000 吨的，每吨 5 元；

（4）净吨位超过 10 000 吨的，每吨 6 元。

拖船按照发动机功率每 1 千瓦折合净吨位 0.67 吨计算征收车船税。

游艇具体适用税额为：

（1）艇身长度不超过 10 米的，每米 600 元；

（2）艇身长度超过 10 米但不超过 18 米的，每米 900 元；

（3）艇身长度超过 18 米但不超过 30 米的，每米 1 300 元；

（4）艇身长度超过 30 米的，每米 2 000 元；

（5）辅助动力帆艇，每米 600 元。

《车船税法》和《车船税法实施条例》所涉及的排气量、整备质量、核定载客人数、净吨位、艇身长度等计税单位，以车船登记管理部门核发的车船登记证书或者行驶证所载数据为准。

依法不需要办理登记的车船和依法应当登记而未办理登记或者不能提供车船登记证书、行驶证的车船，以车船出厂合格证明或者进口凭证标注的技术参数、数据为准；不能提供车船出厂合格证明或者进口凭证的，由主管税务机关参照国家相关标准核定，没有国家相关标准的参照同类车船核定。

二、计算应纳税额

纳税人按照纳税地点所在的省、自治区、直辖市人民政府确定的具体适用税额缴纳车船税。

（1）购置的新车船，购置当年的应纳税额自纳税义务发生的当月起按月计算。计算公式为：

$$应纳税额 = （年应纳税额 \div 12） \times 应纳税月份数$$

$$应纳税月份数 = 12 - 纳税义务发生时间（取月份）+ 1$$

（2）在一个纳税年度内，已完税的车船被盗窃、报废、灭失的，纳税人可以凭有关管理机关出具的证明和完税证明，向纳税所在地的主管税务机关申请退还自被盗、报废、灭失月份起至该纳税年度终了期间的税款。

（3）已办理退税的被盗抢车船，失而复得的，纳税人应当从公安机关出具相关证明的当月起计算缴纳车船税。

（4）已缴纳车船税的车船在同一纳税年度内办理转让过户的，不另纳税，也不退税。

6.1.3.3 税收优惠

（1）下列车船免征车船税：

①捕捞、养殖渔船；

②军队、武装警察部队专用的车船；

③警用车船；

④依照法律规定应当予以免税的外国驻华使领馆、国际组织驻华代表机构及其有关人员的车船。

（2）对节约能源、使用新能源的车船可以减征或者免征车船税。免征或者减半征收车船税的车船的范围，由国务院财政、税务主管部门商国务院有关部门制订，报国务院批准；对受严重自然灾害影响纳税困难以及有其他特殊原因确需减税、免税的，可以减征或者免征车船税。具体减免期限和数额由省、自治区、直辖市人民政府确定，报国务院备案。

（3）省、自治区、直辖市人民政府根据当地实际情况，可以对公共交通车船，农村居民拥有并主要在农村地区使用的摩托车、三轮汽车和低速载货汽车定期减征或者免征车船税。

（4）临时入境的外国车船和中国香港特别行政区、中国澳门特别行政区、中国台湾地区的车船，不征收车船税。

（5）按照规定缴纳船舶吨税的机动船舶，自车船税法实施之日起 5 年内免征车船税。

（6）依法不需要在车船登记管理部门登记的机场、港口、铁路站场内部行驶或者作业的车船，自车船税法实施之日起 5 年内免征车船税。

6.1.3.4 征收管理

一、纳税义务发生时间

车船税纳税义务发生时间为取得车船所有权或者管理权的当月。所称取得车船所有权或者管理权的当月，应当以购买车船的发票或者其他证明文件所载日期的当月为准。

购置的新车船，购置当年的应纳税额自纳税义务发生的当月起按月计算。应纳税额为年应纳税额除以 12 再乘以应纳税月份数。

二、纳税地点

车船税的纳税地点为车船的登记地或者车船税扣缴义务人所在地。依法不需要办理登记的车船，车船税的纳税地点为车船的所有人或者管理人所在地。

三、纳税期限

车船税按年申报，分月计算，一次性缴纳。纳税年度为公历 1 月 1 日至 12 月 31 日。

四、扣缴义务人

从事机动车第三者责任强制保险业务的保险机构为机动车车船税的扣缴义务人，应当在收取保险费时依法代收车船税，并出具代收税款凭证。机动车车船税扣缴义务人在代收车船税时，应当在机动车交通事故责任强制保险的保险单以及保费发票上注明已收税款的信息，作为代收税款凭证。

已完税或者依法减免税的车辆，纳税人应当向扣缴义务人提供登记地的主管税务机关出具的完税凭证或者减免税证明。

纳税人没有按照规定期限缴纳车船税的，扣缴义务人在代收代缴税款时，可以一并代收代缴欠缴税款的滞纳金。

扣缴义务人已代收代缴车船税的，纳税人不再向车辆登记地的主管税务机关申报缴纳车船税。

没有扣缴义务人的，纳税人应当向主管税务机关自行申报缴纳车船税。扣缴义务人应当及时解缴代收代缴的税款和滞纳金，并向主管税务机关申报。扣缴义务人向税务机关解缴税款和滞纳金时，应当同时报送明细的税款和滞纳金扣缴报告。扣缴义务人解缴税款和滞纳金的具体期限，由省、自治区、直辖市税务机关依照法律、行政法规的规定确定。

根据《国家税务总局关于保险机构代收车船税开具增值税发票问题的公告》（国家税务总局公告 2016 年第 51 号）的规定，自 2016 年 5 月 1 日起，保险机构作为车船税扣缴义务人，在代收车船税并开具增值税发票时，应在增值税发票备注栏中注明代收车船税税款信息。具体包括：保险单号、税款所属期（详细至月）、代收车船税金额、滞纳金金额、金额合计等。该增值税发票可作为纳税人缴纳车船税及滞纳金的会计核算原始凭证。

公安、交通运输、农业、渔业等车船登记管理部门、船舶检验机构和车船税扣缴义务人的行业主管部门应当在提供车船有关信息等方面，协助税务机关加强车船税的征收管理。公安机关交通管理部门在办理车辆相关登记和定期检验手续时，经核查，对没有提供依法纳税或者免税证明的，不予办理相关手续。

车辆所有人或者管理人在申请办理车辆相关登记、定期检验手续时，应当向公安机关交通管理部门提交依法纳税或者免税证明。公安机关交通管理部门核查后办理相关手续。

五、征收机关

车船税由税务机关负责征收。税务机关可以在车船登记管理部门、车船检验机构的办公场所集中办理车船税征收事宜。

6.1.4　劳务用工环节概述

6.1.4.1　建筑施工企业的用工形式及涉税分析

一、建筑施工企业的用工形式

建筑施工企业属于劳动密集型的企业，其劳务用工的形式一般可以分为以下三种：第一种是建筑施工企业的正式用工，主要是建筑施工企业的主要管理人员、技术骨干；第二种是建筑施工企业从劳务派遣公司接收劳务人员；第三种是建筑施工企业直接临时雇用劳务人员。施工劳务用工环节涉及的税种主要是个人所得税。

二、涉税分析

根据《建筑安装业个人所得税征收管理暂行办法》（国税发〔1996〕127号），承包建筑安装业各项工程作业的承包人取得的所得，应区别不同情况计征个人所得税：经营成果归承包人个人所有的所得，或按照承包合同（协议）规定，将一部分经营成果留归承包人个人的所得，按"对企事业单位的承包经营、承租经营所得"项目征税；以其他分配方式取得的所得，按"工资、薪金所得"项目征税。从事建筑安装业的个体工商户和未领取营业执照承揽建筑安装业工程作业的建筑安装队和个人，以及建筑安装企业实行个人承包后工商登记改变为个体经济性质的，其从事建筑安装业取得的收入应依照"个体工商户的生产、经营所得"项目计征个人所得税。从事建筑安装业工程作业的其他人员取得的所得，分别按照"工资、薪金所得"项目和"劳务报酬所得"项目计征个人所得税。

6.1.4.2　个人所得税的计税原理

个人所得税是对个人（即自然人）取得的各项应税所得征收的一种所得税。

2018年8月31日，关于修改个人所得税法的决定经十三届全国人大常委会第五次会议表决通过，这是自1980年个人所得税法出台以来的第七次大修。新个人所得税法于2019年1月1日起施行，2018年10月1日起施行最新起征点和税率。2020年4月1日，国家税务总局发布《2019年度个人所得税综合所得年度汇算办税指引》。2020年7月29日，为进一步支持稳就业、保就业，减轻当年新入职人员个人所得税预扣预缴阶段的税收负担，国家税务总局就完善调整年度中间首次取得工资、薪金所得等人员有关个人所得税预扣预缴方法事项发布《国家税务总局关于完善调整部分纳税人个人所得税预扣预缴方法的公告》。公告称，对一个纳税年度内首次取得工资、薪金所得的居民个人，扣缴义务人在预扣预缴个人所得税时，可按照 5 000 元/月乘以纳税人当年截至本月月份数计算累计减除费用。公告自 2020 年 7 月 1 日起施行。

个人所得税以个人的纯所得为计税依据。因此计税时以纳税人的收入或报酬扣除有关费用以后的余额为计税依据。有关费用一方面是指与获取收入或报酬有关的经营费用，另一方面是指维持纳税人自身及家庭生活有关的费用。有关费用具体分为三类：第一，与应税收入相配比的经营成本和费用；第二，与个人总体能力相匹配的免税扣除和家庭生计扣除；第三，为了体现特定社会目标而鼓励的支出，称为"特别费用扣除"，如慈善捐赠等。

6.1.4.3　个人所得税的征收

一、征收模式

一般说来，个人所得税的征收模式有三种：分类征收制、综合征收制和混合征收制。分类征收制，就是将纳税人不同来源、性质的所得项目，分别规定不同的税率征税；综合征收制，是对纳税人全年的各项所得加以汇总，就其总额进行征税；混合征收制，是对纳税人不同来源、性质的所得先分别按照不同的税率征税，然后将全年的各项所得进行汇总征税。三种不同的征收模式各有其优缺点。

目前，我国个人所得税的征收采用的是分类与综合相结合的模式。分类征收制下，纳税人的各项所得需按其所得性质进行分类，按月或按次缴纳税款，没有就其全年所得综合征税，难以充分体现税收公平原则。实行综合与分类相结合的征收制，可以更好地兼顾纳税人的收入水平和负担能力。从国际上看，个人所得税按征税模式可分为综合征收制、分类征收制、综合与分类相结合征收制等类型。目前世界上只有极少数国家采用综合征收制或分类征收制，大多数国家采用综合与分类相结合的征收制模式。

二、纳税义务人

《个人所得税法》规定，个人所得税纳税人分为居民纳税人和非居民纳税人。

（一）居民纳税人和非居民纳税人

在中国境内有住所，或者无住所而一个纳税年度内在中国境内居住累计满183 天的个人，为居民个人。居民个人从中国境内和境外取得的所得，依照个人所得税法规定缴纳个人所得税。

在中国境内无住所又不居住，或者无住所而一个纳税年度内在中国境内居住累计不满 183 天的个人，为非居民个人。非居民个人从中国境内取得的所得，依照个人所得税法规定缴纳个人所得税。

在中国境内有住所，是指因户籍、家庭、经济利益关系而在中国境内习惯性居住。从中国境内和中国境外取得的所得，分别是指来源于中国境内的所得和来源于中国境外的所得。在中国境内居住的时间按照在中国境内的时间计算。纳税年度，自公历 1 月 1 日至 12 月 31 日。

个人独资企业和合伙企业不缴纳企业所得税，只对投资者个人或个人合伙人取得的生产经营所得征收个人所得税。

个人独资企业和合伙企业分别是指依照我国相关法律登记成立的个人独资、合伙性质的企业以及其他相关机构或组织。个人独资企业以投资者个人为纳税义务人，合伙企业以每一个合伙人为纳税义务人。

个人独资企业投资人以其个人财产对企业债务承担无限责任。普通合伙企业合伙人对合伙企业债务承担无限连带责任。有限合伙企业由普通合伙人和有限合伙人组成，普通合伙企业合伙人对合伙企业债务承担无限连带责任。有限合伙人以其认缴的出资额为限对合伙企业债务承担责任。

（二）居民纳税人和非居民纳税人的纳税义务

居民纳税人从中国境内和境外取得的所得，缴纳个人所得税。

非居民纳税人从中国境内取得的所得，缴纳个人所得税。

在中国境内无住所的居民个人，在境内居住累计满 183 天的年度连续不满 5 年的，或满 5 年但其间有单次离境超过 30 天情形的，其来源于中国境外的所得，经向主管税务机关备案，可以只就由中国境内企事业单位和其他经济组织或者居民个人支付的部分缴纳个人所得税；在境内居住累计满 183 天的年度连续满 5 年的纳税人，且在 5 年内未发生单次离境超过 30 天情形的，从第 6 年起，中国境内居住累计满 183 天的，应当就其来源于中国境外的全部所得缴纳个人所得税。

在中国境内无住所，且在一个纳税年度中在中国境内连续或者累计居住不超过 90 天的个人，其来源于中国境内的所得，由境外雇主支付并且不由该雇主在中国境内的机构、场所负担的部分，免予缴纳个人所得税。

（三）所得来源的确定

除国务院财政、税务主管部门另有规定外，下列所得，不论支付地点是否在中国境内，均为来源于中国境内的所得：

（1）因任职、受雇、履约等在中国境内提供劳务取得的所得；

（2）将财产出租给承租人在中国境内使用而取得的所得；

（3）许可各种特许权在中国境内使用而取得的所得；

（4）转让中国境内的不动产等财产或在中国境内转让其他财产取得的所得；

（5）从中国境内企业、事业单位、其他组织以及居民个人取得的利息、股息、红利所得。

三、扣缴义务人

个人所得税以所得人为纳税人，以支付所得的单位或者个人为扣缴义务人。扣缴义务人应当依法办理全员全额扣缴申报。

全员全额扣缴申报，是指扣缴义务人应当在代扣税款的次月 15 日内，向主管税务机关报送其支付所得的所有个人的有关信息、支付所得数额、扣除事项和数额、扣缴税款的具体数额和总额，以及其他相关涉税信息资料。

实行个人所得税全员全额扣缴申报的应税所得包括：

（1）工资、薪金所得；

（2）劳务报酬所得；

（3）稿酬所得；

（4）特许权使用费所得；

（5）利息、股息、红利所得；

（6）财产租赁所得；

（7）财产转让所得；

（8）偶然所得。

扣缴义务人首次向纳税人支付所得时，应当按照纳税人提供的纳税人识别号等基础信息，填写《个人所得税基础信息表（A 表）》，并于次月扣缴申报时向税务机关报送。扣缴义务人对纳税人向其报告的相关基础信息变化情况，应当于次月扣缴申报时向税务机关报送。

支付工资、薪金所得的扣缴义务人应当于年度终了后两个月内，向纳税人提供其个人所得和已扣缴税款等信息。纳税人年度中间需要提供上述信息的，扣缴义务人应当提供。纳税人取得除工资、薪金所得以外的其他所得，扣缴义务人应当在扣缴税款后，及时向纳税人提供其个人所得和已扣缴税款等信息。

扣缴义务人应当按照纳税人提供的信息计算税款、办理扣缴申报，不得擅自更改纳税人提供的信息。

扣缴义务人发现纳税人提供的信息与实际情况不符的，可以要求纳税人修改。纳税人拒绝修改的，扣缴义务人应当报告税务机关，税务机关应当及时处理。

纳税人发现扣缴义务人提供或者扣缴申报的个人信息、支付所得、扣缴税款等信息与实际情况不符的，有权要求扣缴义务人修改。扣缴义务人拒绝修改的，纳税人应当报告税务机关，税务机关应当及时处理。

纳税人发现扣缴义务人提供或者扣缴申报的个人信息、支付所得、扣缴税款等信息与实际情况不符的，有权要求扣缴义务人修改。扣缴义务人拒绝修改的，纳税人应当报告税务机关，税务机关应当及时处理。

扣缴义务人对纳税人提供的《个人所得税专项附加扣除信息表》，应当按照规定妥善保存备查。

扣缴义务人应当依法对纳税人报送的专项附加扣除等相关涉税信息和资料保密。扣缴义务人依法履行代扣代缴义务，纳税人不得拒绝。纳税人拒绝的，扣缴义务人应当及时报告税务机关。

扣缴义务人有未按照规定向税务机关报送资料和信息、未按照纳税人提供信息虚报虚扣专项附加扣除、应扣未扣税款、不缴或少缴已扣税款、借用或冒用他人身份等行为的，依照《税收征管法》等相关法律、行政法规处理。

扣缴义务人每月或者每次预扣、代扣的税款，应当在次月15日内缴入国库，并向税务机关报送《个人所得税扣缴申报表》。

四、征税范围

（一）工资、薪金所得

工资、薪金所得，是指个人因任职或者受雇而取得的工资、薪金、奖金、年终加薪、劳动分红、津贴、补贴以及与任职或者受雇有关的其他所得。

1. 工资、薪金所得的涵盖范围

一般来说，工资、薪金所得属于非独立个人劳动所得。所谓非独立个人劳动，是指个人所从事的是由他人指定、安排并接受管理的劳动，工作或服务于公司、工厂、行政事业单位的人员（私营企业主除外）均为非独立劳动者。他们从上述单位取得的劳动报酬，是以工资、薪金的形式体现的。在这类报酬中，工资和薪金的收入主体略有差异。通常情况下，把直接从事生产、经营或服务的劳动者（工人）取得的收入称为工资，即所谓"蓝领阶层"所得；而将从事社会公职或管理活动的劳动者（公职人员）取得的收入称为薪金，即所谓"白领阶层"所得。但在实际立法过程中，各国都从简便易行的角度考虑，将工资、薪金合并为一个项目计征个人所得税。除工资、薪金以外，奖金、年终加薪、劳动分红、津贴、补贴也被确定为工资、薪金范畴。其中，年终加薪、劳动分红不分种类和取得情况，一律按工资、薪金所得课税。奖金是指所有具有工资性质的奖金，免税奖金的范围在税法中另有规定。此外，还有一些所得的发放也被视为取得工资、薪金所得。例如，公司职工取得的用于购买企业国有股权的劳动分红，按"工资、薪金所得"项目计征个人所得税；出租汽车经营单位对出租车驾驶员采取单车承包或承租方式运营，出租车驾驶员从事客货营运取得的收入，按"工资、薪金所得"项目征税。

2．个人取得的津贴、补贴，不计入工资、薪金所得的项目

根据我国目前个人收入的构成情况，《个人所得税法》规定对于一些不属于工资、薪金性质的补贴、津贴或者不属于纳税人本人工资、薪金所得项目的收入，不予征税。这些项目包括：

（1）独生子女补贴。

（2）执行公务员工资制度未纳入基本工资总额的补贴、津贴差额和家属成员的副食品补贴。

（3）托儿补助费。

（4）差旅费津贴、误餐补助。其中，误餐补助是指按照财政部规定，个人因公在城区、郊区工作，不能在工作单位或返回就餐的，根据实际误餐顿数，按规定的标准领取的误餐费。注意：单位以误餐补助名义发给职工的补助、津贴不能包括在内。

（5）外国来华留学生，领取的生活津贴费、奖学金，不属于工资、薪金范畴，不征收个人所得税。

（二）劳务报酬所得

劳务报酬所得，是指个人独立从事各种非雇用的各种劳务所取得的所得。内容如下：

1．设计，指按照客户的要求，代为制定工程、工艺等各类设计业务。

2．装潢，指接受委托，对物体进行装饰、修饰，使之美观或具有特定用途的作业。

3．安装，指按照客户要求，对各种机器、设备的装配、安置，以及与机器、设备相连的附属设施的装设和被安装机器设备的绝缘、防腐、保温、油漆等工程作业。

4．制图，指受托按实物或设想物体的形象，依体积、面积、距离等，用一

定比例绘制成平面图、立体图、透视图等的业务。

5. 化验，指受托用物理或化学的方法，检验物质的成分和性质等业务。

6. 测试，指利用仪器仪表或其他手段代客对物品的性能和质量进行检测试验的业务。

7. 医疗，指从事各种病情诊断、治疗等医护业务。

8. 法律，指受托担任辩护律师、法律顾问，撰写辩护词、起诉书等法律文书的业务。

9. 会计，指受托从事会计核算的业务。

10. 咨询，指对客户提出的政治、经济、科技、法律、会计、文化等方面的问题进行解答、说明的业务。

11. 讲学，指应邀（聘）进行讲课、作报告、介绍情况等业务。

12. 翻译，指受托从事中、外语言或文字的翻译（包括笔译和口译）的业务。

13. 审稿，指对文字作品或图形作品进行审查、核对的业务。

14. 书画，指按客户要求，或自行从事书法、绘画、题词等业务。

15. 雕刻，指代客镌刻图章、牌匾、碑、玉器、雕塑等业务。

16. 影视，指应邀或应聘在电影、电视节目中出任演员，或担任导演、音响、化妆、道具、制作、摄影等与拍摄影视节目有关的业务。

17. 录音，指用录音器械代客录制各种音响带的业务，或者应邀演讲、演唱、采访而被录音的服务。

18. 录像，指用录像器械代客录制各种图像、节目的业务，或者应邀表演、采访被录像的业务。

19. 演出，指参加戏剧、音乐、舞蹈、曲艺等文艺演出活动的业务。

20. 表演，指从事杂技、体育、武术、健美、时装、气功以及其他技巧性表演活动的业务。

21. 广告，指利用图书、报纸、杂志、广播、电视、电影、招贴、路牌、橱窗、霓虹灯、灯箱、墙面及其他载体，为介绍商品、经营服务项目、文体节目或通告、声明等事项，所做的宣传和提供相关服务的业务。

22. 展览，指举办或参加书画展、影展、盆景展、邮展、个人收藏品展、花鸟虫鱼展等各种展示活动的业务。

23. 技术服务，指利用一技之长而进行技术指导、提供技术帮助的业务。

24. 介绍服务，指介绍供求双方商谈，或者介绍产品、经营服务项目等服务的业务。

25. 经纪服务，指经纪人通过居间介绍，促成各种交易和提供劳务等服务的业务。

26. 代办服务，指代委托人办理受托范围内的各项事宜的业务。

27. 其他劳务，指上述列举的 26 项劳务项目之外的各种劳务。

自 2004 年 1 月 20 日起，对商品营销活动中，企业和单位对其营销业绩突出的非雇员以培训班、研讨会、工作考察等名义组织旅游活动，通过免收差旅费、旅游费对个人实行的营销业绩奖励（包括实物、有价证券等），应根据所发生费用的全额作为该营销人员当期的劳务收入，按照"劳务报酬所得"项目征收个人所得税，并由提供上述费用的企业和单位代扣代缴。

在实际操作过程中，还可能出现难以判定一项所得是属于工资、薪金所得，还是属于劳务报酬所得的情况。这两者的区别在于：工资、薪金所得是属于非独立个人劳务活动，即在机关、团体、学校、部队、企业、事业单位及其他组织中任职、受雇而得到的报酬；而劳务报酬所得，则是个人独立从事各种技艺、提供各项劳务取得的报酬。

注意：个人由于担任董事职务所取得的董事费收入，属于劳务报酬所得性质，按照"劳务报酬所得"项目征收个人所得税，但仅适用于个人担任公司董事、监事，且不在公司任职、受雇的情形。个人在公司（包括关联公司）任职、受雇，同时兼任董事、监事的，应将董事费、监事费与个人工资收入合并，统一按"工资、薪金所得"项目缴纳个人所得税。

（三）稿酬所得

稿酬所得，是指个人因其作品以图书、报刊形式出版、发表而取得的所得。将稿酬所得独立划归一个征税项目，而对不以图书、报刊形式出版、发表的翻译、审稿、书画所得归为劳务报酬所得，主要是考虑了出版、发表作品的特殊性。第一，它是一种依靠较高智力创作的精神产品；第二，它具有普遍性；第三，它与社会主义精神文明和物质文明密切相关；第四，它的报酬相对偏低。因此，稿酬所得应当与一般劳务报酬相区别，并给予适当优惠照顾。

（四）特许权使用费所得

特许权使用费所得，是指个人提供专利权、商标权、著作权、非专利技术以及其他特许权的使用权取得的所得。提供著作权的使用权取得的所得，不包括稿酬所得。专利权，是由国家专利主管机关依法授予专利申请人或其权利继承人在一定期间内实施其发明创造的专有权。对于专利权，许多国家只将提供他人使用取得的所得,列入特许权使用费,而将转让专利权所得列为资本利得税的征税对象。我国没有开征资本利得税,故将个人提供和转让专利权取得的所得,都列入特许权使用费所得征收个人所得税。

商标权,即商标注册人享有的商标专用权。著作权,即版权,是作者依法对文学、艺术和科学作品享有的专有权。个人提供或转让商标权、著作权、专有技术或技术秘密、技术诀窍取得的所得,应当依法缴纳个人所得税。

(五)经营所得

经营所得,是指:

1. 个体工商户从事生产、经营活动取得的所得,个人独资企业投资人、合伙企业的个人合伙人来源于境内注册的个人独资企业、合伙企业生产、经营的所得。个体工商户以业主为个人所得税纳税义务人。

2. 个人依法从事办学、医疗、咨询以及其他有偿服务活动取得的所得。

3. 个人对企业、事业单位承包经营、承租经营以及转包、转租取得的所得。

对企事业单位的承包经营、承租经营所得,是指个人承包经营或承租经营以及转包、转租取得的所得。承包项目可分多种,如生产经营、采购、销售、建筑安装等各种承包。转包包括全部转包或部分转包。

4. 个人从事其他生产、经营活动取得的所得。

例如,个人因从事彩票代销业务而取得的所得,或者从事个体出租车运营的出租车驾驶员取得的收入,都应按照"经营所得"项目计征个人所得税。这里所说的从事个体出租车运营,包括:出租车属个人所有,但挂靠出租汽车经营单位或企事业单位,驾驶员向挂靠单位缴纳管理费的,或出租汽车经营单位将出租车所有权转移给驾驶员的。

注意:个体工商户和从事生产、经营的个人,取得与生产、经营活动无关的其他各项应税所得,应分别按照其他应税项目的有关规定,计算征收个人所得税。如取得银行存款的利息所得、对外投资取得的股息所得,应按"股息、利息、红利"项目的规定单独计征个人所得税。个人独资企业、合伙企业的个人投资者以企业资金为本人、家庭成员及其相关人员支付与企业生产经营无关的消费性支出及购买汽车、住房等财产性支出,视为企业对个人投资者的利润分配,并入投资者个人的生产经营所得,依照"经营所得"项目计征个人所得税。

(六)利息、股息、红利所得

利息、股息、红利所得,是指个人拥有债权、股权而取得的利息、股息、红利所得。利息，是指个人拥有债权而取得的利息，包括存款利息、贷款利息和各种债券的利息。按税法规定，个人取得的利息所得，除国债和国家发行的金融债券利息外，应当依法缴纳个人所得税。股息、红利，是指个人拥有股权取得的股息、红利。按照一定的比率派发的每股息金称为股息；根据公司、企业应分配的超过股息部分的利润，按股份分配的称为红利。股息、红利所得，除另有规定外，都应当缴纳个人所得税。

除个人独资企业、合伙企业以外的其他企业的个人投资者，以企业资金为本人、家庭成员及其相关人员支付与企业生产经营无关的消费性支出及购买汽车、住房等财产性支出，视为企业对个人投资者的红利分配，依照"利息、股息、红利所得"项目计征个人所得税。企业的上述支出不允许在所得税前扣除。

纳税年度内个人投资者从其投资企业（个人独资企业、合伙企业除外）借款，在该纳税年度终了后既不归还又未用于企业生产经营的，其未归还的借款可视为企业对个人投资者的红利分配，依照"利息、股息、红利所得"项目计征个人所得税。

（七）财产租赁所得

财产租赁所得，是指个人出租不动产、机器设备、车船，以及其他财产取得的所得。

个人取得的财产转租收入，属于"财产租赁所得"的征税范围，由财产转租人缴纳个人所得税。

（八）财产转让所得

财产转让所得，是指个人转让有价证券、股权、合伙企业中的财产份额、不动产、机器设备、车船以及其他财产取得的所得。

在现实生活中，个人进行的财产转让主要是个人财产所有权的转让。财产转让实际上是一种买卖行为，当事人双方通过签订、履行财产转让合同，形成财产买卖的法律关系，使出让财产的个人从对方取得价款（收入）或其他经济利益。财产转让所得因其性质特殊性，需要单独列举项目征税。对个人取得的各项财产转让所得，除股票转让所得外，都要征收个人所得税。具体规定如下：

1. 股票转让所得。

根据《中华人民共和国个人所得税法实施条例》（以下简称《实施条例》）规定，对股票转让所得征收个人所得税的办法，由国务院另行规定，并报全国人民代表大会常务委员会备案。为了配合企业改制，促进股票市场的稳健发展，经报国务院批准，自 1997 年 1 月 1 日起，对个人转让上市公司股票取得的所得继续暂免征收个人所得税。

2. 量化资产股份转让。

集体所有制企业在改制为股份合作制企业时，对职工个人以股份形式取得的拥有所有权的企业量化资产，暂缓征收个人所得税；待个人将股份转让时，就其转让收入额，减除个人取得该股份时实际支付的费用支出和合理转让费用后的余额，按"财产转让所得"项目计征个人所得税。

（九）偶然所得

偶然所得，是指个人得奖、中奖、中彩以及其他偶然性质的所得。得奖是指参加各种有奖竞赛活动，取得名次得到的奖金；中奖、中彩是指参加各种有奖活动，如有奖销售、有奖储蓄或者购买彩票，经过规定程序，抽中、摇中号码而取得的奖金。偶然所得应缴纳的个人所得税税款，一律由发奖单位或机构代扣代缴。

个人取得的所得，难以界定应纳税所得项目的，由国务院税务主管部门确定。

6.1.5 劳务用工环节应税所得的范围

6.1.5.1 工资、薪金所得

一、工资、薪金所得的概念

工资、薪金所得是指个人因任职或者受雇而取得的工资、薪金、奖金、年终加薪、劳动分红、津贴、补贴以及与任职或者受雇有关的其他所得。一般来说，工资、薪金所得属于非独立个人劳动所得。

所谓非独立个人劳动，是指个人所从事的是由他人指定、安排并接受管理的劳动、工作，或服务于公司、工厂、行政或事业单位（私人企业主除外）。非独立劳动者从上述单位取得的劳动报酬，是以工资、薪金的形式体现的。在这类报酬中，工资和薪金的收入主体略有差异。通常情况下，把直接从事生产、经营或服务的劳动者（工人）的收入称为工资，即所谓"蓝领阶层"所得；而将从事社会公职或管理活动的劳动者（公职人员）的收入称为薪金，即"白领阶层"所得。

《关于工资总额组成的规定》（统制字〔1990〕1号）规定，企业工资总额可分为六个部分。

（1）计时工资，是指按计时工资标准（包括地区生活费补贴）和工作时间支付给个人的劳动报酬。

（2）计件工资，是指对已做工作按计件单价支付的劳动报酬。

（3）奖金，是指支付给职工的超额劳动报酬和增收节支的劳动报酬。包括：生产奖；节约奖；劳动竞赛奖；机关、事业单位的奖励工资；其他奖金。

（4）津贴和补贴，是指为了补偿职工特殊或额外的劳动消耗和因其他特殊原因支付给职工的津贴，以及为了保证职工工资水平不受物价影响支付给职工的物价补贴。

（5）加班加点工资，是指按规定支付的加班工资和加点工资。

（6）特殊情况下支付的工资。包括：根据国家法津、法规和政策规定，因病、工伤、产假、计划生育假、婚丧假、事假、探亲假、定期休假、停工学习、执行国家或社会义务等原因按计时工资标准或计时工资标准的一定比例支付的工资；附加工资、保留工资。

工资总额的计算原则应以直接支付给职工的全部劳动报酬为根据。各单位支付给职工的劳动报酬以及其他根据有关规定支付的工资，不论是计入成本的还是不计入成本的，不论是按国家规定列入计征奖金税项目的还是未列入计征奖金税项目的，不论是以货币形式支付的还是以实物形式支付的，均应列入工资总额的计算范围。

二、应纳税所得额

工资、薪金所得实行按月计征的办法。工资、薪金所得，以每月收入额减除费用 5 000 元后的余额，为应纳税所得额。计算公式为：

$$应纳税所得额 = 月工资、薪金收入 - 5\,000\,元$$

三、适用税率

工资、薪金所得适用七级超额累进税率，税率如表 6-3 所示。

表 6-3　　　　　工资、薪金所得适用七级超额累进税率

级数	全年应纳税所得额	税率/%	速算扣除数
1	不超过 36 000 元的	3	0
2	超过 36 000 元至 144 000 元的部分	10	2 520
3	超过 144 000 元至 300 000 元的部分	20	16 920
4	超过 300 000 元至 420 000 元的部分	25	31 920
5	超过 420 000 元至 660 000 元的部分	30	52 920
6	超过 660 000 元至 960 000 元的部分	35	85 920
7	超过 960 000 元的部分	45	181 920

四、应纳税额的计算

工资、薪金所得的应纳税额的计算公式为：

$$应纳税额 = 应纳税所得额 \times 适用税率 - 速算扣除数$$

或 $$= （每月收入额 - 5\ 000） \times 适用税率 - 速算扣除数$$

这里需要说明的是，由于工资、薪金所得在计算应纳个人所得税时，适用的是超额累计税率，运用速算扣除数计算法，可以简化计算过程。速算扣除数是指在采用超额累计税率征税的情况下，根据超额累计税率表中划分的应纳税所得额级距和税率，先用全额累计方法计算出税额，再减去用超额累计方法计算的应征税额以后的差额。当超额累计税率表中的级距和税率确定以后，各级速算扣除数也固定不变，成为计算应纳税额的常数。

五、工资、薪金的常见情形

（一）雇主为雇员负担个人所得税额

在实际工作中，有的雇主（单位或个人）常常为纳税人负担税款，即支付给纳税人的报酬（包括工资、薪金、劳务报酬等所得）是不含税的净所得或称为税后所得，即纳税人的应纳税额由雇主代为缴纳。在这种情况下，就不能以纳税人实际取得的收入直接乘以适用税率计算应纳税额，否则就会减小税基，降低适用税率。正确的方法是：将纳税人的不含税收入换算为应纳税所得额，即含税收入，然后再计算应纳税额。具体又分为以下三种情况。

（1）雇主全额为雇员负担税款。这种情况下，应将雇员取得的不含税收入换算成应纳税所得额后，计算单位或个人应当代扣代缴的税款。计算公式为：

$$应纳税所得额 = \frac{不含税收入额 - 费用扣除标准 - 速算扣除数}{1 - 税率}$$

$$应纳税额 = 应纳税所得额 \times 适用税率 - 速算扣除数$$

（2）雇主为雇员定额负担部分税款。这种情况下，应将雇员取得的工资、薪金所得换算成应纳税所得额后，计算单位应当代扣代缴的税款。计算公式为：

$$应纳税所得额 = 雇员取得的工资 + 雇主代雇员负担的税款 - 费用扣除标准$$

$$应纳税额 = 应纳税所得额 \times 适用税率 - 速算扣除数$$

（3）雇主为雇员负担一定比例的工资应纳税款或负担一定比例的实际应纳税款。这种情况下，应将雇员取得的"不含税收入额"替换为"未含雇主负担的税款的收入额"，同时将适用税率和速算扣除数分别乘以雇主为雇员负担税款的比例，从而将未含雇主负担的税款的收入额换算成应纳税所得额，计算单位应当代扣代缴的税款。计算公式为：

$$应纳税所得额 = \frac{未含雇主负担的税款的收入额 - 费用扣除标准 - 速算扣除数 \times 负担比例}{1 - 税率 \times 负担比例}$$

$$应纳税额 = 应纳税所得额 \times 适用税率 - 速算扣除数$$

（二）个人取得全年一次性奖金等计算征收个人所得税办法

根据《国家税务总局关于调整个人取得全年一次性奖金等计算征收个人所得税方法问题的通知》（国税发〔2005〕9号），全年一次性奖金是指行政机关、企事业单位等扣缴义务人根据其全年经济效益和对雇员全年工作业绩的综合考核情况，向雇员发放的一次性奖金。上述一次性奖金也包括年终加薪、实行年薪制和绩效工资办法的单位根据考核情况兑现的年薪和绩效工资。

在一个纳税年度内，对每一个纳税人，该计税办法只允许采用一次。雇员取得除全年一次性奖金以外的其他各种名目奖金，如半年奖、季度奖、加班奖、先进奖、考勤奖等，一律与当月工资、薪金收入合并，按税法规定缴纳个人所得税。

（三）中央企业负责人取得年度绩效薪金延期兑现收入和任期奖励的规定。

《国资委管理的中央企业名单》中的下列人员，在2021年12月31日前，中央企业负责人任期结束后取得的绩效薪金40%部分和任期奖励，参照上述居民个人取得全年一次性奖金的计税规定执行；2022年1月1日之后的政策另行明确。

（1）国有独资企业和未设董事会的国有独资公司的总经理（总裁）、副总经理（副总裁）、总会计师。

（2）设董事会的国有独资公司（国资委确定的董事会试点企业除外）的董事长、副董事长、董事、总经理（总裁）、副总经理（副总裁）、总会计师。

（3）国有控股公司国有股权代表出任的董事长、副董事长、董事、总经理（总裁），列入国资委党委管理的副总经理（副总裁）、总会计师。

（4）国有独资企业、国有独资公司和国有控股公司党委（党组）书记、副书记、常委（党组成员）、纪委书记（纪检组长）。

（四）退休工资

根据《个人所得税法》，按照国家规定领取的退休（离休）工资不需要缴纳个人所得税。但是，根据《国家税务总局关于离退休人员取得单位发放离退休工资以外奖金补贴征收个人所得税的批复》（国税函〔2008〕723号），离退休人员除按规定领取离退休工资或养老金外，另从原任职单位取得的各类补贴、奖金、实物，不属于《个人所得税法》第四条规定可以免税的退休工资、离休工资、离休生活补助费。根据《国家税务总局关于个人兼职和退休人员再任职取得收入如何计算征收个人所得税问题的批复》（国税函〔2005〕382号），退休人员再任职取得的收入，在减除按个人所得税法规定的费用扣除标准后，按"工资、薪金所得"应税项目缴纳个人所得税。

根据《财政部 国家税务总局关于高级专家延长离休退休期间取得工资薪金所得有关个人所得税问题的通知》（财税〔2008〕7号），达到离休退休年龄，但确因工作需要，适当延长离休退休年龄的高级专家（指享受国家发放的政府特殊津贴的专家、学者，或中国科学院、中国工程院院士），其在延长离休退休期间取得的工资、薪金所得，视同退休工资、离休工资，免征个人所得税。

高级专家延长离休退休期间取得的工资、薪金所得，其免征个人所得税政策口径按下列标准执行：

（1）对高级专家从其劳动人事关系所在单位取得的，单位按国家有关规定向职工统一发放的工资、薪金、奖金、津贴、补贴等收入，视同离休、退休工资，免征个人所得税；

（2）除上述第（1）项所述收入以外各种名目的津补贴收入等，以及高级专家从其劳动人事关系所在单位之外的其他地方取得的培训费、讲课费、顾问费、稿酬等各种收入，依法计征个人所得税。

（五）内退工资

根据《国家税务总局关于个人所得税有关政策问题的通知》（国税发〔1999〕58号），实行内部退养的个人在其办理内部退养手续后至法定离退休年龄之间从原任职单位取得的工资、薪金，不属于离退休工资，应按"工资、薪金所得"项目计征个人所得税。

个人在办理内部退养手续后从原任职单位取得的一次性收入，应按办理内部退养手续后至法定离退休之间的所属月份进行平均，并与领取当月的"工资、薪金所得"合并后减除当月费用扣除标准，以余额为基数确定适用税率，再将当月工资、薪金加上取得的一次性收入，减去费用扣除标准，按适用税率计征个人所得税。

（六）公务交通、通信补贴

根据《国家税务总局关于个人所得税有关政策问题的通知》（国税发〔1999〕58号），个人因公务用车和通信制度改革而取得的公务用车、通信补贴收入，扣除一定标准的公务费用后，按照"工资、薪金所得"项目计征个人所得税。按月发放的，并入当月"工资、薪金所得"计征个人所得税；不按月发放的，分解到所属月份并与该月份"工资、薪金所得"合并后计征个人所得税。

公务费用的扣除标准，由省级税务局根据纳税人公务交通、通信费用的实际发生情况调查测算，报经省级人民政府批准后确定，并报国家税务总局备案。

近年来，部分单位因公务用车制度改革，对用车人给予各种形式的补偿：直接以现金形式发放，在限额内据实报销用车支出，单位反租职工个人的车辆支付车辆租赁费（"私车公用"），单位向用车人支付车辆使用过程中的有关费用等。根据《国家税务总局关于个人因公务用车制度改革取得补贴收入征收个人所得税问题的通知》（国税函〔2006〕245 号），因公务用车制度改革而以现金、报销等形式向职工个人支付的收入，均应视为个人取得公务用车补贴收入，按照"工资、薪金所得"项目计征个人所得税。

（七）其他相关事项

1. 福利费

福利费，是指根据国家有关规定，从企业、事业单位、国家机关、社会团体提留的福利费或者工会经费中支付给个人的生活补助费。所称生活补助费，是指由于某些特定事件或原因而给纳税人或其家庭的正常生活造成一定困难，其任职单位按国家规定从提留的福利费或者工会经费中向其支付的临时性生活困难补助。

福利费免纳个人所得税。但下列收入不属于免税的福利费范围，应当并入纳税人的工资、薪金所得计征个人所得税：

（1）从超出国家规定的比例或基数计提的福利费、工会经费中支付给个人的各种补贴、补助；

（2）从福利费和工会经费中支付给单位职工的人人有份的补贴、补助；

（3）单位为个人购买汽车、住房、电子计算机等不属于临时性生活困难补助性质的支出。

2. 生育津贴

根据《财政部 国家税务总局关于生育津贴和生育医疗费有关个人所得税政策的通知》（财税〔2008〕8 号），生育妇女按照县级以上人民政府根据国家有关规定制定的生育保险办法，取得的生育津贴、生育医疗费或其他属于生育保险性质的津贴、补贴，免征个人所得税，上述规定自发文之日（2008 年 3 月 7 日）起执行。

3. 三险一金

根据《财政部 国家税务总局关于基本养老保险费 基本医疗保险费 失业保险费 住房公积金有关个人所得税政策的通知》（财税〔2006〕10 号），企事业单位按照国家或省（自治区、直辖市）人民政府规定的缴费比例或办法实际缴付的基本养老保险费、基本医疗保险费和失业保险费，免征个人所得税；个人按照国家或省（自治区、直辖市）人民政府规定的缴费比例或办法实际缴付的基本养老保险费、基本医疗保险费和失业保险费，允许在个人应纳税所得额中扣除。企事业单位和个人超过规定的比例和标准缴付的基本养老保险费、基本医疗保险费和失业保险费，应将超过部分并入个人当期的工资、薪金所得，计征个人所得税。

根据《住房公积金管理条例》《建设部、财政部、中国人民银行关于住房公积金管理若干具体问题的指导意见》等规定精神，单位和个人分别在不超过职工本人上一年度月平均工资 12% 的幅度内，其实际缴存的住房公积金，允许在个人应纳税所得额中扣除。单位和职工个人缴存住房公积金的月平均工资不得超过职工工作地所在设区城市上一年度职工月平均工资的 2 倍或 3 倍，具体标准按照各地有关规定执行。单位和个人超过上述规定比例和标准缴付的住房公积金，应将超过部分并入个人当期的工资、薪金所得，计征个人所得税。

个人实际领（支）取原提存的基本养老保险金、基本医疗保险金、失业保险金和住房公积金时，免征个人所得税。

4. 雇员从受雇单位取得各类所得的征税项目

雇员从受雇单位取得的各类应税所得（如参加各类活动取得的奖金、稿酬、讲课费等），均应按照"工资、薪金所得"项目计算征收个人所得税（参照大地税函〔2008〕253 号文件）。

例如，个人在公司（包括关联公司）任职、受雇，同时兼任董事、监事的，应将董事费、监事费与个人工资收入合并，统一按工资、薪金所得项目缴纳个人所得税；个人担任公司董事、监事，但不在公司任职、受雇的，取得报酬属于劳务报酬性质，按劳务报酬所得项目征税。

又如，很多企业内部创办报纸、杂志。任职或受雇于本企业的记者、编辑等人员，因在本企业的报纸、杂志上发表作品取得的所得，属于因任职、受雇而取得的所得，应与其当月工资收入合并，按工资、薪金所得项目征收个人所得税，除上述专业人员以外，其他人员在本企业的报纸、杂志上发表作品取得的所得，应按稿酬所得项目征收个人所得税。

5. 工伤保险

根据《财政部 国家税务总局关于工伤职工取得的工伤保险待遇有关个人所得税政策的通知》（财税〔2012〕40 号），为贯彻落实《工伤保险条例》（国务院令第 586 号)，根据《个人所得税法》第四条中"经国务院财政部门批准免税的所得"的规定，对工伤职工及其近亲属按照《工伤保险条例》规定取得的工伤保险待遇，免征个人所得税。

所称的工伤保险待遇，包括工伤职工按照《工伤保险条例》规定取得的一次性伤残补助金、伤残津贴、一次性工伤医疗补助金、一次性伤残就业补助金、工伤医疗待遇、住院伙食补助费、外地就医交通食宿费用、工伤康复费用、辅助器具费用、生活护理费等，以及职工因工死亡，其近亲属按照《工伤保险条例》规定取得的丧葬补助金、供养亲属抚恤金和一次性工亡补助金等。

本规定自 2011 年 1 月 1 日起执行。对 2011 年 1 月 1 日之后已征税款的，由纳税人向主管税务机关提出申请，主管税务机关按相关规定予以退还。

6. 企业年金

企业年金，是指根据 2017 年 12 月 18 日人社部和财政部联合颁布《企业年金办法》的规定，企业及其职工在依法参加基本养老保险的基础上，自愿建立的补充养老保险制度。职业年金是指根据《事业单位职业年金办法》(国办发〔2015〕18 号)的规定，事业单位及其工作人员在依法参加基本养老保险的基础上，建立的补充养老保险制度。

企业年金和职业年金个人所得税的计算征收按以下规定执行：

(1) 企业年金和职业年金缴费的个人所得税处理。

①企业和事业单位(以下统称单位)根据国家有关政策规定的办法和标准，为在本单位任职或者受雇的全体职工缴付的企业年金或职业年金(以下统称年金)单位缴费部分，在计入个人账户时，个人暂不缴纳个人所得税。

②个人根据国家有关政策规定缴付的年金个人缴费部分，在不超过本人缴费工资计税基数的 4% 标准内的部分，暂从个人当期的应纳税所得额中扣除。

③超过上述第①项和第②项规定的标准缴付的年金单位缴费和个人缴费部分，应并入个人当期的工资、薪金所得，依法计征个人所得税。税款由建立年金的单位代扣代缴，并向主管税务机关申报解缴。

④企业年金个人缴费工资计税基数为本人上一年度月平均工资。月平均工资按国家统计局规定列入工资总额统计的项目计算。月平均工资超过职工工作地所在设区城市上一年度职工月平均工资 300% 以上的部分，不计入个人缴费工资计税基数。职业年金个人缴费工资计税基数为职工岗位工资和薪级工资之和。职工岗位工资和薪级工资之和超过职工工作地所在设区城市上一年度职工月平均工资 300% 以上的部分，不计入个人缴费工资计税基数。

（2）年金基金投资运营收益的个人所得税处理。

年金基金投资运营收益分配计入个人账户时，个人暂不缴纳个人所得税。

（3）领取年金的个人所得税处理。

①个人达到国家规定的退休年龄，领取的企业年金、职业年金，符合《财政部人力资源社会保障部国家税务总局关于企业年金、职业年金个人所得税有关问题的通知》（财税〔2013〕103号）规定的，不并入综合所得，全额单独计算应纳税款。其中按月领取的，适用月度税率表计算纳税；按季领取的，平均分摊计入各月，按每月领取额适用月度税率表计算纳税；按年领取的，适用综合所得税率表计算纳税。

②对单位和个人在本规定实施之前开始缴付年金缴费，个人在本规定实施之后领取年金的，允许其从领取的年金中减除在本规定实施之前缴付的年金单位缴费和个人缴费且已经缴纳个人所得税的部分，就其余额按照第（3）项第①条的规定征税。在个人分期领取年金的情况下，可按本规定实施之前缴付的年金缴费金额占全部缴费金额的百分比减计当期的应纳税所得额，减计后的余额，按照本规定第（3）项第①条的规定，计算缴纳个人所得税。

③个人因出境定居而一次性领取的年金个人账户资金，或个人死亡后，其指定的受益人或法定继承人一次性领取的年金个人账户余额，适用综合所得税率表计算纳税。对个人除上述特殊原因外一次性领取年金个人账户资金或余额的，适用月度税率表计算纳税。

④个人领取年金时，其应纳税款由受托人代表委托人委托托管人代扣代缴。年金账户管理人应及时向托管人提供个人年金缴费及对应的个人所得税纳税明细。托管人根据受托人指令及账户管理人提供的资料，按照规定计算扣缴个人当期领取年金待遇的应纳税款，并向托管人所在地主管税务机关申报解缴。

⑤建立年金计划的单位、年金托管人，应按照《个人所得税法》和《税收征收管理法》的有关规定，实行全员全额扣缴明细申报。受托人有责任协调相关管理人依法向税务机关办理扣缴申报、提供相关资料。

（4）建立年金计划的单位应于建立年金计划的次月15日内，向其所在地主管税务机关报送年金方案、人力资源和社会保障部门出具的方案备案函、计划确认函以及主管税务机关要求报送的其他相关资料。年金方案、受托人、托管人发生变化的，应于发生变化的次月15日内重新向其主管税务机关报送上述资料。

6.1.5.2　承包建筑安装工程所得

一、个体工商户的生产、经营所得

建筑施工企业目前大量存在"包工头"承接建筑施工企业的施工任务的情况，根据《建筑安装业个人所得税征收管理暂行办法》（国税发〔1996〕127号），对其应该按照"未领取营业执照承揽建筑安装业工程作业的建筑安装队和个人"，"其从事建筑安装业取得的收入应依照个体工商户的生产、经营所得项目计征个人所得税"。国家税务总局 2014 年 12 月 27 日发布了《个体工商户个人所得税计税办法》（国家税务总局令 2014 年第 35 号），就个体工商户的个人所得税的征收管理做出了规定。个体工商户以业主为个人所得税纳税义务人。个体工商户应纳税所得额的计算，以权责发生制为原则：属于当期的收入和费用，不论款项是否收付，均作为当期的收入和费用；不属于当期的收入和费用，即使款项已经在当期收付，均不作为当期收入和费用。

（一）计税基本规定

个体工商户的生产、经营所得，以每一纳税年度的收入总额，减除成本、费用、税金、损失、其他支出以及允许弥补的以前年度亏损后的余额，为应纳税所得额。个体工商户从事生产经营以及与生产经营有关的活动（以下简称生产经营）取得的货币形式和非货币形式的各项收入，为收入总额。包括：销售货物收入、提供劳务收入、转让财产收入、利息收入、租金收入、接受捐赠收入、其他收入。其他收入包括个体工商户资产溢余收入、逾期一年以上的未退包装物押金收入、确实无法偿付的应付款项、已做坏账损失处理后又收回的应收款项、债务重组收入、补贴收入、违约金收入、汇兑收益等。

成本是指个体工商户在生产经营活动中发生的销售成本、销货成本、业务支出，以及其他耗费。

费用是指个体工商户在生产经营活动中发生的销售费用、管理费用和财务费用，已经计入成本的有关费用除外。

税金是指个体工商户在生产经营活动中发生的除个人所得税和允许抵扣的增值税以外的各项税金及其附加。

损失是指个体工商户在生产经营活动中发生的固定资产和存货的盘亏、毁损、报废损失，转让财产损失，坏账损失，自然灾害等不可抗力因素造成的损失，以及其他损失。

个体工商户发生的损失，减除责任人赔偿和保险赔款后的余额，参照财政部、国家税务总局有关企业资产损失税前扣除的规定扣除。

个体工商户已经作为损失处理的资产，在以后纳税年度又全部收回或者部分收回时，应当计入收回当期的收入。

其他支出是指除成本、费用、税金、损失外，个体工商户在生产经营活动中发生的与生产经营活动有关的、合理的支出。

个体工商户发生的支出（指与取得收入直接相关的支出）应当区分收益性支出和资本性支出。收益性支出在发生当期直接扣除；资本性支出应当分期扣除或者计入有关资产成本，不得在发生当期直接扣除。除税收法律法规另有规定外，个体工商户实际发生的成本、费用、税金、损失和其他支出，不得重复扣除。

个体工商户的下列支出不得扣除：

（1）个人所得税税款；

（2）税收滞纳金；

（3）罚金、罚款和被没收财物的损失；

（4）不符合扣除规定的捐赠支出；

（5）赞助支出（指个体工商户发生的与生产经营活动无关的各种非广告性质支出）；

（6）用于个人和家庭的支出；

（7）与取得生产经营收入无关的其他支出；

（8）国家税务总局规定不准扣除的支出。

个体工商户生产经营活动中，应当分别核算生产经营费用和个人、家庭费用。对于生产经营与个人、家庭生活混用难以分清的费用，其40％视为与生产经营有关费用，准予扣除。

个体工商户纳税年度发生的亏损，准予向以后年度结转，用以后年度的生产经营所得弥补，但结转年限最长不得超过五年。个体工商户使用或者销售存货，按照规定计算的存货成本，准予在计算应纳税所得额时扣除。个体工商户转让资产，该项资产的净值准予在计算应纳税所得额时扣除。上述办法所称亏损，是指个体工商户依照该办法规定计算的应纳税所得额小于零的数额。

个体工商户实际支付给从业人员的、合理的工资薪金支出，准予扣除。

（二）扣除项目及标准

个体工商户实际支付给从业人员的合理的工资、薪金支出，准予扣除。个体工商户业主的费用扣除标准，依照相关法律、法规和政策规定执行。个体工商户业主的工资、薪金支出不得税前扣除。

个体工商户按照国务院有关主管部门或者省级人民政府规定的范围和标准为其业主和从业人员缴纳的基本养老保险费、基本医疗保险费、失业保险费、生育保险费、工伤保险费和住房公积金，准予扣除。个体工商户为从业人员缴纳的补充养老保险费、补充医疗保险费，分别在不超过从业人员工资总额5%标准内的部分据实扣除；超过部分，不得扣除。

个体工商户业主本人缴纳的补充养老保险费、补充医疗保险费，以当地（地级市）上年度社会平均工资的3倍为计算基数，分别在不超过该计算基数5%标准内的部分据实扣除；超过部分，不得扣除。

除个体工商户依照国家有关规定为特殊工种从业人员支付的人身安全保险费和财政部、国家税务总局规定可以扣除的其他商业保险费外，个体工商户业主本人或者为从业人员支付的商业保险费，不得扣除。

个体工商户在生产经营活动中发生的合理的、不需要资本化的借款费用，准予扣除。

个体工商户为购置、建造固定资产、无形资产和经过12个月以上的建造才能达到预定可销售状态的存货发生借款的，在有关资产购置、建造期间发生的合理的借款费用，应当作为资本性支出计入有关资产的成本，并依照上述办法的规定扣除。个体工商户在生产经营活动中发生的下列利息支出，准予扣除：

（1）向金融企业借款的利息支出；

（2）向非金融企业和个人借款的利息支出，不超过按照金融企业同期同类贷款利率计算的数额的部分。

个体工商户在货币交易中，以及纳税年度终了时将人民币以外的货币性资产、负债按照期末即期人民币汇率中间价折算为人民币时产生的汇兑损失，除已经计入有关资产成本部分外，准予扣除。

个体工商户向当地工会组织拨缴的工会经费、实际发生的职工福利费支出、职工教育经费支出分别在工资、薪金总额的2%、14%、2.5%的标准内据实扣除。工资、薪金总额是指允许在当期税前扣除的工资、薪金支出数额。职工教育经费的实际发生数额超出规定比例当期不能扣除的数额，准予在以后纳税年度结转扣除。个体工商户业主本人向当地工会组织缴纳的工会经费、实际发生的职工福利费支出、职工教育经费支出，以当地（地级市）上年度社会平均工资的3倍为计算基数，在规定比例内据实扣除。

个体工商户发生的与生产经营活动有关的业务招待费，按照实际发生额的

60%扣除，但最高不得超过当年销售（营业）收入的5‰。业主自申请营业执照之日起至开始生产经营之日止所发生的业务招待费，按照实际发生额的60%计入个体工商户的开办费。

个体工商户每一纳税年度发生的与其生产经营活动直接相关的广告费和业务宣传费不超过当年销售（营业）收入15%的部分，可以据实扣除；超过部分，准予在以后纳税年度结转扣除。

个体工商户代其从业人员或者他人负担的税款，不得在税前扣除。

个体工商户按照规定缴纳的摊位费、行政性收费、协会会费等，按实际发生数额扣除。

个体工商户根据生产经营活动的需要租入固定资产支付的租赁费，按照以下方法扣除：

（1）以经营租赁方式租入固定资产发生的租赁费支出，按照租赁期限均匀扣除；

（2）以融资租赁方式租入固定资产发生的租赁费支出，按照规定构成融资租入固定资产价值的部分应当提取折旧费用，分期扣除。

个体工商户参加财产保险，按照规定缴纳的保险费，准予扣除。

个体工商户发生的合理的劳动保护支出，准予扣除。

个体工商户自申请营业执照之日起至开始生产经营之日止所发生符合上述办法规定的费用，除为取得固定资产、无形资产的支出，以及应计入资产价值的汇兑损益、利息支出外，作为开办费，个体工商户可以选择在开始生产经营的当年一次性扣除，也可自生产经营月份起在不短于3年期限内摊销扣除，但一经选定，不得改变。开始生产经营之日为个体工商户取得第一笔销售（营业）收入的日期。

个体工商户通过公益性社会团体或者县级以上人民政府及其部门，用于《中华人民共和国公益事业捐赠法》（以下简称《公益事业捐赠法》）规定的公益事业的捐赠，捐赠额不超过其应纳税所得额30%的部分可以据实扣除。财政部、国家税务总局规定可以全额在税前扣除的捐赠支出项目，按有关规定执行。个体工商户直接对受益人的捐赠不得扣除。公益性社会团体的认定，按照财政部、国家税务总局、民政部有关规定执行。

个体工商户研究开发新产品、新技术、新工艺所发生的开发费用，以及研究开发新产品、新技术而购置单台价值在10万元以下的测试仪器和试验性装置的购置费准予直接扣除；单台价值在10万元以上（含10万元）的测试仪器和试验性装置，按固定资产管理，不得在当期直接扣除。

（三）应纳税所得额计算

对于实行查账征收的个体工商户，其生产、经营所得或应纳税所得额是每一纳税年度的收入总额，减除成本、费用以及损失后的余额。这是采用会计核算办法归集或计算得出的应纳税所得额。计算公式为：

应纳税所得额 = 收入总额 −（成本 + 费用 + 损失 + 准予扣除的税金）

个体工商户的生产、经营所得应纳的税款，按年计算，分月预缴，由纳税义务人在次月 15 日内预缴，年度终了后 3 个月内汇算清缴，多退少补。

根据《国家税务总局关于个体工商户、个人独资企业和合伙企业个人所得税问题的公告》（国家税务总局公告 2014 年第 25 号）的规定，自 2014 年 4 月 23 日起（2014 年度个体工商户、个人独资企业和合伙企业生产经营所得的个人所得税计算，适用该公告），个体工商户、个人独资企业和合伙企业因在纳税年度中间开业、合并、注销及其他原因，导致该纳税年度的实际经营期不足 1 年的，对个体工商户业主、个人独资企业投资者和合伙企业自然人合伙人的生产经营所得计算个人所得税时，以其实际经营期为 1 个纳税年度。投资者本人的费用扣除标准，应按照其实际经营月份数，以每月 5 000 元的减除标准确定。计算公式如下：

应纳税所得额 = 该年度收入总额 − 成本、费用及损失 − 当年投资者本人的费用扣除额

当年投资者本人的费用扣除额 = 月减除费用（5 000 元/月）× 当年实际经营月份数

（四）适用税率

个体工商户的生产、经营所得适用五级超额累进税率，具体税率如表 6 − 4 所示。

表 6 − 4　　　　　　　　　　　经营所得适用税率

级数	全年应纳税所得额	税率/%	速算扣除数
1	不超过 30 000 元的	5	0
2	超过 30 000 元至 90 000 元的部分	10	1 500
3	超过 90 000 元至 300 000 元的部分	20	10 500
4	超过 300 000 元至 500 000 元的部分	30	40 500
5	超过 500 000 元的部分	35	65 500

（五）应纳税额计算

应纳税额计算公式为：

$$应纳税额 = 应纳税所得额 × 适用税率 - 速算扣除数$$

对账册不健全的个体工商户，其生产、经营所得的应纳税额，由税务机关依据《税收征管法》自行确定征收方式。

（六）其他

个体工商户资产的税务处理，参照企业所得税相关法律、法规和政策规定执行。个体工商户有两处或两处以上经营机构的，选择并固定向其中一处经营机构所在地主管税务机关申报缴纳个人所得税。

个体工商户终止生产经营的，应当在注销工商登记或者向政府有关部门办理注销前向主管税务机关结清有关纳税事宜。

二、对企事业单位的承包经营、承租经营所得

根据《国家税务总局关于个人对企事业单位实行承包经营、承租经营取得所得征税问题的通知》（国税发〔1994〕179号）的规定，企业实行个人承包、承租经营后，如果工商登记仍为企业的，不管其分配方式如何，均应先按照企业所得税的有关规定缴纳企业所得税。承包经营、承租经营者按照承包、承租经营合同（协议）规定取得的所得，依照个人所得税法的有关规定缴纳个人所得税，具体为：

（1）承包、承租人对企业经营成果不拥有所有权，仅是按合同（协议）规定取得一定所得的，其所得按工资、薪金所得项目征税，适用3%~45%的七级超额累进税率；

（2）承包、承租人按合同（协议）的规定只向发包、出租方交纳一定费用后，企业经营成果归其所有的，承包、承租人取得的所得，按对企事业单位的承包经营、承租经营所得项目，适用5%~35%的五级超额累进税率征税。

企业实行承包经营、承租经营后，不能提供完整、准确的纳税资料、正确计算应纳税所得额的，由主管税务机关核定其应纳税所得额，并依据《税收征管法》的有关规定，自行确定征收方式。

在实际工作中，建筑施工企业的承包经营、承租经营的表现形式如下。

（一）项目经理负责制

项目法施工是以工程项目为对象，以项目经理负责制为中心，以经营承包责任制为基础，以经济合同为手段，以思想政治工作为保证，按照工程项目的内在规律和施工需要合理配置生产要素，对工程项目的安全、质量、工期、成

本等实行全过程的控制和管理，达到全面实现项目目标，提高工程投资效益和企业经济效益的一种科学管理模式。项目承包合同是企业内部承发包双方就工程项目共同达成的协议，其发包方为建筑施工企业法人代表，承包方为项目经理。

签订项目承包合同的原则是：合同双方权利、义务平等，有利于调动承包方的经营生产积极性，确保建设项目顺利完成，实现各项经济技术指标。

项目承包合同的主要内容为：

（1）项目承包的工程范围、投资、建安工作量、工程质量、工期、安全、效益目标及要求；

（2）确定合理的承包基数，按照定包基数确保上缴，超收多奖，欠收受罚；

（3）双方为实现合同条款应提供的保证条件；

（4）考核、审计规定；

（5）有关合同的管理方式。

项目部成员的奖金待遇必须和项目效益及个人的德、能、勤、绩挂钩。项目结束后，企业法人代表应根据项目盈利和完成上缴税金情况，对项目经理和项目部予以奖励。

判断项目部成员的工资、奖金应缴纳个人所得税适用税目的关键是项目部对项目剩余收益是否拥有所有权。项目剩余收益，是指项目部在按内部承包合同完成了上缴款后的剩余收益。如果项目部对剩余收益拥有所有权，则项目部成员应按对企事业单位的承包经营、承租经营所得项目，适用 5% ~ 35% 的五级超额累进税率征税。如果项目部对剩余收益没有所有权，仅按合同规定取得一定数额的奖金，则项目部成员应按工资、薪金所得项目征税，适用 3% ~ 45% 的七级超额累进税率。

（二）内部职工组建施工队承揽的工程

很多建筑施工企业存在内部职工组建施工队承揽本单位工程的现象。这些施工队既不同于"包工头"，也与本单位正式组建的施工队不同。在实际工作中，这些施工队往往是由内部职工在社会上雇用一些临时工组成的，由内部职工以个人的名义与施工项目部签订承包合同，承接一些技术含量不高的施工任务。

上述内部职工取得的所得，由于建筑施工企业的工商登记没有变更，因此不能按个体工商户的生产、经营所得项目计征个人所得税，而应按对企事业单位的承包经营、承租经营所得项目计征个人所得税。因为这种情况下，内部职工往往不能提供完整、准确的纳税资料，无法正确计算应纳税所得额，所以应由主管税务机关核定其应纳税所得额。核定征收方式，包括定额征收、核定应税所得率征收以及其他合理的征收方式。实行核定应税所得率征收方式的，应纳所得税的计算公式如下：

$$应纳所得税 = 应纳税所得额 × 适用税率$$

$$应纳税所得额 = 收入总额 × 应税所得率$$

$$或\quad = 成本费用支出总额 ÷ （1 - 应税所得率） × 应税所得率$$

6.1.5.3 其他常见情形

一、临时聘请劳务人员

建筑施工企业经常会发生临时聘请劳务人员的情形。比如，一些简单的工程，临时聘用几个劳务人员进行作业施工；聘请专家学者进行技术咨询等。此种情形下，建筑施工企业需要按照劳务报酬所得代扣代缴被聘请者的个人所得税。

劳务报酬所得是指个人从事设计、装潢、安装、制图、化验、测试、医疗、法律、会计、咨询、讲学、新闻、广播、翻译、审稿、书画、雕刻、影视、录音、录像、演出、表演、广告、展览、技术服务、介绍服务、经纪服务、代办服务以及其他劳务取得的所得。

根据《国家税务总局关于印发〈征收个人所得税若干问题的规定〉的通知》（国税发〔1994〕89号）的规定，工资、薪金所得属于非独立个人劳务活动所得，即在机关、团体、学校、部队、企事业单位及其他组织中任职、受雇而得到的报酬；劳务报酬所得则是个人独立从事各种技艺、提供各项劳务取得的报酬。两者的主要区别在于，前者存在雇佣与被雇佣关系，后者则不存在这种关系。

建筑施工企业的管理人员一般都是建筑施工企业的正式职工，其取得报酬适用"工资、薪金所得"项目，没有什么争议。工程队劳务人员一般由两部分构成，一部分是劳务企业的劳务人员，另一部分是建筑施工企业自行组织的其他社会劳动者。规范的做法应该是，如是聘用劳务企业的劳务人员，应该凭劳务企业给建筑施工企业开具的发票入账；如是建筑施工企业自行组织的其他社会劳动者，首先应该由建筑施工企业与劳动者签订劳动合同，确立雇佣与被雇佣关系，然后支付给劳动者的薪酬按"工资、薪金所得"项目计征个人所得税。

在实际工作中，如何区分工资、薪金所得和劳务报酬所得呢？一般可从以下几个方面考虑。

第一，单位与劳动者是否签订劳动合同。从法律角度来看，《中华人民共和国劳动合同法》（以下简称《劳动合同法》）规定，建立劳动关系必须签订劳动合同。显然，签订劳动合同的职工享有《劳动合同法》规定的权利并承担相应的义务，和用人单位存在雇佣与被雇佣的关系，按国家规定已参加社会保险。劳务报酬所得一般通过承揽合同、技术合同等签订的合同取得，劳动者和用人单位没有签订劳动合同，不存在雇佣与被雇佣关系，其劳务受《中华人民共和国民法典》的调整。劳动者在社会保险、假期工资等方面不享受单位员工待遇；从事劳务服务所取得的劳务报酬是按小时、周、月或一次性计算支付；劳务服务的范围是固定的或有限的，劳动者对其完成的工作负有质量责任。

第二，单位是否对劳动者实施日常管理。领取工资、薪金的职工，其姓名都记载在企业的职工名册中，当年度连续在本企业工作 3 个月以上（含 3 个月），并且企业日常都对他们进行考勤管理。领取劳务报酬的人员并非企业的职工，企业对他们也没有日常考勤要求，其提供合同规定的劳务所相应发生的各项费用由其个人负责。

第三，个人劳务是否"独立"。工资、薪金所得和劳务报酬所得的主要区别还在于其是否是"独立"从事劳务活动所取得的收入。工资、薪金所得是从事依附于人、受制于人的劳务活动所得的报酬。劳务报酬所得则是个人独立从事各种技艺、提供各种劳务取得的报酬。两者的主要区别在于，前者存在雇佣与被雇佣关系，为非独立个人劳务；后者则不存在雇佣与被雇佣关系，为独立个人劳务。劳务报酬所得的适用税率如表 6-5 所示。

表 6-5　　　　　　　劳务报酬所得的适用税率

级数	全年应纳税所得额	税率/%	速算扣除数
1	不超过 20 000 元的	20	0
2	超过 20 000 元至 50 000 元的部分	30	2 000
3	超过 50 000 元的部分	40	7 000

二、企业向个人赠送礼品

（一）不征收个人所得税

根据《财政部 国家税务总局关于企业促销展业赠送礼品有关个人所得税问题的通知》（财税〔2011〕50 号）的规定，企业和单位（包括企业、事业单位、社会团体、个人独资企业、合伙企业和个体工商户等）在营销活动中以折扣折让、赠品、抽奖等方式，向个人赠送现金、消费券、物品、服务等（以下简称礼品）有关个人所得税政策如下。

企业在销售商品（产品）和提供服务过程中向个人赠送礼品，属于下列情形之一的，不征收个人所得税：

（1）企业通过价格折扣、折让方式向个人销售商品（产品）和提供服务；

（2）企业在向个人销售商品（产品）和提供服务的同时给予赠品，如通信企业对个人购买手机赠话费、入网费，或者购话费赠手机等；

（3）企业对累积消费达到一定额度的个人按消费积分反馈礼品。

这些赠送的一个共同特点是，只有个人购买了企业的商品或提供的服务才会获得赠送的物品或服务。因此，这种赠送实质上是企业的一种促销行为，个人实际上已经为取得此类赠品变相支付了价款。因此，这些赠品的取得实质上不是无偿的，而是有偿的，不需要征收个人所得税。

（二）要征收个人所得税

企业在销售商品（产品）和提供服务过程中向个人赠送礼品征收个人所得税的类型如下。

（1）企业在业务宣传、广告等活动中，随机向本单位以外的个人赠送礼品（包括网络红包，下同），以及企业在年会、座谈会、庆典以及其他活动中向本单位以外的个人赠送礼品，个人取得的礼品收入，按照"其他所得"项目计算缴纳个人所得税，但企业赠送的具有价格折扣或折让性质的消费券、代金券、优惠券等礼品除外。

（2）企业对累积消费达到一定额度的顾客给予额外抽奖机会，个人的获奖所得，按照"偶然所得"项目，全额适用20%的税率缴纳个人所得税。

这些赠送的一个共同特点是，企业赠送礼品并不以个人购买企业的商品或提供的服务为前提。因此，个人属于无偿取得这些赠品，对于个人取得的这些赠品所得应征收个人所得税。根据《国家税务总局关于企业处置资产所得税处理问题的通知》（国税函〔2008〕828号）的规定，赠送礼品要视同销售确定收入；另外还应根据赠送礼品不同性质分别确定扣除限额。如果是企业在业务宣传、广告等活动中向客户赠送礼品，属于广告费和业务宣传费，根据《企业所得税法实施条例》第四十四条规定扣除；如果是企业在年会、座谈会、庆典以及其他活动中向客户赠送礼品，则是交际应酬费，属于业务招待费支出，根据《企业所得税法实施条例》第四十三条规定扣除；如果赠送礼品属于上述情形之外的，比如赠送给与本企业业务无关的个人，则属于非广告性质赞助支出，不得扣除。关于赠送礼品（包括实物和劳务）的应纳税所得额，除另有规定外，应按照被移送资产的公允价值确定销售收入以及个人的应税所得。

三、企业向个人转增股本

自 2016 年 1 月 1 日起，全国范围内的中小高新技术企业（指注册在中国境内实行查账征收的、经认定取得高新技术企业资格，且年销售额和资产总额均不超过 2 亿元、从业人数不超过 500 人的企业）以未分配利润、盈余公积、资本公积向个人股东转增股本时，个人股东一次缴纳个人所得税确有困难的，可根据实际情况自行制定分期缴税计划，在不超过 5 个公历年度内（含）分期缴纳，并将有关资料报主管税务机关备案。个人股东获得转增的股本，应按照"利息、股息、红利所得"项目，适用 20% 税率征收个人所得税。股东转让股权并取得现金收入的，该现金收入应优先用于缴纳尚未缴清的税款。在股东转让该部分股权之前，企业依法宣告破产，股东进行相关权益处置后没有取得收益或收益小于初始投资额的，主管税务机关对其尚未缴纳的个人所得税可不予追征。

上市中小高新技术企业或在全国中小企业股份转让系统挂牌的中小高新技术企业向个人股东转增股本，股东应纳的个人所得税，继续按照现行有关股息、红利差别化个人所得税政策执行，不适用以上规定的分期纳税政策。

股权奖励的计税价格参照获得股权时的公平市场价格确定，具体按以下方法确定。

（1）上市公司股票的公平市场价格，按照取得股票当日的收盘价确定。取得股票当日为非交易时间的，按照上一个交易日收盘价确定。

（2）非上市公司股权的公平市场价格，依次按照净资产法、类比法和其他合理方法确定。

计算股权奖励应纳税额时，规定月份数按员工在企业的实际工作月份数确定。员工在企业工作月份数超过 12 个月的，按 12 个月计算。

办理股权奖励分期缴税，企业应向主管税务机关报送高新技术企业认定证书、股东大会或董事会决议、个人所得税分期缴纳备案表（股权奖励）、相关技术人员参与技术活动的说明材料、企业股权奖励计划、能够证明股权或股票价格的有关材料、企业转化科技成果的说明、最近一期企业财务报表等。获得股权奖励的企业技术人员需要分期缴纳个人所得税的，应自行制定分期缴税计划，由企业于发生股权奖励、转增股本的次月 15 日内，向主管税务机关办理分期缴税备案手续。

6.1.6　典型问题探讨

6.1.6.1　房产使用环节

问题 1. 违章建筑是否缴纳房产税？

【提问】

企业租借的房屋属于违章建筑，且产权不明晰，是否需要缴纳房产税？

【解析】

根据《房产税暂行条例》规定，房产税由产权所有人缴纳。产权属于全民所有的，由经营管理的单位缴纳。产权出典的，由承典人缴纳。产权所有人、承典人不在房产所在地的，或产权未确定及租典纠纷未解决的，由房产代管人或使用人缴纳。根据《房产税暂行条例》的有关规定，已构成应税房产的违章建筑，应按规定征收房产税。对产权未确定的，由房产代管人或使用人缴纳房产税。

问题 2. 按揭买房发生的利息支出是否计入房屋原值计征房产税？

【提问】

企业以按揭的方式购买房屋，产生的利息支出是否计入房屋原值计征房产税？

【解析】

《财政部 国家税务总局关于房产税城镇土地使用税有关问题的通知》（财税〔2008〕152 号）规定，对依照房产原值计税的房产，不论是否记载在会计账簿固定资产科目中，均应按照房屋原价计算缴纳房产税。房屋原价应根据国家有关会计制度规定进行核算。对纳税人未按国家会计制度规定核算并记载的，应按规定予以调整或重新评估。因此，按揭买房发生的利息支出，凡按照国家会计制度规定应该计入房产原价的，需计征房产税。

问题 3. 无偿使用房屋期间应如何缴纳房产税？

【提问】

企业在一定期限内无租使用房屋，应该如何缴纳房产税？

【解析】

依据房产税相关规定，房屋承租方将租用的房产进行装修，在一定期限内无租使用，其实质是承租方以房屋装修费抵顶租金，属于房屋出租。因此应由房产的产权所有人，即出租方按规定缴纳房产税。

问题 4. 企业安装电梯和货梯是否要并入房产总额计征房产税

【提问】

如果企业在房屋中安装不可随意移动的附属设备和配套设施，如电梯、货梯等，是否可以并入房产总额计征房产税？

【解析】

《国家税务总局关于进一步明确房屋附属设备和配套设施计征房产税有关问题的通知》（国税发〔2005〕173 号）规定，为了维持和增加房屋的使用功能或使房屋满足设计要求，凡以房屋为载体，不可随意移动的附属设备和配套设施，如给排水、采暖、消防、中央空调、电气及智能化楼宇设备等，无论在会计核算中是否单独记账与核算，都应计入房产原值，计征房产税。因此应并入房产总额计征房产税。

问题 5. 将房屋转租获得的收入是否需要缴纳房产税？

【提问】

企业将租入的房屋再次转租获得的收入是否需要缴纳房产税？

【解析】

《房产税暂行条例》第二条规定，房产税由产权所有人缴纳。由于转租者不是产权所有人，因此对转租者取得的房产转租收入不征收房产税。房产转租，不需要缴纳房产税。

问题 6. 未取得房产证的房产是否应缴纳房产税？

【提问】

房屋产权归企业所有，但是没有取得房产证，是否应缴纳房产税？

【解析】

《房产税暂行条例》第二条规定："房产税由产权所有人缴纳。产权属于全民所有的，由经营管理的单位缴纳。产权出典的，由承典人缴纳。产权所有人、承典人不在房产所在地的，或者产权未确定及租典纠纷未解决的，由房产代管人或者使用人缴纳。"因此，不论企业是否取得房产证，只要属于房产税的纳税义务人，均应按规定缴纳房产税。

问题 7. 公司无租使用上级公司的房屋，同时又将部分无租使用的房屋对外出租，房产税应当如何缴纳？

【提问】

公司无租使用上级公司的房屋，同时又将部分无租使用的房屋对外出租，房产税应当如何缴纳？

【解析】

《财政部 国家税务总局关于房产税城镇土地使用税有关问题的通知》（财税〔2009〕128号）规定："无租使用其他单位房产的应税单位和个人，依照房产余值代缴纳房产税。"

对自用房产部分，无租使用人按照房产余值代为缴纳房产税。对出租部分，按房产租金收入计算缴纳房产税。

问题 8. 房产中配置的消防设施是否应计入房产原值计征房产税？

【提问】

企业为所属房产配置的消防设施，是否应计入房产原值计征房产税？

【解析】

根据《国家税务总局关于进一步明确房屋附属设备和配套设施计征房产税有关问题的通知》（国税发〔2005〕173号）的规定，为了维持和增加房屋的使用功能或使房屋满足设计要求，凡以房屋为载体，不可随意移动的附属设备和配套设施，如给排水、采暖、消防、中央空调、电气及智能化楼宇设备等，无论在会计核算中是否单独记账与核算，都应计入房产原值，计征房产税。

因此，企业配置的凡是以房屋为载体、不可以随意移动的消防设施性质上属于应缴纳房产税的配套设施，无论是否计入固定资产原值，均应纳入房产原值缴纳房产税。如果是可以随意移动的灭火器材，则不需要缴纳房产税。

问题 9. 从法院拍卖购得的房屋，其替卖家负担的税金及附加、印花税是否需要计入房产原值缴纳房产税？

【提问】

企业从法院拍卖购得的房屋，其替卖家负担的税金及附加、印花税是否需要计入房产原值缴纳房产税？

【解析】

根据《财政部 国家税务总局关于房产税城镇土地使用税有关问题的通知》（财税〔2008〕152号）第一条的规定，对依照房产原值计税的房产，不论是否记载在会计账簿固定资产科目中，均应按照房屋原价计算缴纳房产税。房屋原价应根据国家有关会计制度规定进行核算。对纳税人未按国家会计制度规定核算并记载的，应按规定予以调整或重新评估。

企业从法院拍卖购得的房屋，企业的购进价格（法院拍卖价）就是房屋原价，交易过程中无论是否由买方负担税金及附加，其房屋原价都不应调整。

问题 10. 出租房屋免收租金如何缴纳房产税？

【提问】

企业出租房屋且免收租金，应该如何缴纳房产税？

【解析】

《财政部 国家税务总局关于安置残疾人就业单位城镇土地使用税等政策的通知》（财税〔2010〕121 号）第二条规定："对出租房产，租赁双方签订的租赁合同约定有免收租金期限的，免收租金期间由产权所有人按照房产原值缴纳房产税。"

问题 11. 融资租入的房产如何确定房产税纳税义务发生时间？

【提问】

企业融资租入的房产如何确定房产税纳税义务发生时间？

【解析】

根据《财政部 国家税务总局关于房产税城镇土地使用税有关问题的通知》（财税〔2009〕128 号）第三条的规定，融资租赁的房产，由承租人自融资租赁合同约定开始日的次月起依照房产余值缴纳房产税。合同未约定开始日的，由承租人自合同签订的次月起依照房产余值缴纳房产税。

问题 12. 在自有土地上建造房产，应于何时将土地价值计入房产原值计算缴纳房产税？

【提问】

企业在自有土地上建造房产，应于何时将土地价值计入房产原值计算缴纳房产税？

【解析】

《财政部 国家税务总局关于安置残疾人就业单位城镇土地使用税等政策的通知》（财税〔2010〕121 号）第三条规定："对按照房产原值计税的房产，无论会计上如何核算，房产原值均应包含地价，包括为取得土地使用权支付的价款、开发土地发生的成本费用等。宗地容积率低于 0.5 的，按房产建筑面积的 2 倍计算土地面积并据此确定计入房产原值的地价。"

因此，对按照房产原值计税的房产，应在纳税义务发生时将土地价值计入房产原值。

问题 13. 房产税从价计征的应纳税额计算

【提问】

某企业的经营用房原值为 5 000 万元，按照当地规定允许减除 30% 后按余值计税，适用税率为 1.2%。请计算其应纳房产税税额。

【解析】

应纳税额 = 5 000 × (1 − 30%) × 1.2% = 42 (万元)

问题 14. 房产税从租计征的应纳税额计算

【提问】

某公司出租房屋 10 间，年租金总收入为 300 000 元，适用税率为 12%。请计算其应纳房产税税额。

【解析】

应纳税额 = 300 000 × 12% = 36 000 (元)

问题 15. 建筑公司房产税的实际征收案例

【提问】

A 建筑公司在某市拥有一栋办公楼，公司将其作为固定资产管理。办公楼账面原价 1 000 万元，已提折旧 400 万元。同时，A 建筑公司在施工现场建设了一座移动板房，作为施工项目办公场所，价值 40 万元。假定不存在其他事项，请问：A 建筑公司如何缴纳房产税？

【解析】

(1) 按照当地规定，允许按减除 30% 后的余值计税，适用税率为 1.2%，则：

应纳税额 = 应税房产原值 × (1 − 扣除比例) × 1.2%

= 1 000 × (1 − 30%) × 1.2%

= 8.4 (万元)

(2) 按照现行税法规定，凡是在基建工地为基建工地服务的各种工棚、材料棚、休息棚和办公室、食堂、茶炉房、汽车房等临时性房屋，不论是施工企业自行搭建还是由基建单位出资建造交施工企业使用的，在施工期间一律免征房产税。

6.1.6.2 城镇土地使用环节

问题 1. 用农业生产用地建设厂房是否应缴纳城镇土地使用税？

【提问】

企业使用农业生产用地建设厂房是否应缴纳城镇土地使用税？

【解析】

根据《财政部 国家税务总局关于集体土地城镇土地使用税有关政策的通知》(财税〔2006〕56 号) 规定，自 2006 年 5 月 1 日起，在城镇土地使用税征税范围内实际使用应税集体所有建设用地，但未办理土地使用权流转手续的，由实际使用集体土地的单位和个人按规定缴纳城镇土地使用税。因此，该企业应该缴纳城镇土地使用税。

问题 2. 取得土地使用权后何时开始缴纳城镇土地使用税

【提问】

C 建筑公司 2019 年通过出让方式取得一宗国有土地，与国土资源局签订的国有土地使用权出让合同日期为 2019 年 5 月 31 日，合同未约定土地的具体交付时间。据介绍，2019 年 6 月 30 日该宗土地才实际办理交付手续。该企业缴纳城镇土地使用税的开始日期为 2019 年 7 月 1 日。

该企业认为，2019 年 5 月 31 日签订了土地使用权出让合同，合同执行应当自 2019 年 6 月 1 日起开始，土地的实际交付日期以交付证明书为准，即 2019 年 7 月 1 日。也就是说，该企业实际使用土地的有效期限开始时间为 2019 年 7 月 1 日。根据《城镇土地使用税暂行条例》的规定，在城市、县城、建制镇、工矿区范围内使用土地的单位和个人，为城镇土地使用税的纳税人，应当缴纳城镇土地使用税。因此，本企业自 2019 年 7 月 1 日起按实际使用土地的日期缴纳城镇土地使用税是正确的。企业这样理解对吗？

【解析】

根据财税〔2006〕186 号文件的规定，以出让或转让方式有偿取得土地使用权的，应由受让方从合同约定交付土地时间的次月起缴纳城镇土地使用税；合同未约定交付土地时间的，由受让方从合同签订的次月起缴纳城镇土地使用税。该企业 2019 年 5 月 31 日签订合同且合同中未约定土地具体的交付时间，应当自 2019 年 6 月 1 日起计算缴纳城镇土地使用税。

该企业的问题并不复杂，企业的理解尽管合情却不合法。财税〔2006〕186 号文件强调首先按照合同约定交付土地时间的次月起缴纳城镇土地使用税，在没有做此约定的情况下，才按照合同签订日期确定纳税义务发生时间。

问题 3. 建筑公司城镇土地使用税实际征收案例

【提问】

A 建筑公司在某市拥有两块城镇土地使用权，土地使用面积分别是 20 000 平方米和 30 000 平方米。经税务机关核定，全部为应税土地，每平方米年税额分别为 24 元和 18 元。其中面积为 20 000 平方米的土地上有 4 000 平方米为企业办的托儿所，其用地能与企业其他用地明确区分。请计算其全年应纳的城镇土地使用税税额。

【解析】

城镇土地使用税的应纳税额可以通过纳税人实际占用的土地面积乘以该土地所在地段的适用税额求得。但是，企业办的学校、医院、托儿所、幼儿园，其用地能与企业其他用地明确区分的，免征城镇土地使用税。

年应纳城镇土地使用税税额 =（20 000 － 4 000）× 24 + 30 000 × 18 = 924 000（元）

问题 4. 转租集体土地，城镇土地使用税该由谁缴纳？

【提问】

D 建筑公司建设某项目，顺便将项目周边 50 亩土地长期承租下来一并开发建设，一次性支付村委会 2 000 万元，但是土地用不完，闲置土地转租给 A 公司存放物料，每年收取租金 100 万元。城镇土地使用税应由 D 建筑公司缴纳还是 A 公司缴纳？

【解析】

《财政部 国家税务总局关于承租集体土地城镇土地使用税有关政策的通知》（财税〔2017〕29 号）规定，在城镇土地使用税征税范围内，承租集体所有建设用地的，由直接从集体经济组织承租土地的单位和个人，缴纳城镇土地使用税。

尽管 A 公司是应税集体所有建设用地的实际使用人，但是 D 建筑公司收取了租金，应该由 D 建筑公司申报缴纳城镇土地使用税。

6.1.6.3 车船使用环节

问题 1. 由保险机构代收代缴车船税后，是否需要向车辆登记地主管税务机关再缴纳车船税？

【提问】

由保险机构代收代缴车船税后，企业是否需要向车辆登记地主管税务机关再缴纳车船税？

【解析】

根据《国家税务总局关于车船税征管若干问题的公告》（国家税务总局公告 2013 年第 42 号）规定，扣缴义务人代收代缴车船税后，车辆登记地主管税务机关不再征收车船税。纳税人在购买"交强险"时，由扣缴义务人代收代缴车船税的，凭注明已收税款信息的"交强险"保险单，车辆登记地的主管税务机关不再征收该纳税年度的车船税。再次征收的，车辆登记地主管税务机关应予退还。

问题 2. 建筑公司车船税实际征收案例

【提问】

B 建筑公司拥有载货汽车 15 辆（货车整备质量全部为 10 吨）；乘人大客车 20 辆，小客车 10 辆。请计算该公司应纳车船税。

（注：载货汽车每吨税额 80 元，乘人大客车每辆年税额 800 元，小客车每辆年税额 700 元）

【解析】

载货汽车应纳税额 = 15 × 10 × 80 = 12 000（元）

乘人汽车应纳税额 = 20 × 800 + 10 × 700 = 23 000（元）

全年应纳车船税税额 = 12 000 + 23 000 = 35 000（元）

6.1.6.4　劳务用工环节

问题 1. 员工在公司内部组织的培训班上授课，取得的授课费应按工资、薪金所得还是劳务报酬所得计算缴纳个人所得税？

【提问】

员工在公司内部组织的培训班上授课，取得的授课费应按工资、薪金所得还是劳务报酬所得计算缴纳个人所得税？

【解析】

《国家税务总局关于印发〈征收个人所得税若干问题的规定〉的通知》（国税发〔1994〕89 号）第十九条"关于工资、薪金所得与劳务报酬所得的区分问题"规定："工资、薪金所得是属于非独立个人劳务活动，即在机关、团体、学校、部队、企事业单位及其他组织中任职、受雇而得到的报酬；劳务报酬则是个人独立从事各种技艺、提供各种劳务取得的报酬。两者的区别在于，前者存在雇佣与被雇佣的关系，后者则不存在这种关系。"

公司举办员工培训班，聘请部分内部管理人员授课，对于该部分人员领取的讲课费，应当按照工资、薪金所得计算缴纳个人所得税。

问题 2. 单位向引进的人才发放的一次性安家费是否需要代扣代缴个人所得税？

【提问】

单位向引进的人才发放的一次性安家费是否需要代扣个人所得税？

【解析】

《个人所得税法》第四条第七项规定，按照国家统一规定发给干部、职工的安家费、退职费、退休工资、离休工资、离休生活补助费，暂免征收个人所得税。单位向引进的人才发放的一次性安家费，如符合上述规定，可以免纳个人所得税。如不符合上述规定或以"安家费"名义向员工发放收入，应按照"工资、薪金所得"项目由发放单位负责代扣代缴个人所得税。

问题 3. 发放独生子女津贴需要代扣代缴个人所得税吗？

【提问】

公司每月给符合条件的职工发放 20 元的独生子女津贴（三优费），需要代扣代缴个人所得税吗？

【解析】

《国家税务总局关于印发〈征收个人所得税若干问题的规定〉的通知》（国税发〔1994〕89 号）第二条第二项规定，独生子女补贴不属于工资、薪金性质的补贴、津贴，不征税。这里所述的"独生子女补贴"，是指各地出台的《人口与计划生育条例》规定数额发放的标准之内的补贴。

问题 4. 上下班交通补贴是否需要缴纳个人所得税？

【提问】

单位在工资里发放的上下班通勤补贴是否能免缴个人所得税？

【解析】

根据《个人所得税法实施条例》第六条规定："工资、薪金所得，是指个人因任职或者受雇取得的工资、薪金、奖金、年终加薪、劳动分红、津贴、补贴以及与任职或者受雇有关的其他所得。"

职工上下班交通费用不属于免税的差旅费津贴，差旅费津贴系公务出差提供的相应津贴，所以在工资里发放的上下班通勤补贴不予免征个人所得税，应纳入当月工资、薪金所得计算扣缴个人所得税。

问题 5. 发放部门奖励如何代扣代缴个人所得税？

【提问】

假设按企业文件规定，对企业某部门发放一定数额奖金。但是，部门未提供奖金分配名单（无法并入工资发放），也未确定分配方案，无法代扣代缴个人所得税。请问：这种未代扣代缴个人所得税的奖金发放，税务机关会如何处理？

【解析】

《个人所得税法》第九条规定，个人所得税以所得人为纳税义务人，以支付所得的单位或者个人为扣缴义务人。

《财政部 国家税务总局关于企业以免费旅游方式提供对营销人员个人奖励有关个人所得税政策的通知》（财税〔2004〕11 号）规定，按照我国现行个人所得税法律法规有关规定，对商品营销活动中，企业和单位对营销业绩突出人员以培训班、研讨会、工作考察等名义组织旅游活动，通过免收差旅费、旅游费对个人实施的营销业绩奖励（包括实物、有价证券等），应根据所发生费用全额计入营销人员应税所得，依法征收个人所得税，并由提供上述费用的企业和单位代扣代缴。其中，对企业雇员享受的此类奖励，应与当前的工资薪金合并，按照"工资、薪金所得"项目征收个人所得税，对其他人员享受的此类奖励，应作为当期的劳务收入，按照"劳务报酬所得"项目征收个人所得税。

《个人所得税自行纳税申报办法（试行）》第三十三条规定，纳税人采取伪造、变造、隐匿、擅自销毁账簿、记账凭证，或者在账簿上多列支出或者不列、少列收入，或者经税务机关通知申报而拒不申报或者进行虚假的纳税申报，不缴或者少缴应纳税款的，依照税收征管法第六十三条的规定处理。

根据上述规定，企业部门发放奖金，未提供奖金分配名单，经税务机关通知申报而拒不申报或者进行虚假的纳税申报，不缴或者少缴应纳税款的，应按照偷税行为处理。

企业对于相关部门的奖励，在最后支付给职工个人时代扣代缴个人所得税。但是需要注意，如果没有给相关部门的人员发放，而是以培训班、研讨会、工作考察等名义组织旅游活动，也要按"工资、薪金所得"代扣代缴个人所得税。

问题 6. 个人独资企业厂房动迁补偿收入是否免征个人所得税？

【提问】

个人独资企业厂房等不动产因政府政策性拆迁而取得的补偿收入是否免征个人所得税？财税〔2005〕45 号文件第一条是否适用于原征收个人所得税的个人独资企业？大地税函〔2008〕253 号文件是否适用？大地税函〔2009〕211 号文件中规定，关于个人、个人独资企业和合伙企业因搬迁等原因取得的对生产经营收益性质的补偿金，属于经营性所得，征收个人所得税。其中"生产经营收益性质的补偿金"包括哪些补偿，包括不动产及土地使用权补偿吗？

【解析】

根据《财政部 国家税务总局关于城镇房屋拆迁有关税收政策的通知》（财税〔2005〕45 号）第一条规定："对被拆迁人按照国家有关城镇房屋拆迁管理办法规定的标准取得的拆迁补偿款，免征个人所得税。"

根据《大连市地方税务局关于明确个人所得税征收管理若干具体问题政策适用的通知》（大地税函〔2009〕211 号）第四条规定：个人、个人独资企业和合伙企业因搬迁等原因取得的对生产经营收益性质的补偿金，属于经营性所得，应当按照"个体工商户生产、经营所得"项目征收个人所得税。

问题 7. 加班工资如何缴纳个人所得税？

【提问】

某企业实行的是按季度为单位的结算工资周期，基本工资按月发放，但加班工资 3 个月发一次，而个人所得税缴纳的月工资标准却是月基本工资 + 3 个月加班工资，这就超出月工资收入范围的标准。这样缴纳个人所得税对吗？

【解析】

根据《国家税务总局关于调整个人取得全年一次性奖金等计算征收个人所得税方法问题的通知》（国税发〔2005〕9 号）第五条规定："雇员取得除全年一次性奖金以外的其他各种名目奖金，如半年奖、季度奖、加班奖、先进奖、考勤奖等，一律与当月工资、薪金收入合并，按税法规定缴纳个人所得税。"

因此该企业在发放加班工资时，应当将三个月的加班工资和当月基本工资予以合并作为发放当月的工资、薪金收入，计算扣缴个人所得税。

问题 8. 发放给职工的误餐补助是否并入工资并计征个人所得税？

【提问】

单位每月发放给职工的误餐补助是否并入工资、薪金，计征个人所得税？

【解析】

《财政部 国家税务总局关于误餐补助范围确定问题的通知》（财税字〔1995〕82 号）规定，对个人因公在城区、郊区工作，不能在工作单位或返回就餐，确实需要在外就餐，根据实际误餐顿数，按合理的标准领取的误餐费不征税。对一些单位以误餐补助名义发给职工的补贴、津贴，应当并入当月工资、薪金所得计征个人所得税。

问题 9. 个人所得税各税目之间如果有亏损，是否可以抵免有收入的税款？

【提问】

个人所得税各税目之间如果有亏损，是否可以抵免有收入的税款？或者一个税目内是否可以抵免？比如财产转让所得项目里，如果有股权投资损失，同时又有房产转让收益，房产转让收益能否抵免股权投资损失？

【解析】

不同的应税项目，适用不同的减除费用和税率，应分别计征个人所得税。不同的所得项目之间不得互相抵免，同一所得项目下不同所得也不可互相抵扣。

问题 10. 3 月计提的工资 4 月发，个人所得税应在哪个月申报？

【提问】

3 月计提的工资在 4 月发放，个人所得税应在哪个月申报？

【解析】

按照现行个人所得税法规定，工资、薪金所得个人所得税在次月 15 日内申报缴纳。所以 4 月发的工资，应在 5 月申报。

问题 11. 单位给解聘员工的经济补偿是否需要缴纳个人所得税？

【提问】

单位与员工签订的劳动合同到期后不再续签，由此给员工一笔经济补偿金。单位给予解聘员工的经济补偿是否缴纳个人所得税？

【解析】

根据现行个人所得税政策规定，个人因与用人单位解除劳动关系而取得的一次性补偿收入，其收入在当地（设区的市）上年职工平均工资 3 倍数额以内的部分，免征个人所得税。超过的部分，要按照规定计算缴纳个人所得税。上述单位与员工签订的劳动合同到期后不再续签，由此给予员工的经济补偿金，由于双方的劳动合同关系已经终结，单位支付的经济补偿金不符合上述文件精神，因此，实际上不应界定为补偿金，对这部分收入按照规定应该征收个人所得税。

问题 12. 只要是发给员工的福利都要纳入当月的薪酬计算缴纳个人所得税吗？

【提问】

是否只要是发给员工的福利，都要纳入当月的薪酬计算缴纳个人所得税？

【解析】

根据个人所得税法的规定，对于发给个人的福利，不论是现金还是实物，均应缴纳个人所得税。但目前对于集体享受的、不可分割的、非现金方式的福利，原则上不征收个人所得税。

问题 13. 企业赠送礼品免征个税，如何界定征免界限？

【提问】

财税〔2011〕50 号文件中规定，企业赠送礼品免征个税，如何界定征免界限？

【解析】

《财政部 国家税务总局关于企业促销展业赠送礼品有关个人所得税问题的通知》（财税〔2011〕50 号）第一条规定了企事业单位在促销展业过程中赠送

礼品不征个人所得税的情形，包括：①企业通过价格折扣、折让方式向个人销售商品（产品）和提供服务；②企业在向个人销售商品（产品）和提供服务的同时给予赠品，如通信企业对个人购买手机赠话费、入网费，或者购话费赠手机等；③企业对累积消费达到一定额度的个人按消费积分反馈礼品。除上述规定情形外，其他赠送礼品的情形，均需要代扣代缴个人所得税。

问题 14. 补充医疗保险是否缴纳个人所得税？

【提问】

补充医疗保险是否缴纳个人所得税？是否比照补充养老保险方法缴纳个人所得税？

【解析】

现行个人所得税法和有关政策规定，单位替职工缴纳补充医疗保险，应与当月工资收入合并缴纳个人所得税。目前，暂不能比照企业年金（补充养老保险）的方法缴纳个人所得税。

问题 15. 在我国境内两处或者两处以上取得工资、薪金所得如何缴纳个人所得税？

【提问】

在我国境内两处或者两处以上取得工资、薪金所得如何缴纳个人所得税？如 A 员工在总公司任职，总公司发工资，后总公司派 A 员工到分公司工作，跟分公司不再签订合同，此时，总公司和分公司都各自发工资给 A 员工，那么 A 员工是否属于两处取得工资、薪金情况？如总公司不是派 A 员工到分公司工作，而是到别的不相关的 B 公司工作，A 员工从 B 公司取得的收入是按"工资、薪金所得"项目还是按"劳务报酬所得"项目征收个人所得税？

【解析】

根据现行个人所得税相关规定，第一种情况属于在两处取得工资、薪金所得的情况。第二种情况要区别情况处理：如果该员工以个人名义到 B 公司工作，并且未签订劳动合同，其取得的收入按劳务报酬所得征税。如果该员工以 A 公司的名义到 B 公司工作，原则上应认定为 A、B 公司之间的交易，B 公司的支付款应属于公司间的服务性支出；如果 B 公司对该个人属于雇佣关系而发放报酬，则属于在两处取得工资、薪金所得的情况。

问题 16. 个体工商户的生产、经营所得的税收案例

【提问】

C 建筑公司承建某小区建设工程，施工过程中，聘请张三建筑队承建部分施工任务（非分包），张三系未领取营业执照从事建筑安装业务的个人，账册不健全。税务机关核定其应税所得率为 10%，其应纳税款由 C 建筑公司代扣代缴。2021 年，C 建筑公司支付张三工程款 100 万元，则应代扣代缴个人所得税的金额是多少？

【解析】

未领取营业执照从事建筑安装业务的个人取得的所得应按"个体工商户的生产、经营所得"项目征收个人所得税。本例中：

应纳税所得额 = 1 000 000 × 10% = 100 000（元）

应纳税款 = 100 000 × 20% - 10 500 = 9 500（元）

问题 17. 对企事业单位的承包经营、承租经营所得的税收案例

【提问】

B 建筑公司实行项目经理承包制。刘某是其中一名项目经理，其与 B 建筑公司签订的承包合同约定，所承建的项目如完成公司确定的利润、上缴款和安全、质量目标，刘某除获得每月 5 000 元基本工资外，项目完工时还能获得奖金 30 万元。2021 年 12 月，项目如期完成了公司确定的指标，公司兑现了刘某的奖金。假定不考虑其他因素，请计算刘某获得的奖金应缴纳的个人所得税税额。

【解析】

刘某对项目的剩余收益没有所有权，其取得的奖金应并入当月工资，按工资、薪金所得项目征税，适用 3% ~ 45% 的七级超额累进税率。故刘某 2021 年 12 月应纳个人所得税 = (305 000 - 5 000) × 25% - 2 660 = 72 340（元）。

问题 18. 工资收入包括通信补贴、"三险一金"的应纳个人所得税的计算

【提问】

D 建筑公司员工 2019 年 11 月应收工资总额 13 745 元，其中含电话费补贴 1 500 元，独生子女费 5 元。公司代扣住房公积金 701.12 元，养老保险 701.12 元，医疗保险 175.28 元，失业保险 87.64 元，代扣"三险一金"符合社保政策规定。该月工资于 2019 年 12 月初发放。那么，D 建筑公司员工 2019 年 11 月应该缴纳多少个人所得税？什么时候缴纳？

【解析】

个人因通信制度改革而取得的通信补贴收入，扣除一定标准的公务费用后，按照"工资、薪金所得"项目计征个人所得税。公务费用的扣除标准，由省级税务机关根据纳税人通信费用的实际发生情况调查测算，报经省级人民政府批准后确定，并报国家税务总局备案。由于 D 建筑公司所在省份未制定公务费用扣除标准，所发放的电话费补贴应并入当月工资全额计算缴纳个人所得税。

独生子女补贴不属于纳税人本人工资、薪金所得项目的收入，不予征税。

根据《财政部 国家税务总局关于基本养老保险费 基本医疗保险费 失业保险费 住房公积金有关个人所得税政策的通知》（财税〔2006〕10 号）的规定，个人按照国家或省（自治区、直辖市）人民政府规定的缴费比例或办法实际缴付的基本养老保险费、基本医疗保险费和失业保险费，允许在个人应纳税所得额中扣除。所以，本例中，D 建筑公司员工 2019 年 11 月工资应纳税额计算如下。

应纳税所得额 = 13 745 - 5 - 701. 12 - 701. 12 - 175. 28 - 87. 64 - 5 000 = 7 074. 84（元）

应纳税额 = 7 074. 84 × 10% - 210 = 497. 484（元）

《个人所得税法实施条例》规定，扣缴义务人在向个人支付应税款项时，应当依照税法规定代扣税款。D 建筑公司 2019 年 11 月工资在 2019 年 12 月支付，所以 D 建筑公司应于 2019 年 12 月代扣代缴该员工的个人所得税。

6.2 财产和劳务使用环节的会计处理

6.2.1 职工薪酬的会计核算

6.2.1.1 建筑施工企业人员的分类

一、企业职工的范围

（1）与企业订立劳动合同的所有人员，含全职、兼职和临时职工。

（2）虽未与企业订立劳动合同但由企业正式任命的人员，如董事会成员、监事会成员等。

（3）在企业的计划和控制下，虽未与企业订立劳动合同或未由其正式任命，但为其提供与职工类似服务的人员，也纳入职工范畴，如劳务用工合同人员。

二、企业人员的分类

为了正确计算各类工作人员应得的工资，考核工资计划的执行情况，合理分配职工薪酬，必须按员工的工作性质和所处劳动岗位进行分类。建筑施工企业的职工按其工作性质和所处劳动岗位，分为如下五类。

（1）管理人员，指企业职能机构及各基层单位为组织和管理企业生产经营的人员，包括行政、党群、管理和技术人员（又分公司管理人员和项目部管理人员）。

（2）生产人员，指直接从事建筑安装施工生产活动的建筑安装工人、附属辅助生产工人和在现场服务于施工生产的其他生产人员。

（3）材料人员，指直接从事物资采购、保管和核算的人员。

（4）机械人员，指直接管理、操作和维护机械的人员。

（5）其他人员，指由企业开支工资，但不包括在以上范围的人员，如长期病假人员、长期脱产学习人员等。

注：若有临时聘用的人员，则其工资列为劳务工资进行核算与处理。

6.2.1.2　职工薪酬的组成

职工薪酬是指企业为获得职工为企业提供的服务而给予各种形式的报酬及其他相关支出（对价）。

一、职工薪酬的核算范围

职工薪酬是指企业为职工在职期间和离职后提供的全部货币性薪酬和非货币性福利。提供给职工配偶、子女或其他被赡养人的福利等，也属于职工薪酬，包括以下几种。

（1）职工工资、奖金、津贴和补贴。

（2）职工福利费。

（3）养老保险费、医疗保险费、失业保险费、工伤保险费、生育保险费等社会保险费用。

（4）职工住房公积金。

（5）工会经费。

（6）职工教育经费。

（7）非货币性福利，包括企业以自产产品发放给职工作为福利、将企业拥有的资产无偿提供给职工使用、为职工无偿提供医疗保健服务等。

（8）因解除与职工的劳动关系给予的补偿。

（9）其他与获得职工提供服务相关的支出。

二、职工工资的构成

（1）基本工资。基本工资也叫标准工资，它是指按照规定的标准计算的工资，包括实行结构工资制的基础工资、岗位工资和工龄津贴。基本工资分为计时工资和计件工资，计时工资是指按计时的工资标准和工作时间计算并支付给职工的劳动报酬；计件工资是指根据职工所完成的合格工程、产品数量和计件单价计算并支付给职工的劳动报酬。

（2）奖金。奖金指在基本工资之外，对完成或超额完成工作量以及有关经济指标的职工而支付的各种奖励性报酬，如考核各项经济指标的综合奖、超产奖、安全质量奖、节约奖、年终奖、提前竣工奖、劳动竞赛奖等。

（3）工资性津贴。工资性津贴是指为了补偿职工额外或特殊的劳动消耗，以及为了保证职工的工资水平不受特殊条件的影响和鼓励职工安心于劳动强度大、条件艰苦的工作岗位而支付给职工的各种津贴和补助。如高空津贴、野外津贴、夜班津贴、技术性津贴、物价补贴、政府性津贴、专家津贴等。

（4）加班加点工资。加班加点工资指按照国家规定的标准支付给职工在法定工作时间之外从事劳动的报酬。

（5）非工作时间工资。非工作时间工资指根据国家法律、法规和政策规定对职工在某些特殊情况下非工作时间支付的工资。如病假、工伤假、产假、探亲假、婚丧假等。

6.2.1.3　职工薪酬的核算依据

一、工作时间的核算

在进行工资核算时，首先应了解每一职工的出勤、缺勤和工作时间的利用情况，做好工作时间的核算。了解职工在每一个工作日内的工作时间和在各项工程过程中所耗用的时间，可以进一步挖掘工时利用潜力，提高劳动生产率，准确核算工程项目人工费（记录工作时间的方法和凭证要视各单位的劳动组织和管理情况而定）。

（1）对于生产人员、一线技术人员和机械操作人员，通常按班组分别设置考勤表，由考勤员按每一工人逐日记录其出勤情况，对于缺勤停工的人员应注明其原因（出差、探亲、休假、病假、事假、工伤等）。另外还要将班组内工人作业时数逐日按工程项目等分析汇总填列在考勤表中，以便据以计算各项工程应分配的工资。考勤表格式见表6-6。

表6-6　　　　　　　　　　　　考勤表

工人班组：砼工厂　　　　　　　　　　　　　　　　　　　　　　单位：小时

姓名	考勤记录					工时合计					
	1	2	3	4	……	作业	出差	公假	病假	事假	……
张伟	8	8	8	8		128		40	56		
王军	8	8	8	8		192	24			24	
……											
合计											
工时合计 工程编号 1号墩钻孔桩	80	80	72	40		1 600					
2号墩钻孔桩	80	64	90	96		1 200					

单位主管：　　　　　　　　审核人：　　　　　　　　考勤员：

　　每月终了，要根据考勤表结算每个职工应得的工资，并分别按生产工人、技术人员、机械人员等编制工时汇总表，用以汇总全月内各工程耗用工时情况，以便正确计算各工程的人工费。工时汇总表格式见表6-7。

表6-7　　　　　　　　　　工时汇总表

单位：小时

部门	姓名	作业工时			
		1号墩钻孔桩	2号墩钻孔桩	……	合计
生产	张伟	48	80		
	王军	104	88		
	……				
	合计				
……	……				
	……				
	合计				
总计		6 000	5 600		25 200

审核人：　　　　　　　　考勤员：

　　（2）对于单位各职能部门管理人员、材料人员和其他非直接生产人员的考勤，要在按部门分别设置的考勤表中进行，并根据考勤表中的记录计算工资。考勤表格式见表6-8。

表6-8　　　　　　　　　　　　考勤表

部门：管理部门　　　　　　　　　　　　　　　　　　　单位：小时

姓名	考勤记录										
	1	2	3	4	5	6	7	8	9	……	30
李红	8	8	差	差	8	8	8	8	8		8
赵亮	8	8	8	8	事	事			休		8
……											

单位主管：　　　　　　　审核人：　　　　　　　考勤员：

二、工程数量的计算

在工资核算中如果采用计时奖励工资或计件工资时还要记录职工完成的工程数量，进行工程数量的核算。常用"工程任务单"来记录职工完成的工程数量。工程任务单是施工员根据施工作业计划，于施工前下达给工人班组的具体工作通知，也是用以记录完成工程数量、计算奖金的依据。施工员通常于施工前会同定额员根据施工作业计划和劳动定额，参照施工图纸，按不同班组分别签发工程任务单。工程任务单中的工程完工后，班组长应及时向施工员报告。施工员根据工程任务单中规定的各项条件进行检查，并会同质量检查员进行验收，评定质量等级。每月签发的工程任务单应于月末进行结算，如果某些工程尚未全部完工，先将其完工部分按估计数进行结算，未完工部分可结合下月施工作业计划中的工程任务再签发给原来的班组，使当月完成的工程和当月应发的奖金或工资于当月结算，并正确反映工程成本中的人工费（改制后项目部常用工作时间来核算工资，工程数量核算供参考）。工程任务单格式见表6-9。

表6-9　　　　　　　　　　　　工程任务单

工人班组：

工程编号	分部工程	劳动定额编号	计量单位	计划任务			实际完成		完成定额/%
				工程量	劳动定额	定额工日数	工程量	实用天数	
施工期限	计划	开工：6 月 1 日　完工：6 月 28 日							
	实际	开工：6 月 1 日　完工：6 月 26 日							
技术操作和质量要求					质量等级评定				

施工员：　　　　　　　质量检查员：　　　　　　　定额员：　　　　　　　班组长：

6.2.1.4　职工薪酬的计算和支付职工薪酬的确认与计量

一、职工薪酬的计算

职工工资的结算和支付通常按月进行，各班组和职能部门将上述有关工资计算的原始记录，如考勤表、工程任务单等及时送交财务部门加以审核，财务部门据此正确计算每一个职工的工资。应付职工的工资，包括前述应付计时工资、计件工资、奖金、加班加点工资以及特殊情况下支付的工资。（公司改制后，大部分单位采用职工管理＋协力队伍施工的经营模式，职工工资核算大都采用基本工资加奖金的方式，基本工资的标准不一，奖金发放的依据和系数也不尽相同，下面所述是建筑施工企业常用的工资计算方法。）

1. 计时工资的计算

根据《劳动和社会保障部关于职工全年月平均工作时间和工资折算问题的通知》（劳社部发〔2008〕3 号），法定节假日用人单位应当依法支付工资，即折算日工资、小时工资时不剔除国家规定的 11 天法定节假日。据此，日工资、小时工资的折算为：

日工资：月工资收入÷月计薪天数

小时工资：月工资收入÷（月计薪天数×8 小时）

月计薪天数 =（365 － 104）÷ 12 = 21.75（天）

【例 6-1】职工张伟的月标准工资（一般包括基础工资、岗位工资、工龄工资，具体范围由企业制定）是 800 元，6 月工作时间为 16 日，年休假 1 日，事假 1 日，病假 6 日（其中两日为星期日休假日），星期休假日 8 日（其中两日在病假期间）。

【解析】

张伟的日标准工资 = 800 ÷ 21.75 = 36.78（元），应付月计时工资 = 36.78×（16＋1）= 625.26（元）。病假 4 日另按日标准工资和病假工资标准计算。

2. 双休日及法定节假日加班工资的计算

全年共有双休日 104 天，法定节假日 11 天（其中，元旦 1 天、清明节 1 天、劳动节 1 天、端午节 1 天、中秋节 1 天、国庆节 3 天、春节 3 天）。根据《劳动法》第 44 条的规定，企业因生产经营需要安排劳动者在法定标准工作时间以外延长工作时间的，应支付劳动者不低于工资的 150% 工资报酬；安排劳动者在休息日工作又不能安排补休的，应按加班天数支付劳动者不低于日工资标准 200% 的工资；安排劳动者在法定休假节日工作的，应按加班天数另外支付劳动者不低于其日工资标准300%的工资。具体的算法是（以国庆为例），前3天为法定假日，按平时日工资的300%计算，计算方式为：（月工资÷21.75）×300%。后4天为平时休息日，其工资为平时的两倍，计算方式为：（月工资÷21.75）×200%。如某企业一名职工基本工资为800元，他的日加班工资基数就是800÷21.75元。假如这位职工国庆节7天都加班，那么他的加班工资总额应为800÷21.75×300%×3+800÷21.75×200%×4=625.3（元）。

年休假在一个年度内可以集中安排，也可以分段安排，一般不跨年度安排。单位因生产、工作特点确有必要跨年度安排职工年休假的，可以跨一个年度安排。单位确因工作需要不能安排职工休年休假的，经职工本人同意，可以不安排职工休年休假。对职工应休未休的年休假天数，单位应当按照该职工日工资收入的300%支付年休假工资报酬。

3. 奖金、津贴、补贴的计算

应付的各项工资性奖金，凡有定额考核的一线生产人员，应以劳动定额、消耗定额为依据，按照完成施工生产任务的质量、效率、安全、节约和出勤情况，按月进行考核，实行按分计奖；对于无定额考核的二线人员和技术、管理人员，应在建立部门、个人经济责任制的基础上，根据任务轻重、工作难易、责任大小等，按月考核，按分计奖。各种工资性津贴和补贴均应按照国家和地区的有关规定计算。

4. 伤、病假工资和其他工资的计算

根据国家劳动保险条例规定，职工因工负伤，其医疗时间、休养期间的工资应按标准工资金额支付。职工因病或非因工负伤，其医疗时间在6个月以内者按表6-10所列标准支付工资。

表6-10　　　　　工资支付标准1

连续工龄	计发工资标准
不满2年者	60%
已满2年不满4年者	70%
已满4年不满6年者	80%
已满6年不满8年者	90%
已满8年者	100%

其医疗时间在6个月以上者，作为长期病员处理，工资应按表6-11所列标准在管理费用中的劳动保险费开支。

表 6-11 工资支付标准 2

连续工龄	计发工资标准
不满 1 年者	40%
已满 1 年不满 2 年者	50%
已满 2 年者	60%

其他工资即非工作时间工资，是指根据国家法律、法规和政策规定对职工在某些特殊情况下非工作时间支付的工资。如病假、工伤假、产假、探亲假、婚丧假等，应按计时工资标准或规定的计时工资标准的一定比例计算。

职工有下列情形之一的，不享受当年的年休假。

（1）职工请事假累计 20 天以上且按照规定不扣工资的。

（2）累计工作满 1 年不满 10 年的职工，请病假累计 2 个月以上的。

（3）累计工作满 10 年不满 20 年的职工，请病假累计 3 个月以上的。

（4）累计工作满 20 年以上的职工，请病假累计 4 个月以上的。

5. 编制工资支付单

工资支付单一般由三部分组成，一是姓名及其工资基本信息，二是应发工资项目组成及计算过程，三是各种代扣款项。此外，工资单中还要有领款人签章栏，这样构成的工资单既是工资结算凭证，又是支付工资的收据。工资单一式三份，一份由劳资部门存查，一份按每个职工裁成工资条和工资一起发放给职工，一份由职工签收后作为会计部门结算和支付的凭证。工资单和工资汇总表的格式分别见表 6-12、表 6-13。

表 6-12 工资单

部门：　　　　　　　　　　　　　　年　月　　　　　　　　　　　　　单位：元

编号	姓名	考勤情况	应发工资				代扣款项					实发工资	签收
			基本工资	加班工资	独子费	小计	养老金	住房公积金	失业保险金	医疗保险金	个人所得税		
001	张军		410	390	10	810	144	5	18	36	22	585	
……													
合计			19 362	7 319	70	26 751	3 437	201	432	859	572	21 250	

复核：　　　　　　　　　制单：

表6-13　　　　　　　　　　　工资汇总表

部门：　　　　　　　　　　　　年　月　　　　　　　　　　　单位：元

| 人员类别 | 考勤情况 | 应发工资 | | | | 代扣款项 | | | | | 实发工资 | 签收 |
		基本工资	加班工资	独子费	小计	养老金	住房公积金	失业保险金	医疗保险金	个人所得税		
生产人员		8 100	2 195	70	10 365	1 438	90	180	360	240	8 057	
材料人员		2 066	350		2 416	366	15	46	92	61	1 836	
机械人员		5 720	950		6 670	1 015	55	128	254	169	5 049	
……												
合计		19 362	7 319	70	26 751	3 437	201	432	859	572	21 250	

结合上述内容，根据公司各单位的一般做法，本月应付奖金扣除预付工资后的余额为实付奖金，但加班工资不应扣除，奖金单可参考表6-14。

表6-14　　　　　　　　　月份效益奖励支付单

部门：　　　　　　　　　　　　　　　　　　　　　　　　　单位：元

序号	姓名	出勤天数（天）	应付奖金	扣已付工资	实付奖金	签收
001	张军	30	1 600	410	1 190	
……						
合计			68 062	19 362	48 700	

单位主管：　　　　　　复核：　　　　　　　制单：

根据各个部门和班组的奖金单，结合上述职工分类，还要汇总编制奖金单汇总表用以汇总各部门的实付奖金，格式参考表6-15。

表6-15　　　　　　　　月份效益奖励支付汇总单

部门：　　　　　　　　　　　　　　　　　　　　　　　　　单位：元

序号	人员类别	出勤天数（天）	应付奖金	扣预付工资	实付奖金	签收	备注
001	生产人员		28 900	8 100	20 800		
……	材料人员		6 266	2 066	4 200		
	机械人员		17 720	5 720	12 000		
	管理人员		15 176	3 476	11 700		
合计			68 062	19 362	48 700		

单位主管：　　　　　　复核：　　　　　　　制单：

二、职工薪酬的核算

财务部门首先按企业统一会计科目设置规范，设置"应付职工薪酬"科目，下设"工资"（若有临时聘用人员，则需设"劳务工工资"核算）、"职工福利"、"社会保险费"、"住房公积金"、"工会经费"、"职工教育经费"、"非货币性福利"、"辞退福利"、"股份支付"、"其他"等二级科目，同时根据需要设置明细科目进行核算。

工资核算流程分为 5 步，可以简称为"付—扣—提—摊—缴"（举例的依据为工资单和工资汇总表）。

（一）第 1 步："付"

"付"指的是支付职工工资、劳务工工资、发生的职工福利支出、非货币性福利支出以及辞退福利等。

1. 支付职工工资

依据工资单中的实发工资，用现金或银行存款的形式直接支付给职工本人。会计分录如下。

（1）支付工资。

借：应付职工薪酬——工资

　　应付职工薪酬——职工福利

　　贷：库存现金或银行存款

凭证附件：签收后的工资单、转账支票存根及银行代发回单。

（2）支付奖金。

借：应付职工薪酬——奖金

　　贷：库存现金或银行存款

凭证附件：签收后的奖金单、转账支票存根。

2. 职工福利支出

职工福利支出主要是尚未实行分离办社会职能或主辅分离、辅业改制的企业，内设医务室、职工浴室、托儿所等集体福利机构人员的工资、医务经费、职工因公负伤赴外地就医路费、职工生活困难补助、未实行医疗统筹企业职工医疗费用，以及按规定发生的其他职工福利支出。会计分录如下。

借：应付职工薪酬——职工福利

　　贷：库存现金或银行存款

凭证附件：工资支付单、报销清单、支付单等。

3. 非货币性福利支出

非货币性福利主要是指公司用自建的产品、外购的商品或租赁的资产作为福利，无偿或低于成本价格发放给职工、无偿提供给职工使用。会计分录如下。

（1）用自制的产品发放给职工。

借：应付职工薪酬——非货币性职工福利

　　贷：主营业务收入

　　　　应交税费——应交增值税（销项税额）

凭证附件：发放清单、相关批件。

（2）用外购的商品发放给职工。

借：应付职工薪酬——非货币性职工福利

　　贷：银行存款

凭证附件：发放清单、相关批件、银行付款通知单。

【例6-2】某月有一节日，公司决定发给职工每人一件外购食品，每件80元，共计12 960元。

【解析】

会计分录如下。

借：应付职工薪酬——非货币性职工福利　　　　　　　　12 960

　　贷：银行存款　　　　　　　　　　　　　　　　　　　　12 960

（3）将公司自有的房屋、外租的资产等无偿提供职工使用。

借：应付职工薪酬——非货币性职工福利

　　贷：累计折旧

　　　　其他应付款——应付租赁费用

凭证附件：资产清单、使用人清单。

4. 辞退福利的支付

辞退福利主要是指公司因与职工解除劳动关系而支付的经济补偿，包括分离办社会职能、实施主辅分离辅业改制、企业改组重组、职工本人不能胜任等原因，在职工劳动合同尚未到期之前与职工解除劳动关系，或者为鼓励职工自愿接受裁减给予职工的经济补偿；辞退福利还包括公司控制权发生变化时，对辞退的管理人员进行的补偿。

支付职工经济补偿时，会计分录如下。

借：应付职工薪酬——辞退福利

　　贷：库存现金或银行存款

凭证附件：支付单。

很多企业实施了内部退养计划，由于这部分职工不再为企业带来经济利益，向这部分职工支付的费用应当比照辞退福利处理，将自职工停止提供服务日至正式退休日期间，企业拟支付的内退人员工资和缴纳的社会保险等费用，确认为预计负债，计入当期管理费用。

【例 6-3】 企业对符合一定条件的人员实行内部退养计划，该月符合内部退养条件的两人实施内退计划，该两人距正式退休有 5 年时间，每月工资共计 2 100 元，各类社会保险等费用每月计 935 元。

【解析】

本月作为预计负债总额为（2 100 + 935）× 5 × 12 = 182 100（元），会计分录如下。

借：管理费用　　　　　　　　　　　　　　　　　182 100
　　贷：应付职工薪酬——辞退福利　　　　　　　　　182 100
支付本月的内退工资时，会计分录如下。
借：应付职工薪酬——辞退福利　　　　　　　　　　2 100
　　贷：银行存款　　　　　　　　　　　　　　　　2 100
（本分录可以与支付其他人员工资时一起支付，但不需要分摊）。

（二）第二步："扣"

"扣"指扣回公司为个人代交的各种款项，如代个人缴纳的养老保险、医疗保险等，代个人汇出的委托工资，代个人交的伙食费、会费等。依据工资单列明的代交款项依次扣回。

会计分录（以项目部为例）如下。

借：应付职工薪酬——工资
　　贷：内部往来——财务部（个人养老金）
　　　　内部往来——财务部（个人医疗保险金）
　　　　其他应收款——委托工资
　　　　内部往来——财务部（个人失业保险金）
　　　　应交税费——应交个人所得税
　　　　内部往来——财务部（个人住房公积金）
凭证附件：工资单、列账通知书。
支付各项已扣款项时，会计分录如下。
借：内部往来——财务部（个人养老金）
　　内部往来——财务部（个人医疗保险金）
　　其他应收款——委托工资
　　内部往来——财务部（个人失业保险金）

应交税费——应交个人所得税

其他应付款——财务部（个人住房公积金）

　　贷：银行存款

（注：社会保险等费用个人应付部分也可与单位应付部分一起支付。）

　　凭证附件：养老金变动表、医保金变动表、失业金扣款表、委托工资表、个人所得税票、住房公积金变动表和银行付款回单等。

　　（三）第三步："提"

　　"提"指依据有关规定，计算提取单位应交各种社会保险费用、职工教育经费、工会经费、住房公积金等职工薪酬。

　　填制社会保险等费用计提及上交表，如表6-16所示。

表6-16　　　　　　　　　社会保险等费用计提及上交表

单位名称：　　　　　　　　　　　年　月　　　　　　　　金额单位：元

序号	费用名称	计提依据	单位提取数		自留数		单位上交数		个人应交数		上交合计
			比例	金额	比例	金额	比例	金额	比例	金额	
1	2	3	4	5=3×4	6	7=3×6	8	9=5-7	10	11	12=9+11
1	基本医疗保险费	77 481	8%	6198.48							
2	补充医疗保险费										
3	基本养老保险费	77 481	20%	15 496.2							
4	工会经费	77 481	2%	1 549.62							
5	职工教育经费	77 481	1.5%	1 162.22							
6	工伤保险费	77 481	1%	774.81							
7	失业保险费	77 481	1.5%	1 162.22							
8	生育保险费	77 481	0.5%	387.41							
9	住房公积金	77 481	10%	7 748.1							
...											
	合计			34 479.06							

复核人：　　　　　　　　制表人：

按照社会保险等费用计提及上交表进行账务处理。

项目部会计分录如下。

借：应付职工薪酬——社会保险费——基本养老保险费

　　应付职工薪酬——社会保险费——基本医疗保险费

　　应付职工薪酬——社会保险费——生育保险费

　　应付职工薪酬——社会保险费——失业保险费

　　应付职工薪酬——社会保险费——工伤保险费

　　应付职工薪酬——住房公积金（单位负担部分）

　　应付职工薪酬——工会经费

　　应付职工薪酬——职工教育经费

　　　贷：内部往来或银行存款

凭证附件：社会保险等费用计提及上交表、列账通知书或银行付款回单。

在【例6－3】中，应做如下会计分录。

借：应付职工薪酬——社会保险费——基本养老保险费　15 496.2

　　应付职工薪酬——社会保险费——基本医疗保险费　6 198.48

　　应付职工薪酬——社会保险费——生育保险费　　　　 387.41

　　应付职工薪酬——社会保险费——失业保险费　　　1 162.22

　　应付职工薪酬——社会保险费——工伤保险费　　　　 774.81

　　应付职工薪酬——住房公积金（单位负担部分）　　7 748.1

　　应付职工薪酬——工会经费　　　　　　　　　　　1 549.62

　　应付职工薪酬——职工教育经费　　　　　　　　　1 162.22

　　　贷：内部往来——财务部　　　　　　　　　　34 479.06

公司财务部本部计提各种社会保险费、工会经费等会计分录如下。

借：应付职工薪酬——社会保险费——基本养老保险费

　　应付职工薪酬——社会保险费——基本医疗保险费

　　应付职工薪酬——社会保险费——生育保险费

　　应付职工薪酬——社会保险费——失业保险费

　　应付职工薪酬——社会保险费——工伤保险费

　　应付职工薪酬——住房公积金（单位负担部分）

　　应付职工薪酬——工会经费

　　应付职工薪酬——职工教育经费

　　　贷：其他应付款——应付养老金

——应付医疗保险费

——应付职工教育经费等

凭证附件：社会保险等费用计提及上交表。

（四）第四步："摊"

"摊"指分摊本期的应付职工薪酬费用。分摊标准主要依据职工薪酬的受益对象，并按以下原则执行。

（1）应由生产产品、提供劳务负担的职工薪酬，计入产品成本或劳务成本（工程成本）。

（2）应由在建工程、无形资产负担的职工薪酬，计入在建工程或无形资产成本。

（3）上述两项之外的其他职工薪酬，计入当期损益，如管理费用等。

项目部会计分录如下。

借：材料采购——采购保管费

　　工程施工——×××项目——直接人工费

　　待分配间接费用——管理人员薪酬

　　机械作业等

　　贷：应付职工薪酬——工资

　　　　　　　　——职工福利

　　　　　　　　——社会保险费等

凭证附件：工资分摊汇总表。

【例6-4】沿用【例6-3】资料，分摊项目部某月职工薪酬。

【解析】

首先编制工资分摊汇总表，如表6-17所示。

表6-17　　　　　　　　工资分摊汇总表（样表）

单位名称：　　　　　　　　　年　　月　　　　　　　　　单位：元

科目名称	组成	工资	养老保险	医疗保险	工会经费	职工教育经费	工伤保险费	失业保险费	生育保险费	住房公积金	非货币性福利	合计
材料采购——采购费	材料人员	6 616	1 323	529	132	99	66	99	33	662	1 107	10 666
待分配直接费			0	0	0	0	0	0	0	0	0	0

续表

科目名称	组成	工资	养老保险	医疗保险	工会经费	职工教育经费	工伤保险费	失业保险费	生育保险费	住房公积金	非货币性福利	合计
检验试验费	试验人员		0	0	0	0	0	0	0	0	0	0
工程定位复测费	测量人员		0	0	0	0	0	0	0	0	0	0
待分配间接费	管理人员	19 000	3 800	1 520	380	285	190	285	95	1 900	3 178	30 633
机械作业	机械人员	18 670	3 734	1 494	373	280	187	280	93	1 867	3 123	30 101
工程施工	生产人员	31 095	6 219	2 488	622	466	311	466	155	3 110	5 201	50 133
辞退福利	内退人员		420	168	42	32	21	32	11	210	351	1 287
合计		75 381	15 496	6 199	1 549	1 162	775	1 162	387	7 749	12 960	122 820

复核：　　　　　　　制单：

注：辞退人员工资在这里不再分摊，按其工资基数提取的社会保险等费用冲减已提的预计负债。

同时，可以利用考勤表、工时汇总表、任务单等原始资料及职工日工资标准对生产人员工资进行再分配，生产人员工资分配表如表 6-18 所示。

表 6-18　　　　　　　生产人员工资分配表

单位：　　　　　　　　　　年　月　　　　　　　　贷方科目：

科目编号	借记		分配依据		分配率	备注
	会计科目及明细项目	单位	基数	分摊金额		
4104	工程施工——××工程					
	主桥钻孔基础及水封			35 093		
	主桥承台			15 040		
	主桥墩身墩帽					
	引桥钻孔及水封					

333

科目编号	借记	分配依据		分配率	备注
	会计科目及明细项目	单位	基数	分摊金额	
	50 米 T 梁制安				
	桥面系施工				
	合计			50 133	

复核：　　　　　制表：　　　　　　　月　日

项目部分摊职工薪酬的会计分录如下。

借：材料采购——采购保管费　　　　　　　　　　　　10 666

　　工程施工——××项目——直接人工费（主桥基础）35 093

　　工程施工——××项目——直接人工费（主桥承台）15 040

　　待分配间接费用——管理人员职工薪酬　　　　　　30 633

　　机械作业　　　　　　　　　　　　　　　　　　　30 101

　　辞退福利　　　　　　　　　　　　　　　　　　　1 287

　　贷：应付职工薪酬——工资　　　　　　　　　　　75 381

　　　　　　——社会保险费——基本养老保险费　　　15 496

　　　　　　——社会保险费——基本医疗保险费　　　6 199

　　　　　　——社会保险费——生育保险费　　　　　387

　　　　　　——社会保险费——失业保险费　　　　　1 162

　　　　　　——社会保险费——工伤保险费　　　　　775

　　　　　　——住房公积金（单位负担部分）　　　　7 749

　　　　　　——工会经费　　　　　　　　　　　　　1 549

　　　　　　——职工教育经费　　　　　　　　　　　1 162

　　　　　　——职工福利　　　　　　　　　　　　　12 960

财务部会计分录如下。

借：管理费用——职工薪酬

　　贷：应付职工薪酬——工资

　　　　　　——职工福利

　　　　　　——社会保险费等

凭证附件：工资汇总表。

（五）第五步："缴"

"缴"即根据上述计算的各种应付职工福利，支付给相应的管理部门或机构。

项目部会计分录（提取时未直接付款的）。

借：内部往来——财务部

　　贷：银行存款

凭证附件：银行付款回单。

财务部会计分录如下。

（1）项目部首先通过往来提取上交，然后通过银行付款的。

借：内部往来——××项目部

　　贷：其他应付款——应付养老金

　　　　　　　　　——应付医疗保险费

　　　　　　　　　——应付职工教育经费等

借：银行存款

　　贷：内部往来——××项目部

凭证附件：社会保险等费用计提及上交表、列账通知书、银行收款回单。

（2）项目部直接通过银行付款上交的。

借：银行存款

　　贷：其他应付款——应付养老金

　　　　　　　　　——应付医疗保险费

　　　　　　　　　——应付职工教育经费等

凭证附件：社会保险等费用计提及上交表、银行收款回单。

（3）财务部汇总并支付公司社会保险、工会经费等费用。

借：其他应付款——应付养老金

　　　　　　　　——应付医疗保险费

　　　　　　　　——应付住房公积金

　　　　　　　　——应付工会经费

　　贷：银行存款或其他应付款——公司工会

凭证附件：社会保险等费用计提及上交表汇总数、银行付款回单或列账通知书。

年末或期末财务部其他应付款科目中如果有应付未付的职工薪酬余额，应将其余额转至"应付职工薪酬"科目及相对应的明细项目下。

6.2.2 临时设施的会计核算

6.2.2.1 建筑施工企业临时设施概述

建筑施工企业的临时设施，是为了保证施工和管理的正常进行而建造的各种临时性生产、生活设施。施工队伍进入新的建筑工地时，为了保证施工的顺利进行，必须搭建一些临时设施。但在工程完工以后，这些临时设施就失去了它原来的作用，必须拆除或进行其他处理。

建筑工地搭建的临时设施，通常可分为大型临时设施和小型临时设施两类。例如，施工人员的临时宿舍、机具棚、材料室、化灰池、储水池，以及施工单位或附属企业在现场的临时办公室等；施工过程中应用的临时给水、排水、供电、供热和管道（不包括设备）；临时铁路专用线、轻便铁道；现场施工和警卫安全用的小型临时设施；保管器材用的小型临时设施，如简易料棚、工具储藏室等；行政管理用的小型临时设施，如工地收发室等。

6.2.2.2 临时设施取得的核算

临时设施的取得包括自建和购置，购置临时设施又分需要安装和不需要安装两类。自建的和购置需要安装的临时设施先通过"在建工程"科目核算，待建成和安装完成交付使用后再转入"临时设施"科目。

在投标文件的工程量清单中明确立项的临时设施，如临时道路、临时工程用地、临时供电设施、临时供水设施、承包人驻地建设等，不在"临时设施"科目核算，直接记入"工程施工"科目下的"临时道路""临时供电设施"等明细科目。

在投标文件的工程量清单中未明确立项的临时设施要设卡片管理，卡片上应记载该项临时设施的原价、摊销率和实际使用年限等资料；还应登记临时设施的数量，如食堂几座，房屋多少平方米等。

本部分核算临时设施为在投标文件的工程量清单中未明确立项的临时设施，需设置"临时设施""待分配直接费——临时设施摊销费""临时设施摊销""临时设施清理"科目。

1. 自行建造的临时设施

自行建造临时设施发生成本时，会计分录如图 6-1 所示。

借：在建工程

　　贷：应付职工薪酬

　　　　原材料

机械作业

应付账款

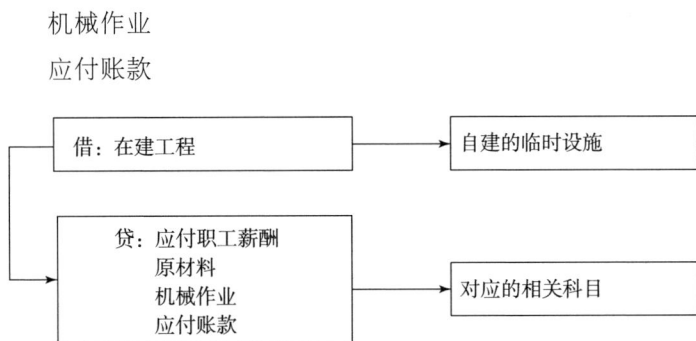

图 6-1　自行建造临时设施的会计分录

附件：工资分配表、材料调拨单、机械使用签认单和劳务结算单。

临时设施达到预计可使用状态时，会计分录如下。

借：临时设施

　　贷：在建工程

附件：临时设施计算清单、验收记录。

临时设施交付使用时，应建立临时设施卡片。

2. 购置需要安装的临时设施（不包括从板房厂购入并由板房厂自行到现场安装的板房，此种情况应视为不需要安装）

（1）购置时，按购入材料核算，会计分录如下。

借：材料采购

　　贷：银行存款或应付账款

附件：发票、合同、点收单、报销单等。

（2）先点收入库，再由库房发出，会计分录如下。

借：原材料

　　贷：材料采购

附件：点收单等。

由库房发出时，会计分录如下。

借：在建工程

　　贷：原材料

附件：用料单等。

（3）发生安装费用时，会计分录如下。

借：在建工程

　　贷：应付职工薪酬

原材料

机械作业

应付账款

附件：工资分配表、材料调拨单、机械使用签认单和劳务结算单等。

（4）临时设施达到预计可使用状态时，会计分录如下。

借：临时设施

　　贷：在建工程

安装完毕，交付使用时，建立临时设施卡片。

3. 购置不需要安装的临时设施（如从板房厂购入并由板房厂自行到现场安装的板房）

（1）购置时，按购入材料核算，会计分录如下。

借：材料采购

　　贷：银行存款或应付账款

附件：发票、合同、点收单、报销单等。

（2）点收入库时，会计分录如下。

借：原材料

　　贷：材料采购

附件：点收单等。

（3）由库房发出时，会计分录如下。

借：临时设施

　　贷：原材料

附件：用料单等。

发出时建立临时设施卡片。

【例6-5】某施工企业在施工现场搭建一栋临时工人宿舍，发生的实际搭建成本为66 400元，其中，领用材料的计划成本为12 000元，应负担的材料成本差异率为2%，应付搭建人员的工资为30 000元，以银行存款支付其他费用为22 000元，搭建完工后随即交付使用。

【解析】

（1）搭建过程中发生各种费用时，会计分录如下。

借：在建工程——临时宿舍　　　　　　　　　　　　　　　66 400

　　贷：原材料　　　　　　　　　　　　　　　　　　　　　12 000

　　　　材料成本差异　　　　　　　　　　　　　　　　　　 2 400

应付职工薪酬	30 000
银行存款	22 000

（2）临时设施搭建完工交付使用时，会计分录如下。

借：临时设施——临时宿舍 　　　　　　　　　　　66 400

　　贷：在建工程——临时宿舍 　　　　　　　　　　　66 400

6.2.2.3　临时设施摊销与减少的核算

一、临时设施摊销的核算

1. 摊销方法

临时设施应根据工程受益期限分期摊入工程成本，临时设施在购建完成后采用直线摊销法按季（或月）进行摊销。当月增加的临时设施，当月不摊销，从下月起开始摊销。摊销时，借记"待分配直接费——临时设施费"科目，贷记"临时设施摊销"科目，如图6-2所示。其计算公式如下：

某项临时设施每期摊销额＝（该临时设施实际成本－预计净残值）÷该临时设施预计使用期限（季度数或月份数）

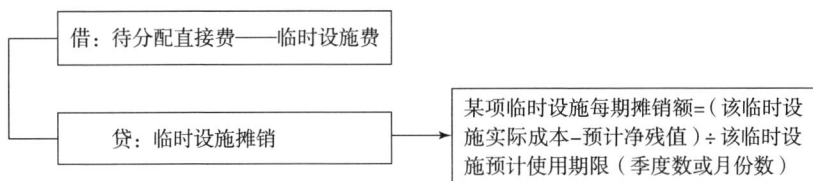

图6-2　临时设施摊销的会计分录

【例6-6】沿用【例6-5】资料，假设临时宿舍的预计净残值率为4%，预计工期的受益期限为30个月。

【解析】

该临时宿舍摊销的账务处理如下。

借：工程施工 　　　　　[66 400×（1－4%）÷30] 2 124.8

　　贷：临时设施摊销 　　　　　　　　　　　　　　2 124.8

2. 临时设施的维修及其他有关费用

临时设施的维修费、租用临时房屋的整修费、租赁费等都属于临时设施的开支范围，这些费用不形成实物资产，不通过"临时设施"科目核算，直接计入成本费用。

发生维修、租赁等费用时，会计分录如图6-3所示。

借：待分配直接费——临时设施摊销费

贷：应付职工薪酬

　　银行存款

　　原材料等

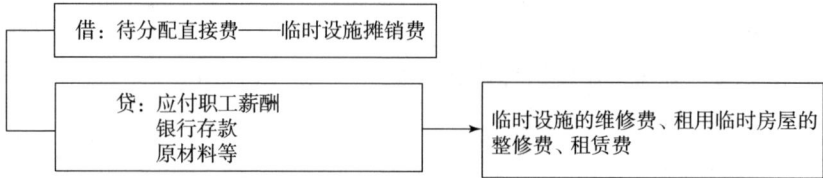

图6-3　发生维修、租赁等费用时的会计分录

二、临时设施减少的核算

1. 核算方法

企业出售、拆除、报废的临时设施应转入清理。转入清理的临时设施，按临时设施账面净值，借记"临时设施清理"科目，按已摊销数，借记"临时设施摊销"科目，按其账面原值，贷记"临时设施"科目。出售、拆除过程中发生的变价收入和残料价值，借记"银行存款""原材料"科目，贷记"临时设施清理"科目；发生的清理费用，借记"临时设施清理"科目，贷记"银行存款"等科目。清理结束后，若发生净损失，借记"营业外支出"科目，贷记"临时设施清理"科目；若发生净收益，则记入"营业外收入"科目。当月减少的临时设施，当月仍应摊销，从下月起不再摊销。工程完工临时设施使用期满，需出售、拆除、报废和毁损的临时设施均应转入"临时设施清理"科目，清理后的净收入转入"营业外收入"科目。

2. 账务处理

（1）临时设施转入处理。

借：临时设施清理

　　临时设施摊销

　　贷：临时设施

（2）取得变价收入。

借：银行存款

　　贷：临时设施清理

（3）发生清理费用。

借：临时设施清理

　　贷：库存现金

应付职工薪酬

（4）结转净收入。

借：临时设施清理

　　贷：营业外收入

（5）结转净支出。

借：营业外支出

　　贷：临时设施清理

【例 6-7】沿用【例 6-6】中的临时宿舍，由于承包工程已竣工，不再使用临时宿舍，将其拆除，其账面累计已摊销额为 53 120 元，支付拆除人员工资 3 000 元，收回残料 2 000 元，已验收入库，清理工作结束。

【解析】

账务处理如下。

（1）将拆除的临时设施转入清理，注销其原值和累计已提摊销额时。

借：临时设施清理——临时宿舍　　　　　　　　　　　13 280

　　临时设施摊销　　　　　　　　　　　　　　　　　53 120

　　　贷：临时设施——临时宿舍　　　　　　　　　　　　　66 400

（2）分配拆除人员工资时。

借：临时设施清理——临时宿舍　　　　　　　　　　　 3 000

　　　贷：应付职工薪酬　　　　　　　　　　　　　　　　　 3 000

（3）残料验收入库时。

借：原材料　　　　　　　　　　　　　　　　　　　　 2 000

　　　贷：临时设施清理　　　　　　　　　　　　　　　　　 2 000

（4）结转清理后净损失时。

处置临时设施净损失 = 13 280 + 3 000 - 2 000 = 14 280（元）

借：营业外支出——处置临时设施净损失　　　　　　　14 280

　　　贷：临时设施清理——临时宿舍　　　　　　　　　　　 14 280

6.2.2.4　临时设施的清查

一、临时设施清查的核算

1. 盘盈盘亏的核算

企业在财产清查的过程中，若发现临时设施盘盈，应按同类设施重置完全价值与估计摊销数额的差额记入"待处理财产损溢"科目，待批准后转入"营业外收入"科目。若发现临时设施盘亏，应将其净值记入"待处理财产损溢"

科目，待批准后转入"营业外支出"科目。

2．账务处理

（1）临时设施盘盈时。

借：临时设施

  贷：临时设施摊销

   待处理财产损溢——待处理流动资产损溢

批准后：

借：待处理财产损溢——待处理流动资产损溢

  贷：营业外收入

（2）临时设施盘亏时。

借：待处理财产损溢——待处理流动资产损溢

 临时设施摊销

  贷：临时设施

批准后：

借：营业外支出

  贷：待处理财产损溢——待处理流动资产损溢

二、临时设施的列报

期末报告中，临时设施各科目的余额应在"存货"项目列报，列报金额为"临时设施"科目借方余额－"临时设施摊销"科目贷方余额＋"临时设施清理"科目借方余额－"临时设施清理"科目贷方余额。

第7章
建筑施工企业的利润核算

7.1　利润的构成

7.1.1　营业利润

营业利润＝营业收入－营业成本－税金及附加－销售费用－管理费用－财务费用－资产减值损失＋公允价值变动收益（－公允价值变动损失）＋投资收益（－投资损失）

（1）营业收入。营业收入是指企业经营业务所确定的收入总额，包括主营业务收入和其他业务收入。

主营业务收入是指企业为完成其经营目标从事的经常性活动实现的收入。如建筑施工企业建造合同收入、工业企业产品销售收入、房地产企业楼盘销售收入、勘测设计企业的勘测设计科研收入等。

其他业务收入是指企业为完成其经营目标从事的与经常性活动相关的活动实现的收入，也就是企业除主营业务收入以外的其他业务的收入。如建筑施工企业物资配送部门对外销售材料、设备出租等取得的收入。

建筑施工企业在完成建造合同后出售残余物资取得的收益不计入收入，而应冲减建造合同成本。

（2）营业成本。营业成本是指企业经营业务所发生的实际成本总额，包括主营业务成本和其他业务成本。

主营业务成本是指企业经营主营业务发生的与主营业务收入相配比的成本。

其他业务成本是指企业除主营业务以外的其他业务所发生的与其他业务收入相配比的成本。

（3）税金及附加。税金及附加是指企业经营活动发生的城市维护建设税、资源税和教育费附加等相关税费（不包含增值税、所得税等有关税费）。主营业务活动和其他经营活动发生的相关税费，均在税金及附加中核算。

（4）资产减值损失。资产减值损失是指企业计提各项资产减值准备所形成的损失。

（5）公允价值变动收益（或损失）。公允价值变动收益（或损失）是指企业交易性金融资产等公允价值变动形成的应计入当期损益的利得（或损失）。

（6）投资收益。投资收益是指企业以各种方式对外投资所取得的收益（或发生的损失）。

7.1.2　利润总额

利润总额 = 营业利润 + 营业外收入 − 营业外支出

其中，营业外收入（或支出）是指企业发生的与日常活动无直接关系的各项利得（或损失）。

7.1.3　净利润

净利润 = 利润总额 − 所得税费用

其中，所得税费用是指企业确认的应从当期利润总额中扣除的所得税费用。

7.2　其他业务的核算

7.2.1　其他业务的内容

建筑施工企业的其他业务主要有材料销售业务、机械作业业务、出租固定资产业务、出租无形资产业务和其他经营业务等。

7.2.2　科目设置

企业应当设置"其他业务收入""其他业务成本""税金及附加"等科目对发生的其他业务进行核算。

7.2.3　账务处理

（1）企业发生其他业务按照收入准则确认收入实现时，会计分录如下。

借：银行存款等

贷：其他业务收入

应交税费——应交增值税（销项税额）

凭证附件：收款单等。

（2）企业确认与其他业务收入相配比的成本时，会计分录如下。

借：其他业务成本

贷：原材料、累计折旧、累计摊销、银行存款等

凭证附件：付款单、领料单、折旧（摊销）计算表等。

（3）企业按规定计算确定与其他业务相关的税费，会计分录如下。

借：税金及附加等

贷：应交税费

凭证附件：税票、税费计算表等。

【例 7-1】甲公司是一家大型施工企业，其机械租赁中心 2019 年 12 月对外经营性出租机械取得租金收入 7 万元存入银行。机械租赁中心负担对外出租机械的司机工资 5 000 元、设备折旧 40 000 元，油料及修理费由承租方负担。假定按照 7% 缴纳城市维护建设税、3% 缴纳教育费附加。

【解析】

该机械租赁中心的账务处理如下。

（1）确认取得租金收入时。

借：银行存款　　　　　　　　　　　　　　　　　79 100

　　贷：其他业务收入　　　　　　　　　　　　　　70 000

　　　　应交税费——应交增值税（销项税额）　　　9 100

（2）确认发生的其他业务成本时。

借：其他业务成本　　　　　　　　　　　　　　　45 000

　　贷：应付职工薪酬　　　　　　　　　　　　　　5 000

　　　　累计折旧　　　　　　　　　　　　　　　　40 000

（3）计算相关的税费时。

借：税金及附加　　　　　　　　　　　　　　　　　910

　　贷：应交税费——应交城市维护建设税

　　　　　　　　　　（70 000×13%×7%）637

　　　　　　——应交教育费附加　（70 000×13%×3%）273

7.3 营业外收支的核算

营业外收支是指企业发生的与日常活动无直接关系的各项收支。营业外收支虽然与企业生产经营活动没有多大的关系，但从企业主体来考虑，同样带来收入或形成企业的支出，也是增加或减少利润的因素，对企业的利润总额及净利润产生较大的影响。

企业在进行会计核算时，应当区别营业外收入和营业外支出的核算，不得以营业外支出直接冲减营业外收入，也不得以营业外收入冲减营业外支出。

7.3.1 营业外收入的核算

7.3.1.1 营业外收入的内容

营业外收入是指企业发生的与日常活动无直接关系的各项利得。营业外收入并不是由企业经营资金耗费所产生的，不需要企业付出代价，实际上是一种纯收入，不可能也不需要与有关费用进行配比。因此在会计核算上，应当严格区分营业外收入与营业收入的界限。

营业外收入主要包括非流动资产处置利得、非货币性资产交换利得、债务重组利得、政府补助、盘盈利得、捐赠利得等。

非流动资产处置利得包括固定资产处置利得和无形资产处置利得等。固定资产处置利得指企业出售固定资产所取得价款或报废固定资产的材料价值和变价收入等，扣除固定资产的账面价值、清理费用、处置相关税费后的净收益；无形资产处置利得指企业出售无形资产所取得价款扣除出售无形资产的账面价值、处置相关税费后的净收益。

非货币性资产交换利得指在非货币性资产交换中换出资产为固定资产、无形资产的，换入资产公允价值大于换出资产账面价值的差额，扣除相关费用后计入营业外收入的金额。

债务重组利得指重组债务的账面价值超过清偿债务的现金、非现金资产的公允价值、所转股份的公允价值，或者重组后债务账面价值之间的差额。

政府补助指企业从政府无偿取得货币性资产或非货币性资产形成的利得。政府补助按补助的内容划分，主要包括财政拨款、财政贴息、税收返还和无偿划拨非货币性资产。

盘盈利得指企业对于现金等清查盘点中盘盈的现金等，报经批准后计入营业外收入的金额。

捐赠利得指企业接受捐赠产生的利得。

7.3.1.2　科目设置

企业应设置"营业外收入"科目进行核算，按各营业外收入项目设置以下明细科目：非流动资产处置利得、非货币性资产交换利得、债务重组利得、政府补助、盘盈利得、捐赠利得、罚款净收入、赔偿金收入、违约金收入、滞纳金收入、其他。

7.3.1.3　账务处理

（1）企业出售、转让、报废固定资产或发生固定资产毁损，应当将处置收入扣除账面价值和相关税费后的金额计入当期损益。固定资产清理取得的净收益，按照固定资产清理账面余额，会计分录如下。

借：银行存款

　　贷：固定资产清理

借：固定资产清理

　　贷：营业外收入——非流动资产处置利得

凭证附件：清理过程的收款单、付款单、固定资产净值计算表等。

【例 7-2】甲公司有一台设备，因使用期满经批准报废。该设备原价为 200 000 元，累计已计提折旧 185 000 元，计提固定资产减值准备 5 000 元。在清理过程中，以银行存款支付清理费用 5 000 元，收到残料变卖收入 20 000 元，应支付相关税费 300 元。

【解析】

甲公司该项固定资产清理净收益 = 20 000 − (200 000 − 185 000 − 5 000 + 5 000 + 300) = 4 700（元），甲公司的账务处理如下。

借：银行存款　　　　　　　　　　　　　　　　　　4 700

　　贷：固定资产清理　　　　　　　　　　　　　　　　4 700

借：固定资产清理　　　　　　　　　　　　　　　　4 700

　　贷：营业外收入——非流动资产处置利得　　　　　4 700

（2）企业出售无形资产时，应按实际收到的金额，做如下会计分录。

借：银行存款、累计摊销、无形资产减值准备

　　贷：应交税费、无形资产、营业外收入——非流动资产处置利得

凭证附件：收款单、税费计算表、无形资产净值计算表等。

（3）非货币性资产交换利得。按照换出资产账面价值低于换入资产的公允

价值的金额，扣除相关税费后，做如下会计分录。

借：固定资产、原材料、应交税费等

贷：固定资产清理、银行存款、应交税费、营业外收入——非货币性资产交换利得等

凭证附件：固定资产接收记录、材料入库单、付款单等。

（4）盘盈利得。现金盘盈，按照确定的价值，做如下会计分录。

借：待处理财产损溢

贷：营业外收入——盘盈利得

凭证附件：现金盘点表。

注：盘盈的固定资产作为前期差错处理，在按管理权限报经批准处理前，应先通过"以前年度损益调整"科目核算；盘盈的存货应按其重置成本确定入账价值，并通过"待处理财产损溢"科目进行会计处理，按管理权限报经批准后，冲减当期管理费用；现金短缺属于无法查明的其他原因，根据管理权限报经批准后记入"管理费用"科目。

（5）捐赠利得。企业接受捐赠，按照实际收到金额，做如下会计分录。

借：银行存款

贷：营业外收入——捐赠利得

凭证附件：收款单等。

（6）罚款净收入、赔偿金收入、违约金收入、滞纳金收入，按照实际发生数额，做如下会计分录。

借：银行存款

贷：营业外收入——罚款净收入等

凭证附件：收款单等。

（7）企业应当通过"营业外收入"科目，核算营业外收入的取得和结转情况。期末应将该科目余额转入"本年利润"科目，结转后该科目无余额。期末结转时，做如下会计分录。

借：营业外收入

贷：本年利润

凭证附件：结转前的科目余额表。

7.3.2 营业外支出的核算

7.3.2.1 营业外支出的内容

营业外支出是指企业发生的与日常活动无直接关系的各项损失。营业外支

出主要包括非流动资产处置损失、非货币性资产交换损失、债务重组损失、公益性捐赠支出、非常损失、盘亏损失等。

非流动资产处置损失包括固定资产处置损失、无形资产出售损失和无形资产报废损失。固定资产处置损失指企业出售、转让固定资产所取得价款或报废、毁损固定资产的材料价值和变价收入等，不足抵补处置固定资产的账面价值、清理费用、处置相关税费的属于生产经营期间正常的处置净损失；无形资产出售损失指企业出售无形资产所取得价款，不足抵补出售无形资产的账面价值、出售相关税费的净损失。

非货币性资产交换损失指在非货币性资产交换中换出资产为固定资产、无形资产的，换入资产公允价值小于换出资产账面价值的差额，扣除相关费用后计入营业外支出的金额。

债务重组损失指重组债权的账面余额与受让资产的公允价值、所转股份的公允价值，或者重组后债权的账面价值之间的差额。

公益性捐赠支出指企业对外进行公益性捐赠发生的支出。

非常损失指企业对于因客观因素（如自然灾害等）造成的损失，在扣除保险公司或过失人赔偿后计入营业外支出的净损失。

盘亏损失指企业对于在财产清查中盘亏固定资产的账面价值扣除保险赔偿或过失人赔偿，按管理权限报经批准后计入营业外支出的部分。

7.3.2.2　科目设置

企业应设置"营业外支出"科目进行核算，按各营业外支出项目设置以下明细科目：非流动资产处置损失、非货币性资产交换损失、债务重组损失、公益性捐赠支出、非常损失、盘亏损失、罚款支出、赔偿支出、违约金支出、滞纳金支出和其他。

7.3.2.3　账务处理

（1）企业出售、转让、报废固定资产或发生固定资产毁损，应当将处置收入扣除账面价值和相关税费后的金额计入当期损益。固定资产清理完成后的净损失，属于生产经营期间正常的处置净损失，做如下会计分录。

借：营业外支出——非流动资产处置损失

　　贷：固定资产清理

凭证附件：固定资产净损失计算表等。

属于生产经营期间由于自然灾害等非正常原因造成的，做如下会计分录。

借：营业外支出——非常损失

　　　贷：固定资产清理

　　凭证附件：固定资产净损失计算表、非正常原因说明等。

　　（2）企业在财产清查中盘亏的固定资产，按管理权限报经批准后处理时，做如下会计分录。

　　　借：其他应收款

　　　　营业外支出——盘亏损失

　　　贷：待处理财产损溢

　　凭证附件：固定资产盘点记录、报批记录等。

　　（3）企业出售无形资产时，做如下会计分录。

　　　借：银行存款、累计摊销、无形资产减值准备、营业外支出——非流动资产处置损失

　　　　贷：应交税费、无形资产

　　凭证附件：收款单、税费计算表、无形资产净值计算表等。

　　（4）企业拥有的无形资产预期不能为企业带来未来经济利益，则该项无形资产不再符合无形资产定义，应将其报废并予以转销，转销时，做如下会计分录。

　　　借：累计摊销、无形资产减值准备、营业外支出——非流动资产处置损失

　　　　贷：无形资产

　　凭证附件：报废批准记录、无形资产净值计算表等。

　　（5）企业存货发生的盘亏或毁损，按管理权限报经批准后，属于自然灾害等非常原因造成的存货毁损，应先扣除处置收入（如残料价值）、可以收回的保险赔偿和过失人赔偿，将净损失记入"营业外支出——非常损失"科目，做如下会计分录。

　　　借：银行存款、其他应收款、营业外支出——非常损失等

　　　　贷：待处理财产损溢

　　凭证附件：收款单、报批记录、非正常原因说明等。

　　存货发生的盘亏或毁损，按管理权限报经批准后，属于计量收发差错和管理不善等原因造成的存货短缺，应先扣除残料价值、可以收回的保险赔偿和过失人赔偿，将净损失计入"管理费用"科目。

　　　借：银行存款、其他应收款、管理费用等

　　　　贷：待处理财产损溢

　　（6）企业发生对外公益性捐赠，做如下会计分录。

　　　借：营业外支出——公益性捐赠支出、累计折旧、固定资产减值准备

　　贷：固定资产、原材料、银行存款、应交税费等

　　凭证附件：接受捐赠方开具的收据、付款单、固定资产调拨记录等。

　　（7）非货币性资产交换利得。在非货币性资产交换中换出资产为固定资产、无形资产的，按照换出资产账面价值大于换入资产的公允价值的金额，扣除相关税费后，做如下会计分录。

　　借：固定资产、营业外支出——非货币性资产交换损失

　　　　贷：固定资产清理等

　　凭证附件：固定资产接收记录等。

　　（8）罚款支出、赔偿金支出、违约金支出、滞纳金支出，按照实际发生数额，做如下会计分录。

　　借：营业外支出——罚款支出等

　　　　贷：银行存款等

　　凭证附件：付款单等。

　　（9）期末将"营业外支出"科目的余额转入"本年利润"科目，结转后该科目无余额。期末结转时，做如下会计分录。

　　借：本年利润

　　　　贷：营业外支出

　　凭证附件：结转前的科目余额表。

7.4　政府补助的核算

7.4.1　政府补助的定义及主要形式

　　政府补助是指企业从政府无偿取得货币性资产或非货币性资产，但不包括政府作为企业所有者投入的资本。政府补助的主要特征：一是无偿性；二是直接取得资产；三是政府资本性投入不属于政府补助。

　　政府补助的主要形式有以下几种。

7.4.1.1　财政拨款

　　财政拨款是指政府为了支持企业而无偿拨付的款项。为了体现财政拨款的政策引导作用，这类拨款通常具有严格的政策条件，只有符合申报条件的企业才能申请拨款；同时附有明确的使用条件，政府在批准拨款时就规定了资金的具体用途。比如，职工再就业补贴、自然灾后补贴、工程项目取得的财政部门

拨付的扶持奖励基金（或补贴）等均属于财政拨款。

7.4.1.2 财政贴息

财政贴息是指政府为支持特定领域或区域发展、根据国家宏观经济形势和政策目标，对承贷企业的银行贷款利息给予的补贴。财政贴息的补贴对象通常是符合申报条件的某个综合性项目，包括设备购置、人员培训、研发费用、人员开支、购买服务等，也可以是单项的，比如仅限于固定资产贷款项目。

7.4.1.3 税收返还

税收返还是指政府按照国家有关规定采取先征后返（退）、即征即退等办法向企业返还的税款，属于以税收优惠形式给予的一种政府补助。

除了税收返还之外，税收优惠还包括直接减征、免征、增加计税抵扣额、抵免部分税额等形式。这类税收优惠体现了政策导向，但政府并未直接向企业无偿提供资产，因此不作为政府补助准则规范的政府补助处理。由于增值税是价外税，出口货物前道环节所含的进项税额是抵扣项目，体现为企业垫付资金的性质，增值税出口退税实质上是政府归还企业事先垫付的资金，不属于政府补助。

7.4.1.4 无偿划拨非货币性资产

属于无偿划拨非货币性资产的情况主要有无偿划拨土地使用权、天然起源的天然林等。

政府补助通常为货币性资产形式，也存在非货币性资产的情况。

7.4.2 政府补助的分类

根据政府补助准则规定，政府补助应当划分为与资产相关的政府补助和与收益相关的政府补助，这是因为两类政府补助给企业带来经济利益或者弥补相关成本或费用的形式不同，从而在具体账务处理上存在差别。

7.4.2.1 与资产相关的政府补助

与资产相关的政府补助是指企业取得的、用于购建或以其他方式形成长期资产的政府补助。

7.4.2.2 与收益相关的政府补助

与收益相关的政府补助是指除与资产相关的政府补助之外的政府补助。

7.4.3 政府补助的账务处理

企业收到的政府补助，应当采用收益法中的总额法进行确认。收益法中的总额法是指在确认政府补助时，将其全额确认为收益，而不是作为相关资产账面余额或者费用的扣减。

7.4.3.1　与资产相关的政府补助

企业取得与资产相关的政府补助，不能全额确认为当期收益，应当随着相关资产的使用逐渐计入以后各期的收益。

与资产相关的政府补助通常为货币性资产形式，企业在实际收到款项时，做如下会计分录。

借：银行存款等

　　贷：递延收益

凭证附件：收款单。

将政府补助用于购建长期资产时，相关长期资产的购建与企业正常的资产购建或研发处理一致，通过"在建工程""研发支出"等科目归集，完成后转为固定资产或无形资产。自相关长期资产可供使用时，在相关资产计提折旧或摊销时，按照长期资产的预计使用期限，将递延收益平均分摊转入当期损益，会计分录如下。

借：递延收益

　　贷：营业外收入

凭证附件：分摊计算表。

相关资产在使用寿命结束时或结束前被处置（出售、转让、报废等），尚未分摊的递延收益余额应当一次性转入资产处置当期的收益，不再予以递延。

【例7-3】2013 年 2 月，甲公司需购置一台科研设备，预计价款为 550 万元，因资金不足，按相关规定向有关部门提出补助 216 万元的申请。2013 年 3 月 1 日，政府批准了甲公司的申请并拨付甲公司 216 万元财政拨款（同日到账）。2013 年 4 月 30 日，甲公司购入不需安装科研设备，实际成本为 540 万元，使用寿命为 10 年，采用直线法计提折旧（假设无残值）。2021 年 4 月，甲公司出售了这台设备，取得价款 125 万元。（不考虑其他因素）

【解析】

甲公司的账务处理如下。

（1）2013 年 3 月 1 日实际收到财政拨款，确认政府补助。

借：银行存款　　　　　　　　　　　　　　　　2 160 000

　　贷：递延收益　　　　　　　　　　　　　　　　　2 160 000

（2）2013 年 4 月 30 购入设备。

借：固定资产   5 400 000

  应交税费——应交增值税（进项）   702 000

  贷：银行存款   6 102 000

（3）自 2013 年 5 月起每个资产负债表日（月末）计提折旧，同时分摊递延收益。

①计提折旧。

借：管理费用   （5 400 000÷10÷12）45 000

  贷：累计折旧   （5 400 000÷10÷12）45 000

②分摊递延收益（月末）。

借：递延收益   （2 160 000÷10÷12）18 000

  贷：营业外收入   （2 160 000÷10÷12）18 000

（4）2021 年 4 月出售设备，同时转销递延收益余额。

①出售设备。

借：固定资产清理   1 080 000

  累计折旧   4 320 000

  贷：固定资产   5 400 000

借：银行存款   1 250 000

  贷：固定资产清理   1 080 000

    营业外收入   170 000

②转销递延收益。

借：递延收益   432 000

  贷：营业外收入   432 000

7.4.3.2　与收益相关的政府补助

与收益相关的政府补助应当在其补偿的相关费用或损失发生的期间计入当期损益，即：用于补偿企业以后期间费用或损失的，在取得时先确认为递延收益，然后在确认相关费用的期间计入当期营业外收入；用于补偿企业已发生费用或损失的，取得时直接计入当期营业外收入。

企业在日常活动中按照固定的定额标准取得的政府补助，应当按照应收金额计量，会计分录如下。

借：其他应收款

  贷：营业外收入或递延收益

凭证附件：应收金额计算表等。

不确定的或者在非日常活动中取得的政府补助，应当按照实际收到的金额计量，会计分录如下。

借：银行存款等

　　贷：营业外收入或递延收益

凭证附件：收款单。

涉及按期分摊递延收益的，会计分录如下。

借：递延收益

　　贷：营业外收入

凭证附件：分摊计算表。

【例7-4】2019年9月，甲公司按照有关规定为其自主创新的某高新技术项目申请政府财政贴息，申报材料中表明该项目已于2019年3月启动，预计共需投入资金3 000万元，项目期两年半，已投入资金600万元。项目尚需新增投资2 400万元，其中计划贷款1 000万元，已与银行签订贷款协议，协议规定贷款年利率6%，贷款期两年。

经审核，2019年11月政府批准拨付甲公司贴息资金100万元，分别在2020年10月和2021年10月支付48万元和52万元。

【解析】

甲公司的账务处理如下。

（1）2020年10月实际收到贴息资金48万元时。

借：银行存款　　　　　　　　　　　　　　　　　480 000

　　贷：递延收益　　　　　　　　　　　　　　　480 000

（2）2020年10月起，在项目期内分配递延收益（假设按月分配）。

借：递延收益　　　　　　　　　　　　　　　　　40 000

　　贷：营业外收入　　　　　　　　　　　　　　40 000

（3）2021年10月实际收到贴息资金52万元时。

借：银行存款　　　　　　　　　　　　　　　　　520 000

　　贷：营业外收入　　　　　　　　　　　　　　520 000

7.5　本年利润的核算

7.5.1　科目设置

企业应设置"本年利润"科目，核算企业当期实现的净利润（或发生的净亏损）。该科目的贷方余额为当期实现的净利润，借方余额为当期发生的净亏损。

7.5.2 账务处理

7.5.2.1 期末结转利润

会计期末，将"主营业务收入""其他业务收入""营业外收入"等科目的余额转入"本年利润"科目的贷方；将"主营业务成本""其他业务成本""税金及附加""销售费用""管理费用""财务费用""资产减值损失""营业外支出""所得税费用"等科目的余额转入"本年利润"科目的借方；将"投资收益""公允价值变动损益"科目的净收益（或净损失）转入"本年利润"科目的贷方（或借方）。

（1）结转各项收入、收益时，会计分录如下。

借：主营业务收入

其他业务收入

营业外收入

投资收益

公允价值变动损益

贷：本年利润

凭证附件：结转前的科目余额表。

（2）结转各项成本及其他支出时，会计分录如下。

借：本年利润

贷：主营业务成本

税金及附加

其他业务成本

销售费用

管理费用

财务费用

资产减值损失

公允价值变动损益

投资收益

营业外支出

所得税费用

凭证附件：结转前的科目余额表。

7.5.2.2　年度终了的账务处理

年度终了，将本年收入和支出相抵后结出的本年实现的净利润转入"利润分配——未分配利润"科目，会计分录如下。

借：本年利润

　　贷：利润分配——未分配利润

凭证附件：结转前的科目余额表。

如为净亏损，做相反会计分录，结转后"本年利润"科目应无余额。

第 8 章
建筑施工企业的财务报表列报

8.1 资产负债表

资产负债表是反映企业在某一特定日期财务状况的报表。它反映企业在某一特定日期拥有或控制的经济资源、所承担的现实义务和所有者对净资产的要求权。

资产负债表可以提供某一日期资产的总额及其结构,表明企业拥有或控制的资源及其分布情况。使用者可以一目了然地从资产负债表上了解企业在某一特定日期所拥有的资产总量及其结构;某一日期的负债总额及其结构;企业未来需要用多少资产或劳务清偿债务以及清偿时间;所有者所拥有的权益,据以判断资本保值、增值的情况以及对负债的保障程度。此外,资产负债表还可以提供财务分析的基本资料。如将流动资产与流动负债进行比较,计算出流动比率;将速动资产与流动负债进行比较,计算出速动比率等。这些财务指标可以表明企业的变现能力、偿债能力和资金周转能力,从而有助于报表使用者做出经济决策。

8.1.1 资产负债表内容与结构

8.1.1.1 资产的列报

资产负债表中的资产反映由过去的交易、事项形成并由企业控制的、预期会给企业带来经济利益的资源。资产应当按照流动资产和非流动资产两大类别在资产负债表中列示,在流动资产和非流动资产类别下进一步按性质分项列示。

(1)流动资产和非流动资产的划分。资产负债表中的资产应当分流动资产和非流动资产列报。资产满足下列条件之一的,应当归类为流动资产:①预计在一个正常营业周期中变现、出售或耗用,主要包括存货、应收账款等资产;

②主要为交易目的持有；③预计在资产负债表日起一年内（含一年）变现；④自资产负债表日起一年内，交换其他资产或清偿负债的能力不受限制的现金或现金等价物。

（2）正常的营业周期。一个正常营业周期，是指企业从购买用于加工的资产起至实现现金或现金等价物的期间。

正常营业周期通常短于一年，在一年内有几个营业周期。但是，对于建筑施工企业，正常营业周期通常大于一年。例如，房地产企业开发用于出售的房地产开发产品，施工企业承揽的工程项目等，从组织施工、购买原材、进行建设，到工程项目竣工结算并收回全部现金或现金等价物的过程，往往超过一年，在这种情况下，与生产循环相关的产成品、工程施工、应收账款、原材料尽管是超过一年才变现、结算或耗用，仍应作为流动资产列示。

当正常营业周期不能确定时，应当以一年作为一个正常营业周期。

8.1.1.2 负债的列报

资产负债表中的负债反映企业在某一特定日期所承担的、预期会导致经济利益流出企业的现实义务。负债应当按照流动负债和非流动负债在资产负债表中列示，在流动负债和非流动负债类别下进一步按性质分项列示。

（1）流动负债和非流动负债的划分。负债满足下列条件之一的应当归类为流动负债：①预计在一个正常营业周期中清偿；②主要为交易目的而持有；③自资产负债表日起一年内到期应予清偿；④企业无权自主地将清偿推迟至资产负债表日后一年以上。需要说明的是，某些流动负债，比如但不限于应付账款、预收账款、应付职工薪酬、其他应付款等，属于企业正常营业周期中使用营运资金的一部分。尽管这些经营性项目有时在资产负债表日后超过一年才到期清偿，但是它们仍应划分为流动负债。

（2）资产负债表日后事项对流动负债和非流动负债划分的影响。总的原则是，企业在资产负债表上对流动负债和非流动负债的划分，应当反映在资产负债表日有效的合同安排，考虑在资产负债表日起一年内企业是否必须无条件清偿。而资产负债表日后、财务报告批准报出日前的再融资等行为，与资产负债表日后判断负债的流动性状况无关。只要不是在资产负债表日或之前所做的再融资、展期或提供宽限期限等，都不能改变某项负债在资产负债表日的分类，该项负债在资产负债表日的流动性不受资产负债表日后事项的影响。

①资产负债表日起一年内到期的负债。对于在资产负债表日起一年内到期的负债，企业预计能够自主地将清偿义务展期至资产负债表日后一年以上的，

应当归类为非流动负债；不能自主地将清偿义务展期的应当归类为流动负债。

②违约长期债务。企业在资产负债表日或之前违反了长期借款协议，导致贷款人可随时要求清偿的负债，应当归类为流动负债。但是如果贷款人在资产负债表日或之前同意提供在资产负债表日后一年以上的宽限期，企业能够在此宽限期内改正违约行为，且贷款人不能要求随时清偿时，应当归类为非流动负债。

8.1.1.3 所有者权益的列报

资产负债表中的所有者权益是企业扣除负债后的剩余权益，反映企业在某一特定日期企业所有者拥有的净资产的总额。资产负债表中的所有者权益一般按照净资产的不同来源和特定用途进行分类，企业应当按照实收资本（股本）、资本公积、盈余公积、未分配利润等项目分别列示。

8.1.2 资产负债表特殊项目的列报

资产负债表特殊项目的列报如表8-1所示。

表8-1 资产负债表特殊项目的列报

项目	列报要求
临时设施的列报	公司在工程项目现场搭建的临时设施，可以设置"临时设施"以及"临时设施摊销"两个一级科目进行会计核算。在财务报表列报时，将仅用于单一施工项目的临时设施作为存货项目列报；可用于多项工程项目的临时设施，在固定资产项目下列报
工程项目质保金的列报	企业各工程施工项目的应收工程款中有一部分是项目的质保金，根据合同一般都有确定的回收期，根据会计准则的规定，该项资产符合金融资产的定义，应属于有确定回收期限的应收款项，需按照公允价值对其进行计量。因此应按照各项目的质保金金额，在报表日预计的回收期限（一般以合同约定为准，但如实际回收期与合同约定差异较大，则需考虑实际情况），以及可反映业主的信用风险评估的折现率进行折现，以折现后的金额作为应收质保金的金额，折现前后的差额冲减当期"主营业务收入"。而质保金随着到期期限的缩短，其前期折现会逐年转回，其转回的金额作为"财务费用——利息收入"；如果其到期收回，则按照实际收回的金额与账面折现后的金额之间的差额作为"财务费用——利息收入"；如到期未收回，将其余额与账面折现后的金额之间的差额作为"财务费用——利息收入"，将其余额转入"应收账款"，并分析其回收的可能性，计提减值准备。在报表列报时，应收质保金按其折现后的账面金额在应收账款项目下列报，并在附注中披露应收质保金金额及其折现转回产生的利息收入及应收质保金到期情况 如果应收质保金预计在合同规定期限内无法收回，则需要在折现的基础上再考虑计提适当的坏账准备

项目	列报要求
委托贷款的列报	企业的委托贷款业务，因其在活跃市场上没有报价而不符合债权投资的定义，因此，将到期日在一年以内的部分分类到流动资产，到期日在一年以上部分分类到非流动资产。具体来说，将一年期委托贷款在"其他应收款"项目下列报，将一年期以上的委托贷款在"长期应收款"项目下列报；将到期日在一年以内的长期委托贷款分类到流动资产，在"一年内到期的长期资产"项目下列报。并分析其回收的可能性，如果发生减值迹象的，计提减值准备，并在附注中披露委托贷款的信息
金融资产和金融负债允许抵销和不允许抵销的列报要求	金融资产和金融负债在资产负债表中应分别列示，一般不允许相互抵销。 （1）金融资产同时满足下列条件时，应当以相互抵销后的净额在资产负债表列报：一是企业具有抵销已确认金额的法定权利，且该种法定权利是可执行的；二是企业计划以净额计算或同时变现该金融资产和清偿该金融负债 （2）不符合相互抵销条件的不能将相关金融资产和金融负债相互抵销，金融资产和金融负债在资产负债表中应分别列报：一是企业将浮动利率长期债券与收取浮动利息、支付固定利息的互换组合在一起，合成为一项固定利率长期债券，这种组合的各单项金融工具形成的资产和负债不能相互抵销；二是企业将某项金融资产充作金融负债的担保物，该担保资产不能与被担保的金融负债抵销
投资性应收款项的披露	投资性应收款项是指在应收款项核算的委托贷款、对外资金拆借和其他具有投资性质的应收款项。这些项目在资产负债表中作为应收账款、预付款项、其他应收款、长期应收款等项目列报，但其并不是由企业经营活动产生的，企业须在附注"贷款及应收款项"项目下做详细披露

8.2　资产负债表

8.2.1　年初余额的填列方法

资产负债表"年初数"栏各项数字，应根据上年末资产负债表"年末数"栏内所列数字填列。如果企业有期初数变化的各类调整事项或上年资产负债表规定的各个项目的名称和内容与本年度不一致，企业应在上年财务报表列报年末数基础上按照会计准则的要求对本年年初数进行调整，填入表内"年初数"栏。

8.2.2　期末余额的填列方法

（1）根据总账科目的余额填列。"交易性金融资产""其他债权投资""其他权益工具投资""工程物资""固定资产清理""递延所得税资产""长期待摊费用""短期借款""应付票据""应付利息""应付股利""持有待售负债""其他应付款""专项应付款""递延收益""递延所得税负债""实收资本（或股本）""其他权益工具""库存股""资本公积""其他综合收益""专项储备""盈余公积"等项目，应根据有关总账科目的余额填列。其中，长期待摊费用摊销年限（或期限）只剩一年或不足一年的，或者预计在一年内（含一年）进行摊销的部分，仍在"长期待摊费用"项目中列示，不转入"一年内到期的非流动资产"项目。

有些项目则应根据几个总账科目的余额计算填列，如"货币资金"项目，需根据"库存现金""银行存款""其他货币资金"3个总账科目余额的合计数填列；"其他流动资产""其他流动负债"项目，应根据有关科目的期末余额分析填列。

（2）根据明细账科目的余额计算填列。"开发支出"项目，应根据"研发支出"科目中所属的"资本化支出"明细科目期末余额填列。"应付账款"项目，应根据"应付账款"和"预付账款"科目所属的相关明细科目的期末贷方余额合计数填列。"预收款项"项目，应根据"预收账款"和"应收账款"科目所属各明细科目的期末贷方余额合计数填列。"应交税费"项目，应根据"应交税费"科目的明细科目期末余额分析填列，其中的借方余额，应当根据其流动性在"其他流动资产"或"其他非流动资产"项目中填列。"一年内到期的非流动资产""一年内到期的非流动负债"项目，应根据有关非流动资产或负债项目的明细科目余额分析填列。"应付职工薪酬"项目，应根据"应付职工薪酬"科目的明细科目期末余额分析填列。"长期借款""应付债券"项目，应分别根据"长期借款""应付债券"科目的明细科目余额分析填列。"预计负债"项目，应根据"预计负债"科目的明细科目期末余额分析填列。"未分配利润"项目，应根据"利润分配"科目中所属的"未分配利润"明细科目期末余额填列。

（3）根据总账科目和明细账科目的余额分析计算填列。"长期借款"项目，应根据"长期借款"总账科目余额扣除"长期借款"科目所属的明细科目中将在资产负债表日起一年内到期，且企业不能自主地将清偿义务展期的长期借款后的金额计算填列。"其他流动资产""其他流动负债"项目，应根据有关总账科目及有关科目的明细科目期末余额分析填列。"其他非流动负债"项目，应根据有关科目的期末余额减去将于一年内（含一年）到期偿还数后的金额填列。

（4）根据有关科目余额减去其备抵科目余额后的净额填列。"持有待售资产""债权投资""长期股权投资""在建工程""商誉"项目，应根据相关科目的期末余额填列，已计提减值准备的，还应扣减相应的减值准备。"固定资产""无形资产""投资性房地产""生产性生物资产""油气资产"项目，应根据相关科目的期末余额扣减相关的累计折旧（或摊销、折耗）填列，已计提减值准备的，还应扣减相应的减值准备，折旧（或摊销、折耗）年限（或期限）只剩一年或不足一年的，或者预计在一年内（含一年）进行折旧（或摊销、折耗）的部分，仍在上述项目中列示，不转入"一年内到期的非流动资产"项目。采用公允价值计量的上述资产，应根据相关科目的期末余额填列。"长期应收款"项目，应根据"长期应收款"科目的期末余额，减去相应的"未实现融资收益"科目和"坏账准备"科目所属相关明细科目期末余额后的金额填列。"长期应付款"项目，应根据"长期应付款"科目的期末余额，减去相应的"未确认融资费用"科目期末余额后的金额填列。

（5）综合运用上述填列方法分析填列。"应收票据""应收利息""应收股利""其他应收款"项目，应根据相关科目的期末余额，减去"坏账准备"科目中有关坏账准备期末余额后的金额填列。"应收账款"项目，应根据"应收账款"和"预收账款"科目所属各明细科目的期末借方余额合计数，减去"坏账准备"科目中有关应收账款计提的坏账准备期末余额后的金额填列。"预付款项"项目，应根据"预付账款"和"应付账款"科目所属各明细科目的期末借方余额合计数，减去"坏账准备"科目中有关预付款项计提的坏账准备期末余额后的金额填列。"合同资产"和"合同负债"项目，应根据"合同资产"科目和"合同负债"科目的明细科目期末余额分析填列，同一合同下的合同资产和合同负债应当以净额列示。其中净额为借方余额的，应当根据其流动性在"合同资产"或"其他非流动资产"项目中填列，已计提减值准备的，还应减去"合同资产减值准备"科目中相应的期末余额后的金额填列；其中净额为贷方余额的，应当根据其流动性在"合同负债"或"其他非流动负债"项目中填列。"存货"项目，应根据"材料采购""原材料""发出商品""库存商品""周转材料""委托加工物资""生产成本""受托代销商品"等科目的期末余额及"合同履约成本"科目的明细科目中初始确认时摊销期限不超过一年或一个正常营业周期的期末余额合计，减去"受托代销商品款""存货跌价准备"科目期末余额及"合同履约成本减值准备"科目中相应的期末余额后的金额填列。材料采用计划成本核算，以及库存商品采用计划成本核算或售价核算的企业，还应按加或减材料成本差异、商品进销差价后的金额填列。"其他非流动资产"项目，应根据有关科目的期末余额减去将于一年内（含一年）收回数后的金额，及"合同取得成本"科目和"合同履约成本"科目的明细科目中初始确认时摊销期限在一年或一个正常营业周期以上的期末余额，减去"合同取得成本减值准备"科目和"合同履约成本减值准备"科目中相应的期末余额填列。

8.2.3　资产项目的填列说明

资产项目的填列说明如表8－2所示。

表8－2　　　　　　　　　　资产项目的填列说明

资产项目	填列说明
"货币资金"项目	反映企业库存现金、银行结算户存款、外埠存款、银行汇票存款、信用卡存款、信用证保证金存款等的合计数。本项目应根据"库存现金""银行存款""其他货币资金"科目期末余额的合计数填列 企业需要在附注中披露受限资产的情况，除了在其他应收款中核算的信用证保证金存款、存出投资款等外，受限资金的情况还包括：不能通知银行存款到期前提前支取的定期存款；各种保证金户资金，包括票据保证金、风险保证金、履约保证金、安全保证金、工程保证金、预售保证金、信用卡保证金、信用证保证金、保函保证金、抵押借款保证金、按揭保证金、外债偿还交存保证金；代收代支专户资金，包括房改专户资金、维修基金专户资金、社保专户资金等
"交易性金融资产"项目	反映企业持有的以公允价值计量且变动计入当期损益的为交易目的持有的债券投资、股票投资、基金投资、权证投资等金融资产。本项目应根据"交易性金融资产"科目的期末余额填列
"应收票据"项目	反映企业因销售商品、提供劳务及工程结算等收到的商业汇票，包括银行承兑汇票和商业承兑汇票。本项目应根据"应收票据"科目的期末余额，减去"坏账准备"科目中有关应收票据计提的坏账准备期末余额后的金额填列 需要说明的是，企业发生的银行承兑汇票贴现业务，如不符合金融资产转移的终止确认条件，则作为票据质押从银行取得短期贷款的业务，此时，贴现的银行承兑汇票金额仍在本项目填列
"应收账款"项目	反映企业因承建工程向建设单位收取的工程进度款及销售商品、提供劳务等经营活动应收取的款项。本项目应根据"应收账款"和"预收账款"科目所属各明细科目的期末借方余额合计数，减去"坏账准备"科目中有关应收账款计提的坏账准备期末余额后的金额填列。如果"应收账款"科目所属明细科目期末有贷方余额的，应在资产负债表"预收款项"项目内填列
"预付款项"项目	反映企业按工程合同预付给分包单位或购销合同规定预付给供货单位的款项等。本项目应当根据"预付账款"和"应付账款"科目所属各明细科目的期末借方余额合计数，减去"坏账准备"科目中有关预付账款计提的坏账准备期末余额后的金额填列。如果"预付账款"科目所属明细科目期末有贷方余额的，应在资产负债表"应付账款"项目内填列

资产项目	填列说明
"应收利息"项目	反映企业应收取的债券投资等的利息。本项目应根据"应收利息"科目期末余额，减去"坏账准备"科目中有关应收利息计提的坏账准备期末余额后的金额填列
"应收股利"项目	反映企业应收取的现金股利和应收取其他单位分配的利润。本项目应根据"应收股利"科目期末余额，减去"坏账准备"科目中有关应收股利计提的坏账准备期末余额后的金额填列
"其他应收款"项目	反映企业除应收票据、应收账款、预付账款、应收利息等经营活动以外的其他各种应收、暂付的款项，包括应收的各种赔偿金、罚款、备用金、保证金等，以及不符合预付账款性质而按规定转入的款项。本项目应根据"其他应收款"科目的期末余额，减去"坏账准备"科目中有关其他应收款计提的坏账准备期末余额后的金额填列
"存货"项目	反映企业期末在库、在途和在加工的各种存货的可变现净值。本项目应根据"材料采购""原材料""库存商品""周转材料""委托加工物资""委托代销商品""生产成本"等科目的期末余额合计，减去"受托代销商品款""存货跌价准备"科目期末余额后的金额填列。材料采用计划成本核算，以及库存商品采用计划成本或售价核算的企业，还应该按加或减材料成本差异、商品进销差价的金额填列 执行建造合同的企业，"工程施工"科目余额大于"工程结算"科目余额的金额，减去计提的合同预计损失后的金额，也在本项目列报。需要说明的是，同一工程项目"工程施工"大于"工程结算"的差额形成的"存货"，与该工程项目施工形成的"预收账款"，在报表列报时可以抵销；其他情况在报表列报时，"工程施工"大于"工程结算"在"存货"项目列报的金额不得与其他相关项目相互抵销，须分别列报
"一年内到期的非流动资产"项目	反映企业将于一年内到期的非流动资产项目金额。本项目应根据有关科目的期末余额填列 期限长于一年且在资产负债表日后一年内到期的委托贷款也在本项目列报
"其他流动资产"项目	反映企业除以上流动资产项目外的其他流动资产。本项目应根据有关科目的期末余额填列。如果其他流动资产的价值较大，应在附注中做详细的披露 期限为一年的委托贷款也在本项目列报
"长期股权投资"项目	反映投资方对被投资单位实施控制、重大影响的权益性投资，以及对其合营企业的权益性投资。本项目应根据"长期股权投资"科目的期末余额，减去"长期股权投资减值准备"科目的期末余额后的净额填列。
"投资性房地产"项目	反映企业持有的投资性房地产。企业采用成本模式计量投资性房地产的，本项目应根据"投资性房地产"科目的期末余额，减去"投资性房地产累计折旧"和"投资性房地产减值准备"科目余额后的金额填列；企业采用公允价值模式计量投资性房地产的，本项目应根据"投资性房地产"科目的期末余额填列

资产项目	填列说明
"固定资产"项目	反映企业各种固定资产原价减去累计折旧和减值准备后的净额。本项目应根据"固定资产"科目的期末余额，减去"累计折旧"和"固定资产减值准备"科目期末余额后的金额填列。需要说明的是，企业在工程施工现场为工程项目施工建设的符合固定资产定义的临时设施也在本项目列报
"在建工程"项目	反映企业期末各项未完工程的实际支出，包括交付安装的设备价值、未完建筑安装工程已耗用的材料、工程和费用支出、预付出包工程的价款的可回收金额。本项目应根据"在建工程"科目的期末余额，减去"在建工程减值准备"科目期末余额后的金额填列
"工程物资"项目	反映企业尚未交付使用的各项工程物资的实际成本。本项目应根据"工程物资"科目的期末余额，减去"工程物资减值准备"科目余额后的金额填列 预付设备款通常属于非金融资产，且在转出时作为在建工程或固定资产核算，因此企业应将预付设备款作为非流动资产，在本项目列报
"固定资产清理"项目	反映企业因出售、毁损、报废等原因转入清理但尚未清理完毕的固定资产净值及临时设施账面价值，以及固定资产、临时设施清理过程中发生的清理费用和变价收入等各项金额的差额。本项目应根据"固定资产清理"科目的期末借方余额填列，如"固定资产清理"科目出现贷方余额，以"－"号填列
"生产性生物资产"项目	反映企业持有的生产性生物资产。本项目应根据"生产性生物资产"科目的期末余额，减去"生产性生物资产减值准备"科目期末余额后的金额填列
"无形资产"项目	反映企业持有的的无形资产，包括专利权、非专利技术、商标权、著作权、土地使用权、特许使用权等。本项目应根据"无形资产"科目的期末余额，减去"累计摊销"和"无形资产减值准备"科目期末余额后的金额填列
"开发支出"项目	反映企业开发无形资产过程中能够资本化形成无形资产成本的支出部分。本项目应根据"研发支出"科目中所属的"资本化支出"明细科目期末余额填列
"商誉"项目	反映企业合并中形成的商誉价值。本项目应根据"商誉"科目的期末余额，减去相应减值准备后的金额填列
"长期待摊费用"项目	反映企业已经发生但应由本期和以后各期分担的分摊期限在一年以上的各项费用。长期待摊费用中在一年内（含一年）摊销的部分，在资产负债表"一年内到期的非流动资产"项目填列。本项目应根据"长期待摊费用"科目的期末余额减去将于一年内（含一年）摊销的数额后的金额填列
"递延所得税资产"项目	反映企业确认的可抵扣暂时性差异产生的递延所得税资产。本项目应根据"递延所得税资产"科目的期末余额列
"其他非流动资产"项目	反映企业除长期股权投资、固定资产、在建工程、工程物资、无形资产等以外的其他非流动资产。本项目应根据相关科目的期末余额填列

8.2.4　负债项目的填列说明

负债项目的填列说明如表 8-3 所示。

表 8-3　　　　　　　　　　　　　负债项目的填列说明

负债项目	填列说明
"短期借款"项目	反映企业向银行或其他金融机构等借入的期限在一年以内（含一年）的各种借款。本项目应根据"短期借款"科目的期末余额填列 需要说明的是，企业发生的银行承兑汇票贴现业务，如不符合金融资产转移终止的确认条件，则作为票据质押从银行取得短期贷款的业务，此时，贴现的银行承兑汇票金额在本项目填列
"交易性金融负债"项目	反映企业承担的以公允价值计量且变动计入当期损益的为交易目的所持有的金融负债。本项目应根据"交易性金融负债"科目的期末余额填列
"应付票据"项目	反映企业购买材料、商品和接受劳务供应、拨付分包单位工程款等而开出、承兑的商业汇票，包括银行承兑汇票和商业承兑汇票。本项目应根据"应付票据"科目期末余额填列
"应付账款"项目	反映企业因工程结算、购买材料、商品和接受劳务等经营活动应支付的款项。本项目应根据"应付账款"和"预付账款"科目所属各明细科目的期末贷方余额合计数填列；如果"应付账款"科目所属各明细科目期末有借方余额，应在资产负债表"预付款项"项目内填列
"预收款项"项目	反映企业按照合同向工程建设单位预收的款项及按照合同约定预收购货单位的款项等。本项目应根据"预收账款"和"应收账款"科目所属各明细科目的期末贷方余额合计数填列；如果"预收账款"科目所属各明细科目期末有借方余额，应在资产负债表"应收账款"项目内填列 执行建造合同的企业，"工程施工"科目余额小于"工程结算"科目余额的金额，也在本项目列报。需要说明的是，同一工程项目"工程施工"大于"工程结算"的差额形成的"存货"，与该工程项目施工形成的"预收账款"，在报表列报时可以抵销；其他情况在报表列报时，"工程施工"大于"工程结算"在"存货"项目列报的金额不得抵销，须分别列报
"应付职工薪酬"项目	反映企业根据有关规定应付给职工的工资、职工福利、社会保险费、住房公积金、工会经费、职工教育经费、非货币性福利、辞退福利等各种报酬。本项目应根据"应付职工薪酬"科目余额填列 应付职工薪酬中不应包含应付劳务分包部分，应付劳务分包金额应在"应付账款"项目填列
"应交税费"项目	反映企业按税法规定计算应缴纳的各种税费，包括增值税、消费税、所得税、资源税、土地增值税、城市维护建设税、房产税、城镇土地使用税、车船税、教育费附加、矿产资源补偿费及地方各种费及附加等。企业代扣的个人所得税，也在本项目列示。企业应交的税费不需要预计应交数的，如印花税、耕地占用税等，不在本项目列示。本项目应根据"应交税费"科目的期末余额填列；如"应交税费"科目期末为借方余额，应以"-"号填列
"应付利息"项目	反映企业按照规定应支付的利息，包括分期付息到期还本的长期借款应支付的利息、企业发行的企业债券应支付的利息等。本项目应根据"应付利息"科目的期末余额填列

负债项目	填列说明
"应付股利"项目	反映企业分配的现金股利或利润。企业分配的股票股利，不通过本项目列示。本项目应根据"应付股利"科目的期末余额填列
"其他应付款"项目	反映企业除应付票据、应付账款、预收账款、应付职工薪酬、应付股利、应付利息、应交税费等经营活动以外的其他应付、暂收款项。本项目应根据"其他应付款"科目期末余额填列
"一年内到期的非流动负债"项目	反映企业非流动负债中将于资产负债表日后一年内到期部分的金额，如一年内到期的长期借款。本项目应根据相关科目的期末余额分析填列
"其他流动负债"项目	反映企业除短期借款、交易性金融负债、应付票据、应付账款、应付职工薪酬、应交税费等以外的流动负债。本项目应根据相关科目的期末余额填列
"长期借款"项目	反映企业向银行或其他金融机构借入的期限在一年以上（不含一年）的各项借款。本项目应根据"长期借款"科目余额分析填列
"应付债券"项目	反映企业为筹集长期资金而发行的债券本金和利息，本项目应根据"应付债券"期末余额填列
"长期应付款"项目	反映企业除长期借款和应付债券以外的其他各种长期应付款项。本项目应根据"长期应付款"科目的期末余额，减去相应的"未确认融资费用"科目期末余额后的金额填列
"专项应付款"项目	反映企业取得的政府作为企业所有者投资的具有专项或特定用途的款项。本科目应根据"专项应付款"科目的期末余额填列
"预计负债"项目	反映企业确认的对外担保、未决诉讼、产品质量保证、亏损合同等预计负债。本项目应根据"预计负债"科目期末余额填列
"递延所得税负债"项目	反映企业确认的应纳税暂时性差异产生的所得税负债。本项目应根据"递延所得税负债"科目的期末余额填列
"其他非流动负债"项目	反映企业除长期借款、应付债券等负债以外的其他非流动负债。本项目应根据有关科目的期末余额减去将于一年内（含一年）到期偿还数后的余额填列。非流动负债各项目中将于一年内（含一年）到期的非流动负债，应在"一年内到期的非流动负债"项目填列

8.2.5 所有者权益项目的填列说明

所有者权益项目的填列说明如表8-4所示。

表8-4 所有者权益项目填列说明

所有者权益项目	填列说明
"实收资本（股本）"项目	反映企业各投资者实际投资的资本（股份）总额。本项目应根据"实收资本（股本）"科目的期末余额填列
"资本公积"项目	反映企业收到投资者出资超出其在注册资本或股本中所占的份额以及直接计入所有者权益的利得和损失等。本项目应根据"资本公积"科目的期末余额填列

续表

所有者权益项目	填列说明
"盈余公积"项目	反映企业盈余公积的期末余额。本项目应根据"盈余公积"科目期末余额填列
"未分配利润"项目	反映企业尚未分配的利润。本项目根据"本年利润"科目和"利润分配"科目的余额计算填列。未弥补的亏损在本项目内以"-"号填列

8.3　利润表

利润表是反映企业在一定会计期间的经营成果的会计报表。利润表的列报必须充分反映企业经营业绩的主要来源和构成，有助于使用者判断净利润的质量及风险，有助于使用者预测净利润的连续性，从而做出正确的决策。

利润表可以反映企业一定会计期间的收入实现情况，如实现的营业收入、实现的投资收益以及实现的营业外收入等；可以反映一定会计期间的费用耗费情况，如耗费的营业成本、销售费用、管理费用、财务费用、营业外支出等；还可以反映企业生产经营活动的成果，即净利润的实现情况，据以判断资本保值、增值情况。利润表中的信息与资产负债表中的信息相结合，还可以提供财务分析的基本资料。如将赊销收入净额与应收账款平均余额进行比较，计算出应收账款周转率；将销货成本与存货平均余额进行比较，计算出存货周转率；将净利润与资产总额进行比较，计算出资产收益率等。这些财务指标可以表现企业资金周转情况以及企业的盈利能力和水平，便于报表使用者判断企业未来的发展趋势，做出经济决策。利润表的具体格式如表 8-5 所示。

表 8-5　　　　　　　　　　利润表

编制单位：　　　　　　　　年　月　　　　　　　　　单位：元

项目	本期金额	上期金额
一、营业收入		
减：营业成本		
税金及附加		
销售费用		
管理费用		
财务费用		
其中：利息费用		
利息收入		

项目	本期金额	上期金额
加：其他收益		
投资收益（损失以"－"号填列）		
其中：对联营企业和合营企业的投资收益		
以摊余成本计量的金融资产终止确认收益（损失以"－"号填列）		
净敞口套期收益（损失以"－"号填列）		
公允价值变动收益（损失以"－"号填列）		
资产减值损失（损失以"－"号填列）		
信用减值损失（损失以"－"号填列）		
资产处置收益（损失以"－"号填列）		
二、营业利润（亏损以"－"号填列）		
加：营业外收入		
减：营业外支出		
三、利润总额（亏损总额以"－"号填列）		
减：所得税费用		
四、净利润（净亏损以"－"号填列）		
（一）持续经营净利润（净亏损以"－"号填列）		
（二）终止经营净利润（净亏损以"－"号填列）		
五、其他综合收益的税后净额		
（一）不能重分类进损益的其他综合收益		
1．重新计量设定受益计划变动额		
2．权益法下不能转损益的其他综合收益		
3．其他权益工具投资公允价值变动		
4．企业自身信用风险公允价值变动		
……		
（二）将重分类进损益的其他综合收益		
1．权益法下可转损益的其他综合收益		
2．其他债权投资公允价值变动		
3．金融资产重分类计入其他综合收益的金额		
4．其他债权投资信用减值准备		
5．现金流量套期储备		
6．外币财务报表折算差额		
……		

项目	本期金额	上期金额
六、综合收益总额		
七、每股收益:		
（一）基本每股收益		
（二）稀释每股收益		

8.3.1　利润表的列报

企业的利润表一般采取多步式结构，即通过对当期的收入、费用、支出项目按性质加以归类，按利润形成的主要环节列示一些中间指标，分部计算当期净损益。

财务报表列报准则规定，企业应当采取多步式列报利润表，将不同性质的收入和费用类别进行对比，从而可以得出一些中间性的利润数据，便于使用者理解企业经营成果的不同来源。

企业的利润表主要包括以下几个内容：①营业收入，由主营业务收入和其他业务收入构成；②营业利润，营业利润＝营业收入－营业成本－税金及附加－销售费用－管理费用－财务费用－资产减值损失＋公允价值变动损益＋投资损益；③利润总额，利润总额＝营业利润＋营业外收入－营业外支出；④净利润，净利润＝利润总额－所得税费用；⑤每股收益，普通股或潜在普通股已公开交易的企业，以及正处于公开发行普通股或潜在普通股过程中的企业，还应当在利润表中计算列示每股收益。

根据财务报表列报准则的规定，企业需要提供比较利润表，以便于报表使用者比较不同期间利润的实现情况，判断企业经营成果的发展趋势。因此利润表应分为"本年金额"和"上年金额"两栏填列。

利润表"上年金额"金额栏各项数字，应根据上年末利润表"本年金额"栏内所列数字填列。如果企业有期初数变化的各类调整事项或上年利润表规定的各个项目的名称和内容与本年度不一致，企业应在上年财务报表列报的项目名称和数字基础上按照会计准则的要求进行调整，填入表内"上年金额"栏。

利润表"本年金额"栏各项数字一般应根据损益类科目的发生额分析计算填列。

8.3.2　利润表的填列说明

利润表的填列说明如表 8-6 所示。

表 8-6 利润表的填列说明

项目	填列说明
"营业收入"项目	反映企业经营主要业务和其他业务所确认的收入总额。企业经营营业执照规定的业务确认的收入在"主营业务收入"科目中反映,企业经营的不属于营业执照规定业务或不经常发生的业务包括出租固定资产、出租无形资产、出租包装物和商品、销售材料等实现的收入,在"其他业务收入"科目反映。本项目应根据"主营业务收入"和"其他业务收入"科目的发生额分析填列
"营业成本"项目	反映企业经营主要业务和其他业务所发生的成本总额。企业经营营业执照规定的业务发生的成本在"主营业务成本"科目中反映,企业经营的不属于营业执照规定业务或不经常发生的业务发生的成本在"其他业务成本"科目反映。本项目应根据"主营业务成本"和"其他业务成本"科目的发生额分析填列
"税金及附加"项目	反映企业经营主要业务和其他业务应负担的消费税、城市维护建设税、资源税、土地增值税、教育费附加、地方各项费及附加等。企业负担的增值税是价外税,当企业为一般纳税人时,企业负担的增值税反映与税务机关的债务往来,当企业为小规模纳税人时,企业负担的增值税在营业成本中反映,因此企业负担的增值税不在"税金及附加"项目反映。本项目应根据"税金及附加"科目的发生额分析填列
"销售费用"项目	反映企业在销售过程中发生的包装费、广告费用和为销售本企业商品而专设的销售机构的职工薪酬、业务费等经营经费。建筑施工企业发生的已移交工程维修费及广告费用也应在本项目反映。本项目应根据"销售费用"科目的发生额分析填列
"管理费用"项目	反映企业为组织和管理企业生产经营所发生的管理费用,包括企业的董事会和行政管理部门在企业的经营管理中发生的或者应由企业统一负担的公司经费(包括行政管理部门职工薪酬、修理费、物料消耗、低值易耗品摊销、办公费和差旅费等)、工会经费、董事会费(包括董事会成员津贴、会议费和差旅费等)、聘请中介机构费、咨询费(含顾问费)、诉讼费、业务招待费、技术转让费、矿产资源补偿费、排污费等。企业与管理用固定资产有关的后续支出,包括固定资产发生的日常修理费、大修理费用、更新改造支出、房屋的装修费用等,没有满足固定资产准则规定的固定资产确认条件的,也在本项目反映。企业(建造承包商)为订立合同发生的差旅费、投标费等,能够单独区分和可靠计量且合同很可能订立的,应当予以归集,待取得合同时计入合同成本,不在本项目反映。本项目应根据"管理费用"的发生额分析填列
"财务费用"项目	反映企业为筹集生产经营所需资金等而发生的筹资费用,包括利息支出(减利息收入)、汇兑差额以及相关的手续费、企业发生的现金折扣或收到的现金折扣以及金融资产折现等。为购建或生产满足资本化条件的资产发生的应予资本化的借款费用,应计入相关资产的成本,不在本项目反映;企业(建造承包商)为订立合同发生的投标保函、投标保证金等投标费而支付的财务费用,能够单独区分和可靠计量且合同很可能订立的,应当予以归集,待取得合同时计入合同成本,不在本项目反映。本项目应根据"财务费用"科目的发生额分析填列
"资产减值损失"项目	反映企业根据资产减值等准则计提各项资产减值准备所形成的损失。本项目应根据"资产减值损失"科目发生额分析填列

续表

项目	填列说明
"公允价值变动收益"项目	反映企业在初始确认时划分为以公允价值计量且其变动计入当期损益的金融资产或金融负债（包括交易性金融资产或金融负债和直接指定为以公允价值计量且其变动计入当期损益的金融资产或金融负债），以及采用公允价值模式计量的投资性房地产、衍生工具、套期业务中公允价值变动形成的应计入当期损益的利得或损失。本项目应根据"公允价值变动损益"科目发生额分析填列。如为净损失，本项目以"－"号填列
"投资收益"项目	反映企业以各种方式对外投资所取得的收益。企业根据投资性房地产准则确认的采用公允价值模式计量的投资性房地产的租金收入和处置损益，在本项目反映；企业处置交易性金融资产、交易性金融负债、其他债权投资实现的损益，在本项目反映；企业的债权投资和买入金融资产在持有期间取得的投资收益和处置损益，在本项目反映；企业委托金融机构对其他单位贷款取得的利息收入，在本项目反映。本项目应根据"投资收益"科目的发生额分析填列。如为投资损失，则以"－"号填列
"营业利润"项目	反映企业实现的营业利润。如为亏损，本项目以"－"号填列
"营业外收入"项目	反映企业发生的与其经营活动无直接关系的各项净收入，主要包括处置非流动资产利得、非货币性资产交换利得、债务重组利得、罚没利得、政府补助利得、确实无法支付而按规定程序经批准后转作营业外收入的应付款项等。本项目应根据"营业外收入"科目的发生额分析填列
"营业外支出"项目	反映企业发生的与其经营活动无直接关系的各项净支出，包括处置非流动资产损失、非货币性资产交换损失、债务重组损失、罚款支出、捐赠支出、非常损失等。本项目应根据"营业外支出"科目的发生额分析填列
"利润总额"项目	反映企业实现的利润。如为亏损，本项目以"－"号填列
"所得税费用"项目	反映企业根据所得税准则确认的应从当期利润总额中扣除的所得税费用，分为"本期所得税费用"和"递延所得税费用"两类。本项目应根据"所得税费用"科目发生额分析填列
"净利润"项目	反映企业实现的净利润。如为亏损，本项目以"－"号填列
"基本每股收益"项目	本项目按照归属于普通股股东的当期净利润除以实际发行在外的普通股的加权平均数计算确定。计算基本每股收益时，分子为归属于普通股股东的当期净利润。发生亏损的企业，每股收益以"－"号填列
"稀释每股收益"项目	本项目计算时，当期发行在外普通股的加权平均数应当为计算基本每股收益时普通股的加权平均数与假定稀释性潜在普通股为已发行普通股而增加的普通股股数的加权平均数之和

8.4 现金流量表

现金流量表是反映企业一定会计期间现金和现金等价物流入和流出的报表。编制现金流量表的主要目的是为财务报表使用者提供企业一定会计期间现金和现金等价物流入和流出的信息，以便于财务报表的使用者了解和评价企业获取现金和现金等价物的能力，并据以预测企业未来现金流量。

编制现金流量表时，列报经营活动现金流量的方法有两种：一种是直接法，一种是间接法。所谓直接法，是指现金收入和现金支出的主要类别直接反映企业经营活动产生的现金流量，如承揽工程、销售商品、提供劳务收到的现金；承揽工程、销售商品、提供劳务收到的现金等就是按现金收入和支出的类别直接反映的。在直接法下，一般以利润表中的营业收入为起点，调节与经营活动有关的项目增减变动，然后计算出经营活动产生的现金流量。所谓间接法，是指以净利润为起点，调整不涉及现金的收入、费用、营业外收支等有关项目，剔除投资活动、筹资活动对现金流量的影响，据以计算出经营活动产生的现金流量。这实质上就是将按权责发生制原则确定的净利润调整为现金净流入，并剔除投资活动和筹资活动对现金流量的影响。

现金流量表准则规定，企业应当采取直接法编报现金流量表，同时在附注中提供以净利润为基础调节到经营活动现金流量信息。

从内容上看，现金流量表被划分为经营活动、投资活动和筹资活动 3 个部分，每类活动又分为各具体项目，这些项目从不同角度反映企业业务活动的现金流入与流出，弥补了资产负债表和利润表提供信息的不足。通过现金流量表，报表使用者能够了解现金流量的影响因素，评价企业的支付能力、偿债能力和周转能力，预测企业未来现金流量，以便做出正确决策。现金流量表的具体格式如表 8-7 所示。

表 8-7   **现金流量表**

编制单位：   年   月   单位：元

项目	本期金额	上期金额
一、经营活动产生的现金流量：		
销售商品、提供劳务收到的现金		
收到的税费返还		
收到其他与经营活动有关的现金		

项目	本期金额	上期金额
经营活动现金流入小计		
购买商品、接受劳务支付的现金		
支付给职工以及为职工支付的现金		
支付的各项税费		
支付其他与经营活动有关的现金		
经营活动现金流出小计		
经营活动产生的现金流量净额		
二、投资活动产生的现金流量：		
收回投资收到的现金		
取得投资收益收到的现金		
处置固定资产、无形资产和其他长期资产收回的现金净额		
处置子公司及其他营业单位收到的现金净额		
收到其他与投资活动有关的现金		
投资活动现金流入小计		
购建固定资产、无形资产和其他长期资产支付的现金		
投资支付的现金		
取得子公司及其他营业单位支付的现金净额		
支付其他与投资活动有关的现金		
投资活动现金流出小计		
投资活动产生的现金流量净额		
三、筹资活动产生的现金流量：		
吸收投资收到的现金		
取得借款收到的现金		
收到其他与筹资活动有关的现金		
筹资活动现金流入小计		
偿还债务支付的现金		
分配股利、利润或偿付利息支付的现金		
支付其他与筹资活动有关的现金		
筹资活动现金流出小计		
筹资活动产生的现金流量净额		
四、汇率变动对现金及现金等价物的影响		
五、现金及现金等价物净增加额		
加：期初现金及现金等价物余额		
六、期末现金及现金等价物余额		

在具体编制现金流量表时，可以采用工作底稿法或 T 型账户法，也可以采用根据有关科目记录分析填列。在现金流量表列报实务中，一般采用根据有关科目记录分析填列的方法，对于企业基层核算报表单位，可以采用现金及现金等价物日记账分析填列的方法。

8.4.1　现金流量表的编制基础

从现金流量表的编制原则上看，现金流量表是以收付实现制为基础编制，将权责发生制下的盈利信息调整为收付实现制下的现金流量信息。

（1）现金。现金是反映企业库存现金及可以随时用于支付的存款。不能随时用于支付的存款不属于现金。现金主要包括以下三类。一是库存现金，是企业持有的可随时用于支付的现金，与"库存现金"科目核算的内容一致。二是银行存款，是指企业存入金融机构、可随时用于支付的存款，与"银行存款"科目核算的内容基本一致，但不包括不能随时用于支付的存款。比如，不能随时用于支付的定期存款、保证期内银行承兑汇票保证金、保证期内的投标保证金等不应作为现金；提前通知金融机构便于支取的定期存款、与金融机构协定利率的存款等则应包含在现金范围内。三是其他货币资金，是指企业存放在金融机构的外埠存款、银行汇票存款、银行本票存款、信用卡存款、信用证保证金存款和存出投资款等，与"其他货币资金"科目核算内容一致。

企业不能随时用于支付的现金，作为受限资金列报，将其净流量视为投资活动的现金流量。

（2）现金等价物。现金等价物是指企业持有的期限短、流动性强、易于转化为已知金额现金、价值变动风险小的投资。其中"期限短"一般是指自购买日起 3 个月内到期，比如企业在市场上购买的 3 个月内到期的国家债券等。

现金等价物不是现金，但其支付能力与现金差别不大。判断一项投资是否是现金等价物，看它是否符合以下 4 个条件：一是期限短；二是流动性强；三是易于转换为已知金额的现金；四是价值变动风险小。现金等价物通常包括 3 个月内到期的短期债券投资，权益性投资变现的金额通常不确定，因而不属于现金等价物。

企业应当根据经营特点等具体情况确定现金及现金等价物的范围，一经确定不得随意变更。如果发生变更，应当按照会计政策变更处理。

8.4.2　现金流量的列报

1. 现金流量的分类

根据企业业务活动和现金流量的来源，现金流量表准则将企业一定时期产生的现金流量分为三类：经营活动产生的现金流量、投资活动产生的现金流量和筹资活动产生的现金流量。

（1）经营活动是指企业投资活动和筹资活动以外的所有交易和事项。各类企业由于行业特点不同，对经营活动的认定存在一定差异。对于建筑施工企业而言，经营活动主要包括销售房屋、接受劳务、支付开发建设费和支付税费等。

列报经营活动现金流量的方法有两种：直接法和间接法。在直接法下，一般是以利润表中的营业收入为起算点，调节与经营活动有关的项目的增减变动，然后计算出经营活动产生的现金流量。在间接法下，将净利润调节为经营活动现金流量，实际上就是将按权责发生制原则确定的净利润调整为现金净流入，并剔除投资活动和筹资活动对现金流量的影响。

采用直接法编报的现金流量表，便于使用者分析企业经营活动产生的现金流量的来源和用途，预测企业现金流量的未来前景；采用间接法编报的现金流量表，便于使用者将净利润与经营活动产生的现金流量净额进行比较，了解净利润与经营活动产生的现金流量差异的原因，从现金流量的角度分析净利润的质量。所以，我国企业会计准则规定企业应当采用直接法编报现金流量表，同时要求在附注中提供以净利润为基础调整到经营活动现金流量的信息。在我国，现金流量表补充资料应采用间接法反映经营活动产生的现金流量情况，以对现金流量表中采用直接法反映的经营活动现金流量进行核对和补充说明。下面会分开说明采用不同方法编制现金流量表。

（2）投资活动产生的现金流量。投资活动是企业长期资产的购建和不包括现金等价物范围内的投资及其处置活动。长期资产一般包含固定资产、无形资产、符合固定资产定义的临时设施、在建工程、其他持有期限在一年或一个营业周期以上的资产。企业因这些业务而发生的现金流量应当归类为投资活动产生的现金流量。

（3）筹资活动是指导致企业资本及债务规模和构成发生变化的活动。这里所说的资本既包括实收资本（股本），也包括资本溢价（股本溢价）；这里所说的债务指对外举债，包括向银行借款、发行债券以及偿还债务等。通常情况下，应付账款、应付票据等商业应付款属于经营活动产生的现金流量，不属于筹资活动产生的现金流量。

此外，对于企业日常活动之外特殊的、不经常发生的特殊项目，如自然灾害损失、保险赔款和捐赠等，应当根据其性质，分别归并到相关类别中单独反映。比如，对于自然灾害损失和保险赔款，如果能够确指属于流动资产损失，应当列入经营活动产生的现金流量；属于固定资产损失，应当列入投资活动产生的现金流量。

2. 企业日常经营活动之外特殊业务现金流量归类

对于企业日常经营活动之外不经常发生的特殊项目，如自然灾害、保险赔款、捐赠等，应当归并到相关类别中单独反映。

（1）现金的利息收入。现金流量表准则对与经营性存款产生的现金流入没有硬性规定，在会计实务中，一般有以下三种观点。一是归类为投资活动产生的现金流量。原因是符合投资的定义。准则中投资指企业为通过分配来增加财富，或为谋求其他利益，而将资产让渡给其他单位所获得的另一项资产。存款利息收入是通过银行间接取得的收入，符合投资的定义，因而应将经营性存款产生的现金流量在"收到其他与投资活动有关的现金"项目下列报。二是归类为经营活动产生的现金流量。原因是企业将资金存进银行，其目的不是投资，虽然在实际上产生了利息收入，但企业的出发点并不是获取利息，而是遵守国家相关财经法规的规定。将资金存进银行，应将经营性存款产生的现金流量在"收到其他与经营活动有关的现金"项目下列报。三是归类为筹资活动产生的现金流量，在"收到其他与筹资活动有关的现金"项目下列报，或作为"分配股利、利润或偿付利息支付的现金"项目的抵减项。企业在经营活动中因弥补流动资金的不足需要向金融机构贷款，贷款需要支付利息，因而企业从银行取得的利息收入也应作为筹资活动的一部分。

一般来说，现金流量表编制实务中，一般将现金等价物的利息收入归类为"取得投资收益收到的现金"项目，将企业存放于金融机构的经营性存款取得的利息收入归类为"收到其他与投资活动有关的现金"项目。

企业可以根据自身的实际情况和经济业务性质以及会计师事务所的要求合理划分，但划分之后应遵循一贯性原则，不得随意改变。目前的会计师事务所一般倾向于将现金存入银行产生的利息收入归类为投资活动收到的现金，在"收到其他与投资活动有关的现金"项目下列报。

（2）银行承兑汇票的贴现。企业将未到期的银行承兑汇票到期前向银行贴现，视贴现的汇票是否能到期兑付确定具体的会计处理。如果承兑银行没有破产的可能性，则视该银行承兑汇票能够到期兑付，则该贴现票据符合金融资产终止确认条件，企业因该票据贴现而收到的现金在现金流量表中"销售商品收到的现金"项目下列报，相应发生的财务费用作为经营活动产生的财务费用列报。

目前，有会计师事务所认为银行属于企业，有破产的可能性，因而银行承兑汇票有到期不能兑付的可能性。因此银行承兑汇票的贴现不符合金融资产转移的终止确认条件，企业应将银行承兑汇票的贴现视为以票据作为质押向银行取得贷款的业务，企业因票据贴现收到的银行存款在现金流量表中"取得借款收到的现金"项目下列报，因此而发生的财务费用作为筹资活动发生的财务费用。

（3）自然灾害、保险赔偿、捐赠。对于自然灾害和保险赔偿，如果能确定属于流动资产损失和赔偿，应当列入经营活动产生的现金流量；属于固定资产及其他非流动资产损失和赔偿，应当列入投资活动产生的现金流量；如果不能确定是哪类资产的损失和赔偿，则应当列入经营活动产生的现金流量。

捐赠的收入和支出，应当列入经营活动产生的现金流量。

（4）如果特殊项目的现金流量金额不大，则可列入相应现金流量类别下的"其他"项目，不单独列示，目前会计师审计时的要求是合并列示"其他"项目金额不超过10万元。

8.4.3　现金流量表的填列方法

8.4.3.1　经营活动产生的现金流量有关项目

经营活动产生的现金流量有关项目如表8-8所示。

表8-8　　　　　　　　　经营活动产生的现金流量有关项目

项目	说明
销售商品、提供劳务收到的现金	反映企业销售商品、提供劳务实际收到的现金，包括承揽工程收入、销售收入和应向购买者收取的增值税销项税额，具体应包括本期承揽工程收入、销售收入、提供劳务收到的现金，以及前期承揽工程收入、销售收入、提供劳务在本期收到的现金和本期预收的款项，减去本期销售本期退回的商品和前期销售本期退回的商品支付的现金。企业销售材料和代购代销业务收到的现金，也在本项目反映。本项目可根据"库存现金""银行存款""应收票据""应收账款""预收账款""主营业务收入""其他业务收入"科目的记录分析填列。其计算公式为： 销售商品、提供劳务收到的现金 = 承揽工程收入 + 销售收入 + 增值税销项税额 + 应收账款减少（期初余额－期末余额）+ 应收票据减少（期初余额－期末余额）+ 预收账款增加额（期末余额－期初余额）± 特殊项目的调整 公式中的特殊项目主要包括：一是计提坏账准备；二是收到债务人以物抵债；三是报表项目的合并列报，比如工程施工与工程结算的差额如果在借方，则抵减同一项目的预收账款；四是销售税额中的视同销售，比如将货物对外投资；五是不符合终止确认条件的票据贴现及符合终止确认条件的票据贴现息等；六是工程施工大于工程结算形成的预收账款等。企业应分析这些不涉及现金流的特殊项目的影响，调整本期现金流量
收到的税收返还	反映企业收到的返还的各项税费，如收到的增值税、所得税、消费税和教育费附加返还款等。本项目可根据"库存现金""银行存款""税金及附加""营业外收入"等科目的记录分析填列

项目	说明
收到其他与经营活动有关的现金	反映企业除上述各项目外，收到的其他与经营活动有关的现金，如罚款收入、经营租赁固定资产收到的现金，流动资产损失中由个人赔款的部分和保险赔款的现金收入，除税收返还外的其他政府补贴、接受捐赠收到的现金，收回履约保证金、投标保证金等收到的现金，收回的代垫款项，收回职工借款、备用金等。本项目可根据"库存现金""银行存款""其他应收款""管理费用""销售费用""营业外收入"等科目的记录分析填列 本项目中单项金额较大的项目须在会计报表附注中披露，目前一般的披露要求是"收到其他与经营活动有关的现金"项目中合计披露的"其他"金额不超过 10 万元
购买商品、接受劳务支付的现金	反映企业支付发包工程款、购买材料、接受劳务支付的现金，包括支付的工程款、货款及与货款一起支付的增值税进项税额，具体包括本期支付工程款、购买商品、接受劳务支付的现金，以及本期支付前期工程款、购买商品、接收劳务的未付款和本期预付款项，减去本期发生的购货退回收到的现金。为工程项目施工和购置存货而发生的借款利息资本化的部分，应在"分配股利、利润或偿付利息支付的现金"项目反映。本项目可根据"库存现金""银行存款""应付票据""应付账款""预付账款""应交税费（增值税进项税额）""主营业务成本""其他业务成本""存货"等科目的记录分析填列。其计算公式为： 购买商品、接受劳务支付的现金 = 营业成本 + 增值税（进项税额）+ 应付账款本年减少（期初余额 − 期末余额）+ 应付票据本年减少（期初余额 − 期末余额）+ 预付账款本年增加（期末余额 − 期初余额）+ 存货项目增加额（期末余额 − 期初余额）− 当列入生产成本、制造费用的职工薪酬 − 当期列入生产成本、制造费用的折旧费和固定资产修理费用 ± 特殊项目的调整 公式中的特殊项目主要包括债务重组中未支付现金的应付款项减少，在建工程领用的经营用存货、计提的存货跌价准备、工程施工与工程结算的借差抵同一项目的预收账款的存货等
支付给职工以及为职工支付的现金	反映企业实际支付给职工以及为职工支付的现金，包括企业为获得职工提供服务，本期实际给予各种形式的报酬以及其他相关支出，如支付给职工的工资、奖金、各种津贴和补贴等，以及为职工支付的其他费用，不包括支付给在建工程人员的工资。支付给在建工程人员的工资，在"购建固定资产、无形资产和其他长期资产支付的现金"项目反映 企业为职工支付的医疗、养老、失业、生育等社会保险基金、补充养老金、住房公积金、职工房贴，以及企业为职工缴纳的商业保险，因解除职工劳动关系给予的补偿，现金结算的股份支付，以及企业支付给职工或为职工支付的其他福利费用等，应根据职工的工作性质和服务对象，分别在"购建固定资产、无形资产和其他长期资产支付的现金"和本项目反映 企业支付的离退休人员的各项费用，包括支付统筹退休金以及未参加统筹退休人员的费用，在"支付其他与经营活动有关的现金"项目反映 企业支付的三类人员费用（扣除离退休人员费用外），性质上属于辞退福利的范畴，原则上在本项目反映，如果企业发生的三类人员费用没有在"应付职工薪酬"项目下反映，则企业可将支付给三类人员的现金归类在"支付其他与经营活动有关的现金"项目列报

续表

项目	说明
支付给职工以及为职工支付的现金	本项目的金额应与应付职工薪酬"本年支付数"相核对，在本项目列报的金额加上在"购建固定资产、无形资产和其他长期资产支付的现金"项目下列示的与职工薪酬有关的金额应等于应付职工薪酬"本年支付数"金额 本项目可根据"库存现金""银行存款""应付职工薪酬"等科目的记录分析填列，也可根据应付职工薪酬明细表中的"本年支付数"分析填列
支付的各项税费	反映企业按规定支付的各项税费，包括本期发生并支付的税费，以及以前各期发生本期支付的税费和预缴的税费，如支付的增值税、所得税、教育费附加、印花税、房产税、土地增值税、土地使用税、车船使用税等，不包括本期退回的增值税、所得税。本期退回的增值税、所得税等，在"收到的税收返还"项目反映；也不包含应计入固定资产价值的各项税费，计入固定资产价值的各项税费在"购建固定资产、无形资产和其他长期资产支付的现金"项目反映 本项目的金额应与应交税费"本年支付数"相核对，在本项目列报的金额加上在"购建固定资产、无形资产和其他长期资产支付的现金"项目下列报的金额应等于应交税费"本年支付数"项目下的金额。 本项目可根据"应交税费""现金""银行存款"等科目分析填列，也可根据应交税费明细表"本期支付数"分析填列
支付其他与经营活动有关的现金	反映企业除上述各项目外，支付的其他与经营活动有关的现金，如罚款支出、支付的差旅费、业务招待费、财产保险费、经营租赁、企业负担离退休人员工资、投标保证金等保证金类、代付款项、借款、备用金、银行结算手续费、捐赠等支付的现金等。其他与经营活动有关的现金，如果金额较大，应单独列示 本项目中单项金额较大的项目须在会计报表附注中披露，目前通常的披露要求是"支付其他与经营活动有关的现金"项目中合计披露的"其他"金额不超过 10 万元 本项目可根据"其他应收款""关联往来""营业费用""管理费用""财务费用"等相关科目的发生额分析填列

8.4.3.2　投资活动产生的现金流量有关项目

投资活动产生的现金流量有关项目如表 8-9 所示。

表 8-9　　　　　　　　投资活动产生的现金流量有关项目

项目	说明
收回投资收到的现金	反映企业出售、转让或到期收回除现金等价物以外的交易性金融资产、债权投资、其他债权投资、长期股权投资、投资性房地产、投资性贷款及应收款项等而收到的现金 债权性投资收回的本金，在本项目反映，债权性投资收回的利息，不在本项目反映，而在"取得投资收益收到的现金"项目反映。处置子公司和其他营业单位收到的现金净额在"处置子公司及其他营业单位收到的现金净额"项目单独反映，不在本项目反映 本项目可根据"交易性金融资产""债权投资""其他债权投资""长期股权投资""投资性房地产""库存现金""银行存款"等科目的记录分析填列

项目	说明
取得投资收益收到的现金	反映企业因股权性投资而分得的现金股利，从子公司、联营企业或合营企业分回利润而收到的现金，因债权性投资而取得的利息收入。现金等价物产生的利息收益一般在本项目反映，股票股利不在本项目反映 本项目应根据"应收股利""应收利息""投资收益""库存现金""银行存款"等科目的记录分析填列
处置固定资产、无形资产和其他长期资产收回的现金净额	反映企业出售固定资产、无形资产和其他长期资产取得的现金，减去为处置这些资产而支付的有关费用后的净额。由于自然灾害等原因所造成的固定资产等长期资产报废、毁损而收到的保险赔款收入，在本项目反映 如果处置固定资产、无形资产和其他长期资产所收回的现金净额为负数，则应归类为投资活动支付的现金流量，在"支付其他与投资活动有关的现金"项目下列报 本项目可根据"固定资产清理""库存现金""银行存款"等相关科目记录分析填列
处置子公司及其他营业单位收到的现金净额	反映企业处置子公司及其他营业单位所取得的现金减去子公司或其他营业单位持有的现金及现金等价物以及相关处置费用后的净额，本项目可根据有关科目的记录分析填列 现金流量表准则要求企业在附注中以总额披露当期取得或处置子公司及其他营业单位的下列信息：取得或处置价格、取得或处置价格中以现金支付的部分、取得或处置子公司及其他营业单位所取得的现金、取得或处置子公司及其他营业单位按主要类别分类的非现金资产和负债 处置子公司及其他营业单位收到的现金净额如为负数，则将该金额归类为"支付其他与投资活动有关的现金"项目
收到其他与投资活动有关的现金	反映企业除了以上项目外，收到的其他与投资活动有关的现金。如收回购买股票和债券时支付的已宣告但尚未领取的现金股利或已到付息期但尚未领取的债券利息、收回融资租赁设备本金。在本项目中，收到的其他与投资活动有关的现金既包括本期收回的本期应收部分，也包括本期收回的前期应收部分，还包括本期预收的部分 如果处置固定资产、无形资产和其他长期资产所收回的现金净额为负数，在本项目反映；处置子公司及其他营业单位收到的现金净额如为负数，在本项目反映；现金产生的利息收入，也在本项目反映，现金等价物产生的利息收入，在"取得投资收益收到的现金"项目反映 其他现金流入如价值较大的，应单列项目反映。本项目可根据相关科目记录分析填列

项目	说明
购建固定资产、无形资产和其他长期资产支付的现金	反映企业购买、建造固定资产、取得无形资产和其他长期资产支付的现金，包括购买机器设备所支付的现金及增值税税款、建造工程所支付的现金、建造符合固定资产定义的临时设施所支付的现金、支付在建工程人员工资的现金支出 企业为购建固定资产、无形资产和其他长期资产而发生的借款利息资本化的部分，不在本项目反映，应归类在"分配股利、利润或偿付利息支付的现金"项目下反映 企业支付的融资租入固定资产的租赁费用，在"支付其他与筹资活动有关的现金"项目下反映 企业以分期付款方式购入固定资产，其性质与筹资有关，因此企业首次支付的货款在本项目反映，以后各期支付的现金作为筹资活动现金流量，在"支付其他与筹资活动有关的现金"项目下反映 本项目可根据"固定资产""在建工程""工程物资""无形资产""库存现金""银行存款"等科目的记录分析填列
投资支付的现金	反映企业进行权益性投资和债权性投资所支付的现金，包括企业取得的除现金等价物以外的交易性金融资产、债权投资、其他债权投资而支付的现金，以及支付的佣金、手续费等交易费用。企业购买债权的价款中含有债券利息的，以及溢价或折价购入的，均按实际支付的金额反映 企业购买股票和债券时，实际支付的价款中包含的已宣告但尚未领取的现金股利或已到付息期但尚未领取的债券利息，应在"支付其他与投资活动有关的现金"项目中反映；收回购买股票和债券时支付的已宣告但尚未领取的现金股利或已到付息期但尚未领取的债券利息，应在"收到其他与投资活动有关的现金"项目中反映 本项目可根据"交易性金融资产""债权投资""其他债权投资""长期股权投资""库存现金""银行存款"等科目的记录分析填列
取得子公司及其他营业单位支付的现金净额	反映企业取得子公司及其他营业单位购买价款中以现金支付的部分，减去子公司或其他营业单位持有的现金和现金等价物后的净额，如果为负数，应在"收到其他与投资活动有关的现金"项目下反映。本项目可根据有关项目的记录分析填列
支付其他与投资活动有关的现金	反映除上述各项目外，支付的其他与投资活动有关的现金 如果处置固定资产、无形资产和其他长期资产所收回的现金净额为负数，则应归类为投资活动支付的现金流量，在"支付其他与投资活动有关的现金"项目下列报；企业购买股票和债券时，实际支付的价款中包含的已宣告但尚未领取的现金股利或已到付息期但尚未领取的债券利息，应在"支付其他与投资活动有关的现金"项目中反映；企业取得子公司及其他营业单位购买价款中以现金支付的部分，减去子公司或其他营业单位持有的现金和现金等价物后为负数，应在"收到其他与投资活动有关的现金"项目下反映 如果在本项目反映的事项金额较大，应单独列示反映。本项目可根据有关科目的记录分析填列

8.4.3.3 筹资活动产生的现金流量有关项目

筹资活动产生的现金流量有关项目如表 8-10 所示。

表 8-10 筹资活动产生的现金流量有关项目

项目	说明
吸收投资收到的现金	反映企业以发行股票、债券等方式筹集资金实际收到的款项净额（发行收入减去支付的佣金等发生费用后的净额）。以发行股票等方式筹集资金而由企业支付的审计、咨询等费用，不在本项目反映，在"支付其他与筹资活动有关的现金"项目下反映；由金融企业直接支付的手续费、宣传费、咨询费、印刷费等费用，从发行股票、债券取得现金收入中扣除，以净额列示。本项目可根据"实收资本（股本）""资本公积""应付债券""库存现金""银行存款"等科目记录分析填列
取得借款收到的现金	反映企业举借各种短期、长期借款而收到的现金。企业不符合金融资产终止确认条件的票据贴现收到的现金，也在本项目反映。本项目可根据有关科目记录分析填列
收到其他与筹资活动有关的现金	反映企业除上述各项目外，收到的其他与筹资活动有关的现金。其他筹资活动有关的现金，如果价值较大，应单独列项反映 本项目可根据相关科目的记录分析填列
偿还债务支付的现金	反映企业以现金偿还债务的本金，包括归还金融企业的借款本金、偿还企业到期债券本金等。本项目可根据"短期借款""长期借款""交易性金融资产""应付债券""库存现金""银行存款"等科目的记录分析填列
分配股利、利润或偿付利息支付的现金	反映企业实际支付的现金股利、支付给其他投资单位的利润或现金支付的借款利息、债券利息。不同用途的借款，其利息的开支渠道不一样，如在建工程、财务费用、工程施工、研发支出等，均在本项目反映。本项目可以根据"应付股利""利润分配""财务费用""在建工程""工程施工""研发支出""库存现金""银行存款"等科目记录分析填列
支付其他与筹资活动有关的现金	反映企业除上述项目外，支付的其他与筹资活动有关的现金。以发行股票等方式筹集资金而由企业支付的审计、咨询等费用，在本项目反映；企业以分期付款方式购入固定资产，以后各期支付的现金作为筹资活动现金流量，在本项目反映；企业支付融资租赁的租赁费，在本项目反映；企业减少注册资本支付的现金，也在本项目反映。其他与筹资活动有关的现金，如果其价值较大，应单列反映。本项目可根据有关科目的记录分析填列

8.4.3.4 汇率变动对现金及现金等价物的影响

编制现金流量表时，应当将企业外币现金流量以及境外子公司的现金流量折算成记账本位币。现金流量表准则规定，外币现金流量以及境外子公司的现金流量，应当采取现金流量发生日的即期汇率或按照系统合理的方法确定、与现金流量发生即期汇率近似的汇率折算。汇率变动对现金及现金等价物的影响应当作为调节项目，在现金流量表单独列示。

汇率变动对现金及现金等价物的影响是指企业外币现金流量即境外子公司的现金流量折算成本位币时，所采用的是现金流量发生日的即期汇率或按照系统合理的方法确定、与现金流量发生即期汇率近似的汇率，而现金流量表"现金及现金等价物"项目中外币现金净增加额是按照资产负债表日的即期汇率折算。这两者的差额即为汇率变动对现金的影响。

在编制现金流量表时，对当期发生的外币业务，不必逐笔计算汇率变动对现金及现金等价物的影响，可通过现金流量表补充资料"现金及现金等价物净增加额"金额与现金流量表中"经营活动产生的现金流量净额""投资活动产生的现金流量净额""筹资活动产生的现金流量净额"三个项目之和比较，其差额即为汇率变动对现金及现金等价物的影响额。

8.4.4　现金流量表附注的编制

现金流量表准则规定，企业应当采用间接法在现金流量表中披露将净利润调节为经营活动现金流量的信息。现金流量表补充资料包括将净利润调节为经营活动现金流量、不涉及现金收支的重大投资和筹资活动、现金及现金等价物净变动情况等项目。

8.4.4.1　将净利润调节为经营活动现金流量的编制

（1）资产减值准备。资产减值准备包括存货跌价准备、投资性房地产减值准备、长期股权投资减值准备、债权投资减值准备、固定资产减值准备、在建工程减值准备、工程物资减值准备、无形资产减值准备、商誉减值准备等。企业计提的各项减值准备，包括在利润表"资产减值损失"项目中，但并没有发生现金流出。所以，在将净利润调节为经营活动现金流量时需要加回。本项目可根据"资产减值损失"科目的记录分析填列。

本项目的金额应等于利润表中"资产减值损失"项目金额。

（2）固定资产折旧、油气资产折耗、生产性生物资产折旧。企业计提的固定资产折旧，有的包括在管理费用中，有的包括在制造费用和工程施工中。计入管理费用的部分在计算净利润时从中扣除，但并没有发生现金流出，在将净利润调节为经营活动现金流量时需要加回。计入制造费用和工程施工的已变现部分，在计算净利润时通过营业成本予以扣回，但并没有发生现金流出，计入制造费用和工程施工的未变现部分，既不涉及现金收支，也不影响企业当期净利润，由于在调节存货时已从中扣除，在此处将净利润调节为经营活动现金流量时需要加回。

同理，企业计提的油气资产折耗、生产性生物资产折旧也需要加回。

本项目可根据"累计折旧""累计折耗""生产性生物资产折旧"科目的贷方发生额分析填列。

本项目的金额应等于附注中披露的固定资产（包括生产性生物资产折旧）本期计提的折旧额。

（3）无形资产摊销和长期待摊费用摊销。企业对使用寿命有限的无形资产计提摊销时，计入管理费用或工程施工或相关资产成本。长期待摊费用摊销时，有的计入管理费用，有的计入销售费用，有的计入工程施工和制造费用。计入管理费用等期间费用和计入制造费用和工程施工的已变现部分，在计算净利润时通过相关项目予以扣除，但并没有发生现金流出，计入制造费用和工程施工的未变现部分，在调节存货时已从中扣除，但不涉及现金收支，所以在将净利润调节为经营活动现金流量时，需要加回。

本项目可根据"累计摊销""长期待摊费用摊销"科目的贷方发生额分析填列。

本项目的金额应等于附注中披露的本期计提的无形资产摊销和长期待摊费用本期摊销额。

（4）处置固定资产、无形资产和其他长期资产的损失（减：收益）。企业处置固定资产、无形资产和其他长期资产发生的损益，属于投资活动产生的损益，不属于经营活动产生的损益，所以在将净利润调节为经营活动现金流量时，需要予以剔除。如为损失，在将净利润调节为经营活动现金流量时，应当加回；如为收益，在将净利润调节为经营活动现金流量时，应当剔除。

本项目可根据"营业外收入""营业外支出"等科目所属明细科目的记录分析填列，如为收益，以"－"号填列。

（5）固定资产报废损失。企业发生的固定资产报废损益，属于投资活动产生的损益，不属于经营活动产生的损益，所以在将净利润调节为经营活动现金流量时，需要予以剔除。同样，投资性房产发生报废、毁损而产生的损益，也需要予以剔除。如为损失，在将净利润调节为经营活动现金流量时，应当加回；如为收益，在将净利润调节为经营活动现金流量时，应当剔除。

本项目可根据"营业外收入""营业外支出"等科目所属明细科目的记录分析填列，如为收益，以"－"号填列。

（6）公允价值变动损益。公允价值变动损益反映企业在初始确定时划分为以公允价值计量且其变动计入当期损益的交易性金融资产或金融负债、衍生工具、套期等业务中公允价值变动形成应计入当期损益的利得和损失。企业发生的公允价值变动损益，通常与企业的投资活动或筹资活动相关，而且不影响企业当期的现金流量。因此，应当将其在净利润中剔除。本项目可根据"公允价值变动损益"科目的发生额分析填列。

（7）财务费用。企业发生的财务费用中不属于经营活动的部分，应当将其在净利润中剔除。本项目可根据"财务费用"科目的本期借方发生额分析填列，如为收益，以"－"号填列。

企业一般将现金及现金等价物产生的利息收入归类为投资活动产生的现金流量，因此现金及现金等价物产生的利息收入在将净利润调节为经营活动现金流量时，应当剔除。

企业的票据贴现，如符合金融资产终止确认条件，则发生的财务费用作为经营活动的损益，在将净利润调节为经营活动现金流量时，不予剔除；如不符合终止确认条件，则发生的财务费用属于筹资活动损益，在将净利润调节为经营活动现金流量时，需要予以剔除。

企业经营活动中发生的金融机构结算手续费用，属于经营活动产生的财务费用，在将净利润调节为经营活动现金流量时，不予剔除。

在会计实务中，企业的财务费用明细科目一般按费用项目设置，在此基础上企业可以分"经营活动""投资活动""筹资活动"设置明细分类，以便于企业在编制现金流量表时使用。

（8）投资损益。企业发生的投资损益，属于投资活动产生的损益，不属于经营活动产生的损益，所以在将净利润调节为经营活动现金流量时，需要予以剔除。如为损失，在将净利润调节为经营活动现金流量时，应当加回；如为收益，在将净利润调节为经营活动现金流量时，应当剔除。

本项目可根据"投资收益"项目的数字填列，如为收益，则以"－"号填列。

本项目的金额应等于利润表中"投资收益"项目金额。

（9）递延所得税资产减少（减：增加）。如果递延所得税资产减少使计入所得税费用的金额大于当期应交的所得税金额，其差额没有发生现金流出，但在计算净利润时已扣除，在将净利润调节为经营活动现金流量时，应当加回。如果递延所得税资产增加使计入所得税费用的金额小于当期应交的所得税金额，两者之间的差额没有发生现金流入，但在计算净利润时已包括在内，在将净利润调节为经营活动现金流量时，应当扣除。

本项目可根据"递延所得税资产"项目期初、期末余额分析填列。

（10）递延所得税负债增加（减：减少）。如果递延所得税负债增加使计入所得税费用的金额大于当期应交的所得税金额，其差额没有发生现金流出，但在计算净利润时已扣除，在将净利润调节为经营活动现金流量时，应当加回。如果递延所得税负债减少使计入所得税费用的金额小于当期应交的所得税金额，两者之间的差额没有发生现金流入，但在计算净利润时已包括在内，在将净利润调节为经营活动现金流量时，应当扣除。

本项目可根据"递延所得税负债"项目期初、期末余额分析填列。

需要说明的是，当某项交易或事项按照会计准则规定应计入所有者权益，由于该交易或事项产生的递延所得税资产或负债及其变化应计入所有者权益，不构成利润表中的递延所得税费用。在这种情况下，在将净利润调节为经营活动现金流量时，不需要调整。比如企业其他债权投资公允价值变动引起的递延所得税负债的变化，就不需要调整。

（11）存货的减少（减：增加）。期末存货比期初存货减少，说明本期生产经营工程耗用的存货有一部分是期初存货，耗用的这部分存货并没有发生现金流出，但在计算净利润时已经扣除，所以在将净利润调节为经营活动现金流量时，应当加回。期末存货比期初存货增加，说明当期购入的存货除耗用外，还剩余一部分，这部分存货也发生了现金流出，但在计算净利润时没有包含在内，因而在将净利润调节为经营活动现金流量时，需要剔除。

存货的增减变化还涉及应付项目，这一因素在"经营性应付项目的增加（减：减少）"中考虑。

本项目可根据资产负债表中"存货"项目的期初数、期末数之间的差额填列。如果存货的增减变化属于投资活动，比如在建工程领用存货，接受投资增加的存货、对外投资减少的存货，应当予以剔除。

需要说明的是，企业如果计提了存货跌价准备，在填列本项目时，应考虑存货跌价准备的因素。

（12）经营性应收项目的减少（减：增加）。经营性应收项目包括应收票据、应收账款、预付账款、长期应收款和其他应收款中，与经营活动有关的部分，以及应收的增值税销项税额等。经营性应收项目期末余额小于经营性应收项目期初余额，说明本期收回的现金大于利润表中所确认的营业收入数，所以在将净利润调节为经营活动现金流量时，应当加回。经营性应收项目期末余额大于经营性应收项目期初余额，说明本期营业收入中有一部分没有收回现金，但在计算净利润时这部分营业收入已包括在内，所以在将净利润调节为经营活动现金流量时，应当剔除。

本项目可根据相关项目的期初、期末余额分析填列，如为增加，以"－"号填列。

（13）经营性应付项目的增加（减：减少）。经营性应付项目包括应付票据、应付账款、预收账款、应付职工薪酬、应交税费、应付利息、长期应付款、其他应付款中与经营活动有关的部分，以及应付的增值税进项税额等。经营性应付项目期末余额大于经营性应付项目期初余额，说明本期购入的存货中有一部分没有支付现金，但在计算净利润时却通过销售成本包含在内，在将净利润调节为经营活动现金流量时，应当加回。经营性应付项目期末余额小于经营性应付项目期初余额，说明本期支付的现金大于利润表中所确认的销售成本，在将净利润调节为经营活动现金流量时，应当剔除。

本项目可根据相关项目的期初、期末余额分析填列，如为增加，以"－"号填列。

8.4.4.2　不涉及现金收支的重大投资和筹资活动

不涉及现金收支的重大投资和筹资活动，反映企业一定期间内影响资产或负债但不形成该期现金收支所有投资和筹资活动的信息。这些投资和筹资活动虽不涉及当期现金收支，但对以后各期的现金流量有重大影响。比如企业融资租入设备，将形成的负债记入"长期应付款"账户，当期并不涉及设备款及租赁费，但以后各期必须支付现金，从而在一定时期内形成了一项固定的现金支出。

准则要求披露不涉及当期现金收支，但影响企业财务状况或在未来可能影响企业现金流量的重大投资和筹资活动，主要包括以下3点。

（1）债务转为资本，反映企业本期转为资本的债务。

（2）一年内到期的可转换公司债券，反映企业一年内到期的可转换公司债券本息。

（3）融资租入固定资产，反映企业本期租入的固定资产。

8.5　所有者权益变动表

所有者权益变动表反映构成所有者权益各组成部分当期增减变动情况的报

表。所有者权益变动表应当能够全面反映企业一定时期所有者权益变动的情况，不仅包括所有者权益总量的变动，还包括所有者权益增减变动的重要结构性信息，特别是反映直接计入所有者权益的利得和损失，让报表使用者准确理解所有者权益变动的根源。

企业会计准则规定，在所有者权益变动表中，企业至少应当单独列示反映下列信息的项目：净利润；直接计入所有者权益的利得和损失项目及其总额；会计政策变更和差错更正的累计影响金额；所有者投入资本和向所有者分配利润等、提取的盈余公积；实收资本或股本、资本公积、盈余公积、未分配利润的期初和期末余额及其调节情况。

财务报表列报准则规定，企业需要提供比较所有者权益变动表，因此所有者权益变动表各项目须分为"本年金额"和"上年金额"填列。

8.5.1　所有者权益变动表各项目列报说明

（1）"上年年末余额"项目，反映企业上年所有者权益变动表中实收资本（或股本）、资本公积、盈余公积、未分配利润的年末余额。

（2）"会计政策变更"和"前期差错更正"项目，分别反映企业采用追溯调整法处理的会计政策变更的累积影响金额和采用追溯重述法处理的会计差错更正的累积影响金额。

为体现会计政策变更和前期差错更正的影响，企业应当在上期期末所有者权益余额的基础上进行调整得出本期期初所有者权益，根据"盈余公积""利润分配""以前年度损益调整"等科目的发生额分析填列。

（3）"本年增减变动额"项目分别反映如下内容。

①"净利润"项目，反映企业当年实现的净利润（或净亏损）金额，并对应填列在"未分配利润"栏。

②"直接计入所有者权益的利得和损失"项目，反映企业当年直接计入所有者权益的利得和损失金额，不同事项发生的利得和损失应分别列报。其中"其他债权投资公允价值变动净额"项目，反映企业持有的其他债权投资当年公允价值变动金额，并对应列在"资本公积"栏；"权益法下被投资单位其他权益变动的影响"项目，反映企业对按照权益法核算的长期股权投资，被投资单位除当年实现的净利润以外其他所有者权益当年变动中应享有的份额，并对应列在"资本公积"栏；"与计入所有者权益/股东权益项目相关的所得税影响"项目，反映企业根据所得税准则规定应计入所有者权益项目的当年所得税影响金

额，并对应列在"资本公积"栏；"其他直接计入所有者权益的利得和损失"项目，反映企业除上述事项外发生的直接计入所有者权益的利得和损失，这些事项的金额须分别列示，并对应列在"资本公积"栏。

③"净利润"和"直接计入所有者权益的利得和损失小计"项目，反映企业当年实现的净利润金额和当年直接计入所有者权益的利得和损失的合计金额。

④"所有者投入资本和减少资本"项目，反映企业当年所有者投入的资本，其中"所有者投入资本"项目，反映企业接受所有者投入形成的实收资本（或股本）和资本溢价（或股本溢价），并对应列示在"实收资本"和"资本公积"栏；"股份支付计入所有者权益的金额"项目，反映企业处于等待期中的权益结算的股份支付当年计入资本公积的金额，并对应列在"资本公积"栏；"其他所有者投入资本和减少资本"项目，反映企业的其他影响所有者投入资本或减少资本的事项，比如企业收购少数股东股权、土地使用权转增国家资本金等事项，这些事项须单独列报，并对应列示在"实收资本"和"资本公积"栏。

⑤"利润分配"项下各项目，反映企业当年对所有者（或股东）分配利润（或股利）金额和按照规定提取的盈余公积金额，并对应列示在"未分配利润"和"盈余公积"栏。其中"提取盈余公积"项目，反映企业按照规定提取的盈余公积；"对所有者（或股东）的分配"项目，反映对所有者（或股东）分配的利润（或股利）金额。

⑥"所有者权益内部结转"项下各项目，反映企业不影响当年所有者权益总额的所有者权益各组成部分之间当年的增减变动，包括资本公积转增资本（或股本）、盈余公积转增资本（或股本）、盈余公积弥补亏损等项目的金额。其中"资本公积转增资本（或股本）"项目，反映企业以资本公积转增资本或股本的金额；"盈余公积转增资本（或股本）"项目，反映企业以盈余公积转增资本或股本的金额；"盈余公积弥补亏损"项目，反映企业以盈余公积弥补亏损的金额。

8.5.2　上年金额栏的填列方法

所有者权益变动表"上年金额"栏内各项数字，应根据上年度所有者权益变动表"本年金额"栏内所列数字填列。如果上年度所有者权益变动表规定的各项目的名称和本年度不一致，应对上年度所有者权益变动表各项目的名称和数字按本年度的规定进行调整，填入所有者权益变动表"上年金额"栏。

8.5.3 本年金额栏的填列方法

所有者权益变动表"本年金额"栏内各项数字一般应根据"实收资本（或股本）""资本公积""利润分配""库存股""以前年度损益调整"等科目的发生额分析填列。

8.6 附注

附注是对资产负债表、利润表、现金流量表和所有者权益变动表等报表中列示项目的问题描述或明细资料，以及未能在报表中列示项目的说明等。

一、附注的披露要求

（1）附注披露的内容应是定量、定性信息的结合。

（2）附注应按照一定的结构进行系统合理的排列和分类，有顺序地披露信息。

（3）附注相关信息应当与资产负债表、利润表、现金流量表和所有者权益变动表等报表中列示的项目相互参照，以助于使用者联系相关联的信息。

二、附注披露的内容

（一）企业的基本情况

（1）企业的注册地、组织形式和总部地址。

（2）企业的业务性质和主要经营活动，如企业所处的行业、所提供的主要产品或服务、客户的性质、销售策略、监管环境的性质等。

（3）母公司以及集团最终母公司的名称。

（4）财务报告的批准报出者和财务报告批准报出日。

（二）财务报表的编制基础

说明企业是否按持续经营基础编制财务报表，以及编制财务报表所依据的持续经营假设是合理的。对于财务报表项目分类、名称等列报方式的变化，可比年度财务报表已按新会计准则的要求进行了重述。

（三）遵循企业会计准则的声明

企业应当声明编制的财务报表符合企业会计准则的要求，真实、完整地反映了企业的财务状况、经营成果和现金流量信息，以此明确企业编制财务报表所依据的制度基础。

如果企业编制财务报表只部分遵循了企业会计准则，则附注中不得做出上述表述。

（四）重要会计政策和会计估计

根据财务报表列报准则要求，企业应当披露采用的重要会计政策和会计估计，不重要的会计政策和会计估计可以不予披露。

1. 重要会计政策的说明

企业发生某项经济业务时，必须从允许的会计处理方法中选择适合本企业特点的会计政策，企业选择不同的会计处理方法，可能会极大影响企业的财务状况和经营成果，进而编制出不同的财务报表。为了帮助报表使用者理解，有必要对这些会计政策加以披露。

需要说明的是，企业会计政策还应当披露以下内容。

（1）财务报表项目的计量基础。会计计量属性包括历史成本、重置成本、可变现净值、现值和公允价值，这项披露要求便于使用者了解企业财务报表中的项目是按何种计量基础予以计量的，如存货是按成本还是按可变现净值计量等。

（2）会计政策的确定依据。其主要是指企业在运用会计政策过程中所做的对报表项目确认的项目金额最具影响的判断。比如企业对拥有的持股不足 50% 的关联企业，是如何判断企业拥有控制权因此将其纳入合并范围的。

2. 重要会计估计的说明

企业应当披露会计估计中所采用的关键假设和不确定因素的确定依据，这些关键假设和不确定因素在下一个会计期间内可能导致资产、负债账面价值进行重大调整。比如企业的应收质保金的折现，企业应当披露所选用的折现率及其选用的合理性等。这些假设的变动对资产和负债项目金额确定影响很大，有可能在下一个会计期间内导致资产、负债账面价值进行重大调整。强调对这一事项的披露，有助于提高财务报表的可理解性。

（五）会计政策和会计估计变更以及差错更正说明

企业应当按照《企业会计准则第 28 号——会计政策、会计估计变更以及差错更正》及其应用指南的要求，披露会计政策和会计估计变更以及差错更正的有关情况。

（六）重要报表项目的说明

企业应当以文字和数字描述相结合、尽可能以列报形式披露重要报表项目的构成和当期变动情况，并与报表项目相互参照。

在披露顺序上，一般应按照资产负债表、利润表、现金流量表、所有者权益变动表的顺序及其报表项目列示的顺序。

（七）其他重要事项的说明

主要包括或有和承诺事项、资产负债表日后非调整事项、关联方及其交易。

8.7 关联方的披露

一、关联方的认定

关联方披露准则规定：一方控制、共同控制另一方或对另一方施加重大影响，以及两方或两方以上同受一方控制、共同控制或重大影响的，构成关联方。因此，关联方关系的存在是以控制、共同控制或重大影响为前提条件的。企业在判断关联方关系时，应当遵循实质重于形式原则。从一个企业的角度出发，与其存在关联方关系的各方包括以下几种情况。

（1）该企业的母公司，不仅包括直接或间接控制该企业的其他企业，也包括能够对该企业实施直接或间接控制的部门、单位。

（2）某一个企业通过一个或若干个中间企业间接地控制一个或多个企业。

（3）该企业的子公司，包括直接或间接地被该企业控制的其他企业，也包括直接或间接地被该企业控制的单位、信托资金等。

（4）对企业实施直接控制或间接共同控制的投资方。但这些投资方之间并不能因为共同控制了同一家企业而被视为关联方。

（5）对该企业施加重大影响的投资方。但这些投资方之间并不能因为对同一家企业施加重大影响而被视为关联方。

（6）该企业的合营企业及该企业的联营企业。

（7）该企业的主要投资者个人及与其关系密切的家庭成员，主要投资者个人是指能够控制、共同控制一个企业或对一个企业施加重大影响的个人投资者。

（8）该企业或其母公司的关键管理人员及与其关系密切的家庭成员。关键管理人员是指有权并负责计划、指挥和控制企业经营活动的人员，主要包括董事长、副董事长、董事、董事会秘书、总经理、财务总监、主管各项事务的副总经理以及行使类似决策职能的人员。与主要投资者或关键管理人员关系密切的家庭成员是指在处理与企业交易时可能影响该个人或受该个人影响的家庭成员，如父母、配偶、兄弟、姐妹、子女等。

（9）该企业的主要投资者个人、关键管理人员或与其关系密切的家庭成员控制、共同控制或施加重大影响的其他企业。

二、不构成关联方关系的情况

（1）与该企业发生日常往来的资金提供者、公用事业部门、政府部门和机构，以及与该企业发生重大交易而存在经济依存关系的单个客户、供应商、特许商、经销商和代理商。

（2）与该企业共同控制合营企业的合营者。

（3）仅仅同受国家控制而不存在控制、共同控制或重大影响关系的企业。

三、关联方交易的类型

关联方交易是指关联方之间转移资源、劳务或义务的行为，而不论是否收取价款。因此判断是否属于关联方交易，应以交易是否发生为依据，而不以是否收取价款为依据。

关联方交易的类型通常包括下列几项。

（1）购买或销售商品。购买或销售商品是关联方交易较常见的交易或事项，比如企业集团成员之间相互购买或销售商品。

（2）购买或销售商品以外的其他资产。

（3）提供或接受劳务。

（4）担保。担保包括在借贷、买卖、货物运输、加工承揽等经济业务中，为了保证其债权实现而实行的担保等。

（5）提供资金。提供资金包括借贷或股权投资等。

（6）租赁。租赁包括经营租赁和融资租赁。

（7）代理。如代理签订合同等。

（8）研究与开发项目的转移。

（9）许可协议。

（10）代表企业或由企业代表另一方进行债务结算。

（11）关键管理人员薪酬。

四、关联方的披露要求

（1）企业无论是否发生关联方交易，均应当在附注中披露与该企业之间存在控制关系的母公司和子公司有关信息。

企业应当披露母公司和子公司的名称。母公司不是最终控制方的，还应当披露企业集团对该企业享有最终控制权的企业的名称。母公司或最终控制方均不对外提供财务报表的，还应当披露母公司之上与其最相近的对外提供财务报表的母公司名称。

（2）企业与关联方发生交易的，应当在附注中披露与该关联方关系的性质、交易类型及交易要素。

关联方关系的性质是指关联方与该企业的关系，即关联方是该企业的子公司、合营企业、联营企业等。

交易要素至少应当包括：交易金额；未结算项目金额、条款和条件，以及有关提供或取得担保的信息；未结算应收项目坏账准备金额；定价政策。

判断关联方交易的重要性，不应以交易金额的大小作为判断标准，而应以交易对企业财务状况和经营成果的影响程度而定。对企业财务状况和经营成果有影响的关联方交易，应当对关联方以及交易金额、类型区别披露，不具有重要性的，类型相似的关联方可合并披露，但以不影响预期报表阅读者正确理解企业财务状况、经营成果为前提。

（3）对外提供合并财务报表的，对于已包含在合并范围的企业间的交易不予披露。合并财务报表是将集团作为一个整体来反映与其有关的财务信息，在合并财务报表中，将企业集团作为一个整体看待，集团内的交易已不属于交易，并已在合并财务报表时予以抵销。

第9章
建筑施工企业的重组清算环节的税务实务

9.1 重组业务企业所得税处理

企业兼并重组是调整优化产业结构、转变经济发展方式的重要途径，是培育发展大企业、大集团，提高产业集中度、提升产业竞争力的重要手段。为促进企业兼并重组，2009年《财政部 国家税务总局关于企业重组业务企业所得税处理若干问题的通知》（财税〔2009〕59号）出台，对符合条件的企业重组的所得税处理给予了递延纳税的特殊待遇。2015年，国家税务总局出台了《国家税务总局关于企业重组业务企业所得税征收管理若干问题的公告》（国家税务总局公告2015年第48号），为企业享受特殊待遇提供了程序方面的指引。

2014年3月，国务院下发《国务院关于进一步优化企业兼并重组市场环境的意见》（国发〔2014〕14号），提出完善兼并重组所得税政策。2014年底，财政部、国家税务总局联合发布了《财政部 国家税务总局关于促进企业重组有关企业所得税处理问题的通知》（财税〔2014〕109号）和《财政部 国家税务总局关于非货币性资产投资企业所得税政策问题的通知》（财税〔2014〕116号），将适用特殊性税务处理的股权收购和资产收购中被收购股权或资产比例由不低于75%调整为不低于50%，明确了股权或资产划转特殊性税务处理政策，以及非货币性资产投资递延纳税政策。

9.1.1 企业重组的概念及类型

企业重组，是指企业在日常经营活动以外发生的法律结构或经济结构重大改变的交易，包括企业法律形式改变、债务重组、股权收购、资产收购、合并、分立等六种类型。

（1）企业法律形式改变，是指企业注册名称、住所以及企业组织形式等的简单改变,但符合财税〔2009〕59 号文件规定的其他重组类型除外。例如,北京广发房地产开发有限公司更名为北京广大房地产开发有限公司,正丰房地产公司将注册地由石家庄市迁移至北京市,原有限责任公司变更为股份有限公司,或者原有限责任公司变更为个人独资企业、合伙企业等,这些都属于企业法律形式改变。

(2)债务重组,是指在债务人发生财务困难的情况下,债权人按照其与债务人达成的书面协议或者法院裁定书,就其债务人的债务做出让步的事项。例如,河北中创建筑公司应收广发房地产公司工程款 100 万元,广发房地产公司因政策调控资金紧张,于是双方达成书面协议,同意以广发房地产公司两套商品房抵顶债务,这就属于债务重组的形式。

(3)股权收购,是指一家企业购买另一家企业的股权,以实现对被收购企业控制的交易。收购企业支付对价的形式包括股权支付、非股权支付或两者的组合。例如,A 公司与 B 公司达成协议,A 公司收购 B 公司 60% 的股权,A 公司支付 B 公司股东的对价为 50 万元银行存款以及 A 公司控股的 C 公司 10% 股权,A 公司收购股权后实现了对 B 公司的控制,这就属于股权收购。在该股权收购中,A 公司为收购企业,B 公司为被收购企业。

(4)资产收购,是指一家企业购买另一家企业实质经营性资产的交易。受让企业支付对价的形式包括股权支付、非股权支付或两者的组合。实质经营性资产,是指企业用于生产经营活动、与产生经营收入直接相关的资产,包括经营所用的各类资产、企业拥有的商业信息和技术、经营活动产生的应收款项、投资资产等。例如,A 公司与 B 公司达成协议,A 公司购买 B 公司经营性资产(包括固定资产、存货等),该经营性资产的公允价值为 1 000 万元,A 公司支付的对价为本公司 10% 股权、100 万元银行存款以及承担 B 公司 200 万元债务,这就属于资产收购。在该资产收购中,A 公司为受让企业,B 公司为转让企业。

(5)合并,是指一家或多家企业(以下称为被合并企业)将其全部资产和负债转让给另一家现存或新设企业(以下称为合并企业),被合并企业股东换取合并企业的股权或非股权支付,实现两个或两个以上企业的依法合并。合并可分为吸收合并和新设合并两种方式。

①吸收合并,是指两个或两个以上的企业合并时,其中一个企业吸收了其他企业而存续(对此类企业以下简称存续企业),被吸收的企业解散的合并。例如,A 公司系股东 X 公司投资设立的有限责任公司,现将全部资产和负债转让给 B 公司,B 公司向 A 公司的股东 X 公司支付银行存款 500 万元作为对价,A

公司解散，这就属于吸收合并。在该吸收合并中，A 公司为被合并企业，B 公司为合并企业，且为存续企业。

②新设合并，是指两个或两个以上企业并为一个新企业，合并各方均解散的合并。例如，A 公司和 B 公司，均为 X 公司控股下的子公司，现 A 公司和 B 公司将全部资产和负债转让给 C 公司，C 公司向 X 公司支付 30% 股权作为对价。合并完成后，A 公司和 B 公司均解散，这就属于新设合并。在该新设合并中，A 公司和 B 公司为被合并企业，C 公司为合并企业。

（6）分立，是指一家企业将部分或全部资产剥离转让给现存或新设企业，被分立企业股东换取分立企业的股权或非股权支付，实现企业的依法分立。分立可以采取存续分立和新设分立两种形式。

①存续分立是指被分立企业存续，而其一部分分出设立为一个或数个新企业的分立。例如，A 公司将部分资产剥离，转让给 B 公司，同时为 A 公司股东换取 B 公司 100% 股权，A 公司继续经营。在该分立中，A 公司为被分立企业，B 公司为分立企业。

②新设分立是指被分立企业解散，分立出的各方分别设立为新企业的分立。例如，A 公司将全部资产分离转让给新设立的 B 公司，同时为 A 公司股东换取 B 公司 100% 股权，A 公司解散。

9.1.2　股权支付和非股权支付的概念

股权支付，是指企业重组中购买、换取资产的一方支付的对价中，以本企业或其控股企业的股权、股份作为支付的形式。非股权支付，是指以本企业的现金、银行存款、应收款项，本企业或其控股企业股权和股份以外的有价证券、存货、固定资产、其他资产，以及承担债务等作为支付的形式。

9.1.3　重组日的确定

重组业务完成当年，是指重组日所属的企业所得税纳税年度。

企业重组日，按以下规定确定。

（1）债务重组，以债务重组合同（协议）或法院裁定书生效日为重组日。

（2）股权收购，以转让合同（协议）生效且完成股权变更手续日为重组日。关联企业之间发生股权收购，转让合同（协议）生效后 12 个月内尚未完成股权变更手续的，应以转让合同（协议）生效日为重组日。

（3）资产收购，以转让合同（协议）生效且当事各方已进行会计处理的日期为重组日。

（4）合并，以合并合同（协议）生效、当事各方已进行会计处理且完成工商新设登记或变更登记日为重组日。按规定不需要办理工商新设或变更登记的合并，以合并合同（协议）生效且当事各方已进行会计处理的日期为重组日。

（5）分立，以分立合同（协议）生效、当事各方已进行会计处理且完成工商新设登记或变更登记日为重组日。

9.1.4　一般性税务处理

企业重组的税务处理，区分不同条件，分别适用一般性税务处理规定和特殊性税务处理规定。适用一般性税务处理的重组类型、税务处理及需准备的资料如下。

1. 企业法律形式改变

（1）税务处理。企业由法人转变为个人独资企业、合伙企业等非法人组织，或将登记注册地转移至中华人民共和国境外（包括港澳台地区），应视同企业进行清算、分配，股东重新投资成立新企业。企业的全部资产以及股东投资的计税基础均应以公允价值为基础确定。

（2）需准备的资料。企业发生上述法律形式的改变，按照《财政部　国家税务总局关于企业清算业务企业所得税处理若干问题的通知》（财税〔2009〕60号）的规定进行清算。

企业在报送《企业清算所得纳税申报表》时，应附送以下资料：①企业改变法律形式的工商部门或其他政府部门的批准文件；②企业全部资产的计税基础以及评估机构出具的资产评估报告；③企业债权、债务处理或归属情况说明；④主管税务机关要求提供的其他资料证明。

企业发生其他法律形式简单改变的，可直接变更税务登记。除另有规定外，有关企业所得税纳税事项（包括亏损结转、税收优惠等权益和义务）由变更后企业继承，但因住所发生变化而不符合税收优惠条件的除外。

企业发生其他法律形式简单改变包括全民所有制企业改制为国有独资公司或者国有全资子公司，改制中资产评估增值不计入应纳税所得额；资产的计税基础按其原有计税基础确定；资产增值部分的折旧或者摊销不得在税前扣除。全民所有制企业资产评估增值相关材料应由改制后的企业留存备查。

2. 企业债务重组

企业债务重组相关交易应按以下规定处理。①以非货币性资产清偿债务的，应当分解为转让相关非货币性资产、按非货币性资产公允价值清偿债务两项业务，确认相关资产的所得或损失。②发生债权转股权的，应当分解为债务清偿和股权投资两项业务，确认有关债务清偿所得或损失。③债务人应当按照支付的债务清偿额低于债务计税基础的差额，确认债务重组所得；债权人应当按照收到的债务清偿额低于债务计税基础的差额，确认债务重组损失。④债务人的相关所得税纳税事项原则上保持不变。

3. 企业股权收购、资产收购

企业股权收购、资产收购重组交易，应按以下规定处理。①被收购方应确认股权、资产转让所得或损失。②收购方取得的股权或资产的计税基础应以公允价值为基础确定。③被收购企业的相关所得税事项原则上保持不变。

【例 9-1】2019 年 3 月，A 房地产公司以银行存款 500 万元取得 B 公司经营性资产。B 公司资产总额为 2 000 万元，A 房地产公司购买的经营性资产账面价值为 400 万元，计税基础为 450 万元，公允价值 500 万元。

问：双方应如何进行税务处理？

【解析】

（1）A 房地产公司（受让方/收购方）的税务处理。

A 房地产公司购买该经营性资产后，应以该资产的公允价值 500 万元确定计税基础。

（2）B 公司（转让方/被收购方）的税务处理。

B 公司应确认资产转让所得 = 500 - 450 = 50（万元）

4. 企业合并

企业合并，当事方应按下列规定处理。①合并企业应按公允价值确定接受被合并企业各项资产和负债的计税基础。②被合并企业及其股东都应按清算进行所得税处理。③被合并企业的亏损不得在合并企业结转弥补。

【例 9-2】

A 房地产公司合并 C 公司，C 公司被合并时账面净资产为 5 000 万元，公允价值为 6 000 万元。C 公司股东收到合并后新企业股权 4 000 万元，其他非股权支付 2 000 万元。

问：双方应如何进行税务处理？

【解析】

此合并中，A 房地产公司接受 C 公司的净资产公允价值 6 000 万元作为计税基础。C 公司资产评估增值 1 000 万元需要按规定缴纳企业所得税，税后按清算分配处理。

5. 企业分立

企业分立，当事各方应按下列规定处理。①被分立企业对分出的资产应按公允价值确认资产转让所得或损失。②分立企业应按公允价值确定接受资产的计税基础。③被分立企业继续存在时，其股东取得的对价应视同被分立企业分配进行处理；被分立企业不再继续存在时，被分立企业及其股东都应按清算进行所得税处理。④企业分立，相关企业的亏损不得相互结转弥补。

9.1.5 特殊性税务处理

1. 特殊性税务处理的适用条件

企业重组同时符合下列条件的，适用特殊性税务处理。①具有合理的商业目的，且不以减少、免除或者推迟缴纳税款为主要目的。②被收购、合并或分立部分的资产或股权比例符合财税〔2009〕109 号文件的规定，即收购企业购买的股权不低于被收购企业全部股权的 50% 或受让企业收购的资产不低于转让企业全部资产的 50%。③企业重组后的连续 12 个月内不改变重组资产原来的实质性经营活动。④重组交易对价中涉及股权支付金额符合财税〔2009〕109 号文件的规定，即收购企业在该股权收购发生时的股权支付金额不低于其交易支付总额的 85% 或受让企业在该资产收购发生时的股权支付金额不低于其交易支付总额的 85%。⑤企业重组中取得股权支付的原主要股东，在重组后连续 12 个月内不得转让所取得的股权。

其中，"企业重组后连续 12 个月内"是指自重组日起计算的连续 12 个月内；"原主要股东"是指原持有转让企业或被收购企业 20% 以上股权的股东。企业重组业务适用特殊性税务处理的，申报时，当事各方还应向主管税务机关提交重组前连续 12 个月内有无与该重组相关的其他股权、资产交易情况的说明，并说明这些交易与该重组是否构成分步交易，是否作为一项企业重组业务进行处理。

财税〔2015〕48 号文件第七条规定，若同一项重组业务涉及在连续 12 个月内分步交易，且跨两个纳税年度，当事各方在首个纳税年度交易完成时预计整个交易符合特殊性税务处理条件，经协商一致选择特殊性税务处理的，可以暂时适用特殊性税务处理，并在当年企业所得税年度申报时提交书面申报资料。在下一纳税年度全部交易完成后，企业应判断是否适用特殊性税务处理。如适用特殊性税务处理的，当事各方应按本公告要求申报相关资料；如适用一般性税务处理的，应调整相应纳税年度的企业所得税年度申报表，计算缴纳企业所得税。

2．特殊性税务处理应确认非股权支付损益

企业重组符合特殊性税务处理条件的，交易各方对其交易中的股权支付部分，按特殊性税务处理并准备资料。股权支付暂不确认有关资产的转让所得或损失，其非股权支付仍应当在交易当期确认相应的资产转让所得或损失，并调整相关资产的计税基础。非股权支付对应的资产转让所得或损失计算公式如下：

非股权支付对应的资产转让所得或损失 =（被转让资产的公允价值 − 被转让资产的计税基础）×（非股权支付金额 ÷ 被转让资产的公允价值）

3．债务重组特殊性税务处理

（1）企业债务重组确认的应纳税所得额占该企业当年应纳税所得额 50% 以上的，可以在 5 个纳税年度内，均匀计入各年度的应纳税所得额。

（2）企业发生债权转股权业务，对债务清偿和股权投资两项业务暂不确认有关债务清偿所得或损失，股权投资的计税基础以原债权的计税基础确定。

（3）企业的其他相关所得税事项保持不变。

4．股权收购特殊性税务处理

收购企业购买的股权不低于被收购企业全部股权的 50%，且收购企业在该股权收购发生时的股权支付金额不低于其交易支付总额的 85%，可以选择按以下规定处理：

（1）被收购企业的股东取得收购企业股权的计税基础，以被收购股权的原有计税基础确定；

（2）收购企业取得被收购企业股权的计税基础，以被收购股权的原有计税基础确定；

（3）收购企业、被收购企业的原有各项资产和负债的计税基础和其他相关所得税事项保持不变。

5．资产收购特殊性税务处理

资产收购，受让企业收购的资产不低于转让企业全部资产的 50%，且受让企业在该资产收购发生时的股权支付金额不低于其交易支付总额的 85%，可以选择按以下规定处理：

（1）转让企业取得受让企业股权的计税基础，以被转让资产的原有计税基础确定；

（2）受让企业取得转让企业资产的计税基础，以被转让资产的原有计税基础确定。

6. 企业合并特殊性税务处理

企业合并，企业股东在该企业合并发生时取得的股权支付金额不低于其交易支付总额的85%，以及同一控制下且不需要支付对价的企业合并，可以选择按以下规定处理：

（1）合并企业接受被合并企业资产和负债的计税基础，以被合并企业的原有计税基础确定；

（2）被合并企业合并前的相关所得税事项由合并企业承继；

（3）可由合并企业弥补的被合并企业亏损的限额 = 被合并企业净资产公允价值×截至合并业务发生当年年末国家发行的最长期限的国债利率；

（4）被合并企业股东取得合并企业股权的计税基础，以其原持有的被合并企业股权的计税基础确定。

其中，"同一控制"是指参与合并的企业在合并前后均受同一方或相同的多方最终控制，且该控制并非暂时性的。能够对参与合并的企业在合并前后均实施最终控制权的相同多方，是指根据合同或协议的约定，对参与合并企业的财务和经营政策拥有决定控制权的投资者群体。在企业合并前，参与合并各方受最终控制方的控制在12个月以上，企业合并后所形成的主体在最终控制方的控制时间也应达到连续12个月。

"可由合并企业弥补的被合并企业亏损的限额"是指在《企业所得税法》规定的剩余结转年限内，每年可由合并企业弥补的被合并企业亏损的限额。

【例9-3】A房地产公司合并D公司，D公司被合并时账面净资产为5 000万元，公允价值为6 000万元。D公司股东收到合并后企业股权5 500万元，其他非股权支付500万元。D公司股东原投入D公司的股权投资成本为4 000万元。

问：合并双方该如何进行税务处理？

【解析】

（1）判断是否适用特殊性税务处理。

股权支付额占交易支付总额的比例 = 5 500 ÷ 6 000 × 100% = 91.67%，此比例已超过85%，因此双方可以选择特殊性税务处理，即股权支付对应资产增值不缴纳企业所得税。同时，A房地产公司与D公司双方的股份置换也不确认转让所得或损失。如果此比例不超过85%，则资产增值部分1 000万元要缴纳企业所得税250万元，股份支付也要确认所得或损失。

（2）计算非股权支付所得或损失。

重组交易各方按规定对交易中股权支付暂不确认有关资产的转让所得或损失的，其非股权支付仍应在交易当期确认相应的资产转让所得或损失，并调整相应资产的计税基础。

非股权支付对应的资产转让所得或损失 = （6 000 - 4 000）×（500 ÷ 6 000）=166.67（万元）

（3）确定被合并企业股东获得合并企业股权的计税基础。

D 公司股东取得新股的计税成本不是 5 500 万元，而是 3 666.67 万元 [4 000 -（500 -166.67）]。

（4）确定合并企业获得被合并企业资产的计税基础。

A 房地产公司合并 D 公司，D 公司净资产的公允价值为 6 000 万元，账面价值为 5 000 万元，按照特殊性税务处理政策规定，合并后的企业应以 5 000 万元作为接受资产的计税基础。但编者认为此处以股权支付 5 500 万元加非股权支付 500 万元作为换入资产计税基础更为恰当，则计税基础应为 6 000 万元。

7. 企业分立特殊性税务处理

企业分立，被分立企业所有股东按原持股比例取得分立企业的股权，分立企业和被分立企业均不改变原来的实质性经营活动，且被分立企业股东在该企业分立发生时取得的股权支付金额不低于其交易支付总额的 85%，可以选择按以下规定处理：

（1）分立企业接受被分立企业资产和负债的计税基础，以被分立企业的原有计税基础确定；

（2）被分立企业已分立出去资产相应的所得税事项由分立企业承继；

（3）被分立企业未超过法定弥补期限的亏损额可按分立资产占全部资产的比例进行分配，由分立企业继续弥补；

（4）被分立企业的股东取得分立企业的股权（以下简称新股），如需部分或全部放弃原持有的被分立企业的股权（以下简称旧股），新股的计税基础应以放弃旧股的计税基础确定。如不需放弃旧股，则其取得新股的计税基础可从以下两种方法中选择确定：直接将新股的计税基础确定为零；或者以被分立企业分立出去的净资产占被分立企业全部净资产的比例先调减原持有的旧股的计税基础，再将调减的计税基础平均分配到新股上。

【例 9-4】A 房地产公司由甲、乙两个投资者共同投资设立，每位股东均出资 2 000 万元，A 房地产公司注册资本为 4 000 万元。现拟将 A 房地产公司的建筑分公司设立为 A 建筑公司，A 房地产公司存续经营且股东不变。A 建筑公司成立后，除向 A 房地产公司原股东支付股权外，不支付其他任何利益，甲、乙两股东仍按 1:1 的比例对 A 建筑公司持股。A 房地产公司分立前资产、负债和净资产的账面价值分别为 8 800 万元、4 500 万元和 4 300 万元，计税基础分别为 8 600 万元、4 300 万元和 4 300 万元，公允价值分别为 10 500 万元、4 500 万元和 6 000 万元；分立后 A 建筑公司资产、负债和净资产的账面价值分别为 2 100 万元、900 万元和 1 200 万元，公允价值分别为 2 500 万元、900 万元和 1 600 万元。A 房地产公司和 A 建筑公司均不改变原来的实质性经营活动。

问：该分立活动应如何进行税务处理？

【解析】

（1）判断是否属于免税重组。因分立时未发生非股权支付额，且满足其他条件，应认定为免税重组。

（2）A 房地产公司税务处理。被分立企业 A 房地产公司不计算分立资产的转让所得，即分出去的净资产公允价值虽然高于账面价值，但不需要缴纳企业所得税。

（3）A 房地产公司在分立时，如果有未超过法定补亏期限的亏损，可按 A 建筑公司分立资产占 A 房地产公司资产的比例进行分配，由 A 建筑公司在分立后的剩余补亏年限内弥补。

（4）如果没有新的投资者加入，A 建筑公司建账时可按原资产和负债的计税基础确定计税基础。

（5）假定 A 建筑公司的注册资本为 1 200 万元，甲、乙两股东在 A 建筑公司仍平均持股，则每位股东拥有的股权份额为 600 万元。甲、乙两位股东在 A 房地产公司、A 建筑公司股权的计税基础可从下列两种方法中选择。

一是甲、乙两位股东在 A 建筑公司股权投资的计税基础为零，在 A 房地产公司股权投资的计税基础仍各为 2 000 万元。

二是调整计算。首先计算在 A 建筑公司股权投资的计税基础总额，该计税基础总额 = 股东持有的旧股（A 房地产公司）的总成本 × A 建筑公司分立的净资产（公允价值）÷ A 房地产公司原净资产（公允价值）= 4 000 × 1 600 ÷ 6 000 = 1 066.67（万元）；然后计算 A 房地产公司股权投资的计税基础总额，该计税基础总额 = 股东持有的旧股（A 房地产公司）的总成本 − A 建筑公司股权投资的计税成本 = 4 000 − 1 066.67 = 2 933.33（万元）。

【友情提示】

A 房地产公司被分立后，应相应转销分立出去的资产、负债和所有者权益账面价值。但在转销所有者权益时，如果转销了未分配利润和盈余公积项目，应经过税务机关核准，因为转销的未分配利润和盈余公积具有应税属性，转销的未分配利润和盈余公积视为对股东的分配额，股东应按规定计缴所得税。

9.1.6　境内外企业间发生的股权和资产收购交易

1. 非居民企业来源于境内所得的所得税处理一般规定

（1）源泉扣缴所得税。对非居民企业取得来源于中国境内的股息、红利等权益性投资收益，利息、租金、特许权使用费所得，转让财产所得，以及其他所得应当缴纳的企业所得税，实行源泉扣缴，以依照有关法律规定或者合同约定对非居民企业直接负有支付相关款项义务的单位或者个人为扣缴义务人。

扣缴义务人发生到期应支付而未支付情形，应当自扣缴义务发生之日起 7 日内向扣缴义务人所在地主管税务机关申报和解缴代扣税款，并按照如下规定进行税务处理。

①中国境内企业（以下称为企业）和非居民企业签订与利息、租金、特许权使用费等所得有关的合同或协议，如果未按照合同或协议约定的日期支付上述所得款项，或者变更或修改合同或协议延期支付，但已计入企业当期成本、费用，并在企业所得税年度纳税申报中进行税前扣除的，应在企业所得税年度纳税申报时按照企业所得税法有关规定代扣代缴企业所得税。

如果企业上述到期未支付的所得款项，不是一次性计入当期成本、费用，而是计入相应资产原价或企业筹办费，在该类资产投入使用或开始生产经营后分期摊入成本、费用，分年度在企业所得税前扣除的，应在企业计入相关资产的年度纳税申报时就上述所得全额代扣代缴企业所得税。

如果企业在合同或协议约定的支付日期之前支付上述所得款项的，应在实际支付时按照企业所得税法有关规定代扣代缴企业所得税。

②非居民企业取得应源泉扣缴的所得为股息、红利等权益性投资收益的，相关应纳税款扣缴义务发生之日为股息、红利等权益性投资收益实际支付之日。

③非居民企业采取分期收款方式取得应源泉扣缴所得税的同一项转让财产所得的，其分期收取的款项可先视为收回以前投资财产的成本，待成本全部收

回后，再计算并扣缴应扣税款。

④扣缴义务人在申报和解缴应扣税款时，应填报《中华人民共和国扣缴企业所得税报告表》。扣缴义务人可以在申报和解缴应扣税款前报送有关申报资料；已经报送的，在申报时不再重复报送。

（2）非居民股权转让所得。非居民股权转让所得，是指非居民企业转让中国居民企业的股权（不包括在公开的证券市场买入并卖出中国居民企业的股票）所取得的所得。股权转让所得的计算公式为：

$$股权转让所得 = 股权转让收入 - 股权净值$$

股权转让收入是指股权转让人转让股权所收取的对价，包括货币形式和非货币形式的各种收入。股权净值是指取得该股权的计税基础。股权的计税基础是股权转让人投资入股时向中国居民企业实际支付的出资成本，或购买该项股权时向该股权的原转让人实际支付的股权受让成本。股权在持有期间发生减值或者增值，按照国务院财政、税务主管部门规定可以确认损益的，股权净值应进行相应调整。企业在计算股权转让所得时，不得扣除被投资企业未分配利润等股东留存收益中按该项股权所可能分配的金额。多次投资或收购的同项股权被部分转让的，从该项股权全部成本中按照转让比例计算确定被转让股权对应的成本。

（3）股权转让价格规定。非居民企业向其关联方转让中国居民企业股权，其转让价格不符合独立交易原则而减少应纳税所得额的，税务机关有权按照合理方法进行调整。境外投资方（实际控制方）同时转让境内或境外多个控股公司股权的，被转让股权的中国居民企业应将整体转让合同和涉及本企业的分部合同提供给主管税务机关。如果没有分部合同，被转让股权的中国居民企业应向主管税务机关提供被整体转让的各个控股公司的详细材料，准确划分境内被转让企业的转让价格。如果不能准确划分转让价格，主管税务机关有权选择合理的方法对转让价格进行调整。

2. 境内外企业间发生的股权和资产收购交易适用特殊性税务处理的规定

（1）境内外企业间发生的股权和资产收购交易适用特殊性税务处理的条件。企业发生涉及境内与境外（包括港澳台地区）之间的股权和资产收购交易，除应符合境内业务特殊性税务处理规定的条件外，还应同时符合下列条件，才可选择适用特殊性税务处理规定。①非居民企业向其100%直接控股的另一非居民企业转让其拥有的居民企业股权，没有因此造成以后该项股权转让预提所得税负担变化，且转让方非居民企业向主管税务机关书面承诺在3年内（含3年）

不转让其拥有的受让方非居民企业的股权。该种情形包括因境外企业分立、合并导致中国居民企业股权被转让情形。②非居民企业向与其具有 100% 直接控股关系的居民企业转让其拥有的另一居民企业股权。③居民企业以其拥有的资产或股权向其 100% 直接控股的非居民企业进行投资。④财政部、国家税务总局核准的其他情形。

（2）适用特殊性税务处理应提交的资料。发生上述第①、②项规定的重组，适用特殊税务处理的，应于股权转让合同或协议生效且完成工商变更登记手续 30 日内进行备案。属于上述第①项情形的，由转让方向被转让企业所在地所得税主管税务机关备案；属于上述第②项情形的，由受让方向其所在地所得税主管税务机关备案。股权转让方或受让方可以委托代理人办理备案事项；代理人在代为办理备案事项时，应向主管税务机关出具备案人的书面授权委托书。

股权转让方、受让方或其授权代理人（以下简称备案人）办理备案时应填报以下资料：

①《非居民企业股权转让适用特殊性税务处理备案表》（见表 9-1）；

②股权转让业务总体情况说明，应包括股权转让的商业目的、证明股权转让符合特殊性税务处理条件、股权转让前后的公司股权架构图等资料；

③股权转让业务合同或协议（为外文文本的，同时附送中文译本）；

④工商等相关部门核准企业股权变更事项证明资料；

⑤截至股权转让时，被转让企业历年的未分配利润资料；

⑥税务机关要求的其他材料。

表 9-1　　　非居民企业股权转让适用特殊性税务处理备案表

备案人（盖章）：　　　　　　　　　　　　　　　　　金额单位：元

被转让企业	名称		地址		联系人	
	联系电话		所在地主管税务机关			
受让方	名称		地址		联系人	
	联系电话		所属国家（地区）或境内所在地主管税务机关			
转让方	名称		所属国家（地区）			
属于 59 号文第七条的情形			第（一）项　第（二）项			
转让方持有的股份占被转让企业全部股份的比例（%）			受让方股权支付金额占交易支付总额的比例（%）			
股权转让交易支付总额			其中：股权支付金额			

股权转让合同或协议生效时间		被转让企业工商登记变更日期	
谨声明：本表所填报内容及所附证明材料真实、完整、准确。			
经办人：　　负责人签章：			年　月　日
受理人：			主管税务机关公章 年　月　日

填表说明：

（1）受让方若为非居民企业，则在"所属国家（地区）或境内所在地主管税务机关"栏中填写所属国家（地区）名称；若为居民企业，则填写境内所在地所得税主管税务机关名称。

（2）股权交易金额按股权转让合同的币种填写，备案人应在"属于59号文第七条的情形"对应栏中打"√"。

（3）本表一式两份，主管税务机关和备案人各留存一份。

发生上述第③项规定的重组"居民企业以其拥有的资产或股权向其具有100%直接控股关系的非居民企业进行投资"，其资产或股权的转让收益如选择特殊性税务处理，可以在10个纳税年度内均匀计入各年度的应纳税所得额，并应向其所在地主管税务机关报送以下资料：①当事方的重组情况说明，申请文件中应说明股权转让的商业目的；②双方所签订的股权转让协议；③双方控股情况说明；④由评估机构出具的资产或股权评估报告，报告中应分别列示涉及的各单项被转让资产和负债的公允价值；⑤证明重组符合特殊性税务处理条件的资料，包括股权或资产转让比例，支付对价情况，以及12个月内不改变资产原来的实质性经营活动、不转让所取得股权的承诺书等；⑥税务机关要求的其他材料。

【例9-5】英属离岸公司B拥有一家中国内地注册的100%控股的全资子公司C。2021年，B公司决定在中国香港注册一家全资子公司A，并由A公司收购B公司所拥有的子公司C100%的股权，收购完成后C公司变成A公司100%控股的全资子公司。

问：上述交易是否涉及境内企业所得税？

【解析】

有人认为，在中国香港注册成立的 A 公司在收购英属离岸公司 B 所持有的中国内地注册的 C 公司的股权，收购行为完成，与中国内地税法没有遵从关系，股权转让所得适用英属离岸公司 B 注册地的税收政策，假如英属离岸公司 B 的注册地适用的是免税政策，则上述股权收购行为没有产生纳税义务。

其实不然，A 公司和英属离岸公司 B 按照《企业所得税法》均属于依照外国（地区）法律成立且实际管理机构不在中国境内，但有来源于中国境内 C 公司所得的非居民企业。之所以要做看似没有意义的股权跨境收购，很明显，是因为逃避中国境内的企业所得税。《国家税务总局关于下发协定股息税率情况一览表的通知》（国税函〔2008〕112 号）规定，根据《企业所得税法》及其实施条例的规定，自 2008 年 1 月 1 日起，非居民企业从我国居民企业获得的股息将按照 10% 的税率征收预提所得税。但是，我国政府同外国政府订立的关于对所得避免双重征税和防止偷漏税的协定以及内地与香港、澳门间的税收安排（以下统称协定），与国内税法有不同规定的，依照协定的规定办理。根据这一规定，A 公司只要对境内子公司 C 控股 25% 以上，其从境内取得的股息就可以按照协定股息税率 5% 计算预提所得税，而英属离岸公司 B 从境内取得的股息收入则要按照 10% 的税率计算预提所得税。两个税率相差 5 个百分点，以人民币 1 亿元计算，即税款相差 500 万元，这确实是一个非常可观的数字。

但是，非居民企业通过实施不具有合理商业目的的安排，间接转让中国居民企业股权等财产，规避企业所得税纳税义务的，应按照企业所得税法规定，重新定性该间接转让交易，确认为直接转让中国居民企业股权等财产。

间接转让中国应税财产，是指非居民企业通过转让直接或间接持有中国应税财产的境外企业（不含境外注册中国居民企业，以下称境外企业）股权及其他类似权益（以下简称股权），产生与直接转让中国应税财产相同或相近实质结果的交易，包括非居民企业重组引起境外企业股东发生变化的情形。间接转让中国应税财产的非居民企业称股权转让方。

【友情提示】

A 公司是非居民企业，英属离岸公司 B 当然也是非居民企业，而 B 公司的全资子公司 C 是中国境内的居民企业。如果 A 公司收购 B 公司拥有的 C 公司的全部股权，其从境内取得股息就可以按照协定股息税率 5% 计算预提所得税，而英属离岸公司 B 从境内取得的股息收入则要按照 10% 的税率计算预提所得税。

　　财税〔2009〕59号文件明确规定，涉及境内、境外的股权收购行为必须同时满足财税〔2009〕59号文件第五条的五个条件和第七条的四个条件才可以适用特殊性税务处理，享受免征企业所得税的政策优惠，而该案例中的策划恰恰忽视了财税〔2009〕59号文件第七条第一款"非居民企业向其100%直接控股的另一非居民企业转让其拥有的居民企业的股权，没有因此造成以后该项股权转让所得预提税负担发生变化"的规定，同时违反了财税〔2009〕59号文件第五条第一款"具有合理的商业目的，且不以减少、免除或者推迟缴纳税款为主要目的"的规定。因为B公司向A公司转让其拥有的C公司股权属于非居民企业B公司向其100%直接控股的另一非居民企业A公司转让其拥有的居民企业的股权，转让目的已使以后预提税负担发生变化，此行为不具有合理的商业目的，且以减少、免除或者推迟缴纳税款为主要目的，所以不能适用特殊性税务处理规定，也不能执行协定的股息预提所得税税率。该方案既不能免除境内纳税义务，也不能降低境内企业所得税税负。

9.1.7　企业重组后的税收优惠承继

　　（1）在企业吸收合并中，合并后的存续企业性质及适用税收优惠的条件未发生改变的，可以继续享受合并前该企业剩余期限的税收优惠，其优惠金额按存续企业合并前一年的应纳税所得额（亏损计为零）计算。

　　（2）在企业存续分立中，分立后的存续企业性质及适用税收优惠的条件未发生改变的，可以继续享受分立前该企业剩余期限的税收优惠，其优惠金额按该企业分立前一年的应纳税所得额（亏损计为零）乘以分立后存续企业资产占分立前该企业全部资产的比例计算。

　　（3）企业合并或分立，合并各方企业或分立企业涉及享受《企业所得税法》第五十七条中规定的就企业整体（即全部生产经营所得）享受的税收优惠过渡政策尚未期满的，仅就存续企业未享受完的税收优惠，按照上述（1）（2）的规定执行；注销的被合并或被分立企业未享受完的税收优惠，不再由存续企业承继；合并或分立而新设的企业不得再承继或重新享受上述优惠。合并或分立各方企业按照《企业所得税法》的税收优惠规定和税收优惠过渡政策中就企业有关生产经营项目的所得享受的税收优惠承继问题，按照《企业所得税法实施条例》第八十九条规定执行，即依照企业所得税法规定享受减免税优惠的项目，在减免税期限内转让的，受让方自受让之日起，可以在剩余期限内享受规定的减免税优惠；减免税期限届满后转让的，受让方不得就该项目重复享受减免税优惠。

（4）根据财税〔2009〕59 号文件第六条第（四）项第 2 款规定，被合并企业合并前的相关所得税事项由合并企业承继。根据财税〔2009〕59 号文件第六条第（五）项第 2 款规定，被分立企业已分立出去资产相应的所得税事项由分立企业承继。这些事项包括尚未确认的资产损失、分期确认收入的处理以及尚未享受期满的税收优惠政策承继处理问题等。其中，对税收优惠政策承继处理问题，凡属于依照《企业所得税法》第五十七条中规定的就企业整体（即全部生产经营所得）享受税收优惠过渡政策的，合并或分立后的企业性质及适用税收优惠条件未发生改变的，可以继续享受合并前各企业或分立前被分立企业剩余期限的税收优惠。合并前各企业剩余的税收优惠年限不一致的，合并后企业每年度的应纳税所得额，应统一按合并日各合并前企业资产占合并后企业总资产的比例进行划分，再分别按相应的剩余优惠计算应纳税额。

9.1.8　企业重组备案

企业重组业务适用特殊性税务处理的，除财税〔2009〕59 号文件第四条第（一）项所称企业发生其他法律形式简单改变情形外，重组各方应在该重组业务完成当年，办理企业所得税年度申报时，分别向各自主管税务机关报送《企业重组所得税特殊性税务处理报告表》（见表 9-2）及附表和申报资料。合并、分立中重组一方涉及注销的，应在尚未办理注销税务登记手续前进行申报。

表 9-2　　　　企业重组所得税特殊性税务处理报告表

纳税人名称 （盖章）		纳税人识别号		
单位地址		财务负责人		
主管税务机关 （全称）		联系电话		
重组日：		重组业务开始年度：		重组业务完成年度：
重组交易类型	企业在重组业务中所属当事方类型			
法律形式改变				
债务重组	债务人	债权人		
股权收购	收购方	转让方	被收购企业	
资产收购	收购方	转让方		

合并	合并企业	被合并企业	被合并企业股东	
分立	分立企业	被分立企业	被分立企业股东	
特殊性税务处理条件	（一）具有合理的商业目的，且不以减少、免除或者推迟缴纳税款为主要目的。			□
	（二）被收购、合并或分立部分的资产或股权比例符合规定的比例。			□比例 %
	（三）企业重组后的连续 12 个月内不改变重组资产原来的实质性经营活动。			□
	（四）重组交易对价中涉及股权支付金额符合规定比例。			□比例 %
	（五）企业重组中取得股权支付的原主要股东，在重组后连续 12 个月内，不得转让所取得的股权。			□
主管税务机关受理意见	（受理专用章） 年 月 日			
其他需要说明的事项（重组业务其他需要说明的事项，如没有则填"无"）：				
纳税人声明	谨声明：本人知悉并保证本表填报内容及所附证明材料真实、完整，并承担因资料虚假而产生的法律和行政责任。			
	法定代表人签章： 年 月 日			
填表人：		填表日期：		

企业重组业务适用特殊性税务处理的，申报时，当事各方还应向主管税务机关，提交重组前连续 12 个月内有无与该重组相关的其他股权、资产交易情况的说明，并说明这些交易与该重组是否构成分步交易，是否作为一项企业重组业务进行处理。

按照重组类型，企业重组的当事各方是指：

（1）债务重组中当事各方，指债务人、债权人；

（2）股权收购中当事各方，指收购方、转让方及被收购企业；

（3）资产收购中当事各方，指收购方、转让方；

（4）合并中当事各方，指合并企业、被合并企业及被合并企业股东；

（5）分立中当事各方，指分立企业、被分立企业及被分立企业股东。

上述重组交易中，股权收购中转让方、合并中被合并企业股东和分立中被分立企业股东，可以是自然人。当事各方中的自然人应按个人所得税的相关规定进行税务处理。

重组当事各方企业适用特殊性税务处理的（指重组业务符合财税〔2009〕59 号文件和财税〔2014〕109 号文件第一条、第二条规定条件并选择特殊性税务处理的，下同），应按如下规定确定重组主导方。

（1）债务重组，主导方为债务人。

（2）股权收购，主导方为股权转让方，涉及两个或两个以上股权转让方，由转让被收购企业股权比例最大的一方作为主导方（转让股权比例相同的可协商确定主导方）。

（3）资产收购，主导方为资产转让方。

（4）合并，主导方为被合并企业，涉及同一控制下多家被合并企业的，以净资产最大的一方为主导方。

（5）分立，主导方为被分立企业。

当事各方的其中一方在规定时间内发生生产经营业务、公司性质、资产或股权结构等情况变化，致使重组业务不再符合特殊性税务处理条件的，发生变化的当事方应在情况发生变化的 30 日内书面通知其他所有当事方。主导方应在接到通知后 30 日内将有关变化通知其主管税务机关。上面所述情况发生变化后 60 日内，应按照财税〔2009〕59 号文件第四条的规定调整重组业务的税务处理。原交易各方应各自按原交易完成时资产和负债的公允价值计算重组业务的收益或损失，调整交易完成纳税年度的应纳税所得额及相应的资产和负债的计税基础，并向各自主管税务机关申请调整交易完成纳税年度的企业所得税年度申报表。逾期不调整申报的，按照《税收征管法》的相关规定处理。

企业重组的当事各方应该取得并保管与该重组有关的凭证、资料，保管期限按照《税收征管法》的有关规定执行。

9.1.9　企业改制重组中的印花税问题

1. 关于资金账簿的印花税

（1）实行公司制改造的企业在改制过程中成立的新企业（重新办理法人登记的），其新启用的资金账簿记载的资金或因企业建立资本纽带关系而增加的资金，凡原已贴花的部分可不再贴花，未贴花的部分和以后新增加的资金按规定贴花。

公司制改造包括：国有企业依《公司法》整体改造成国有独资有限责任公司；企业通过增资扩股或者转让部分产权，实现他人对企业的参股，将企业改造成有限责任公司或股份有限公司；企业以其部分资产和相应债务与他人组建新公司；企业将债务留在原企业，而以其优质资产与他人组建新公司。

（2）企业发生分立、合并或联营等变更后，凡依照有关规定办理法人登记的新企业所设立的资金账簿，应于启用时按规定计税贴花；凡不需重新进行法人登记的企业原有的资金账簿，已贴印花继续有效。

（3）企业债权转股权新增加的资金按规定贴花。

（4）企业改制中经评估增加的资金按规定贴花。

（5）企业其他会计科目记载的资金转为实收资本或资本公积的资金按规定贴花。

2. 关于各类应税合同的印花税

企业改制前签订但尚未履行完的各类应税合同，改制后需要变更执行主体的，对仅改变执行主体，其余条款未变动且改制前已贴花的，不再贴花。

3. 关于产权转移书据的印花税

企业因改制签订的产权转移书据免予贴花。

9.2　清算业务企业所得税处理

9.2.1　清算业务企业所得税处理的概念

清算业务企业所得税处理，是指企业在不再持续经营，发生结束自身业务、处置资产、偿还债务以及向所有者分配剩余财产等经济行为时，对清算所得、清算所得税、股息分配等事项的处理。

9.2.2　企业清算的三种情形

1. 按公司法、企业破产法等规定需要进行企业清算的三种情形

（1）企业解散。合资、合作、联营企业在经营期满后，不再继续经营而解散；合作企业的一方或多方违反合同、章程而提前终止合作关系解散。

（2）企业破产。企业不能清偿到期债务，或者企业法人已解散但未清算或者未清算完毕，资产不足以清偿债务的，债权人或者依法负有清算责任的人向人民法院申请破产清算。

（3）其他原因清算。企业因自然灾害、战争等不可抗力遭受损失，无法经营下去，应进行清算；企业因违法经营，造成环境污染或危害社会公众利益，被停业、撤销，应当进行清算。

2. 企业重组中需要按清算处理的企业

根据《财政部 国家税务总局关于企业重组业务企业所得税处理若干问题的

通知》（财税〔2009〕59 号）的规定，企业重组中需要按清算处理的企业包括：

（1）企业由法人转变为个人独资企业、合伙企业等非法人组织，或将登记注册地转移至中华人民共和国境外（包括港澳台地区），应进行企业所得税清算；

（2）不适用特殊性税务处理的企业合并中，被合并企业及其股东都应按清算进行所得税处理；

（3）不适用特殊性税务处理的企业分立中，被分立企业不再继续存在时，被分立企业及其股东都应按清算进行所得税处理。

9.2.3　企业清算的时限规定

企业清算期间已经不是企业正常的生产经营期间，正常的核算原则将不再适用，因而会计核算及应纳税所得额的计算也应终止持续经营假设。与告别持续经营前提相对应，企业清算时应以清算期间作为独立纳税年度。《企业所得税法》规定，企业在一个纳税年度中间开业，或者终止经营活动，使该纳税年度的实际经营期不足 12 个月的，应当以其实际经营期为一个纳税年度。企业依法清算时，应当以清算期间作为一个纳税年度。同时，企业在年度中间终止经营活动的，应当自实际经营终止之日起 60 日内，向税务机关办理当期企业所得税汇算清缴。企业应当在办理注销登记前，就其清算所得向税务机关申报并依法缴纳企业所得税。

《财政部 国家税务总局关于企业清算业务企业所得税处理若干问题的通知》（财税〔2009〕60 号）规定，企业应将整个清算期作为一个独立的纳税年度计算清算所得，无论清算期间实际是长于 12 个月还是短于 12 个月都要视为一个纳税年度，以该期间为基准计算确定企业应纳税所得额。企业如果在年度中间终止经营，该年度终止经营前属于正常生产经营年度，此后则属于清算年度。

9.2.4　企业清算财产的处理

企业清算税务处理的核心是清算财产（资产）的处理。《企业所得税法》规定，企业将剩余财产分配给股东前要就清算所得缴纳企业所得税。所以，企业清算期间的资产无论是否实际处置，一律视同变现，确认增值或者损失。确认清算环节，企业资产的增值或者损失应按其可变现价值或者公允价值进行计算。清算期间，企业实际处置资产时按照正常交易价格取得的收入作为变现损益。

9.2.5 企业清算的企业所得税处理内容

企业的全部资产可变现价值或交易价格，减除资产的计税基础、清算费用、相关税费，加上债务清偿损益等后的余额，为清算所得。企业清算的所得税处理包括以下内容：

（1）全部资产均应按可变现价值或交易价格，确认资产转让所得或损失；

（2）确认债权清理、债务清偿的所得或损失；

（3）改变持续经营核算原则，对预提或待摊性质的费用进行处理；

（4）依法弥补亏损，确定清算所得；

（5）计算并缴纳清算所得税；

（6）确定可向股东分配的剩余财产、应付股息等。清算所得的计算公式如下：

清算所得 = 企业的全部资产可变现价值或交易价格 – 资产的计税基础 – 清算费用 – 相关税费 + 债务清偿损益 – 弥补以前年度亏损

其中，

债务清偿损益 = 债务的计税基础 – 债务的实际偿还金额

正数为收益，负数为损失。

相关税费为企业在清算过程中发生的相关税费，不包含企业以前年度欠税。

【友情提示】

清算所得不适用优惠政策。企业清算期间，正常的生产经营都已经停止，企业取得的所得已经不是正常的生产经营所得，企业所得税优惠政策的适用对象已经不存在，因而企业清算期间所得税优惠待遇一律停止享受，企业应就其清算所得依照税法规定的 25% 的法定税率缴纳企业所得税。比如，位于西部开发税收优惠区的某企业，在正常经营期间享受的是 15% 的定期低税率优惠，如果企业注销，其清算所得必须适用 25% 的企业所得税法定税率。同样，一个正常经营期间享受 20% 优惠税率的小型微利企业，在清算时也应该依照 25% 的税率缴纳企业所得税。

9.2.6 企业清算所得的计算和分配

企业全部资产的可变现价值或交易价格减除清算费用、职工的工资、社会保险费用和法定补偿金，结清清算所得税、以前年度欠税等税款，清偿企业债务，按规定计算可以向所有者分配的剩余资产。

被清算企业的股东分得的剩余资产的金额，其中相当于被清算企业累计未分配利润和累计盈余公积中按该股东所占股份比例计算的部分，应确认为股息所得；剩余资产减除股息所得后的余额，超过或低于股东投资成本的部分，应确认为股东的投资转让所得或损失。

9.3　典型问题探讨

问题 1. 企业不注销，多缴企业所得税可否退还？

【提问】 企业不注销，多缴企业所得税可否退还？

【解析】

房地产开发企业在开发项目竣工结算前转让房地产取得的收入，由于涉及成本确定或其他原因，而无法据以计算土地增值税，可以预征土地增值税。根据《房地产经营业务企业所得税处理办法》（国税发〔2009〕31 号）第十二条的规定，预征土地增值税可以在当期税前扣除，这与该办法所强调的企业通过正式签订房地产销售合同或房地产预售合同所取得的收入，应确认为销售收入的实现的规定具有配比性。

不可否认，土地增值税有效预征时间并不长，预征率也存在前低后高的现象，清算大范围展开也是近几年的事情。因此，难免存在房地产开发企业项目竣工前预缴土地增值税较少，项目结束后开始清算产生巨额土地增值税，却因无项目、无收入而无法进行税前扣除的情形，如果企业注销，这笔损失就无法弥补。针对此种问题，《国家税务总局关于房地产开发企业土地增值税清算涉及企业所得税退税有关问题的公告》（国家税务总局公告 2016 年第 81 号）规定如下。

（1）企业按规定对开发项目进行土地增值税清算后，当年企业所得税汇算清缴出现亏损且有其他后续开发项目的，该亏损应按照税法规定向以后年度结转，用以后年度所得弥补。后续开发项目，是指正在开发以及中标的项目。

（2）企业按规定对开发项目进行土地增值税清算后，当年企业所得税汇算清缴出现亏损，且没有后续开发项目的，可以按照以下方法，计算出该项目由土地增值税导致的项目开发各年度多缴企业所得税税款，并申请退税。

①该项目缴纳的土地增值税总额，应按照该项目开发各年度实现的项目销售收入占整个项目销售收入总额的比例，在项目开发各年度进行分摊，具体按以下公式计算：

各年度应分摊的土地增值税 ＝ 土地增值税总额 ×（项目年度销售收入 ÷ 整个

项目销售收入总额)

本公告所称销售收入包括视同销售房地产的收入，但不包括企业销售的增值额未超过扣除项目金额20%的普通标准住宅的销售收入。

②该项目开发各年度应分摊的土地增值税减去该年度已经在企业所得税税前扣除的土地增值税后，余额属于当年应补充扣除的土地增值税；企业应调整当年度的应纳税所得额，并按规定计算当年度应退的企业所得税税款；当年度已缴纳的企业所得税税款不足退税的，应作为亏损向以后年度结转，并调整以后年度的应纳税所得额。

③按照上述方法进行土地增值税分摊调整后，导致相应年度应纳税所得额出现正数的，应按规定计算缴纳企业所得税。

④企业按上述方法计算的累计退税额，不得超过其在该项目开发各年度累计实际缴纳的企业所得税；超过部分作为项目清算年度产生的亏损，向以后年度结转。

（3）企业在申请退税时，应向主管税务机关提供书面材料说明应退企业所得税税款的计算过程，包括该项目缴纳的土地增值税总额、项目销售收入总额、项目年度销售收入额、各年度应分摊的土地增值税和已经税前扣除的土地增值税、各年度的适用税率，以及是否存在后续开发项目等情况。

问题 2. 如何计算清算时的企业所得税？

【提问】

2019 年 5 月，大牛集团公司二牛子公司注销经营，开始清算，清算日资产负债表如表9-3、表9-4所示。

表9-3　　　　　清算日资产负债表的资产部分

单位：万元

资产	账面价值	计税基础	资产的可变现净值（交易价格）
银行存款	100	100	100
应收账款	300	300	250
存货	400	380	450
固定资产	4 500	5 300	5 800
房屋	3 000	3 300	4 000
机器设备	1 500	2 000	1 800
无形资产（专利）	50	80	90
待摊费用（预付租金尚未摊销额）	10	—	—
合计	5 360	6 160	6 690

表 9-4　　　　　清算日资产负债表的负债及所有者权益部分

单位：万元

负债及所有者权益	账面价值	计税基础	最终清偿额
应付账款	2 500	2 500	2 000
应交税费（以前年度欠税）	500	500	500
应付职工薪酬	300	300	300
短期借款	1 500	1 500	1 000
预提费用（预提短期借款利息）	400	—	—
预计负债（售后服务费）	50	—	30
负债合计	5 250	4 800	3 830
实收资本	1 000		
盈余公积	—		
未分配利润	-890		
所有者权益合计	110		

要求：计算清算时的企业所得税。

【解析】

1. 计算清算所得

企业清算期内支付清算费用 200 万元，支付职工安置费、法定补偿金 150 万元。清算过程中发生的相关税费为 118 万元，以前年度可以弥补的亏损为 200 万元。企业将在预计负债中提取售后服务费支付给第三方服务机构 30 万元，负责公司已销售产品的售后维修。

清算所得为：（6 690 - 6 160）+（4 800 - 3 830）- 200 - 150 - 118 = 1 032（万元）。

清算所得税为：（1 032 - 200）× 25% = 208（万元）。

2. 计算可分配剩余财产

被清算企业的股东（大牛集团公司）从被清算企业（二牛子公司）分得的资产应按可变现价值或实际交易价格确定计税基础。

二牛子公司可以向所有者大牛集团公司分配的剩余财产为：6 690 - 200 - 150 - 118 - 208 - 3 830 = 2 184（万元）。

3. 计算股东投资损益

清算损益为：（6 690 - 5 360）+（5 250 - 3 830）- 200 - 150 - 118 - 208 = 2 074（万元）。

累计未分配利润为：2 074 - 890 = 1 184（万元）。

因此，大牛集团公司分得的剩余财产中包含被清算企业（二牛子公司）累计未分配利润和累计盈余公积中按该股东（大牛集团公司）所占股份比例计算的部分为 1 184 万元。

投资转让所得为：2 184 – 1 184 – 1 000 = 0（万元）。

大牛集团公司该项投资最终产生 1 184 万元的投资收益，均为权益性投资收益，不用补缴企业所得税，留存被投资企业（二牛子公司）填报的加盖主管税务机关受理章的《中华人民共和国清算所得税申报表》及附表三《剩余财产计算和分配明细表》复印件。

如果大牛集团公司分配取得的财产不是现金，而是其他非货币性资产，则这些非货币性资产的入账价值按可变现价值或实际交易价格确定计税基础。

【友情提示】

企业清算所得不能享受税收优惠，但是对于股东可分配剩余财产，其中的一部分作为股息，一部分作为资本利得。股东分配剩余财产中确认为股息所得的部分，符合条件的可以作为免税收入看待。因此，被清算的企业不能适用税收优惠，但是继续存在的股东依然可以享受法定优惠，而不是全部可分配资产都要缴纳企业所得税。不过对于缴纳个人所得税的自然人股东来说，就不能享受这种税收优惠了。

第 10 章
建筑施工企业合并的会计实务

10.1 企业合并

10.1.1 企业合并概述

一、企业合并的界定

企业合并是将两个或两个以上单独的企业合并形成一个报告主体的交易或事项。

企业合并的结果通常是一个企业取得了对一个或多个业务的控制权。如果一个企业取得了对另一个或多个企业的控制权，而被购买方（或被合并方）并不构成业务，则该交易或事项不形成企业合并。企业取得了不形成业务的一组资产或是净资产时，应将购买成本在基于购买日所取得各项可辨认资产、负债的相对公允价值基础上进行分配，不按照企业合并准则进行处理。

业务是指企业内部某些生产经营活动或资产负债的组合，该组合具有投入、加工处理过程和产出能力，能够独立计算其成本费用或所产生的收入，但一般不构成一个企业，不具有独立的法人资格，如企业的分公司、独立的生产车间、不具有独立法人资格的分部等。

从企业合并的定义看，是否形成企业合并，除要看取得的企业是否构成业务之外，关键还要看有关交易或事项发生前后，是否引起报告主体的变化。报告主体的变化产生于控制权的变化。在交易或事项发生以后，一方能够对另一方的生产经营决策实施控制，形成母子公司关系，涉及控制权的转移，该交易或事项发生以后，子公司需要纳入母公司合并财务报表的范围，从合并财务报告角度形成报告主体的变化；交易或事项发生以后，一方能够控制另一方的全部净资产，被合并的企业在合并后失去其法人资格，也涉及控制权的变化及报告主体的变化，形成企业合并。

二、企业合并的方式

企业合并从合并方式划分，包括控股合并、吸收合并和新设合并。

（一）控股合并

合并方（或购买方，下同）通过企业合并交易或事项取得对被合并方（或被购买方，下同）的控制权，企业合并后能够通过所取得的股权等主导被合并方的生产经营决策并自被合并方的生产经营活动中获益，被合并方在企业合并后仍维持其独立法人资格继续经营的，为控股合并。

（二）吸收合并

合并方在企业合并中取得被合并方的全部净资产，并将有关资产、负债并入合并方自身的账簿和报表进行核算。企业合并后，注销被合并方的法人资格，由合并方持有合并中取得的被合并方的资产、负债，在新的基础上继续经营，该类合并为吸收合并。

（三）新设合并

参与合并的各方在企业合并后法人资格均被注销，重新注册成立一家新的企业，由新注册成立的企业持有参与合并各企业的资产、负债在新的基础上经营，为新设合并。

三、企业合并类型的划分

我国的企业合并准则将企业合并按照一定的标准划分为两大基本类型——同一控制下的企业合并与非同一控制下的企业合并。企业合并的类型划分不同，所遵循的会计处理原则也不同。

（一）同一控制下的企业合并

同一控制下的企业合并是指参与合并的企业在合并前后均受同一方或相同的多方最终控制且该控制并非暂时性的。

（二）非同一控制下的企业合并

非同一控制下的企业合并是指参与合并各方在合并前后不受同一方或相同的多方最终控制的合并交易，即除判断属于同一控制下企业合并的情况以外其他的企业合并。

10.1.2 同一控制下的企业合并

同一控制下的企业合并从合并方出发，确定合并方在合并日对于企业合并事项应进行的会计处理。合并方是指取得对其他参与合并企业控制权的一方，合并日是指合并方实际取得对被合并方控制权的日期。

一、同一控制下企业合并的处理原则

同一控制下的企业合并，合并方应遵循以下原则进行相关的处理。

（1）合并方在合并中确认取得的被合并方的资产、负债仅限于被合并方账面上原已确认的资产和负债，合并中不产生新的资产和负债。

（2）合并方在合并中取得的被合并方各项资产、负债应维持其在被合并方的原账面价值不变。

（3）合并方在合并中取得的净资产的入账价值相对于为进行企业合并支付的对价账面价值之间的差额，不作为资产的处置损益，不影响合并当期利润表，有关差额应调整所有者权益相关项目。合并方在企业合并中取得的价值量相对于所放弃价值量之间存在差额的，应当调整所有者权益。在根据合并差额调整合并方的所有者权益时，应首先调整资本公积（资本溢价或股本溢价），资本公积（资本溢价或股本溢价）的余额不足冲减的，应冲减留存收益。

（4）对于同一控制下的控股合并，合并方在编制合并财务报表时，应视同合并后形成的报告主体自最终控制方开始实施控制时一直是一体化存续下来的，参与合并各方在合并以前期间实现的留存收益应体现为合并财务报表中的留存收益。在合并财务报表中，应以合并方的资本公积（或经调整后的资本公积中的资本溢价部分）为限，在所有者权益内部进行调整，将被合并方在合并日以前实现的留存收益中按照持股比例计算归属于合并方的部分自资本公积转入留存收益。

二、会计处理

同一控制下的企业合并，视合并方式不同，应当分别按照以下规定进行会计处理。

（一）同一控制下的控股合并

同一控制下的企业合并中，合并方在合并后取得对被合并方生产经营决策的控制权，并且被合并方在企业合并后仍然继续经营的，合并方在合并日涉及两个方面的问题：一是对于因该项企业合并形成的对被合并方的长期股权投资的确认和计量问题；二是合并日合并财务报表的编制问题。

1. 长期股权投资的确认和计量

按照《企业会计准则第 2 号——长期股权投资》的规定，形成同一控制下企业合并的长期股权投资，合并方应以合并日应享有被合并方账面所有者权益的份额作为形成长期股权投资的初始投资成本，借记"长期股权投资"科目，按享有被投资单位已宣告但尚未发放的现金股利或利润，借记"应收股利"科目，按支付的合并对价的账面价值，贷记有关资产科目或借记有关负债科目，以支付现金、非现金资产方式进行的，该初始投资成本与支付的现金、非现金资产的差额，相应调整资本公积（资本溢价或股本溢价），资本公积（资本溢价或股本溢价）的余额不足冲减的，依次冲减盈余公积、未分配利润；以发行权益性证券方式进行的，长期股权投资的初始投资成本与所发行股份的面值总额之间的差额，应调整资本公积（资本溢价或股本溢价），资本公积（资本溢价或股本溢价）的余额不足冲减的，相应调整盈余公积和未分配利润。

2. 合并日合并财务报表的编制

同一控制下的企业合并形成母子公司关系的，合并方一般应在合并日编制合并财务报表，反映于合并日形成的报告主体的财务状况、视同该主体一直存在产生的经营成果等。

编制合并日的合并财务报表时，一般包括合并资产负债表、合并利润表及合并现金流量表。

（二）同一控制下的吸收合并

同一控制下的吸收合并中，合并方主要涉及合并日取得被合并方资产、负债入账价值的确定，以及合并中取得有关净资产的入账价值与支付的合并对价账面价值之间差额的处理。

1. 合并日取得资产、负债入账价值的确定

合并方对同一控制下吸收合并中取得的资产、负债应当按照相关资产、负债在被合并方的原账面价值入账。其中，对于合并方与被合并方在企业合并前采用的会计政策不同的，在将被合并方的相关资产和负债并入合并方的账簿和报表进行核算之前，首先应基于重要性原则，统一被合并方的会计政策，即应当按照合并方的会计政策对被合并方的有关资产、负债的账面价值进行调整，以调整后的账面价值确认。

2. 合并差额的处理

合并方在确认了合并中取得的被合并方的资产和负债的入账价值后，以发行权益性证券方式进行的该类合并，所确认的净资产入账价值与发行股份面值总额的差额，应计入资本公积（资本溢价或股本溢价），资本公积（资本溢价或股本溢价）的余额不足冲减的，相应冲减盈余公积和未分配利润；以支付现金、非现金资产方式进行的该类合并，所确认的净资产入账价值与支付的现金、非现金资产账面价值的差额，相应调整资本公积（资本溢价或股本溢价），资本公

积（资本溢价或股本溢价）的余额不足冲减的，应依次冲减盈余公积、未分配利润。

（三）合并方为进行企业合并发生的有关费用的处理

合并方为进行企业合并发生的有关费用指合并方为进行企业合并发生的各项直接相关费用，如为进行企业合并支付的审计费用、进行资产评估的费用以及有关的法律咨询费用等增量费用。

同一控制下企业合并进行过程中发生的各项直接相关的费用，应于发生时费用化计入当期损益。借记"管理费用"等科目，贷记"银行存款"等科目，但以下两种情况除外。

（1）以发行债券方式进行的企业合并，与发行债券相关的佣金、手续费等应按照《企业会计准则第 22 号——金融工具确认和计量》的规定进行核算。即该部分费用虽然与筹集用于企业合并的对价直接相关，但其核算应遵照金融工具准则的原则，有关的费用应计入负债的初始计量金额中。其中，债券如为折价发行的，该部分费用应增加折价的金额；债券如为溢价发行的，该部分费用应减少溢价的金额。

（2）发行权益性证券作为合并对价的，与所发行权益性证券相关的佣金、手续费等应按照《企业会计准则第 37 号——金融工具列报》的规定进行核算。即与发行权益性证券相关的费用，应自所发行权益性证券的发行收入中扣减，在权益性工具发行有溢价的情况下，自溢价收入中扣减，在权益性证券发行无溢价或溢价金额不足以扣减的情况下，应当冲减盈余公积和未分配利润。

企业专设的购并部门发生的日常管理费用，如果该部门的设置并不是与某项企业合并直接相关，而是企业的一个常设部门，其设置的目的是寻找相关的购并机会等，维持该部门日常运转的有关费用，不属于与企业合并直接相关的费用，应当于发生时费用化计入当期损益。

10.1.3　非同一控制下的企业合并

非同一控制下的企业合并，主要涉及购买方及购买日的确定、企业合并成本的确定、合并中取得各项可辨认资产和负债的确认和计量、合并差额的处理等。

一、非同一控制下企业合并的处理原则

非同一控制下的企业合并，是参与合并的一方购买另一方或多方的交易，基本处理原则是购买法。

（一）确定购买方

采用购买法核算企业合并的首要前提是确定购买方。购买方是指在企业合并中取得对另一方或多方控制权的一方。合并中一方取得了另一方半数以上有表决权股份的，除非有明确的证据表明该股份不能形成控制，一般认为取得控股权的一方为购买方。某些情况下，即使一方没有取得另一方半数以上有表决权股份，但存在以下情况时，一般也可认为其获得了对另一方的控制权。

（1）通过与其他投资者签订协议，实质上拥有被购买企业半数以上表决权。

（2）按照法律或协议等的规定，具有主导被购买企业财务和经营决策的权力。

（3）有权任免被购买企业董事会或类似权力机构绝大多数成员。

（4）在被购买企业董事会或类似权力机构具有绝大多数投票权。

（二）确定购买日

购买日是购买方获得对被购买方控制权的日期，即企业合并交易进行过程中，发生控制权转移的日期。同时满足以下条件时，一般可认为实现了控制权的转移，形成购买日。

（1）企业合并合同或协议已获股东大会等内部权力机构通过，如对于股份有限公司，其内部权力机构一般指股东大会。

（2）按照规定，合并事项需要经过国家有关主管部门审批的，已获得相关部门的批准。

（3）参与合并各方已办理了必要的财产权交接手续。作为购买方，其通过企业合并无论是取得对被购买方的股权还是被购买方的全部净资产，能够形成与取得股权或净资产相关的风险和报酬的转移，一般需办理相关的财产权交接手续，从而从法律上保障有关风险和报酬的转移。

（4）购买方已支付了购买价款的大部分（一般应超过50%），并且有能力支付剩余款项。

（5）购买方实际上已经控制了被购买方的财务和经营政策，并享有相应的收益和风险。

（三）确定企业合并成本

企业合并成本包括购买方为进行企业合并支付的现金或非现金资产、发行或承担的债务、发行的权益性证券等在购买日的公允价值。

某些情况下，当企业合并合同或协议中规定视未来或有事项的发生，购买方通过发行额外证券、支付额外现金或其他资产等方式追加合并对价，或者要求返还之前已经支付的对价。购买方应当将合并协议约定的或有对价作为企业合并转移对价的一部分，按照其在购买日的公允价值计入企业合并成本。根据《企业会计准则第 22 号——金融工具确认和计量》《企业会计准则第 37 号——金融工具列报》以及其他相关准则的规定，或有对价符合金融负债或权益工具定义的，购买方应当将拟支付的或有对价确认为一项负债或权益；符合资产定义并满足资产确认条件的，购买方应当将符合合并协议约定条件的、对已支付的合并对价中可收回部分的权利确认为一项资产。

非同一控制下企业合并中发生的与企业合并直接相关的费用，包括为进行合并而发生的会计审计费用、法律服务费用、咨询费用等。与同一控制下企业合并进行过程中发生的有关费用处理原则一致，这里所称合并中发生的各项直接相关费用，不包括与为进行企业合并发行的权益性证券或发行的债务相关的手续费、佣金等，该部分费用应比照本章关于同一控制下企业合并中类似费用的原则处理，即应抵减权益性证券的溢价发行收入或是计入所发行债务的初始确认金额。

通过多次交换交易，分步取得股权最终形成企业合并的，在购买方的个别财务报表中，应当以购买日之前所持被购买方的股权投资的账面价值与购买日新增投资成本之和，作为该项投资的初始投资成本；在合并财务报表中，以购买日之前所持被购买方股权于购买日的公允价值与购买日支付对价的公允价值之和，作为合并成本。

（四）企业合并成本在取得的可辨认资产和负债之间的分配

非同一控制下的企业合并中，通过企业合并交易，购买方无论是取得对被购买方生产经营决策的控制权，还是取得被购买方的全部净资产，从本质上看，取得的均是对被购买方净资产的控制权。控股合并的情况下，购买方在其个别财务报表中应确认所形成的对被购买方的长期股权投资，该长期股权投资所代表的是购买方对合并中取得的被购买方各项资产、负债享有的份额，具体体现在合并财务报表中应列示的有关资产、负债；吸收合并的情况下，合并中取得的被购买方各项可辨认资产、负债等直接体现为购买方账簿及个别财务报表中的资产、负债项目。

（1）购买方在企业合并中取得的被购买方各项可辨认资产和负债，要作为本企业的资产、负债（或合并财务报表中的资产、负债）进行确认，在购买日，应当满足资产、负债的确认条件。有关确认条件如下。

①合并中取得的被购买方的各项资产（无形资产除外），其所带来的未来经

济利益预期能够流入企业且公允价值能够可靠计量的，应单独作为资产确认。

②合并中取得的被购买方的各项负债（或有负债除外），履行有关的义务预期会导致经济利益流出企业且公允价值能够可靠计量的，应单独作为负债确认。

（2）企业合并中取得的无形资产的确认。

非同一控制下的企业合并中，购买方在对企业合并中取得的被购买方资产进行初始确认时，应当对被购买方拥有的但在其财务报表中未确认的无形资产进行充分辨认和合理判断，满足以下条件之一的，应确认为无形资产。

①源于合同性权利或其他法定权利。

②能够从被购买方中分离或者划分出来，并能单独或与相关合同、资产和负债一起，用于出售、转移、授予许可、租赁或交换。

企业合并中取得的需要区别于商誉单独确认的无形资产一般是按照合同或法律产生的权利，某些并非产生于合同或法律规定的无形资产，需要区别于商誉单独确认的条件是能够对其进行区分，即能够区别于被购买企业的其他资产并且能够单独出售、转让、出租等。

应区别于商誉单独确认的无形资产一般包括商标、版权及与其相关的许可协议、特许权、分销权等类似权利、专利技术、专有技术等。

（3）对于购买方在企业合并时可能需要代被购买方承担的或有负债，在其公允价值能够可靠计量的情况下，应作为合并中取得的负债单独确认。

企业合并中对于或有负债的确认条件，与企业在正常经营过程中因或有事项需要确认负债的条件不同。在购买日，可能相关的或有事项导致经济利益流出企业的可能性还比较小，但其公允价值能够合理确定的情况下，即需要作为合并中取得的负债确认。

（4）企业合并中取得的资产、负债在满足确认条件后，应以其公允价值计量。

对于被购买方在企业合并之前已经确认的商誉和递延所得税项目，购买方在对企业合并成本进行分配、确认合并中取得可辨认资产和负债时不应予以考虑。

在按照规定确定了合并中应予确认的各项可辨认资产、负债的公允价值后，其计税基础与账面价值不同形成暂时性差异的，应当按照所得税会计准则的规定确认相应的递延所得税资产或递延所得税负债。

（五）企业合并成本与合并中取得的被购买方可辨认净资产公允价值份额差额的处理

购买方对于企业合并成本与确认的可辨认净资产公允价值份额的差额，应视情况分别进行如下处理。

（1）企业合并成本大于合并中取得的被购买方可辨认净资产公允价值份额的差额应确认为商誉。控股合并的情况下，该差额是指在合并财务报表中应予列示的商誉，即长期股权投资的成本与购买日按照持股比例计算确定应享有被购买方可辨认净资产公允价值份额之间的差额；吸收合并的情况下，该差额是购买方在其账簿及个别财务报表中应确认的商誉。

商誉在确认以后，持有期间不要求摊销，应当按照《企业会计准则第 8 号——资产减值》的规定对其价值进行测试，按照账面价值与可收回金额孰低的原则计量，对于可收回金额低于账面价值的部分，计提减值准备，有关减值准备在提取以后，不能够转回。

（2）企业合并成本小于合并中取得的被购买方可辨认净资产公允价值份额的部分，应计入合并当期损益。

该种情况下，购买方首先要对合并中取得的资产、负债的公允价值，以及作为合并对价的非现金资产或发行的权益性证券等的公允价值进行复核，如果复核结果表明所确定的各项资产和负债的公允价值确定是恰当的，应将企业合并成本低于取得的被购买方可辨认净资产公允价值份额之间的差额，计入合并当期的营业外收入，并在财务报表附注中予以说明。

在吸收合并的情况下，上述企业合并成本小于合并中取得的被购买方可辨认净资产公允价值份额的差额，应计入购买方合并当期的个别利润表；在控股合并的情况下，上述差额应体现在购买方合并当期的合并利润表中，不影响购买方的个别利润表。

（六）企业合并成本或有关可辨认资产、负债公允价值暂时确定的情况

对于非同一控制下的企业合并，如果在购买日或合并当期期末，因各种因素影响无法合理确定企业合并成本或合并中取得有关可辨认资产、负债公允价值的，在合并当期期末，购买方应以暂时确定的价值为基础对企业合并交易或事项进行核算。继后取得进一步信息表明有关资产、负债公允价值与暂时确定的价值不同的，应分以下不同情况进行处理。

1. 购买日后 12 个月内对有关价值量的调整

在合并当期期末以暂时确定的价值对企业合并进行处理的情况下，自购买日算起 12 个月内取得进一步的信息表明需对原暂时确定的企业合并成本或所取得的资产、负债的暂时性价值进行调整的，应视同在购买日发生，即应进行追

溯调整，同时对以暂时性价值为基础提供的比较报表信息，也应进行相关的调整。

2. 超过规定期限后的价值量调整

自购买日算起 12 个月以后对企业合并成本或合并中取得的可辨认资产、负债价值的调整，应当按照《企业会计准则第 28 号——会计政策、会计估计变更和会计差错更正》的原则进行处理，即应视为会计差错更正，在调整相关资产、负债账面价值的同时，应调整所确认的商誉或是计入合并当期利润表的金额，以及相关资产的折旧、摊销等。

（七）购买日合并财务报表的编制

非同一控制下的企业合并中形成母子公司关系的，购买方一般应于购买日编制合并资产负债表，反映其于购买日开始能够控制的经济资源情况。在合并资产负债表中，合并中取得的被购买方各项可辨认资产、负债应以其在购买日的公允价值计量，长期股权投资的成本大于合并中取得的被购买方可辨认净资产公允价值份额的差额，体现为合并财务报表中的商誉；长期股权投资的成本小于合并中取得的被购买方可辨认净资产公允价值份额的差额，应计入合并当期损益。因购买日不需要编制合并利润表，该差额体现在合并资产负债表上，应调整合并资产负债表的盈余公积和未分配利润。

二、会计处理

（一）非同一控制下的控股合并

该合并方式下，购买方所涉及的会计处理问题主要是两个方面：一是购买日因进行企业合并形成的对被购买方的长期股权投资初始投资成本的确定，该成本与作为合并对价支付的有关资产账面价值之间差额的处理；二是购买日合并财务报表的编制。

非同一控制下的企业合并中，购买方取得对被购买方控制权的，在购买日应当按照确定的企业合并成本（不包括应自被投资单位收取的现金股利或利润），作为形成的对被购买方长期股权投资的初始投资成本，借记"长期股权投资"科目，按享有被投资单位已宣告但尚未发放的现金股利或利润，借记"应收股利"科目，按支付合并对价的账面价值，贷记有关资产科目或借记有关负债科目，按其差额，贷记或借记有关损益类科目等科目。按发生的直接相关费用，借记"管理费用"科目，贷记"银行存款"等科目。

购买方为取得对被购买方的控制权，以支付非货币性资产为对价的，有关非货币性资产在购买日的公允价值与其账面价值的差额，应作为资产的处置损益，计入合并当期的利润表。其中，以库存商品等作为合并对价的，应按库存商品的公允价值，贷记"主营业务收入"科目，并同时结转相关的成本。

（二）非同一控制下的吸收合并

非同一控制下的吸收合并，购买方在购买日应当将合并中取得的符合确认条件的各项资产、负债，按其公允价值确认为本企业的资产和负债；作为合并对价的有关非货币性资产在购买日的公允价值与其账面价值的差额，应作为资产的处置损益计入合并当期的利润表；确定的企业合并成本与所取得的被购买方可辨认净资产公允价值的差额，视情况分别确认为商誉或是作为企业合并当期的损益计入利润表。其具体处理原则与非同一控制下的控股合并类似，不同点在于在非同一控制下的吸收合并中，合并中取得的可辨认资产和负债是作为个别财务报表中的项目列示的，合并中产生的商誉也是作为购买方账簿及个别财务报表中的资产列示的。

三、通过多次交易分步实现的企业合并

如果企业合并并非通过一次交换交易实现，而是通过多次交换交易分步实现的，则企业在每一单项交易发生时，应确认对被投资单位的投资。投资企业在持有被投资单位的部分股权后，通过增加持股比例等达到对被投资单位形成控制的，购买方应当区分个别和合并财务报表分别进行处理。

1. 同一控制下企业合并

通过多次交易分步实现同一控制下企业合并，合并日按照取得被合并方所有者权益账面价值的份额作为长期股权投资的初始投资成本，合并日长期股权投资初始投资成本，与达到合并前的长期股权投资账面价值加上合并日取得股份新支付对价的公允价值之和的差额，调整资本公积（资本溢价或股本溢价），资本公积不足冲减的，冲减留存收益。合并日之前持有的被合并方的股权涉及其他综合收益的也直接转入资本公积（资本溢价或股本溢价），并按以下原则进行会计处理。

（1）合并方于合并日之前持有的被合并方的股权投资，保持其账面价值不变。

（2）这里所谓的被合并方账面所有者权益是指被合并方的所有者权益相对于最终控制方而言的账面价值。

（3）如果通过多次交易实现同一控制下吸收合并的，按照同一控制下吸收合并相同的原则进行会计处理。

2. 非同一控制下企业合并

在个别财务报表中，购买方应当以购买日之前所持被购买方的股权投资的账面价值与购买日新增股权投资成本之和，作为该项投资的初始投资成本；购买日之前持有的被购买方的股权涉及其他综合收益的，应当在处置该项投资时将与其相关的其他综合收益转入当期投资收益，并按以下原则进行会计处理。

（1）购买方于购买日之前持有的被购买方的股权投资，保持其账面价值不变。

（2）追加的投资，按照购买日支付对价的公允价值计量，并确认长期股权投资。

（3）购买方对于购买日之前持有的被购买方的股权投资涉及其他综合收益的，例如，购买方原持有的股权投资按照权益法核算时，被购买方持有的金融资产公允价值变动确认的其他综合收益，购买方按持股比例计算应享有的份额并确认为其他综合收益的部分，不予处理。待购买方出售被购买方股权时，再按出售股权相对应的其他综合收益部分转入出售当期的损益。

（4）如果通过多次交易实现非同一控制下吸收合并的，按照非同一控制下吸收合并相同的原则进行会计处理。

四、反向购买的处理

（一）反向购买的会计处理

非同一控制下的企业合并，以发行权益性证券交换股权的方式进行，通常发行权益性证券的一方为购买方。但某些企业合并中，发行权益性证券的一方因其生产经营决策在合并后被参与合并的另一方控制，发行权益性证券一方虽然为法律上的母公司，但其为会计上的被购买方，该类企业合并通常称为"反向购买"。例如，A公司为一家规模较小的上市公司，B公司为一家规模较大的公司。B公司拟通过收购A公司的方式达到上市目的，但该交易通过A公司向B公司原股东发行普通股用以交换B公司原股东持有的对B公司股权方式实现。该项交易后，B公司原控股股东持有A公司50%以上股权，A公司持有B公司50%以上股权，A公司为法律上的母公司、B公司为法律上的子公司，但从会计的角度来看，A公司为被购买方，B公司为购买方。

（二）非上市公司购买上市公司股权实现间接上市的会计处理

非上市公司以所持有的对子公司投资等资产为对价取得上市公司的控制权，构成反向购买的，上市公司编制合并财务报表时应当区别以下情况处理。

（1）交易发生时，上市公司未持有任何资产、负债或仅持有现金、交易性金融资产等不构成业务的资产或负债的，上市公司在编制合并财务报表时，购买企业应按照权益性交易的原则进行处理，不得确认商誉或确认计入当期损益。

（2）交易发生时，上市公司保留的资产、负债构成业务的，对于形成非同一控制下企业合并的，企业合并成本与取得的上市公司可辨认净资产公允价值份额的差额应当确认为商誉或是计入当期损益。

五、被购买方的会计处理

非同一控制下的企业合并中，被购买方在企业合并后仍持续经营的，如购买方取得被购买方 100% 股权，被购买方可以按合并中确定的有关资产、负债的公允价值调账，其他情况下，被购买方不应因企业合并改记资产、负债的账面价值。

10.2 合并财务报表

10.2.1 合并财务报表概述

合并财务报表是指反映母公司和其全部子公司形成的企业集团整体财务状况、经营成果和现金流量的财务报表。

合并财务报表至少包括合并资产负债表、合并利润表、合并所有者权益变动表（或合并股东权益变动表）、合并现金流量表和附注，它们分别从不同的方面反映企业集团财务状况、经营成果及其现金流量情况，构成一个完整的合并财务报表体系，如表 10-1 所示。

表 10-1 　　　　　　　　合并财务报表各组成部分及其作用

组成部分	作用
合并资产负债表	反映母公司和子公司所形成的企业集团某一特定日期财务状况的报表
合并利润表	反映母公司和子公司所形成的企业集团整体在一定期间内经营成果的报表
合并所有者权益变动表	反映母公司在一定期间内，包括经营成果分配在内的所有者（或股东）权益增减变动情况的报表。它是从母公司的角度，站在母公司所有者的立场反映企业所有者（或股东）在母公司中的权益增减变动情况的报表
合并现金流量表	反映母公司和子公司所形成的企业集团在一定期间的现金流入、流出量及现金净增减变动情况的报表
附注	对在合并资产负债表、合并利润表、合并现金流量表和合并所有者权益变动表（或合并股东权益变动表）等报表中列示项目的文字描述或明细资料，以及对未能在这些报表中列示项目的说明等

10.2.2 合并范围的确定

一、以控制为基础确定合并范围

合并财务报表的合并范围应当以控制为基础予以确定。控制是指投资方拥有对被投资方的权力，通过参与被投资方的相关活动而享有可变回报，并且有能力运用对被投资方的权力影响其回报金额。

因此，投资方要实现控制，必须具备两项基本要素：一是因涉入被投资方而享有可变回报；二是拥有对被投资方的权力，并且有能力运用对被投资方的权力影响其回报金额。投资方只能同时具备上述两个要素时，才能控制被投资方。

在理解可变回报时，应当注意享有控制权的投资方，通过参与被投资方相关活动，享有的是可变回报。可变回报是不固定且可能随着被投资方业绩而变化的回报，可以仅是正回报，仅是负回报，或者同时包括正回报和负回报。

投资方通常应当对是否控制被投资方整体进行判断。但在少数情况下，如果有确凿证据表明同时满足下列条件并且符合相关法律法规规定的，投资方应当将被投资方的一部分视为被投资方可分割的部分，进而判断是否控制该部分（可分割部分）。

（1）该部分的资产是偿付该部分负债或该部分其他利益方的唯一来源，不能用于偿还该部分以外的被投资方的其他负债。

（2）除与该部分相关的各方外，其他方不享有与该部分资产相关的权利，也不享有与该部分资产剩余现金流量相关的权利。

实质上该部分的所有资产、负债及其他相关权益均与被投资方的剩余部分相隔离，即该部分的资产产生的回报不能由该部分以外的被投资方其他部分享有，该部分的负债也不能用该部分以外的被投资方资产偿还。

如果被投资方的一部分资产和负债及其他相关权益满足上述条件，构成可分割部分，则投资方应当基于控制的判断标准确定其是否能控制该可分割部分，考虑该可分割部分的相关活动及其决策机制，投资方是否目前有能力主导可分割部分的相关活动并据以从中取得可变回报。如果投资方控制可分割部分，则应将其进行合并。在此情况下，其他方在考虑是否合并被投资方时，应仅对被投资方的剩余部分进行控制及合并的评估，而将可分割部分排除在外。

二、控制标准的具体运用

（一）母公司拥有半数以上的表决权的被投资单位应当纳入合并财务报表的

合并范围

母公司拥有半数以上表决权，通常包括以下 3 种情况。

（1）母公司直接拥有被投资单位半数以上表决权。

（2）母公司间接拥有被投资单位半数以上表决权。间接拥有是指母公司通过子公司而对子公司的子公司拥有半数以上的表决权。

（3）母公司直接和间接方式合计拥有被投资单位半数以上的表决权。直接和间接方式合计拥有半数以上的表决权是指母公司以直接方式拥有某一单位半数以下的表决权，同时又通过其他方式如通过子公司拥有该被投资单位一部分表决权，两者合计拥有被投资单位半数以上的表决权。

（二）母公司拥有其半数以下的表决权的被投资单位纳入合并财务报表的合并范围情况

（1）通过与被投资单位其他投资者之间的协议，拥有被投资单位半数以上表决权。这种情况下，母公司对这一被投资单位的财务和经营决策拥有控制权，使被投资单位成为事实上的子公司，为此必须将其纳入合并财务报表的合并范围。

（2）根据公司章程或协议，有权决定被投资单位的财务和经营决策。这样也就使被投资单位成为事实上的子公司，从而应当纳入母公司的合并财务报表的合并范围。

（3）有权任免被投资单位的董事会或类似机构的多数成员。这种情况是指母公司能够通过任免被投资单位董事会的多数成员控制被投资单位的日常经营活动，使被投资单位成为事实上的子公司，从而应当纳入母公司的合并财务报表的合并范围。这里的多数是指半数以上（不包括半数）。同时，董事会或类似机构必须能够控制被投资单位，否则这种情况并不适用。

（4）被投资单位的董事会或类似机构占多数表决权。这种情况是指母公司能够控制董事会或类似机构的会议，从而主导公司董事会的经营决策，使该公司成为事实上的子公司，从而应当纳入母公司的合并财务报表的合并范围。这里的多数是指半数以上（不包括半数）；同时，董事会或类似机构必须能够控制被投资单位，否则这种情况并不适用。

（三）在确定能否控制被投资单位时对潜在表决权的考虑

在确定能否控制被投资单位时，应当考虑企业和其他企业持有的被投资单位的当期可转换债券、当期可执行的认股权证等潜在表决因素。

（1）这里的潜在表决权是指当期可转换债券、当期可执行的认股权证等，不包括在将来某一日或将来发生某一事项才能转换的可转换公司债券或才能执行的认股权证等，也不包括诸如行权价格的设定使得在任何情况下都不可能转换为实际表决权的其他债务工具或权益工具。

（2）应当考虑影响潜在表决权的所有事项和情况。但是本企业和其他企业或个人执行潜在表决权的意图和财务能力对潜在表决权的影响除外。

（3）不仅要考虑企业在被投资单位的潜在表决权，同时也要考虑其他企业或个人在被投资单位的潜在表决权。

（4）不仅要考虑可能会提高本企业在被投资单位持股比例的潜在表决权，还要考虑可能会降低本企业在被投资单位持股比例的潜在表决权。

（5）潜在表决权仅作为判断是否存在控制的考虑因素，不影响当期母公司股东和少数股东之间的分配比例。

（四）判断母公司能否控制特殊目的主体应当考虑的主要因素

（1）母公司为融资、销售商品或提供劳务等特定经营业务的需要直接或间接设立特殊目的主体。

（2）母公司具有控制或获得控制特殊目的主体或其资产的决策权。

（3）母公司通过章程、合同、协议等具有获取特殊目的主体大部分利益的权力。

（4）母公司通过章程、合同、协议等承担了特殊目的主体的大部分风险。

10.2.3　合并财务报表的编制

一、编制合并财务报表的原则

（1）以个别财务报表为基础编制。合并财务报表并不是直接根据母公司和子公司的账簿编制的，而是利用母公司和子公司编制的反映各自财务状况和经营成果的财务报表提供的数据，通过合并财务报表的特有方法进行编制的。

（2）一体性原则。在编制合并财务报表时应当将母公司和所有子公司作为整体来看待，视为一个会计主体，母公司和子公司发生的经营活动都应当从企业集团这一整体的角度进行考虑。

（3）重要性原则。与个别财务报表相比，合并财务报表涉及多个法人主体，涉及的经营活动的范围很广，母公司与子公司的经营活动往往跨越不同行业界限，有时母公司与子公司的经营活动甚至相差很大。这样合并财务报表要综合反映会计主体的财务情况，必然要涉及重要性的判断问题。

二、编制合并财务报表的前期准备事项

合并财务报表的编制涉及多个子公司，有的合并财务报表的合并范围甚至包括数百个子公司。为了使编制的合并财务报表准确、全面地反映企业集团的真实情况，必须做好一系列的前期准备事项。这些前期准备事项主要如下。

（1）统一母子公司的会计政策。

（2）统一母子公司的资产负债表日及会计期间。

（3）对子公司以外币表示的财务报表进行折算。

（4）收集编制合并财务报表的相关资料。

三、编制合并财务报表的程序

合并财务报表编制程序大致如下。

（1）设置合并工作底稿。

（2）将母公司和纳入合并范围的子公司的个别资产负债表、利润表及所有者权益变动表等各项目的数据录入合并工作底稿，并在合并工作底稿中对母公司和子公司个别财务报表各项目的数据进行加总，计算得出个别资产负债表、个别利润表及个别所有者权益变动表等各项目合计数额。

（3）编制调整分录与抵销分录，将母公司与子公司、子公司相互之间发生的经济业务对个别财务报表有关项目的影响进行抵销处理。

（4）计算合并财务报表各项目的合并数额。

（5）填列合并财务报表。即根据合并工作底稿中计算出的资产、负债、所有者权益、收入、成本费用类各项目的合并数，填列正式的合并财务报表。

四、编制合并财务报表需要抵销的项目

（一）编制合并资产负债表需要抵销的项目

编制合并资产负债表时需要进行抵销处理的主要有如下项目：①母公司对子公司股权投资项目与子公司所有者权益（或股东权益）项目；②母公司与子公司、子公司相互之间未结算的内部债权债务项目；③存货项目，即内部购进存货价值中包含的未实现内部销售损益；④固定资产项目（包括固定资产原价和累计折旧项目），即内部购进固定资产价值中包含的未实现内部销售损益；⑤无形资产项目，即内部购进无形资产价值中包含的未实现内部销售损益。

（二）编制合并利润表和合并所有者权益变动表需要抵销的项目

编制合并利润表和合并所有者权益变动表时需要进行抵销处理的主要有如下项目：①内部销售收入和内部销售成本项目；②内部投资收益项目，包括内部利息收入与利息支出项目、内部股权投资收益项目；③资产减值损失项目，即与内部交易相关的内部应收账款、存货、固定资产、无形资产等项目的资产减值损失；④纳入合并范围的子公司利润分配项目。

（三）编制合并现金流量表需要抵销的项目

编制合并现金流量表时，需要进行抵销的内容主要有：①母公司与子公司、子公司相互之间当期以现金投资或收购股权增加的投资所产生的现金流量；②母公司与子公司、子公司相互之间当期取得投资收益收到的现金与分配股利、利润或偿付利息支付的现金；③母公司与子公司、子公司相互之间以现金结算债权与债务所产生的现金流量；④母公司与子公司、子公司相互之间当期销售商品所产生的现金流量；⑤母公司与子公司、子公司相互之间处置固定资产、无形资产和其他长期资产收回的现金净额与购建固定资产、无形资产和其他长期资产支付的现金；⑥母公司与子公司、子公司相互之间当期发生的其他内部交易所产生的现金流量。

10.2.4　长期股权投资与所有者权益的合并处理

一、同一控制下的企业合并处理

（一）合并日合并财务报表的编制

根据现行企业会计准则，母公司在合并日可以编制合并日的合并资产负债表、合并利润表、合并现金流量表等合并财务报表。母公司在将购买取得的子公司股权登记入账后，在编制合并日合并资产负债表时，只需将对子公司长期股权投资与子公司所有者权益中母公司所拥有的份额进行抵销。

【例10-1】甲公司为一家建筑施工企业，A公司从事钢筋、混凝土等材料的生产与销售业务。甲公司与A公司均为同一集团控制下的企业，出于集团整体利益的考虑，2021年1月1日由甲公司以28 600万元的价格取得A公司80%的股权。A公司净资产的公允价值为35 000万元。甲公司在购买A公司过程中发生审计、法律服务等相关费用120万元。上述价款均以银行存款支付。A公司采用的会计政策与甲公司一致。2021年1月1日A公司的股东权益总额为32 000万元，其中，股本为20 000万元，资本公积为8 000万元，盈余公积为1 200万元，未分配利润为2 800万元。

【解析】

（1）由于A公司与甲公司均为同一集团控制下的企业，所以按同一控制下企业合并的规定进行处理，即按照A公司净资产的账面价值计算初始投资成本。甲公司对A公司长期股权投资的初始投资成本=32 000×80%=25 600（万元）。

（2）购买该股权过程中发生的审计、估值等相关费用，实际上已支付给会计师事务所等中介机构，不属于甲公司与 A 公司所构成的企业集团内部交易，应直接计入当期损益，即计入当期管理费用。

（3）编制合并日合并资产负债表时，假定不考虑留存收益恢复因素，甲公司应当进行如下抵销处理（单位：万元）。

借：股本　　　　　　　　　　　　　　　　20 000
　　资本公积　　　　　　　　　　　　　　8 000
　　盈余公积　　　　　　　　　　　　　　1 200
　　未分配利润　　　　　　　　　　　　　2 800
　　贷：长期股权投资　　　　　　　　　　　　25 600
　　　　少数股东权益　　　　　　　　　　　　6 400

（二）合并日后合并财务报表的编制

编制合并日后合并财务报表时，首先将母公司对子公司长期股权投资由成本法核算的结果调整为权益法核算的结果，使母公司对子公司长期股权投资项目反映其在子公司所有者权益中所拥有权益的变动情况；其次，将母公司对子公司长期股权投资项目与子公司所有者权益项目等内部交易相关的项目进行抵销处理，将内部交易对合并财务报表的影响予以抵销；最后，在编制合并日合并工作底稿的基础上，编制合并财务报表。

1. 将长期股权投资由成本法核算的结果调整为权益法核算的结果

将成本法核算调整为权益法核算时，应当自取得对子公司长期股权投资的年度起，逐年按照子公司当年实现的净利润中属于母公司享有的份额，调整增加对子公司长期股权投资的金额，并调整增加当年投资收益；对于子公司当期分派或宣告分派的现金股利中母公司享有的份额，调整冲减长期股权投资的账面价值，同时调整减少原投资收益。

在取得子公司长期股权投资的第 2 年，将成本法调整为权益法核算的结果时，在调整计算第一年年末权益法核算的对子公司长期股权投资的金额的基础上，按第 2 年子公司实现的净利润中母公司所拥有的份额，调增长期股权投资的金额；按子公司分派或宣告分派的现金股利中母公司所拥有的份额，调减长期股权投资的金额。以后年度的调整，则比照上述做法进行调整处理。

子公司除净损益以外所有者权益的其他变动，在按照权益法对成本法核算的结果进行调整时，应当根据子公司本期除损益以外的所有者权益的其他变动而计入资本公积或其他综合收益的金额中所享有的金额，对长期股权投资的金额进行调整。在以后年度将成本法调整为权益法核算的结果时，也应当持续考虑这一因素对长期股权投资的金额进行调整。

【例10-2】接【例10-1】。甲公司于2021年1月1日，以28 600万元的价格取得A公司80%的股权，使其成为子公司。A公司2021年1月1日股东权益总额为32 000万元，其中，股本为20 000万元，资本公积为8 000万元，盈余公积为1 200万元，未分配利润为2 800万元；2021年12月31日，股东权益总额为38 000万元，其中，股本为20 000万元，资本公积为8 000万元，盈余公积为3 200万元，未分配利润为6 800万元。

A公司2021年全年实现净利润10 500万元，经公司董事会提议并经股东会批准，2021年提取盈余公积2 000万元，向股东宣告分派现金股利4 500万元。

【解析】

2021年A公司当年实现净利润10 500万元，提取盈余公积2 000万元，向股东宣告分派现金股利4 500万元。甲公司对A公司长期股权投资取得时的账面价值为25 600万元，2021年12月31日仍为25 600万元，甲公司当年确认投资收益3 600（4 500×80%）万元。

将成本法核算的结果调整为权益法核算的结果，相关的调整分录如下（单位：万元）。

借：长期股权投资——A公司　　　　　　　（10 500×80%）8 400
　　贷：投资收益　　　　　　　　　　　　　　　　　　　8 400
借：投资收益　　　　　　　　　　　　　　　　　　　　 3 600
　　贷：长期股权投资——A公司　　　　　　　　　　　　3 600

经过上述调整后，甲公司对A公司长期股权投资的账面价值为30 400万元（25 600＋8 400－3 600）。甲公司对A公司长期股权投资的账面价值30 400万元正好与母公司在A公司股东权益中所拥有的份额（38 000×80%）相等。

2. 合并抵销处理

编制合并财务报表时，必须将母公司对子公司长期股权与子公司所有者权益中所拥有的份额予以抵销。

【例10-3】接【例10-2】。经过调整后，甲公司对A公司长期股权投资的金额为30 400万元；A公司股东权益总额为38 000万元，甲公司拥有80%的股权，即在子公司股东权益中拥有30 400万元；其余20%则属于少数股东权益。

【解析】

长期股权投资与子公司所有者权益相互抵销时，其抵销分录如下（单位：万元）。

借：股本　　　　　　　　　　　　　　　　　　20 000

　　资本公积　　　　　　　　　　　　　　　　　8 000

　　盈余公积　　　　　　　　　　　　　　　　　3 200

　　未分配利润　　　　　　　　　　　　　　　　6 800

　　　贷：长期股权投资　　　　　　　　　　　　30 400

　　　　　少数股东权益　　　　　　　　　　　　 7 600

其次，还必须将对子公司的投资收益与子公司当年利润分配予以抵销，使合并财务报表反映母公司股东权益变动的情况。

【例 10－4】

A 公司本年宣告分派现金股利 4 500 万元，股利款项尚未支付，A 公司已将其计列应付股利 4 500 万元。甲公司根据 A 公司宣告分派现金股利的公告，按照其所享有的金额，已确认应收股利，并在其资产负债表中计列应收股利 3 600 万元。这属于母公司与子公司之间的债权债务，在编制合并财务报表时必须将其抵销，抵销分录如下（单位：万元）。

借：应付股利　　　　　　　　　　　　　　　　3 600

　　贷：应收股利　　　　　　　　　　　　　　　3 600

二、非同一控制下的企业合并处理

（一）购买日合并财务报表的编制

非同一控制下取得子公司，母公司编制购买日的合并资产负债表时，因企业合并取得的子公司各项可辨认资产、负债及或有负债应当以公允价值在合并财务报表中列示。母公司合并成本大于取得的子公司可辨认净资产公允价值份额的差额，作为合并商誉在合并资产负债表中列示。

1. 按公允价值对非同一控制下取得子公司的财务报表进行调整

在非同一控制下取得子公司的情况下，母公司为进行企业合并要对子公司的资产负债进行估值。然而子公司作为持续经营的主体，一般情况下，不将因该估值而产生的资产、负债公允价值的变动登记入账，其对外提供的财务报表仍然是以各项资产和负债原来的账面价值为基础编制的，其提供的购买日财务报表也是以各项资产和负债原账面价值为基础编制的。为此，母公司要编制购买日的合并财务报表，则必须按照购买日子公司资产、负债的公允价值对其财务报表项目进行调整。这一调整是通过在合并工作底稿中编制调整分录进行的，实际上相当于将各项资产、负债的公允价值变动模拟入账，然后以购买日子公司各项资产、负债的公允价值为基础编制购买日的合并财务报表。

【例10-5】甲公司是一家建筑施工企业，A公司是一家从事建筑施工材料生产与销售的企业，甲公司为了实现纵向一体化的效益，决定收购A公司。甲公司于2020年1月1日以定向增发公司普通股股票的方式，购买取得A公司70%的股权。甲公司和A公司当日资产负债表及估值确认的资产、负债主要数据如表10-2所示。

表10-2　　　　　　　　　　资产、负债主要数据

单位：万元

资产	甲公司	A公司		负债和所有者权益	甲公司	A公司	
		账面价值	公允价值			账面价值	公允价值
资产总计	156 000	58 000	62 000	负债和所有者权益总计	156 000	58 000	62 000
其中：				其中：			
应收账款	5 800	3 920	3 820	股本	40 000	20 000	20 000
				资本公积	10 000	8 000	12 000
存货	31 000	20 000	21 100	盈余公积	11 000	1 200	1 200
				未分配利润	9 000	2 800	2 800
固定资产	21 000	18 000	21 000	所有者权益合计	70 000	32 000	36 000

甲公司定向增发普通股股票10 000万股，甲公司普通股股票面值每股为1元，市场价格每股为2.95元。甲公司并购A公司属于非同一控制下的企业合并，假定不考虑所得税、甲公司增发该普通股股票所发生的审计以及发行等相关的费用。

【解析】

甲公司将购买取得A公司70%的股权作为长期股权投资入账，其账务处理如下（单位：万元）。

借：长期股权投资——A公司　　　　　　　　　　29 500

　　贷：股本　　　　　　　　　　　　　　　　　10 000

　　　　资本公积　　　　　　　　　　　　　　　19 500

编制购买日的合并资产负债表时，将A公司资产和负债的公允价值与其账面价值的差额分别调增或调减相关资产和负债项目的金额。在合并工作底稿中调整分录如下（单位：万元）。

借：存货	1 100
固定资产	3 000
贷：应收账款	100
资本公积	4 000

上述调整实际上等于将资产、负债的公允价值变动模拟入账，通过这一调整，调整后的子公司资产负债表实际上是以公允价值反映资产和负债的。在此基础上，将子公司个别财务报表与母公司的个别财务报表合并，则是将子公司的资产和负债以公允价值反映于合并资产负债表中。

2. 母公司长期股权投资与子公司所有者权益抵销处理

在编制购买日的合并资产负债表时，需要将母公司对子公司长期股权投资与子公司所有者权益中所拥有的份额予以抵销。母公司对非同一控制下取得的子公司长期股权投资进行账务处理时，母公司是按子公司资产、负债的公允价值确定其在子公司所有者权益中所拥有的份额的，合并成本超过这一金额的差额则作为合并商誉处理。在非全资子公司的情况下，不属于母公司所拥有的份额在抵销处理时则结转为少数股东权益。

【例 10-6】接【例 10-5】，基于资产和负债的公允价值对 A 公司财务报表进行调整。

【解析】

有关计算如下。

A 公司调整后的资本公积 = 8 000 + 4 000 = 12 000（万元）

A 公司调整后的股东权益总额 = 32 000 + 4 000 = 36 000（万元）

合并商誉 = 29 500 - 36 000 × 70% = 4 300（万元）

少数股东权益 = 36 000 × 30% = 10 800（万元）

因此，甲公司将长期股权投资与其在 A 公司所有者权益中拥有的份额抵销时，其抵销分录如下（单位：万元）。

借：股本	20 000
资本公积	12 000
盈余公积	1 200
未分配利润	2 800
商誉	4 300
贷：长期股权投资——A 公司	29 500
少数股东权益	10 800

（二）购买日后合并财务报表的编制

母公司在非同一控制下取得子公司后，在未来持有该子公司的情况下，每一会计期末都需要将其纳入合并范围，编制合并财务报表。

在对非同一控制下取得的子公司编制合并财务报表时，首先应当以购买日确定的各项可辨认资产、负债及或有负债的公允价值为基础对子公司的财务报表进行调整。其次，将母公司对子公司的长期股权投资采用成本法核算的结果，调整为权益法核算的结果，对公司的财务报表进行相应的调整。再次，通过编制合并与抵销分录，将母公司对子公司长期股权投资与子公司所有者权益等内部交易对合并财务报表的影响予以抵销。最后，在编制合并工作底稿的基础上，计算合并财务报表各项目的合并数，编制合并财务报表。

【例10-7】接【例10-5】，甲公司2020年1月1日以定向增发普通股股票的方式，购买持有A公司70%的股权。甲公司对A公司长期股权投资的金额为29 500万元，甲公司购买日编制的合并资产负债表中确认合并商誉为4 300万元。

A公司2020年12月31日股东权益总额为38 000万元，其中，股本为20 000万元，资本公积为8 000万元，盈余公积为3 200万元，未分配利润为6 800万元。A公司2020年全年实现净利润10 500万元，A公司当年提取盈余公积2 000万元，向股东分配现金股利4 500万元。截至2020年12月31日，应收账款按购买日确认的金额收回，确认的坏账已核销；购买日存货公允价值增值部分，当年已全部实现对外销售；购买日固定资产原价公允价值增加系公司用办公楼增值，该办公楼采用的折旧方法为年限平均法，该办公楼剩余折旧年限为20年，该办公楼增加的公允价值在未来20年内平均摊销。

【解析】

（1）甲公司2020年年末编制合并财务报表时相关项目计算如下。

A公司调整后本年净利润＝10 500＋100（购买日应收账款公允价值减值的实现而调减资产减值损失）－1 100（购买日存货公允价值增值的实现而调增营业成本）－150（固定资产公允价值增值计算的折旧而调增管理费用）＝9 350（万元）

150万元系固定资产公允价值增值3 000万元按剩余折旧年限进行的摊销。

A公司调整后本年年末未分配利润＝2 800（年初）＋9 350－2 000（提取盈余公积）－4 500（分派股利）＝5 650（万元）

权益法下甲公司对A公司投资的投资收益＝9 350×70%＝6 545（万元）

权益法下甲公司对 A 公司长期股权投资本年年末余额 = 29 500 + 6 545 −
4 500（分派股利）×70% = 32 895（万元）

少数股东损益 = 9 350×30% = 2 805（万元）

少数股东权益的年末余额 = 36 000×30% + 2 805 − 4 500×30% =
12 255（万元）

（2）甲公司 2020 年编制合并财务报表时，应当进行如下调整。

①按公允价值对 A 公司财务报表项目进行调整。

根据购买日 A 公司资产和负债的公允价值与账面价值之间的差额，调整 A
公司相关公允价值变动的资产和负债项目及资本公积项目。在合并工作底稿中，
其调整分录如下（单位：万元）。

借：存货　　　　　　　　　　　　　　　　　　1 100
　　固定资产　　　　　　　　　　　　　　　　 3 000
　　贷：应收账款　　　　　　　　　　　　　　　　　 100
　　　　资本公积　　　　　　　　　　　　　　　　 4 000

因购买日 A 公司资产和负债的公允价值与原账面价值之间的差额对 A 公司
本年净利润的影响，调整 A 公司的相关项目。之所以进行这一调整，是由于子
公司个别财务报表是按其资产、负债的原账面价值为基础编制的，其当期计算
的净利润也是以其资产、负债的原账面价值为基础计算的结果，而公允价值与
原账面价值存在差额的资产或负债，在经营过程中因使用、销售或偿付而实现
其公允价值，其实现的公允价值对子公司当期净利润的影响需要在净利润计算
中予以反映。在合并工作底稿中，其调整分录如下（单位：万元）。

借：营业成本　　　　　　　　　　　　　　　　1 100
　　管理费用　　　　　　　　　　　　　　　　　 150
　　应收账款　　　　　　　　　　　　　　　　　 100
　　贷：存货　　　　　　　　　　　　　　　　　　 1 100
　　　　固定资产　　　　　　　　　　　　　　　　 150
　　　　资产减值损失　　　　　　　　　　　　　　 100

②按照权益法对甲公司财务报表项目进行调整。

因购买日 A 公司资产和负债的公允价值与原账面价值之间的差额对 A 公司
本年净利润的影响而对甲公司对 A 公司长期股权投资权益法核算的影响，需要
对甲公司对 A 公司长期股权投资及相关项目进行调整；另一方面，甲公司对 A
公司的长期股权投资采用成本法进行核算，需要对成本法核算的结果按权益法

核算的要求，对长期股权投资及相关项目进行调整。在合并工作底稿中，其调整分录如下（单位：万元）。

　　借：长期股权投资　　　　　　　　　　　6 545（9 350×70%）

　　　　投资收益　　　　　　　　　　　　　3 150（4 500×70%）

　　　　贷：投资收益　　　　　　　　　　　　　　　　6 545

　　　　　　长期股权投资　　　　　　　　　　　　　　3 150

③长期股权投资与所有者权益的抵销。

将甲公司对 A 公司的长期股权投资与其在 A 公司股东权益中拥有的份额予以抵销。在合并工作底稿中，其抵销分录如下（单位：万元）。

　　借：股本　　　　　　　　　　　　　　　20 000

　　　　资本公积　　　　　　　　　　　　　12 000

　　　　盈余公积　　　　　　　　　　　　　3 200

　　　　未分配利润　　　　　　　　　　　　5 650

　　　　商誉　　　　　　　　　　　　　　　4 300

　　　　贷：长期股权投资　　　　　　　　　　　　　31 605

　　　　　　少数股东权益　　　　　　　　　　　　　13 545

④投资收益与子公司利润分配等项目的抵销。将甲公司对 A 公司投资收益与 A 公司本年利润分配有关项目的金额予以抵销。在合并工作底稿中，其抵销分录如下（单位：万元）。

　　借：投资收益　　　　　　　　　　　　　　　　　6 545

　　　　少数股东损益　　　　　　　　　　　　　　　2 805

　　　　年初未分配利润　　　　　　　　　　　　　　2 800

　　　　贷：提取盈余公积　　　　　　　　　　　　　　2 000

　　　　　　向股东分配利润　　　　　　　　　　　　　4 500

　　　　　　年末未分配利润　　　　　　　　　　　　　5 650

⑤应收股利与应付股利的抵销。

A 公司本年宣告分派现金股利 4 500 万元，股利款项尚未支付，A 公司已将其计列应付股利 4 500 万元。甲公司根据 A 公司宣告分派现金股利的公告，按照其所享有的金额，已确认应收股利，并在其资产负债表中计列应收股利 3 150（4 500×70%）万元。这属于母公司与子公司之间的债权债务，在编制合并财务报表时必须将其予以抵销，其抵销分录如下（单位：万元）。

　　借：应付股利　　　　　　　　　　　　　　　　　3 150

贷：应收股利　　　　　　　　　　　　　　　　3 150

【例 10-8】A 公司在购买日相关资产和负债等资料同【例 10-5】，即购买日 2020 年 1 月 1 日 A 公司股东权益总额为 32 000 万元，其中，股本为 20 000 万元，资本公积为 8 000 万元，盈余公积为 1 200 万元，未分配利润为 2 800 万元。A 公司购买日应收账款账面价值为 3 920 万元，公允价值为 3 820 万元；存货的账面价值为 20 000 万元，公允价值为 21 100 万元；固定资产账面价值为 18 000 万元，公允价值为 21 000 万元。截至 2021 年 12 月 31 日，应收账款按购买日公允价值的金额收回；购买日的存货，当年已全部实现对外销售；购买日固定资产公允价值增加的系公司管理用办公楼，该办公楼采用的折旧方法为年限平均法，该办公楼购买后剩余折旧年限为 20 年，假定该办公楼增加的公允价值在未来 20 年内平均摊销。

A 公司 2021 年 12 月 31 日股东权益总额为 44 000 万元，其中，股本为 20 000 万元，资本公积为 8 000 万元，盈余公积为 5 600 万元，未分配利润为 10 400 万元。A 公司 2021 年全年实现净利润 12 000 万元，A 公司当年提取盈余公积 2 400 万元，向股东分配现金股利 6 000 万元。

【解析】

（1）甲公司编制 2021 年度合并财务报表时，相关项目计算如下。

A 公司调整后本年净利润＝12 000－150（固定资产公允价值增值计算的折旧）＝11 850（万元）

A 公司调整后本年年初未分配利润＝6 800＋100（上年实现的购买日应收账款公允价值减值）－1 100（上年实现的购买日存货公允价值增值）－150（固定资产公允价值增值计算的折旧）＝5 650（万元）

A 公司调整后本年年末未分配利润＝5 650＋11 850－2 400（提取盈余公积）－6 000（分派股利）＝9 100（万元）

权益法下甲公司对 A 公司投资的投资收益＝11 850×70%＝8 295（万元）

权益法下甲公司对 A 公司长期股权投资本年年末余额＝31 605（上年末长期股权投资余额）＋8 295－6 000（分派股利）×70%＝35 700（万元）

少数股东损益＝11 850×30%＝3 555（万元）

少数股东权益的年末余额＝13 545＋3 555－6 000×30%＝15 300（万元）

（2）甲公司 2021 年编制合并财务报表时，应当进行的调整抵销处理如下。

①按公允价值对 A 公司资产和负债的公允价值与账面价值之间的差额，调整 A 公司年初未分配利润及相关项目，其调整分录如下（单位：万元）。

借：年初未分配利润   1 100

    固定资产   3 000

  贷：年初未分配利润   100

    资本公积   4 000

因购买日 A 公司资产和负债的公允价值与原账面价值之间的差额对 A 公司上年净利润的影响，调整 A 公司年初未分配利润及相关项目，其调整分录如下（单位：万元）。

借：年初未分配利润   1 100

    年初未分配利润   150

    年初未分配利润   100

  贷：年初未分配利润   1 100

    固定资产   150

    年初未分配利润   100

上述调整分录简化如下。

借：年初未分配利润   150

  贷：固定资产   150

因购买日 A 公司固定资产公允价值与原账面价值之间的差额对 A 公司本年净利润的影响，调整 A 公司固定资产折旧相关的项目及累计折旧项目，调整分录如下（单位：万元）。

借：管理费用   150

  贷：累计折旧   150

至于应收账款公允价值减值和存货公允价值增值，由于在上一年已全部实现，所以不涉及对本年实现净利润的影响。

②按照权益法对甲公司财务报表项目进行调整。

因购买日 A 公司资产和负债的公允价值与原账面价值之间的差额对 A 公司上年净利润的影响而对甲公司对 A 公司长期股权投资权益法核算的影响，调整甲公司对 A 公司长期股权投资及相关项目，其调整分录如下（单位：万元）。

借：长期股权投资   6 545

    年初未分配利润   3 150

  贷：年初未分配利润   6 545

    长期股权投资   3 150

甲公司对 A 公司长期股权投资由成本法核算的结果调整为权益法核算的结果。即根据调整后 A 公司本年实现净利润以及本年分派现金股利中所拥有的份额，调整本年甲公司对 A 公司的投资收益，其调整分录如下（单位：万元）。

借：长期股权投资　　　　　　　　　　　　　　　8 295
　　投资收益　　　　　　　　　　　　　　　　　4 200
　　贷：投资收益　　　　　　　　　　　　　　　　　　8 295
　　　　长期股权投资　　　　　　　　　　　　　　　　4 200

③长期股权投资与子公司所有者权益的抵销。

将甲公司对 A 公司的长期股权投资与其在 A 公司所有者权益中拥有的份额予以抵销，其抵销分录如下（单位：万元）。

借：股本　　　　　　　　　　　　　　　　　　20 000
　　资本公积　　　　　　　　　　　　　　　　12 000
　　盈余公积　　　　　　　　　　　　　　　　5 600
　　年末未分配利润　　　　　　　　　　　　　9 100
　　商誉　　　　　　　　　　　　　　　　　　4 300
　　贷：长期股权投资　　　　　　　　　　　　　　　35 700
　　　　少数股东权益　　　　　　　　　　　　　　　15 300

④投资收益与子公司利润分配等项目的抵销。

将甲公司对 A 公司投资收益与 A 公司本年利润分配有关项目的金额予以抵销，其抵销分录如下（单位：万元）。

借：投资收益　　　　　　　　　　　　　　　　8 295
　　少数股东损益　　　　　　　　　　　　　　3 555
　　年初未分配利润　　　　　　　　　　　　　5 650
　　贷：提取盈余公积　　　　　　　　　　　　　　　2 400
　　　　向股东分配利润　　　　　　　　　　　　　　6 000
　　　　年末未分配利润　　　　　　　　　　　　　　9 100

⑤应收股利与应付股利的抵销。

A 公司本年宣告分派现金股利 6 000 万元，股利款项尚未支付，A 公司已将其计列应付股利 6 000 万元。甲公司根据 A 公司宣告分派现金股利的公告，按照其所享有的金额，已确认应收股利，并在其资产负债表中计列应收股利 4 200 万元。这属于母公司与子公司之间的债权债务，在编制合并财务报表时必须将其予以抵销，其抵销分录如下（单位：万元）。

借：应付股利   4 200

    贷：应收股利   4 200

10.2.5　内部商品交易的合并处理

一、内部销售收入和内部销售成本的抵销处理

内部销售收入是指企业集团内部母公司与子公司、子公司相互之间（以下称成员企业）发生的购销活动所产生的销售收入。内部销售成本是指企业集团内部母公司与子公司、子公司相互之间发生的内部销售商品的销售成本。

（一）购买企业内部购进的商品当期全部实现销售时的抵销处理

从企业集团整体来看，内部购销业务只是实现了一次销售，其销售收入只是购买企业销售产品的销售收入，其销售成本只是销售企业销售该商品的成本。在编制合并财务报表时，应将重复反映的内部销售收入与内部销售成本予以抵销。进行抵销处理时，应借记"营业收入"等项目，贷记"营业成本"等项目。

【例10-9】安建建工是一家建筑施工企业，拥有天华公司70%的股权，系天华公司的母公司。安建建工本期个别利润表的营业收入中有3 000万元，系向天华公司销售产品取得的销售收入，该产品销售成本为2 100万元。天华公司在本期将该产品全部售出，其销售收入为3 750万元，销售成本为3 000万元，并分别在其个别利润表中列示。

【解析】

编制合并财务报表将内部销售收入和内部销售成本予以抵销时，应编制如下抵销分录（单位：万元）。

借：营业收入   3 000

    贷：营业成本   3 000

（二）购买企业内部购进的商品未实现对外销售时的抵销处理

存货价值中包含的未实现内部销售损益是由于企业集团内部商品购销活动所引起的。在内部购销活动中，销售企业将集团内部销售作为收入确认并计算销售利润。而购买企业则以支付的购货价款作为其成本入账；在本期内未实现对外销售而形成期末存货时，其存货价值中也相应地包括两部分内容：一部分为真正的存货成本（即销售企业销售该商品的成本），另一部分为销售企业的销售毛利（即其销售收入减去销售成本的差额）。对于期末存货价值中包括的这部分销售毛利，从企业集团整体来看，并不是真正实现的利润。因此，在编制合

并资产负债表时，应当将存货价值中包含的未实现内部销售损益予以抵销。

【例 10－10】甲公司是 A 公司的母公司。甲公司本期个别利润表的营业收入中有 2 000 万元是向 A 公司销售商品实现的收入，其商品成本为 1 400 万元，销售毛利率为 30%。A 公司本期从甲公司购入的商品在本期均未实现销售，期末存货中包含有 2 000 万元从甲公司购进的商品，该存货中包含的未实现内部销售损益为 600 万元。

【解析】

编制合并财务报表时，将内部销售收入、内部销售成本及存货价值中包含的未实现内部销售损益抵销时，其抵销分录如下（单位：万元）。

借：营业收入　　　　　　　　　　　　　　　　2 000
　　贷：营业成本　　　　　　　　　　　　　　　　1 400
　　　　存货　　　　　　　　　　　　　　　　　　　600

【例 10－11】甲公司是 A 公司的母公司。甲公司本期个别利润表的营业收入中有 5 000 万元是向 A 公司销售商品取得的销售收入，该商品销售成本为 3 500 万元，销售毛利率为 30%。A 公司在本期将该批内部购进商品的 60% 实现销售，其销售收入为 3 750 万元，销售成本为 3 000（5 000×0.6 = 3 000）万元，销售毛利率为 20%，并列示于其个别利润表中；该批商品的另外 40% 则形成 A 公司期末存货，即期末存货为 2 000 万元，列示于 A 公司的个别资产负债表之中。

【解析】

在编制合并财务报表时，其抵销处理如下（单位：万元）。

借：营业收入　　　　　　　　　　　　　　　　　5 000
　　贷：营业成本　（3 500＋3 000－3 500×60%）4 400
　　　　存货　　　　　　　　　（1 500×40%）600

二、连续编制合并财务报表时内部销售商品的合并处理

在连续编制合并财务报表的情况下，其具体合并处理程序和方法如下。

（1）将上期抵销的存货价值中包含的未实现内部销售损益对本期期初未分配利润的影响进行抵销。即按照上期内部购进存货价值中包含的未实现内部销售损益的数额，借记"期初未分配利润"项目，贷记"营业成本"项目。

（2）对于本期发生内部购销活动的，将内部销售收入、内部销售成本及内部购进存货中未实现内部销售损益予以抵销。即按照销售企业内部销售收入的数额，借记"营业收入"项目，贷记"营业成本""存货"项目。

（3）将期末内部购进存货价值中包含的未实现内部销售损益予以抵销。对于期末内部购买形成的存货（包括上期结转形成的本期存货），应按照购买企业期末内部购入存货价值中包含的未实现内部销售损益的数额，借记"期初未分配利润""营业成本"项目，贷记"存货"项目。

【例10-12】上期甲公司与A公司内部购销资料、内部销售的抵销处理见【例10-11】。本期甲公司个别财务报表中向A公司销售商品取得销售收入6 000万元，销售成本为4 200万元，甲公司本期销售毛利率与上期相同，为30%。A公司个别财务报表中从甲公司购进商品本期实现对外销售收入为5 625万元，销售成本为4 500万元，销售毛利率为20%；期末内部购进形成的存货为3 500万元（期初存货2 000万元＋本期购进存货6 000万元－本期销售成本4 500万元），存货价值中包含的未实现内部销售损益为750万元。

【解析】

编制合并财务报表时应进行如下合并处理（单位：万元）。

（1）调整期初未分配利润的数额。

借：期初未分配利润　　　　　　　　　　　　　　　　　　600

　　贷：营业成本　　　　　　　　　　　　　　　　　　　　600

（2）抵销本期内部销售收入。

借：营业收入　　　　　　　　　　　　　　　　　　　6 000

　　贷：营业成本　　　　　　　　　　　　　　　　　　6 000

（3）抵销期末存货中包含的未实现内部销售损益。

借：营业成本　　　　　　　　　　　（3 500×30%）1 050

　　贷：存货　　　　　　　　　　　　　　　　　　　1 050

三、存货跌价准备的合并处理

（一）初次编制合并财务报表时存货跌价准备的合并处理

对内部销售形成的存货计提存货跌价准备的合并处理，从购买企业来看有两种情况：第一种情况是购买企业本期期末内部购进存货的可变现净值低于其取得成本，但高于销售企业销售成本；第二种情况是购买企业本期期末内部购进存货的可变现净值既低于该存货的取得成本，也低于销售企业该存货的取得成本。

（1）在第一种情况下，从购买企业个别财务报表来说，购买企业按该存货的可变现净值低于其取得成本的金额，一方面确认存货跌价准备并在其个别资产负债表中通过抵销存货项目的金额列示，另一方面在利润表中作为资产减值损失列示。但从合并财务报表来说，随着内部购进存货包含的未实现内部销售损益的抵销，该存货在合并财务报表中列示的成本为抵销未实现内部销售损益后的成本。当该存货的可变现净值低于购买企业的取得成本，但高于该存货在合并财务报表中成本时，则不需要计提存货跌价准备。个别财务报表中计列的相应的存货跌价准备，也应予以抵销。进行合并处理时，应当按照购买企业本期计提存货跌价准备的金额，借记"存货"项目，贷记"资产减值损失"项目。

【例 10－13】 甲公司系 A 公司的母公司，甲公司本期向 A 公司销售商品 2 000 万元，其销售成本为 1 400 万元；A 公司购进的该商品当期全部未实现对外销售而形成期末存货。A 公司期末对存货进行检查时，发现该商品已经部分陈旧，其可变现净值已降至 1 840 万元。为此，A 公司期末对该存货计提存货跌价准备 160 万元，并在其个别财务报表中列示。

【解析】

在本例中，该存货的可变现净值降至 1 840 万元，高于抵销未实现内部销售损益后的金额（1 400 万元）。此时，在编制本期合并财务报表时，应进行如下合并处理（单位：万元）。

（1）将内部销售收入与内部销售成本抵销。

借：营业收入　　　　　　　　　　　　　　　　　2 000

　　贷：营业成本　　　　　　　　　　　　　　　　2 000

（2）将内部销售形成的存货价值中包含的未实现内部销售损益抵销。

借：营业成本　　　　　　　　　　　　　　　　　　600

　　贷：存货　　　　　　　　　　　　　　　　　　600

（3）将 A 公司本期计提的存货跌价准备抵销。

借：存货　　　　　　　　　　　　　　　　　　　160

　　贷：资产减值损失　　　　　　　　　　　　　　160

（2）在第二种情况下，从购买企业个别财务报表来说，购买企业按该存货的可变现净值低于其取得成本的金额确认存货跌价准备。确认的存货跌价准备的金额，一方面在其个别资产负债表中通过抵销存货项目列示，另一方面在利润表中作为资产减值损失列示。购买企业在个别财务报表中确认的存货跌价准备的金额，既包括购买企业该商品取得成本高于销售企业销售成本（即取得成本）的差额（即抵销的未实现内部销售损益），也包括销售企业销售成本高于该商品可变现净值的差额。但从合并财务报表来说，随着内部购进存货价值中包含的未实现内部销售损益的抵销，在合并财务报表中列示的该存货的成本为抵销未实现内部销售损益后的成本。相对于购买企业该存货的取得成本高于销售企业销售该存货成本的差额部分计提的存货跌价准备的金额，已因未实现内部销售损益的抵销而抵销，故在编制合并财务报表时，也须将这部分金额予以抵销；而相对于销售企业销售该存货成本高于该存货可变现净值的部分而计提的跌价准备的金额，无论从购买企业来说，还是对于整个企业集团来说，都是必须计提的存货跌价准备，必须在合并财务报表中予以反映。进行抵销处理时，应当按购买企业本期计提的存货跌价准备中内部购进商品取得成本高于销售企业取得成本的数额，借记"存货"项目，贷记"资产减值损失"项目。

【例 10-14】甲公司为 A 公司的母公司。甲公司本期向 A 公司销售商品 2 000 万元，其销售成本为 1 400 万元，并以此在其个别利润表中列示。A 公司购进的该商品当期全部未实现对外销售而形成期末存货。期末对存货进行检查时，发现该存货已经部分陈旧，其可变现净值降至 1 320 万元。为此，A 公司期末对该存货计提存货跌价准备 680 万元。

【解析】

该存货的可变现净值降至 1 320 万元，低于抵销未实现内部销售损益后的金额（1 400 万元）。在 A 公司本期计提的存货跌价准备 680 万元中，600 万元是相对于 A 公司取得成本（2 000 万元）高于甲公司销售该商品的销售成本（1 400 万元）部分计提的，另外 80 万元则是相对于甲公司销售该商品的销售成本（1 400 万元）高于其可变现净值（1 320 万元）的部分计提的。此时，A 公司对计提存货跌价准备中相当于抵销的未实现内部销售损益的数额 600 万元部分，从整个企业集团来说，该商品的取得成本为 1 400 万元，在可变现净值高于这一金额的情况下，不需要计提存货跌价准备，故必须将其予以抵销；而对于另外的 80 万元的存货跌价准备，从整个企业集团来说，则是必须计提的存货跌价准备，不需要进行抵销处理。

在编制本期合并财务报表时，应进行如下抵销处理（单位：万元）。

（1）将内部销售收入与内部销售成本抵销。

借：营业收入   2 000

贷：营业成本   2 000

（2）将内部销售形成的存货价值中包含的未实现内部销售损益抵销。

借：营业成本   600

贷：存货   600

（3）将 A 公司本期计提的存货跌价准备中相当于未实现内部销售利润的部分抵销。

借：存货　　　　　　　　　　　　　　　　　　　600

　　贷：资产减值损失　　　　　　　　　　　　　　600

（二）连续编制合并财务报表时存货跌价准备的合并处理

在连续编制合并财务报表进行合并处理时，首先将上期资产减值损失中抵销的存货跌价准备对本期期初未分配利润的影响予以抵销，即按上期资产减值损失项目中抵销的存货跌价准备的数额，借记"存货"或"营业成本"项目，贷记"期初未分配利润"项目。其次，对于本期对内部购进存货在个别财务报表中补提或者冲销的存货跌价准备的数额也应予以抵销，借记"存货"项目，贷记"资产减值损失"项目。

至于抵销存货跌价准备的数额，应当分不同的情况进行处理。当本期内部购进存货的可变现净值低于持有该存货企业的取得成本但高于抵销未实现内部销售损益后的取得成本（即销售企业该存货的取得成本）时，其抵销的存货跌价准备的金额为本期存货跌价准备的增加额。当本期内部购进存货的可变现净值低于抵销未实现内部销售损益后的取得成本（即销售企业的取得成本）时，其抵销的存货跌价准备的金额为相对于购买企业该存货的取得成本高于销售企业销售成本的差额部分计提的存货跌价准备的数额扣除期初内部购进存货计提的存货跌价准备的金额后的余额，即本期期末存货中包含的未实现内部销售损益的金额减去期初内部购进存货计提的存货跌价准备的金额后的余额。

【例 10-15】接【例 10-13】，甲公司与 A 公司之间内部销售情况、内部销售及存货跌价准备的抵销处理见【例 10-13】。A 公司与甲公司之间本期未发生内部销售。本例期末存货系上期内部销售结存的存货。A 公司本期期末对存货清查时，该内部购进存货的可变现净值为 1 200 万元，A 公司期末存货跌价准备余额为 800 万元。

【解析】

本例中，该内部购进存货的可变现净值由上期期末的 1 840 万元降至 1 200 万元，既低于 A 公司从甲公司购买时的取得成本，也低于抵销未实现内部销售损益后的金额（即甲公司销售该商品的成本 1 400 万元）。A 公司本期期末存货跌价准备余额 800 万元，从计提时间来看，包括上期期末计提结存的存货跌价准备 160 万元，还包括本期期末计提的存货跌价准备 640 万元。上期计提的部分，在编制上期合并财务报表时已将其与相应的资产减值损失相抵销，从而影响本期的期初未分配利润。为此，对于这一部分在本期编制合并财务报表时需要调整期初未分配利润的数额。而对于本期计提的 640 万元存货跌价准备，其中 440 万元是相对上期计提存货跌价准备后存货净额与甲公司该内部销售商品的销售成本之间的差额计提的，而另外 200 万元则相对甲公司该内部销售商品的销售成本与其可变现净值之间的差额计提的。从整个企业集团来说，前者应当予以抵销，后者则是属于应当计提的。

甲公司在编制本期合并财务报表时，应进行如下合并处理（单位：万元）。

（1）在连续编制合并财务报表进行合并处理时，首先将上期资产减值损失中抵销的存货跌价准备对本期期初未分配利润的影响予以抵销。

借：存货 160

　　贷：期初未分配利润 160

（2）将上期抵销的存货价值中包含的未实现内部销售损益对本期期初未分配利润的影响进行抵销。

借：期初未分配利润 600

　　贷：营业成本 600

（3）存货净额与内部销售商品的销售成本之间差额计为资产减值损失。

借：存货 440

　　贷：资产减值损失 440

【例 10-16】接【例 10-13】，甲公司上期向 A 公司销售商品 2 000 万元，其销售成本为 1 400 万元；A 公司购进的该商品当期未实现对外销售全部形成期末存货。A 公司期末对存货进行检查时，发现该存货已经部分陈旧，其可变现净值降至 1 840 万元，A 公司期末对该存货计提存货跌价准备 160 万元。在编制上期合并财务报表时，已将该存货跌价准备予以抵销，其抵销处理见【例 10-15】。甲公司本期向 A 公司销售商品 3 000 万元，甲公司销售该商品的销售成本为 2 100 万元。A 公司本期对外销售内部购进商品实现的销售收入为 4 000 万元，销售成本为 3 200（2 000＋3 000×0.4）万元，其中上期从甲公司购进商品本期全部售出，销售收入为 2 500 万元，销售成本为 2 000 万元；本期从甲公司购进商品销售 40%，销售收入为 1 500 元，销售成本为 1 200 万元。另 60% 形成期末存货，其取得成本为 1 800 万元，期末其可变现净值为 1 620 万元，A 公司本期期末对该内部购进形成的存货计提存货跌价准备 180 万元。

【解析】

在编制本期合并财务报表时，应进行如下合并处理（单位：万元）。

（1）在连续编制合并财务报表进行合并处理时，首先将上期资产减值损失中抵销的存货跌价准备对本期期初未分配利润的影响予以抵销。

借：营业成本　　　　　　　　　　　　　　　　　　　160

　　贷：期初未分配利润　　　　　　　　　　　　　　　160

（2）将上期抵销的存货价值中包含的未实现内部销售损益对本期期初未分配利润的影响进行抵销。

借：期初未分配利润　　　　　　　　　　　　　　　　600

　　贷：营业成本　　　　　　　　　　　　　　　　　　600

（3）销售商品结转成本 3 000

借：营业收入　　　　　　　　　　　　　　　　　　3 000

　　贷：营业成本　　　　　　　　　　　　　　　　　3 000

（4）按比例结转成本

借：营业成本　　　　　　　　　　　　　（900×60%）540

　　贷：存货　　　　　　　　　　　　　　　　　　　540

（5）上期存货跌价准备对本期未分配利润的影响予以抵销

借：存货　　　　　　　　　　　　　　　　　　　　180

　　贷：资产减值损失　　　　　　　　　　　　　　　180

10.2.6　内部固定资产交易的合并处理

10.2.6.1　内部固定资产交易概述

内部固定资产交易是指企业集团内部发生的与固定资产有关的购销业务。根据销售企业销售的是产品还是固定资产，可以将企业集团内部固定资产交易划分为两种类型：第一种类型是企业集团内部企业将自身使用的固定资产变卖给企业集团内的其他企业作为固定资产使用；第二种类型是企业集团内部企业将自身生产的产品销售给企业集团内的其他企业作为固定资产使用。此外，还有另一类型的内部固定资产交易，即企业集团内部企业将自身使用的固定资产变卖给企业集团内的其他企业作为普通商品销售。这种类型的固定资产交易，属于固定资产的内部处置，在企业集团内部发生的情况极少，一般情况下发生的数量也不大。

10.2.6.2　内部固定资产交易当期的合并处理

（一）内部固定资产交易当期未计提折旧的抵销处理

1. 企业集团内部固定资产变卖交易的抵销处理

在合并工作底稿中编制抵销分录时，应当按照该内部交易固定资产的转让价格与其原账面价值之间的差额，借记"营业外收入"项目，贷记"固定资产原价"项目。如果该内部交易的固定资产转让价格低于其原账面价值，则按其差额，借记"固定资产原价"项目，贷记"营业外支出"项目。

【例10-17】A公司和B公司为甲公司控制下的两个子公司。A公司将其净值为1 280万元的某厂房，以1 500万元的价格变卖给B公司作为固定资产使用。A公司因该内部固定资产交易实现收益220万元，并列示于其个别利润表之中。B公司以1 500万元的金额将该厂房作为固定资产的原价入账，并列示于其个别资产负债表之中。

【解析】

在该内部固定资产交易中，A公司因交易实现资产处置损益220万元。编制合并财务报表时，甲公司必须将因该固定资产交易实现的营业外收入与固定资产原值中包含的未实现内部销售损益的数额予以抵销。其抵销分录如下（单位：万元）。

借：资产处置损益　　　　　　　　　　　　　　　　　　　220

　　贷：固定资产原价　　　　　　　　　　　　　　　　　　　220

通过上述抵销处理后，该内部固定资产交易所实现的损益予以抵销，该厂房的原价调整为1 280万元。

2. 企业集团内部产品销售给其他企业作为固定资产的抵销处理

在合并工作底稿中编制抵销分录将其抵销时，应当借记"营业收入"项目，贷记"营业成本"项目和"固定资产原价"项目。其中借记"营业收入"项目的数额，为销售企业销售该产品的销售收入；贷记"营业成本"项目的数额为销售企业销售该产品结转的销售成本；贷记"固定资产原价"项目的数额为销售企业销售该产品的销售收入与销售成本之间的差额，即该内部交易所形成的固定资产原价中包含的未实现内部销售损益的数额。

【例10-18】A公司和B公司为甲公司控制下的两个子公司。A公司于2020年12月将自己生产的产品销售给B公司作为固定资产使用，A公司销售该产品的销售收入为1 680万元，销售成本为1 200万元，B公司以1 680万元的价格作为该固定资产的原价入账。

【解析】

此时，与一般的内部商品交易的抵销处理相似，编制合并财务报表时，甲公司应当将该产品的销售收入 1 680 万元及其销售成本 1 200 万元，以及 B 公司固定资产原价中包含的未实现内部销售损益的 480 万元（1 680 － 1 200）予以抵销。在合并工作底稿中应进行如下抵销处理（单位：万元）。

借：营业收入 1 680
　　贷：营业成本 1 200
　　　　固定资产原价 480

（二）内部固定资产交易当期计提折旧的合并处理

在发生内部固定资产交易当期编制合并财务报表时，其合并抵销处理如下。

（1）将内部交易固定资产相关的销售收入、销售成本以及其原价中包含的未实现内部销售损益予以抵销，即按销售企业由于该固定资产交易所实现的销售收入，借记"营业收入"项目，按照其销售成本，贷记"营业成本"项目，按照该内部交易固定资产的销售收入与销售成本之间的差额（即原价中包含的未实现内部销售损益的数额），贷记"固定资产原价"项目。

（2）将内部交易固定资产当期因未实现内部销售损益而多计提的折旧费用和累计折旧予以抵销。对固定资产计提折旧，企业进行会计处理时，一方面增加当期的费用，另一方面形成累计折旧。对因内部交易固定资产当期使用多计提的折旧进行抵销处理时，应按当期多计提的数额，借记"累计折旧"项目，贷记"管理费用"等项目（为便于理解，本节有关内部交易固定资产均假定为管理用固定资产，其各期多计提的折旧费用均通过"管理费用"项目进行抵销处理）。

【例 10－19】A 公司和 B 公司为甲公司控制下的两个子公司。A 公司于 20×1 年 1 月 1 日将自己生产的产品销售给 B 公司作为固定资产使用，A 公司销售该产品的销售收入为 1 680 万元，销售成本为 1 200 万元。B 公司以 1 680 万元的价格作为该固定资产的原价入账。B 公司购买该固定资产用于公司的行政管理，该固定资产属于不需要安装的固定资产，当月投入使用，其折旧年限为 4 年，预计净残值为零。为简化合并处理，假定该内部交易固定资产在交易当年按 12 个月计提折旧。

【解析】

甲公司在编制合并财务报表时，应当进行如下抵销处理（单位：万元）。

（1）将该内部交易固定资产相关销售收入与销售成本及原价中包含的未实现内部销售利润予以抵销。本例中，A 公司因该内部交易确认销售收入 1 680 万元，结转销售成本 1 200 万元；B 公司该固定资产的原价为 1 680 万元，其中包含的未实现内部销售损益为 480 万元（1 680 - 1 200）。在合并工作底稿中应进行如下抵销处理。

借：营业收入　　　　　　　　　　　　　　　　　　1 680

　　贷：营业成本　　　　　　　　　　　　　　　　　1 200

　　　　固定资产原价　　　　　　　　　　　　　　　　480

（2）将当年计提的折旧和累计折旧中包含的未实现内部销售损益予以抵销。该固定资产在 B 公司按 4 年的折旧年限计提折旧，每年计提折旧 420 万元，其中每年计提的折旧和累计折旧中均包含未实现内部销售损益的摊销额 120 万元（480÷4）。在合并工作底稿中应进行如下抵销处理。

借：累计折旧　　　　　　　　　　　　　　　　　　　120

　　贷：管理费用　　　　　　　　　　　　　　　　　　120

10.2.6.3　内部交易固定资产取得后至处置前的合并处理

在以后的会计期间，具体抵销程序如下。

（1）将内部交易固定资产原价中包含的未实现内部销售损益抵销，并调整期初未分配利润，即按照固定资产原价中包含的未实现内部销售损益的数额，借记"期初未分配利润"项目，贷记"固定资产原价"项目。

（2）将以前会计期间内部交易固定资产多计提的累计折旧抵销，并调整期初未分配利润，即按照以前会计期间抵销该内部交易固定资产因包含未实现内部销售损益而多计提（或少计提）的累计折旧额，借记"累计折旧"项目，贷记"期初未分配利润"项目。

（3）将当期由于该内部交易固定资产因包含未实现内部销售损益而多计提的折旧费用予以抵销，并调整本期计提的累计折旧额，即按照本期该内部交易的固定资产多计提的折旧额，借记"累计折旧"项目，贷记"管理费用"等费用项目。

【例10-20】接【例10-19】，B 公司 20×2 年个别资产负债表中，该内部交易固定资产原价为 1 680 万元，累计折旧为 840 万元，该固定资产净值为 840 万元。该内部交易固定资产 20×2 年计提折旧为 420 万元。

【解析】

甲公司编制 20×2 年度合并财务报表时，应当进行如下抵销处理（单位：万元）。

（1）借：期初未分配利润　　　　　　　　　　　　　　480

　　　　贷：固定资产原价　　　　　　　　　　　　　　480

（2）借：累计折旧   120

       贷：期初未分配利润   120

（3）借：累计折旧   120

       贷：管理费用   120

【例 10-21】 接【例 10-20】，B 公司 20×3 年个别资产负债表中，该内部交易固定资产原价为 1 680 万元，累计折旧为 1 260 万元，该固定资产净值为 420 万元。该内部交易固定资产 20×3 年计提折旧为 420 万元。

【解析】

甲公司编制 20×3 年度合并财务报表时，应当进行如下抵销处理（单位：万元）。

（1）借：期初未分配利润   480

       贷：固定资产原价   480

（2）借：累计折旧   240

       贷：期初未分配利润   240

（3）借：累计折旧   120

       贷：管理费用   120

10.2.6.4 内部交易固定资产清理期间的合并处理

对于销售企业来说，因该内部交易固定资产实现的利润，作为期初未分配利润的一部分结转到以后的会计期间，直到购买企业对该内部交易固定资产进行清理的会计期间。对于购买企业来说，对内部交易固定资产进行清理的会计期间，在其个别财务报表中表现为固定资产原价和累计折旧的减少；该固定资产清理收入减去该固定资产净值以及有关清理费用后的余额，则在其个别利润表中以资产处置损益项目列示。固定资产清理时可能出现 3 种情况：①期满清理；②超期清理；③提前清理。编制合并财务报表时，应当根据具体情况进行合并处理。

（一）内部交易固定资产使用期限届满进行清理期间的合并处理

【例 10-22】 接【例 10-21】，20×4 年 12 月该内部交易固定资产使用期满，B 公司于 20×4 年 12 月对其进行清理。B 公司对该固定资产清理时实现固定资产清理净收益 14 万元，在 20×4 年度个别利润表中以营业外收入项目列示。随着对该固定资产的清理，该固定资产的原价和累计折旧转销，在 20×4 年 12 月 31 日个别资产负债表固定资产中已无该固定资产的列示。

【解析】

甲公司编制合并财务报表时，应当进行如下抵销处理（单位：万元）。

（1）按照内部交易固定资产原价中包含的未实现内部销售利润，调整期初未分配利润。

借：期初未分配利润 480

　　贷：固定资产原价 480

（2）按以前会计期间因固定资产原价中包含的未实现内部销售利润而多计提累计折旧的数额，调整期初未分配利润。

借：累计折旧 360

　　贷：期初未分配利润 360

（3）将本期因固定资产原价中包含的未实现内部销售利润而多计提的折旧额抵销。

借：累计折旧 120

　　贷：管理费用 120

（二）内部交易固定资产超期使用进行清理期间的合并处理

【例10-23】 接【例10-22】，20×4年12月31日该内部交易固定资产使用期满，但该固定资产仍处于使用之中，B公司未对其进行清理报废。B公司20×4年度个别资产负债表固定资产仍列示该固定资产的原价1 680万元，累计折旧1 680万元；在其个别利润表列示该固定资产当年计提的折旧420万元。

【解析】

甲公司在编制20×4年度合并财务报表时，应当进行如下抵销处理（单位：万元）。

（1）将内部交易固定资产原价中包含的未实现内部销售利润抵销，并调整期初未分配利润。

借：期初未分配利润 480

　　贷：固定资产原价 480

（2）将因固定资产原价中包含的未实现内部销售利润而多计提的累计折旧抵销，并调整期初未分配利润。

借：累计折旧 360

　　贷：期初未分配利润 360

（3）将本期因固定资产原价中包含的未实现内部销售利润而多计提的折旧

额抵销。

借：累计折旧　　　　　　　　　　　　　　　　　　120

　　贷：管理费用　　　　　　　　　　　　　　　　　　120

在内部交易固定资产超期使用未进行清理前，由于该内部交易的固定资产仍处于使用之中，并在购买企业资产负债表中列示，因此，必须将该固定资产原价中包含的未实现内部销售损益予以抵销；其次，由于该固定资产仍然按包含有未实现内部销售损益的原价计提折旧，为此也必须将其计提的累计折旧予以抵销。但由于固定资产超期使用不计提折旧，所以不存在抵销多计提折旧问题。

【例10-24】接【例10-23】，该内部交易固定资产20×5年仍处于使用之中。B公司个别资产负债表中内部交易固定资产为1 680万元，累计折旧为1 680万元；由于固定资产超期使用不计提折旧，B公司个别利润表中无该内部交易固定资产计提的折旧费用。

【解析】

甲公司编制合并财务报表时，应进行如下抵销处理（单位：万元）。

（1）将固定资产原价中包含的未实现内部销售利润抵销，调整期初未分配利润。

借：期初未分配利润　　　　　　　　　　　　　　　　480

　　贷：固定资产原价　　　　　　　　　　　　　　　　480

（2）将累计折旧包含的未实现内部销售利润抵销，调整期初未分配利润。

借：累计折旧　　　　　　　　　　　　　　　　　　　480

　　贷：期初未分配利润　　　　　　　　　　　　　　　480

（三）内部交易固定资产使用期限未满提前进行清理期间的合并处理

在这种情况下，购买企业内部交易固定资产实体已不复存在，因此不存在未实现内部销售损益抵销问题，但由于固定资产提前报废，固定资产原价中包含的未实现内部销售损益随着清理而成为实现的损益。对于销售企业来说，因该内部交易固定资产所实现的利润，作为期初未分配利润的一部分结转到购买企业对该内部交易固定资产进行清理的会计期间。为此，首先必须调整期初未分配利润；其次，在固定资产进行清理前仍需计提折旧，本期计提折旧中仍然包含有多计提的折旧，需要将多计提的折旧费用予以抵销。

【例10-25】接【例10-21】，B公司于20×3年12月对该内部交易固定资产进行清理，在对其清理过程中取得清理净收益25万元，在其个别利润表作为资产处置损益列示。

【解析】

本例中，该内部交易固定资产至 20×3 年 12 月已经使用 3 年，B 公司对该固定资产累计计提折旧 1 260 万元。

此时，编制合并财务报表时，应编制如下抵销分录（单位：万元）。

(1) 借：期初未分配利润　　　　　　　　　　　　480

　　　　贷：固定资产原价　　　　　　　　　　　　480

(2) 借：累计折旧　　　　　　　　　　　　　　　240

　　　　贷：期初未分配利润　　　　　　　　　　　240

(3) 借：累计折旧　　　　　　　　　　　　　　　120

　　　　贷：管理费用　　　　　　　　　　　　　　120

10.2.7　所得税会计相关的合并处理

10.2.7.1　所得税会计概述

在编制合并财务报表时，由于需要对企业集团内部交易进行合并抵销处理，由此可能导致在合并财务报表中反映的资产、负债账面价值与其计税基础不一致，存在差异。为了使合并财务报表全面反映所得税相关的影响，特别是当期所负担的所得税费用的情况，应当进行所得税会计核算，在计算确定资产、负债的账面价值与计税基础之间差异的基础上，确认相应的递延所得税资产或递延所得税负债。

10.2.7.2　内部应收款项相关所得税会计的合并处理

在编制合并财务报表时，随着内部债权债务的抵销，也必须将内部应收账款计提的坏账准备予以抵销。对其进行合并抵销处理后，合并财务报表中该内部应收账款已不存在，由内部应收账款账面价值与计税基础之间的差异所形成的暂时性差异也不能存在。在编制合并财务报表时，对持有该集团内部应收款项的企业因该暂时性差异确认的递延所得税资产则需要进行抵销处理。

【例 10-26】 甲公司为 A 公司的母公司。甲公司本期个别资产负债表应收账款中有 1 700 万元为应收 A 公司账款，该应收账款账面余额为 1 800 万元，甲公司当年对其计提坏账准备 100 万元。A 公司本期个别资产负债表中列示有应付甲公司账款 1 800 万元。甲公司和 A 公司适用的企业所得税税率均为 25%。

【解析】

甲公司在编制合并财务报表时，其合并处理如下（单位：万元）。

（1）将内部应收账款与应付账款相互抵销，其抵销分录如下。

借：应付账款   1 800

   贷：应收账款   1 800

（2）将内部应收账款计提的坏账准备予以抵销，其抵销分录如下。

借：应收账款   100

   贷：信用减值损失   100

（3）将甲公司对内部应收账款计提坏账准备导致暂时性差异确认的递延所得税资产予以抵销。

借：所得税费用   25

   贷：递延所得税资产   25

10.2.7.3　内部交易存货相关所得税会计的合并处理

企业在编制合并财务报表时，应当将纳入合并范围的母公司与子公司以及子公司相互之间发生的内部交易对个别财务报表的影响予以抵销，其中包括内部商品交易所形成的存货价值中包含的未实现内部销售损益的金额。

【例 10-27】甲公司持有 A 公司 80% 的股权，是 A 公司的母公司。甲公司 20×1 年利润表列示的营业收入中有 5 000 万元，是当年向 A 公司销售产品取得的销售收入，该产品销售成本为 3 500 万元。A 公司在 20×1 年将该批内部购进商品的 60% 实现对外销售，其销售收入为 3 750 万元，销售成本为 3 000 万元，并列示于其利润表中；该批商品的另外 40% 则形成 A 公司期末存货，即期末存货为 2 000 万元，列示于 A 公司 20×1 年的资产负债表之中。甲公司和 A 公司适用的企业所得税税率均为 25%。

【解析】

甲公司在编制合并财务报表时，其合并抵销处理如下（单位：万元）。

（1）将内部销售收入与内部销售成本及存货价值中包含的未实现内部销售利润抵销，其抵销分录如下。

借：营业收入   5 000

   贷：营业成本   4 400

      存货   600

（2）确认因编制合并财务报表导致的存货账面价值与其计税基础之间的暂时性差异相关递延所得税资产。从 A 公司来说，其持有该存货账面价值与计税基础均为 2 000 万元；从甲公司角度来说，通过上述合并抵销处理，合并资产负债表中该存货的价值为 1 400 万元；由于甲公司和 A 公司均为独立的法人实体，这一存货的计税基础应从 A 公司的角度来考虑，即其计税基础为 2 000 万元。因该内部交易抵销的未实现内部销售损益导致的暂时性差异为 600 万元（2 000 - 1 400），实际上就是抵销的未实现内部销售损益的金额。为此，编制合并财务报表时还应当对该暂时性差异确认递延所得税资产 150 万元（600 × 25%）。进行合并抵销处理时，其抵销分录如下（单位：万元）。

借：递延所得税资产   150

贷：所得税费用   150

10.2.7.4　内部交易固定资产等相关所得税会计的合并处理

对于内部交易形成的固定资产，编制合并财务报表时应当将该内部交易对个别财务报表的影响予以抵销，其中包括将内部交易形成的固定资产价值中包含的未实现内部销售利润予以抵销。

【例 10-28】A 公司和 B 公司均为甲公司控制下的子公司。A 公司于 20×1 年 1 月 1 日将自己生产的产品销售给 B 公司作为固定资产使用，A 公司销售该产品的销售收入为 1 680 万元，销售成本为 1 200 万元。A 公司在 20×1 年度利润表中列示有该销售收入 1 680 万元，该销售成本 1 200 万元。B 公司以 1 680 万元的价格作为该固定资产的原价入账。B 公司购买的该固定资产用于公司的销售业务，该固定资产属于不需要安装的固定资产，当月投入使用，其折旧年限为 4 年，预计净残值为零。B 公司对该固定资产确定的折旧年限和预计净残值与税法规定一致。为简化合并处理，假定该内部交易固定资产在交易当年按 12 个月计提折旧。B 公司在 20×1 年 12 月 31 日的资产负债表中列示有该固定资产，其原价为 1 680 万元，累计折旧为 420 万元，固定资产净值为 1 260 万元。A 公司、B 公司和甲公司适用的企业所得税税率均为 25%。

【解析】

甲公司在编制合并财务报表时，应当进行如下抵销处理（单位：万元）。

(1) 将该内部交易固定资产相关销售收入与销售成本及原价中包含的未实现内部销售利润予以抵销，其抵销分录如下。

借：营业收入   1 680

贷：营业成本   1 200

固定资产原价   480

(2) 将当年计提的折旧和累计折旧中包含的未实现内部销售损益的金额予以抵销，其抵销分录如下。

借：累计折旧   120

　　　　贷：销售费用　　　　　　　　　　　　　　　　　　　120

　　（3）确认递延所得税资产或负债相关计算如下。

　　B 公司该固定资产的账面价值＝1 680（固定资产原价）－420（当年计提的折旧额）＝1 260（万元）

　　B 公司该固定资产的计税基础＝1 680（固定资产原价）－420（当年计提的折旧额）＝1 260（万元）

　　根据上述计算，从 B 公司角度来看，因该内部交易形成的固定资产账面价值与其计税基础相同，不产生暂时性差异，在 B 公司个别财务报表中不涉及确认递延所得税资产或递延所得税负债的问题。

　　合并财务报表中该固定资产的账面价值＝1 200（企业集团取得该资产的成本）－300（按取得资产成本计算确定的折旧额）＝900（万元）

　　合并财务报表中该固定资产的计税基础＝B 公司该固定资产的计税基础＝1 260（万元）

　　合并财务报表中该固定资产相关的暂时性差异＝900（账面价值）－1 260（计税基础）＝－360（万元）

　　合并财务报表中该固定资产的账面价值，是以抵销未实现内部销售利润后的固定资产原价（即销售企业的销售成本）1 200 万元（固定资产原价 1 680 万元－未实现内部销售利润 480 万元），以及按抵销未实现内部销售利润后的固定资产原价计算的折旧额为基础计算的。

　　合并财务报表中该固定资产相关的暂时性差异，就是因抵销未实现内部销售利润而产生的。本例中该固定资产原价抵销的未实现内部销售利润为 480 万元，同时由于该固定资产使用而当年计提的折旧额 420 万元中也包含未实现内部销售利润 120 万元，这 120 万元随着固定资产折旧而结转为已实现内部销售利润，因此该内部交易形成的固定资产价值中当年实际抵销的未实现内部销售利润为 360 万元（480－120）。这 360 万元也就是因未实现内部销售利润而产生的暂时性差异。

　　对于合并财务报表中该内部交易固定资产因未实现内部销售利润的抵销而产生的暂时性差异，应当确认的递延所得税资产为 90 万元（360×25%）。本例中，确认相关递延所得税资产的合并抵销分录如下。

　　借：递延所得税资产　　　　　　　　　　　　　　　　90

　　　　贷：所得税费用　　　　　　　　　　　　　　　　　　90

第 11 章
建筑施工企业所得税政策实践

11.1 企业所得税征管的一般规定

11.1.1 企业所得税预缴的一般规定

11.1.1.1 建筑施工企业所得税的就地预缴

一、总机构直接管理的跨地区设立的项目部的就地预缴

根据《国家税务总局关于跨地区经营建筑企业所得税征收管理问题的通知》（国税函〔2010〕156 号）的规定，建筑企业总机构直接管理的跨地区（指跨省、自治区、直辖市和计划单列市）设立的项目经理部（包括与项目经理部性质相同的工程指挥部、合同段等），自 2010 年 1 月 1 日起，应按项目实际经营收入的 0.2% 按月或按季度由总机构向项目所在地预分企业所得税，并由项目部向所在地主管税务机关预缴。总机构扣除已由项目部预缴的企业所得税后，按照其余额就地缴纳。建筑企业总机构在办理企业所得税预缴和汇算清缴时，应附送其所直接管理的跨地区经营项目部就地预缴税款的完税证明。如果外省市超越国家税务总局规定，按自行制定的文件扣缴企业所得税，对于超过国家税务总局规定的预分比例多缴的税款不予承认，同时纠正其错误申报。

对于一些手续不齐全的挂靠单位，若没有按税法规定的时间、程序开具外出经营活动税收管理证明，以及开具的证明超过税法规定的有效期限，或者没有向所在地主管税务机关提供总机构出具的证明该项目部属于总机构或二级分支机构管理的证明文件，应作为独立纳税人就地缴纳企业所得税，其工程项目所得税由工程所在地税务机关结合当地实际就地征收。

建筑企业所属二级或二级以下分支机构直接管理的项目部（包括与项目部性质相同的工程指挥部、合同段等）不就地预缴企业所得税，其经营收入、职

工工资和资产总额应汇总到二级分支机构统一核算，由二级分支机构预缴企业所得税。

二、二级分支机构的就地预缴

总机构应将本期企业应纳所得税额的 50% 部分，按照各分支机构应分摊的比例，在各分支机构之间进行分摊，并及时通知各分支机构；各分支机构应在每月或季度终了之日起 15 日内，就其分摊的所得税额就地申报预缴。分支机构未按税款分配数额预缴所得税造成少缴税款的，主管税务机关应按照《税收征管法》的有关规定对其予以处罚，并将处罚结果通知总机构所在地主管税务机关。

分支机构按以下公式计算分摊税款：

所有分支机构分摊税款总额 = 汇总纳税企业当期应纳所得税额 × 50%

某分支机构分摊税款 = 所有分支机构分摊税款总额 × 该分支机构分摊比例

某分支机构分摊比例 = （该分支机构营业收入/各分支机构营业收入之和）× 0.35 + （该分支机构职工薪酬/各分支机构职工薪酬之和）× 0.35 + （该分支机构资产总额/各分支机构资产总额之和）× 0.30

总机构应按照上年度分支机构的营业收入、职工薪酬和资产总额三个因素计算各分支机构分摊所得税款的比例；三级及以下分支机构，其营业收入、职工薪酬和资产总额统一计入二级分支机构。分支机构分摊比例按上述方法一经确定，除出现专门规定情形外，当年不做调整。

以总机构名义进行生产经营的非法人分支机构，无法提供汇总纳税企业分支机构所得税分配表，应在预缴申报期内向其所在地主管税务机关报送非法人营业执照（或登记证书）的复印件、由总机构出具的二级及以下分支机构的有效证明和支持有效证明的相关材料（包括总机构拨款证明、总分机构协议或合同、公司章程、管理制度等），证明其二级及以下分支机构身份。二级及以下分支机构所在地主管税务机关应对二级及以下分支机构进行审核鉴定，对应按规定就地分摊缴纳企业所得税的二级分支机构，应督促其及时就地缴纳企业所得税。以总机构名义进行生产经营的非法人分支机构，无法提供汇总纳税企业分支机构所得税分配表，也无法提供相关证据证明其二级及以下分支机构身份的，应视同独立纳税人计算并就地缴纳企业所得税。按以上规定视同独立纳税人的分支机构，其独立纳税人身份一个年度内不得变更。

二级分支机构应将查补所得税款的 50% 分摊给总机构缴纳，其中 25% 就地办理缴库，25% 就地全额缴入中央国库；50% 分摊给该二级分支机构就地办理缴库。具体的税款缴库程序按照《财政部 国家税务总局 中国人民银行关于印发〈跨省市总分机构企业所得税分配及预算管理办法〉的通知》（财预〔2012〕40号）第五条等相关规定执行。

【例11-1】某税务师事务所对建华建筑公司20×1年度所得税进行汇算清缴。发现该公司20×1年度发生以下经济事项。

该公司20×1年共有12个施工项目。其中5个施工项目是公司直接管理的项目，其余7个项目分别属于其下属的两个分公司。5个施工项目在工程所在地按营业收入的0.2%预缴了企业所得税100万元，其余7个施工项目在所属的两个分公司按规定预缴了企业所得税200万元。该公司应如何进行纳税处理？

【解析】

根据《国家税务总局关于跨地区经营建筑企业所得税征收管理问题的通知》（国税函〔2010〕156号）的规定，总机构既有直接管理的跨地区项目部，又有跨地区二级分支机构的，先扣除已由项目部预缴的企业所得税，再按照国家税务总局〔2012〕57号文件规定计算总、分支机构应缴纳的税款。建筑企业总机构应按照有关规定办理企业所得税年度汇算清缴，各分支机构和项目部不进行汇算清缴。总机构年终汇算清缴后应纳所得税额小于已预缴的税款时，由总机构主管税务机关办理退税或抵扣以后年度的应缴企业所得税。

所以，本例中，建华建筑公司应在汇算清缴时，将在项目所在地及分公司所在地预缴的企业所得税及建华建筑公司在总部所在地预缴的企业所得税一并填列在《企业所得税年度纳税申报表（A类2017年版)》第32行"减：本年累计实际已预缴的所得税额"。

11.1.1.2　建筑施工企业总机构所得税预缴

企业所得税分月或者分季预缴，由总机构所在地主管税务机关具体核定。总机构应将本期企业应纳所得税额的50%部分，在每月或季度终了后15日内就地申报预缴。汇总纳税企业应根据当期实际利润额，按照《跨地区经营汇总纳税企业所得税征收管理办法》（国家税务总局公告2012年第57号）规定的预缴分摊方法计算总机构和分支机构的企业所得税预缴额，分别由总机构和分支机构就地预缴；在规定期限内按实际利润额预缴有困难的，也可以按照上一年度应纳税所得额的1/12或1/4，按照规定的预缴分摊方法计算总机构和分支机构的企业所得税预缴额，分别由总机构和分支机构就地预缴。预缴方法一经确定，当年度不得变更。

11.1.1.3　企业所得税后续管理

加强企业所得税后续管理是落实国务院关于职能转变特别是深化行政审批制度改革，取消和下放行政审批项目，同时加强后续管理要求的具体体现，是新形势下全面推进企业所得税科学化、专业化和精细化管理的必然要求，是落实税源专业化管理和深化税收征管部署的工作措施。加强企业所得税后续管理的主要目标是：通过加强后续管理，保持企业所得税管理的连续性，保障企业所得税各项政策的贯彻落实，切实防止出现管理真空，进一步提升税法遵从度，不断提高企业所得税的征管质量和效率。

后续管理的对象涵盖影响企业所得税应纳税所得额和应纳税额的重要事项和重点行业，包括跨年度事项、重大事项、高风险事项和若干重点行业。

（1）跨年度事项是指对企业以后年度的应纳税所得额和应纳税额造成实际影响的事项。跨年度事项主要包括：债务重组递延所得、跨境重组递延收入、政策性搬迁收入、公允价值变动净收益、权益法核算长期股权投资初始成本形成的营业外收入，政策性搬迁支出、跨年度结转扣除的职工教育经费支出、广告费和业务宣传费支出、不征税收入后续支出，固定资产和生产性生物资产折旧、无形资产和长期待摊费用摊销、油气资产折耗，亏损弥补，创业投资抵扣应纳税所得额，专用设备投资抵免应纳税额，等等。鉴于跨年度事项的递延性质，需要通过台账管理等方法准确记录该类事项对以后年度的税收影响，便于跟踪管理。

（2）重大事项涵盖了税务行政审批制度改革后管理方式发生重大改变的事项，以及一些对企业所得税影响重大的、复杂的交易或事项。前者主要包括企业所得税优惠事项和资产损失税前扣除事项，这类事项由审批改为备案或自行申报后，必须加强对其真实性和合法性的后续管理。后者包括企业重组、清算、股权转让、居民企业间关联交易、境外所得税收抵免、跨地区经营汇总纳税、集团企业合并纳税等重点事项，这些事项交易过程复杂、交易方较多、交易信息不透明，有的还涉及税源跨地区转移，需要利用专家团队、结合第三方信息等加强后续管理。

（3）高风险事项是企业所得税管理中风险发生概率较高、易造成重大税款流失的事项，如适用特殊性税务处理的企业重组、上市公司限售股减持等交易或事项。要将风险管理理念贯穿税源专业化管理全过程，选取体现税种特征的关键风险指标值，分地区、分企业规模、分行业类型建立风险预警指标体系、评估模型和风险特征库，通过分析识别和等级排序，将高风险事项纳入后续管理范围。

（4）重点行业是指企业所得税税种特征明显、税源较大、生产经营流程较复杂、管理难度较高的一些行业，如房地产开发企业、建筑施工企业、石油石化企业等。要结合应用企业所得税行业管理操作指南，制定重点行业企业所得税管理办法，建立行业管理专家团队，加大对重点行业的后续管理力度。

11.1.2 建筑施工企业可享受的税收优惠

11.1.2.1 投资公共基础设施项目的投资经营所得优惠

随着经济形势的变化，建筑施工企业借助 PPP 等模式参与公共基础设施的投资，通过投资扩大市场份额、提高市场竞争力的情况越来越多。我国目前对投资公共基础设施、环境保护和节能节水项目的投资经营所得是有税收优惠政策的。

经国务院批准，财政部、国家税务总局、国家发展改革委联合发布了《公共基础设施项目企业所得税优惠目录》（以下简称《目录》），企业从事《目录》内符合相关条件和技术标准及国家投资管理相关规定，于 2008 年 1 月 1 日后经批准的公共基础设施项目，其投资经营所得，自该项目取得第一笔生产经营收入所属纳税年度起，第一年至第三年免征企业所得税，第四年至第六年减半征收企业所得税。第一笔生产经营收入，是指公共基础设施项目已建成并投入运营后所取得的第一笔收入。企业同时从事不在《目录》范围内的项目取得的所得，应与享受优惠的公共基础设施项目所得分开核算，并合理分摊期间费用，没有分开核算的，不得享受上述企业所得税优惠政策。

根据《财政部 国家税务总局关于公共基础设施项目享受企业所得税优惠政策问题的补充通知》（财税〔2014〕55 号），企业投资经营符合《目录》规定条件和标准的公共基础设施项目，采用一次核准、分批次（如码头、泊位、航站楼、跑道、路段、发电机组等）建设的，凡同时符合以下条件的，可按每一批次为单位计算所得，并享受企业所得税"三免三减半"优惠：①不同批次在空间上相互独立；②每一批次自身具备取得收入的功能；③以每一批次为单位进行会计核算，单独计算所得，并合理分摊期间费用。企业承包经营、承包建设和内部自建自用公共基础设施项目，不得享受上述企业所得税优惠。承包经营，是指与从事该项目经营的法人主体相独立的另一法人经营主体，通过承包该项目的经营管理而取得劳务性收益的经营活动。承包建设，是指与从事该项目经营的法人主体相独立的另一法人经营主体，通过承包该项目的工程建设而取得建筑劳务收益的经营活动。内部自建自用，是指项目的建设仅作为本企业主体经营业务的设施，满足本企业自身的生产经营活动需要，而不属于向他人提供公共服务业务的公共基础设施建设项目。

从事《目录》范围项目投资的居民企业应于从该项目取得的第一笔生产经营收入后 15 日内向主管税务机关备案并报送如下材料后，方可享受有关企业所得税优惠：

（1）有关部门批准该项目文件复印件；

（2）该项目完工验收报告复印件；

（3）该项目投资额验资报告复印件；

（4）税务机关要求提供的其他资料。

企业因生产经营发生变化或因《目录》调整，不再符合减免税条件的，企业应当自发生变化 15 日内向主管税务机关提交书面报告并停止享受优惠，依法缴纳企业所得税。

企业在减免税期限内转让所享受减免税优惠的项目，受让方承续经营该项目的，可自受让之日起，在剩余优惠期限内享受规定的减免税优惠；减免税期限届满后转让的，受让方不得就该项目重复享受减免税优惠。

11.1.2.2　小型微利企业可以享受的所得税优惠

建筑施工企业有很多是规模较小的小型微利企业。根据《财政部 税务总局关于实施小微企业普惠性税收减免政策的通知》（财税〔2019〕13 号），为进一步支持小型微利企业发展，现就实施小型微利企业普惠性税收减免政策有关事项通知如下。

（1）对月销售额 10 万元以下（含本数）的增值税小规模纳税人，免征增值税。

（2）对小型微利企业年应纳税所得额不超过 100 万元的部分，减按 25% 计入应纳税所得额，按 20% 的税率缴纳企业所得税；对年应纳税所得额超过 100 万元但不超过 300 万元的部分，减按 50% 计入应纳税所得额，按 20% 的税率缴纳企业所得税。

上述小型微利企业是指从事国家非限制和禁止行业，且同时符合年度应纳税所得额不超过 300 万元、从业人数不超过 300 人、资产总额不超过 5 000 万元等三个条件的企业。

从业人数，包括与企业建立劳动关系的职工人数和企业接受的劳务派遣用工人数。所称从业人数和资产总额指标，应按企业全年的季度平均值确定。具体计算公式如下：

$$季度平均值 = （季初值 + 季末值）÷ 2$$
$$全年季度平均值 = 全年各季度平均值之和 ÷ 4$$

年度中间开业或者终止经营活动的，以其实际经营期作为一个纳税年度确定上述相关指标。

11.1.2.3　高新技术企业所得税优惠

根据《国家税务总局关于实施高新技术企业所得税优惠政策有关问题的公告》（国家税务总局公告 2017 年第 24 号，以下简称 24 号公告），企业获得高新技术企业资格后，自高新技术企业证书注明的发证时间所在年度起申报享受税收优惠，并按规定向主管税务机关办理备案手续。企业的高新技术企业资格期满当年，在通过重新认定前，其企业所得税暂按 15% 的税率预缴，在年底前仍未取得高新技术企业资格的，应按规定补缴相应期间的税款。

对取得高新技术企业资格且享受税收优惠的高新技术企业，税务部门如在日常管理过程中发现其在高新技术企业认定过程中或享受优惠期间不符合《科技部 财政部 国家税务总局关于修订印发〈高新技术企业认定管理办法〉的通知》（国科发火〔2016〕32 号，以下简称《认定办法》）第十一条规定的认定条件的，应提请认定机构复核。复核后确认不符合认定条件的，由认定机构取消其高新技术企业资格，并通知税务机关追缴其证书有效期内自不符合认定条件年度起已享受的税收优惠。

享受税收优惠的高新技术企业，每年汇算清缴时应按规定向税务机关提交企业所得税优惠事项备案表、高新技术企业资格证书履行备案手续，同时妥善保管以下资料留存备查：高新技术企业资格证书；高新技术企业认定资料；知识产权相关材料；年度主要产品（服务）发挥核心支持作用的技术属于《国家重点支持的高新技术领域》规定范围的说明，高新技术产品（服务）及对应收入资料；年度职工和科技人员情况证明材料；当年和前两个会计年度研发费用总额及占同期销售收入比例、研发费用管理资料以及研发费用辅助账，研发费用结构明细表；省税务机关规定的其他资料。

11.1.2.4　专用设备投资额抵免应纳税额优惠

企业自 2008 年 1 月 1 日起购置并实际使用列入《环境保护专用设备企业所得税优惠目录》《节能节水专用设备企业所得税优惠目录》《安全生产专用设备企业所得税优惠目录》范围内的环境保护、节能节水和安全生产专用设备，可以按专用设备投资额的 10% 抵免当年企业所得税应纳税额；企业当年应纳税额不足抵免的，可以向以后年度结转，但结转期不得超过 5 个纳税年度。

专用设备投资额，是指购买专用设备发票价税合计价格，但不包括按有关规定退还的增值税税款，以及设备运输、安装和调试等费用。当年应纳税额，是指企业当年的应纳税所得额乘以适用税率，扣除依照企业所得税法和国务院有关税收优惠规定以及税收过渡优惠规定减征、免征税额后的余额。

企业利用自筹资金和银行贷款购置专用设备的投资额，可以按企业所得税法的规定抵免企业应纳所得税额；企业利用财政拨款购置专用设备的投资额，不得抵免企业应纳所得税额。

企业购置并实际投入使用、已开始享受税收优惠的专用设备，如从购置之日起 5 个纳税年度内转让、出租的，应在该专用设备停止使用当月停止享受企业所得税优惠，并补缴已经抵免的企业所得税税款。转让的受让方可以按照该专用设备投资额的 10% 抵免当年企业所得税应纳税额；当年应纳税额不足抵免的，可以在以后 5 个纳税年度结转抵免。

11.1.2.5 疫情期间，企业可享受的企业所得税优惠

对疫情防控重点保障物资生产企业为扩大产能新购置的相关设备，允许一次性计入当期成本费用在企业所得税税前扣除。

受疫情影响较大的困难行业企业 2020 年度发生的亏损，最长结转年限由 5 年延长至 8 年。其中，困难行业企业，包括交通运输、餐饮、住宿、旅游（指旅行社及相关服务、游览景区管理两类）四大类，具体判断标准按照现行《国民经济行业分类》执行。困难行业企业 2020 年度主营业务收入须占收入总额（剔除不征税收入和投资收益）的 50% 以上。

11.2 企业所得税税前扣除原则、范围和凭证管理

11.2.1 企业所得税税前扣除原则

根据《企业所得税法》及其实施条例的规定，企业所得税税前扣除要遵循真实性、相关性和合理性三项基本原则。此外，还需遵循权责发生制原则、配比原则、税法优先原则和确定性原则等四项一般原则。

11.2.1.1 真实性原则

（1）实际发生，并非实际支付的概念。一般认为，支付义务产生，即意味着支出发生。例如，房地产开发企业按照工程形象进度结算施工工程款，即形

成支付义务。那么这个经济事项可能会带来事项的收入，也可能会带来事项的支出，这个支出是为了经济事项发生而需要承担的必要的、正常的代价，这种代价构成实际支出，但不一定是实际支付款项的概念。既不能说实际支付一定等于实际支出，也不能说实际支出一定不等于实际支付。比如买入商品再卖出去，我们认为成本在确认收入的时候实际发生（实际支出），因为这些商品的控制权转移了，但是并不需要在结转成本时考虑当初购买商品的时候商品采购货款是否实际支付了、款项是否结清了、账上是否还挂着应付账款。

（2）企业应当提供能够证明费用实际已经发生的适当凭据，然后根据具体业务判断费用是否实际发生。这时候就要注意取得税前扣除凭证的真实性、合法性和相关性。

（3）税前扣除凭证应当符合国家法律、法规规定。房地产开发企业购进货物、劳务或者服务、不动产、无形资产等增值税应税项目的，应取得销售方开具的发票或税务机关认可的票据作为扣除凭证。同时，企业有的业务无法取得发票，如房地产开发企业支付的拆迁补偿费、青苗补偿费等，房地产总公司分配的共同费用、工资等。发票并不是税前扣除的唯一凭证。如支付工资可以以自制原始凭据作为税前扣除凭证；支付拆迁补偿费等非增值税应税项目，以合同、协议、付款证明、银行支付凭据等共同组成扣除凭证。另外，取得应填写而未填写纳税人识别号的发票，非法虚开、填写不规范等不符合规定的发票，不能作为税前扣除凭证。

11.2.1.2 相关性原则

《企业所得税法》第八条和《企业所得税法实施条例》第二十七条明确，准予在计算应纳税所得额时扣除的支出必须是与取得收入直接相关的支出。

（1）准予扣除的支出是与取得收入"直接相关"的支出。根据该原则，可以明确以下两点：一是与企业生产经营无关的支出不允许在税前扣除，如企业的非公益性捐赠支出、企业为雇员承担的个人所得税、已出售给职工的住房的折旧费、与经营活动无关的固定资产计提的折旧费等；二是属于个人消费性质的支出不允许在税前扣除，如企业高级管理人员的个人娱乐支出、家庭消费支出等。根据《企业财务通则》第四十六条的规定，企业不得承担属于个人的下列支出：①娱乐、健身、旅游、招待、购物、馈赠等支出；②购买商业保险、证券、股权、收藏品等支出；③个人行为导致的罚款、赔偿等支出；④购买住房、支付物业管理费等支出；⑤应由个人承担的其他支出。

在相关性的具体判断上，一般从支出发生的根源和性质方面进行分析，而不是看费用支出的结果。从根源方面判断，支出存在和收入直接相关的关系；从性质方面判断，支出必须是企业的支出而非企业经营者或者股东自身的支出。例如，房地产开发企业的股东报销子女入学费、为家庭成员购买人身保险，均属于与生产经营无关的支出，不得税前扣除；房地产开发企业经理人员因个人原因发生法律诉讼，虽然经理人员摆脱法律纠纷有利于其全身心投入企业的经营管理，最终可能确实对企业经营有好处，但发生的诉讼费用从根源和性质上分析属于经理的个人支出，与企业的应税收入不直接相关，因而不允许作为企业的支出在税前扣除。

（2）"与收入直接相关"中的"收入"应理解为应税收入。应税收入是与不征税收入和免税收入相对应的一个概念。由于应税收入要缴纳企业所得税，所以与之相应的支出根据相关性原则允许税前扣除。而不征税收入不属于营利性活动带来的经济利益，从税制原理来看就不应缴纳企业所得税，因此与之相对应的支出也不得在税前扣除。《企业所得税法实施条例》第二十八条第二款对此做了明确规定，即"企业的不征税收入用于支出所形成的费用或者财产，不得扣除或者计算对应的折旧、摊销扣除"。

（3）免税收入对应的成本费用，除另有规定外，可以税前扣除。免税收入虽从税制原理上讲应该缴纳企业所得税，但是国家出于某些因素考虑而允许其免予纳税，与之相对应的支出项目与应税收入无关，但并非不可以扣除。《国家税务总局关于贯彻落实企业所得税法若干税收问题的通知》（国税函〔2010〕79 号）第六条关于免税收入所对应的费用扣除问题的规定：根据《企业所得税法实施条例》第二十七条、第二十八条的规定，企业取得的各项免税收入所对应的各项成本费用，除另有规定者外，可以在计算企业应纳税所得额时扣除。

11.2.1.3　合理性原则

合理的支出，是指符合生产经营活动常规，应当计入当期损益或者有关资产成本的必要和正常的支出，因此允许扣除的支出首先应当是符合企业生产经营活动常规的支出。例如，工资薪金支出、劳动保护支出等税前扣除项目，均需要税务机关及税务人员根据合理性原则进行审核和具体判断。合理性的具体判断，主要看发生支出的计算和分配方法是否符合一般经营常规，如企业的工资水平与社会整体或者同行业工资水平是否差异过大、劳动保护支出与企业的经营性质或经济效益是否匹配、发生的业务招待费与所成交的业务额或者业务的利润水平是否相吻合等。

此外，企业发生的合理支出，限于应当计入当期损益或者有关资产成本的必要与正常的支出。根据这一原则，非法支出不能扣除，行政罚款、税收滞纳金、政治捐款一般都不允许扣除，贿赂支出和秘密支付等不允许扣除。

11.2.1.4 权责发生制原则

企业应纳税所得额的计算，以权责发生制为原则：属于当期的收入和费用，不论款项是否收付，均作为当期的收入和费用；不属于当期的收入和费用，即使款项已经在当期收付，均不作为当期的收入和费用。《企业所得税法》《企业所得税法实施条例》及国务院财政、税务主管部门另有规定的，应从其规定。如由于经济活动的复杂性，在特定情况下可以采用收付实现制原则的除外。例如，工资扣除必须是实际发生。因此，国务院财政、税务主管部门可以根据实际情况对不采用权责发生制的情形做进一步详细规定，以保证应纳税所得额的计算更加科学、合理。

11.2.1.5 配比原则

配比原则包括因果配比原则和时间配比原则。因果配比原则是指企业在计算应纳税所得额时，收入与其成本、费用应当相互配比。其中，应税收入应与为取得应税收入而支出的相对应的成本、费用相配比，不征税收入或免税收入应与为取得不征税收入或免税收入而支出的相对应的成本、费用相配比。该原则在税法条文中多有体现。例如，《企业所得税法》第十一条第五款规定，与经营活动无关的固定资产不得计算折旧扣除；第十二条第三款规定，与经营活动无关的无形资产不得计算摊销费用扣除。应该说，因果配比原则从属于相关性原则。因此，这里单独列出的配比原则是指时间配比原则。

时间配比是指将一定时期的收入与同时期的为取得该收入而支出的相对应的成本费用与损失相配比，在税前扣除中体现为，当期的成本、费用与损失应在当期扣除，不允许提前或滞后扣除。

《企业所得税法》第五十三条和第五十四条规定，企业所得税按纳税年度计算，即公历 1 月 1 日起至 12 月 31 日止；分月或分季预缴，年度终了之日起五个月内汇算清缴，结清应缴应退税款。据此，一般情况下，时间配比原则中的"时间"应以纳税年度作为税前扣除的所属时间段。

《企业所得税法实施条例》第二十八条规定，企业发生的支出应当区分收益性支出和资本性支出。该条款直接体现了应税收益与支出在时间上的配比原则。企业实际发生的所有支出，包括成本、费用、税金、损失和其他支出，都要按收益性支出和资本性支出的标准严格划分。凡支出的效益仅及于一个纳税年度的，应当作为收益性支出，允许在支出发生的当年在税前扣除（如当年发放的工资、发生的业务招待费等）；凡支出的效益及于两个或两个以上纳税年度的，应当作为资本性支出，不允许当年直接在税前扣除（即不允许一次性扣除），应通过折旧等项目逐年在税前摊销（如固定资产、生物资产、无形资产、长期待摊费用、投资资产等）。

11.2.1.6　税法优先原则

在计算应纳税所得额时，企业财务、会计处理办法与税收法律、行政法规的规定不一致的，应当依照税收法律、行政法规的规定计算。

11.2.1.7　确定性原则

纳税人可扣除的费用不论何时支付，其金额必须是确定的。

企业发生的符合税前扣除基本原则及一般原则规定的与取得应税收入有关的支出，凡没有计入成本、没有资本化以及税法没有禁止和限制的，都应在税前扣除。

11.2.2　企业所得税税前扣除范围

11.2.2.1　企业所得

一、国债利息收入

企业从发行者处直接投资购买的国债持有至到期，其从发行者处取得的国债利息收入，全额免征企业所得税。

企业到期前转让国债或者从非发行者处投资购买的国债，其按以下公式计算的国债利息收入，免征企业所得税：

$$国债利息收入 = 国债金额 \times （适用年利率 \div 365） \times 持有天数$$

上述公式中的"国债金额"，按国债发行面值或发行价格确定；"适用年利率"按国债票面年利率或折合年收益率确定；如果企业在不同时间多次购买同一品种国债，"持有天数"可按平均持有天数计算确定。

二、符合条件的居民企业之间的股息、红利等权益性投资收益

符合条件的居民企业之间的股息、红利等权益性投资收益，是指居民企业直接投资于其他居民企业取得的投资收益。《企业所得税法》第二十六条第（二）项和第（三）项所称股息、红利等权益性投资收益，不包括连续持有居民企业公开发行并上市流通的股票不足 12 个月取得的投资收益。

所称符合条件，是指三个条件：一是居民企业之间，不包括投资到"独资企业、合伙企业、非居民企业"；二是直接投资，不包括"间接投资"；三是连续持有居民企业公开发行并上市流通的股票在一年（12 个月）以上取得的投资

收益。

所称权益性投资，是指为获取其他企业的权益或净资产所进行的投资，如对其他企业的普通股股票投资、为获取其他企业股权的联营投资等。企业进行这种投资是为取得对另一企业的控制权，或实施对另一个企业的重大影响，或其他。

此外，根据《财政部 国家税务总局关于地方政府债券利息免征所得税问题的通知》（财税〔2013〕5号），对企业和个人取得的2012年及以后年度发行的地方政府债券利息收入，免征企业所得税和个人所得税。地方政府债券是指经国务院批准同意，以省、自治区、直辖市、计划单列市政府为发行和偿还主体的债券。

三、税前扣除

企业实际发生的与取得收入有关的、合理的支出，包括成本、费用、税金、损失和其他支出，准予在计算应纳税所得额时扣除。

成本，是指企业在生产经营活动中发生的销售成本、销货成本、业务支出以及其他耗费。

费用，是指企业在生产经营活动中发生的销售费用、管理费用和财务费用，已经计入成本的有关费用除外。

销售费用，是指企业在销售开发产品过程中发生的各种费用。企业为销售开发产品，必然会发生一定的支出，这部分支出是企业为获取收入而产生的必要与正常的支出，包括广告费、运输费、装卸费、包装费、展览费、保险费、销售佣金、代销手续费、经营性租赁费及销售部门发生的差旅费、工资、福利费等费用，以及开发产品销售之前的改装修复费、看护费、采暖费等。

管理费用，是指企业的行政管理部门等为管理组织经营活动提供各项支援性服务而发生的费用。企业除了需要与项目开发所直接相关的各种机构、人员、财物之外，作为一个行为主体，还需要一些为项目开发提供辅助性服务的机构和人员，这些机构和人员的配置及职能的发挥等，都将影响企业的项目开发活动的效益性，相应的支出也是与企业取得收入有关的必要与正常的支出，这些在企业所得税扣除方面体现为管理费用，包括由纳税人统一负担的总部（公司）经费（包括总部行政管理人员的工资薪金、福利费、差旅费、办公费、折旧费、修理费、物料消耗、低值易耗品摊销等）、研究开发费（技术开发费）、劳动保护费、业务招待费、工会经费、职工教育经费、股东大会或董事会会费、开办费摊销、无形资产摊销（含土地使用费、土地损失补偿费）、坏账损失、消防费、排污费、绿化费、外事费、法律事务方面的成本、财务事务方面的成本、资料处理及会计事务方面的成本、审计事务方面的成本（包括咨询费、诉讼费、聘请中介机构费、商标注册费等）。

财务费用，是指企业筹集经营性资金而发生的费用。在实践中，企业很少能不借助外来资金而满足自身生产经营的需要，企业发生资金拆借行为较为普遍，为此企业要发生一定的费用，这些费用就是财务费用，包括利息净支出、汇兑净损失、金融机构手续费以及其他非资本化支出等。

税金，是指企业发生的除企业所得税和允许抵扣的增值税以外的各项税金及附加。

损失，是指企业在项目开发中发生的固定资产和存货的盘亏、毁损、报废损失，转让财产损失，呆账损失，坏账损失，自然灾害等不可抗力因素造成的损失以及其他损失。企业发生的损失，减除责任人赔偿和保险赔款后的余额，依照国务院财政、税务主管部门的规定扣除。企业已经作为损失处理的资产，在以后纳税年度又全部收回或者部分收回时，应当计入当期收入。

其他支出，是指除成本、费用、税金、损失外，企业在生产经营活动中发生的与生产经营活动有关的、合理的支出。

企业所得税税前允许扣除的项目包括：

（1）合理的工资、薪金；

（2）职工福利费；

（3）职工教育经费；

（4）工会经费；

（5）社会保险费；

（6）住房公积金；

（7）为特殊工种职工支付的人身安全保险费；

（8）国务院财政、税务主管部门规定允许扣除的商业保险费；

（9）企业参加财产保险缴纳的保险费；

（10）业务招待费；

（11）广告费和业务宣传费；

（12）不需要资本化的借款费用；

（13）向金融企业借款的利息支出；

（14）企业经批准发行债券的利息支出；

（15）向非金融企业借款的不超过按照金融企业同期同类贷款利率计算的数

额的部分利息支出；

（16）汇兑损失；

（17）用于环境保护、生态恢复等专项资金（按照法律、行政法规有关规定提取的）；

（18）以经营租赁方式租入固定资产发生的租赁费；

（19）以融资租赁方式租入固定资产提取的折旧费用；

（20）企业发生的合理的劳动保护支出；

（21）公益性捐赠支出；

（22）其他允许扣除的支出。

11.2.2.2 人工费用

一、工资、薪金支出

企业发生的合理的工资、薪金支出，准予扣除。所称工资、薪金，是指企业每一纳税年度支付给在本企业任职或者受雇的员工的所有现金形式或者非现金形式的劳动报酬，包括基本工资、奖金、津贴、补贴、年终加薪、加班工资，以及与员工任职或者受雇有关的其他支出。

建筑施工企业的工资支出具有自身的特点。一是由于建筑施工企业的人员结构较为复杂，临时工较多，劳务承包的现象较为普遍，所以在确认工资支出的范围时，需要判断雇佣关系，对事实上不具有雇佣关系的人员，其支出不得作为工资支出，而应该作为劳务费支出（需要取得正式发票入账）。二是由于建筑工程工期长，企业资金紧张，人员在项目之间的流动等，所以建筑施工企业的工资发放形式主要是平时只预发一定金额的生活费，年终时再支付根据人员全年的工作量或工作时间计算的工资总额减除平时预发生活费后的余额。

工资、薪金的税前扣除有两项确定性的原则：一是实际发放的标准，二是履行了代扣代缴个人所得税的义务。国税函〔2009〕3号文件规定的另外四项掌握原则，基本上是形式上的体现，没有实质性的影响。所谓实际发放，已突破了应纳税所得额计算中的权责发生制原则，相当于收付实现制的应用。

考虑到很多企业每年12月的工资、薪金在当年预提，于次年1月发放，如果严格要求企业在每一纳税年度结束前支付的工资、薪金才能计入本年度，则企业每年都需要对此进行纳税调整，不仅增加了纳税人的税法遵从成本，加大了税收管理负担，而且不符合权责发生制原则，因此《国家税务总局关于企业工资薪金和职工福利费等支出税前扣除问题的公告》（国家税务总局公告2015年第34号）规定，企业在年度汇算清缴结束前向员工实际支付的已预提汇缴年度工资薪金，准予在汇缴年度企业所得税前扣除。

对于工资、薪金支出的合理性判断，根据《国家税务总局关于企业工资薪金及职工福利费扣除问题的通知》（国税函〔2009〕3 号）的规定，《企业所得税法实施条例》第三十四条所称的"合理工资薪金"，是指企业按照股东大会、董事会、薪酬委员会或相关管理机构制定的工资、薪金制度规定实际发放给员工的工资、薪金。税务机关在对工资、薪金进行合理性确认时，可按以下原则掌握：

（1）企业制定了较为规范的员工工资、薪金制度；

（2）企业所制定的工资、薪金制度符合行业及地区水平；

（3）企业在一定时期所发放的工资、薪金是相对固定的，工资、薪金的调整是有序进行的；

（4）企业对实际发放的工资、薪金，已依法履行了代扣代缴个人所得税义务；

（5）有关工资、薪金的安排，不以减少或逃避税款为目的。

根据《国家税务总局关于企业工资薪金和职工福利费等支出税前扣除问题的公告》（国家税务总局公告 2015 年第 34 号）的规定，列入企业员工工资、薪金制度，固定与工资、薪金一起发放的福利性补贴，符合《国家税务总局关于企业工资薪金及职工福利费扣除问题的通知》（国税函〔2009〕3 号）第一条规定（即企业制定了较为规范的员工工资、薪金制度；企业所制定的工资、薪金制度符合行业及地区水平；企业在一定时期所发放的工资、薪金是相对固定的，工资、薪金的调整是有序进行的；企业对实际发放的工资、薪金，已依法履行了代扣代缴个人所得税义务；有关工资、薪金的安排，不以减少或逃避税款为目的）的，可作为企业发生的工资、薪金支出，按规定在税前扣除。不能同时符合上述条件的福利性补贴，应作为国税函〔2009〕3 号文件第三条规定的职工福利费，按规定计算限额税前扣除。

企业雇用季节工、临时工、实习生、返聘离退休人员，也属于企业任职或者受雇员工范畴。根据《国家税务总局关于企业所得税应纳税所得额若干税务处理问题的公告》（国家税务总局公告 2012 年第 15 号），企业因雇用季节工、临时工、实习生、返聘离退休人员所实际发生的费用，应区分为工资、薪金支出和职工福利费支出，并按《企业所得税法》的规定在企业所得税前扣除。其中属于工资、薪金支出的，准予计入企业工资、薪金总额的基数，作为计算其他各项相关费用扣除的依据。

根据《国家税务总局关于企业工资薪金和职工福利费等支出税前扣除问题的公告》（国家税务总局公告 2015 年第 34 号），自 2014 年度起，企业接受外部劳务派遣用工所实际发生的费用，应分两种情况按规定在税前扣除：按照协议（合同）约定直接支付给劳务派遣公司的费用，应作为劳务费支出；直接支付给员工个人的费用，应作为工资、薪金支出和职工福利费支出。其中属于工资、薪金支出的费用，准予计入企业工资、薪金总额的基数，作为计算其他各项相关费用扣除的依据。《国家税务总局关于企业所得税应纳税所得额若干税务处理问题的公告》（国家税务总局公告 2012 年第 15 号）第一条有关企业接受外部劳务派遣用工的相关规定同时废止。临时用工费用的税务处理如表 11 - 1 所示。

表 11 - 1　　　　　　　　临时用工费用的税务处理

项目	2014 年之前所发生费用的税务处理	2014 年之后所发生费用的税务处理
雇用季节工、临时工、实习生、返聘离退休人员	区分为工资、薪金支出和职工福利费支出，并按《企业所得税法》规定在企业所得税前扣除。其中属于工资、薪金支出的，准予计入企业工资、薪金总额的基数，作为计算其他各项相关费用扣除的依据	同左
接受外部劳务派遣用工	同上	按照协议（合同）约定直接支付给劳务派遣公司的费用，应作为劳务费支出；直接支付给员工个人的费用，应作为工资、薪金支出和职工福利费支出。其中属于工资、薪金支出的费用，准予计入企业工资、薪金总额的基数，作为计算其他各项相关费用扣除的依据

二、辞退福利

企业因经营结构调整，缩小经营范围和其他原因，与职工解除劳动合同时，应当按照一定的标准支付一定的补偿。此类补偿支出，会计上称为"辞退福利"。

《企业会计准则第 9 号——职工薪酬》规定的辞退福利包括两方面的内容：一是在职工劳动合同尚未到期前，不论职工本人是否愿意，企业决定解除与职工的劳动关系而给予的补偿；二是在职工劳动合同尚未到期前，为鼓励职工自愿接受裁减而给予的补偿，职工有权利选择继续在职或接受补偿离职。

辞退福利还包括当公司控制权发生变动时，对辞退的管理层人员进行补偿的情况。辞退福利通常采取解除劳动关系时一次性支付补偿的方式，也有通过提高退休后养老金或其他离职后福利的标准，或者在职工不再为企业带来经济利益后，将职工工资支付到辞退后未来某一期间的方式。

在确定企业提供的经济补偿是否为辞退福利时，应当注意以下问题：一是辞退福利与正常退休养老金应当区别开来；二是职工虽然没有与企业解除劳动合同，但未来不再为企业提供服务，不能为企业带来经济利益，企业承诺实质上具有辞退福利性质的经济补偿，比照辞退福利处理。

建筑施工企业支出的辞退福利，属于与生产经营有关的合理支出，应当允许在税前扣除。但是，当辞退福利具有不确定性时（已提取未支出时），不得在税前扣除，应调增应纳税所得额。待辞退福利实际发生时，再相应调减应纳税所得额。

需要注意的是，辞退福利不属于税法规定的工资、薪金支出，因此，不能作为计算税前扣除职工福利费、工会经费、职工教育经费的基数。

三、股权激励

股权激励，是指《上市公司股权激励管理办法》（以下简称《管理办法》）中规定的上市公司以本公司股票为标的，对其董事、高级管理人员、核心技术人员或者核心业务人员（以下简称激励对象）进行的长期性激励。股权激励实行方式包括授予限制性股票、股票期权以及其他法律法规规定的方式。限制性股票，是指《管理办法》中规定的激励对象按照股权激励计划规定的条件，从上市公司获得的一定数量的本公司股票。股票期权，是指《管理办法》中规定的，上市公司按照股权激励计划授予激励对象在未来一定期限内，以预先确定的价格和条件购买本公司一定数量股票的权利。

上市公司依照《管理办法》要求建立职工股权激励计划，并按我国企业会计准则的有关规定，在股权激励计划授予激励对象时，按照该股票的公允价格及数量，计算确定作为上市公司相关年度的成本或费用，作为换取激励对象提供服务的对价。

上述企业建立的职工股权激励计划，其企业所得税的处理，按以下规定执行。

（1）对股权激励计划实行后立即可以行权的，上市公司可以根据实际行权时该股票的公允价格与激励对象实际行权支付价格的差额和数量，计算确定作为当年上市公司工资、薪金支出，依照税法规定进行税前扣除。

（2）对股权激励计划实行后，需待一定服务年限或者达到规定业绩条件（以下简称等待期）方可行权的，上市公司等待期内会计上计算确认的相关成本费用，不得在对应年度计算缴纳企业所得税时扣除。在股权激励计划可行权后，上市公司方可根据该股票实际行权时的公允价格与当年激励对象实际行权支付价格的差额及数量，计算确定作为当年上市公司工资、薪金支出，依照税法规定进行税前扣除。

股票实际行权时的公允价格，以实际行权日该股票的收盘价格确定。在我国境外上市的居民企业和非上市公司，凡比照《管理办法》的规定建立职工股权激励计划，且在企业会计处理上，也按我国会计准则的有关规定处理的，其股权激励计划有关企业所得税处理问题，可以按照上述规定执行。

四、职工福利费

企业发生的职工福利费支出，不超过工资、薪金总额14%的部分，准予扣除。根据《财政部关于企业加强职工福利费财务管理的通知》（财企〔2009〕242号）的规定，企业职工福利费是指企业为职工提供的除职工工资、奖金、津贴、纳入工资总额管理的补贴、职工教育经费、社会保险费和补充养老保险费（年金）、补充医疗保险费及住房公积金以外的福利待遇支出，包括发放给职工或为职工支付的以下各项现金补贴和非货币性集体福利。

（1）为职工卫生保健、生活等发放或支付的各项现金补贴和非货币性福利，包括职工因公外地就医费用、暂未实行医疗统筹企业职工医疗费用、职工供养直系亲属医疗补贴、职工疗养费用、自办职工食堂经费补贴或未办职工食堂统一供应午餐支出、符合国家有关财务规定的供暖费补贴、防暑降温费等。

（2）企业尚未分离的内设集体福利部门所发生的设备、设施和人员费用，包括职工食堂、职工浴室、理发室、医务所、托儿所、疗养院、集体宿舍等集体福利部门设备、设施的折旧、维修保养费用以及集体福利部门工作人员的工资薪金、社会保险费、住房公积金、劳务费等人工费用。

（3）职工困难补助，或者企业统筹建立和管理的专门用于帮助、救济困难职工的基金支出。

（4）离退休人员统筹外费用，包括离休人员的医疗费及离退休人员其他统筹外费用。企业重组涉及的离退休人员统筹外费用，按照《财政部关于企业重组有关职工安置费用财务管理问题的通知》（财企〔2009〕117号）执行。国家另有规定的，从其规定。

（5）按规定发生的其他职工福利费，包括丧葬补助费、抚恤费、职工异地安家费、独生子女费、探亲假路费，以及符合企业职工福利费定义但没有包括在财企〔2009〕242号文件各条款项目中的其他支出。

（6）企业为职工提供的交通、住房、通信待遇，已经实行货币化改革的，按月按标准发放或支付的住房补贴、交通补贴或者车改补贴、通信补贴，应当纳入职工工资总额，不再纳入职工福利费管理；尚未实行货币化改革的，企业发生的相关支出作为职工福利费管理，但根据国家有关企业住房制度改革政策的统一规定，不得再为职工购建住房。企业给职工发放的节日补助、未统一供餐而按月发放的午餐费补贴，应当纳入工资总额管理。

根据《国家税务总局关于企业工资薪金及职工福利费扣除问题的通知》（国税函〔2009〕3 号）第三条的规定，《企业所得税法实施条例》第四十条规定的企业职工福利费，包括以下内容。

（1）尚未实行分离办社会职能的企业，其内设福利部门所发生的设备、设施和人员费用，包括职工食堂、职工浴室、理发室、医务所、托儿所、疗养院等集体福利部门的设备、设施及维修保养费用和福利部门工作人员的工资薪金、社会保险费、住房公积金、劳务费等。

（2）为职工卫生保健、生活、住房、交通等所发放的各项补贴和非货币性福利，包括企业向职工发放的因公外地就医费用、未实行医疗统筹企业职工医疗费用、职工供养直系亲属医疗补贴、供暖费补贴、职工防暑降温费、职工困难补贴、救济费、职工食堂经费补贴、职工交通补贴等。

（3）按照其他规定发生的其他职工福利费，包括丧葬补助费、抚恤费、安家费、探亲假路费等。

需要说明的是，《国家税务总局关于企业工资薪金及职工福利费扣除问题的通知》（国税函〔2009〕3 号）第三条仅列举了职工福利费的部分内容。没有列举到的费用项目如确实是属于职工福利性质的费用支出，且符合《企业所得税法》规定的权责发生制原则，以及支出税前扣除的合法性、真实性、相关性、合理性和确定性要求的，可以作为职工福利费按规定在企业所得税前扣除。

五、五险一金

《企业所得税法实施条例》第三十五条规定，企业依照国务院有关主管部门或者省级人民政府规定的范围和标准为职工缴纳的基本养老保险费、基本医疗保险费、失业保险费、工伤保险费、生育保险费等基本社会保险费和住房公积金，准予扣除。基本社会保险费和住房公积金的扣除范围和标准以国务院有关主管部门和省级人民政府的规定为依据，超过这个范围和标准的部分不得在税前扣除。

基本社会保险和住房公积金的缴纳基数是依照职工的月平均工资来计算的，

以按工资总额计算的上一年度月平均工资为计算基数，同时设定了缴纳的最高限额。因此，其与企业所得税的工资、薪金口径没有清晰的对应关系，更与实际发放的工资、薪金缺乏关联度。

需要注意的是，允许扣除的基本保险和住房公积金仅指为职工缴纳的基本保险和住房公积金，为非职工（包括不属于职工的投资者）缴纳的基本保险和住房公积金不得在税前扣除。

六、补充养老保险和补充医疗保险

《企业所得税法实施条例》第三十五条规定，企业为投资者或者职工支付的补充养老保险费、补充医疗保险费，在国务院财政、税务主管部门规定的范围和标准内，准予扣除。

依据《财政部 国家税务总局关于补充养老保险 补充医疗保险有关企业所得税政策问题的通知》（财税〔2009〕27号）的规定，自2008年1月1日起，企业根据国家有关政策规定，为在本企业任职或者受雇的全体员工支付的补充养老保险费、补充医疗保险费，分别在不超过职工工资总额5%标准内的部分，在计算应纳税所得额时准予扣除；超过的部分，不予扣除。

补充养老保险费和补充医疗保险费，是有别于基本社会保险费的强制性要求的，属于鼓励类的范畴，对其扣除的标准界定了不超过职工工资总额5%的限制。当前补充养老保险费的主要形式是年金，补充医疗保险费存在的形式比较多，由此也引发了对其如何认定的争议。

由于两者在个人所得税上，无论是个人承担部分，还是公司缴纳的部分，都视为个人取得所得，需计算缴纳个人所得税，因此本应受到鼓励的年金政策在众多企业中受到抑制。

七、工会经费

企业拨缴的工会经费，不超过工资、薪金总额2%的部分，准予扣除。根据《中华人民共和国工会法》《中国工会章程》《工会会计制度》，以及财政票据管理的有关规定，全国总工会决定，自2010年7月1日起，启用财政部统一印制并套印财政部票据监制章的《工会经费收入专用收据》，同时废止《工会经费拨缴款专用收据》。自2010年7月1日起，企业拨缴的职工工会经费，不超过工资、薪金总额2%的部分，凭工会组织开具的《工会经费收入专用收据》在企业所得税税前扣除。

根据《国家税务总局关于税务机关代收工会经费企业所得税税前扣除凭据问题的公告》（国家税务总局公告2011年第30号）的规定，自2010年1月1

日起，在委托税务机关代收工会经费的地区，企业拨缴的工会经费，也可凭合法、有效的工会经费代收凭据依法在税前扣除。

八、职工教育经费

除国务院财政、税务主管部门另有规定外，企业发生的职工教育经费支出，不超过工资、薪金总额 2.5% 的部分，准予扣除；超过部分，准予在以后纳税年度结转扣除。

九、其他商业保险

根据《企业所得税法实施条例》第三十六条的规定，除企业依照国家有关规定为特殊工种职工支付的人身安全保险费和国务院财政、税务主管部门规定可以扣除的其他商业保险费外，企业为投资者或者职工支付的商业保险费，不得扣除。企业依照国家有关规定为特殊工种职工支付的人身安全保险费，其依据必须是法定的，即是国家其他法律法规强制规定企业应当为其职工投保的人身安全保险。如果不是国家法律法规强制规定的，而是企业自愿为其职工投保人身安全保险而发生的保险费支出，则不得在税前扣除。

十、安置其他特殊人群所支付的工资

企业安置残疾人员及国家鼓励安置的其他就业人员所支付的工资可以在计算应纳税所得额时加计扣除，即在按照支付给残疾职工工资据实扣除的基础上，按照支付给残疾职工工资的 100% 加计扣除。残疾人员的范围适用《中华人民共和国残疾人保障法》的有关规定。

企业就支付给残疾职工的工资，在进行企业所得税预缴申报时，允许据实计算扣除；在年度终了进行企业所得税年度申报和汇算清缴时，再依照规定计算加计扣除。

企业享受安置残疾职工工资 100% 加计扣除应同时具备如下条件。

（1）依法与安置的每位残疾人签订了 1 年以上（含 1 年）的劳动合同或服务协议，并且安置的每位残疾人在企业实际上岗工作。

（2）为安置的每位残疾人按月足额缴纳了企业所在区县人民政府根据国家政策规定的基本养老保险、基本医疗保险、失业保险和工伤保险等社会保险。

（3）定期通过银行等金融机构向安置的每位残疾人实际支付了不低于企业所在区县适用的经省级人民政府批准的最低工资标准的工资。

（4）具备安置残疾人上岗工作的基本设施。

11.2.2.3　材料费用

建筑施工企业的建筑安装活动中需要耗费大量的材料，材料品种非常多，大宗材料比重大，各工程往往在同一施工现场、同一时间进行施工。建造合同成本的材料费用主要包括施工生产过程中耗用的构成工程实体或有助于形成工程实体的原材料、辅助材料、构配件、零件、半成品的成本和周转材料的摊销及租赁费用。

一、存货

根据《企业所得税法实施条例》的规定，存货是指企业在日常生产经营中持有以备出售的产成品、商品、处于生产过程中的在产品及在生产及提供劳务过程中耗用的材料、物料等。从存货的概念看，企业所得税法规定与会计规定完全一致。结合建筑业自身特点，建筑业存货主要包括库存材料、低值易耗品、周转材料、半成品（在建工程）、产成品等。

（1）库存材料。库存材料指建筑施工企业施工生产过程中一次性消耗的主要材料、结构件、机械配件和其他材料。

①主要材料。主要材料指用于工程或产品并构成工程或产品实体的各种材料，如木材、黑色金属材料、有色金属材料、硅酸盐材料等。

②结构件。结构件指经过吊装、拼砌和安装而构成房屋、建筑物实体的各种金属的、钢筋混凝土的、混凝土和木质的结构件。

③机械配件。机械配件指施工机械、生产设备、运输设备等机械设备替换、维修使用的各种零件、配件及其备品配件。

④其他材料。其他材料指不构成工程实体，但有助于工程或产品形成的各种材料，如燃料、油料。

（2）低值易耗品。低值易耗品指使用年限较短或单位价值较低而没有列入固定资产管理的各类劳动资料，主要包括各种工具、仪器、家具、办公用品、劳保用品等。

（3）周转材料。周转材料指能够在施工生产过程中反复使用，逐渐转移其价值但不改变其实物形态的施工材料，主要包括钢模板、木模板、脚手架、沥青锅及其他周转材料。

（4）半成品（在建工程）。半成品指建筑施工企业尚未完成的工程，以及附属工业企业辅助生产单位的正在生产的半成品。建筑施工企业建造的资产类似于工业企业的在产品，性质上属于建筑施工企业的存货。

（5）产成品。产成品指建筑施工企业待工程结算的已完工程、附属工业企业或辅助生产单位已验收入库的产成品。

二、存货成本的结转

《企业所得税法实施条例》规定，企业使用或者销售存货，按照规定计算的存货成本，准予在计算应纳税所得额时扣除。企业使用或者销售的存货的成本计算方法，可以在先进先出法、加权平均法、个别计价法中选用一种。计价方法一经选用，不得随意变更。

企业会计准则规定，企业不能采用后进先出法确认发出、领用存货的实际成本，除此以外的成本结转方法，可以继续使用。采用按计划成本计价进行材料日常核算的企业，在计算各受益成本中的材料费用时，必须将耗用材料的计划成本调整为实际成本。材料计划成本与实际成本的差异，一般应当按照材料类别进行核算，不能对所有材料都使用一个综合差异率。材料的类别由主管部门或企业根据本单位实际情况和加强管理的要求自行确认。材料成本差异的计算必须与成本计算期相同，按期分摊，不得在年末一次计算。耗用材料应负担的材料成本差异，除委托外部加工材料可以按上期的差异率计算外，都应当使用当期的实际差异率。

施工现场储备的材料，应当作为企业库存材料处理，不得计入合同成本。实际耗用的材料，必须按照成本计算期内实际耗用的数量计算，不得以领代用。已领用的材料，下期不用的，应及时办理退料手续，下期继续使用的，要办理"假退料"手续。工程竣工后，应将剩余材料退回仓库，已经计入合同成本的，要冲减合同成本。现场回收的可利用废料，按可利用价值，冲减合同成本。有关发出和领用存货成本的结转方法，税法与会计准则的规定完全一致。

三、周转材料的成本摊销方法

《企业所得税法》尚未规定周转材料的成本摊销方法。在税法没有明确规定的情况下，周转材料成本摊销可遵循企业会计核算的规定。《企业会计准则应用指南》附录"会计科目和主要账务处理"指出，企业应当根据具体情况对周转材料采用一次转销法、分期摊销法、分次摊销法或者定额摊销法。

（1）一次摊销法。一次摊销法一般应限于易腐、易糟的周转材料，于领用时将材料价值一次计入成本、费用。

（2）分期摊销法。分期摊销法下，根据周转材料的预计使用期限将材料价值分期摊入成本、费用。通常情况下，该办法适用于脚手架、跳板、枕木等周转材料的摊销。

周转材料每期摊销额 = 周转材料原值 × （1 − 预计净残值率）÷ 预计使用期数

（3）分次摊销法。分次摊销法下，根据周转材料的预计使用次数将材料价值摊入成本、费用。通常情况下，该办法适用于预制构件所使用的模板、挡板等材料。

周转材料分次摊销额 = 周转材料原值 × (1 - 预计净残值率) ÷ 预计使用次数

（4）定额摊销法。定额摊销法下，根据实际完成的实物工作量和预算定额规定的周转材料消耗定额，计算本期摊销额。通常情况下，该办法适用于有预算定额的模板、沥青桶等周转材料。

周转材料本期摊销额 = 本期完成的建筑安装工程量 × 单位工程量周转材料消耗定额

四、税法与会计的差异分析

（1）存货入账价值与计税基础。《企业所得税法》关于存货计税基础的规定与《企业会计准则》关于存货入账价值的规定基本一致，除非非货币性资产交换不具有商业实质。

（2）发出存货成本的结转方法。有关发出和领用存货成本的结转方法，《企业所得税法》与《企业会计准则》的规定完全一致。

（3）存货跌价准备。税法规定，企业持有各项资产期间资产增值或者减值，除国务院财政、税务主管部门规定可确认损益外，不得调整该资产的计税基础。即税法没有特殊规定的，企业按照会计核算有关规定计提的存货跌价准备不得税前扣除。

（4）对存货损失的处理。依照企业会计核算规定，企业发生的存货盘亏、毁损、报废净损失，经企业有关管理部门核准后，可直接计入管理费用或营业外支出。但依照税收管理的有关规定，企业发生的存货盘亏、毁损、报废净损失，应按规定的程序和要求向主管税务机关申报后方能在税前扣除。未经申报的损失，不得在税前扣除。

11.2.2.4 机械使用费

企业在施工过程中使用的机械有租赁的和自有的，应采取不同方法核算。

一、外租机械使用费

从外单位或本企业其他内部独立核算单位租用的施工机械所支付的租赁费，一般可以根据"机械租赁费结算单"结算金额及发票，直接计入有关合同成本；如果租赁费由几个成本核算对象共同负担的，应根据所支付的租赁费总额和各个成本核算对象实际使用台班数分配计入各有关成本核算对象。计算公式如下：

平均台班租赁费 = 支付的租赁费总额 ÷ 租入机械作业台班数

某合同工程应负担的租赁费 = 该合同工程实际使用台班数 × 平均台班租赁费

根据现行税法规定，企业租入的固定资产产生的日常耗费可以在所得税前扣除。

二、自有机械使用费

企业使用自有施工机械或运输设备进行机械作业所发生的各项费用，通过"机械作业"科目进行归集核算后，期末，应将发生的机械使用费按一定的方法（如台班分配法、预算分配法和作业量分配法）分配计入各合同成本。使用自有机械发生的费用包括人工费、燃料及动力、折旧及修理、其他直接费、间接费用等。人工费核算机上操作人员工资、福利费等；燃料与动力核算施工机械、运输设备所耗用的燃料、电等；折旧及修理核算折旧费、大修理费、经常修理费、更换部件等；其他直接费核算润滑、擦拭、运输、装卸、养路牌照等费用；间接费用核算为组织和管理机械作业所发生的费用。这里重点介绍使用自有机械的固定资产折旧费及修理费。

《企业会计准则》有关固定资产的概念与《企业所得税法》的规定一致，即固定资产是指企业为生产产品、提供劳务、出租或者经营管理而持有的，持续时间超过 12 个月的非货币性资产，包括房屋、建筑物、机器、机械、运输工具以及其他与生产经营活动有关的设备、器具、工具等。

对于计提折旧资产的范围、计税基础、方法和年限，企业应分别按照《企业所得税法》第十一条和《企业所得税法实施条例》第五十六条、五十九条和六十条的相关规定执行。

11.2.2.5　管理费用

一、劳动保护费

《企业所得税法实施条例》第四十八条规定，企业发生的合理的劳动保护支出，准予扣除。考虑到一些企业的特殊情况，也鼓励企业加大劳动保护投入，支持安全生产，维护职工合法权益，该条明确规定，企业实际发生的合理的劳动保护支出，准予扣除。该规定可从以下几方面来理解。

（1）可税前扣除的必须是企业已经实际发生的支出。这是税前扣除的基本原则，企业只有实际发生的费用支出，才准予在税前扣除。

（2）可税前扣除的必须是合理的支出。之所以加上"合理的"这一条件限制，主要是防止有些企业借此逃避税收，也为税务机关在实际税收征管中行使相应的调整权预留法律依据。考虑到不同行业、不同环境下的企业生产经营活动千差万别，无法对其劳动保护支出做统一的界定，同时为了保持条例的整体性和稳定性，在通过其他规定来具体认定"合理的"范围而不影响执行的前提下，条例没有对"合理的"范围做具体界定。

（3）可税前扣除的必须是劳动保护支出。可税前扣除的劳动保护支出，需要满足以下条件：一是确因工作需要而发生的，如果企业发生的所谓支出并非出于工作的需要，那么该支出就不得予以扣除；二是为其雇员配备或提供，而不是给其他与其没有任何劳动关系的人配备或提供；三是限于工作服、手套、安全保护用品、防暑降温品等，如高温冶炼企业、道路施工企业为职工提供的防暑降温品，采煤工人的手套、头盔等用品。企业员工工作时统一着装所发生的工作服饰费用是否允许税前扣除，此前一直有争议。特别是一些银行工作人员的西服工装究竟属于"职工福利费"还是"劳保用品"，存在争议。根据《国家税务总局关于企业所得税若干问题的公告》（国家税务总局公告 2011 年第 34 号）第二条的规定，企业根据其工作性质和特点，由企业统一制作并要求员工工作时统一着装所发生的工作服饰费用，根据《企业所得税法实施条例》第二十七条的规定，可以作为企业合理的支出给予税前扣除。国家税务总局公告 2011 年第 34 号回避了"职工福利费"与"劳保用品"之争，而是根据《企业所得税法实施条例》第二十七条的规定，将"工装费"定性为"合理的支出"允许扣除，消除了争议。

二、差旅费

差旅费，是指出差期间因办理公务而产生的交通费、住宿费和公杂费等各项费用。差旅费开支范围包括：城市间交通费、住宿费、伙食补助费和公杂费等。差旅费的证明材料包括：出差人员姓名、地点、时间、任务、支付凭证等。

三、业务招待费

企业发生的与生产经营活动有关的业务招待费支出，按照发生额的 60% 扣除，但最高不得超过当年销售（营业）收入的 5‰。之所以这样规定，是因为企业的业务招待难以准确划分商业招待和个人消费。业务招待费支出是各国公司税法中滥用扣除最严重的领域，进行业务招待是一种十分正常的商业做法。但是，商业招待又不可避免地会包括个人消费的成分。在许多情况下，实际上根本无法将商业招待与个人消费区分开。

业务招待费税前扣除管理的具体要求主要包括以下两点。

一是加强业务招待费的真实性管理。业务招待费的真实性管理一方面有赖于完善申报制度，另一方面需要对真实性容易出问题的项目加强纳税检查。纳税人申报扣除的业务招待费，在主管税务机关要求提供证明材料的情况下，应提供能够证明其真实性的充分的有效凭证或资料；否则，不得扣除。

二是业务招待费支出税前扣除的管理必须符合税前扣除的一般条件和原则。

（1）企业开支的业务招待费必须是正常和必要的。这一规定虽然没有定量指标，但有一般商业常规做参考。

（2）业务招待费支出一般要求与经营活动"直接相关"。因为商业招待与个人消费的界线不好掌握，所以一般情况下必须证明业务招待与经营活动的直接相关性，比如，是因企业销售业务而真实发生的商谈费用。

（3）必须有充分、有效的凭证证明企业相关性的陈述。比如，费用金额，招待、娱乐旅行的时间和地点、商业目的、企业与被招待人之间的业务关系等。

（4）特别要注意的是，虽然纳税人可以证明费用已经真实发生，但费用金额无法证明，主管税务机关有权根据实际情况合理推算最确切的金额。如果纳税人不同意，则有证明的义务。出于国家税收利益的需要，也出于业务招待与个人消费难以明确区分的特性，借鉴世界上许多国家的通行做法，我国规定按发生额的 60% 扣除，同时增加了一个最高扣除比例限制（即最高不得超过当年销售或者营业收入的 5‰）。

四、资产减值准备

根据《企业所得税法》第十条的规定，未经核定的准备金支出不得扣除。现行《企业所得税法》实施后，非金融企业坏账准备金不予计提，坏账发生后根据有关规定可在企业所得税税前扣除。

五、广告费和业务宣传费

企业发生的符合条件的广告费和业务宣传费支出，除国务院财政、税务主管部门另有规定外，不超过当年销售（营业）收入 15% 的部分，准予扣除；超过部分，准予在以后纳税年度结转扣除。

六、安全生产费

为了建立企业安全生产投入长效机制，加强安全生产费用管理，保障企业安全生产资金投入，维护企业、职工以及社会公共利益，根据《中华人民共和国安全生产法》等法律法规和国务院有关决定，财政部、国家安全生产监督管理总局（现为应急管理部）联合制定了《企业安全生产费用提取和使用管理办法》。该办法所称安全生产费用（以下简称安全费用）是指企业按照规定标准提取，在成本中列支，专门用于完善和改进企业或者项目安全生产条件的资金。安全费用按照"企业提取、政府监管、确保需要、规范使用"的原则进行管理。

根据该办法，建筑施工企业以建筑安装工程造价为计提依据。各建设工程类别安全费用提取标准如下：

（1）矿山工程为 2.5%；

（2）房屋建筑工程、水利水电工程、电力工程、铁路工程、城市轨道交通工程为 2.0%；

（3）市政公用工程、冶炼工程、机电安装工程、化工石油工程、港口与航道工程、公路工程、通信工程为 1.5%。

建筑施工企业提取的安全费用列入工程造价，在竞标时，不得删减，列入标外管理。国家对基本建设投资概算另有规定的，从其规定。总包单位应当将安全费用按比例直接支付分包单位并监督使用，分包单位不再重复提取。

特别地，煤矿企业维简费和高危行业企业安全生产费用支出企业所得税税前扣除根据《国家税务总局关于煤矿企业维简费和高危行业企业安全生产费用企业所得税税前扣除问题的公告》（国家税务总局公告 2011 年第 26 号）的相关规定执行。

11.2.2.6 财务费用

根据《企业所得税法》及其实施条例第三十八条的规定，企业在生产经营活动中发生的下列利息支出，准予扣除。

（1）非金融企业向金融企业借款的利息支出、金融企业的各项存款利息支出和同业拆借利息支出、企业经批准发行债券的利息支出。

（2）非金融企业向非金融企业借款的利息支出，不超过按照金融企业同期同类贷款利率计算的数额的部分。

一、企业关联方利息支出

《企业所得税法实施条例》第三十八条规定，非金融企业向非金融企业借款的利息支出，不超过按照金融企业同期同类贷款利率计算的数额的部分准予扣除。

根据《财政部 国家税务总局关于企业关联方利息支出税前扣除标准有关税收政策问题的通知》（财税〔2008〕121 号）的规定，企业关联方利息支出的扣除政策如下。

（1）在计算应纳税所得额时，企业实际支付给关联方的利息支出，不超过以下规定比例和《企业所得税法》及其实施条例有关规定计算的部分，准予扣除，超过的部分不得在发生当期和以后年度扣除。

企业实际支付给关联方的利息支出，除符合该通知第二条规定外，其接受关联方债权性投资与其权益性投资比例为：金融企业，为 5∶1；其他企业，为 2∶1。

（2）企业如果能够按照《企业所得税法》及其实施条例的有关规定提供相关资料，并证明相关交易活动符合独立交易原则的；或者该企业的实际税负不高于境内关联方的，其实际支付给境内关联方的利息支出，在计算应纳税所得额时准予扣除。

（3）企业同时从事金融业务和非金融业务，其实际支付给关联方的利息支出，应按照合理方法分开计算；没有按照合理方法分开计算的，一律按照该通知第一条有关其他企业的比例计算准予扣除的利息支出。

（4）企业自关联方取得的不符合规定的利息收入应按照有关规定缴纳企业所得税。

二、企业向自然人借款的利息支出

根据《国家税务总局关于企业向自然人借款的利息支出企业所得税税前扣除问题的通知》（国税函〔2009〕777 号）的规定，企业向自然人借款的利息支出企业所得税税前扣除政策如下。

（1）企业向股东或其他与企业有关联关系的自然人借款的利息支出，应根据《企业所得税法》第四十六条及《财政部　国家税务总局关于企业关联方利息支出税前扣除标准有关税收政策问题的通知》（财税〔2008〕121 号）规定的条件，计算企业所得税扣除额。

（2）企业向除第一条规定以外的内部职工或其他人员借款的利息支出，其借款情况同时符合以下条件的，其利息支出在不超过按照金融企业同期同类贷款利率计算的数额的部分，根据《企业所得税法》第八条和《企业所得税法实施条例》第二十七条的规定，准予扣除。

①企业与个人之间的借贷是真实、合法、有效的，并且不具有非法集资目的或其他违反法律、法规的行为。

②企业与个人之间签订了借款合同。

三、金融企业同期同类贷款利率的确定

根据《国家税务总局关于企业所得税若干问题的公告》（国家税务总局公告 2011 年第 34 号）第一条的规定，非金融企业向非金融企业借款的利息支出，不超过按照金融企业同期同类贷款利率计算的数额的部分，准予在税前扣除。鉴于目前我国对金融企业利率要求的具体情况，企业在按照合同要求首次支付利息并进行税前扣除时，应提供"金融企业的同期同类贷款利率情况说明"，以证明其利息支出的合理性。

"金融企业的同期同类贷款利率情况说明"中，应包括在签订该借款合同当时，本省任何一家金融企业提供同期同类贷款利率情况。该金融企业应为经政府有关部门批准成立的可以从事贷款业务的企业，包括银行、财务公司、信托公司等金融机构。"同期同类贷款利率"是指在贷款期限、贷款金额、贷款担保以及企业信誉等条件基本相同情况下，金融企业提供贷款的利率。既可以是金融企业公布的同期同类平均利率，也可以是金融企业对某些企业提供的实际贷款利率。

在国家税务总局公告 2011 年第 34 号发布之前，对于同期同类贷款利率的规定各地各有规定，给纳税人带来不便。该公告统一了政策的执行口径，科学、有效地确定了同期贷款利率。

四、企业投资者投资未到位而发生的利息支出

根据《国家税务总局关于企业投资者投资未到位而发生的利息支出企业所得税前扣除问题的批复》（国税函〔2009〕312 号）的规定，凡企业投资者在规定期限内未缴足其应缴资本额的，该企业对外借款所发生的利息，相当于投资者实缴资本额与在规定期限内应缴资本额的差额应计付的利息，其不属于企业合理的支出，应由企业投资者负担，不得在计算企业应纳税所得额时扣除。

具体计算不得扣除的利息，应以企业一个年度内每一账面实收资本与借款余额保持不变的期间为一个计算期，每一计算期内不得扣除的借款利息按该期间借款利息发生额乘以该期间企业未缴足的注册资本占借款总额的比例计算，公式为：

企业每一计算期不得扣除的借款利息 = 该期间借款利息额 × 该期间未缴足注册资本额 ÷ 该期间借款额

企业一个年度内不得扣除的借款利息总额为该年度内每一计算期不得扣除的借款利息额之和。

五、统借统还利息支出

统借统还业务，是指：

（1）企业集团或者企业集团中的核心企业向金融机构借款或对外发行债券取得资金后，将所借资金分拨给下属单位（包括独立核算单位和非独立核算单位，下同），并向下属单位收取用于归还金融机构或债券购买方本息的业务。

（2）企业集团向金融机构借款或对外发行债券取得资金后，由集团所属财务公司与企业集团或者集团内下属单位签订统借统还贷款合同并分拨资金，并向企业集团或者集团内下属单位收取本息，再转付企业集团，由企业集团统一归还金融机构或债券购买方的业务。

集团公司统一向金融机构借款，所属企业申请使用，只是资金管理方式的变化，不影响所属企业使用银行信贷资金的性质，不属于关联企业之间的借款。其所得税处理分两种情况。

一是凭企业集团内部的结算单据（如利息收据、贷款合同及银行付息单据等资料）据实扣除。这种情况是指，统借统还业务中，企业集团或企业集团中的核心企业以及集团所属财务公司按不高于支付给金融机构的借款利率水平或者支付的债券票面利率水平，向企业集团或者集团内下属单位收取的利息。此种利息属于免征增值税项目，无须开具增值税发票，直接凭内部结算单据扣除。

二是凭统借方开具的增值税发票据实扣除。这种情况是指，统借方向资金使用单位收取的利息，高于支付给金融机构借款利率水平或者支付的债券票面利率水平的，应全额缴纳增值税。

总体上来看，统借统筹的利息支付的所得税处理有如下特征。

（1）下属各公司向集团公司拆借统借来的资金并支付利息，满足以下 3 个条件就可全额扣除：一是不高于金融机构同类同期贷款利率计算的数额以内的部分；二是集团公司能够出具从金融机构取得贷款的证明文件；三是借款符合统一借款的概念。

不论下属公司向集团公司借款多少，只要满足以上 3 个条件，支付的利息就可全额扣除，而不被视为关联企业之间的借款，不受关联债资比例的限制。

（2）统借统贷不受财税〔2008〕121 号文件关于关联方债资比例的约束。

《企业所得税法实施条例》第一百一十九条对债权性投资和权益性投资的范围进行了原则性的界定。根据该条规定，从关联方获得的债权性投资是指企业从关联方获得的，需要偿还本金和支付利息或者需要以其他具有利息性质的方式予以补偿的融资。而关联方之间的统借统贷虽从名义上看属于从关联方获得的需要偿还本金和支付利息的方式予以补偿的融资，但实质上还是属于向金融机构的融资，并且没有被列入关联方间接债权性投资的范围。因此，统借统贷不属于关联债权投资，不受财税〔2008〕121 号文件关于关联方债资比例的约束。

【例 11-2】建华公司 20×1 年利息支出 220 万元，具体情况如下。

（1）20×1 年 1 月 1 日，向工商银行借款 1 000 万元，年利率 5%，利息 50 万元。

（2）20×1 年 1 月 1 日，向甲公司（无关联关系）借款 200 万元，年利率 10%，利息 20 万元。

（3）20×1 年 1 月 1 日，向职工借款 1 000 万元，年利率 10%，利息 100 万元。

（4）20×1 年 1 月 1 日，向股东乙借款 500 万元，年利率 10%，利息 50

万元。

建华公司年初所有者权益为 10 000 万元, 全年各月所有者权益没有变动。经核实, 上述借款均用于生产经营, 企业提供的同期同类贷款利率为 8%。

(1) 建华公司 20×1 年允许税前扣除的利息是多少?

(2) 建华公司如何进行 20×1 年度纳税申报?

【解析】

1. 税务处理

依据《企业所得税法》及相关规定, 建华公司 20×1 年向工商银行借款利息可以税前扣除; 向甲公司和职工借款不超过同期同类贷款利率 8% 的部分可以在税前扣除; 向股东乙的借款属于关联借款, 借款比例显然没有超过规定比例, 所以其借款利率在 8% 的部分可以在税前扣除。

20×1 年允许税前扣除的利息 = 50 + 200 × 8% + 1 000 × 8% + 500 × 8% = 186 (万元)

2. 20×1 年度建华公司企业所得税汇算清缴填报示范

第一步: 填报《A104000 期间费用明细表》(见表 11-2)。

表 11-2　　　　　　　A104000 期间费用明细表　　　　　　单位: 元

行次	项目	销售费用	其中: 境外支付	管理费用	其中: 境外支付	财务费用	其中: 境外支付
		1	2	3	4	5	6
21	二十一、利息收支	—	—	—	—	2 200 000	—

第二步: 填报《A105000 纳税调整项目明细表》(见表 11-3)。

表 11-3　　　　　　　A105000 纳税调整项目明细表　　　　　　单位: 元

行次	项目	账载金额	税收金额	调增金额	调减金额
		1	2	3	4
12	二、扣除类调整项目	—	—		
18	(六) 利息支出	1 700 000	1 860 000	340 000	

说明: 第 18 行 "(六) 利息支出": 第 1 列 "账载金额" 填报纳税人向非金融企业借款, 会计核算计入当期损益的利息支出的金额, 不包括向金融企业借款利息支出; 第 2 列 "税收金额" 填报按照税法规定允许税前扣除的利息支出的金额。

第三步: 自动生成主表相关行次数据。

11.2.2.7　研发费用

企业开展研发活动实际发生的研发费用，未形成无形资产计入当期损益的，在按规定据实扣除的基础上，按照本年度实际发生额的 50%，从本年度应纳税所得额中扣除；形成无形资产的，按照无形资产成本的 150% 在税前摊销。根据《财政部　国家税务总局　科技部关于提高科技型中小企业研究开发费用税前加计扣除比例的通知》（财税〔2017〕34 号）的规定，为进一步激励中小企业加大研发投入，支持科技创新，科技型中小企业开展研发活动中实际发生的研发费用，未形成无形资产计入当期损益的，在按规定据实扣除的基础上，在 2017 年 1 月 1 日至 2019 年 12 月 31 日期间，再按照实际发生额的 75% 在税前加计扣除；形成无形资产的，在上述期间按照无形资产成本的 175% 在税前摊销。

一、研发活动及研发费用归集范围

根据《财政部　国家税务总局　科技部关于完善研究开发费用税前加计扣除政策的通知》（财税〔2015〕119 号），研发活动，是指企业为获得科学与技术新知识，创造性运用科学技术新知识，或实质性改进技术、产品（服务）、工艺而持续进行的具有明确目标的系统性活动。

（一）允许加计扣除的研发费用

研发费用的具体范围包括下列费用。

（1）人员人工费用。人员人工费用指直接从事研发活动人员的工资薪金、基本养老保险费、基本医疗保险费、失业保险费、工伤保险费、生育保险费和住房公积金，以及外聘研发人员的劳务费用。

直接从事研发活动人员包括研究人员、技术人员、辅助人员。研究人员是指主要从事研究开发项目的专业人员；技术人员是指具有工程技术、自然科学和生命科学中一个或一个以上领域的技术知识和经验，在研究人员指导下参与研发工作的人员；辅助人员是指参与研究开发活动的技工。外聘研发人员是指与本企业或劳务派遣企业签订劳务用工协议（合同）和临时聘用的研究人员、技术人员、辅助人员。

接受劳务派遣的企业按照协议（合同）约定支付给劳务派遣企业，且由劳务派遣企业实际支付给外聘研发人员的工资薪金等费用，属于外聘研发人员的劳务费用。

（2）直接投入费用。

①研发活动直接消耗的材料、燃料和动力费用。

②用于中间试验和产品试制的模具、工艺装备开发及制造费，不构成固定

资产的样品、样机及一般测试手段购置费，试制产品的检验费。

③用于研发活动的仪器、设备的运行维护、调整、检验、维修等费用，以及通过经营租赁方式租入的用于研发活动的仪器、设备租赁费。

（3）折旧费用。折旧费用指用于研发活动的仪器、设备的折旧费。

（4）无形资产摊销。无形资产摊销指用于研发活动的软件、专利权、非专利技术（包括许可证、专有技术、设计和计算方法等）的摊销费用。

（5）新产品设计费、新工艺规程制定费、新药研制的临床试验费、勘探开发技术的现场试验费。

（6）其他相关费用。其他相关费用指与研发活动直接相关的其他费用，如技术图书资料费、资料翻译费、专家咨询费、高新科技研发保险费，研发成果的检索、分析、评议、论证、鉴定、评审、评估、验收费用，知识产权的申请费、注册费、代理费，差旅费、会议费等。此项费用总额不得超过可加计扣除研发费用总额的10%。

（7）财政部和国家税务总局规定的其他费用。

（二）不适用税前加计扣除政策的活动

（1）企业产品（服务）的常规性升级。

（2）对某项科研成果的直接应用，如直接采用公开的新工艺、材料、装置、产品、服务或知识等。

（3）企业在商品化后为顾客提供的技术支持活动。

（4）对现存产品、服务、技术、材料或工艺流程进行的重复或简单改变。

（5）市场调查研究、效率调查或管理研究。

（6）作为工业（服务）流程环节或常规的质量控制、测试分析、维修维护。

（7）社会科学、艺术或人文学方面的研究。

二、特别事项的处理

（1）企业委托外部机构或个人进行研发活动所发生的费用，按照费用实际发生额的80%计入委托方研发费用并计算加计扣除，受托方不得再进行加计扣除。委托个人研发的，应凭个人出具的发票等合法有效凭证在税前加计扣除。委托外部研究开发费用实际发生额应按照独立交易原则确定。委托方与受托方存在关联关系的，受托方应向委托方提供研发项目费用支出明细情况。

（2）企业共同合作开发的项目，由合作各方就自身实际承担的研发费用分别计算加计扣除。

（3）企业集团根据生产经营和科技开发的实际情况，对技术要求高、投资数额大，需要集中研发的项目，其实际发生的研发费用，可以按照权利和义务相一致、费用支出和收益分享相配比的原则，合理确定研发费用的分摊方法，在受益成员企业间进行分摊，由相关成员企业分别计算加计扣除。

（4）企业为获得创新性、创意性、突破性的产品进行创意设计活动而发生的相关费用，可按照规定进行税前加计扣除。创意设计活动是指多媒体软件、动漫游戏软件开发，数字动漫、游戏设计制作；房屋建筑工程设计（绿色建筑评价标准为三星）、风景园林工程专项设计；工业设计、多媒体设计、动漫及衍生产品设计、模型设计等。

三、会计核算与管理

（1）企业应按照国家财务会计制度要求，对研发支出进行会计处理；同时，对享受加计扣除的研发费用按研发项目设置辅助账，准确归集核算当年可加计扣除的各项研发费用的实际发生额。企业在一个纳税年度内进行多项研发活动的，应按照不同研发项目分别归集可加计扣除的研发费用。

（2）企业应对研发费用和生产经营费用分别核算，准确、合理归集各项费用支出，对划分不清的，不得实行加计扣除。研发费用归集须遵照以下规定。

①加速折旧费用的归集。企业用于研发活动的仪器、设备，符合税法规定且选择加速折旧优惠政策的，在享受研发费用税前加计扣除政策时，就税前扣除的折旧部分计算加计扣除。

②多用途对象费用的归集。用于研发活动的无形资产，同时用于非研发活动的，企业应对其无形资产使用情况做必要记录，并将其实际发生的摊销费按实际工时占比等合理方法在研发费用和生产经营费用间分配，未分配的不得加计扣除。

③其他相关费用的归集与限额计算。企业在一个纳税年度内进行多项研发活动的，应按照不同研发项目分别归集可加计扣除的研发费用。在计算每个项目其他相关费用的限额时应当按照以下公式计算：

其他相关费用限额 = 财税〔2015〕119 号第一条第一项允许加计扣除的研发费用中的第 1 项至第 5 项的费用之和 × 10% ÷（1 − 10%）

当其他相关费用实际发生数小于限额时，按实际发生数计算税前加计扣除数额；当其他相关费用实际发生数大于限额时，按限额计算税前加计扣除数额。

④特殊收入的扣减。企业取得研发过程中形成的下脚料、残次品、中间试制品等特殊收入，在计算确认收入当年的加计扣除研发费用时，应从已归集研发费用中扣减该特殊收入，不足扣减的，加计扣除研发费用按零计算。

⑤财政性资金的处理。企业取得作为不征税收入处理的财政性资金用于研发活动所形成的费用或无形资产，不得计算加计扣除或摊销。

⑥不允许加计扣除的费用。法律、行政法规和国务院财税主管部门规定不允许企业所得税前扣除的费用和支出项目不得计算加计扣除。已计入无形资产但不属于允许加计扣除研发费用范围的，企业摊销时不得计算加计扣除。

【例11-3】甲企业2015年12月购入一台专门用于研发活动的设备并投入使用，单位价值1 200万元，会计处理按8年折旧，税法上规定的最低折旧年限为10年，不考虑残值。甲企业对该项设备选择缩短折旧年限的加速折旧方式，折旧年限缩短为6年（10×60%）。2016年企业会计处理计提折旧额150万元（1 200÷8），税收上因享受加速折旧优惠可以扣除的折旧额是200万元（1 200÷6），申报研发费用加计扣除时，就其会计处理的"仪器、设备的折旧费"150万元可以进行加计扣除75万元（150×50%）。若该设备8年内用途未发生变化，每年均符合加计扣除政策规定，则企业8年内每年均可对其会计处理的"仪器、设备的折旧费"150万元加计扣除75万元。

如果企业会计处理按4年进行折旧，其他因素不变，则2016年企业会计处理计提折旧额为300万元（1 200÷4），税收上可扣除的加速折旧额为200万元（1 200÷6），申报享受研发费用加计扣除时，对其在实际会计处理中已确认的"仪器、设备的折旧费"，未超过税法规定的税前扣除金额200万元可以加计扣除100万元（200×50%）。若该设备6年内用途未发生变化，每年均符合加计扣除政策规定，则企业6年内每年均可对其会计处理的"仪器、设备的折旧费"200万元加计扣除100万元。

【例11-4】某企业2016年进行了两项研发活动A项目和B项目。A项目共发生研发费用100万元，其中与研发活动直接相关的其他费用12万元，B项目共发生研发费用100万元，其中与研发活动直接相关的其他费用8万元，假设研发活动均符合加计扣除相关规定。

【解析】

A项目其他相关费用限额=（100-12）×10%÷（1-10%）=9.78（万元），小于实际发生数12万元，则A项目允许加计扣除的研发费用应为97.78万元（100-12+9.78）。

B项目其他相关费用限额=（100-8）×10%÷（1-10%）=10.22（万元），大于实际发生数8万元，则B项目允许加计扣除的研发费用应为100万元。

该企业 2016 年可以享受的研发费用加计扣除额为 98.89 万元 [（97.78 + 100）×50%]。

四、不适用税前加计扣除政策的行业

（1）烟草制造业。

（2）住宿和餐饮业。

（3）批发和零售业。

（4）房地产业。

（5）租赁和商务服务业。

（6）娱乐业。

（7）财政部和国家税务总局规定的其他行业。

上述行业以《国民经济行业分类》（GB/T 4754—2017）为准，并随之更新。

不适用税前加计扣除政策行业的企业，是指以所列行业业务为主营业务，其研发费用发生当年的主营业务收入占企业按《企业所得税法》第六条规定计算的收入总额减除不征税收入和投资收益的余额 50%（不含）以上的企业。

五、管理事项及征管要求

（1）研发费用加计扣除政策适用于会计核算健全、实行查账征收并能够准确归集研发费用的居民企业。

（2）企业研发费用各项目的实际发生额归集不准确、汇总额计算不准确的，税务机关有权对其税前扣除额或加计扣除额进行合理调整。

（3）税务机关对企业享受加计扣除优惠的研发项目有异议的，可以转请地市级（含）以上科技行政主管部门出具鉴定意见，科技部门应及时回复意见。企业承担省部级（含）以上科研项目的，以及以前年度已鉴定的跨年度研发项目，不再需要鉴定。

（4）企业符合规定的研发费用加计扣除条件而在 2016 年 1 月 1 日以后未及时享受该项税收优惠的，可以追溯享受并履行备案手续，追溯期限最长为 3 年。

（5）税务部门应加强研发费用加计扣除优惠政策的后续管理，定期开展核查，年度核查面不得低于 20%。

六、申报及备案管理

（1）研发费用加计扣除实行备案管理，除"备案资料"和"主要留存备查资料"按照《国家税务总局关于企业研究开发费用税前加计扣除政策有关问题的公告》（国家税务总局公告 2015 年第 97 号）执行外，其他备案管理要求按照

《国家税务总局关于发布〈企业所得税优惠政策事项办理办法〉的公告》（国家税务总局公告2015年第76号）的规定执行。

（2）企业应当不迟于年度汇算清缴纳税申报时，向税务机关报送《企业所得税优惠事项备案表》和研发项目文件完成备案，并将下列资料留存备查：

①自主、委托、合作研究开发项目计划书和企业有权部门关于自主、委托、合作研究开发项目立项的决议文件；

②自主、委托、合作研究开发专门机构或项目组的编制情况和研发人员名单；

③经科技行政主管部门登记的委托、合作研究开发项目的合同；

④从事研发活动的人员和用于研发活动的仪器、设备、无形资产的费用分配说明（包括工作使用情况记录）；

⑤集中研发项目研发费决算表、集中研发项目费用分摊明细情况表和实际分享收益比例等资料；

⑥研发支出辅助账；

⑦企业如果已取得地市级（含）以上科技行政主管部门出具的鉴定意见，应作为资料留存备查；

⑧省级税务机关规定的其他资料。

11.2.2.8 公益性捐赠

公益性捐赠，是指企业通过公益性社会团体或者县级以上人民政府及其部门，用于《公益事业捐赠法》规定的公益事业的捐赠，具体范围包括：救助灾害、救济贫困、扶助残疾人等困难的社会群体和个人的活动；教育、科学、文化、卫生、体育事业；环境保护、社会公共设施建设；促进社会发展和进步的其他社会公共和福利事业。

企业发生的公益性捐赠支出，在年度利润总额12%以内的部分，准予在计算应纳税所得额时扣除；超过年度利润总额12%的部分，准予结转以后三年内在计算应纳税所得额时扣除。年度利润总额，是指企业依照国家统一会计制度的规定计算的大于零的数额。公益性社会团体和县级以上人民政府及其组成部门和直属机构在接受捐赠时，应按照行政管理级次分别使用由财政部或省、自治区、直辖市财政部门印制的公益性捐赠票据，并加盖本单位的印章；对个人索取捐赠票据的，应予以开具。

为支持和鼓励公益事业发展，自2016年1月1日起，企业向公益性社会团体实施的股权捐赠，应按规定视同转让股权，股权转让收入额以企业所捐赠股权取得时的历史成本确定。所称股权，是指企业持有的其他企业的股权、上市公司股票等。企业实施股权捐赠后，以其股权历史成本为依据确定捐赠额，并依此按照企业所得税法有关规定在所得税前予以扣除。公益性社会团体接受股权捐赠后，应按照捐赠企业提供的股权历史成本开具捐赠票据。企业向中华人民共和国境外的社会组织或团体实施的股权捐赠行为不适用本规定。

11.2.2.9　非公益性对外捐赠、赞助支出

企业发生的公益性捐赠以外的捐赠支出、赞助支出，不得税前扣除。赞助支出，是指企业发生的与生产经营活动无关的各种非广告性质支出。认定赞助支出，主要是为了将它与公益性捐赠和广告支出相区分。公益性捐赠，是指企业用于公益事业的捐赠，不具有有偿性，所捐助范围也是公益性质，而赞助支出具有明显的商业目的，所捐助范围一般不具有公益性质，两者容易区分。广告支出，是企业以推销或者提高其产品、服务等的知名度和认可度为目的，通过一定的媒介，公开地对不特定公众所进行的宣传活动所发生的支出，与企业的生产经营活动密切相关。赞助支出与企业的生产经营活动无关。

企业将资产移送他人用于对外捐赠（不管是公益性捐赠还是非公益性对外捐赠），因资产所有权属已发生改变而不属于内部处置资产，应按规定视同销售确定收入，除另有规定外，应按照被移送资产的公允价值确定销售收入。类似的行为还有将资产移送他人用于市场推广或销售，用于交际应酬，用于职工奖励或福利，用于股息分配及其他改变资产所有权属的用途。

【例 11-5】某税务师事务所对建华公司 20×1 年度所得税汇算清缴进行鉴定。发现该公司 20×1 年度发生下列经济事项。

（1）所属西北项目部为与当地村民相处融洽，为驻地村庄项目打井 12 眼，发生费用 50 万元，该项目部将此项费用列入了"营业外支出——赞助支出"。

（2）支付逾期贷款利息 20 万元。

（3）支付合同违约金 1 万元。

（4）缴纳税收滞纳金 5 万元。

（5）公司响应驻地政府的号召，为当地红十字会捐款 30 万元，并取得了红十字会开具的公益性捐赠票据，公司将此项费用列入了"营业外支出——捐赠支出"。

已知该公司 20×1 年利润总额为 200 万元。问：

（1）建华公司 20×1 年上述业务如何进行企业所得税处理？

（2）建华公司上述业务如何进行 20×1 年度纳税申报？

【解析】

(1) 企业发生的与生产经营活动无关的各种非广告性质支出不得在税前扣除。所以，该公司为驻地村民打井的支出与生产经营活动无关，不得在税前支出，应调增 20×1 年度的应纳税所得额。

(2) 建华公司支付的逾期贷款利息和合同违约金允许在税前扣除，无须进行纳税调整。

(3) 建华公司支付的税收滞纳金不能在税前扣除，应调增 20×1 年度应纳税所得额。

(4) 企业发生的公益性捐赠支出，在年度利润总额 12% 以内的部分，准予在计算应纳税所得额时扣除。公益性社会团体和县级以上人民政府及其组成部门和直属机构在接受捐赠时，应按照行政管理级次分别使用由财政部或省、自治区、直辖市财政部门印制的公益性捐赠票据，并加盖本单位的印章。

捐赠支出扣除限额 = 200×12% = 24（万元），企业实际捐赠 30 万元，超出限额的 6 万元不得扣除，准予结转以后 3 年内在计算应纳税所得额时扣除。

【例 11−6】 某税务师事务所对建华公司 20×1 年度所得税汇算清缴进行鉴定。建华公司 20×1 年度利润总额为 4 665 万元，当年度发生如下经济业务。

(1) 20×1 年工资、薪金支出总额 12 300 万元，发生福利费 826 万元，计提并实际缴纳工会经费 246 万元。

(2) 20×1 年实现营业收入 502 423 万元，发生业务招待费 254 万元。

(3) 20×1 年发生研发费用 1 210 万元（计入了当期损益），支付残疾职工工资 320 万元，两项费用符合税法规定的加计扣除条件。

(4) 20×1 年计提辞退福利 165 万元，实际支付内退人员工资 488 万元。

(5) 20×1 年年初坏账准备余额为 791 万元，本期转回 283 万元，计提 899 万元，期末余额 1 407 万元。

假定该公司不存在其他纳税调整事项，上述事项是否应进行纳税调整，如需调整，如何调整？

【解析】

(1) 企业实际发生的工资、薪金支出允许税前扣除；福利费税前扣除的比例限制是工资、薪金总额的 14%，即 1 722 万元（12 300×14%），因实际发生的福利费小于税前扣除比例限制，故应按实际发生的福利费在税前扣除，不需要进行纳税调整；工会经费税前扣除的比例限制是工资、薪金总额的 2%，即 246 万元（12 300×2%），因实际计提并缴纳的工会经费等于税前扣除比例限制，故应按实际计提并缴纳的工会经费在税前扣除，不需要进行纳税调整。

（2）企业发生的与生产经营活动有关的业务招待费支出，按照发生额的60%扣除，但最高不得超过当年销售（营业）收入的5‰。因此，企业应按业务招待费发生额的60%与营业收入的5‰孰小的原则，确定业务招待费税前扣除限额。本例中，业务招待费发生额的60%为152.4万元，当年营业收入的5‰为2 512.115万元，业务招待费的税前扣除限额应为152.4万元，所以，应调增应纳税所得额101.6万元。

（3）企业发生的研发费用，未形成无形资产计入当期损益的，在按照规定据实扣除的基础上，按照研究开发费用的75%加计扣除；企业安置残疾人员的，在按照支付给残疾职工工资据实扣除的基础上，按照支付给残疾职工工资的100%加计扣除。因该公司发生的两项费用都符合加计扣除的条件，故应在据实扣除的基础上，分别加计扣除907.5万元（1 210×75%）和320万元（320×100%），相应调减应纳税所得额1 227.5万元（907.5+320）。

（4）企业计提的辞退福利不得在税前扣除，但企业实际支付的内退人员工资可以在税前扣除。因此，该公司分别应调增应纳税所得额165万元，调减应纳税所得额488万元。

（5）非金融企业坏账准备金不予计提，坏账发生后根据有关规定可在企业所得税税前扣除。"本期计提额"－"本期转回额"如为正数，则调增应纳税所得额；如为负数，则调减应纳税所得额。本例中，该公司应调增应纳税所得额616万元（899－283）。

11.2.2.10 资产损失税前扣除

企业实际发生的与取得收入有关的、合理的损失，准予在计算应纳税所得额时扣除。所称损失，是指企业在生产经营活动中发生的固定资产和存货的盘亏、毁损、报废损失，转让财产损失，呆账损失，坏账损失，自然灾害等不可抗力因素造成的损失以及其他损失。企业发生的损失，减除责任人赔偿和保险赔款后的余额，依照国务院财政、税务主管部门的规定扣除。企业已经作为损失处理的资产，在以后纳税年度又全部收回或者部分收回时，应当计入当期收入。

一、常见资产损失的界定与确认

企业资产损失是指企业在生产经营活动中实际发生的、与取得应税收入有关的资产损失，包括现金损失，存款损失，坏账损失，贷款损失，股权投资损失，固定资产和存货的盘亏、毁损、报废、被盗损失，自然灾害等不可抗力因素造成的损失以及其他损失。资产损失的具体确认条件和证明材料根据《企业资产损失所得税税前扣除管理办法》（国家税务总局公告 2011 年第 25 号）的规定执行。

（一）现金损失

1. 可扣除的条件

企业清查出的现金短缺减除责任人赔偿后的余额，作为现金损失在计算应纳税所得额时扣除。

2. 应提供的证明材料

现金损失应依据以下证据材料确认：现金保管人确认的现金盘点表（包括倒推至基准日的记录）；现金保管人对于短缺的说明及相关核准文件；对责任人由于管理责任造成损失的责任认定及赔偿情况的说明；涉及刑事犯罪的，应有司法机关出具的相关材料；金融机构出具的假币收缴证明。

（二）存款损失

1. 可扣除的条件

企业将货币性资金存入法定具有吸收存款职能的机构，因该机构依法破产、清算，或者政府责令停业、关闭等原因，确实不能收回的部分，作为存款损失在计算应纳税所得额时扣除。

2. 应提供的证明材料

企业因金融机构清算而发生的存款类资产损失应依据以下证据材料确认：企业存款类资产的原始凭据；金融机构破产、清算的法律文件；金融机构清算后剩余资产分配情况资料。金融机构应清算而未清算超过三年的，企业可将该款项确认为资产损失，但应有法院或破产清算管理人出具的未完成清算证明。

（三）坏账损失

1. 可扣除的条件

企业除贷款类债权外的应收、预付账款符合下列条件之一的，减除可收回金额后确认的无法收回的应收、预付款项，可以作为坏账损失在计算应纳税所得额时扣除：

（1）债务人依法宣告破产、关闭、解散、被撤销，或者被依法注销、吊销营业执照，其清算财产不足清偿的；

（2）债务人死亡，或者依法被宣告失踪、死亡，其财产或者遗产不足清偿的；

（3）债务人逾期三年以上未清偿，且有确凿证据证明已无力清偿债务的；

（4）与债务人达成债务重组协议或法院批准破产重整计划后，无法追偿的；

（5）因自然灾害、战争等不可抗力导致无法收回的；

（6）国务院财政、税务主管部门规定的其他条件。

2. 应提供的证明材料

企业应收及预付款项坏账损失应依据以下相关证据材料确认：相关事项合同、协议或说明；属于债务人破产清算的，应有人民法院的破产、清算公告；属于诉讼案件的，应出具人民法院的判决书或裁决书或仲裁机构的仲裁书，或者被法院裁定终（中）止执行的法律文书；属于债务人停止营业的，应有工商部门注销、吊销营业执照证明；属于债务人死亡、失踪的，应有公安机关等有关部门对债务人个人的死亡、失踪证明；属于债务重组的，应有债务重组协议及其债务人重组收益纳税情况说明；属于自然灾害、战争等不可抗力而无法收回的，应有债务人受灾情况说明以及放弃债权申明。企业逾期三年以上的应收款项在会计上已作为损失处理的，可以作为坏账损失，但应说明情况，并出具专项报告。企业逾期一年以上，单笔数额不超过五万元或者不超过企业年度收入总额万分之一的应收款项，会计上已经作为损失处理的，可以作为坏账损失，但应说明情况，并出具专项报告。

（四）固定资产或存货盘亏损失

1. 可扣除的条件

对企业盘亏的固定资产或存货，以该固定资产的账面净值或存货的成本减除责任人赔偿后的余额，作为固定资产或存货盘亏损失在计算应纳税所得额时扣除。企业因存货盘亏、毁损、报废、被盗等原因不得从增值税销项税额中抵扣的进项税额，可以与存货损失一起在计算应纳税所得额时扣除。

2. 应提供的证明材料

存货盘亏损失，为其盘亏金额扣除责任人赔偿后的余额，应依据以下证据材料确认：存货计税成本确定依据；企业内部有关责任认定、责任人赔偿说明和内部核批文件；存货盘点表；存货保管人对于盘亏的情况说明。

固定资产盘亏、丢失损失，为其账面净值扣除责任人赔偿后的余额，应依据以下证据材料确认：企业内部有关责任认定和核销资料；固定资产盘点表；固定资产的计税基础相关资料；固定资产盘亏、丢失情况说明；损失金额较大的，应有专业技术鉴定报告或法定资质中介机构出具的专项报告等。

（五）固定资产或存货报废、毁损损失

1. 可扣除的条件

对企业毁损、报废的固定资产或存货，以该固定资产的账面净值或存货的成本减除残值、保险赔款和责任人赔偿后的余额，作为固定资产或存货毁损、报废损失在计算应纳税所得额时扣除。

2. 应提供的证明材料

存货报废、毁损或变质损失，为其计税成本扣除残值及责任人赔偿后的余额，应依据以下证据材料确认：存货计税成本的确定依据；企业内部关于存货报废、毁损、变质、残值情况说明及核销资料；涉及责任人赔偿的，应当有赔偿情况说明；该项损失数额较大的（指占企业该类资产计税成本10%以上，或减少当年应纳税所得、增加亏损10%以上，下同），应有专业技术鉴定意见或法定资质中介机构出具的专项报告等。

固定资产报废、毁损损失，为其账面净值扣除残值和责任人赔偿后的余额，应依据以下证据材料确认：固定资产的计税基础相关资料；企业内部有关责任认定和核销资料；企业内部有关部门出具的鉴定材料；涉及责任赔偿的，应当有赔偿情况的说明；损失金额较大的或自然灾害等不可抗力原因造成固定资产毁损、报废的，应有专业技术鉴定意见或法定资质中介机构出具的专项报告等。

（六）固定资产或存货被盗损失

1. 可扣除的条件

对企业被盗的固定资产或存货，以该固定资产的账面净值或存货的成本减除保险赔款和责任人赔偿后的余额，作为固定资产或存货被盗损失在计算应纳税所得额时扣除。

2. 应提供的证明材料

存货被盗损失，为其计税成本扣除保险理赔以及责任人赔偿后的余额，应依据以下证据材料确认：存货计税成本的确定依据；向公安机关的报案记录；涉及责任人和保险公司赔偿的，应有赔偿情况说明等。

固定资产被盗损失，为其账面净值扣除责任人赔偿后的余额，应依据以下证据材料确认：固定资产计税基础相关资料；公安机关的报案记录，公安机关立案、破案和结案的证明材料；涉及责任赔偿的，应有赔偿责任的认定及赔偿情况的说明等。

（七）其他资产损失

1. 可扣除的条件

企业将不同类别的资产捆绑（打包），以拍卖、询价、竞争性谈判、招标等市场方式出售，其出售价格低于计税成本的差额，可以作为资产损失并准予在税前申报扣除，但应出具资产处置方案、各类资产作价依据、出售过程的情况说明、出售合同或协议、成交及入账证明、资产计税基础等确定依据。

2. 应提供的证明材料

企业正常经营业务因内部控制制度不健全而出现操作不当、不规范或因业务创新但政策不明确、不配套等原因形成的资产损失，应由企业承担的金额，可以作为资产损失并准予在税前申报扣除，但应出具损失原因证明材料或业务监管部门定性证明、损失专项说明。

企业因刑事案件原因形成的损失，应由企业承担的金额，或经公安机关立案侦查两年以上仍未追回的金额，可以作为资产损失并准予在税前申报扣除，但应出具公安机关、人民检察院的立案侦查情况或人民法院的判决书等损失原因证明材料。

《企业资产损失所得税税前扣除管理办法》（国家税务总局公告 2011 年第25 号）没有涉及的资产损失事项，只要符合《企业所得税法》及其实施条例等法律、法规规定的，也可以向税务机关申报扣除。

二、不得在税前扣除的损失

下列股权和债权不得作为损失在税前扣除：债务人或者担保人有经济偿还能力，未按期偿还的企业债权；违反法律、法规的规定，以各种形式、借口逃废或悬空的企业债权；行政干预逃废或悬空的企业债权；企业未向债务人和担保人追偿的债权；企业发生非经营活动的债权；其他不应当核销的企业债权和股权。

另外，企业在计算应纳税所得额时已经扣除的资产损失，在以后纳税年度全部或者部分收回时，其收回部分应当作为收入计入收回当期的应纳税所得额。企业境内、境外营业机构发生的资产损失应分开核算，对境外营业机构由于发生资产损失而产生的亏损，不得在计算境内应纳税所得额时扣除。

三、资产损失税前扣除的审批

企业发生的资产损失，应按规定的程序和要求向主管税务机关申报后方能在税前扣除。未经申报的损失，不得在税前扣除。

（一）资产损失的分类及内容

准予在企业所得税税前扣除的资产损失，分为实际资产损失和法定资产损失。

1. 实际资产损失

实际资产损失是指企业在实际处置、转让上述资产过程中发生的合理损失。

企业实际资产损失，应当在其实际发生且会计上已进行损失处理的年度申报扣除。

2. 法定资产损失

法定资产损失是指企业虽未实际处置、转让上述资产，但符合规定条件计算确认的损失。法定资产损失，应当在企业向主管税务机关提供证据资料证明该项资产已符合法定资产损失确认条件，且会计上已作损失处理的年度申报扣除。企业以前年度发生的资产损失未能在当年税前扣除，属于法定资产损失的，应在申报年度扣除。

（二）资产损失的申报方式

企业资产损失按其申报内容和要求的不同，分为清单申报和专项申报两种申报形式。

1. 清单申报

属于清单申报的资产损失，企业可按会计核算科目进行归类、汇总，有关会计核算资料和纳税资料留存备查。

下列资产损失，应以清单申报的方式向税务机关申报扣除：

（1）企业在正常经营管理活动中，按照公允价格销售、转让、变卖非货币资产的损失；

（2）企业各项存货发生的正常损耗；

（3）企业固定资产达到或超过使用年限而正常报废清理的损失；

（4）企业生产性生物资产达到或超过使用年限而正常死亡发生的资产损失；

（5）企业按照市场公平交易原则，通过各种交易场所、市场等买卖债券、股票、期货、基金以及金融衍生产品等发生的损失。

2. 专项申报

清单申报以外的资产损失，应以专项申报的方式向税务机关申报扣除。企业无法准确判别是否属于清单申报扣除的资产损失，可以采取专项申报的形式申报扣除。

（三）跨地区经营的汇总纳税企业的申报要求

在中国境内跨地区经营的汇总纳税企业发生的资产损失，应按以下规定申报扣除：

（1）总机构及其分支机构发生的资产损失，除应按专项申报和清单申报的有关规定，各自向当地主管税务机关申报外，各分支机构同时还应上报总机构；

（2）总机构对各分支机构上报的资产损失，除税务机关另有规定外，应以清单申报的形式向当地主管税务机关进行申报；

（3）总机构将跨地区分支机构所属资产捆绑打包转让所发生的资产损失，由总机构向当地主管税务机关进行专项申报。

【例 11-7】某税务师事务所对 X 建筑公司 20×1 年度所得税汇算清缴进行鉴定。发现 X 建筑公司 20×1 年发生以下资产损失事项。

（1）报废一台混凝土搅拌机，原值 145 000 元，预计使用年限 10 年，已使用 8 年，预计残值 20 000 元。

（2）转让一台已经使用过的混凝土搅拌机，原值 145 000 元，净值 70 177 元，转让价款 69 823 元（含税）。

（3）应收某公司债权 49 000 元，债权拖欠时间已达 5 年以上，企业按规定做了坏账处理。

对此应如何进行纳税处理？

【解析】

（1）固定资产报废的账务处理。

第一步，固定资产转入清理。

借：固定资产清理　　　　　　　　　　　　　　　　　45 000
　　累计折旧　　　　　　　　　　　　　　　　　　　100 000
　　　贷：固定资产　　　　　　　　　　　　　　　　　　　145 000

第二步，预计残值转入原材料。

借：原材料　　　　　　　　　　　　　　　　　　　　20 000
　　　贷：固定资产清理　　　　　　　　　　　　　　　　　20 000

第三步，确认清理净损益。

借：营业外支出——处置非流动资产损失　　　　　　　2 500
　　　贷：固定资产清理　　　　　　　　　　　　　　　　　2 500

税务处理：因该项固定资产的报废尚未达到固定资产的预计使用年限，所以应以专项申报的方式向税务机关申报税前扣除（如达到或超过固定资产的预计使用年限，应以清单申报的方式向税务机关申报扣除）。

（2）固定资产转让的账务处理。

第一步，固定资产转入清理。

借：固定资产清理　　　　　　　　　　　　　　　　　70 177
　　累计折旧　　　　　　　　　　　　　　　　　　　74 823
　　　贷：固定资产　　　　　　　　　　　　　　　　　　　145 000

第二步，出售收入的处理。

借：银行存款　　　　　　　　　　　　　　　　69 823

　　贷：固定资产清理　　　　　　　　　　　　　58 651

　　　　应交税费——应交增值税（销项税额）　　11 172

第三步，确认转让损益。

借：资产处置损益　　　　　　　　　　　　　　10 499

　　贷：固定资产清理　　　　　　　　　　　　10 499

税务处理：企业在正常经营管理活动中，按照公允价格销售、转让、变卖非货币资产的损失应以清单申报的方式在税前扣除。属于清单申报的资产损失，企业可按会计核算科目进行归类、汇总，然后再将汇总清单报送税务机关，有关会计核算资料和纳税资料留存备查。

（3）企业逾期三年以上的应收款项在会计上已作为损失处理的，可以作为坏账损失，但应说明情况，并出具专项报告。企业应向主管税务机关提供相关事项合同、协议或说明，申请专项申报扣除。

核销坏账的账务处理。

借：坏账准备　　　　　　　　　　　　　　　　49 000

　　贷：应收账款　　　　　　　　　　　　　　49 000

11.2.3　企业所得税税前扣除凭证管理

11.2.3.1　企业所得税税前扣除凭证管理办法出台

《企业所得税法》统一并规范了企业所得税税前扣除范围和标准，规定"企业实际发生的与取得收入有关的、合理的支出，包括成本、费用、税金、损失和其他支出，准予在计算应纳税所得额时扣除"，但是未对税前扣除凭证做出专项规定与具体解释。《企业所得税税前扣除凭证管理办法》（国家税务总局公告2018年第28号）出台前，关于企业所得税税前扣除凭证管理的规定较少，且分散在不同的税收规范性文件中，系统性和针对性不强。如：《国家税务总局关于加强企业所得税管理的意见》（国税发〔2008〕88号）第二条规定，不符合规定的发票不得作为税前扣除凭据；《国家税务总局关于进一步加强普通发票管理工作的通知》（国税发〔2008〕80号）第八条规定，在日常检查中发现纳税人使用不符合规定发票特别是没有填开付款方全称的发票，不得允许纳税人用于税前扣除、抵扣税款、出口退税和财务报销。

此外，由于税前扣除凭证管理的相关规定可操作性不强，在实际征管中征纳双方经常存在认识上的分歧与执行上的争议。如"企业取得私自印制、伪造、变造、作废、开票方非法取得、虚开、填写不规范等不符合规定的发票"的税务处理，就存在较多争议：是否与增值税发票的处理原则保持一致，是否给予企业补开、换开符合规定发票的机会，是否允许企业以其他资料作为税前扣除凭证，等等。对于税前扣除凭证的问题，司法机关的认识也不尽相同。

11.2.3.2　企业所得税税前扣除凭证

税前扣除凭证按照来源分为内部凭证和外部凭证。内部凭证是指企业自制用于成本、费用、损失和其他支出核算的会计原始凭证。内部凭证的填制和使用应当符合国家会计法律、法规等相关规定。外部凭证是指企业发生经营活动和其他事项时，从其他单位、个人取得的用于证明其支出发生的凭证，包括但不限于发票（包括纸质发票和电子发票）、财政票据、完税凭证、收款凭证、分割单等。

由于企业的经营活动多样复杂，在实际发生支出时，税前扣除凭证不尽相同，发票是主要的但不是唯一的税前扣除凭证。此外，企业的很多支出还需要内部凭证与外部凭证联合佐证，方可证实其真实性。比如，企业资产计提折旧，不仅需要购置资产时的发票等外部凭证，还需资产折旧明细核算凭证等内部凭证。

企业发生支出，应取得税前扣除凭证，作为计算企业所得税应纳税所得额时扣除相关支出的依据。

企业应在当年度企业所得税法规定的汇算清缴期结束前取得税前扣除凭证。

企业应将与税前扣除凭证相关的资料，包括合同（协议）、支出依据、付款凭证等留存备查，以证实税前扣除凭证的真实性。

一、基本情形的税务处理

企业在境内发生的支出项目属于增值税应税项目（以下简称"应税项目"）的，对方为已办理税务登记的增值税纳税人，其支出以发票（包括按照规定由税务机关代开的发票）作为税前扣除凭证；对方为依法无须办理税务登记的单位或者从事小额零星经营业务的个人，其支出以税务机关代开的发票或者收款凭证及内部凭证作为税前扣除凭证，收款凭证应载明收款单位名称、个人姓名及身份证号、支出项目、收款金额等相关信息。

小额零星经营业务的判断标准是个人从事应税项目经营业务的销售额不超过增值税相关政策规定的起征点。

但是，并非对所有的境内增值税应税项目都要求其开具或代开发票，考虑到对方可能是国家机关、个人等依法无须办理税务登记的单位或个人，为减轻单位和个人办税负担，依法无须办理税务登记的单位或从事小额零星经营业务的个人，都可以收据以及内部凭证作为税前扣除凭证。

国家税务总局对应税项目开具发票另有规定的，以规定的发票或者票据作为税前扣除凭证。

企业在境内发生的支出项目不属于应税项目的，对方为单位的，以对方开具的发票以外的其他外部凭证作为税前扣除凭证；对方为个人的，以内部凭证作为税前扣除凭证。

企业在境内发生的支出项目虽不属于应税项目，但按国家税务总局规定可以开具发票的，可以发票作为税前扣除凭证。

企业从境外购进货物或者劳务发生的支出，以对方开具的发票或者具有发票性质的收款凭证、相关税费缴纳凭证作为税前扣除凭证。

二、特殊情形的税务处理

企业取得私自印制、伪造、变造、作废、开票方非法取得、虚开、填写不规范等不符合规定的发票（以下简称不合规发票），以及取得不符合国家法律、法规等相关规定的其他外部凭证（以下简称不合规其他外部凭证），不得作为税前扣除凭证。

企业应当取得而未取得发票、其他外部凭证或者取得不合规发票、不合规其他外部凭证的，若支出真实且已实际发生，应当在当年度汇算清缴期结束前，要求对方补开、换开发票或其他外部凭证。补开、换开后的发票或其他外部凭证符合规定的，可以作为税前扣除凭证。

企业在补开、换开发票或其他外部凭证过程中，因对方注销、撤销、依法被吊销营业执照、被税务机关认定为非正常户等特殊原因无法补开、换开发票或其他外部凭证的，在凭以下资料证实支出真实性后，其支出允许税前扣除：

（1）无法补开、换开发票或其他外部凭证原因的证明资料（包括工商注销、机构撤销、列入非正常经营户、破产公告等证明资料）；

（2）相关业务活动的合同或者协议；

（3）采用非现金方式支付的付款凭证；

（4）货物运输的证明资料；

（5）货物入库、出库内部凭证；

（6）企业会计核算记录以及其他资料。

上述第（1）项至第（3）项为必备资料。

企业与其他企业（包括关联企业）、个人在境内共同接受应纳增值税劳务（以下简称应税劳务）发生的支出，采取分摊方式的，应当按照独立交易原则进行分摊，企业以发票和分割单作为税前扣除凭证，共同接受应税劳务的其他企业以企业开具的分割单作为税前扣除凭证。

企业与其他企业、个人在境内共同接受非应税劳务发生的支出，采取分摊方式的，企业以发票外的其他外部凭证和分割单作为税前扣除凭证，共同接受非应税劳务的其他企业以企业开具的分割单作为税前扣除凭证。

企业租用（包括企业作为单一承租方租用）办公、生产用房等资产发生的水、电、燃气、冷气、暖气、通信线路、有线电视、网络等费用，出租方作为应税项目开具发票的，企业以发票作为税前扣除凭证；出租方采取分摊方式的，企业以出租方开具的其他外部凭证作为税前扣除凭证。

11.2.3.3　不同时点取得税前扣除凭证的情形

企业所得税税前扣除凭证取得时间可以分为汇算清缴结束前后及税务机关检查时等时点，汇算清缴期结束后，税务机关发现企业应当取得而未取得发票、其他外部凭证或者取得不合规发票、不合规其他外部凭证并且告知企业的，企业应当自被告知之日起 60 日内补开、换开符合规定的发票或其他外部凭证。其中，因对方特殊原因无法补开、换开发票或其他外部凭证的，企业应当按照《企业所得税税前扣除凭证管理办法》（以下简称《办法》）第十四条的规定，自被告知之日起 60 日内提供可以证实其支出真实性的相关资料。企业在规定的期限未能补开、换开符合规定的发票或其他外部凭证，并且未能按照《办法》第十四条的规定提供相关资料证实其支出真实性的，相应支出不得在发生年度税前扣除。

除发生《办法》第十五条规定的情形外，企业以前年度应当取得而未取得发票、其他外部凭证，且相应支出在该年度没有税前扣除的，在以后年度取得符合规定的发票、其他外部凭证或者按照该办法第十四条的规定提供可以证实其支出真实性的相关资料，相应支出可以追补至该支出发生年度税前扣除，但追补年限不得超过五年。

【例 11-8】A 公司与 B 公司签订借款协议用作补充流动资金，借款本金 2 000 万元，借款期限三年，自 2019 年 1 月 1 日起至 2021 年 12 月 31 日止，年利率 10%（未超过同期同类金融企业贷款利率标准），借款期满一次性还本付息 2 600 万元。

问：

（1）A公司办理2019年、2020年企业所得税汇算清缴时，财务费用中列支的200万元利息，既没有支付，也没有取得发票，能否在税前扣除？

（2）进一步假设如果2022年5月31日前仍未取得发票，A公司应如何进行税务处理？

（3）如果2022年5月31日前仍未取得发票，A公司2019年、2020年、2021年利息支出已自行申报扣除，税务机关检查发现应如何进行税务处理？

【解析】

本案例中，借款条件为期满后一次性还本付息，B公司所收取的利息时点为2021年12月31日，即根据增值税纳税义务发生时间规定，其应计增值税的时间为2021年12月31日，所开具发票的时间也应为2021年12月31日。因此，无论B公司2021年12月31日是否收到利息，B公司均需于2021年12月计算增值税并向A公司一次性开具利息发票600万元。当然，如果其提前开具发票，则纳税义务发生时间为提前开具发票的时间。

1. A公司2019年、2020年汇算清缴时的税务处理

（1）根据《企业所得税法实施条例》第九条规定的权责发生制原则，允许扣除的利息无须实际支付。

（2）利息支出属于发票开具的范围，但发票开具的时间（2021年12月）在2019年、2020年汇算清缴期满后，因此2019年、2020年财务费用科目列支的利息，不属于"应取得发票"的情形。

综上，A公司2019年、2020年度发生的利息支出允许税前扣除，不进行纳税调整。A公司的借款合同、收款凭据、利息计算清单等利息支出真实性的合法凭证应当留存备查。

2. A公司2022年5月31日之前仍未取得发票的税务处理

2019年、2020年、2021年各年度利息支出均不得在税前扣除。A公司除需对2021年度利息支出200万元进行纳税调增外，还需对2019年、2020年的利息支出进行追补调增。追补调增后，若能够在税款追补期限内取得补开发票，准予追补至该项目发生年度计算扣除。《办法》第十七条规定：

除发生本办法第十五条规定的情形外，企业以前年度应当取得而未取得发票、其他外部凭证，且相应支出在该年度没有税前扣除的，在以后年度取得符合规定的发票、其他外部凭证或者按照本办法第十四条的规定提供可以证实其支出真实性的相关资料，相应支出可以追补至该支出发生年度税前扣除，但追

补年限不得超过五年。

这里的"追补年限不得超过五年"是指该项支出发生年度的次年起连续五年，即 2019 年、2020 年、2021 年利息支出扣除的追补期分别是 2020—2024 年、2021—2025 年、2022—2026 年。因此，如果 2024 年 12 月 31 日前能够取得补开发票，2019 年度利息允许追补扣除，此后即便取得补开发票，也不得追补扣除。2020 年、2021 年的税务处理依此类推。

3．A 公司在最后期限 2022 年 5 月 31 日之前仍未取得发票的税务处理

《办法》第十五条规定：汇算清缴期结束后，税务机关发现企业应当取得而未取得发票、其他外部凭证或者取得不合规发票、不合规其他外部凭证并且告知企业的，企业应当自被告知之日起 60 日内补开、换开符合规定的发票、其他外部凭证。其中，因对方特殊原因无法补开、换开发票、其他外部凭证的，企业应当按照本办法第十四条的规定，自被告知之日起 60 日内提供可以证实其支出真实性的相关资料。

主管税务机关发现 A 公司办理 2019 年、2020 年、2021 年企业所得税汇算清缴时已自行申报扣除未进行纳税调增处理，应当书面通知 A 公司 60 日内要求对方补开发票，若能够在 60 日内取得补开发票，不进行纳税调增。

4．A 公司在主管税务机关告知之日起 60 日内仍未取得发票的税务处理

《办法》第十六条规定：企业在规定的期限未能补开、换开符合规定的发票、其他外部凭证，并且未能按照本办法第十四条的规定提供相关资料证实其支出真实性的，相应支出不得在发生年度税前扣除。即 2019 年、2020 年、2021 年均需追溯调增。

5．A 公司在主管税务机关告知之日起 60 日后取得了发票的税务处理

2019 年、2020 年、2021 年追溯调增后，即便是在五年追补期内取得补开发票，也不得追补扣除。即一经税务机关告知限期补开、换开税前扣除凭证仍未取得被纳税调整的，不再适用追补期五年的规定。

11.2.3.4　企业以前年度未扣除资产损失的税务处理

根据《企业资产损失所得税税前扣除管理办法》（国家税务总局公告 2011年第 25 号），企业以前年度未能扣除的资产损失企业所得税处理政策如下。

企业以前年度发生的资产损失未能在当年税前扣除的，可以按照本办法的规定，向税务机关说明并进行专项申报扣除。其中，属于实际资产损失，准予追补至该项损失发生年度扣除，其追补确认期限一般不得超过五年，但因计划经济体制转轨过程中遗留的资产损失、企业重组上市过程中因权属不清出现争

议而未能及时扣除的资产损失、因承担国家政策性任务而形成的资产损失以及政策定性不明确而形成资产损失等特殊原因形成的资产损失，其追补确认期限经国家税务总局批准后可适当延长。属于法定资产损失，应在申报年度扣除。

企业因以前年度实际资产损失未在税前扣除而多缴的企业所得税税款，可在追补确认年度企业所得税应纳税款中予以抵扣，不足抵扣的，向以后年度递延抵扣。

企业实际资产损失发生年度扣除追补确认的损失后出现亏损的，应先调整资产损失发生年度的亏损额，再按弥补亏损的原则计算以后年度多缴的企业所得税税款，并按有关办法进行税务处理。

11.3 特别纳税调整

11.3.1 关联申报

企业向税务机关报送年度企业所得税纳税申报表时，应当就其与关联方之间的业务往来，附送年度关联业务往来报告表。税务机关在进行关联业务调查时，企业及其关联方，以及与关联业务调查有关的其他企业，应当按照规定提供相关资料。

实行查账征收的居民企业和在中国境内设立机构、场所并据实申报缴纳企业所得税的非居民企业向税务机关报送年度企业所得税纳税申报表时，应当就其与关联方之间的业务往来进行关联申报，附送《中华人民共和国企业年度关联业务往来报告表（2016 年版）》。企业在规定期限内报送年度关联业务往来报告表确有困难，需要延期的，应当按照《税收征管法》及其实施细则的有关规定办理。

11.3.1.1 关联企业

企业与其他企业、组织或者个人具有下列关系之一的，构成关联关系。

（1）一方直接或者间接持有另一方的股份总和达到25%以上；双方直接或者间接同为第三方所持有的股份达到25%以上。如果一方通过中间方对另一方间接持有股份，只要其对中间方持股比例达到25%以上，则其对另一方的持股比例按照中间方对另一方的持股比例计算。两个以上具有夫妻、直系血亲、兄弟姐妹以及其他抚养、赡养关系的自然人共同持股同一企业，在判定关联关系时持股比例合并计算。

（2）双方存在持股关系或者同为第三方持股，虽持股比例未达到第（1）项规定，但双方之间借贷资金总额占任一方实收资本比例达到 50% 以上，或者一方全部借贷资金总额的 10% 以上由另一方担保（与独立金融机构之间的借贷或者担保除外）。

$$借贷资金总额占实收资本的比例 = \frac{年度加权平均借贷资金}{年度加权平均实收资本}$$

其中：

$$年度加权平均借贷资金 = i\ 笔借入或者贷出资金账面金额 \times$$

$$\frac{i\ 笔借入或者贷出资金年度实际占用天数}{365}$$

$$年度加权平均实收资本 = i\ 笔实收资本账面金额 \times$$

$$\frac{i\ 笔实收资本年度实际占用天数}{365}$$

（3）双方存在持股关系或者同为第三方持股，虽持股比例未达到第（1）项规定，但一方的生产经营活动必须由另一方提供专利权、非专利技术、商标权、著作权等特许权才能正常进行。

（4）双方存在持股关系或者同为第三方持股，虽持股比例未达到第（1）项规定，但一方的购买、销售、接受劳务、提供劳务等经营活动由另一方控制。上述控制是指一方有权决定另一方的财务和经营政策，并能据以从另一方的经营活动中获取利益。

（5）一方半数以上董事或者半数以上高级管理人员（包括上市公司董事会秘书、经理、副经理、财务负责人和公司章程规定的其他人员）由另一方任命或者委派，或者同时担任另一方的董事或者高级管理人员；或者双方各自半数以上董事或者半数以上高级管理人员同为第三方任命或者委派。

（6）具有夫妻、直系血亲、兄弟姐妹以及其他抚养、赡养关系的两个自然人分别与双方具有第（1）至（5）项关系之一。

（7）双方在实质上具有其他共同利益。

除第（2）项规定外，上述关联关系年度内发生变化的，关联关系按照实际存续期间认定。

仅因国家持股或者由国有资产管理部门委派董事、高级管理人员而存在第（1）至（5）项关系的，不构成关联关系。

11.3.1.2　关联交易类型

关联交易主要包括以下几类。

（1）有形资产使用权或者所有权的转让。有形资产包括商品、产品、房屋、建筑物、交通工具、机器设备、工具器具等。

（2）金融资产的转让。金融资产包括应收账款、应收票据、其他应收款项、股权投资、债权投资和衍生金融工具形成的资产等。

（3）无形资产使用权或者所有权的转让。无形资产包括专利权、非专利技术、商业秘密、商标权、品牌、客户名单、销售渠道、特许经营权、政府许可、著作权等。

（4）资金融通。资金包括各类长短期借贷资金（含集团资金池）、担保费、各类应计息预付款和延期收付款等。

（5）劳务交易。劳务包括市场调查、营销策划、代理、设计、咨询、行政管理、技术服务、合约研发、维修、法律服务、财务管理、审计、招聘、培训、集中采购等。

11.3.1.3 同期资料

企业向税务机关报送年度企业所得税纳税申报表时，应当就其与关联方之间的业务往来，附送年度关联业务往来报告表。税务机关在进行关联业务调查时，企业及其关联方，以及与关联业务调查有关的其他企业，应当按照规定提供相关资料，包括：①与关联业务往来有关的价格、费用的制定标准、计算方法和说明等同期资料；②关联业务往来所涉及的财产、财产使用权、劳务等的再销售（转让）价格或者最终销售（转让）价格的相关资料；③与关联业务调查有关的其他企业应当提供的与被调查企业可比的产品价格、定价方式以及利润水平等资料；④其他与关联业务往来有关的资料。与关联业务调查有关的其他企业，是指与被调查企业在生产经营内容和方式上相类似的企业。企业应当在税务机关规定的期限内提供与关联业务往来有关的价格、费用的制定标准、计算方法和说明等资料。关联方以及与关联业务调查有关的其他企业应当在税务机关与其约定的期限内提供相关资料。

11.3.1.4 其他

企业执行预约定价安排的，可以不准备预约定价安排涉及关联交易的本地文档和特殊事项文档，且关联交易金额不计入《国家税务总局关于完善关联申报和同期资料管理有关事项的公告》（国家税务总局公告 2016 年第 42 号）第十三条规定的关联交易金额范围。

企业仅与境内关联方发生关联交易的，可以不准备主体文档、本地文档和特殊事项文档。

主体文档应当在企业集团最终控股企业会计年度终了之日起 12 个月内准备完毕，本地文档和特殊事项文档应当在关联交易发生年度次年 6 月 30 日之前准备完毕。同期资料应当自税务机关要求之日起 30 日内提供。

企业因不可抗力无法按期提供同期资料的，应当在不可抗力消除后 30 日内提供同期资料。

同期资料应当使用中文，并标明引用信息资料的出处。

同期资料应当加盖企业印章，并由法定代表人或者法定代表人授权的代表签章。

企业合并、分立的，应当由合并、分立后的企业保存同期资料。

同期资料应当自税务机关要求的准备完毕之日起保存 10 年。

企业依照有关规定进行关联申报、提供同期资料及有关资料的，税务机关实施特别纳税调查补征税款时，可以依据《企业所得税法实施条例》第一百二十二条的规定，按照税款所属纳税年度中国人民银行公布的与补税期间同期的人民币贷款基准利率加收利息。

11.3.2　同期资料管理

11.3.2.1　主体文档

一、需要准备主体文档的企业

符合下列条件之一的企业，应当准备主体文档。

（1）年度发生跨境关联交易，且合并该企业财务报表的最终控股企业所属企业集团已准备主体文档。

（2）年度关联交易总额超过 10 亿元。

二、主体文档的内容

主体文档主要披露最终控股企业所属企业集团的全球业务整体情况，包括以下内容。

1. 组织架构

以图表形式说明企业集团的全球组织架构、股权结构和所有成员实体的地理分布。成员实体是指企业集团内任一营运实体，包括公司制企业、合伙企业和常设机构等。

2. 企业集团业务

（1）企业集团业务描述，包括利润的重要价值贡献因素。

（2）企业集团营业收入前五位以及占营业收入超过 5% 的产品或者劳务的供

应链及其主要市场地域分布情况。供应链情况可以采用图表形式进行说明。

（3）企业集团除研发外的重要关联劳务及简要说明，说明内容包括主要劳务提供方提供劳务的胜任能力、分配劳务成本以及确定关联劳务价格的转让定价政策。

（4）企业集团内各成员实体主要价值贡献分析，包括执行的关键功能、承担的重大风险，以及使用的重要资产。

（5）企业集团会计年度内发生的业务重组，产业结构调整，集团内企业功能、风险或者资产的转移。

（6）企业集团会计年度内发生的企业法律形式改变、债务重组、股权收购、资产收购、合并、分立等。

3．无形资产

（1）企业集团开发、应用无形资产及确定无形资产所有权归属的整体战略，包括主要研发机构所在地和研发管理活动发生地及其主要功能、风险、资产和人员情况。

（2）企业集团对转让定价安排有显著影响的无形资产或者无形资产组合，以及对应的无形资产所有权人。

（3）企业集团内各成员实体与其关联方的无形资产重要协议清单，重要协议包括成本分摊协议、主要研发服务协议和许可协议等。

（4）企业集团内与研发活动及无形资产相关的转让定价政策。

（5）企业集团会计年度内重要无形资产所有权和使用权关联转让情况，包括转让涉及的企业、国家以及转让价格等。

4．融资活动

（1）企业集团内部各关联方之间的融资安排以及与非关联方的主要融资安排。

（2）企业集团内提供集中融资功能的成员实体情况，包括其注册地和实际管理机构所在地。

（3）企业集团内部各关联方之间融资安排的总体转让定价政策。

5．财务与税务状况

（1）企业集团最近一个会计年度的合并财务报表。

（2）企业集团内各成员实体签订的单边预约定价安排、双边预约定价安排以及涉及国家之间所得分配的其他税收裁定的清单及简要说明。

（3）报送国别报告的企业名称及其所在地。

11.3.2.2　本地文档

一、需要准备本地文档的企业

年度关联交易金额符合下列条件之一的企业，应当准备本地文档。

（1）有形资产所有权转让金额（来料加工业务按照年度进出口报关价格计算）超过 2 亿元。

（2）金融资产转让金额超过 1 亿元。

（3）无形资产所有权转让金额超过 1 亿元。

（4）其他关联交易金额合计超过 4 000 万元。

二、本地文档的内容

本地文档主要披露企业关联交易的详细信息，包括以下内容。

1. 企业概况

（1）组织结构，包括企业各职能部门的设置、职责范围和雇员数量等。

（2）管理架构，包括企业各级管理层的汇报对象以及汇报对象主要办公所在地等。

（3）业务描述，包括企业所属行业的发展概况、产业政策、行业限制等影响企业和行业的主要经济和法律问题，主要竞争者等。

（4）经营策略，包括企业各部门、各环节的业务流程，运营模式，价值贡献因素等。

（5）财务数据，包括企业不同类型业务及产品的收入、成本、费用及利润。

（6）涉及本企业或者对本企业产生影响的重组或者无形资产转让情况，以及对本企业的影响分析。

2. 关联关系

（1）关联方信息，包括直接或者间接拥有企业股权的关联方，以及与企业发生交易的关联方，内容涵盖关联方名称、法定代表人、高级管理人员的构成情况、注册地址、实际经营地址，以及关联个人的姓名、国籍、居住地等情况。

（2）上述关联方适用的具有所得税性质的税种、税率及相应可享受的税收优惠。

（3）本会计年度内，企业关联关系的变化情况。

3. 关联交易

（1）关联交易概况。

①关联交易描述和明细，包括关联交易相关合同或者协议副本及其执行情

况的说明，交易标的的特性，关联交易的类型、参与方、时间、金额、结算货币、交易条件、贸易形式以及关联交易与非关联交易业务的异同等。

②关联交易流程，包括关联交易的信息流、物流和资金流，与非关联交易业务流程的异同。

③功能风险描述，包括企业及其关联方在各类关联交易中执行的功能、承担的风险和使用的资产。

④交易定价影响要素，包括关联交易涉及的无形资产及其影响，成本节约、市场溢价等地域特殊因素。地域特殊因素应从劳动力成本、环境成本、市场规模、市场竞争程度、消费者购买力、商品或者劳务的可替代性、政府管制等方面进行分析。

⑤关联交易数据，包括各关联方、各类关联交易涉及的交易金额。分别披露关联交易和非关联交易的收入、成本、费用和利润，不能直接归集的，按照合理比例划分，并说明该划分比例的依据。

（2）价值链分析。

①企业集团内业务流、物流和资金流，包括商品、劳务或者其他交易标的的设计、开发、生产制造、营销、销售、交货、结算、消费、售后服务、循环利用等各环节及其参与方。

②上述各环节参与方最近会计年度的财务报表。

③地域特殊因素对企业创造价值贡献的计量及其归属。

④企业集团利润在全球价值链条中的分配原则和分配结果。

（3）对外投资。

①对外投资基本信息，包括对外投资项目的投资地区、金额、主营业务及战略规划。

②对外投资项目概况，包括对外投资项目的股权架构、组织结构，高级管理人员的雇佣方式，项目决策权限的归属。

③对外投资项目数据，包括对外投资项目的营运数据。

（4）关联股权转让。

①股权转让概况，包括转让背景、参与方、时间、价格、支付方式，以及影响股权转让的其他因素。

②股权转让标的的相关信息，包括股权转让标的所在地，出让方获取该股权的时间、方式和成本，股权转让收益等信息。

③尽职调查报告或者资产评估报告等与股权转让相关的其他信息。

（5）关联劳务。

①关联劳务概况，包括劳务提供方和接受方，劳务的具体内容、特性、开展方式、定价原则、支付形式，以及劳务发生后各方受益情况等。

②劳务成本费用的归集方法、项目、金额、分配标准、计算过程及结果等。

③企业及其所属企业集团与非关联方存在相同或者类似劳务交易的，还应当详细说明关联劳务与非关联劳务在定价原则和交易结果上的异同。

（6）与企业关联交易直接相关的，中国以外其他国家税务主管当局签订的预约定价安排和做出的其他税收裁定。

4. 可比性分析

（1）可比性分析考虑的因素，包括交易资产或者劳务特性，交易各方功能、风险和资产，合同条款，经济环境，经营策略等。

（2）可比企业执行的功能、承担的风险以及使用的资产等相关信息。

（3）可比对象搜索方法、信息来源、选择条件及理由。

（4）所选取的内部或者外部可比非受控交易信息和可比企业的财务信息。

（5）可比数据的差异调整及理由。

5. 转让定价方法的选择和使用

（1）被测试方的选择及理由。

（2）转让定价方法的选用及理由，无论选择何种转让定价方法，均须说明企业对集团整体利润或者剩余利润所做的贡献。

（3）确定可比非关联交易价格或者利润的过程中所做的假设和判断。

（4）运用合理的转让定价方法和可比性分析结果，确定可比非关联交易价格或者利润。

（5）其他支持所选用转让定价方法的资料。

（6）关联交易定价是否符合独立交易原则的分析及结论。

11.3.2.3　特殊事项文档

特殊事项文档包括成本分摊协议特殊事项文档和资本弱化特殊事项文档。

1. 成本分摊协议特殊事项文档

企业签订或者执行成本分摊协议的，应当准备成本分摊协议特殊事项文档。成本分摊协议特殊事项文档包括以下内容。

（1）成本分摊协议副本。

（2）各参与方之间达成的为实施成本分摊协议的其他协议。

（3）非参与方使用协议成果的情况、支付的金额和形式，以及支付金额在参与方之间的分配方式。

（4）本年度成本分摊协议的参与方加入或者退出的情况，包括加入或者退出的参与方名称、所在国家和关联关系，加入支付或者退出补偿的金额及形式。

（5）成本分摊协议的变更或者终止情况，包括变更或者终止的原因、对已形成协议成果的处理或者分配。

（6）本年度按照成本分摊协议发生的成本总额及构成情况。

（7）本年度各参与方成本分摊的情况，包括成本支付的金额、形式和对象，做出或者接受补偿支付的金额、形式和对象。

（8）本年度协议预期收益与实际收益的比较以及由此做出的调整。

（9）预期收益的计算，包括计量参数的选取、计算方法和改变理由。

2. 资本弱化特殊事项文档

企业关联债资比例超过标准比例需要说明符合独立交易原则的，应当准备资本弱化特殊事项文档。资本弱化特殊事项文档包括以下内容。

（1）企业偿债能力和举债能力分析。

（2）企业集团举债能力及融资结构情况分析。

（3）企业注册资本等权益投资的变动情况说明。

（4）关联债权投资的性质、目的及取得时的市场状况。

（5）关联债权投资的货币种类、金额、利率、期限及融资条件。

（6）非关联方是否能够并且愿意接受上述融资条件、融资金额及利率。

（7）企业为取得债权性投资而提供的抵押品情况及条件。

（8）担保人状况及担保条件。

（9）同类同期贷款的利率情况及融资条件。

（10）可转换公司债券的转换条件。

（11）其他能够证明符合独立交易原则的资料。

11.3.3　转让定价方法

企业发生关联交易以及税务机关审核、评估关联交易均应遵循独立交易原则，选用合理的转让定价方法。根据《企业所得税法实施条例》第一百一十一条的规定，转让定价方法包括可比非受控价格法、再销售价格法、成本加成法、交易净利润法、利润分割法和其他符合独立交易原则的方法。

（一）可比性分析

选用合理的转让定价方法应进行可比性分析。可比性分析因素主要包括以下五个方面。

（1）交易资产或劳务特性，主要包括：有形资产的物理特性、质量、数量等，劳务的性质和范围，无形资产的类型、交易形式、期限、范围、预期收益等。

（2）交易各方功能和风险，功能主要包括：研发、设计，采购，加工、装配、制造、存货管理、分销、售后服务、广告、运输、仓储、融资、财务、会计、法律及人力资源管理等。在比较功能时，应关注企业为发挥功能所使用资产的相似程度。风险主要包括：研发风险、采购风险、生产风险、分销风险、市场推广风险、管理及财务风险等。

（3）合同条款，主要包括：交易标的，交易数量、价格，收付款方式和条件，交货条件，售后服务范围和条件，提供附加劳务的约定，变更、修改合同内容的权利，合同有效期，终止或续签合同的权利。

（4）经济环境，主要包括：行业概况、地理区域、市场规模、市场层级、市场占有率、市场竞争程度、消费者购买力、商品或劳务可替代性、生产要素价格、运输成本、政府管制等；

（5）经营策略，主要包括：创新和开发策略、多元化经营策略、风险规避策略、市场占有策略等。

（二）可比非受控价格法

可比非受控价格法以非关联方之间进行的与关联交易相同或类似业务活动所收取的价格作为关联交易的公平成交价格。

可比性分析应特别考察关联交易与非关联交易在交易资产或劳务的特性、合同条款及经济环境上的差异，按照不同交易类型具体包括如下内容。

1. 有形资产的购销或转让

（1）购销或转让过程，包括交易的时间与地点、交货条件、交货手续、支付条件、交易数量、售后服务的时间和地点等。

（2）购销或转让环节，包括出厂环节、批发环节、零售环节、出口环节等。

（3）购销或转让货物，包括品名、品牌、规格、型号、性能、结构、外形、包装等。

（4）购销或转让环境，包括民族风俗、消费者偏好、政局稳定程度以及财政、税收、外汇政策等。

2. 有形资产的使用

（1）资产的性能、规格、型号、结构、类型、折旧方法。

（2）提供使用权的时间、期限、地点。

（3）资产所有者对资产的投资支出、维修费用等。

3. 无形资产的转让和使用

（1）无形资产的类别、用途、适用行业、预期收益。

（2）无形资产的开发投资、转让条件、独占程度、受有关国家法律保护的程度及期限、受让成本和费用、功能风险情况、可替代性等。

4. 融通资金

融资的金额、币种、期限、担保、融资人的资信、还款方式、计息方法等。

5. 提供劳务

业务性质、技术要求、专业水准、承担责任、付款条件和方式、直接和间接成本等。

关联交易与非关联交易之间在以上方面存在重大差异的，应就该差异对价格的影响进行合理调整，无法合理调整的，应根据《国家税务总局关于印发〈特别纳税调整实施办法（试行）〉的通知》（以下简称《办法》）第四章规定选择其他合理的转让定价方法。

可比非受控价格法可以适用于所有类型的关联交易。

（三）再销售价格法

再销售价格法以关联方购进商品再销售给非关联方的价格减去可比非关联交易毛利后的金额作为关联方购进商品的公平成交价格。其计算公式如下：

公平成交价格 = 再销售给非关联方的价格 × (1 - 可比非关联交易毛利率)

可比非关联交易毛利率 = 可比非关联交易毛利 ÷ 可比非关联交易收入净额 × 100%

可比性分析应特别考察关联交易与非关联交易在功能风险及合同条款上的差异以及影响毛利率的其他因素，具体包括销售、广告及服务功能，存货风险，机器、设备的价值及使用年限，无形资产的使用及价值，批发或零售环节，商业经验，会计处理及管理效率等。

关联交易与非关联交易之间在以上方面存在重大差异的，应就该差异对毛利率的影响进行合理调整，无法合理调整的，应根据《办法》第四章规定选择其他合理的转让定价方法。

再销售价格法通常适用于再销售者未对商品进行改变外形、性能、结构或更换商标等实质性增值加工的简单加工或单纯购销业务。

（四）成本加成法

成本加成法以关联交易发生的合理成本加上可比非关联交易毛利作为关联交易的公平成交价格。其计算公式如下：

公平成交价格 ＝ 关联交易的合理成本 × （1 ＋ 可比非关联交易成本加成率）

可比非关联交易成本加成率 ＝ 可比非关联交易毛利 ÷ 可比非关联交易成本 × 100%

可比性分析应特别考察关联交易与非关联交易在功能风险及合同条款上的差异以及影响成本加成率的其他因素，具体包括制造、加工、安装及测试功能，市场及汇兑风险，机器、设备的价值及使用年限，无形资产的使用及价值，商业经验，会计处理及管理效率等。

关联交易与非关联交易之间在以上方面存在重大差异的，应就该差异对成本加成率的影响进行合理调整，无法合理调整的，应根据《办法》第四章规定选择其他合理的转让定价方法。

成本加成法通常适用于有形资产的购销、转让和使用，劳务提供或资金融通的关联交易。

（五）交易净利润法

交易净利润法以可比非关联交易的利润率指标确定关联交易的净利润。利润率指标包括资产收益率、销售利润率、完全成本加成率、贝里比率等。

可比性分析应特别考察关联交易与非关联交易之间在功能风险及经济环境上的差异以及影响营业利润的其他因素，具体包括执行功能、承担风险和使用资产，行业和市场情况，经营规模，经济周期和产品生命周期，成本、费用、所得和资产在各交易间的分摊，会计处理及经营管理效率等。

关联交易与非关联交易之间在以上方面存在重大差异的，应就该差异对营业利润的影响进行合理调整，无法合理调整的，应根据《办法》第四章规定选择其他合理的转让定价方法。

交易净利润法通常适用于有形资产的购销、转让和使用，无形资产的转让和使用以及劳务提供等关联交易。

（六）利润分割法

利润分割法根据企业与其关联方对关联交易合并利润的贡献计算各自应该分配的利润额。利润分割法分为一般利润分割法和剩余利润分割法。

一般利润分割法根据关联交易各参与方所执行的功能、承担的风险以及使用的资产，确定各自应取得的利润。

剩余利润分割法将关联交易各参与方的合并利润减去分配给各方的常规利润的余额作为剩余利润，再根据各方对剩余利润的贡献程度进行分配。

可比性分析应特别考察交易各方执行的功能、承担的风险和使用的资产，成本、费用、所得和资产在各交易方之间的分摊，会计处理，确定交易各方对剩余利润贡献所使用信息和假设条件的可靠性等。

利润分割法通常适用于各参与方关联交易高度整合且难以单独评估各方交易结果的情况。

11.3.4　预约定价安排管理

企业可以依据《企业所得税法》《企业所得税法实施条例》《税收征管法实施细则》的规定，与税务机关就企业未来年度关联交易的定价原则和计算方法达成预约定价安排。预约定价安排的谈签与执行通常经过预备会谈、正式申请、审核评估、磋商、签订安排和监控执行六个阶段。预约定价安排包括单边、双边和多边三种类型。

预约定价安排适用于主管税务机关向企业送达接收其谈签意向的《税务事项通知书》之日所属纳税年度起3至5个年度的关联交易。

企业以前年度的关联交易与预约定价安排适用年度相同或者类似的，经企业申请，税务机关可以将预约定价安排确定的定价原则和计算方法追溯适用于以前年度该关联交易的评估和调整。追溯期最长为10年。

预约定价安排的谈签不影响税务机关对企业不适用预约定价安排的年度及关联交易的特别纳税调查调整和监控管理。

预约定价安排一般适用于主管税务机关向企业送达接收其谈签意向的《税务事项通知书》之日所属纳税年度前3个年度每年度发生的关联交易金额4 000万元人民币以上的企业。

具体的会谈申请、材料准备和流程等规定参照《国家税务总局关于完善预约定价安排管理有关事项的公告》（国家税务总局公告2016年第64号）的有关政策执行。

企业有谈签预约定价安排意向的，应当向税务机关书面提出预备会谈申请。税务机关可以与企业开展预备会谈。

税务机关和企业在预备会谈期间达成一致意见的，主管税务机关向企业送达同意其提交谈签意向的《税务事项通知书》。企业收到《税务事项通知书》后向税务机关提出谈签意向。

　　企业提交谈签意向后，税务机关应当分析预约定价安排申请草案内容，评估其是否符合独立交易原则。根据分析评估的具体情况可以要求企业补充提供有关资料。

　　分析评估阶段，税务机关可以与企业就预约定价安排申请草案进行讨论。税务机关可以进行功能和风险实地访谈。税务机关认为预约定价安排申请草案不符合独立交易原则的，企业应当与税务机关协商，并进行调整；税务机关认为预约定价安排申请草案符合独立交易原则的，主管税务机关向企业送达同意其提交正式申请的《税务事项通知书》，企业收到通知后，可以向税务机关提交《预约定价安排正式申请书》（《国家税务总局关于完善预约定价安排管理有关事项的公告》附件3），并附送预约定价安排正式申请报告。

　　预约定价安排同时涉及两个或者两个以上省、自治区、直辖市和计划单列市税务机关的，由国家税务总局统一组织协调。企业申请上述单边预约定价安排的，应当同时向国家税务总局及其指定的税务机关提出谈签预约定价安排的相关申请。国家税务总局可以与企业统一签署单边预约定价安排，或者指定税务机关与企业统一签署单边预约定价安排，也可以由各主管税务机关与企业分别签署单边预约定价安排。

　　单边预约定价安排涉及一个省、自治区、直辖市和计划单列市内两个或者两个以上主管税务机关的，由省、自治区、直辖市和计划单列市相应税务机关统一组织协调。

　　税务机关与企业在预约定价安排谈签过程中取得的所有信息资料，双方均负有保密义务。除依法应当向有关部门提供信息的情况外，未经纳税人同意，税务机关不得以任何方式泄露预约定价安排相关信息。

　　税务机关与企业不能达成预约定价安排的，税务机关在协商过程中所取得的有关企业的提议、推理、观念和判断等非事实性信息，不得用于对该预约定价安排涉及关联交易的特别纳税调查调整。

　　除涉及国家安全的信息以外，国家税务总局可以按照对外缔结的国际公约、协定、协议等有关规定，与其他国家（地区）税务主管当局就2016年4月1日以后签署的单边预约定价安排文本实施信息交换。企业应当在签署单边预约定价安排时提供其最终控股公司、上一级直接控股公司及单边预约定价安排涉及的境外关联方所在国家（地区）的名单。

11.3.5　成本分摊协议管理

　　根据《国家税务总局关于印发〈特别纳税调整实施办法（试行）〉的通知》

（国税发〔2009〕2号），成本分摊协议的参与方对开发、受让的无形资产或参与的劳务活动享有受益权，并承担相应的活动成本。关联方承担的成本应与非关联方在可比条件下为获得上述受益权而支付的成本相一致。

参与方使用成本分摊协议所开发或受让的无形资产不需另支付特许权使用费。

企业对成本分摊协议所涉及无形资产或劳务的受益权应有合理的、可计量的预期收益，且以合理商业假设和营业常规为基础。涉及劳务的成本分摊协议一般适用于集团采购和集团营销策划。

成本分摊协议主要包括以下内容：

（1）参与方的名称、所在国家（地区）、关联关系、在协议中的权利和义务；

（2）成本分摊协议所涉及的无形资产或劳务的内容、范围，协议涉及研发或劳务活动的具体承担者及其职责、任务；

（3）协议期限；

（4）参与方预期收益的计算方法和假设；

（5）参与方初始投入和后续成本支付的金额、形式、价值确认的方法以及符合独立交易原则的说明；

（6）参与方会计方法的运用及变更说明；

（7）参与方加入或退出协议的程序及处理规定；

（8）参与方之间补偿支付的条件及处理规定；

（9）协议变更或终止的条件及处理规定；

（10）非参与方使用协议成果的规定。

企业应自成本分摊协议达成之日起30日内，层报国家税务总局备案。税务机关判定成本分摊协议是否符合独立交易原则须层报国家税务总局审核。已经执行并形成一定资产的成本分摊协议，参与方发生变更或协议终止执行，应根据独立交易原则做如下处理：

（1）加入支付，即新参与方为获得已有协议成果的受益权应做出合理的支付；

（2）退出补偿，即原参与方退出协议安排，将已有协议成果的受益权转让给其他参与方应获得合理的补偿；

（3）参与方变更后，应对各方受益和成本分摊情况做出相应调整；

（4）协议终止时，各参与方应对已有协议成果做出合理分配。

企业不按独立交易原则对上述情况做出处理而减少其应纳税所得额的，税务机关有权做出调整。

成本分摊协议执行期间，参与方实际分享的收益与分摊的成本不相配比的，应根据实际情况做出补偿调整。对于符合独立交易原则的成本分摊协议，有关税务处理如下：

（1）企业按照协议分摊的成本，应在协议规定的各年度税前扣除；

（2）涉及补偿调整的，应在补偿调整的年度计入应纳税所得额；

（3）涉及无形资产的成本分摊协议，加入支付、退出补偿或终止协议时对协议成果分配的，应按资产购置或处置的有关规定处理。

企业与其关联方签署成本分摊协议，有下列情形之一的，其自行分摊的成本不得税前扣除：

（1）不具有合理商业目的和经济实质；

（2）不符合独立交易原则；

（3）没有遵循成本与收益配比原则；

（4）未按本办法有关规定备案或准备、保存和提供有关成本分摊协议的同期资料；

（5）自签署成本分摊协议之日起经营期限少于 20 年。

11.3.6　受控外国企业管理

受控外国企业是指根据企业所得税法第四十五条的规定，由居民企业，或者由居民企业和居民个人（以下统称中国居民股东，包括中国居民企业股东和中国居民个人股东）控制的设立在实际税负低于企业所得税法第四条第一款规定税率水平 50% 的国家（地区），并非出于合理经营需要对利润不做分配或减少分配的外国企业。

所称控制，是指在股份、资金、经营、购销等方面构成实质控制。其中，股份控制是指由中国居民股东在纳税年度任何一天单层直接或多层间接单一持有外国企业 10% 以上有表决权股份，且共同持有该外国企业 50% 以上股份。中国居民股东多层间接持有股份按各层持股比例相乘计算，中间层持有股份超过 50% 的，按 100% 计算。

中国居民企业股东应在年度企业所得税纳税申报时提供对外投资信息，附送《对外投资情况表》。

税务机关应汇总、审核中国居民企业股东申报的对外投资信息，向受控外国企业的中国居民企业股东送达《受控外国企业中国居民股东确认通知书》。中国居民企业股东符合企业所得税法第四十五条征税条件的，按照有关规定征税。计入中国居民企业股东当期的视同受控外国企业股息分配的所得，应按以下公式计算：

中国居民企业股东当期所得 = 视同股息分配额 × 实际持股天数 ÷ 受控外国企业纳税年度天数 × 股东持股比例

中国居民股东多层间接持有股份的，股东持股比例按各层持股比例相乘计算。

受控外国企业与中国居民企业股东纳税年度存在差异的，应将视同股息分配所得计入受控外国企业纳税年度终止日所属的中国居民企业股东的纳税年度。

计入中国居民企业股东当期所得已在境外缴纳的企业所得税税款，可按照所得税法或税收协定的有关规定抵免。

受控外国企业实际分配的利润已根据企业所得税法第四十五条规定征税的，不再计入中国居民企业股东的当期所得。

中国居民企业股东能够提供资料证明其控制的外国企业满足以下条件之一的，可免于将外国企业不做分配或减少分配的利润视同股息分配额，计入中国居民企业股东的当期所得：

（1）设立在国家税务总局指定的非低税率国家（地区）；

（2）主要取得积极经营活动所得；

（3）年度利润总额低于 500 万元人民币。

11.3.7　资本弱化管理

企业所得税法第四十六条所称不得在计算应纳税所得额时扣除的利息支出应按以下公式计算：

不得扣除的利息支出 = 年度实际支付的全部关联方利息 × (1 − 标准比例 ÷ 关联债资比例)

其中：

标准比例是指《财政部 国家税务总局关于企业关联方利息支出税前扣除标准有关税收政策问题的通知》（财税〔2008〕121 号）规定的比例。

关联债资比例是指根据企业所得税法第四十六条及企业所得税法实施条例第一百一十九的规定，企业从其全部关联方接受的债权性投资（以下简称关联债权投资）占企业接受的权益性投资（以下简称权益投资）的比例，关联债权投资包括关联方以各种形式提供担保的债权性投资。关联债资比例的具体计算方法如下：

关联债资比例 = 年度各月平均关联债权投资之和 ÷ 年度各月平均权益投资之和

其中：

各月平均关联债权投资 = （关联债权投资月初账面余额 + 月末账面余额）÷ 2

各月平均权益投资 = （权益投资月初账面余额 + 月末账面余额）÷ 2

权益投资为企业资产负债表所列示的所有者权益金额。如果所有者权益小于实收资本（股本）与资本公积之和，则权益投资为实收资本（股本）与资本公积之和；如果实收资本（股本）与资本公积之和小于实收资本（股本）金额，则权益投资为实收资本（股本）金额。企业所得税法第四十六条所称的利息支出包括直接或间接关联债权投资实际支付的利息、担保费、抵押费和其他具有利息性质的费用。

企业所得税法第四十六条规定不得在计算应纳税所得额时扣除的利息支出，不得结转到以后纳税年度；应按照实际支付给各关联方利息占关联方利息总额的比例，在各关联方之间进行分配，其中，分配给实际税负高于企业的境内关联方的利息准予扣除；直接或间接实际支付给境外关联方的利息应视同分配的股息，按照股息和利息分别适用的所得税税率差补征企业所得税，如已扣缴的所得税税款多于按股息计算应征所得税税款，多出的部分不予退税。

企业未按规定准备、保存和提供同期资料证明关联债权投资金额、利率、期限、融资条件以及债资比例等符合独立交易原则的，其超过标准比例的关联方利息支出，不得在计算应纳税所得额时扣除。

11.3.8 一般反避税管理

税务机关可依据企业所得税法第四十七条及企业所得税法实施条例第一百二十条的规定对存在以下避税安排的企业，启动一般反避税调查：

（1）滥用税收优惠；

（2）滥用税收协定；

（3）滥用公司组织形式；

（4）利用避税港避税；

（5）其他不具有合理商业目的的安排。

税务机关应按照实质重于形式的原则审核企业是否存在避税安排，并综合考虑安排以下内容：

（1）安排的形式和实质；

（2）安排订立的时间和执行期间；

（3）安排实现的方式；

（4）安排各个步骤或组成部分之间的联系；

（5）安排涉及各方财务状况的变化；

（6）安排的税收结果。

税务机关应按照经济实质对企业的避税安排重新定性，取消企业从避税安排获得的税收利益。对于没有经济实质的企业，特别是设在避税港并导致其关联方或非关联方避税的企业，可在税收上否定该企业的存在。

税务机关启动一般反避税调查时，应按照征管法及其实施细则的有关规定向企业送达《税务检查通知书》。企业应自收到通知书之日起 60 日内提供资料证明其安排具有合理的商业目的。企业未在规定期限内提供资料，或提供资料不能证明安排具有合理商业目的的，税务机关可根据已掌握的信息实施纳税调整，并向企业送达《特别纳税调查调整通知书》。

税务机关实施一般反避税调查，可按照征管法第五十七条的规定要求避税安排的筹划方如实提供有关资料及证明材料。一般反避税调查及调整须层报国家税务总局批准。

11.4 企业所得税汇算清缴

11.4.1 企业所得税汇算清缴的基本政策

企业所得税汇算清缴，是指纳税人自纳税年度终了之日起 5 个月内或实际经营终止之日起 60 日内，依照税收法律、法规、规章及其他有关企业所得税的规定，自行计算本纳税年度应纳税所得额和应纳所得税额，根据月度或季度预缴企业所得税的数额，确定该纳税年度应补或者应退税额，并填写企业所得税年度纳税申报表，向主管税务机关办理企业所得税年度纳税申报、提供税务机关要求提供的有关资料、结清全年企业所得税税款的行为。

凡在纳税年度内从事生产、经营（包括试生产、试经营），或在纳税年度中间终止经营活动的纳税人，无论是否在减税、免税期间，也无论盈利或亏损，均应按照企业所得税法及其实施条例和《企业所得税汇算清缴管理办法》的有关规定进行企业所得税汇算清缴。

实行核定定额征收企业所得税的纳税人，不进行汇算清缴。

纳税人应当自纳税年度终了之日起 5 个月内，进行汇算清缴，结清应缴应退企业所得税税款。

纳税人在年度中间发生解散、破产、撤销等终止生产经营情形，需进行企业所得税清算的，应在清算前报告主管税务机关，并自实际经营终止之日起 60 日内进行汇算清缴，结清应缴应退企业所得税税款；纳税人有其他情形依法终止纳税义务的，应当自停止生产、经营之日起 60 日内，向主管税务机关办理当期企业所得税汇算清缴。

纳税人 12 月或者第四季度的企业所得税预缴纳税申报，应在纳税年度终了后 15 日内完成，预缴申报后进行当年企业所得税汇算清缴。

纳税人需要报经税务机关审批、审核或备案的事项，应按有关程序、时限和要求报送材料等有关规定，在办理企业所得税年度纳税申报前及时办理。

纳税人应当按照企业所得税法及其实施条例和企业所得税的有关规定，正确计算应纳税所得额和应纳所得税额，如实、正确填写企业所得税年度纳税申报表及其附表，完整、及时报送相关资料，并对纳税申报的真实性、准确性和完整性负法律责任。

纳税人办理企业所得税年度纳税申报时，应按照《国家税务总局关于印发〈企业所得税汇算清缴管理办法〉的通知》（国税发〔2009〕79 号）第八条的要求如实填写和报送下列有关资料：

（1）企业所得税年度纳税申报表及其附表；

（2）财务报表；

（3）备案事项相关资料；

（4）总机构及分支机构基本情况、分支机构征税方式、分支机构的预缴税情况；

（5）委托中介机构代理纳税申报的，应出具双方签订的代理合同，并附送中介机构出具的包括纳税调整的项目、原因、依据、计算过程、调整金额等内容的报告；

（6）涉及关联方业务往来的，同时报送《中华人民共和国企业年度关联业务往来报告表》；

（7）主管税务机关要求报送的其他有关资料。

纳税人采用电子方式办理企业所得税年度纳税申报的，应按照有关规定保存有关资料或附报纸质纳税申报资料。

　　纳税人因不可抗力，不能在汇算清缴期内办理企业所得税年度纳税申报或备齐企业所得税年度纳税申报资料的，应按照税收征管法及其实施细则的规定，申请办理延期纳税申报。

　　纳税人在汇算清缴期内发现当年企业所得税申报有误的，可在汇算清缴期内重新办理企业所得税年度纳税申报。

　　纳税人在纳税年度内预缴企业所得税税款少于应缴企业所得税税款的，应在汇算清缴期内结清应补缴的企业所得税税款；预缴税款超过应纳税款的，主管税务机关应及时按有关规定办理退税，或者经纳税人同意后抵缴其下一年度应缴企业所得税税款。

　　纳税人因有特殊困难，不能在汇算清缴期内补缴企业所得税税款的，应按照税收征管法及其实施细则的有关规定，办理申请延期缴纳税款手续。

　　实行跨地区经营汇总缴纳企业所得税的纳税人，由统一计算应纳税所得额和应纳所得税额的总机构，按照上述规定，在汇算清缴期内向所在地主管税务机关办理企业所得税年度纳税申报，进行汇算清缴。分支机构不进行汇算清缴，但应将分支机构的营业收支等情况在报总机构统一汇算清缴前报送分支机构所在地主管税务机关。总机构应将分支机构及其所属机构的营业收支纳入总机构汇算清缴等情况报送各分支机构所在地主管税务机关。

　　经批准实行合并缴纳企业所得税的企业集团，由集团母公司（以下简称汇缴企业）在汇算清缴期内，向汇缴企业所在地主管税务机关报送汇缴企业及各个成员企业合并计算填写的企业所得税年度纳税申报表，以及《国家税务总局关于印发〈企业所得税汇算清缴管理办法〉的通知》（国税发〔2009〕79号）第八条规定的有关资料及各个成员企业的企业所得税年度纳税申报表，统一办理汇缴企业及其成员企业的企业所得税汇算清缴。

　　汇缴企业应根据汇算清缴的期限要求，自行确定其成员企业向汇缴企业报送《国家税务总局关于印发〈企业所得税汇算清缴管理办法〉的通知》（国税发〔2009〕79号）第八条规定的有关资料的期限。成员企业向汇缴企业报送的上述资料，应经成员企业所在地的主管税务机关审核。

　　纳税人未按规定期限进行汇算清缴，或者未报送《国家税务总局关于印发〈企业所得税汇算清缴管理办法〉的通知》（国税发〔2009〕79号）第八条所列资料的，按照税收征管法及其实施细则的有关规定处理。

　　各级税务机关要结合当地实际，对每一纳税年度的汇算清缴工作进行统一安排和组织部署。汇算清缴管理工作由具体负责企业所得税日常管理的部门组织实施。税务机关内部各职能部门应充分协调和配合,共同做好汇算清缴的管理工作。

各级税务机关应在汇算清缴开始之前和汇算清缴期间,主动为纳税人提供税收服务。

(1)采用多种形式进行宣传,帮助纳税人了解企业所得税政策、征管制度和办税程序。

(2)积极开展纳税辅导,帮助纳税人知晓汇算清缴范围、时间要求、报送资料及其他应注意的事项。

(3)必要时组织纳税培训,帮助纳税人进行企业所得税自核自缴。

主管税务机关应及时向纳税人发放汇算清缴的表、证、单、书。并在受理纳税人企业所得税年度纳税申报表及有关资料时,如发现企业未按规定报齐有关资料或填报项目不完整的,应及时告知企业在汇算清缴期内补齐补正。

主管税务机关受理纳税人年度纳税申报后,应对纳税人年度纳税申报表的逻辑性和有关资料的完整性、准确性进行审核。审核重点主要包括:

(1)纳税人企业所得税年度纳税申报表及其附表与企业财务报表有关项目的数字是否相符,各项目之间的逻辑关系是否对应,计算是否正确。

(2)纳税人是否按规定弥补以前年度亏损额和结转以后年度待弥补的亏损额。

(3)纳税人是否符合税收优惠条件、税收优惠的确认和申请是否符合规定程序。

(4)纳税人税前扣除的财产损失是否真实、是否符合有关规定程序。跨地区经营汇总缴纳企业所得税的纳税人,其分支机构税前扣除的财产损失是否由分支机构所在地主管税务机关出具证明。

(5)纳税人有无预缴企业所得税的完税凭证,完税凭证上填列的预缴数额是否真实。跨地区经营汇总缴纳企业所得税的纳税人及其所属分支机构预缴的税款是否与《中华人民共和国企业所得税汇总纳税分支机构分配表》中分配的数额一致。

(6)纳税人企业所得税和其他各税种之间的数据是否相符、逻辑关系是否吻合。

11.4.2 居民纳税人企业所得税年度纳税申报表

根据《国家税务总局关于修订〈中华人民共和国企业所得税月(季)度预

缴纳税申报表（A 类，2018 年版）〉等报表的公告》（国家税务总局公告 2020 年第 12 号）的规定，根据规定，企业在填报企业所得税年度纳税申报表时，应视具体情况填报表 11-4 所示的表单。

表 11-4　　　　　企业所得税年度纳税申报表填报表单

表单编号	表单名称	选择填报情况	
		填报	不填报
A000000	企业基础信息表	√	×
A100000	中华人民共和国企业所得税年度纳税申报表（A 类）	√	×
A101010	一般企业收入明细表	☐	☐
A101020	金融企业收入明细表	☐	☐
A102010	一般企业成本支出明细表	☐	☐
A102020	金融企业支出明细表	☐	☐
A103000	事业单位、民间非营利组织收入、支出明细表	☐	☐
A104000	期间费用明细表	☐	☐
A105000	纳税调整项目明细表	☐	☐
A105010	视同销售和房地产开发企业特定业务纳税调整明细表	☐	☐
A105020	未按权责发生制确认收入纳税调整明细表	☐	☐
A105030	投资收益纳税调整明细表	☐	☐
A105040	专项用途财政性资金纳税调整明细表	☐	☐
A105050	职工薪酬支出及纳税调整明细表	☐	☐
A105060	广告费和业务宣传费跨年度纳税调整明细表	☐	☐
A105070	捐赠支出及纳税调整明细表	☐	☐
A105080	资产折旧、摊销及纳税调整明细表	☐	☐
A105090	资产损失税前扣除及纳税调整明细表	☐	☐
A105100	企业重组及递延纳税事项纳税调整明细表	☐	☐
A105110	政策性搬迁纳税调整明细表	☐	☐
A105120	特殊行业准备金及纳税调整明细表	☐	☐
A106000	企业所得税弥补亏损明细表	☐	☐
A107010	免税、减计收入及加计扣除优惠明细表	☐	☐
A107011	符合条件的居民企业之间的股息、红利等权益性投资收益优惠明细表	☐	☐
A107012	研发费用加计扣除优惠明细表	☐	☐
A107020	所得减免优惠明细表	☐	☐
A107030	抵扣应纳税所得额明细表	☐	☐

续表

表单编号	表单名称	选择填报情况	
		填报	不填报
A107040	减免所得税优惠明细表	☐	☐
A107041	高新技术企业优惠情况及明细表	☐	☐
A107042	软件、集成电路企业优惠情况及明细表	☐	☐
A107050	税额抵免优惠明细表	☐	☐
A108000	境外所得税收抵免明细表	☐	☐
A108010	境外所得纳税调整后所得明细表	☐	☐
A108020	境外分支机构弥补亏损明细表	☐	☐
A108030	跨年度结转抵免境外所得明细表	☐	☐
A109000	跨地区经营汇总纳税企业年度分摊企业所得税明细表	☐	☐
A109010	企业所得税汇总纳税分支机构所得税分配表	☐	☐
说明：企业应当根据实际情况选择需要填报的表单			

11.4.3　居民纳税人企业所得税年度纳税申报表填报要点

11.4.3.1　申报表类型选择

纳税人根据税务机关鉴定的所得税征收方式，选择相应的申报表进行填报，如为查账征收，选择 A 类申报表，如为核定征收，则选择 B 类申报表。如果年度中间变更征收方式，按税务征管系统中鉴定的纳税人申报税款所属期的有效征收方式，选择相应的申报表进行填报。

11.4.3.2　申报表主表、附表间的关系

申报表附表一至附表六是主表有关行次的详细反映，与主表有关行次存在勾稽关系，通常称为"一级附表"；附表七至附表十一为附表三《纳税调整项目明细表》有关行次的详细反映，与附表三有关行次存在勾稽关系，通常称为"二级附表"。

11.5　典型问题探讨

问题 1. 跨地区工程预缴 0.2% 企业所得税能否在公司注册地扣除？

【提问】

并未特别说明跨地区工程预缴 0.2% 企业所得税能不能在总机构缴纳企业所得税时扣除预缴部分后缴纳。

（1）如果预缴部分不能扣除，请出示具体文件文号。

（2）如果可以扣除，请说明在 B 类报表预缴所得税申报表中如何填列。

【解析】

实行核定征收企业所得税的建筑施工企业应按照《国家税务总局关于跨地区经营建筑企业所得税征收管理问题的通知》（国税函〔2010〕156 号）第三条"建筑企业总机构直接管理的跨地区设立的项目部，应按项目实际经营收入的 0.2% 按月或按季由总机构向项目所在地预分企业所得税，并由项目部向所在地主管税务机关预缴"和第四条"总机构只设跨地区项目部的，扣除已由项目部预缴的企业所得税后，按照其余额就地缴纳"的规定执行。项目部预缴的企业所得税连同总机构已预缴的企业所得税填列在《中华人民共和国企业所得税预缴纳税申报表（B类）》第 18 行"已预缴所得税额"。

问题 2. 子公司发放的工资及奖金、补贴如何扣除？

【提问】

由于工作需要，母公司向其子公司派遣员工，母子公司均向派遣员工支付工资及奖金、补贴。子公司发放的工资及奖金、补贴如何扣除？

【解析】

母子公司框架下，可能有员工与母公司签订劳动合同，没有与子公司签订劳动合同。鉴于母公司与子公司之间存在的特殊关系，员工在母公司与子公司之间经常调配，按照实质重于形式的原则，子公司如能够提供母公司出具的董事会或经理办公会等做出的调配决定及员工名册等充分适当的证据，子公司发放给没有与其订立劳动合同的员工的合理的工资、薪金可以在税前扣除。

问题 3. 集成电路设计企业和符合条件的软件企业可享受何种企业所得税优惠？

【提问】

我国境内新办的集成电路设计企业和符合条件的软件企业，经认定后可享受何种企业所得税优惠？

【解析】

（1）根据《财政部 国家税务总局 发展改革委 工业和信息化部关于软件和集成电路产业企业所得税优惠政策有关问题的通知》（财税〔2016〕49 号），我国境内新办的集成电路设计企业和符合条件的软件企业在享受税收优惠时已不需要进行认定，可自行判断是否符合条件，享受相应的税收优惠政策。

（2）根据《财政部 国家税务总局关于进一步鼓励软件产业和集成电路产业发展企业所得税政策的通知》（财税〔2012〕27 号）第三条规定，我国境内新办的集成电路设计企业和符合条件的软件企业，在 2017 年 12 月 31 日前自获利年度起计算优惠期，第一年至第二年免征企业所得税，第三年至第五年按照 25% 的法定税率减半征收企业所得税，并享受至期满为止。

第十二条规定，本通知所称新办企业认定标准按照《财政部 国家税务总局关于享受企业所得税优惠政策的新办企业认定标准的通知》（财税〔2006〕1号）规定执行。

第十四条规定，本通知所称获利年度，是指该企业当年应纳税所得额大于零的纳税年度。

（3）根据《财政部 税务总局关于集成电路设计和软件产业企业所得税政策的公告》（财政部 税务总局公告 2019 年第 68 号）第一条规定，依法成立且符合条件的集成电路设计企业和软件企业，在 2018 年 12 月 31 日前自获利年度起计算优惠期，第一年至第二年免征企业所得税，第三年至第五年按照 25% 的法定税率减半征收企业所得税，并享受至期满为止。

问题 4. 应纳增值税劳务是否包括应税服务？

【提问】

《国家税务总局关于发布〈企业所得税税前扣除凭证管理办法〉的公告》（国家税务总局公告 2018 年第 28 号）第十八条规定，企业与其他企业（包括关联企业）、个人在境内共同接受应纳增值税劳务（以下简称"应税劳务"）发生的支出，采取分摊方式的，应当按照独立交易原则进行分摊。文件中应纳增值税劳务是否包括应税服务？

【解析】

（1）关于应税劳务，《企业所得税税前扣除凭证管理办法》第九条、第十条、第十八条均提及"劳务"概念。这里的"劳务"是一个相对宽泛的概念，原则上包含了所有劳务服务活动。如《增值税暂行条例》及其实施细则中规定的加工、修理修配劳务，销售服务等；《企业所得税法》及其实施条例规定的建筑安装、修理修配、交通运输、仓储租赁、金融保险、邮电通信、咨询经纪、文化体育、科学研究、技术服务、教育培训、餐饮住宿、中介代理、卫生保健、社区服务、旅游、娱乐、加工以及其他劳务服务活动等。此外，"应纳增值税劳务"中的"劳务"也应按上述原则理解，不能等同于增值税相关规定中的"加工、修理修配劳务"。

（2）关于其他企业，《企业所得税税前扣除凭证管理办法》所称"企业"是指《企业所得税法》及其实施条例规定的居民企业和非居民企业。其他企业是指本企业以外的企业，不包含企业的二级分支机构。

（3）关于各下属子公司接受母公司辅助生产车间的相关服务，根据《企业所得税法》及其实施条例等相关政策规定，母公司的辅助生产车间为各下属子公司提供辅助生产服务不属于共同接受劳务。辅助生产服务属于增值税应税项目的，子公司应以母公司开具的发票（包括按照规定由税务机关代开的发票）作为税前扣除凭证；不属于增值税应税项目的，应以母公司开具的发票以外的其他外部凭证作为税前扣除凭证。

问题 5. 小型微利企业填报修订后的预缴申报表时需要注意什么？

【提问】

符合小型微利企业条件的查账征收企业和核定应税所得率征收的企业，在填报修订后的预缴申报表时需要注意什么？

【解析】

为落实小型微利企业普惠性所得税减免政策，国家税务总局对《中华人民共和国企业所得税月（季）度预缴纳税申报表（A 类，2021 年版）》等部分表单样式及填报说明，以及《中华人民共和国企业所得税月（季）度预缴纳税申报表（B 类，2021 年版)》进行了修订，增加了从业人数、资产总额等数据项，并将升级优化税收征管系统，力争帮助企业精准享受优惠政策。在填报预缴申报表时，以下两个方面应当重点关注。

一是关注"应纳税所得额"和"减免所得税额"两个项目的填报。"应纳税所得额"是判断企业是否符合小型微利企业条件和分档适用"减半再减半""减半征税"等不同政策的最主要指标，这个行次一定要确保填写无误。"减免所得税额"是指企业享受普惠性所得税减免政策的减免所得税金额，这个行次体现了企业享受税收优惠的直接成效。

二是关注预缴申报表中新增"按季度填报信息"部分有关项目的填报。"按季度填报信息"整合了除应纳税所得额以外的小型微利企业条件指标，其数据填报质量直接关系着小型微利企业判断结果的准确与否。对于查账征收企业和核定应税所得率征收的企业，按季度预缴的，应在申报预缴当季度税款时，填报"按季度填报信息"的全部项目；按月度预缴的，仅在申报预缴当季度最后一个月的税款时，填报"按季度填报信息"的全部项目。

问题 6. 福利费事项是否必须凭合法发票列支？

【提问】

《企业所得税法》要求职工福利费按实际发生额记账，那么列支福利费，是否必须凭合法发票？

【解析】

根据《企业所得税法》规定的合理性原则，按《企业所得税法实施条例》对"合理性"的解释，合理的支出是指符合生产经营活动常规，应当计入当期损益或者有关资产成本的必要和正常的支出。职工福利费属于企业必要和正常的支出，在实际工作中企业要对具体事项具体对待。如职工困难补助费以及合理的福利费列支范围内的人员工资、补贴，无法取得发票的，有关收据、凭证就可以作为合法凭据；对购买属于职工福利费列支范围的实物资产和发生的相关费用应取得合法发票。

问题 7．职工福利费税前扣除若干问题解析

【提问 1】

企业组织职工旅游发生的费用支出能否列入职工福利费？

【解析 1】

根据国税函〔2009〕3 号文件的规定，职工福利费包括为职工卫生保健、生活、住房、交通等所发放的各项补贴和非货币性福利。从组织职工旅游的性质来看，其具有缓解工作压力，进一步提高生活质量的积极意义，因此，企业组织职工旅游发生的费用支出暂纳入职工福利费管理范畴，并按照税收规定扣除。如果企业以职工旅游的名义，列支职工家属或者其他非本单位雇员所发生的旅游费，则属于与生产经营无关的支出，不得纳入职工福利费管理，也不得税前扣除。

【提问 2】

发给职工的防暑降温费、职工住房补贴或租房补贴，以及租赁住房给职工住宿所发生的支出，能否直接税前扣除？

【解析 2】

根据国税函〔2009〕3 号文件的规定，为职工卫生保健、生活、住房、交通等所发放的各项补贴和非货币性福利，包括企业向职工发放的因公外地就医费用、未实行医疗统筹企业职工医疗费用、职工供养直系亲属医疗补贴、供暖费补贴、防暑降温费、职工困难补贴、救济费、职工食堂经费补贴等，属于《企业所得税法实施条例》第四十条规定的企业职工福利费。因此，发给职工的交通费补贴、职工防暑降温费、职工住房补贴或租房补贴，以及租赁住房给职工住宿所发生的支出均属于职工福利费支出，应纳入职工福利费管理范畴。企业发生的上述支出，不超过工资薪金总额 14% 的部分，准予扣除。

【提问 3】

员工报销的个人医药费,能否税前列支?

【解析 3】

根据国税函〔2009〕3 号文件第三条的规定,员工报销的个人医药费可以列入职工福利费,同时根据《企业所得税法实施条例》第四十条的规定,企业发生的职工福利费支出,不超过工资薪金总额 14% 的部分,准予扣除。

【提问 4】

独生子女费能否税前扣除?

【解析 4】

根据国税函〔2009〕3 号文件的规定,对于企业按照国家规定标准发放的"独生子女奖励费""一次性奖励""一次性经济帮助",属于职工福利费的支出范围,不超过职工工资薪金总额 14% 的部分,准予扣除。

【提问 5】

企业给全体员工购买的商业保险,是否可以在职工福利费中列支?

【解析 5】

根据《企业所得税法实施条例》第三十六条的规定,除企业依照国家有关规定为特殊工种职工支付的人身安全保险费和国务院财政、税务主管部门规定可以扣除的其他商业保险费外,企业为投资者或者职工支付的商业保险费,不得扣除。

问题 8. 延迟发放年终奖的扣除时间如何确定?

【提问】

2019 年度的年终奖,企业到 2020 年才发放,该年终奖可以在 2019 年度的企业所得税汇算清缴前扣除吗?

【解析】

根据《国家税务总局关于企业工资薪金和职工福利费等支出税前扣除问题的公告》(国家税务总局公告 2015 年第 34 号)第二条的规定,企业在年度汇算清缴结束前向员工实际支付的已预提汇缴年度工资薪金,准予在汇缴年度按规定扣除。

因此,企业在 2020 年度汇算清缴结束前向员工实际支付的 2019 年已预提的工资薪金,准予在 2019 年度汇算清缴前按规定扣除。

问题 9. 企业接受外部劳务派遣用工支出如何在税前扣除?

【提问】

劳务派遣人员平时的工资由劳务公司发放,年终奖由用工单位直接支付。

用工单位的该笔年终奖支出是否可以作为工资薪金支出在企业所得税税前扣除？

【解析】

根据《国家税务总局关于企业工资薪金和职工福利费等支出税前扣除问题的公告》（国家税务总局公告2015年第34号）的规定，企业接受外部劳务派遣用工所实际发生的费用，应分两种情况按规定在税前扣除：按照协议（合同）约定直接支付给劳务派遣公司的费用，应作为劳务费支出；直接支付给员工个人的费用，应作为工资、薪金支出和职工福利费支出。其中属于工资、薪金支出的费用，准予计入企业工资、薪金总额的基数，作为计算其他各项相关费用扣除的依据。

问题10. 与生产经营活动无关的资产的折旧和支出是否可税前扣除？

【提问】

企业购买了一批字画等古董，用来提升本企业形象。这批古董是否可以计入固定资产并计提折旧？相关支出是否可以在企业所得税税前扣除？

【解析】

《企业所得税法》第八条规定，企业实际发生的与取得收入有关的、合理的支出，准予在计算应纳税所得额时扣除。《企业所得税法实施条例》第五十七条规定，《企业所得税法》第十一条所称固定资产，是指企业为生产产品、提供劳务、出租或者经营管理而持有的、使用时间超过12个月的非货币性资产，包括房屋、建筑物、机器、机械、运输工具以及其他与生产经营活动有关的设备、器具、工具等。

相关性原则是判定支出项目能否在税前扣除的基本原则。除一些特殊的文化企业外，一般生产性企业、商贸企业购买的非经营性的古董等，与取得收入不直接相关，不符合相关性原则，也不具有固定资产确认的特征，所发生的支出和折旧费用不能在税前扣除。

问题11. 与固定资产相关的残次品支出和差旅费能否计入资产价格？

【提问】

固定资产等资产的计税基础上使该资产达到预定用途发生的其他支出的范围是否包括为此发生的差旅费、餐费等？是否包含试生产发生的残次品支出？

【解析】

固定资产的计价基础为直接归属使该资产达到预定用途发生的其他支出（如安装费、调试费等），不包括员工的差旅费、餐费。

试生产发生的残次品支出，应作为正常损失处理，不能计入固定资产价格。

根据《企业所得税法实施条例》第五十七条的规定，固定资产的标准主要依据资产的使用目的和时间确定，没有价格要求。

问题 12. 固定资产发票延期取得，所得税处理应如何处理？

【提问】

固定资产投入使用后 12 个月内企业仍未取得发票的，所得税应如何处理？

【解析】

根据《国家税务总局关于贯彻落实企业所得税法若干税收问题的通知》（国税函〔2010〕79 号）的规定，企业固定资产投入使用后，由于工程款项尚未结清未取得全额发票的，可暂按合同规定的金额计入固定资产计税基础计提折旧，待发票取得后进行调整。此处所称的调整，包括根据发票调整企业已投入使用的固定资产的计税基础以及折旧额。

但该项调整应在固定资产投入使用后 12 个月内进行。如果该固定资产投入使用 12 个月后企业仍未取得发票，原来已提取的折旧应做纳税调增，以后按合同金额计提的折旧也不能在税前扣除。

问题 13. 融资租赁费可否在税前一次性扣除？

【提问】

企业以融资租赁方式租入机器设备，融资租赁费可以在税前一次性扣除吗？

【解析】

根据《企业所得税法实施条例》第四十七条第二款的规定，以融资租赁方式租入固定资产发生的租赁费支出，按照规定构成融资租入固定资产价值的部分应当提取折旧费用，分期扣除。

问题 14. 预提的质量保证金能否税前列支？

【提问】

某企业 2019 年度按照权责发生制原则预提质量保证金，发票在 2020 年 6 月底前收到，该预提费用是否允许在 2019 年度税前列支？

【解析】

预提质量保证金不符合税前扣除的确定性原则，因此不得在预提年度进行税前扣除，但可以在有关支出实际发生时扣除。

问题 15. 工伤赔偿可否税前扣除？该支出是否属于职工福利费？

【提问】

工伤赔偿可否税前扣除？该支出是否属于职工福利费？

【解析】

《企业所得税法》第八条规定，企业实际发生的与取得收入有关的合理的支出，包括成本、费用、税金、损失和其他支出，准予在计算应纳税所得额时扣除。工伤赔偿属于与生产经营有关的支出，对合理的补偿支出依据双方签订的赔偿协议、事故（工伤）鉴定意见（医疗证明）、医药费、收款收据等在税前扣除。

《企业所得税法实施条例》第四十条规定，企业发生的职工福利费支出，不超过工资薪金总额 14% 的部分，准予扣除。

问题 16. 跨地区经营小型微利企业在外地的二级分支机构是否需要就地分摊预缴企业所得税？

【提问】

跨地区经营企业 2018 年不是小型微利企业，2019 年符合小型微利企业条件，在外地的二级分支机构还需要就地分摊预缴企业所得税吗？

【解析】

根据《跨地区经营汇总纳税企业所得税征收管理办法》（国家税务总局公告 2012 年第 57 号）第五条规定，上年度认定为小型微利企业的跨地区经营企业，其二级分支机构不就地分摊缴纳企业所得税。这里是指本年度小型微利企业预缴时，如果上年度也是小型微利企业的，本年度二级分支机构可以不就地预缴。因此，小型微利企业二级分支机构是否就地预缴，依据的条件是上年度是否也是小型微利企业。如果是，其二级分支机构不需要就地预缴；如果不是，其二级分支机构需要就地预缴。

问题 17. 境外购进货物支出税前扣除需要哪些凭证？

【提问】

企业从境外购进货物发生的支出，应以何种凭证作为企业所得税税前扣除凭证？

【解析】

根据《国家税务总局关于发布〈企业所得税税前扣除凭证管理办法〉的公告》（国家税务总局公告 2018 年第 28 号）第十一条规定，企业从境外购进货物或者劳务发生的支出，以对方开具的发票或者具有发票性质的收款凭证、相关税费缴纳凭证作为税前扣除凭证。

问题 18. 企业向关联自然人借款，其利率是否可以不受同期同类贷款利率限制？

【提问】

企业应按照国税函〔2009〕777 号文件、《企业所得税法》第四十六条及财税〔2008〕121 号文件的规定，计算利息支出的企业所得税扣除额。这些规定中均未涉及利率。而涉及利率的《企业所得税法实施条例》第三十八条又是针对向金融企业和非金融企业借款的，未涉及自然人。那么，企业向关联自然人借款，其利率是否可以不受同期同类贷款利率限制？

【解析】

《财政部 国家税务总局关于企业关联方利息支出税前扣除标准有关税收政策问题的通知》（财税〔2008〕121 号）第一条规定："企业实际支付给关联方的利息支出，不超过以下规定比例和税法及其实施条例有关规定计算的部分……"，因此，企业向关联自然人借款的利息支出，也要符合《企业所得税法实施条例》第三十八条关于利率的规定。

问题 19. 逾期未取得发票的原材料如何进行税前扣除？

【提问】

企业估价入账的原材料，若待所得税汇算期满时仍未取得发票，可否在所得税税前扣除？

【解析】

根据税法规定，企业各项成本、费用要有合法凭证。企业第二年已汇算清缴，如还没有取得上一年度原材料的合法凭证，已扣除的原材料价值要进行纳税调整，不得在税前扣除。

问题 20. 取得免税收入对应的成本、费用可以在税前扣除吗？

【提问】

企业取得免税收入对应发生的成本、费用可以在税前扣除吗？

【解析】

《国家税务总局关于贯彻落实企业所得税法若干税收问题的通知》（国税函〔2010〕79 号）规定，根据《企业所得税法实施条例》第二十七条、第二十八条的规定，企业取得的各项免税收入所对应的各项成本费用，除另有规定者外，可以在计算企业应纳税所得额时扣除。

问题 21.列入公司工资制度并固定与工资、薪金一起发放的福利性补贴应作为工资、薪金支出还是福利费在税前扣除？

【提问】

列入公司工资制度并固定与工资、薪金一起发放的福利性补贴应作为工资、薪金支出还是福利费在税前扣除？

【解析】

《国家税务总局关于企业工资薪金和职工福利费等支出税前扣除问题的公告》（国家税务总局公告 2015 年第 34 号）规定，列入企业员工工资、薪金制度，固定与工资、薪金一起发放的福利性补贴，符合《企业所得税法实施条例》第三十四条规定的，可作为企业发生的工资、薪金支出，按规定在税前扣除。不能同时符合上述条件的福利性补贴，应作为职工福利费，按规定计算限额在税前扣除。